CHINA DEVELOPMENT ZONES YEARBOOK

中国开发区年鉴

2015

中国开发区协会 编

中国财政经济出版社

图书在版编目（CIP）数据

中国开发区年鉴．2015／中国开发区协会编．—北京：中国财政经济出版社，2016．3
ISBN 978－7－5095－6652－7

Ⅰ．①中…　Ⅱ．①中…　Ⅲ．①经济开发区－中国－2015－年鉴　Ⅳ．①F127．9－54

中国版本图书馆 CIP 数据核字（2016）第 039550 号

责任编辑：孙　琛　　　　责任校对：李　丽
封面设计：张德林　　　　版式设计：兰　波

中国财政经济出版社 出版

URL：http：//www.cfeph.cn
E－mail：cfeph@cfeph.cn

社址：北京市海淀区阜成路甲 28 号　邮政编码：100142
销售电话：64626216　88190406　北京财经书店电话：64033436　84041336
北京聚源德印刷有限公司印刷　各地新华书店经销
787×1092 毫米　16 开　33.75 印张　825 000 字
2016 年 3 月第 1 版　2016 年 3 月北京第 1 次印刷
定价：400.00 元
ISBN 978－7－5095－6652－7/F·5351
（图书出现印装问题，本社负责调换）
本社质量投诉电话：010－88190744
打击盗版举报热线：010－88190492、QQ：634579818

中国开发区年鉴

编 委 会

秦　录　栗　群　贾淑霞　钱佳祎　倪　伟　徐顺舟　高　政
高振永　高　翔　郭明豪　黄　云　黄志腾　黄　颖　章鹏元
董文珠　董慧刚　韩超刚　程　军　程济元　储成来　谢　哲
谢燕茹　靖　平　赫勤勤　蔡力文　蔡　丽　潘　勇　燕君明
缪湘军　瞿立斌

（按姓氏笔画排序）

■ 中国开发区年鉴编辑部

主　任：任　欢

副主任：王　乐

编　辑：孙　琛　吴乃光　考雅迪　周子入

目　录

文献法规篇

国务院办公厅关于促进国家级经济技术开发区转型升级创新发展的若干意见
国办发［2014］54 号　2014 年 10 月 30 日 …………………………………………（3）
中国人民银行　科技部　银监会　证监会　保监会　知识产权局关于大力推进体制机制创新　扎实做好科技金融服务的意见
银发［2014］9 号　2014 年 1 月 7 日 ……………………………………………（6）
工业和信息化部关于加快推进工业强基的指导意见
工信部规［2014］67 号　2014 年 2 月 14 日 ……………………………………（10）
国务院关于推进文化创意和设计服务与相关产业融合发展的若干意见
国发［2014］10 号　2014 年 2 月 26 日 ……………………………………………（13）
工业和信息化部关于开展产业集群区域品牌建设试点示范工作的通知
工信部科函［2014］102 号　2014 年 3 月 13 日 …………………………………（18）
科技部关于印发《国家国际科技合作基地评估办法（试行）》的通知
国科发外［2014］77 号　2014 年 3 月 25 日 ……………………………………（22）
财政部　工业和信息化部　科技部　商务部关于印发《中小企业发展专项资金管理暂行办法》的通知
财企［2014］38 号　2014 年 4 月 11 日 ……………………………………………（24）
国务院关于进一步促进资本市场健康发展的若干意见
国发［2014］17 号　2014 年 5 月 8 日 ……………………………………………（30）
国务院关于加快发展生产性服务业　促进产业结构调整升级的指导意见
国发［2014］26 号　2014 年 7 月 28 日 ……………………………………………（34）
科技部　财政部关于印发《国家科技成果转化引导基金设立创业投资子基金管理暂行办法》的通知
国科发财［2014］229 号　2014 年 8 月 8 日 ……………………………………（42）
国家发展改革委　工业和信息化部　科学技术部　公安部　财政部　国土资源部　住房和城乡建设部　交通运输部印发《关于促进智慧城市健康发展的指导意见》的通知

发改高技［2014］1770 号 2014 年 8 月 27 日 ……………………………………（46）
国务院关于加快科技服务业发展的若干意见
国发［2014］49 号 2014 年 10 月 9 日 ……………………………………………（51）
国家发展改革委 财政部 科学技术部 国家自然科学基金委员会关于印发实施《国家重大科技基础设施管理办法》的通知
发改高技［2014］2545 号 2014 年 11 月 5 日 ……………………………………（55）
国务院关于创新重点领域投融资机制 鼓励社会投资的指导意见
国发［2014］60 号 2014 年 11 月 16 日 ……………………………………………（59）
国务院关于促进服务外包产业加快发展的意见
国发［2014］67 号 2014 年 12 月 24 日 ……………………………………………（65）

专题研究篇

开发区在改革开放中具有独特的历史功劳 ……………………………………………（75）
致敬开发区事业的引航人 ……………………………………………………………（76）
回忆我国出口加工区的设立——访原国务院特区办公室副主任赵光华 ……………（78）
万里春风第一枝——记大连经济技术开发区筹建历程 ………………………………（81）
首部广州经济技术开发区“基本法”的诞生——忆《广州经济技术开发区暂行条例》的制定 ……………………………………………………………………………………（83）
邓小平同志与开发区 …………………………………………………………………（86）
泰达——打造誉满全球的中国园区品牌 ……………………………………………（87）
提升全球化竞争力：向创新密集与生态密集型产业转型 ……………………………（88）
立足国家战略 深化改革创新 加快推动中国（上海）自由贸易试验区建设和发展 …（90）
构建人本型社会治理结构 ……………………………………………………………（93）
加强我国国际次区域经济合作的若干建议 …………………………………………（95）
推进“制造业服务化”的阶段成果与路径建议 ………………………………………（99）
开拓科技金融的服务新路径——开发区的金融创新模式初探 ……………………（101）
调整境外投资布局 不断提升在全球直接投资中的重要地位 ………………………（105）
在回望中找准前行的新方向——论国家级经济技术开发区创新提升的主要思路 ………（109）
内部环境：实行卓越绩效的战略管理 ………………………………………………（113）
论工业是开发区的立区之本——避免短视效应 坚持“四化”方向 ………………（115）
突破思维定势 建立产业生态系统 …………………………………………………（117）
加速开发区国际化进程 勇当重点领域改革实践区 …………………………………（120）
建立“智慧体系” 提供“智慧服务” ………………………………………………（123）
构建实现工业绿色发展的环境保护体系 ……………………………………………（125）
自选科学范式 掌握实效路径——论国家级经济技术开发区产业升级的主要思路 ………（128）

跨境贸易电子商务：开启园区功能整合新纪元 ……（131）
“变”与“不变”间的角色新定位——浅谈国家级经济技术开发区的转型之路 ……（133）
东方慧湖的科技创新“进化论” ……（135）
跨国公司钟爱的“奶酪”口味——联合利华北亚区副总裁曾锡文谈开发区如何吸引跨国公司投资 ……（137）
中国与世界的互动关系正在深度调整 ……（140）
成为富有市场竞争力的品牌园区开发商 ……（143）
协调推进服务业跨界融合的放管准入与监管创新 ……（145）
改革创新是重塑核心竞争力与内在价值的关键 ……（147）
系统性的“区域营销”与多元化的渠道建设 ……（150）
建立以人为本、共性统一、科学合理的安全监管体系 ……（153）
开发区转型发展势在必行 ……（155）
探索效益优先　结构优化的土地开发模式 ……（157）
深化体制机制改革　不断激发市场主体新活力——天津滨海新区和上海浦东新区的发展经验 ……（159）

综　合　篇

2014 年北京市开发区发展情况综述 ……（165）
2014 年上海市开发区发展情况综述 ……（167）
2014 年江苏省开发区发展情况综述 ……（169）
2014 年浙江省开发区发展情况综述 ……（172）
2014 年福建省开发区发展情况综述 ……（175）
2014 年江西省工业园区发展情况综述 ……（177）
2014 年安徽省开发区发展情况综述 ……（179）
2014 年湖南省开发区发展情况综述 ……（181）
2014 年新疆维吾尔自治区园区发展情况综述 ……（185）
2014 年山西省开发区发展情况综述 ……（187）
2014 年甘肃省开发区发展情况综述 ……（188）

国家级经济技术开发区篇

大连经济技术开发区（金州新区） ……（195）
秦皇岛经济技术开发区 ……（202）
天津经济技术开发区（南港工业区） ……（210）

烟台经济技术开发区 …… (223)
青岛经济技术开发区 …… (227)
南通经济技术开发区 …… (231)
连云港经济技术开发区 …… (235)
上海闵行经济技术开发区 …… (240)
上海虹桥经济技术开发区 …… (242)
上海漕河泾新兴技术开发区 …… (243)
宁波经济技术开发区 …… (245)
福州经济技术开发区 …… (247)
广州开发区 …… (250)
湛江经济技术开发区 …… (253)
温州经济技术开发区 …… (256)
昆山经济技术开发区 …… (259)
营口经济技术开发区 …… (263)
威海经济技术开发区 …… (266)
福清融侨经济技术开发区 …… (273)
沈阳经济技术开发区（铁西区） …… (276)
哈尔滨经济技术开发区 …… (279)
长春经济技术开发区 …… (281)
杭州经济技术开发区 …… (283)
武汉经济技术开发区（汉南区） …… (287)
芜湖经济技术开发区 …… (291)
惠州大亚湾经济技术开发区 …… (293)
萧山经济技术开发区 …… (297)
北京经济技术开发区 …… (300)
乌鲁木齐经济技术开发区（头屯河区） …… (303)
合肥经济技术开发区 …… (306)
成都经济技术开发区 …… (310)
昆明经济技术开发区 …… (315)
长沙经济技术开发区 …… (319)
贵阳经济技术开发区 …… (322)
南昌经济技术开发区 …… (325)
呼和浩特经济技术开发区 …… (328)
南宁经济技术开发区 …… (330)
西宁经济技术开发区 …… (332)
太原经济技术开发区 …… (335)
银川经济技术开发区 …… (338)

南京经济技术开发区 …… (343)
兰州经济技术开发区 …… (346)
宁波大榭开发区 …… (348)
海南洋浦经济开发区 …… (352)
厦门海沧台商投资区 …… (354)
廊坊经济技术开发区 …… (358)
张家港经济技术开发区 …… (362)
九江经济技术开发区 …… (365)
增城经济技术开发区 …… (367)
嘉善经济技术开发区 …… (369)
绵阳经济技术开发区 …… (373)
邹平经济技术开发区 …… (375)
如皋经济技术开发区 …… (377)
漳州招商局经济技术开发区 …… (381)
泉州经济技术开发区 …… (385)
沧州临港经济技术开发区 …… (388)
常熟经济技术开发区 …… (390)
德阳经济技术开发区 …… (393)
武汉临空港经济技术开发区（东西湖区） …… (396)
萍乡经济技术开发区 …… (401)
上饶经济技术开发区 …… (402)
赣州经济技术开发区 …… (404)
长春汽车经济技术开发区 …… (407)
绍兴袍江经济技术开发区 …… (410)
苏州吴中经济技术开发区 …… (412)
淮安经济技术开发区 …… (414)
临沂经济技术开发区 …… (418)
江宁经济技术开发区 …… (421)
杭州余杭经济技术开发区 …… (425)
晋中经济技术开发区 …… (429)
靖江经济技术开发区 …… (433)
马鞍山经济技术开发区 …… (435)
吉林经济技术开发区 …… (438)
宁波石化经济技术开发区 …… (442)
宁国经济技术开发区 …… (444)
钦州港经济技术开发区 …… (446)
岳阳经济技术开发区 …… (449)

嘉兴经济技术开发区 …… (451)
衢州经济技术开发区 …… (454)
四平红嘴经济技术开发区 …… (458)
珠海经济技术开发区 …… (461)
湖州经济技术开发区 …… (465)
吴江经济技术开发区 …… (468)
宿迁经济技术开发区 …… (471)
义乌经济技术开发区 …… (474)
招远经济技术开发区 …… (476)
泉州台商投资区 …… (479)
海安经济技术开发区 …… (483)
石家庄经济技术开发区 …… (485)
六安经济技术开发区 …… (487)

其他开发区篇

中国（上海）自由贸易试验区 …… (491)
上海浦东康桥工业区 …… (495)
河北唐山海港经济开发区 …… (503)
燕郊高新技术产业开发区 …… (507)
张家港保税区 …… (510)
重庆北部新区 …… (512)
江苏泗阳经济开发区 …… (516)
甘肃平凉工业园区 …… (518)

统计资料篇

2014 年国家级经济技术开发区主要经济指标情况 …… (523)

文献法规篇

国务院办公厅关于促进国家级经济技术开发区转型升级创新发展的若干意见

国办发［2014］54号　2014年10月30日

各省、自治区、直辖市人民政府，国务院各部委、各直属机构：

为适应新的形势和任务，进一步发挥国家级经济技术开发区（以下简称国家级经开区）作为改革试验田和开放排头兵的作用，促进国家级经开区转型升级、创新发展，经国务院同意，现提出如下意见。

一、明确新形势下的发展定位

（一）明确发展定位

以邓小平理论、“三个代表”重要思想、科学发展观为指导，贯彻落实党的十八大和十八届三中、四中全会精神，按照党中央、国务院有关决策部署，努力把国家级经开区建设成为带动地区经济发展和实施区域发展战略的重要载体，成为构建开放型经济新体制和培育吸引外资新优势的排头兵，成为科技创新驱动和绿色集约发展的示范区。

（二）转变发展方式

国家级经开区要在发展理念、兴办模式、管理方式等方面加快转型，努力实现由追求速度向追求质量转变，由政府主导向市场主导转变，由同质化竞争向差异化发展转变，由硬环境见长向软环境取胜转变。

（三）实施分类指导

东部地区国家级经开区要率先实现转型发展，继续提升开放水平，在更高层次参与国际经济合作和竞争，提高在全球价值链及国际分工中的地位。中西部地区国家级经开区要依托本地区比较优势，着力打造特色和优势主导产业，提高承接产业转移的能力，防止低水平重复建设，促进现代化产业集群健康发展。

（四）探索动态管理

各地区、各有关部门要加强指导和规范管理，进一步强化约束和倒逼机制，细化监督评估工作。支持经济综合实力强、产业特色明显、发展质量高等符合条件的省级开发区按程序升级为国家级经开区。对土地等资源利用效率低、环保不达标、发展长期滞后的国家级经开区，予以警告、通报、限期整改、退出等处罚，逐步做到既有升级也有退出的动态管理。

（五）完善考核体系

进一步完善《国家级经济技术开发区综合发展水平评价办法》，把创新能力、品牌建设、规划实施、生态环境、知识产权保护、投资环境、行政效能、新增债务、安全生产等作为考核的主要内容，引导国家级经开区走质量效益型发展之路。对申请升级的省级开发区实施与国家级经开区同样的综合评价标准。

二、推进体制机制创新

（六）坚持体制机制创新

各省、自治区、直辖市应根据新形势要求，因地制宜出台或修订本地区国家级经开区的地方性法规、规章，探索有条件的国家级经开区与行政区融合发展的体制机制，推动国家级经开区依法规范发展。鼓励国家级经开区创新行政管理体制，简政放权，科学设置职能机构。国家级经开区管理机构要提高行政效率和透明度，完善决策、执行和监督机制，加强事中事后监管，强化安全生产监管，健全财政管理制度，严控债务风险。

（七）推进行政管理体制改革

进一步下放审批权限，支持国家级经开区开展外商投资等管理体制改革试点，大力推进工商登记制度改革。鼓励国家级经开区试行工商营业执照、组织机构代码证、税务登记证“三证合一”等模式。鼓励在符合条件的国家级经开区开展人民币资本项目可兑换、人民币跨境使用、外汇管理改革等方面试点。

三、促进开放型经济发展

（八）提高投资质量和水平

稳步推进部分服务业领域开放，提升产业国际化水平。推动国家级经开区“走出去”参与境外经贸合作区建设，引导有条件的区内企业“走出去”。国家级经开区要充分利用外资的技术溢出和综合带动效应，积极吸引先进制造业投资，努力培育战略性新兴产业，大力发展生产性服务业。

（九）带动区域协调发展

鼓励国家级经开区按照国家区域和产业发展战略共建跨区域合作园区或合作联盟。建立国家级经开区产业发展信息平台，引导企业向中西部地区有序转移。研究支持中西部地区国家级经开区承接产业转移的金融、土地、人才政策，继续对中西部地区国家级经开区基础设施建设项目贷款予以贴息。支持符合条件的国家级经开区按程序申报设立海关特殊监管区域。

四、推动产业转型升级

（十）优化产业结构和布局

国家级经开区要按照新型工业化的要求，以提质增效升级为核心，协调发展先进制造业和现代服务业。大力推进科技研发、物流、服务外包、金融保险等服务业发展，增强产业集聚效应。在培育战略性新兴产业的同时，要因地制宜确定重点领域，避免同质竞争。

（十一）增强科技创新驱动能力

国家级经开区要坚持经济与技术并重，把保护知识产权和提高创新能力摆在更加突出的位置。鼓励条件成熟的国家级经开区建设各种形式的协同创新平台，形成产业创新集群。支持国家级经开区创建知识产权试点示范园区，推动建立严格有效的知识产权运用和保护机制。探索建立国际合作创新园，不断深化经贸领域科技创新国际合作。

（十二）加快人才体系建设

加快发展现代职业教育，提升发展保障水平，深化产教融合、校企合作，鼓励中外合作培养技术技能型人才。支持国家级经开区通过设立创业投资引导基金、创业投资贴息资金、知识产权作价入股等方式，搭建科技人才与产业对接平台。鼓励国家级经开区加大高端人才引进力度，形成有利于人才创新创业的分配、激励和保障机制。

（十三）创新投融资体制

继续鼓励政策性银行和开发性金融机构对符合条件的国家级经开区基础设施项目、公用事业项目及产业转型升级发展等方面给予信贷支持。允许符合条件的国家级经开区开发、运营企业依照国家有关规定上市和发行中期票据、短期融资券等债券产品筹集资金。支持国家级经开区同投资机构、保险公司、担保机构及商业银行合作，探索建立投保贷序时融资安排模式。鼓励有条件的国家级经开区探索同社会资本共办“区中园”。

（十四）提高信息化水平

支持国家级经开区发展软件和信息服务、物联网、云计算等产业，吸引和培育信息技术重点领域领军企业，利用信息科技手段拓展传统产业链、提升产业增值水平。积极推进国家级经开区统计信息系统应用拓展和功能提升。

国家级经开区要保证信息基础设施和其他基础设施同步规划、同步建设。

五、坚持绿色集约发展

（十五）鼓励绿色低碳循环发展

支持国家级经开区创建生态工业示范园区、循环化改造示范试点园区等绿色园区，开展经贸领域节能环保国际合作，制订和完善工作指南和指标体系，加快推进国际合作生态园建设。国家级经开区要严格资源节约和环境准入门槛，大力发展节能环保产业，提高能源资源利用效率，减少污染物排放，防控环境风险。

（十六）坚持规划引领

制订国家级经开区中长期发展规划、重点产业投资促进规划。严格依据土地利用总体规划和城市总体规划开发建设，坚持科学、高效、有序开发，严禁擅自调整规划。国家级经开区内控制性详细规划应经依法批准并实现全覆盖，重点地区可开展城市设计并纳入控制性详细规划。应依法开展规划的环境影响评价。

（十七）强化土地节约集约利用

国家级经开区必须严格土地管理，严控增量，盘活存量，坚持合理、节约、集约、高效开发利用土地。加强土地开发利用动态监管，加大对闲置、低效用地的处置力度，探索存量建设用地二次开发机制。省级人民政府要建立健全土地集约利用评价、考核与奖惩制度，可在本级建设用地指标中对国家级经开区予以单列。允许符合条件且确有必要的国家级经开区按程序申报扩区或调整区位。

六、优化营商环境

（十八）规范招商引资

国家级经开区要节俭务实开展招商引资活动，提倡以产业规划为指导的专业化招商、产业链招商。加强出国（境）招商引资团组管理，加大对违规招商的巡查和处罚力度。严格执行国家财税政策和土地政策，禁止侵占被拆迁居民和被征地农民的合法利益。不得违法下放农用地转用、土地征收和供地审批权，不得以任何形式违规减免或返还土地出让金。

（十九）完善综合投资环境

国家级经开区要健全政企沟通机制，以投资者满意度为中心，完善基础设施建设，着力打造法治化、国际化的营商环境。鼓励国家级经开区依法依规开办各种要素市场，促进商品和要素自由流动、平等交换。国务院商务主管部门要发布国家级经开区投资环境建设指南，建立国家级经开区投资环境评价体系。

各地区、各有关部门要进一步深化对促进国家级经开区转型升级、创新发展工作重要意义的认识，切实加强组织领导和协调配合，明确任务分工，落实工作责任，尽快制定具体实施方案和配套政策措施，确保工作取得实效。

中国人民银行 科技部 银监会 证监会 保监会 知识产权局关于大力推进体制机制创新扎实做好科技金融服务的意见

银发［2014］9号 2014年1月7日

为贯彻落实党的十八届三中全会精神和《中共中央 国务院关于深化科技体制改革 加快国家创新体系建设的意见》（中发［2012］6号）等中央文件要求，大力推动体制机制创新，促进科技和金融的深层次结合，支持国家创新体系建设，现提出如下意见：

一、大力培育和发展服务科技创新的金融组织体系

（一）创新从事科技金融服务的金融组织形式

鼓励银行业金融机构在高新技术产业开发区（以下简称高新区）、国家高新技术产业化基地（以下简称产业化基地）等科技资源集聚地区通过新设或改造部分分（支）行作为从事中小科技企业金融服务的专业分（支）行或特色分（支）行。对银行业金融机构新设或改造部分分（支）行从事科技金融服务的有关申请，优先受理和审核。鼓励银行业金融机构在财务资源、人力资源等方面给予专业分（支）行或特色分（支）行适当倾斜，加强业务指导和管理，提升服务科技创新的专业化水平。在加强监管的前提下，允许具备条件的民间资本依法发起设立中小型银行，为科技创新提供专业化的金融服务。

（二）积极发展为科技创新服务的非银行金融机构和组织

大力推动金融租赁公司等规范发展，为科技企业、科研院所等开展科技研发和技术改造提供大型设备、精密器材等的租赁服务。支持发展科技小额贷款公司，按照“小额、分散”原则，向小微科技企业提供贷款服务。鼓励符合条件的小额贷款公司、金融租赁公司通过开展资产证券化、发行债券等方式融资。积极推动产融结合，支持符合条件的大型科技企业集团公司按规定设立财务公司，强化其为集团内科技企业提供金融服务的功能。

（三）培育发展科技金融中介服务体系

指导和推动地方科技部门、国家高新区（或产业化基地）、金融机构和相关中介服务机构建立和培育发展科技金融服务中心等多种形式的服务平台，推动创业投资、银行信贷、科技企业改制服务、融资路演、数据增值服务、科技项目管理、人才引进等方面的联动合作，为科技企业提供全方位、专业化、定制化投融资解决方案。加快发展科技企业孵化、法律会计服务、人力资源管理等机构，为中小科技企业融资提供服务。

二、加快推进科技信贷产品和服务模式创新

（四）完善科技信贷管理机制

鼓励银行业金融机构完善科技企业贷款利率定价机制，充分利用贷款利率风险定价和浮

动计息规则，根据科技企业成长状况，动态分享相关收益。完善科技贷款审批机制，通过建立科技贷款绿色通道等方式，提高科技贷款审批效率；通过借助科技专家咨询服务平台，利用信息科技技术提升评审专业化水平。完善科技信贷风险管理机制，探索设计专门针对科技信贷风险管理的模型，提高科技贷款管理水平。完善内部激励约束机制，建立小微科技企业信贷业务拓展奖励办法，落实授信尽职免责机制，有效发挥差别风险容忍度对银行开展科技信贷业务的支撑作用。

（五）丰富科技信贷产品体系

在有效防范风险的前提下，支持银行业金融机构与创业投资、证券、保险、信托等机构合作，创新交叉性金融产品，建立和完善金融支持科技创新的信息交流共享机制和风险共控合作机制。全面推动符合科技企业特点的金融产品创新，逐步扩大仓单、订单、应收账款、产业链融资以及股权质押贷款的规模。充分发挥政策性金融功能，支持国家重大科技计划成果的转化和产业化、科技企业并购、国内企业自主创新和引进消化吸收再创新、农业科技创新、科技企业开展国际合作和“走出去”。

（六）创新科技金融服务模式

鼓励银行业金融机构开展还款方式创新，开发和完善适合科技企业融资需求特点的授信模式。积极向科技企业提供开户、结算、融资、理财、咨询、现金管理、国际业务等一站式、系统化的金融服务。加快科技系统改造升级，在符合监管要求的前提下充分利用互联网技术，为科技企业提供高效、便捷的金融服务。

（七）大力发展知识产权质押融资

加强知识产权评估、登记、托管、流转服务能力建设，规范知识产权价值分析和评估标准，简化知识产权质押登记流程，探索建立知识产权质物处置机制，为开展知识产权质押融资提供高效便捷服务。积极推进专利保险工作，有效保障企业、行业、地区的创新发展。

三、拓宽适合科技创新发展规律的多元化融资渠道

（八）支持科技企业上市、再融资和并购重组

推进新股发行体制改革，继续完善和落实促进科技成果转化应用的政策措施，促进科技成果资本化、产业化。适当放宽科技企业的财务准入标准，简化发行条件。建立创业板再融资制度，形成“小额、快速、灵活”的创业板再融资机制，为科技企业提供便捷的再融资渠道。支持符合条件的科技企业在境外上市融资。支持科技上市企业通过并购重组做大做强。推进实施并购重组分道制审核制度，对符合条件的企业申请实行豁免或快速审核。鼓励科技上市企业通过并购基金等方式实施兼并重组，拓宽融资渠道。研究允许科技上市企业发行优先股、定向可转债等作为并购工具的可行性，丰富并购重组工具。

（九）鼓励科技企业利用债券市场融资

支持科技企业通过发行企业债、公司债、短期融资券、中期票据、中小企业集合票据、中小企业集合债券、小微企业增信集合债券、中小企业私募债等产品进行融资。鼓励和支持相关部门通过优化工作流程，提高发行工作效率，为科技企业发行债券提供融资便利。对符合条件的科技企业发行直接债务融资工具的，鼓励中介机构适当降低收费，减轻科技企业的融资成本负担。继续推动并购债、可转债、高收益债等产品发展，支持科技企业滚动融资，行业收购兼并和创投公司、私募基金投资和退出。

（十）推动创业投资发展壮大

发挥政府资金杠杆作用，充分利用现有的创业投资基金，完善创业投资政策环境和退出机制，鼓励更多社会资本进入创业投资领域。推动各级政府部门设立的创业投资机构通过阶段参股、跟进投资等多种方式，引导创业投资资金投向初创期科技企业和科技成果转化项

目。完善和落实创业投资机构相关税收政策，推动运用财政税收等优惠政策引导创业投资机构投资科技企业，支持符合条件的创业投资企业、股权投资企业、产业投资基金发行企业债券；支持符合条件的创业投资企业、股权投资企业、产业投资基金的股东或有限合伙人发行企业债券。鼓励发展天使投资。

（十一）鼓励其他各类市场主体支持科技创新

支持科技企业通过在全国中小企业股份转让系统实现股份转让和定向融资。探索研究全国中小企业股份转让系统挂牌公司的并购重组监管制度，规范引导其并购重组活动。探索利用各类产权交易机构为非上市小微科技企业提供股份转让渠道，建立健全未上市科技股份公司股权集中托管、转让、市场监管等配套制度。加快发展统一的区域性技术产权交易市场，推动地方加强省级技术产权交易市场建设，完善创业风险投资退出机制。支持证券公司直投子公司、另类投资子公司、基金管理公司专业子公司等，在风险可控前提下按规定投资非上市科技企业股权、债券类资产、收益权等实体资产，为不同类型、不同发展阶段的科技企业提供资金支持。

四、探索构建符合科技创新特点的保险产品和服务

（十二）建立和完善科技保险体系

按照政府引导、商业保险机构运作、产寿险业务并重的原则，进一步建立和完善科技保险体系。加大对科技保险的财政支持力度，鼓励有条件的地区建立科技保险奖补机制和科技再保险制度，对重点科技和产业领域给予补贴、补偿等奖励和优惠政策，充分发挥财政资金的引导和放大作用，促进科技保险长效发展。支持符合条件的保险公司设立专门服务于科技企业的科技保险专营机构，为科技企业降低风险损失、实现稳健经营提供支持。

（十三）加快创新科技保险产品，提高科技保险服务质量

鼓励保险公司创新科技保险产品，为科技企业、科研项目、科研人员提供全方位保险支持。推广中小科技企业贷款保证保险、贷款担保责任保险、出口信用保险等新型保险产品，为科技企业提供贷款保障。加快制定首台（套）重大技术装备保险机制的指导意见，建立政府引导、市场化运作的首台（套）重大技术装备保险机制和示范应用制度，促进首台（套）重大技术装备项目的推广和科技成果产业化。

（十四）创新保险资金运用方式，为科技创新提供资金支持

根据科技领域需求和保险资金特点，支持保险资金以股权、基金、债权、资产支持计划等形式，为高新区和产业化基地建设、战略性新兴产业的培育与发展以及国家重大科技项目提供长期、稳定的资金支持。探索保险资金投资优先股等新型金融工具，为科技企业提供长期股权投资。推动科技保险综合实验区建设，在更好地服务科技创新方面先行先试，探索建立综合性科技保险支持体系。

五、加快建立健全促进科技创新的信用增进机制

（十五）大力推动科技企业信用示范区建设

鼓励各地依托高新区和产业化基地，因地制宜建设科技企业信用示范区，充分利用金融信用信息基础数据库等信用信息平台，加大对科技企业信用信息的采集，建立和完善科技企业的信用评级和评级结果推介制度，为金融机构推广信用贷款等金融产品提供支持。充分发挥信用促进会等信用自律组织的作用，完善科技企业信用示范区管理机制，逐步建立守信激励、失信惩戒的信用环境。

（十六）积极发挥融资性担保增信作用

建立健全政府资金引导、社会资本参与、市场化运作的科技担保、再担保体系。支持融

资性担保机构加大对科技企业的信用增进，提高融资性担保机构服务能力。鼓励科技企业成立联保互助组织，通过建立科技担保互助基金，为协会成员提供融资担保支持。支持融资性担保机构加强信息披露与共享，开展同业合作，集成科技企业资源，进一步增强融资担保能力。

（十七）创新科技资金投入方式

充分发挥国家科技成果转化引导基金的作用，通过设立创业投资子基金、贷款风险补偿等方式，引导金融资本和民间投资向科技成果转化集聚。进一步整合多种资源，综合运用创业投资、风险分担、保费补贴、担保补助、贷款贴息等多种方式，发挥政府资金在信用增进、风险分散、降低成本等方面的作用，引导金融机构加大对科技企业的融资支持。

六、进一步深化科技和金融结合试点

（十八）加快推进科技和金融结合试点工作

完善“促进科技和金融结合试点工作”部际协调机制，总结试点工作的成效和创新实践，研究制定继续深化试点工作的相关措施，适时启动第二批试点工作，将更多地区纳入试点范围。及时宣传和推广试点地区典型经验，发挥试点地区的示范作用。加大资源条件保障和政策扶持力度，进一步调动和发挥地方深化试点工作的积极性与创造性。鼓励地方因地制宜、大胆探索、先行先试，不断拓展科技与金融结合的政策和实践空间，开展具有地方特色的科技和金融结合试点工作建设。

（十九）推动高新区科技与金融的深层次结合

建立完善高新区管委会、金融机构和科技企业之间的信息沟通机制，通过举办多种形式的投融资对接活动，加强科技创新项目和金融产品的宣传、推介，推动高新区项目资源、政策资源与金融资源的有效对接。支持银行业金融机构在风险可控的前提下，在业务范围内综合运用统贷平台、集合授信等多种方式，加大对高新区建设和小微科技企业的融资支持。发挥高新区先行先试的优势，加快构建科技金融服务体系，鼓励金融机构开展各类金融创新实践活动。

七、创新政策协调和组织实施机制

（二十）综合运用多种金融政策工具，拓宽科技创新信贷资金来源

充分运用差别存款准备金动态调整机制，引导地方法人金融机构加大对科技企业的信贷投入。发挥再贴现支持结构调整的作用，对小微科技企业票据优先予以再贴现支持。支持符合条件的银行发行金融债专项用于支持小微科技企业发展，加强对小微科技企业的金融服务。积极稳妥推动信贷资产证券化试点，鼓励金融机构将通过信贷资产证券化业务腾挪出的信贷资金支持科技企业发展。

（二十一）加强科技创新资源与金融资源的有效对接

探索金融资本与国家科技计划项目结合的有效方式和途径，建立科技创新项目贷款的推荐机制，支持国家科技计划项目的成果转化和产业化；建立国家科技成果转化项目库，引导和支持金融资本及民间投资参与科技创新；指导地方科技部门建立中小微科技企业数据库，与金融机构开展投融资需求对接；开展面向中小微科技企业的科技金融培训，培育科技金融复合型人才。

（二十二）建立科技、财政和金融监管部门参加的科技金融服务工作协调机制

健全跨部门、跨层级的协调沟通和分工负责机制，加强科技、财政、税收、金融等政策的协调，形成推进科技金融发展的政策合力。依托科技部门与金融管理部门、金融机构的合作机制，将科技部门在政策、信息、项目、专家等方面的综合优势与金融机构的产品、服务优势结合起来，实现科技创新与金融创新的相互促进。

（二十三）探索建立科技金融服务监测评估体系

人民银行各分支机构可根据辖区实际情况，按照地方科技部门制定的科技企业认定标准与名录，推动各金融机构研究建立科技金融服务专项统计制度，加强对科技企业贷款的统计与监测分析，并探索建立科技金融服务的专项信贷政策导向效果评估制度。

请人民银行上海总部，各分行、营业管理部、省会（首府）城市中心支行、副省级城市中心支行会同所在省（区、市）科技、知识产权、银监、证监、保监等部门将本意见联合转发至辖区内相关机构，并协调做好本意见的贯彻实施工作。

工业和信息化部关于加快推进工业强基的指导意见

工信部规［2014］67号 2014年2月14日

各省、自治区、直辖市及计划单列市、新疆生产建设兵团工业和信息化主管部门：

关键基础材料、核心基础零部件（元器件）、先进基础工艺、产业技术基础（简称工业“四基”）是提升工业核心竞争力的重要基础。经过多年的发展，我国工业总体实力迈上新台阶，成为具有重要影响力的工业大国，但一些关键基础材料、核心基础零部件（元器件）依赖进口，关键技术受制于人，先进基础工艺研究少、推广应用程度不高，产业技术基础薄弱、服务体系不健全等问题依然突出。工业基础能力不强已成为制约我国工业转型升级、提升工业发展质量和效益的瓶颈。加快提升工业基础能力，推进工业强基，是增强我国工业核心竞争力的迫切任务，是实现我国工业由大变强的客观要求。为推进工业强基，现提出如下意见：

一、总体要求

（一）指导思想

深入贯彻党的十八大和十八届二中、三中全会精神，以邓小平理论、“三个代表”重要思想、科学发展观为指导，以提高工业核心竞争力为主攻方向，以企业为主体、市场为导向、创新为动力，促进开放合作，强化政府引导，加强顶层设计，完善政策措施，着力解决工业基础领域的关键问题，加快推动创新成果产业化，积极构建生产和应用良性互动机制，夯实工业发展基础，促进工业转型升级，推进工业大国向工业强国转变。

（二）基本原则

坚持市场主导与政府引导相结合。充分发挥市场配置资源的决定性作用，突出企业主体地位，以市场需求为导向，整合产学研用资源，推动产业发展与应用需求良性互动。加强政府在宏观调控、组织协调和政策促进等方面的积极作用，发挥政府投资的引导作用，加大对工业基础的支持力度。坚持整体推进与重点突破相结合。围绕产业链整体升级，明确工业基础能力长远推进目标和分阶段实施方案，依托重点工程、重大项目和骨干企业，按照轻重缓急、以点带面有序推进，重点突破一批基础条件好、需求迫切、带动作用强的工业“四基”。

坚持技术创新与技术改造相结合。优化企业技术创新环境，支持企业技术创新体系建设，鼓励企业加大研发投入，增强企业自主创新能力。加快创新成果产业化，把技术改造作为技术创新成果实现产业化的重要途径，扩大创新产品的开发和应用，推动其尽快实现规模效益，形成技术改造与技术创新的良性互动。

坚持对外引进与对内联合相结合。支持企业引资、引技、引智，开展多种形式的交流与合作。鼓励企业与科研院所、高等院校、下游用户联合建立产业联盟，研发和推广应用工业基础领域新技术和新产品，建立合作共赢的开放式产学研用合作新模式。

（三）发展目标

到2020年，我国工业基础领域创新能力明显增强，关键基础材料、核心基础零部件（元器件）保障能力大幅提升，先进基础工艺得到广泛应用，产业技术基础支撑服务体系较为完善，基本实现关键材料、核心部件、整机、系统的协调发展，工业基础能力跃上新台阶，为改造提升传统产业、加快培育发展新兴产业提供有力支撑，使我国工业核心竞争力得到明显提升，在全球价值链中的地位得到提高。

二、发展重点

（一）关键基础材料

提高特种金属功能材料、高端金属结构材料、先进高分子材料、新型无机非金属材料、高性能纤维及复合材料、生物基材料等基础材料的性能和质量稳定性，降低材料综合成本，提高核心竞争力。提高国防军工、新能源、重大装备、电子等领域专用材料自给保障能力，提升制备技术水平。加快推进科技含量高、市场前景广、带动作用强、保障程度低的关键基础材料产业化、规模化发展，推进关键基础材料升级换代。

（二）核心基础零部件（元器件）

围绕重大装备、重点领域整机的配套需求，提高产品的性能、质量和可靠性，重点发展一批高性能、高可靠性、高强度、长寿命以及智能化的基础零部件（元器件），突破一批基础条件好、国内需求迫切、严重制约整机发展的关键技术，全面提升我国核心基础零部件（元器件）的保障能力。

（三）先进基础工艺

以提高产品质量和生产效率、促进绿色发展为主攻方向，重点发展有利于提高产品可靠性、性能一致性和稳定性的先进制造工艺，有利于资源能源高效开发利用、节能减排、质量安全、安全生产的绿色制造工艺，有利于提升自动化、信息化、成套化水平的智能制造工艺，全面提升基础工艺水平，加快先进基础工艺在生产过程中的推广应用。

（四）产业技术基础

重点围绕研发设计、检验检测、试验验证、标准制修订、技术成果转化、信息与知识产权运用服务等方面的共性需求，按照开放性、资源共享性原则，依托优势企业、科研院所、高等院校，建设和完善一批专业水平高、支撑作用强、布局合理的骨干技术基础服务平台。推动建立市场化运作机制，完善技术基础公共服务体系，为区域和行业内企业提供优质、高效服务。

三、主要任务

（一）实施工业强基工程，持续提升产业链整体水平

围绕重点行业、关键领域的工业“四基”发展需求，坚持短期目标和长远规划结合，突出重点、创新模式，引导企业、科研院所编制基础能力发展推进计划，以重大工程和重点装备的关键技术和产品开发为突破口，组织实施一批工业强基示范工程，建设一批产业技术基础示范服务平台，实现关键技术和产品的产业化突破，提升重点行业、关键领域产业链整体水平。

（二）加强基础领域研发创新，促进科技成果产业化

优化整合创新资源，引导企业与科研院

所、高等院校、下游用户联合建立研发机构、产业技术联盟等技术创新组织，加大基础领域研发投入，共同开展基础领域产业共性技术、高端技术、前瞻性技术的研究攻关，形成一批研究成果。鼓励和支持企业与科研院所合作对接，促进科研成果转化应用。加大工业基础领域企业技术改造力度，推进信息技术应用，提升工艺装备水平，改善产品性能，提高产品质量，加快推进创新成果产业化。

（三）推动产用互动，加快推广应用

推动基础材料企业、零部件企业与整机企业的战略合作，建立一批上下游紧密合作、分工明确、利益共享的产学研用一体化产业组织新模式，加快形成有效协调的产业链，提升工业基础产业发展的效率与效益。建立企业为主体、产学研用相结合的工业“四基”产需对接信息平台，完善中介服务体系，加强信息共享交流，推动工业“四基”产品、技术产用互动。鼓励工业“四基”产品、技术的试点示范，积极培育开拓市场，加快工业“四基”产品、技术推广应用。

（四）提高产品质量，强化品牌建设

健全完善工业基础领域标准体系，加快制修订相关技术标准，促进上下游产品的标准对接，提高协调性和一致性，建立行业计量基标准，开展计量技术规范的制修订。深入推进对标和达标工作，提升基础产品的质量、可靠性和寿命。加强工业基础领域的知识产权布局与运用、自主品牌培育，鼓励企业实施品牌发展战略，支持有实力的企业收购海外品牌和在境外注册商标，促进品牌国际化，提高产品国内外市场竞争力。整顿规范市场秩序，加强知识产权保护。

（五）深化军民结合，促进军民基础产业互动发展

调动军民各方面资源，开展联合攻关，破解关键基础材料、核心基础零部件、先进基础工艺等制约瓶颈。建设军民结合公共服务体系，支持军民技术相互有效利用，加快军民结合产业化发展。充分发挥军工技术、设备和人才优势，引导先进军工技术向民用领域渗透，改造提升传统产业。充分发挥地方优势，鼓励先进成熟民用技术和产品在国防科技工业领域的应用。

（六）优化产业结构，促进产业集约集聚

鼓励工业“四基”企业跨地区、跨所有制兼并重组，整合优势资源，形成一批具有国际竞争力的大型企业集团。发挥整机龙头企业的带动、辐射作用，培育发展专业化水平高、配套能力强、特色明显的“专、精、特”企业，引导中小企业按照产业链和技术链分工加强与整机企业的配套合作，形成大型企业集团与中小企业优势互补、协调发展的产业格局。引导工业“四基”企业向产业园区集聚，支持和鼓励园区建立产业公共服务平台，形成一批专业特色明显、品牌形象突出、服务体系完善的产业集聚区。

四、保障措施

（一）加强规划和产业政策

引导围绕工业转型升级规划和行业发展规划，进一步明确工业基础领域发展的重点和方向，制定发布《工业“四基”发展目录》并适时更新。研究出台支持工业“四基”发展的产业政策，健全完善工业基础领域技术标准和计量技术规范，引导各类要素向工业“四基”领域倾斜。各地区可根据本地区发展需要，加强规划与工业“四基”产业发展的衔接和协调，引导资源向本地区合理流动，打造区域特色，优化工业“四基”产业布局。

（二）完善财政支持政策

充分发挥财政资金的引导作用，利用现有资金渠道持续加大对工业“四基”的支持力度。落实完善现行有关促进科技进步、自主创新以及促进高新技术企业发展的税收优惠政策，支持工业“四基”企业发展。支持工业“四基”产品推广，及时调整《国内投资项目不予免税的进口商品目录》和享受税收优惠

的《重大技术装备和产品进口关键零部件、原材料商品清单》。

（三）拓宽融资渠道

促进信贷政策和产业政策的协调配合，加强信息共享，搭建银企信息沟通平台，开展多种形式银企交流活动。引导金融机构发展适合企业资金需求特点的金融产品和服务模式，完善中小企业融资性担保体系，加大对工业“四基”企业的信贷支持力度。鼓励工业“四基”企业通过发行债券、股票、风险投资、兼并重组、股权投资等方式多元化融资，拓宽企业直接融资渠道。

各级工业和信息化主管部门要深刻认识推进工业强基的重要性和紧迫性，进一步加强组织领导，切实加大工作力度。各地要结合实际，出台具体政策措施，并抓好落实。要加大宣传力度，发挥行业协会的桥梁纽带作用，调动各类企业的积极性和主动性，实现工业强基新突破，为工业由大变强奠定坚实基础。

国务院关于推进文化创意和设计服务与相关产业融合发展的若干意见

国发［2014］10号　2014年2月26日

各省、自治区、直辖市人民政府，国务院各部委、各直属机构：

近年来，随着我国新型工业化、信息化、城镇化和农业现代化进程的加快，文化创意和设计服务已贯穿在经济社会各领域各行业，呈现出多向交互融合态势。文化创意和设计服务具有高知识性、高增值性和低能耗、低污染等特征。推进文化创意和设计服务等新型、高端服务业发展，促进与实体经济深度融合，是培育国民经济新的增长点、提升国家文化软实力和产业竞争力的重大举措，是发展创新型经济、促进经济结构调整和发展方式转变、加快实现由“中国制造”向“中国创造”转变的内在要求，是促进产品和服务创新、催生新兴业态、带动就业、满足多样化消费需求、提高人民生活质量的重要途径。为推进文化创意和设计服务与相关产业融合发展，现提出以下意见。

一、总体要求

（一）指导思想

以邓小平理论、“三个代表”重要思想、科学发展观为指导，按照加快转变经济发展方式和全面建成小康社会的总体要求，以改革创新和科技进步为动力，以知识产权保护利用和创新型人力资源开发为核心，牢固树立绿色节能环保理念，充分发挥市场作用，促进资源合理配置，强化创新驱动，增强创新动力，优化发展环境，切实提高我国文化创意和设计服务整体质量水平和核心竞争力，大力推进与相关产业融合发展，更好地为经济结构调整、产业转型升级服务，为扩大国内需求、满足人民群众日益增长的物质文化需要服务。

（二）基本原则

统筹协调，重点突破。统筹各类资源，加强协调配合，着力推进文化软件服务、建筑设计服务、专业设计服务、广告服务等文化创意和设计服务与装备制造业、消费品工业、建筑业、信息业、旅游业、农业和体育产业等重点领域融合发展。根据不同地区实际、不同产业特点，鼓励先行先试，发挥特色优势，促进多样化、差异化发展。

市场主导，创新驱动。以市场为导向、企业为主体，产学研用协同，转变政府职能，加强扶持引导，实施支持企业创新政策，打破行业和地区壁垒，充分调动社会各方面积极性，促进技术创新、业态创新、内容创新、模式创新和管理创新，推进文化创意和设计服务产业化、专业化、集约化、品牌化发展，促进与相关产业深度融合，催生新技术、新工艺、新产品，满足新需求。

文化传承，科技支撑。依托丰厚文化资源，丰富创意和设计内涵，拓展物质和非物质文化遗产传承利用途径，促进文化遗产资源在与产业和市场的结合中实现传承和可持续发展。加强科技与文化的结合，促进创意和设计产品服务的生产、交易和成果转化，创造具有中国特色的现代新产品，实现文化价值与实用价值的有机统一。

（三）发展目标

到2020年，文化创意和设计服务的先导产业作用更加强化，与相关产业全方位、深层次、宽领域的融合发展格局基本建立，相关产业文化含量显著提升，培养一批高素质人才，培育一批具有核心竞争力的企业，形成一批拥有自主知识产权的产品，打造一批具有国际影响力的品牌，建设一批特色鲜明的融合发展城市、集聚区和新型城镇。文化创意和设计服务增加值占文化产业增加值的比重明显提高，相关产业产品和服务的附加值明显提高，为推动文化产业成为国民经济支柱性产业和促进经济持续健康发展发挥重要作用。

二、重点任务

（一）塑造制造业新优势

支持基于新技术、新工艺、新装备、新材料、新需求的设计应用研究，促进工业设计向高端综合设计服务转变，推动工业设计服务领域延伸和服务模式升级。汽车、飞机、船舶、轨道交通等装备制造业要加强产品的外观、结构、功能等设计能力建设。以打造品牌、提高质量为重点，推动生活日用品、礼仪休闲用品、家用电器、服装服饰、家居用品、数字产品、食品、文化体育用品等消费品工业向创新创造转变，增加多样化供给，引导消费升级。支持消费类产品提升新产品设计和研发能力，加强传统文化与现代时尚的融合，创新管理经营模式，以创意和设计引领商贸流通业创新，加强广告营销策划，增加消费品的文化内涵和附加值，健全品牌价值体系，形成一批综合实力强的自主品牌，提高整体效益和国际竞争力。

（二）加快数字内容产业发展

推动文化产品和服务的生产、传播、消费的数字化、网络化进程，强化文化对信息产业的内容支撑、创意和设计提升，加快培育双向深度融合的新型业态。深入实施国家文化科技创新工程，支持利用数字技术、互联网、软件等高新技术支撑文化内容、装备、材料、工艺、系统的开发和利用，加快文化企业技术改造步伐。大力推动传统文化单位发展互联网新媒体，推动传统媒体和新兴媒体融合发展，提升先进文化互联网传播吸引力。深入挖掘优秀文化资源，推动动漫游戏等产业优化升级，打造民族品牌。推动动漫游戏与虚拟仿真技术在设计、制造等产业领域中的集成应用。全面推进三网融合，推动下一代广播电视网和交互式网络电视等服务平台建设，推动智慧社区、智慧家庭建设。加强通讯设备制造、网络运营、集成播控、内容服务单位间的互动合作。提高数字版权集约水平，健全智能终端产业服务体系，推动产品设计制造与内容服务、应用商店模式整合发展。推进数字电视终端制造业和数字家庭产业与内容服务业融合发展，提升全产业链竞争力。推进数字绿色印刷发展，引导印刷复制加工向综合创意和设计服务转变，推动新闻出版数字化转型和经营模式创新。

（三）提升人居环境质量

坚持以人为本、安全集约、生态环保、传承创新的理念，进一步提高城乡规划、建筑设计、园林设计和装饰设计水平，完善优化功能，提升文化品位。注重对文物保护单位、历史文化名城名镇名村和传统村落的保护。加强城市建设设计和景观风貌规划，突出地域特色，有效保护历史文化街区和历史建筑，提高园林绿化、城市公共艺术的设计质量，建设功能完善、布局合理、形象鲜明的特色文化城市。加强村镇建设规划，培育村镇建筑设计市场，建设环境优美、设施完备、幸福文明的社会主义新农村。贯彻节能、节地、节水、节材的建筑设计理念，推进技术传承创新，积极发展绿色建筑。因地制宜融入文化元素，加快相关建筑标准规范的更新或修订。完善建筑、园林、城市设计、城乡规划等设计方案竞选制度，重视对文化内涵的审查。鼓励装饰设计创新，引领装饰产品和材料升级。

（四）提升旅游发展文化内涵

坚持健康、文明、安全、环保的旅游休闲理念，以文化提升旅游的内涵质量，以旅游扩大文化的传播消费。支持开发康体、养生、运动、娱乐、体验等多样化、综合性旅游休闲产品，建设一批休闲街区、特色村镇、旅游度假区，打造便捷、舒适、健康的休闲空间，提升旅游产品开发和旅游服务设计的人性化、科学化水平，满足广大群众个性化旅游需求。加强自然、文化遗产地和非物质文化遗产的保护利用，大力发展红色旅游和特色文化旅游，推进文化资源向旅游产品转化，建设文化旅游精品。加快智慧旅游发展，促进旅游与互联网融合创新，支持开发具有地域特色和民族风情的旅游演艺精品和旅游商品，鼓励发展积极健康的特色旅游餐饮和主题酒店。

（五）挖掘特色农业发展潜力

提高农业领域的创意和设计水平，推进农业与文化、科技、生态、旅游的融合。强化休闲农业与乡村旅游经营场所的创意和设计，建设集农耕体验、田园观光、教育展示、文化传承于一体的休闲农业园。注重农村文化资源挖掘，不断丰富农业产品、农事景观、环保包装、乡土文化等创意和设计，着力培育一批休闲农业知名品牌，提升农产品附加值，促进创意和设计产品产业化。发展楼宇农业、阳台农艺，进一步拓展休闲农业发展空间。支持专业农产品市场建设特色农产品展览展示馆（园），推进特色农产品文化宣传交流。建立健全地理标志的技术标准体系、质量保证体系与检测体系，扶持地理标志产品，加强地理标志和农产品商标的注册和保护。支持农业企业申报和推介绿色环保产品和原产地标记，鼓励利用信息技术创新具有地域文化特色的农产品营销模式。

（六）拓展体育产业发展空间

积极培育体育健身市场，引导大众体育消费。丰富传统节庆活动内容，支持地方根据当地自然人文资源特色举办体育活动，策划打造影响力大、参与度高的精品赛事，推动体育竞赛表演业全面发展。鼓励发展体育服务组织，以赛事组织、场馆运营、技术培训、信息咨询、中介服务、体育保险等为重点，逐步扩大体育服务规模。推动与体育赛事相关版权的开发与保护，进一步放宽国内赛事转播权的市场竞争范围，探索建立与体育赛事相关的版权交易平台。加强体育产品品牌建设，开发科技含量高、拥有自主知识产权的体育产品，提升市场竞争力。促进体育衍生品创意和设计开发，推进相关产业发展。

（七）提升文化产业整体实力

坚持正确的文化产品创作生产方向，着力提升文化产业各门类创意和设计水平及文化内涵，加快构建结构合理、门类齐全、科技含量高、富有创意、竞争力强的现代文化产业体系，推动文化产业快速发展。鼓励各地结合当地文化特色不断推出原创文化产品和服务，积极发展新的艺术样式，推动特色文化产业发展。强化与规范新兴网络文化业态，创新新兴网络文化服务模式，繁荣文学、艺术、影视、音乐创作与传播。加强舞美设计、舞台布景创意和舞台技术装备创新。坚持保护传承和创新发展相结合，促进艺术衍生产品、艺术授权产品的开发生产，加快工艺美术产品、传统手工艺品与现代科技和时代元素融合。完善博物馆、美术馆等公共文化设施功能，提高展陈水平。

三、政策措施

（一）增强创新动力

深入实施知识产权战略，加强知识产权运用和保护，健全创新、创意和设计激励机制。加强商标法、专利法、著作权法、反不正当竞争法等知识产权保护法律法规宣传普及，完善有利于创意和设计发展的产权制度。完善网络环境下著作权保护等法律法规，加强数据保护等问题研究。加强知识产权监督执法，加大对侵权行为的惩处力度，完善维权援助机制。优化知识产权申请与审查制度，建立并完善专利优先审查通道和软件著作权快速登记通道，健全便捷高效的商标注册审查体系。完善知识产权入股、分红等形式的激励机制和管理制度。活跃知识产权交易，促进知识产权的合理有效流通。提升企业知识产权综合能力，培育一批知识产权优势企业。鼓励企业、院校、科研机构成立战略联盟，引导创意和设计、科技创新要素向企业聚集，加大联盟知识产权管理能力建设，推行知识产权集群式管理。

（二）强化人才培养

推动实施文化创意和设计服务人才扶持计划，打破体制壁垒，扫除身份障碍，营造有利于创新型人才健康成长、脱颖而出的制度环境。优化专业设置，鼓励普通本科高校和科研院所加强专业（学科）建设和理论研究。鼓励将非物质文化遗产传承人才培养纳入职业教育体系，发挥职业教育在文化传承创新中的重要作用，重点建设一批民族文化传承创新专业点。推动民间传统手工艺传承模式改革，培养一批具有文化创新能力的技术技能人才。积极推进产学研用合作培养人才，发展专业学位研究生教育，扶持和鼓励相关行业和产业园区、龙头企业与普通本科高校、职业院校及科研机构共同建立人才培养基地，支持符合条件的设立博士后科研工作站，探索学历教育与职业培训并举、创意和设计与经营管理结合的人才培养新模式，加快培养高层次、复合型人才。加大核心人才、重点领域专门人才、高技能人才和国际化人才的培养和扶持力度，造就一批领军人物。完善政府奖励、用人单位奖励和社会奖励互为补充的多层次创意和设计人才奖励体系，对各类创意和设计人才的创作活动、学习深造、国际交流等进行奖励和资助。加强创业孵化，加大对创意和设计人才创业创新的扶持力度。规范和鼓励举办国际化、专业化的创意和设计竞赛活动，促进创意和设计人才的创新成果展示交易。积极利用各类引才引智计划，引进海外高端人才。健全符合创意和设计人才特点的使用、流动、评价和激励体系，按照国家有关规定，进一步落实国有企业、院所转制企业、职业院校、普通本科高校和科研院所创办企业的股权激励政策，推进职业技能鉴定和职称评定工作，加强人才科学管理。

（三）壮大市场主体

实施中小企业成长工程，支持专业化的创意和设计企业向专、精、特、新方向发展，打造中小企业集群。鼓励挖掘、保护、发展中华老字号等民间特色传统技艺和服务理念，培育具有地方特色的创意和设计企业，支持设计、广告、文化软件工作室等各种形式小微企业发展。推动创意和设计优势企业根据产业联系，实施跨地区、跨行业、跨所有制业务合作，打造跨界融合的产业集团和产业联盟。鼓励有条件的大型企业设立工业设计中心，建设一批国家级工业设计中心。积极推进相关事业单位分类改革，鼓励国有文化企业引进战略资本，实行股份制改造，积极引导民间资本投资文化创意和设计服务领域。支持有条件的企业“走出去”，扩大产品和服务出口，通过海外并购、联合经营、设立分支机构等方式积极开拓国际市场。推进文化等服务业领域有序开放，放开建筑设计领域外资准入限制。围绕提升产业竞争力，建立健全文化创意和设计服务与相关产业融合发展的技术标准体系，加快制定修订一批相关领域的重要国家标准。鼓励行业组织、中介组织和企业参与制定国际标准，支持自主标准国际化。

（四）培育市场需求

加强全民文化艺术教育，提高人文素养，推动转变消费观念，激发创意和设计产品服务消费，鼓励有条件的地区补贴居民文化消费，扩大文化消费规模。鼓励企业应用各类设计技术和设计成果，开展设计服务外包，扩大设计服务市场。创新公共文化服务提供方式，加大政府对创意和设计产品服务的采购力度。消除部门限制和地区分割，促进形成统一开放、竞争有序的国内市场。充分利用上海、深圳文化产权交易所等市场及文化产业、广告、设计等展会，规范交易秩序，提升交易平台的信息化和网络化水平，促进产品和服务交易。鼓励电子商务平台针对创意和设计提供专项服务，帮助小微企业、创意和设计创业人才拓展市场。鼓励有条件的地区在国家许可范围内，根据自身特点建设区域性和行业性交易市场。在商贸流通业改造升级中，运用创意和设计促进专业市场和特色商业街等发展。鼓励批发、零售、住宿、餐饮等生活服务企业在店面装饰、产品陈列、商品包装和市场营销上突出创意和设计，更加注重节能环保，顺应消费者需求。

（五）引导集约发展

依托现有各类文化、创意和设计园区基地，加强规范引导、政策扶持，加强公共技术、资源信息、投资融资、交易展示、人才培养、交流合作等服务能力建设，完善创新创业服务体系，促进各类园区基地提高效益、发挥产业集聚优势。鼓励各地根据资源条件和产业优势，明确发展重点，科学规划建设融合发展集聚区，打造区域性创新中心和成果转化中心。建立区域协调机制与合作平台，加强产业集群内部的有机联系，形成合理分工与协作，构建优势互补、相互促进的区域发展格局。充分发挥各部门职能，组织实施基础性、引导性重大工程和重点项目，提升产业整体素质，增强发展后劲。

（六）加大财税支持

增加文化产业发展专项资金规模，加大对文化创意和设计服务企业支持力度。在体现绿色节能环保导向、增强可操作性的基础上，完善相关税收扶持政策。在文化创意和设计服务领域开展高新技术企业认定管理办法试点，将文化创意和设计服务内容纳入文化产业支撑技术等领域，对经认定为高新技术企业的文化创意和设计服务企业，减按15%的税率征收企业所得税。文化创意和设计服务企业发生的职工教育经费支出，不超过工资薪金总额8%的部分，准予在计算应纳税所得额时扣除。企业发生的符合条件的创意和设计费用，执行税前加计扣除政策。对国家重点鼓励的文化创意和设计服务出口实行营业税免税。落实营业税改增值税试点有关政策，对纳入增值税征收范围的国家重点鼓励的文化创意和设计服务出口实行增值税零税率或免税，对国家重点鼓励的创意和设计产品出口实行增值税零税率。

（七）加强金融服务

建立完善文化创意和设计服务企业无形资产评估体系。支持符合条件的企业上市，鼓励企业发行公司债、企业债、集合信托和集合债、中小企业私募债等非金融企业债务融资工具。支持金融机构选择文化创意和设计服务项目贷款开展信贷资产证券化试点。鼓励银行业金融机构支持文化创意和设计服务小微企业发展。鼓励金融机构创新金融产品和服务，增加适合文化创意和设计服务企业的融资品种，拓展贷款抵（质）押物的范围，完善无形资产和收益权抵（质）押权登记公示制度，探索开展无形资产质押和收益权抵（质）押贷款等业务。建立社会资本投资的风险补偿机制，鼓励各类担保机构提供融资担保和再担保服务。鼓励保险公司加大创新型文化保险产品开发力度，提升保险服务水平，探索设立专业文化产业保险组织机构，促进文化产业保险发展。政府引导，推动设立文化创意和设计服务与相关产业融合发展投资基金。积极引导私募股权投资基金、创业投资基金及各类投资机构投资文化创意和设计服务领域。

（八）优化发展环境

评估清理现有行政审批事项，确需保留的，要精简审批流程，严控审批时限，公开审批标准，提高审批效率。支持以划拨方式取得土地的单位利用存量房产、原有土地兴办文化创意和设计服务，在符合城乡规划前提下土地用途和使用权人可暂不变更，连续经营一年以上，符合划拨用地目录的，可按划拨土地办理用地手续；不符合划拨用地目录的，可采取协议出让方式办理用地手续。广告领域文化事业建设费征收范围严格限定在广告媒介单位和户外广告经营单位，清理其他不合理收费，推动落实文化创意和设计服务企业用水、用电、用气、用热与工业同价。完善城乡规划、建筑设计收费制度，鼓励和推行优质优价。创新政府支持方式，发挥社会组织作用，加强人才队伍建设，资助创业孵化，开展研讨交流等。

四、组织实施

各地区、各部门要按照本意见的要求，根据本地区、本部门、本行业实际情况，切实加强对推进文化创意和设计服务与相关产业融合发展工作的组织领导，编制专项规划或行动计划，制定相关配套文件。要建立工作机制，加强地区间、部门间、行业间的协同联动，确保各项任务措施落到实处。要加强宣传，积极营造全社会支持创新、鼓励创意和设计的良好氛围。加强文化产业振兴方面的立法工作，不断健全相关法律法规和制度。重视完善文化产业统计制度，加强文化创意和设计服务类产业统计、核算和分析。加快发展和规范相关行业协（商、学）会、中介组织，充分发挥行业组织在行业研究、标准制定等方面的作用。发展改革委要会同相关部门对本意见的落实情况进行跟踪分析和监督检查，重大事项及时向国务院报告。

工业和信息化部关于开展产业集群区域品牌建设试点示范工作的通知

工信部科函［2014］102号　2014年3月13日

各省、自治区、直辖市及计划单列市、新疆生产建设兵团工业和信息化主管部门，各工业行业协会，有关单位：

为落实《工业转型升级规划》，加强产业集群区域品牌（以下简称区域品牌）建设，工业和信息化部决定组织开展产业集群区域品牌建设试点示范工作（以下简称试点示范工作），现将有关事项通知如下：

一、总体要求

到2015年，在全国建设50个左右区域品牌培育示范区。通过试点先行、示范引领，发挥政府、行业、专业机构和广大企业主体的合力作用，统筹策划组织、协调政策资源、部署品牌建设，加快培育一批知名度高、美誉度好、竞争力强、附加值高的区域品牌，树立一批取得经验和成果的区域品牌建设示范区，发挥示范带动效应。

区域品牌建设试点示范工作要发挥市场规律作用，落实企业主体责任；突出区域特色，创新品牌培育理论、方法和手段；构建协同工作机制，综合运用政策措施、行业自律、技术质量、商标专利、营销宣传等手段；科学设定目标，严格过程管理，及时总结经验，确保工作成效。

二、试点示范工作内容

（一）开展区域品牌策划和设计

组织实施单位要结合区域产业特色，组织开展国内外产业对比研究，确定区域产业发展的战略方向和目标。组织开展区域品牌策划，明确区域品牌的核心价值、品牌内涵和品牌定位。有条件的地区要为区域品牌设计品牌名称、品牌形象识别系统等，通过申报国家地理标志、集体商标、原产地注册、证明标志等集体品牌，依法保护区域品牌知识产权。

（二）建立品牌相关评价制度

组织实施单位要建立与区域品牌建设相关的评价制度。评价指标体系的相关指标应能说明区域品牌建设对提高企业群体市场竞争力和创造价值能力的作用，应至少包括以下五个关键指标：工业增加值率；以自主品牌销售产品比重（按销售收入计）；新产品产值率；采用国际先进标准的产品比重（按销售收入计）；品牌管理体系有效运行的企业比重。

组织实施单位应在企业中建立数据采集系统，确定评价模型，每年至少开展一次评价工作，并制定和实施改进措施。

（三）支持行业组织发挥作用

组织实施单位要支持建立健全相应的行业组织。要指导行业组织根据产业发展战略和区域品牌定位，通过制定联盟标准、确定行业行为准则、管理与区域品牌相关的公共资源、建立公共服务平台，以及组织开展群体营销宣传活动等形式，强化行业自主管理和自律规范。

（四）引导企业参与品牌建设

组织实施单位要研究制定鼓励企业参与品牌建设的政策措施，依法在土地使用、税收减免、资金扶持、奖励激励等方面为企业品牌建设提供支持。要组织企业学习实践科学的品牌培育方法，指导企业建立完善品牌管理体系。要组织开展品牌经理以及品牌专业知识培训，引导骨干企业建立首席品牌官制度。有条件的区域要会同相关专业机构建立品牌服务平台。

（五）夯实品牌发展的基础

组织实施单位要引导企业开发品种、提升质量、改善服务，加强技术改造和技术创新，提高企业群体的自主知识产权水平。要指导行业组织和骨干企业完善产业链上下游企业在标准、技术、质量和物流等方面的接口。要引导企业积极采用国际先进标准，制定高于国家和行业标准的联盟标准、企业标准。要鼓励企业加强质量控制和技术评价，稳定提升产品实物质量。有条件的组织实施单位要针对行业共性、关键性质量技术问题以及制约专业发展的瓶颈问题，组织开展攻关和产学研结合等活动。

（六）加强区域品牌信誉和风险管理

组织实施单位要组织企业开展质量信誉承诺、自我声明等活动。要建立区域品牌和相关企业品牌的舆情监控系统，及时发现和处理失信行为。要科学评价和管理区域质量安全和信誉风险，制定风险控制预案，防止出现严重信誉损害。

（七）打造营销和宣传平台

组织实施单位要支持企业拓展营销渠道，

扩大市场影响。有条件的区域要组织开展品牌巡展发布、产业链对接、供需见面、工商交流等活动。要支持行业组织带动企业建立联合营销渠道，实现区域品牌与企业品牌共同成长。要加强区域品牌传播和宣传，并引导企业参与宣传区域品牌，共同扩大区域品牌和企业品牌的社会影响。

三、组织实施

（一）试点示范的组织和范围

试点示范工作的组织实施单位主体为新型工业化产业示范基地、以工业为主的经济技术开发区、高新技术开发区、及其他产业聚集区的行政管理机构；或具有明显产业聚集特征的市、县人民政府。

试点示范工作范围包括区域内主导产业和涉及的企业。

主导产业应符合国家产业政策和所在地区经济发展方向，在地区工业经济中占有重要地位，在国际或国内同类产业中具有明显比较优势，具有形成区域品牌独特性的基础。试点示范工作可以具有两个或两个以上区域内主导产业及其所属全部工业企业。鼓励带动主导产业的产业链相关企业以及主要为主导产业服务的生产性服务企业开展品牌建设。

（二）申报试点区域的基本条件

1. 具备较好的质量品牌工作基础。近三年区域内未出现重特大质量安全、安全生产、环境保护和信誉损害等事故。区域内行业组织和骨干企业有参与区域品牌建设的积极性。

2. 重视工业质量品牌建设。承诺对区域品牌建设作出规划部署，成立相应机构，并对开展试点示范工作提供必要工作条件和经费支持。

3. 主导产业符合国家产业发展方向。出台了支持主导产业发展和加强质量品牌建设的政策措施，有支持企业提升质量品牌水平的资源和能力。

（三）申报与推荐

符合条件的区域自愿申报，由组织实施单位按 1—3 年周期策划并编制《产业集群区域品牌建设试点申报书》（见附件 1）和《产业集群区域品牌建设试点申报推荐表》（见附件 2）。经当地市、县人民政府同意并加盖公章后，报送省、自治区、直辖市和计划单列市（以下简称省级）工业和信息化主管部门审查并初选。

各省级工业和信息化主管部门每年可推荐 2—3 家申报单位，报工业和信息化部（科技司）。鼓励有关区域会同全国性工业行业协会（联合会）联合策划并开展试点示范工作。

工业和信息化部（科技司）常年受理经推荐的申报材料。

（四）确定试点区域

工业和信息化部组织专家对申报材料进行评审，并提出推选意见。根据申报情况，每年 5 月份和 10 月份可组织论证评审。2014 年第一次论证评审将于 5 月中旬举行。

工业和信息化部会同全国性工业行业协会（联合会）研究确定产业集群区域品牌建设试点区域，并对确定的试点区域给予批复。

（五）开展试点工作

组织实施单位要根据批复文件，按照试点工作方案确定的工作内容组织实施。确保政策措施到位，工作项目进度和目标达到预期要求。

工业和信息化部组织品牌培育专家组和专业机构，对试点工作提供专业支持。各省级和试点区域所在地区工业和信息化主管部门要加强对试点工作的指导和支持。

（六）试点工作评价和验收

完成实施方案工作目标的试点区域，可以向工业和信息化部（科技司）申请评价。工业和信息化部（科技司会同相关司局）组织专家对试点工作完成情况进行评价。评价优秀并满足示范区条件的试点区域，授予产业集群区域品牌建设示范区称号。

试点示范区域每年应对工作开展情况进行

总结评价，向工业和信息化部（科技司）提交总结报告。工业和信息化部委托省级工业和信息化主管部门对试点区域开展年度监督检查，组织对试点示范情况做跟踪评价。

（七）示范区的条件与管理

1. 成为工业品牌培育示范区应达到的条件。

（1）正式发布区域品牌发展战略，对区域品牌作出明确定位。相关政策、资金支持按计划落实到位。

（2）建立完成品牌相关评价制度并正式开展至少1次评价工作，形成评价报告，并根据评价结果制定改进措施。

（3）以区域行业组织和骨干企业为依托，至少组织实施2项质量品牌提升活动，效果显著。

（4）相关企业参加品牌培训覆盖面达到90%以上，50%以上企业建立实施品牌管理体系，50%以上企业设立首席品牌官和品牌经理。

（5）建立了区域品牌舆情监控系统并开展监控工作。

（6）至少组织完成了2次区域品牌宣传或营销活动，效果显著。

（7）关键指标与申报时的水平相比：工业增加值率提高2%以上；以自主品牌销售产品比重提高5%以上；新产品产值率提高3%以上；采用国际先进标准的产品比重提高3%以上；品牌管理体系有效运行的企业比重达到30%以上。

2. 示范区的命名。示范区的名称为：产业集群区域品牌建设示范区+主导产业。主导产业在申报试点时确定。包含两个或两个以上主导产业的应分不同产业确定是否达到示范区条件，在名称中标注达到条件的主导产业。

3. 示范区复审和监督。示范区称号三年有效。有效期满的示范区可向工业和信息化部（科技司）提出复审申请，申请复审时同时提交前3年的试点总结和未来3年区域品牌建设工作方案。工业和信息化部组织复审工作（办法另行制定）。复审合格的区域继续保持示范区称号。

工业和信息化部、各省级工业和信息化主管部门对示范区开展区域品牌建设及工作目标实现情况进行监督。对出现重大质量安全信誉事故或不能持续开展品牌培育工作的示范区，由工业和信息化部决定撤销其称号。

四、工作要求

（一）加强组织领导

各省级工业和信息化主管部门要加强对试点示范工作的指导，做好指导申报、审查推荐、监督检查、持续推进等方面工作。组织实施单位要健全组织机构，建立工作机制，保证试点示范工作顺利开展。

（二）加强专业化指导

品牌培育专家组和相关专业机构要积极发挥作用，在品牌培育、质量管理、知识产权管理等方面提供专业支撑和服务。有条件的工业和信息化主管部门、试点区域要积极组织产学研联合、服务平台建设等工作，保证试点工作科学高效。

（三）加强合作和扶持

各级工业和信息化主管部门要加强政策和项目扶持，积极争取地方政府财政、税收等政策支持，在工业转型升级、技术改造和技术创新、标准制修订项目等方面，给予试点示范区域及有关企业倾斜扶持。要加强与财政、发展改革、商务、工商、质检等部门的合作，共同推进产业集群区域品牌建设。

科技部关于印发《国家国际科技合作基地评估办法（试行）》的通知

国科发外［2014］77号 2014年3月25日

各有关单位：

为进一步加强国家国际科技合作基地的管理，规范基地评估工作，根据《国家国际科技合作基地管理办法》（国科发外［2011］316号），科技部制定了《国家国际科技合作基地评估办法（试行）》。现印发你们，请遵照执行。

附件：国家国际科技合作基地评估办法（试行）

附件

国家国际科技合作基地评估办法（试行）

第一章 总 则

第一条 为加强国家国际科技合作基地（以下简称“国合基地”）的管理，规范国合基地评估工作，根据《国家国际科技合作基地管理办法》（国科发外［2011］316号），特制定本办法。

第二条 开展评估工作是国合基地管理的重要环节，主要目的是检查国合基地的整体运行状况，引导国合基地的定位和发展方向，促进国合基地建设与发展，并为国家相关管理部门的决策提供依据。

第三条 科技部对已认定的国合基地进行定期评估。原则上每3至5年为一个评估周期，国合基地认定2年后开始第一次评估。每年选择若干个领域或地域的国合基地开展评估。

第二章 评估指标及职责

第四条 各类国合基地评估的主要指标为：

（一）国际创新园评估指标为领域或区域研发和产业创新力量集聚能力与贡献、国际科技合作与交流、技术转移与产业化、队伍建设与人才培养、日常运行与管理；

（二）国际联合研究中心评估指标为研发能力与贡献、国际科技合作与交流、队伍建设与人才培养、日常运行与管理；

（三）国际技术转移中心评估指标为技术转移与产业化、国际科技合作与交流、队伍建设与人才培养、日常运行与管理；

（四）示范型国际科技合作基地评估指标为合作能力、成果及示范作用、国际科技合作与交流、队伍建设与人才培养、日常运行与管理。

各类基地的评估指标体系及说明见评估实施细则。

第五条 具体评估工作由科技部委托评估机构实施。评估机构的主要职责是：根据评估办法和细则拟定评估方案，组织专家现场评估，提交评估报告，建立评估工作档案并定期向科技部移交。

第六条 国合基地的组织推荐部门的主要职责是：组织本部门的国合基地依托单位做好接受评估的准备工作，审核和汇总评估申请材料。

第七条 国合基地依托单位的主要职责是：提交评估申请材料并确保其真实性和准确性，为评估工作提供支持和保障。

第八条 所有国合基地原则上都应参加评估。各类参评国合基地应认真准备和接受评估，准确真实地提供相关材料。

第九条 评估专家由本领域专业水平高、公道正派、熟悉各类国合基地工作的一线科学家、产业专家和科研管理专家组成。评估专家中，属地外专家应占一定的比例。

第三章 评估程序

第十条 每年科技部确定次年计划开展评估的各类国合基地名单和各评估机构的任务分工，并通知国合基地组织推荐部门及评估机构。

第十一条 各类国合基地的组织推荐部门在国合基地评估名单下达后3个月内，组织国合基地依托单位统一向评估机构提交经审核的《国家国际科技合作基地评估申请书》和评估工作所需材料。

第十二条 评估机构在国合基地评估名单下达1个月内，制定详细的评估方案，报科技部审批。

第十三条 评估机构组建专家组开展现场评估。

第四章 现场评估

第十四条 现场评估按学科领域相同或相近的原则将各类国合基地分别分成若干组，专家组对国合基地进行现场考察，同一组国合基地的现场评估原则上由同一批专家完成。每组专家总数一般为5—7人。

第十五条 现场评估由专家组主持，主要工作内容包括：审阅《国家国际科技合作基地评估申请书》及国合基地年度报告和评估材料；听取国合基地负责人报告；考察并核实科研成果、技术转移成果、技术转化和产业化等情况；了解人才队伍建设和国际合作情况；召开座谈会和进行个别访谈等。

第十六条 国合基地负责人报告应对评估期限内国合基地工作进行全面、系统总结，同时对代表性工作成果进行报告。

第十七条 在正式评估工作开始前，评估机构应专门组织对评估专家的培训，以保证评估工作质量。

第十八条 专家组在小组现场评估结束后，根据评估指标体系对国合基地记名打分，并研究提出书面评估意见。评估意见应明确指出国合基地存在的问题和改进建议。

第十九条 各类国合基地年度报告是评估的重要参考材料。凡是连续两年未按时提交年度报告的，取消国合基地资格。

第二十条 如条件允许，可以采取实地考察与视频会议相结合的评估方式。

第五章 评估结果

第二十一条 现场评估结束后，评估机构向科技部提交评估报告和其他相关档案资料。评估结果分为优秀、良好、合格和不合格四类。评估报告要在对评估过程中产生的大量材料进行分析研究的基础上，对评估工作进行系统总结，并提出意见和建议。评估结果经科技部审批后在科技部网站向社会公示两周。评估资料视情在中国国际科技合作网进行公示。

第二十二条 对公示期内出现异议的结果，科技部应及时组织调查核实。公示期结束后，科技部将最终的评估结果反馈组织推荐部门。评估结果为“优秀”的国合基地，将通过组织推荐部门给予通报表彰。

第二十三条 评估结果为“不合格”的国合基地，将通过组织推荐部门给予警示并通报。该基地应在组织推荐部门的指导下改进工作，并于2年内进行复评，具体时间由国合基地依托单位提出。对于复评结果仍为“不合格”的国合基地，取消其国合基地资格。无正当理由不参加科技部安排的评估和复评，或中途退出评估的国合基地，视为放弃国合基地资格。被取消或放弃国合基地资格的单位，3年内不得再次申报国合基地的资格认定。

第六章 附 则

第二十四条 国合基地的评估费用由科技部承担。

第二十五条 国合基地、评估机构、工作人员和评估专家要严格遵守保密规定。

第二十六条 各国合基地依托单位、组织推荐部门不得以任何方式影响评估的公正性。评估专家应当严格遵守国家法律、法规和政策，科学、公正、独立地行使职责和权利。

第二十七条 评估实行严格的回避制度和专家信誉记录制度。与国合基地有直接利害关系者不得参加评估。国合基地可提出希望回避的专家名单并说明理由，与评估申请书一起上报。

第二十八条 部门和地方国际科技合作基地等的评估可参照本办法执行。

第二十九条 本办法自发布之日起施行。

财政部 工业和信息化部 科技部 商务部 关于印发《中小企业发展专项资金管理暂行办法》的通知

财企［2014］38号 2014年4月11日

各省、自治区、直辖市、计划单列市财政厅（局）、中小企业主管部门、科技厅（委、局）、商务主管部门，新疆生产建设兵团财务局、工业和信息化委员会、科技局、商务局，有关中央所属单位：

为促进中小企业特别是小型微型企业健康发展，规范和加强中小企业发展专项资金的使用和管理，财政部会同工业和信息化部、科技部、商务部制定了《中小企业发展专项资金管理暂行办法》。现印发给你们，请遵照执行。

附件：中小企业发展专项资金管理暂行办法

附件

中小企业发展专项资金管理暂行办法

第一章　总　　则

第一条　为了规范中小企业发展专项资金的管理和使用，提高资金使用效益，根据《中华人民共和国预算法》、《中华人民共和国中小企业促进法》等有关规定，制定本办法。

第二条　本办法所称中小企业发展专项资金（以下简称专项资金），是指中央财政预算安排，用于支持中小企业特别是小微企业科技创新、改善中小企业融资环境、完善中小企业服务体系、加强国际合作等方面的资金。

第三条　专项资金的宗旨是，贯彻落实国家宏观政策和扶持中小企业发展战略，弥补市场失灵，促进公平竞争，激发中小企业和非公有制经济活力和创造力，促进扩大就业和改善民生。

第四条　专项资金的使用和管理遵循公开透明、突出重点、统筹管理、加强监督的原则，确保资金使用规范、安全和高效，并向中西部地区倾斜。

第五条　专项资金综合运用无偿资助、股权投资、业务补助或奖励、代偿补偿、购买服务等支持方式，采取市场化手段，引入竞争性分配办法，鼓励创业投资机构、担保机构、公共服务机构等支持中小企业，充分发挥财政资金的引导和促进作用。

第六条　专项资金建立部门共管、专家评审、项目公示、追踪问效的全过程协作管理机制，加强绩效评价及结果运用，实现资金分配的激励和约束。

第七条　专项资金由财政部会同工业和信息化部、科技部、商务部（以下统称相关部门）按照职责分工共同管理。

财政部负责专项资金的预算管理和资金拨付，会同相关部门制定资金分配方案，并对资金的使用和管理情况等开展绩效评价和监督检查。

相关部门会同财政部开展专项资金项目管理工作，确定年度支持重点，组织项目申报和评审，并对项目实施情况进行跟踪服务和监督检查。

第二章　支持科技创新

第八条　发挥财政资金对中小企业科技创新活动的引导作用，支持和鼓励科技型中小企业研究开发具有良好市场前景的前沿核心关键技术，借助创业投资机制促进中小企业科技创新，推动实施国家创新驱动战略。

第九条　专项资金安排专门支出支持中小企业围绕电子信息、光机电一体化、资源与环境、新能源与高效节能、新材料、生物医药、现代农业及高技术服务等领域开展科技创新活动（国际科研合作项目除外）。

第十条　专项资金运用无偿资助方式，对科技型中小企业创新项目按照不超过相关研发支出 40% 的比例给予资助。每个创新项目资助额度最高不超过 300 万元。

第十一条　专项资金安排专门支出设立科技型中小企业创业投资引导基金（以下简称引导基金），用于引导创业投资企业、创业投资管理企业、具有投资功能的中小企业服务机构等（以下统称创业投资机构）投资于初创期科技型中小企业。

第十二条　引导基金运用阶段参股、风险补助和投资保障等方式，对创业投资机构及初创期科技型中小企业给予支持。

第十三条 阶段参股是指引导基金向创业投资企业进行股权投资，参股比例最高不超过创业投资企业募集资金总额的25%，且不做第一大出资人，不参与创业投资企业的日常经营和管理。

引导基金参股期内，创业投资企业投资于初创期科技型中小企业的累积金额不低于引导基金出资额的2倍。

第十四条 引导基金参股股权经相关部门和财政部审核后，可按照以下方式退出：

（一）在约定期限内按照约定价格退出。引导基金参股4年内退出的，转让价格为引导基金原始投资额；参股4年以上6年以内退出的，转让价格为引导基金原始投资额及从第5年起按照转让时中国人民银行公布的1年期贷款基准利率计算的利息之和；参股满6年仍未退出的，将与其他出资人同股同权在存续期满后清算退出。

（二）先于保障出资人退出。引导基金参股前，确定一个或多个出资人作为引导基金参股本金回收的保障人（以下简称保障出资人）。引导基金参股后，创业投资企业如发生收益或清算分配，引导基金将先于保障出资人获得分配直至收回引导基金原始投资额及从第5年起按照当时中国人民银行公布的1年期贷款基准利率计算的利息之和，从而实现退出。

第十五条 引导基金股权投资收入上缴中央国库，纳入中央公共财政预算管理。

第十六条 风险补助是指引导基金对创业投资机构投资于年销售收入不超过2000万元的初创期科技型中小企业的投资项目给予一定比例的投资奖励和损失补偿。

（一）投资奖励：引导基金对投资项目，按照不超过实际投资额5%的比例给予奖励，每个投资项目奖励额度最高不超过100万元，每家创业投资机构年度累计奖励额度最高不超过500万元。

（二）损失补偿：引导基金对创业投资机构已获得投资奖励支持的投资项目，按照不超过投资退出时实际损失额50%的比例给予补偿，每个投资项目损失补偿额度最高不超过200万元。

第十七条 投资保障是指创业投资机构将正在进行高新技术研发、有投资潜力的，且年销售收入不超过2000万元的初创期科技型中小企业确定为“辅导企业”，引导基金对“辅导企业”给予投资前保障或投资后保障。

（一）投资前保障：引导基金给予每个项目投资前资助额度最高不超过100万元，用于补助“辅导企业”高新技术研发的费用支出。

（二）投资后保障：创业投资机构对“辅导企业”实施投资后，引导基金给予每个项目投资后资助额度最高不超过200万元，用于补助“辅导企业”高新技术产品产业化的费用支出。

第三章 改善融资环境

第十八条 发挥财政资金对信用担保机构等中小企业融资服务机构的激励作用，引导其提升业务能力、规范经营行为、加快扩大中小企业融资服务规模，缓解中小企业融资难问题。

第十九条 专项资金安排专门支出支持中小企业信用担保机构（以下简称担保机构）、中小企业信用再担保机构（以下简称再担保机构）增强资本实力、扩大中小企业融资担保和再担保业务规模。

第二十条 专项资金运用业务补助、增量业务奖励、资本投入、代偿补偿、创新奖励等方式，对担保机构、再担保机构给予支持。

（一）业务补助：专项资金对担保机构开展的中小企业特别是小微企业融资担保业务，按照不超过年平均在保余额2%的比例给予补助；对再担保机构开展的中小企业融资再担保业务，按照不超过年平均在保余额0.5%的比例给予补助。

（二）增量业务奖励：专项资金对担保机构，按照不超过当年小微企业融资担保业务增长额3%的比例给予奖励；对再担保机构，按照不超过当年小微企业融资再担保业务增长额1%的比例给予奖励。

（三）资本投入：专项资金对中西部地区省级财政直接或间接出资新设或增资的担保机构、再担保机构，按照不超过省级财政出资额30%的比例给予资本投入支持，并委托地方出资单位代为履行出资人职责。

（四）代偿补偿：中央和地方共同出资，设立代偿补偿资金账户，委托省级再担保机构实行专户管理，专项资金出资比例不超过60%。

当省级再担保机构对担保机构开展的小微企业融资担保业务按照代偿额50%以上的比例（含）给予补偿时，代偿补偿资金按照不超过代偿额30%的比例对担保机构给予补偿。该代偿业务的追偿所得，按照代偿补偿比例缴回代偿补偿资金账户。

（五）创新奖励：专项资金对积极探索创新小微企业融资担保业务且推广效用显著的担保机构，给予最高不超过100万元的奖励。

第二十一条 经省级以上财政部门通过竞争性方式选定为从事政府采购信用担保业务的担保机构，可按本办法规定申请专项资金资助。

第二十二条 担保机构、再担保机构可以同时申请以上不限于一项支持方式的资助，但单个担保机构当年获得专项资金的资助额度最高不超过2000万元，单个再担保机构当年获得专项资金的资助额度最高不超过3000万元（资本投入方式除外）。

单个代偿补偿资金账户当年获得专项资金的出资额度最高不超过3亿元。

第四章 完善服务体系

第二十三条 发挥财政资金在构建完善多元化、多层次中小企业公共服务体系方面的激励作用，加快改善中小企业服务环境、提升服务水平，促进中小企业公平参与市场竞争。

第二十四条 专项资金安排专门支出支持各类中小企业公共服务平台和服务机构的建设和运行，增强服务能力、降低服务成本、增加服务种类、提高服务质量，为中小企业提供全方位专业化优质服务。重点支持以下内容：

（一）科技服务。包括技术咨询、研发设计、检验检测、技术转移、技术工程化、技术培训、科技企业孵化等服务。

（二）商贸服务。包括产品认证、市场宣传推介、品牌建设、电子商务、商业特许经营、商标注册等服务，以及参加各类重点展会、创新营销和商业模式、扩大信用销售、发展专业市场和特色商业街、推广现代流通方式等事项。

（三）综合性服务。包括中小企业运行监测、政策宣传、违法违规行为发布、风险预警、数据共享、产供销等信息服务，及管理咨询、创业辅导、创业基地、技术改造、产业升级、人才培训、财务会计、知识产权、工业设计、质量认证、仓储物流、法律咨询、投融资辅导、职业经理人建设等服务。

（四）其他促进中小企业发展的服务。

第二十五条 专项资金运用无偿资助、业务奖励、政府购买服务等方式，对中小企业公共服务平台和服务机构给予支持。

（一）无偿资助。专项资金对服务平台或机构实施的服务场地改造、软硬件设备及服务设施购置等提升服务能力的建设项目，按照不超过项目总投资额30%的比例给予补助。每个建设项目补助额度最高不超过500万元。

专项资金对中小企业参加的重点展会，给予减收或免收展位费、布展费、展品运输费等费用补贴。

（二）业务奖励。专项资金对服务平台或机构开展的中小企业服务，综合考虑其服务中小企业数量、收费标准、客户总体满意度等因素，按照不超过年度实际运营成本40%的比例给予奖励。每个项目奖励额度最高不超过500万元。

专项资金对保险机构面向中小企业开展的内贸信用险业务给予奖励支持。

（三）政府购买服务。专项资金向服务平台或机构购买中小企业发展迫切需要、市场供给严重不足的公共性服务。

第五章 促进国际合作

第二十六条 发挥中央财政资金在中小企业国际合作中的统筹和协调作用，鼓励加快引进国际先进技术，避免盲目重复引进及恶性竞争。

第二十七条 专项资金安排专门支出支持国内中小企业与欧盟企业、研究单位等（以下简称欧方合作机构）在节能减排相关领域开展科研合作。

（一）促进国内中小企业与欧方合作机构联合研究开发国际尖端节能减排技术。重点支持有利于国内中小企业追踪国际技术发展方向，掌握关键核心技术，填补国内技术空白的研发项目。

（二）引导国内中小企业转化中欧节能减排先进技术合作成果。重点支持国内中小企业应用中欧联合研发成果，开展技术延伸研究及小试、中试等活动，推动技术成果产业化的研发项目。

（三）鼓励国内中小企业从欧方合作机构引进消化吸收国际先进节能减排技术。重点支持国内中小企业引进适合我国国情的先进技术，进行消化吸收再创新或本土化改造，提升我国技术研发水平与推广应用能力的研发项目。

（四）推动国内中小企业与欧方合作机构加强节能减排技术交流与合作。重点支持国内中小企业参加欧方合作机构组织的与节能减排技术相关的国际会议、访问等交流项目。

第二十八条 专项资金运用无偿资助方式，对科研合作项目给予支持。研发项目按照不超过项目投资额40%的比例给予资助，每个项目资助额度最高不超过300万元。交流项目按照不超过实际发生的国际差旅费（仅包括国际交通费、会议费）50%的比例给予资助，每个项目资助额度最高不超过30万元。

第六章 资金管理和工作组织

第二十九条 财政部综合考虑本年度专项资金预算规模、相关部门提出的年度工作计划、上年度预算执行情况、以前年度绩效评价结果等因素，确定各类支持方向的年度预算规模。

第三十条 相关部门分别会同财政部组织开展项目申报工作，在每年3月底前下发工作通知，明确专项资金支持重点、申报条件等事项。

各省、自治区、直辖市、计划单列市及新疆生产建设兵团中小企业主管部门、科技主管部门、商务主管部门（以下统称省级有关主管部门）会同同级财政部门，中央所属单位，按照本办法等规定，在工作通知下发40日内组织项目申报。

第三十一条 省级有关主管部门、财政部门应加强项目的筛选和核实工作，可通过政府购买服务方式引入第三方评估机制，确保申报材料真实可靠，提升项目层次和质量。

第三十二条 省级有关主管部门会同同级财政部门对本地区申请项目进行公示后上报相关部门和财政部。

第三十三条 相关部门会同财政部通过政府购买服务等方式建立项目储备、申报、跟踪管理系统，建立专家评审制度，组织专家对地方和中央所属单位的申请项目进行评审论证。

第三十四条 相关部门建立健全专家库，确保入库专家与评审专家在数量上保持合理比例，加强对入库专家能力、职业道德等素质的前置审核工作，建立比例淘汰机制。

第三十五条 相关部门严格实行专家随机抽取制度和回避制度，在评审过程中建立专家交叉评审、集中评审等相互监督机制，研究建立评审专家责任追究机制，强化对评审专家的责任约束。

第三十六条 相关部门建立健全与评审专家的联系沟通机制，避免部门人员擅自对评审专家施加影响。

第三十七条 相关部门会同财政部根据专家评审意见提出项目立项计划，并向社会公示，公示期不少于10个工作日。

第三十八条 对项目公示期内提出异议的项目，相关部门会同财政部及时组织调查核实。

项目公示期结束后，相关部门将公示期内没有异议的项目和经调查核实没有问题的项目列为立项项目，向财政部提出资金安排建议。

第三十九条 财政部根据当年预算安排情况，对资金安排建议进行审定，在全国人民代表大会批准预算后90日内将项目支出预算指标下达到省级财政部门和中央所属单位。专项资金的支付，按照财政国库管理制度的有关规定执行。

第七章 绩效评价

第四十条 财政部会同相关部门建立专项资金绩效评价制度，明确评价原则、组织实施、评价依据、评价内容、指标体系、分值权重、评分标准等内容。

第四十一条 财政部通过政府购买服务等方式，对专项资金分配使用、项目实施及效果等实施评价，在充分听取相关部门意见后形成绩效评价结果，并将其作为专项资金以后年度支持方向预算安排的重要依据。

第四十二条 财政部会同相关部门根据绩效评价结果，及时完善资金使用、项目组织等管理制度，不断改进专项资金管理机制。

第八章 监督检查

第四十三条 各级财政部门定期或不定期对专项资金使用情况进行监督检查，必要时可委托社会中介机构进行审计或评估。各级中小企业主管部门、科技主管部门和商务主管部门定期或不定期对项目实施情况进行监督检查。

第四十四条 专项资金应当用于规定的支持方向和重点。对违反规定使用、骗取资金的行为，该项目单位三年内不得申请专项资金扶持，并依照《财政违法行为处罚处分条例》等国家有关规定进行处理。

第九章 附 则

第四十五条 本办法由财政部会同相关部门负责解释。

第四十六条 本办法自发布之日起施行。《财政部 工业和信息化部关于印发〈中小企业发展专项资金管理办法〉的通知》（财企［2012］96号）、《财政部 工业和信息化部关于印发〈中小企业信用担保资金管理办法〉的通知》（财企［2012］97号）、《财政部关于印发〈地方特色产业中小企业发展资金管理办法〉的通知》（财企［2013］67号）、《财政部关于印发〈西藏及四川云南甘肃青海四省藏区中小企业发展创业资金管理暂行办法〉的通知》（财企［2010］241号）、《财政部 科技部关于印发〈科技型中小企业技术创新基金财务管理暂行办法〉的通知》（财企［2005］22号）、《财政部 科技部关于印发〈科技型中小企业创业投资引导基金管理暂行办法〉的通知》（财企［2007］128号）、《财政部 科技部关于印发〈中欧中小企业节能减排科研合作资金管理暂行办法〉的通知》（财企［2011］226号）同时废止。

国务院关于进一步促进资本市场健康发展的若干意见

国发［2014］17号 2014年5月8日

各省、自治区、直辖市人民政府，国务院各部委、各直属机构：

进一步促进资本市场健康发展，健全多层次资本市场体系，对于加快完善现代市场体系、拓宽企业和居民投融资渠道、优化资源配置、促进经济转型升级具有重要意义。20多年来，我国资本市场快速发展，初步形成了涵盖股票、债券、期货的市场体系，为促进改革开放和经济社会发展作出了重要贡献。但总体上看，我国资本市场仍不成熟，一些体制机制性问题依然存在，新情况新问题不断出现。为深入贯彻党的十八大和十八届二中、三中全会精神，认真落实党中央和国务院的决策部署，实现资本市场健康发展，现提出以下意见。

一、总体要求

（一）指导思想

高举中国特色社会主义伟大旗帜，以邓小平理论、“三个代表”重要思想、科学发展观为指导，贯彻党中央和国务院的决策部署，解放思想，改革创新，开拓进取。坚持市场化和法治化取向，维护公开、公平、公正的市场秩序，维护投资者特别是中小投资者合法权益。紧紧围绕促进实体经济发展，激发市场创新活力，拓展市场广度深度，扩大市场双向开放，促进直接融资与间接融资协调发展，提高直接融资比重，防范和分散金融风险。推动混合所有制经济发展，完善现代企业制度和公司治理结构，提高企业竞争能力，促进资本形成和股权流转，更好发挥资本市场优化资源配置的作用，促进创新创业、结构调整和经济社会持续健康发展。

（二）基本原则

资本市场改革发展要从我国国情出发，积极借鉴国际经验，遵循以下原则：

一是处理好市场与政府的关系。尊重市场规律，依据市场规则、市场价格、市场竞争实现效益最大化和效率最优化，使市场在资源配置中起决定性作用。同时，更好发挥政府作用，履行好政府监管职能，实施科学监管、适度监管，创造公平竞争的市场环境，保护投资者合法权益，有效维护市场秩序。

二是处理好创新发展与防范风险的关系。以市场为导向、以提高市场服务能力和效率为目的，积极鼓励和引导资本市场创新。同时，强化风险防范，始终把风险监测、预警和处置贯穿于市场创新发展全过程，牢牢守住不发生系统性、区域性金融风险的底线。

三是处理好风险自担与强化投资者保护的关系。加强投资者教育，引导投资者培育理性投资理念，自担风险、自负盈亏，提高风险意识和自我保护能力。同时，健全投资者特别是中小投资者权益保护制度，保障投资者的知情权、参与权、求偿权和监督权，切实维护投资者合法权益。

四是处理好积极推进与稳步实施的关系。

立足全局、着眼长远，坚定不移地积极推进改革。同时，加强市场顶层设计，增强改革措施的系统性、针对性、协同性，把握好改革的力度、节奏和市场承受程度，稳步实施各项政策措施，着力维护资本市场平稳发展。

（三）主要任务

加快建设多渠道、广覆盖、严监管、高效率的股权市场，规范发展债券市场，拓展期货市场，着力优化市场体系结构、运行机制、基础设施和外部环境，实现发行交易方式多样、投融资工具丰富、风险管理功能完备、场内场外和公募私募协调发展。到 2020 年，基本形成结构合理、功能完善、规范透明、稳健高效、开放包容的多层次资本市场体系。

二、发展多层次股票市场

（四）积极稳妥推进股票发行注册制改革

建立和完善以信息披露为中心的股票发行制度。发行人是信息披露第一责任人，必须做到言行与信息披露的内容一致。发行人、中介机构对信息披露的真实性、准确性、完整性、充分性和及时性承担法律责任。投资者自行判断发行人的盈利能力和投资价值，自担投资风险。逐步探索符合我国实际的股票发行条件、上市标准和审核方式。证券监管部门依法监管发行和上市活动，严厉查处违法违规行为。

（五）加快多层次股权市场建设

强化证券交易所市场的主导地位，充分发挥证券交易所的自律监管职能。壮大主板、中小企业板市场，创新交易机制，丰富交易品种。加快创业板市场改革，健全适合创新型、成长型企业发展的制度安排。增加证券交易所市场内部层次。加快完善全国中小企业股份转让系统，建立小额、便捷、灵活、多元的投融资机制。在清理整顿的基础上，将区域性股权市场纳入多层次资本市场体系。完善集中统一的登记结算制度。

（六）提高上市公司质量

引导上市公司通过资本市场完善现代企业制度，建立健全市场化经营机制，规范经营决策。督促上市公司以投资者需求为导向，履行好信息披露义务，严格执行企业会计准则和财务报告制度，提高财务信息的可比性，增强信息披露的有效性。促进上市公司提高效益，增强持续回报投资者能力，为股东创造更多价值。规范上市公司控股股东、实际控制人行为，保障公司独立主体地位，维护各类股东的平等权利。鼓励上市公司建立市值管理制度。完善上市公司股权激励制度，允许上市公司按规定通过多种形式开展员工持股计划。

（七）鼓励市场化并购重组

充分发挥资本市场在企业并购重组过程中的主渠道作用，强化资本市场的产权定价和交易功能，拓宽并购融资渠道，丰富并购支付方式。尊重企业自主决策，鼓励各类资本公平参与并购，破除市场壁垒和行业分割，实现公司产权和控制权跨地区、跨所有制顺畅转让。

（八）完善退市制度

构建符合我国实际并有利于投资者保护的退市制度，建立健全市场化、多元化退市指标体系并严格执行。支持上市公司根据自身发展战略，在确保公众投资者权益的前提下以吸收合并、股东收购、转板等形式实施主动退市。对欺诈发行的上市公司实行强制退市。明确退市公司重新上市的标准和程序。逐步形成公司进退有序、市场转板顺畅的良性循环机制。

三、规范发展债券市场

（九）积极发展债券市场

完善公司债券公开发行制度。发展适合不同投资者群体的多样化债券品种。建立健全地方政府债券制度。丰富适合中小微企业的债券品种。统筹推进符合条件的资产证券化发展。支持和规范商业银行、证券经营机构、保险资产管理机构等合格机构依法开展债券承销业务。

（十）强化债券市场信用约束

规范发展债券市场信用评级服务。完善发

行人信息披露制度，提高投资者风险识别能力，减少对外部评级的依赖。建立债券发行人信息共享机制。探索发展债券信用保险。完善债券增信机制，规范发展债券增信业务。强化发行人和投资者的责任约束，健全债券违约监测和处置机制，支持债券持有人会议维护债权人整体利益，切实防范道德风险。

（十一）深化债券市场互联互通

在符合投资者适当性管理要求的前提下，完善债券品种在不同市场的交叉挂牌及自主转托管机制，促进债券跨市场顺畅流转。鼓励债券交易场所合理分工、发挥各自优势。促进债券登记结算机构信息共享、顺畅连接，加强互联互通。提高债券市场信息系统、市场监察系统的运行效率，逐步强化对债券登记结算体系的统一管理，防范系统性风险。

（十二）加强债券市场监管协调

充分发挥公司信用类债券部际协调机制作用，各相关部门按照法律法规赋予的职责，各司其职，加强对债券市场准入、信息披露和资信评级的监管，建立投资者保护制度，加大查处债券市场虚假陈述、内幕交易、价格操纵等各类违法违规行为的力度。

四、培育私募市场

（十三）建立健全私募发行制度

建立合格投资者标准体系，明确各类产品私募发行的投资者适当性要求和面向同一类投资者的私募发行信息披露要求，规范募集行为。对私募发行不设行政审批，允许各类发行主体在依法合规的基础上，向累计不超过法律规定特定数量的投资者发行股票、债券、基金等产品。积极发挥证券中介机构、资产管理机构和有关市场组织的作用，建立健全私募产品发行监管制度，切实强化事中事后监管。建立促进经营机构规范开展私募业务的风险控制和自律管理制度安排，以及各类私募产品的统一监测系统。

（十四）发展私募投资基金

按照功能监管、适度监管的原则，完善股权投资基金、私募资产管理计划、私募集合理财产品、集合资金信托计划等各类私募投资产品的监管标准。依法严厉打击以私募为名的各类非法集资活动。完善扶持创业投资发展的政策体系，鼓励和引导创业投资基金支持中小微企业。研究制定保险资金投资创业投资基金的相关政策。完善围绕创新链需要的科技金融服务体系，创新科技金融产品和服务，促进战略性新兴产业发展。

五、推进期货市场建设

（十五）发展商品期货市场

以提升产业服务能力和配合资源性产品价格形成机制改革为重点，继续推出大宗资源性产品期货品种，发展商品期权、商品指数、碳排放权等交易工具，充分发挥期货市场价格发现和风险管理功能，增强期货市场服务实体经济的能力。允许符合条件的机构投资者以对冲风险为目的使用期货衍生品工具，清理取消对企业运用风险管理工具的不必要限制。

（十六）建设金融期货市场

配合利率市场化和人民币汇率形成机制改革，适应资本市场风险管理需要，平稳有序发展金融衍生产品。逐步丰富股指期货、股指期权和股票期权品种。逐步发展国债期货，进一步健全反映市场供求关系的国债收益率曲线。

六、提高证券期货服务业竞争力

（十七）放宽业务准入

实施公开透明、进退有序的证券期货业务牌照管理制度，研究证券公司、基金管理公司、期货公司、证券投资咨询公司等交叉持牌，支持符合条件的其他金融机构在风险隔离基础上申请证券期货业务牌照。积极支持民营资本进入证券期货服务业。支持证券期货经营机构与其他金融机构在风险可控前提下以相互控股、参股的方式探索综合经营。

（十八）促进中介机构创新发展

推动证券经营机构实施差异化、专业化、特色化发展，促进形成若干具有国际竞争力、品牌影响力和系统重要性的现代投资银行。促进证券投资基金管理公司向现代资产管理机构转型，提高财富管理水平。推动期货经营机构并购重组，提高行业集中度。支持证券期货经营机构拓宽融资渠道，扩大业务范围。在风险可控前提下，优化客户交易结算资金存管模式。支持证券期货经营机构、各类资产管理机构围绕风险管理、资本中介、投资融资等业务自主创设产品。规范发展证券期货经营机构柜台业务。对会计师事务所、资产评估机构、评级增信机构、法律服务机构开展证券期货相关服务强化监督，提升证券期货服务机构执业质量和公信力，打造功能齐备、分工专业、服务优质的金融服务产业。

（十九）壮大专业机构投资者

支持全国社会保障基金积极参与资本市场投资，支持社会保险基金、企业年金、职业年金、商业保险资金、境外长期资金等机构投资者资金逐步扩大资本市场投资范围和规模。推动商业银行、保险公司等设立基金管理公司，大力发展证券投资基金。

（二十）引导证券期货互联网业务有序发展

建立健全证券期货互联网业务监管规则。支持证券期货服务业、各类资产管理机构利用网络信息技术创新产品、业务和交易方式。支持有条件的互联网企业参与资本市场，促进互联网金融健康发展，扩大资本市场服务的覆盖面。

七、扩大资本市场开放

（二十一）便利境内外主体跨境投融资

扩大合格境外机构投资者、合格境内机构投资者的范围，提高投资额度与上限。稳步开放境外个人直接投资境内资本市场，有序推进境内个人直接投资境外资本市场。建立健全个人跨境投融资权益保护制度。在符合外商投资产业政策的范围内，逐步放宽外资持有上市公司股份的限制，完善对收购兼并行为的国家安全审查和反垄断审查制度。

（二十二）逐步提高证券期货行业对外开放水平

适时扩大外资参股或控股的境内证券期货经营机构的经营范围。鼓励境内证券期货经营机构实施“走出去”战略，增强国际竞争力。推动境内外交易所市场的连接，研究推进境内外基金互认和证券交易所产品互认。稳步探索B股市场改革。

（二十三）加强跨境监管合作

完善跨境监管合作机制，加大跨境执法协查力度，形成适应开放型资本市场体系的跨境监管制度。深化与香港、澳门特别行政区和台湾地区的监管合作。加强与国际证券期货监管组织的合作，积极参与国际证券期货监管规则制定。

八、防范和化解金融风险

（二十四）完善系统性风险监测预警和评估处置机制

建立健全宏观审慎管理制度。逐步建立覆盖各类金融市场、机构、产品、工具和交易结算行为的风险监测监控平台。完善风险管理措施，及时化解重大风险隐患。加强涵盖资本市场、货币市场、信托理财等领域的跨行业、跨市场、跨境风险监管。

（二十五）健全市场稳定机制

资本市场稳定关系经济发展和社会稳定大局。各地区、各部门在出台政策时要充分考虑资本市场的敏感性，做好新闻宣传和舆论引导工作。完善市场交易机制，丰富市场风险管理工具。建立健全金融市场突发事件快速反应和处置机制。健全稳定市场预期机制。

（二十六）从严查处证券期货违法违规行为

加强违法违规线索监测，提升执法反应能力。严厉打击证券期货违法犯罪行为。完善证券期货行政执法与刑事司法的衔接机制，深化证券期货监管部门与公安司法机关的合作。进一步加强执法能力，丰富行政调查手段，大幅改进执法效率，提高违法违规成本，切实提升执法效果。

（二十七）推进证券期货监管转型

加强全国集中统一的证券期货监管体系建设，依法规范监管权力运行，减少审批、核准、备案事项，强化事中事后监管，提高监管能力和透明度。支持市场自律组织履行职能。加强社会信用体系建设，完善资本市场诚信监管制度，强化守信激励、失信惩戒机制。

九、营造资本市场良好发展环境

（二十八）健全法规制度

推进证券法修订和期货法制定工作。出台上市公司监管、私募基金监管等行政法规。建立健全结构合理、内容科学、层级适当的法律实施规范体系，整合清理现行规章、规范性文件，完善监管执法实体和程序规则。重点围绕调查与审理分离、日常监管与稽查处罚协同等关键环节，积极探索完善监管执法体制和机制。配合完善民事赔偿法律制度，健全操纵市场等犯罪认定标准。

（二十九）坚决保护投资者特别是中小投资者合法权益

健全投资者适当性制度，严格投资者适当性管理。完善公众公司中小投资者投票和表决机制，优化投资者回报机制，健全多元化纠纷解决和投资者损害赔偿救济机制。督促证券投资基金等机构投资者参加上市公司业绩发布会，代表公众投资者行使权利。

（三十）完善资本市场税收政策

按照宏观调控政策和税制改革的总体方向，统筹研究有利于进一步促进资本市场健康发展的税收政策。

（三十一）完善市场基础设施

加强登记、结算、托管等公共基础设施建设。实现资本市场监管数据信息共享。推进资本市场信息系统建设，提高防范网络攻击、应对重大灾难与技术故障的能力。

（三十二）加强协调配合

健全跨部门监管协作机制。加强中小投资者保护工作的协调合作。各地区、各部门要加强与证券期货监管部门的信息共享与协同配合。出台支持资本市场扩大对外开放的外汇、海关监管政策。地方人民政府要规范各类区域性交易场所，打击各种非法证券期货活动，做好区域内金融风险防范和处置工作。

（三十三）规范资本市场信息传播秩序

各地区、各部门要严格管理涉及资本市场的内幕信息，确保信息发布公开公正、准确透明。健全资本市场政策发布和解读机制，创新舆论回应与引导方式。综合运用法律、行政、行业自律等方式，完善资本市场信息传播管理制度。依法严肃查处造谣、传谣以及炒作不实信息误导投资者和影响社会稳定的机构、个人。

国务院关于加快发展生产性服务业 促进产业结构调整升级的指导意见

国发［2014］26号 2014年7月28日

各省、自治区、直辖市人民政府，国务院各部委、各直属机构：

国务院高度重视服务业发展。近年来陆续出台了家庭、养老、健康、文化创意等生活性服务业发展指导意见，服务供给规模和质量水平明显提高。与此同时，生产性服务业发展相对滞后、水平不高、结构不合理等问题突出，亟待加快发展。生产性服务业涉及农业、工业等产业的多个环节，具有专业性强、创新活跃、产业融合度高、带动作用显著等特点，是全球产业竞争的战略制高点。加快发展生产性服务业，是向结构调整要动力、促进经济稳定增长的重大措施，既可以有效激发内需潜力、带动扩大社会就业、持续改善人民生活，也有利于引领产业向价值链高端提升。为加快重点领域生产性服务业发展，进一步推动产业结构调整升级，现提出以下意见：

一、总体要求

（一）指导思想

以邓小平理论、“三个代表”重要思想、科学发展观为指导，深入贯彻党的十八大和十八届二中、三中全会精神，全面落实党中央、国务院各项决策部署，科学规划布局，放宽市场准入，完善行业标准，创造环境条件，加快生产性服务业创新发展，实现服务业与农业、工业等在更高水平上有机融合，推动我国产业结构优化调整，促进经济提质增效升级。

（二）基本原则

坚持市场主导。处理好政府和市场的关系，使市场在资源配置中起决定性作用和更好发挥政府作用，鼓励和支持各种所有制企业根据市场需求，积极发展生产性服务业。

坚持突出重点。以显著提升产业发展整体素质和产品附加值为重点，围绕全产业链的整合优化，充分发挥生产性服务业在研发设计、流程优化、市场营销、物流配送、节能降耗等方面的引领带动作用。

坚持创新驱动。建立与国际接轨的专业化生产性服务业体系，推动云计算、大数据、物联网等在生产性服务业的应用，鼓励企业开展科技创新、产品创新、管理创新、市场创新和商业模式创新，发展新兴生产性服务业态。

坚持集聚发展。适应中国特色新型工业化、信息化、城镇化、农业现代化发展趋势，深入实施区域发展总体战略和主体功能区战略，因地制宜引导生产性服务业在中心城市、制造业集中区域、现代农业产业基地以及有条件的城镇等区域集聚，实现规模效益和特色发展。

二、发展导向

以产业转型升级需求为导向，进一步加快生产性服务业发展，引导企业进一步打破“大而全”、“小而全”的格局，分离和外包非核心业务，向价值链高端延伸，促进我国产业逐步由生产制造型向生产服务型转变。

（一）鼓励企业向价值链高端发展

鼓励农业企业和涉农服务机构重点围绕提高科技创新和推广应用能力，加快推进现代种业发展，完善农副产品流通体系。鼓励有能力的工业企业重点围绕提高研发创新和系统集成能力，发展市场调研、产品设计、技术开发、工程总包和系统控制等业务。加快发展专业化设计及相关定制、加工服务，建立健全重大技术装备第三方认证制度。促进专利技术运用和创新成果转化，健全研发设计、试验验证、运行维护和技术产品标准等体系。重点围绕市场营销和品牌服务，发展现代销售体系，增强产业链上下游企业协同能力。强化期货、现货交易平台功能。鼓励分期付款等消费金融服务方式。推进仓储物流、维修维护和回收利用等专业服务的发展。

（二）推进农业生产和工业制造现代化

搭建各类农业生产服务平台，加强政策法律咨询、市场信息、病虫害防治、测土配方施肥、种养过程监控等服务。健全农业生产资料配送网络，鼓励开展农机跨区作业、承包作业、机具租赁和维修服务。推进面向产业集群和中小企业的基础工艺、基础材料、基础元器件研发和系统集成以及生产、检测、计量等专业化公共服务平台建设，鼓励开展工程项目、工业设计、产品技术研发和检验检测、工艺诊断、流程优化再造、技能培训等服务外包，整合优化生产服务系统。发展技术支持和设备监理、保养、维修、改造、备品备件等专业化服务，提高设备运行质量。鼓励制造业与相关产业协同处置工业“三废”及社会废弃物，发展节能减排投融资、清洁生产审核及咨询等节能环保服务。

（三）加快生产制造与信息技术服务融合

支持农业生产的信息技术服务创新和应用，发展农作物良种繁育、农业生产动态监测、环境监控等信息技术服务，建立健全农产品质量安全可追溯体系。鼓励将数字技术和智能制造技术广泛应用于产品设计和制造过程，丰富产品功能，提高产品性能。运用互联网、大数据等信息技术，积极发展定制生产，满足多样化、个性化消费需求。促进智能终端与应用服务相融合、数字产品与内容服务相结合，推动产品创新，拓展服务领域。发展服务于产业集群的电子商务、数字内容、数据托管、技术推广、管理咨询等服务平台，提高资源配置效率。

三、主要任务

现阶段，我国生产性服务业重点发展研发设计、第三方物流、融资租赁、信息技术服务、节能环保服务、检验检测认证、电子商务、商务咨询、服务外包、售后服务、人力资源服务和品牌建设。

（一）研发设计

积极开展研发设计服务，加强新材料、新产品、新工艺的研发和推广应用。大力发展工业设计，培育企业品牌、丰富产品品种、提高附加值。促进工业设计向高端综合设计服务转变。支持研发体现中国文化要素的设计产品。整合现有资源，发挥企业创新主体作用，推进产学研用合作，加快创新成果产业化步伐。鼓励建立专业化、开放型的工业设计企业和工业设计服务中心，促进工业企业与工业设计企业合作。完善知识产权交易和中介服务体系，发展研发设计交易市场。开展面向生产性服务业企业的知识产权培训、专利运营、分析评议、专利代理和专利预警等服务。建立主要由市场评价创新成果的机制，加快研发设计创新转化为现实生产力。

（二）第三方物流

优化物流企业供应链管理服务，提高物流企业配送的信息化、智能化、精准化水平，推广企业零库存管理等现代企业管理模式。加强核心技术开发，发展连锁配送等现代经营方式，重点推进云计算、物联网、北斗导航及地理信息等技术在物流智能化管理方面的应用。引导企业剥离物流业务，积极发展专业化、社会化的大型物流企业。完善物流建设和服务标准，引导物流设施资源集聚集约发展，培育一批具有较强服务能力的生产服务型物流园区和配送中心。加强综合性、专业性物流公共信息平台和货物配载中心建设，衔接货物信息，匹配运载工具，提高物流企业运输工具利用效率，降低运输车辆空驶率。提高物流行业标准化设施、设备和器具应用水平以及托盘标准化水平。继续推进制造业与物流业联动发展示范工作和快递服务制造业工作，加强仓储、冷链物流服务。大力发展铁水联运、江海直达、滚装运输、道路货物甩挂运输等运输方式，推进货运汽车（挂车）、列车标准国际化。优化城市配送网络，鼓励统一配送和共同配送。推动城市配送车辆标准化、标识化，建立健全配送车辆运力调控机制，完善配送车辆便利通行措施。在关系民生的农产品、药品、快速消费品等重点领域开展标准化托盘循环共用示范试点。完善农村物流服务体系，加强产销衔接，扩大农超对接规模，加快农产品批发和零售市场改造升级，拓展农产品加工服务。

（三）融资租赁

建立完善融资租赁业运营服务和管理信息系统，丰富租赁方式，提升专业水平，形成融资渠道多样、集约发展、监管有效、法律体系健全的融资租赁服务体系。大力推广大型制造设备、施工设备、运输工具、生产线等融资租赁服务，鼓励融资租赁企业支持中小微企业发展。引导企业利用融资租赁方式，进行设备更新和技术改造。鼓励采用融资租赁方式开拓国际市场。紧密联系产业需求，积极开展租赁业务创新和制度创新，拓展厂商租赁的业务范围。引导租赁服务企业加强与商业银行、保险、信托等金融机构合作，充分利用境外资金，多渠道拓展融资空间，实现规模化经营。建设程序标准化、管理规范化、运转高效的租赁物与二手设备流通市场，建立和完善租赁物公示、查询系统和融资租赁资产退出机制。加快研究制定融资租赁行业的法律法规。充分发挥行业协会作用，加强信用体系建设和行业自律。建立系统性行业风险防范机制，以及融资租赁业统计制度和评价指标体系。

（四）信息技术服务

发展涉及网络新应用的信息技术服务，积极运用云计算、物联网等信息技术，推动制造业的智能化、柔性化和服务化，促进定制生产等模式创新发展。加快面向工业重点行业的知识库建设，创新面向专业领域的信息服务方式，提升服务能力。加强相关软件研发，提高信息技术咨询设计、集成实施、运行维护、测试评估和信息安全服务水平，面向工业行业应用提供系统解决方案，促进工业生产业务流程再造和优化。推动工业企业与软件提供商、信息服务提供商联合提升企业生产经营管理全过程的数字化水平。支持工业企业所属信息服务机构面向行业和社会提供专业化服务。加快农村互联网基础设施建设，推进信息进村入户。

（五）节能环保服务

健全节能环保法规和标准体系，增强节能环保指标的刚性约束，严格落实奖惩措施。大力发展节能减排投融资、能源审计、清洁生产审核、工程咨询、节能环保产品认证、节能评估等第三方节能环保服务体系。规范引导建材、冶金、能源企业协同开展城市及产业废弃物的资源化处理，建立交易市场。鼓励结合改善环境质量和治理污染的需要，开展环保服务活动。发展系统设计、成套设备、工程施工、调试运行和维护管理等环保服务总承包。鼓励大型重点用能单位依托自身技术优势和管理经验，开展专业化节能环保服务。推广合同能源管理，建设“一站式”合同能源管理综合服务平台，积极探索节能量市场化交易。建设再生资源回收体系和废弃物逆向物流交易平台。积极发展再制造专业技术服务，建立再制造旧件回收、产品营销、溯源等信息化管理系统。推行环境污染第三方治理。

（六）检验检测认证

加快发展第三方检验检测认证服务，鼓励不同所有制检验检测认证机构平等参与市场竞争，不断增强权威性和公信力，为提高产品质量提供有力的支持保障服务。加强计量、检测技术、检测装备研发等基础能力建设，发展面向设计开发、生产制造、售后服务全过程的分析、测试、计量、检验等服务。建设一批国家产业计量测试中心，构建国家产业计量测试服务体系。加强先进重大装备、新材料、新能源汽车等领域的第三方检验检测服务，加快发展药品检验检测、医疗器械检验、进出口检验检疫、农产品质量安全检验检测、食品安全检验检测等服务，发展在线检测，完善检验检测认证服务体系。开拓电子商务等服务认证领域。优化资源配置，引导检验检测认证机构集聚发展，推进整合业务相同或相近的检验检测认证机构。积极参与制定国际检验检测标准，开展检验检测认证结果和技术能力国际互认。培育一批技术能力强、服务水平高、规模效益好、具有一定国际影响力的检验检测认证集团。加大生产性服务业标准的推广应用力度，深化国家级服务业标准化试点。

（七）电子商务

深化大中型企业电子商务应用，促进大宗原材料网上交易、工业产品网上定制、上下游关联企业业务协同发展，创新组织结构和经营模式。引导小微企业依托第三方电子商务服务平台开展业务。抓紧研究制定鼓励电子商务创新发展的意见。深化电子商务服务集成创新。加快并规范集交易、电子认证、在线支付、物流、信用评估等服务于一体的第三方电子商务综合服务平台发展。加快推进适应电子合同、电子发票和电子签名发展的制度建设。建设开放式电子商务快递配送信息平台和社会化仓储设施网络，加快布局、规范建设快件处理中心和航空、陆运集散中心。鼓励对现有商业设施、邮政便民服务设施等的整合利用，加强共同配送末端网点建设，推动社区商业电子商务发展。深入推进国家电子商务示范城市、示范基地和示范企业建设，发展电子商务可信交易保障、交易纠纷处理等服务。建立健全促进电子商务发展的工作保障机制。加强网络基础设施建设和电子商务信用体系、统计监测体系建设，不断完善电子商务标准体系和快递服务质量评价体系。推进农村电子商务发展，积极培育农产品电子商务，鼓励网上购销对接等多种交易方式。支持面向跨境贸易的多语种电子商务平台建设、服务创新和应用推广。积极发展移动电子商务，推动移动电子商务应用向工业生产经营和生产性服务业领域延伸。

（八）商务咨询

提升商务咨询服务专业化、规模化、网络化水平。引导商务咨询企业以促进产业转型升级为重点，大力发展战略规划、营销策划、市场调查、管理咨询等提升产业发展素质的咨询服务，积极发展资产评估、会计、审计、税务、勘察设计、工程咨询等专业咨询服务。发展信息技术咨询服务，开展咨询设计、集成实施、运行维护、测试评估、应用系统解决方案和信息安全服务。加强知识产权咨询服务，发展检索、分析、数据加工等基础服务，培育知识产权转化、投融资等市场化服务。重视培育品牌和商誉，发展无形资产、信用等评估服务。抓紧研究制定咨询服务业发展指导意见。依法健全商务咨询服务的职业评价制度和信用管理体系，加强执业培训和行业自律。开展多种形式的国际合作，推动商务咨询服务国际化发展。

（九）服务外包

把握全球服务外包发展新趋势，积极承接国际离岸服务外包业务，大力培育在岸服务外包市场。抓紧研究制定在岸与离岸服务外包协调发展政策。适应生产性服务业社会化、专业化发展要求，鼓励服务外包，促进企业突出核心业务、优化生产流程、创新组织结构、提高质量和效率。引导社会资本积极发展信息技术外包、业务流程外包和知识流程外包服务业务，为产业转型升级提供支撑。鼓励政府机构和事业单位购买专业化服务，加强管理创新。支持企业购买专业化服务，构建数字化服务平台，实现包括产品设计、工艺流程、生产规划、生产制造和售后服务在内的全过程管理。

（十）售后服务

鼓励企业将售后服务作为开拓市场、提高竞争力的重要途径，增强服务功能，健全服务网络，提升服务质量，完善服务体系。完善产品“三包”制度，推动发展产品配送、安装调试、以旧换新等售后服务，积极运用互联网、物联网、大数据等信息技术，发展远程检测诊断、运营维护、技术支持等售后服务新业态。大力发展专业维护维修服务，加快技术研发与应用，促进维护维修服务业务和服务模式创新，鼓励开展设备监理、维护、修理和运行等全生命周期服务。积极发展专业化、社会化的第三方维护维修服务，支持具备条件的工业企业内设机构向专业维护维修公司转变。完善售后服务标准，加强售后服务专业队伍建设，健全售后服务认证制度和质量监测体系，不断提高用户满意度。

（十一）人力资源服务和品牌建设

以产业引导、政策扶持和环境营造为重点，推进人力资源服务创新，大力开发能满足不同层次、不同群体需求的各类人力资源服务产品。提高人力资源服务水平，促进人力资源服务供求对接，引导各类企业通过专业化的人力资源服务提升人力资源管理开发和使用水平，提升劳动者素质和人力资源配置效率。加快形成一批具有国际竞争力的综合型、专业型人力资源服务机构。统筹利用高等院校、科研院所、职业院校、社会培训机构和企业等各种培训资源，强化生产性服务业所需的创新型、应用型、复合型、技术技能型人才开发培训。加快推广中关村科技园区股权激励试点经验，调动科研人员创新进取的积极性。营造尊重人才、有利于优秀人才脱颖而出和充分发挥作用的社会环境。鼓励具有自主知识产权的知识创新、技术创新和模式创新，积极创建知名品牌，增强独特文化特质，以品牌引领消费，带动生产制造，推动形成具有中国特色的品牌价值评价机制。

四、政策措施

从深化改革开放、完善财税政策、强化金融创新、有效供给土地、健全价格机制和加强基础工作等方面，为生产性服务业发展创造良好环境，最大限度地激发企业和市场活力。

（一）进一步扩大开放

进一步放开生产性服务业领域市场准入，营造公平竞争环境，不得对社会资本设置歧视性障碍，鼓励社会资本以多种方式发展生产性服务业。进一步减少生产性服务业重点领域前置审批和资质认定项目，由先证后照改为先照后证，加快落实注册资本认缴登记制。允许社会资本参与应用型技术研发机构市场化改革。鼓励社会资本参与国家服务业综合改革试点。

引导外资企业来华设立生产性服务业企业、各类功能性总部和分支机构、研发中心、营运基地等。统一内外资法律法规，推进生产性服务业领域有序开放，放开建筑设计、会计审计、商贸物流、电子商务等服务业领域外资准入限制。加快研究制定服务业进一步扩大开放的政策措施，对已经明确的扩大开放要求，要抓紧落实配套措施。探索对外商投资实行准入前国民待遇加负面清单的管理模式。发挥中国（上海）自由贸易试验区在服务业领域先行先试的作用。加强与香港、澳门、台湾地区的服务业合作，加快推进深圳前海、珠海横琴、广州南沙与港澳地区，福建厦门、平潭和江苏昆山与台湾地区的服务业合作试点。

鼓励有条件的企业依托现有产品贸易优势，在境外设立分支机构，大力拓展生产性服务业发展空间。简化境外投资审批程序，进一步提高生产性服务业境外投资的便利化程度。鼓励企业利用电子商务开拓国际营销渠道，积极研究为符合条件的电子商务企业、快递企业提供便利通关措施。加快跨境电子商务通关试点建设。鼓励设立境外投资贸易服务机构，做好境外投资需求的规模、领域和国别研究，提供对外投资准确信息，为企业“走出去”提供咨询服务。

（二）完善财税政策

尽快将营业税改征增值税试点扩大到服务业全领域。根据生产性服务业产业融合度高的特点，完善促进生产性服务业的税收政策。研发设计、检验检测认证、节能环保等科技型、创新型生产性服务业企业，可申请认定为高新技术企业，享受15%的企业所得税优惠税率。研究适时扩大生产性服务业服务产品出口退税政策范围，制定产品退税目录和具体管理办法。

中央财政和地方财政在各自事权和支出责任范围内，重点支持公共基础设施、市场诚信体系、标准体系建设以及公共服务平台等服务业发展薄弱环节建设，探索完善财政资金投入方式，提高资金使用效率，推动建立统一开放、规范竞争的服务业市场体系。鼓励开发区、产业集群、现代农业产业基地、服务业集聚区和发展示范区积极建设重大服务平台。积极研究自主创新产品首次应用政策，增加对研发设计成果应用的支持。完善政府采购办法，逐步加大政府向社会力量购买服务的力度，凡适合社会力量承担的，都可以通过委托、承包、采购等方式交给社会力量承担。研究制定政府向社会力量购买服务的指导性目录，明确政府购买的服务种类、性质和内容。

（三）创新金融服务

鼓励商业银行按照风险可控、商业可持续原则，开发适合生产性服务业特点的各类金融产品和服务，积极发展商圈融资、供应链融资等融资方式。支持节能环保服务项目以预期收益质押获得贷款。研究制定利用知识产权质押、仓单质押、信用保险保单质押、股权质押、商业保理等多种方式融资的可行措施。建立生产性服务业重点领域企业信贷风险补偿机制。完善动产抵（质）押登记公示体系，建立健全动产押品管理公司监管制度。支持符合条件的生产性服务业企业通过银行间债券市场发行非金融企业债券融资工具融资，拓宽企业融资渠道。支持商业银行发行专项金融债券，服务小微企业。根据研发、设计、应用的阶段特征和需求，建立完善相应的融资支持体系和产品。搭建方便快捷的融资平台，支持符合条件的生产性服务业企业上市融资、发行债券。对符合条件的中小企业信用担保机构提供担保服务实行免征营业税政策。鼓励融资性担保机构扩大生产性服务业企业担保业务规模。

（四）完善土地和价格政策

合理安排生产性服务业用地，促进节约集约发展。鼓励工业企业利用自有工业用地兴办促进企业转型升级的自营生产性服务业，经依法批准，对提高自有工业用地容积率用于自营生产性服务业的工业企业，可按新用途办理相关手续。选择具备条件的城市和国家服务业综合改革试点区域，鼓励通过对城镇低效用地的改造发展生产性服务业。加强对服务业发展示范区促进生产性服务业发展与土地利用工作的协同指导。

建立完善主要以市场决定价格的生产性服务业价格形成机制，规范服务价格。建立科学合理的生产性服务业企业贷款定价机制，加大对生产性服务业重点领域企业的支持力度。加快落实生产性服务业用电、用水、用气与工业同价。对工业企业分离出的非核心业务，在水、气方面实行与原企业相同的价格政策。符合条件的生产性服务业重点领域企业，可申请参与电力用户与发电企业直接交易试点。加强对生产性服务业重点领域违规收费项目的清理和监督检查。

（五）加强知识产权保护和人才队伍建设

鼓励生产性服务业企业创造自主知识产权，加强对服务模式、服务内容等创新的保护。加快数字版权保护技术研发，推进国家版权监管平台建设。扩大知识产权基础信息资源共享范围，促进知识产权协同创新。加强知识产权执法，加大对侵犯知识产权和制售假冒伪劣商品的打击力度，维护市场秩序，保护创新积极性。加强政府引导，及时发布各类人才需求导向等信息。支持生产性服务业创新团队培养，建立创新发展服务平台。研究促进设计、创意人才队伍建设的措施办法，鼓励创新型人才发展。建设大型专业人才服务平台，增强人才供需衔接。

（六）建立健全统计制度

以国民经济行业分类为基础，抓紧研究制定生产性服务业及重点领域统计分类，完善相关统计制度和指标体系，明确各有关部门相关统计任务。建立健全有关部门信息共享机制，逐步形成年度、季度信息发布机制。

各地区、各部门要充分认识发展生产性服务业的重大意义，把加快发展生产性服务业作为转变经济发展方式、调整产业结构的重要任务，采取有力措施，确保各项政策落到实处、见到实效。地方各级人民政府要加强组织领导，结合本地实际进一步研究制定扶持生产性服务业发展的政策措施。国务院各有关部门要密切协作配合，抓紧制定各项配套政策和落实政策措施分工的具体措施，营造促进生产性服务业发展的良好环境。发展改革委要加强统筹协调，会同有关部门对本意见落实情况进行督促检查和跟踪分析，每半年向国务院报告一次落实情况，重大问题及时报告。

在推进生产性服务业加快发展的同时，要围绕人民群众的迫切需要，继续大力发展生活性服务业，落实和完善生活性服务业支持政策，拓展新领域，不断丰富健康、家庭、养老等服务产品供给；发展新业态，不断提高网络购物、远程教育、旅游等服务层次水平；培育新热点，不断扩大文化创意、数字家庭、信息消费等消费市场规模，做到生产性服务业与生活性服务业并重、现代服务业与传统服务业并举，切实把服务业打造成经济社会可持续发展的新引擎。

附件：政策措施分工表

附件

政策措施分工表

序号	工作任务	负责部门
1	进一步放开生产性服务业领域市场准入，营造公平竞争环境，不得对社会资本设置歧视性障碍，鼓励社会资本以多种方式发展生产性服务业	发展改革委、商务部会同有关部门
2	进一步减少生产性服务业重点领域前置审批和资质认定项目，由先证后照改为先照后证，加快落实注册资本认缴登记制	工商总局、中央编办会同有关部门
3	加快研究制定服务业进一步扩大开放的政策措施，对已经明确的扩大开放要求，要抓紧落实配套措施	发展改革委、商务部会同有关部门
4	进一步提高生产性服务业境外投资的便利化程度	发展改革委、商务部会同有关部门
5	加快跨境电子商务通关试点建设	海关总署、发展改革委、商务部、质检总局会同有关部门
6	尽快将营业税改征增值税试点扩大到服务业全领域。根据生产性服务业产业融合度高的特点，完善促进生产性服务业的税收政策	财政部、税务总局
7	研究适时扩大生产性服务业服务产品出口退税政策范围，制定产品退税目录和具体管理办法	财政部、税务总局、发展改革委
8	完善政府采购办法，逐步加大政府向社会力量购买服务的力度，凡适合社会力量承担的，都可以通过委托、承包、采购等方式交给社会力量承担。研究制定政府向社会力量购买服务的指导性目录，明确政府购买的服务种类、性质和内容	财政部
9	研究制定利用知识产权质押、仓单质押、信用保险保单质押、股权质押、商业保理等多种方式融资的可行措施	人民银行、银监会、财政部、保监会、知识产权局、版权局、商务部、工商总局等
10	支持符合条件的生产性服务业企业上市融资、发行债券	证监会、发展改革委、人民银行

续表

序号	工作任务	负责部门
11	鼓励融资性担保机构扩大生产性服务业企业担保业务规模	银监会、发展改革委、工业和信息化部、财政部等
12	鼓励工业企业利用自有工业用地兴办促进企业转型升级的自营生产性服务业，经依法批准，对提高自有工业用地容积率用于自营生产性服务业的工业企业，可按新用途办理相关手续	发展改革委、工业和信息化部、住房城乡建设部、国土资源部
13	选择具备条件的城市和国家服务业综合改革试点区域，鼓励通过对城镇低效用地的改造发展生产性服务业。加强对服务业发展示范区促进生产性服务业发展与土地利用工作的协同指导	国土资源部、住房城乡建设部、发展改革委
14	支持生产性服务业创新团队培养	发展改革委、人力资源社会保障部
15	抓紧研究制订生产性服务业及重点领域统计分类，完善相关统计制度和指标体系，明确各有关部门相关统计任务。建立健全有关部门信息共享机制，逐步形成年度、季度信息发布机制	统计局、发展改革委、工业和信息化部会同有关部门

科技部　财政部关于印发《国家科技成果转化引导基金设立创业投资子基金管理暂行办法》的通知

国科发财［2014］229号　2014年8月8日

各省、自治区、直辖市及计划单列市科技厅（委、局）、财政厅（局），新疆生产建设兵团科技局、财务局，科技部、财政部各有关司（中心），各有关单位：

根据《国家科技成果转化引导基金管理暂行办法》（财教［2011］289号），为规范国家科技成果转化引导基金，设立创业投资子基金工作，科技部、财政部制定了《国家科技成果转化引导基金设立创业投资子基金管理暂行办法》。现予印发，请遵照执行。

附件：国家科技成果转化引导基金　设立创业投资子基金管理暂行办法

附件

国家科技成果转化引导基金 设立创业投资子基金管理暂行办法

第一章 总 则

第一条 为规范国家科技成果转化引导基金（以下简称引导基金）设立创业投资子基金（以下简称子基金），加强资金管理，根据《国家科技成果转化引导基金管理暂行办法》，制定本办法。

第二条 引导基金按照政府引导、市场运作、不以营利为目的的原则设立子基金。设立方式包括与民间资本、地方政府资金以及其他投资者共同发起设立，或对已有创业投资基金增资设立等。

第三条 科技部按照《国家科技成果转化引导基金管理暂行办法》和本办法规定的条件和程序批准出资设立子基金。

第二章 子基金的设立

第四条 子基金应当在中国大陆境内注册，募集资金总额不低于10000万元人民币，且以货币形式出资，经营范围为创业投资业务，组织形式为公司制或有限合伙制。

第五条 引导基金对子基金的参股比例为子基金总额的20%—30%，且始终不作为第一大股东或最大出资人；子基金的其余资金应依法募集，境外出资人应符合国家相关规定。

第六条 子基金存续期一般不超过8年。在子基金股权资产转让或变现受限等情况下，经子基金出资人协商一致，最多可延长2年。

第七条 在中国大陆境内注册的投资企业或创业投资管理企业（以下统称投资机构）可以作为申请者，向科技部、财政部申请设立子基金。多家投资机构拟共同发起子基金的，应推举一家机构作为申请者。

科技部、财政部委托引导基金的受托管理机构受理子基金的设立申请。

第八条 申请者为投资企业的，其注册资本或净资产应不低于5000万元；申请者为创业投资管理企业的，其注册资本应不低于500万元。

第九条 申请者应当确定一家创业投资管理企业作为拟设立的子基金的管理机构。该管理机构应具备以下条件：

（一）在中国大陆境内注册，主要从事创业投资业务；

（二）具有完善的创业投资管理和风险控制流程，规范的项目遴选和投资决策机制，健全的内部财务管理制度，能够为所投资企业提供创业辅导、管理咨询等增值服务；

（三）至少有3名具备5年以上创业投资或相关业务经验的专职高级管理人员；在国家重点支持的高新技术领域内，至少有3个创业投资成功案例；

（四）应参股子基金或认缴子基金份额，且出资额不得低于子基金总额的5‰；

（五）企业及其高级管理人员无重大过失，无受行政主管机关或司法机关处罚的不良记录。

第十条 申请者向受托管理机构提交的申请应包括以下材料：

（一）子基金组建或增资方案；

（二）主要出资人的出资承诺书或出资证明；

（三）会计师事务所出具的投资机构近期的审计报告；

（四）子基金管理机构的有关材料；

（五）其他应当提交的资料。

第十一条 受托管理机构收到申请后，应对申请材料进行初审。对于不符合要求的，应及时通知申请者补充完善；对于符合要求的，应在规定时间内组织开展尽职调查，形成调查报告，并向引导基金理事会提交调查报告和子基金设立方案。

受托管理机构按照理事会要求委托专业化的社会中介机构开展尽职调查等工作。

第十二条 引导基金理事会依据《国家科技成果转化引导基金理事会规程》的相关规定，对调查报告和子基金设立方案进行审核，形成审核意见。

第十三条 科技部根据引导基金理事会的审核意见，对子基金设立方案进行合规性审查。对于符合设立条件的，科技部商财政部同意后向社会公示，公示期为10个工作日；公示无异议的，批准出资设立子基金，并向社会公告。

第三章 投资管理

第十四条 科技部、财政部委托受托管理机构向子基金派出代表，依据法律法规和子基金章程或合伙协议等行使出资人职责，参与重大决策，监督子基金的投资和运作，不参与日常管理。子基金管理机构作出投资决定后，应在实施投资前3个工作日告知受托管理机构代表。

第十五条 子基金管理机构在完成子基金70%的资金委托投资之前，不得募集其他基金。子基金的待投资金应存放托管银行或购买国债等风险低、流动性强的符合国家有关规定的金融产品。

子基金管理费由子基金出资人与子基金管理机构协商确定。

第十六条 子基金投资于转化国家科技成果转化项目库中科技成果的企业的资金应不低于引导基金出资额的3倍，且不低于子基金总额的50%；其他投资方向应符合国家重点支持的高新技术领域；所投资企业应在中国大陆境内注册。

第十七条 子基金不得从事以下业务：

（一）投资于已上市企业（所投资企业上市后，子基金所持股份未转让及其配售部分除外）；

（二）从事担保、抵押、委托贷款、房地产（包括购买自用房地产）等业务；

（三）投资于股票、期货、企业债券、信托产品、理财产品、保险计划及其他金融衍生品；

（四）进行承担无限连带责任的对外投资；

（五）吸收或变相吸收存款，以及发行信托或集合理财产品的形式募集资金；

（六）向任何第三方提供资金拆借、赞助、捐赠等；

（七）其他国家法律法规禁止从事的业务。

第十八条 引导基金以出资额为限对子基金债务承担责任。子基金清算出现亏损时，首先由子基金管理机构以其对子基金的出资额承担亏损，剩余部分由引导基金和其他出资人按出资比例承担。

第十九条 出现下列情况之一时，引导基金可选择退出，且无需经由其他出资人同意：

（一）子基金方案获得科技部批准后，未按规定程序完成设立手续超过一年的；

（二）引导基金向子基金账户拨付资金后，子基金未开展投资超过一年的；

（三）子基金投资项目不符合本办法规定的政策目标的；

（四）子基金未按照章程或合伙协议约定投资的；

（五）子基金管理机构发生实质性变化的。

第二十条 子基金存续期内，鼓励子基金的股东（出资人）或其他投资者购买引导基金所持子基金的股权或份额。同等条件下，子基金的股东（出资人）优先购买。

对于发起设立的子基金，注册之日起4年

内（含4年）购买的，以引导基金原始出资额转让；4年至6年内（含6年）购买的，以引导基金原始出资额及从第5年起按照转让时中国人民银行公布的1年期贷款基准利率计算的利息之和转让；6年以上仍未退出的，将与其他出资人同股同权在存续期满后清算退出。

对于增资设立的子基金的，上述年限从子基金完成变更登记手续之日起计算。

第二十一条 子基金存续期结束时，子基金出资各方按照出资比例或相关协议约定获取投资收益。子基金的年平均收益率不低于子基金出资时中国人民银行公布的一年期贷款基准利率的，引导基金可将其不超过20%的收益奖励子基金管理机构。

第四章 托管银行

第二十二条 科技部、财政部通过招标等方式确定若干家银行作为子基金的托管银行，并向社会公布。托管银行应当符合以下条件：

（一）成立时间在5年以上的全国性股份制商业银行；

（二）具有专门的基金托管机构和创业投资基金托管经验；

（三）无重大过失以及受行政主管机关或司法机关处罚的不良记录。

第二十三条 子基金应在科技部、财政部公布的银行名单中选择托管银行，签订资产托管协议，开设托管账户。托管银行与子基金主要出资人、子基金管理机构之间不得有股权和亲属等关联及利害关系。

第二十四条 托管银行负责托管子基金资产，按照托管协议和投资指令负责子基金的资金往来，定期向受托管理机构报告资金情况。受托管理机构负责对托管银行履行职责情况进行考核。

第二十五条 子基金存续期内产生的股权转让、分红、清算等资金应进入托管账户，不得循环投资。

第五章 收入收缴

第二十六条 引导基金投资子基金的收入包括引导基金退出时应收回的原始投资及应取得的收益、子基金清算时引导基金应取得的剩余财产清偿收入等。

上述原始投资及应取得的收益，按照引导基金的实际出资额以及引导基金股权或份额转让协议等确定；应取得的剩余财产清偿收入根据有关法律程序确定。

第二十七条 引导基金投资子基金的所得收入上缴中央国库，纳入中央公共财政预算管理。收入收缴工作由受托管理机构负责，按照国库集中收缴有关规定执行。

第二十八条 引导基金投资子基金的收入按以下程序上缴：

（一）受托管理机构与子基金其他出资人等商议股权或份额退出、收益分配及清算等事宜，并对子基金实施情况的专项审计报告、受让子基金股权或份额申请以及确认收入所依据的相关资料等进行审核；

（二）受托管理机构根据商议及审核结果，提出引导基金退出及收入收缴实施方案，报科技部、财政部审定；

（三）受托管理机构根据科技部、财政部的审定意见，办理股权或份额转让、收入收缴等手续，向有关缴款单位发送缴款通知；

（四）缴款单位在收到缴款通知后的30日内，将应缴的引导基金投资子基金收入缴入引导基金在托管银行开设的指定账户。

第六章 管理与监督

第二十九条 受托管理机构应建立子基金管理信息系统，实施子基金设立及运作的过程管理，并采取投资告知、定期报告、专项审计等方式，加强对子基金的管理和监督。

第三十条 受托管理机构应向科技部、财政部定期提交子基金运作情况和引导基金投资子基金收入上缴情况，及时报告子基金法律文件变更、资本增减、违法违规事件、管理机构变动、清算与解散等重大事项。

第三十一条 科技部、财政部委托引导基金理事会对子基金运作情况定期开展绩效评价，对受托管理机构改进工作提出建议。

第三十二条 受托管理机构不能有效履行职责、发生重大过失或违规行为等造成恶劣影响的，科技部、财政部视情况给予约谈、批评、警告直至取消其受托管理资格的处理。处理结果可向社会公告。

第三十三条 任何单位和个人不得隐瞒、滞留、截留、挤占、挪用引导基金投资子基金的收入。一经发现和查实前述行为，除收回有关资金外，按照《财政违法行为处罚处分条例》（国务院令第427号）的规定处理。

第七章 附　　则

第三十四条 本办法规定的相关事项应在子基金章程或合伙协议等文件中载明。

第三十五条 本办法由科技部、财政部负责解释。

第三十六条 本办法自发布之日起30日后施行。

国家发展改革委 工业和信息化部 科学技术部 公安部 财政部 国土资源部 住房和城乡建设部 交通运输部印发《关于促进智慧城市健康发展的指导意见》的通知

发改高技〔2014〕1770号 2014年8月27日

各省、自治区、直辖市人民政府，国务院各部委、各直属机构：

经国务院同意，现将《关于促进智慧城市健康发展的指导意见》印发你们，请认真贯彻落实。各地区、各有关部门要充分认识促进智慧城市健康发展的重要意义，切实加强组织领导，采取有力措施，扎实推进各项工作，认真落实本指导意见提出的各项任务，确保智慧城市建设健康有序推进。

附件：关于促进智慧城市健康发展的指导意见

附件

关于促进智慧城市健康发展的指导意见

智慧城市是运用物联网、云计算、大数据、空间地理信息集成等新一代信息技术，促进城市规划、建设、管理和服务智慧化的新理念和新模式。建设智慧城市，对加快工业化、信息化、城镇化、农业现代化融合，提升城市可持续发展能力具有重要意义。近年来，我国智慧城市建设取得了积极进展，但也暴露出缺乏顶层设计和统筹规划、体制机制创新滞后、网络安全隐患和风险突出等问题，一些地方出现思路不清、盲目建设的苗头，亟待加强引导。为贯彻落实《中共中央　国务院关于印发〈国家新型城镇化规划（2014—2020年）〉的通知》（中发［2014］4号）和《国务院关于促进信息消费扩大内需的若干意见》（国发［2013］32号）有关要求，促进智慧城市健康发展，经国务院同意，现提出以下意见。

一、指导思想、基本原则和主要目标

（一）指导思想

按照走集约、智能、绿色、低碳的新型城镇化道路的总体要求，发挥市场在资源配置中的决定性作用，加强和完善政府引导，统筹物质、信息和智力资源，推动新一代信息技术创新应用，加强城市管理和服务体系智能化建设，积极发展民生服务智慧应用，强化网络安全保障，有效提高城市综合承载能力和居民幸福感受，促进城镇化发展质量和水平全面提升。

（二）基本原则

以人为本，务实推进。智慧城市建设要突出为民、便民、惠民，推动创新城市管理和公共服务方式，向城市居民提供广覆盖、多层次、差异化、高质量的公共服务，避免重建设、轻实效，使公众分享智慧城市建设成果。

因地制宜，科学有序。以城市发展需求为导向，根据城市地理区位、历史文化、资源禀赋、产业特色、信息化基础等，应用先进适用技术科学推进智慧城市建设。在综合条件较好的区域或重点领域先行先试，有序推动智慧城市发展，避免贪大求全、重复建设。

市场为主，协同创新。积极探索智慧城市的发展路径、管理方式、推进模式和保障机制。鼓励建设和运营模式创新，注重激发市场活力，建立可持续发展机制。鼓励社会资本参与建设投资和运营，杜绝政府大包大揽和不必要的行政干预。

可管可控，确保安全。落实国家信息安全等级保护制度，强化网络和信息安全管理，落实责任机制，健全网络和信息安全标准体系，加大依法管理网络和保护个人信息的力度，加强要害信息系统和信息基础设施安全保障，确保安全可控。

（三）主要目标

到2020年，建成一批特色鲜明的智慧城市，聚集和辐射带动作用大幅增强，综合竞争优势明显提高，在保障和改善民生服务、创新社会管理、维护网络安全等方面取得显著成效。

公共服务便捷化。在教育文化、医疗卫生、计划生育、劳动就业、社会保障、住房保障、环境保护、交通出行、防灾减灾、检验检测等公共服务领域，基本建成覆盖城乡居民、农民工及其随迁家属的信息服务体系，公众获取基本公共服务更加方便、及时、高效。

城市管理精细化。市政管理、人口管理、交通管理、公共安全、应急管理、社会诚信、市场监管、检验检疫、食品药品安全、饮用水安全等社会管理领域的信息化体系基本形成，统筹数字化城市管理信息系统、城市地理空间信息及建（构）筑物数据库等资源，实现城市规划和城市基础设施管理的数字化、精准化水平大幅提升，推动政府行政效能和城市管理水平大幅提升。

生活环境宜居化。居民生活数字化水平显著提高，水、大气、噪声、土壤和自然植被环境智能监测体系和污染物排放、能源消耗在线防控体系基本建成，促进城市人居环境得到改善。

基础设施智能化。宽带、融合、安全、泛在的下一代信息基础设施基本建成。电力、燃气、交通、水务、物流等公用基础设施的智能化水平大幅提升，运行管理实现精准化、协同化、一体化。工业化与信息化深度融合，信息服务业加快发展。

网络安全长效化。城市网络安全保障体系和管理制度基本建立，基础网络和要害信息系统安全可控，重要信息资源安全得到切实保障，居民、企业和政府的信息得到有效保护。

二、科学制定智慧城市建设顶层设计

（四）加强顶层设计

城市人民政府要从城市发展的战略全局出发研究制定智慧城市建设方案。方案要突出为人服务，深化重点领域智慧化应用，提供更加便捷、高效、低成本的社会服务；要明确推进信息资源共享和社会化开发利用、强化信息安全、保障信息准确可靠以及同步加强信用环境建设、完善法规标准等的具体措施；要加强与国民经济和社会发展总体规划、主体功能区规划、相关行业发展规划、区域规划、城乡规划以及有关专项规划的衔接，做好统筹城乡发展布局。

（五）推动构建普惠化公共服务体系

加快实施信息惠民工程。推进智慧医院、远程医疗建设，普及应用电子病历和健康档案，促进优质医疗资源纵向流动。建设具有随时看护、远程关爱等功能的养老信息化服务体系。建立公共就业信息服务平台，加快推进就业信息全国联网。加快社会保障经办信息化体系建设，推进医保费用跨市即时结算。推进社会保障卡、金融 IC 卡、市民服务卡、居民健康卡、交通卡等公共服务卡的应用集成和跨市一卡通用。围绕促进教育公平、提高教育质量和满足市民终身学习需求，建设完善教育信息化基础设施，构建利用信息化手段扩大优质教育资源覆盖面的有效机制，推进优质教育资源共享与服务。加强数字图书馆、数字档案馆、数字博物馆等公益设施建设。鼓励发展基于移动互联网的旅游服务系统和旅游管理信息平台。

（六）支撑建立精细化社会管理体系

建立全面设防、一体运作、精确定位、有效管控的社会治安防控体系。整合各类视频图像信息资源，推进公共安全视频联网应用。完善社会化、网络化、网格化的城乡公共安全保障体系，构建反应及时、恢复迅速、支援有力的应急保障体系。在食品药品、消费品安全、检验检疫等领域，建设完善具有溯源追查、社会监督等功能的市场监管信息服务体系，推进药品阳光采购。整合信贷、纳税、履约、产品质量、参保缴费和违法违纪等信用信息记录，加快征信信息系统建设。完善群众诉求表达和受理信访的网络平台，推进政府办事网上公开。

（七）促进宜居化生活环境建设

建立环境信息智能分析系统、预警应急系统和环境质量管理公共服务系统，对重点地区、重点企业和污染源实施智能化远程监测。依托城市统一公共服务信息平台建设社区公共服务信息系统，拓展社会管理和服务功能，发展面向家政、养老、社区照料和病患陪护的信息服务体系，为社区居民提供便捷的综合信息服务。推广智慧家庭，鼓励将医疗、教育、安防、政务等社会公共服务设施和服务资源接入家庭，提升家庭信息化服务水平。

（八）建立现代化产业发展体系

运用现代信息化手段，加快建立城市物流配送体系和城市消费需求与农产品供给紧密衔接的新型农业生产经营体系。加速工业化与信息化深度融合，推进大型工业企业深化信息技术的综合集成应用，建设完善中小企业公共信息服务平台，积极培育发展工业互联网等新兴业态。加快发展信息服务业，鼓励信息系统服务外包。建设完善电子商务基础设施，积极培育电子商务服务业，促进电子商务向旅游、餐饮、文化娱乐、家庭服务、养老服务、社区服务以及工业设计、文化创意等领域发展。

（九）加快建设智能化基础设施

加快构建城乡一体的宽带网络，推进下一代互联网和广播电视网建设，全面推广三网融合。推动城市公用设施、建筑等智能化改造，完善建筑数据库、房屋管理等信息系统和服务平台。加快智能电网建设。健全防灾减灾预报预警信息平台，建设全过程智能水务管理系统和饮用水安全电子监控系统。建设交通诱导、出行信息服务、公共交通、综合客运枢纽、综合运行协调指挥等智能系统，推进北斗导航卫星地基增强系统建设，发展差异化交通信息增值服务。建设智能物流信息平台和仓储式物流平台枢纽，加强港口、航运、陆运等物流信息的开发共享和社会化应用。

三、切实加大信息资源开发共享力度

（十）加快推进信息资源共享与更新

统筹城市地理空间信息及建（构）筑物数据库等资源，加快智慧城市公共信息平台和应用体系建设。建立促进信息共享的跨部门协调机制，完善信息更新机制，进一步加强政务部门信息共享和信息更新管理。各政务部门应根据职能分工，将本部门建设管理的信息资源授权有需要的部门无偿使用，共享部门应按授权范围合理使用信息资源。以城市统一的地理空间框架和人口、法人等信息资源为基础，叠加各部门、各行业相关业务信息，加快促进跨部门协同应用。整合已建政务信息系统，统筹新建系统，建设信息资源共享设施，实现基础信息资源和业务信息资源的集约化采集、网络化汇聚和统一化管理。

（十一）深化重点领域信息资源开发利用

城市人民政府要将提高信息资源开发利用水平作为提升城市综合竞争力的重要手段，大力推动政府部门将企业信用、产品质量、食品药品安全、综合交通、公用设施、环境质量等信息资源向社会开放，鼓励市政公用企事业单位、公共服务事业单位等机构将教育、医疗、就业、旅游、生活等信息资源向社会开放。支持社会力量应用信息资源发展便民、惠民、实用的新型信息服务。鼓励发展以信息知识加工和创新为主的数据挖掘、商业分析等新型服务，加速信息知识向产品、资产及效益转化。

四、积极运用新技术新业态

（十二）加快重点领域物联网应用

支持物联网在高耗能行业的应用，促进生产制造、经营管理和能源利用智能化。鼓励物联网在农产品生产流通等领域应用。加快物联网在城市管理、交通运输、节能减排、食品药品安全、社会保障、医疗卫生、民生服务、公共安全、产品质量等领域的推广应用，提高城市管理精细化水平，逐步形成全面感知、广泛互联的城市智能管理和服务体系。

（十三）促进云计算和大数据健康发展

鼓励电子政务系统向云计算模式迁移。在教育、医疗卫生、劳动就业、社会保障等重点民生领域，推广低成本、高质量、广覆盖的云服务，支持各类企业充分利用公共云计算服务资源。加强基于云计算的大数据开发与利用，在电子商务、工业设计、科学研究、交通运输等领域，创新大数据商业模式，服务城市经济社会发展。

（十四）推动信息技术集成应用

面向公众实际需要，重点在交通运输联程联运、城市共同配送、灾害防范与应急处置、家居智能管理、居家看护与健康管理、集中养老与远程医疗、智能建筑与智慧社区、室内外统一位置服务、旅游娱乐消费等领域，加强移动互联网、遥感遥测、北斗导航、地理信息等技术的集成应用，创新服务模式，为城市居民提供方便、实用的新型服务。

五、着力加强网络信息安全管理和能力建设

（十五）严格全流程网络安全管理

城市人民政府在推进智慧城市建设中要同步加强网络安全保障工作。在重要信息系统设计阶段，要合理确定安全保护等级，同步设计安全防护方案；在实施阶段，要加强对技术、设备和服务提供商的安全审查，同步建设安全

防护手段；在运行阶段，要加强管理，定期开展检查、等级评测和风险评估，认真排查安全风险隐患，增强日常监测和应急响应处置恢复能力。

（十六）加强要害信息设施和信息资源安全防护

加大对党政军、金融、能源、交通、电信、公共安全、公用事业等重要信息系统和涉密信息系统的安全防护，确保安全可控。完善网络安全设施，重点提高网络管理、态势预警、应急处理和信任服务能力。统筹建设容灾备份体系，推行联合灾备和异地灾备。建立重要信息使用管理和安全评价机制。严格落实国家有关法律法规及标准，加强行业和企业自律，切实加强个人信息保护。

（十七）强化安全责任和安全意识

建立网络安全责任制，明确城市人民政府及有关部门负责人、要害信息系统运营单位负责人的网络信息安全责任，建立责任追究机制。加大宣传教育力度，提高智慧城市规划、建设、管理、维护等各环节工作人员的网络信息安全风险意识、责任意识、工作技能和管理水平。鼓励发展专业化、社会化的信息安全认证服务，为保障智慧城市网络信息安全提供支持。

六、完善组织管理和制度建设

（十八）完善管理制度

国务院有关部门要加快研究制定智慧城市建设的标准体系、评价体系和审计监督体系，推行智慧城市重点工程项目风险和效益评估机制，定期公布智慧城市建设重点任务完成进展情况。城市人民政府要健全智慧城市建设重大项目监督听证制度和问责机制，将智慧城市建设成效纳入政府绩效考核体系；建立激励约束机制，推动电子政务和公益性信息服务外包和利用社会力量开发利用信息资源、发展便民信息服务。

（十九）完善投融资机制

在国务院批准发行的地方政府债券额度内，各省级人民政府要统筹安排部分资金用于智慧城市建设。城市人民政府要建立规范的投融资机制，通过特许经营、购买服务等多种形式，引导社会资金参与智慧城市建设，鼓励符合条件的企业发行企业债募集资金开展智慧城市建设，严禁以建设智慧城市名义变相推行土地财政和不切实际的举债融资。城市有关财政资金要重点投向基础性、公益性领域，优先支持涉及民生的智慧应用，鼓励市政公用企事业单位对市政设施进行智能化改造。

各地区、各有关部门要充分认识促进智慧城市健康发展的重要意义，切实加强组织领导，认真落实本指导意见提出的各项任务。发展改革委、工业和信息化部、科技部、公安部、财政部、国土资源部、环境保护部、住房城乡建设部、交通运输部等要建立部际协调机制，协调解决智慧城市建设中的重大问题，加强对各地区的指导和监督，研究出台促进智慧城市健康发展以及信息化促进城镇化发展的相关政策。各省级人民政府要切实加强对本地区智慧城市建设的领导，采取有力措施，抓好全过程监督管理。城市人民政府是智慧城市建设的责任主体，要加强组织，细化措施，扎实推进各项工作，主动接受社会监督，确保智慧城市建设健康有序推进。

国务院关于加快科技服务业发展的若干意见

国发［2014］49号　2014年10月9日

各省、自治区、直辖市人民政府，国务院各部委、各直属机构：

科技服务业是现代服务业的重要组成部分，具有人才智力密集、科技含量高、产业附加值大、辐射带动作用强等特点。近年来，我国科技服务业发展势头良好，服务内容不断丰富，服务模式不断创新，新型科技服务组织和服务业态不断涌现，服务质量和能力稳步提升。但总体上我国科技服务业仍处于发展初期，存在着市场主体发育不健全、服务机构专业化程度不高、高端服务业态较少、缺乏知名品牌、发展环境不完善、复合型人才缺乏等问题。加快科技服务业发展，是推动科技创新和科技成果转化、促进科技经济深度融合的客观要求，是调整优化产业结构、培育新经济增长点的重要举措，是实现科技创新引领产业升级、推动经济向中高端水平迈进的关键一环，对于深入实施创新驱动发展战略、推动经济提质增效升级具有重要意义。为加快推动科技服务业发展，现提出以下意见。

一、总体要求

（一）指导思想

以邓小平理论、“三个代表”重要思想、科学发展观为指导，深入贯彻落实党的十八大、十八届二中、三中全会精神和国务院决策部署，充分发挥市场在资源配置中的决定性作用，以支撑创新驱动发展战略实施为目标，以满足科技创新需求和提升产业创新能力为导向，深化科技体制改革，加快政府职能转变，完善政策环境，培育和壮大科技服务市场主体，创新科技服务模式，延展科技创新服务链，促进科技服务业专业化、网络化、规模化、国际化发展，为建设创新型国家、打造中国经济升级版提供重要保障。

（二）基本原则

坚持深化改革。推进科技体制改革，加快政府职能转变和简政放权，有序放开科技服务市场准入，建立符合国情、持续发展的体制机制，营造平等参与、公平竞争的发展环境，激发各类科技服务主体活力。

坚持创新驱动。充分应用现代信息和网络技术，依托各类科技创新载体，整合开放公共科技服务资源，推动技术集成创新和商业模式创新，积极发展新型科技服务业态。

坚持市场导向。充分发挥市场在资源配置中的决定性作用，区分公共服务和市场化服务，综合运用财税、金融、产业等政策支持科技服务机构市场化发展，加强专业化分工，拓展市场空间，实现科技服务业集聚发展。

坚持开放合作。鼓励科技服务机构加强区域协作，推动科技服务业协同发展，加强国际交流与合作，培育具有全球影响力的服务品牌。

（三）发展目标

到2020年，基本形成覆盖科技创新全链条的科技服务体系，服务科技创新能力大幅增强，科技服务市场化水平和国际竞争力明显提升，培育一批拥有知名品牌的科技服务机构和龙头企业，涌现一批新型科技服务业态，形成一批科技服务产业集群，科技服务业产业规模达到8万亿元，成为促进科技经济结合的关键环节和经济提质增效升级的重要引擎。

二、重点任务

重点发展研究开发、技术转移、检验检测认证、创业孵化、知识产权、科技咨询、科技金融、科学技术普及等专业科技服务和综合科技服务，提升科技服务业对科技创新和产业发展的支撑能力。

（一）研究开发及其服务

加大对基础研究的投入力度，支持开展多种形式的应用研究和试验发展活动。支持高校、科研院所整合科研资源，面向市场提供专业化的研发服务。鼓励研发类企业专业化发展，积极培育市场化新型研发组织、研发中介和研发服务外包新业态。支持产业联盟开展协同创新，推动产业技术研发机构面向产业集群开展共性技术研发。支持发展产品研发设计服务，促进研发设计服务企业积极应用新技术提高设计服务能力。加强科技资源开放服务，建立健全高校、科研院所的科研设施和仪器设备开放运行机制，引导国家重点实验室、国家工程实验室、国家工程（技术）研究中心、大型科学仪器中心、分析测试中心等向社会开放服务。

（二）技术转移服务

发展多层次的技术（产权）交易市场体系，支持技术交易机构探索基于互联网的在线技术交易模式，推动技术交易市场做大做强。鼓励技术转移机构创新服务模式，为企业提供跨领域、跨区域、全过程的技术转移集成服务，促进科技成果加速转移转化。依法保障为科技成果转移转化作出重要贡献的人员、技术转移机构等相关方的收入或股权比例。充分发挥技术进出口交易会、高新技术成果交易会等展会在推动技术转移中的作用。推动高校、科研院所、产业联盟、工程中心等面向市场开展中试和技术熟化等集成服务。建立企业、科研院所、高校良性互动机制，促进技术转移转化。

（三）检验检测认证服务

加快发展第三方检验检测认证服务，鼓励不同所有制检验检测认证机构平等参与市场竞争。加强计量、检测技术、检测装备研发等基础能力建设，发展面向设计开发、生产制造、售后服务全过程的观测、分析、测试、检验、标准、认证等服务。支持具备条件的检验检测认证机构与行政部门脱钩、转企改制，加快推进跨部门、跨行业、跨层级整合与并购重组，培育一批技术能力强、服务水平高、规模效益好的检验检测认证集团。完善检验检测认证机构规划布局，加强国家质检中心和检测实验室建设。构建产业计量测试服务体系，加强国家产业计量测试中心建设，建立计量科技创新联盟。构建统一的检验检测认证监管制度，完善检验检测认证机构资质认定办法，开展检验检测认证结果和技术能力国际互认。加强技术标准研制与应用，支持标准研发、信息咨询等服务发展，构建技术标准全程服务体系。

（四）创业孵化服务

构建以专业孵化器和创新型孵化器为重点、综合孵化器为支撑的创业孵化生态体系。加强创业教育，营造创业文化，办好创新创业大赛，充分发挥大学科技园在大学生创业就业和高校科技成果转化中的载体作用。引导企业、社会资本参与投资建设孵化器，促进天使投资与创业孵化紧密结合，推广“孵化＋创投”等孵化模式，积极探索基于互联网的新型孵化方式，提升孵化器专业服务能力。整合创新创业服务资源，支持建设“创业苗圃＋孵化器＋加速器”的创业孵化服务链条，为培育新兴产业提供源头支撑。

（五）知识产权服务

以科技创新需求为导向，大力发展知识产权代理、法律、信息、咨询、培训等服务，提升知识产权分析评议、运营实施、评估交易、保护维权、投融资等服务水平，构建全链条的知识产权服务体系。支持成立知识产权服务联盟，开发高端检索分析工具。推动知识产权基础信息资源免费或低成本向社会开放，基本检索工具免费供社会公众使用。支持相关科技服务机构面向重点产业领域，建立知识产权信息服务平台，提升产业创新服务能力。

（六）科技咨询服务

鼓励发展科技战略研究、科技评估、科技招投标、管理咨询等科技咨询服务业，积极培育管理服务外包、项目管理外包等新业态。支持科技咨询机构、知识服务机构、生产力促进中心等积极应用大数据、云计算、移动互联网等现代信息技术，创新服务模式，开展网络化、集成化的科技咨询和知识服务。加强科技信息资源的市场化开发利用，支持发展竞争情报分析、科技查新和文献检索等科技信息服务。发展工程技术咨询服务，为企业提供集成化的工程技术解决方案。

（七）科技金融服务

深化促进科技和金融结合试点，探索发展新型科技金融服务组织和服务模式，建立适应创新链需求的科技金融服务体系。鼓励金融机构在科技金融服务的组织体系、金融产品和服务机制方面进行创新，建立融资风险与收益相匹配的激励机制，开展科技保险、科技担保、知识产权质押等科技金融服务。支持天使投资、创业投资等股权投资对科技企业进行投资和增值服务，探索投贷结合的融资模式。利用互联网金融平台服务科技创新，完善投融资担保机制，破解科技型中小微企业融资难问题。

（八）科学技术普及服务

加强科普能力建设，支持有条件的科技馆、博物馆、图书馆等公共场所免费开放，开展公益性科普服务。引导科普服务机构采取市场运作方式，加强产品研发，拓展传播渠道，开展增值服务，带动模型、教具、展品等相关衍生产业发展。推动科研机构、高校向社会开放科研设施，鼓励企业、社会组织和个人捐助或投资建设科普设施。整合科普资源，建立区域合作机制，逐步形成全国范围内科普资源互通共享的格局。支持各类出版机构、新闻媒体开展科普服务，积极开展青少年科普阅读活动，加大科技传播力度，提供科普服务新平台。

（九）综合科技服务

鼓励科技服务机构的跨领域融合、跨区域合作，以市场化方式整合现有科技服务资源，创新服务模式和商业模式，发展全链条的科技服务，形成集成化总包、专业化分包的综合科技服务模式。鼓励科技服务机构面向产业集群和区域发展需求，开展专业化的综合科技服务，培育发展壮大若干科技集成服务商。支持科技服务机构面向军民科技融合开展综合服务，推进军民融合深度发展。

三、政策措施

（一）健全市场机制

进一步完善科技服务业市场法规和监管体制，有序放开科技服务市场准入，规范市场秩序，加强科技服务企业信用体系建设，构建统一开放、竞争有序的市场体系，为各类科技服务主体营造公平竞争的环境。推动国有科技服务企业建立现代企业制度，引导社会资本参与国有科技服务企业改制，促进股权多元化改造。鼓励科技人员创办科技服务企业，积极支持合伙制科技服务企业发展。加快推进具备条件的科技服务事业单位转制，开展市场化经营。加快转变政府职能，充分发挥产业技术联盟、行业协会等社会组织在推动科技服务业发展中的作用。

（二）强化基础支撑

加快建立国家科技报告制度，建设统一的国家科技管理信息系统，逐步加大信息开放和共享力度。积极推进科技服务公共技术平台建设，提升科技服务技术支撑能力。建立健全科技服务的标准体系，加强分类指导，促进科技服务业规范化发展。完善科技服务业统计调查制度，充分利用并整合各有关部门科技服务业统计数据，定期发布科技服务业发展情况。研究实行有利于科技服务业发展的土地政策，完善价格政策，逐步实现科技服务企业用水、用电、用气与工业企业同价。

（三）加大财税支持

建立健全事业单位大型科研仪器设备对外开放共享机制，加强对国家超级计算中心等公共科研基础设施的支持。完善高新技术企业认定管理办法，充分考虑科技服务业特点，将科技服务内容及其支撑技术纳入国家重点支持的高新技术领域，对认定为高新技术企业的科技服务企业，减按15%的税率征收企业所得税。符合条件的科技服务企业发生的职工教育经费支出，不超过工资薪金总额8%的部分，准予在计算应纳税所得额时据实扣除。结合完善企业研发费用计核方法，统筹研究科技服务费用税前加计扣除范围。加快推进营业税改征增值税试点，扩大科技服务企业增值税进项税额抵扣范围，消除重复征税。落实国家大学科技园、科技企业孵化器相关税收优惠政策，对其自用以及提供给孵化企业使用的房产、土地，免征房产税和城镇土地使用税；对其向孵化企业出租场地、房屋以及提供孵化服务的收入，免征营业税。

（四）拓宽资金渠道

建立多元化的资金投入体系，拓展科技服务企业融资渠道，引导银行信贷、创业投资、资本市场等加大对科技服务企业的支持，支持科技服务企业上市融资和再融资以及到全国中小企业股份转让系统挂牌，鼓励外资投入科技服务业。积极发挥财政资金的杠杆作用，利用中小企业发展专项资金、国家科技成果转化引导基金等渠道加大对科技服务企业的支持力度；鼓励地方通过科技服务业发展专项资金等方式，支持科技服务机构提升专业服务能力、搭建公共服务平台、创新服务模式等。创新财政支持方式，积极探索以政府购买服务、“后补助”等方式支持公共科技服务发展。

（五）加强人才培养

面向科技服务业发展需求，完善学历教育和职业培训体系，支持高校调整相关专业设置，加强对科技服务业从业人员的培养培训。积极利用各类人才计划，引进和培养一批懂技术、懂市场、懂管理的复合型科技服务高端人才。依托科协组织、行业协会，开展科技服务人才专业技术培训，提高从业人员的专业素质和能力水平。完善科技服务业人才评价体系，健全职业资格制度，调动高校、科研院所、企业等各类人才在科技服务领域创业创新的积极性。

（六）深化开放合作

支持科技服务企业“走出去”，通过海外并购、联合经营、设立分支机构等方式开拓国际市场，扶持科技服务企业到境外上市。推动科技服务企业牵头组建以技术、专利、标准为纽带的科技服务联盟，开展协同创新。支持科技服务机构开展技术、人才等方面的国际交流合作。鼓励国外知名科技服务机构在我国设立分支机构或开展科技服务合作。

（七）推动示范应用

开展科技服务业区域和行业试点示范，打造一批特色鲜明、功能完善、布局合理的科技服务业集聚区，形成一批具有国际竞争力的科技服务业集群。深入推动重点行业的科技服务应用，围绕战略性新兴产业和现代制造业的创新需求，建设公共科技服务平台。鼓励开展面向农业技术推广、农业产业化、人口健康、生态环境、社会治理、公共安全、防灾减灾等惠民科技服务。

各地区、各部门要充分认识加快科技服务业发展的重大意义，加强组织领导，健全工作机制，强化部门协同和上下联动，协调推动科技服务业改革发展。各地区要根据本意见，结合地方实际研究制定具体实施方案，细化政策措施，确保各项任务落到实处。各有关部门要抓紧研究制定配套政策和落实分工任务的具体措施，为科技服务业发展营造良好环境。科技部要会同相关部门对本意见的落实情况进行跟踪分析和督促指导，重大事项及时向国务院报告。

国家发展改革委　财政部　科学技术部　国家自然科学基金委员会关于印发实施《国家重大科技基础设施管理办法》的通知

发改高技［2014］2545号　2014年11月5日

国务院有关部门、有关直属机构，各省、自治区、直辖市及计划单列市人民政府，新疆生产建设兵团，总装备部、总后勤部：

根据国务院有关部署，为落实《国家重大科技基础设施建设中长期规划（2012—2030年）》（国发［2013］8号），加强和完善国家重大科技基础设施管理，我们研究制定了《国家重大科技基础设施管理办法》。现印发你们，请按照执行。

附件：《国家重大科技基础设施管理办法》

附件

国家重大科技基础设施管理办法

第一章　总　　则

第一条　为加强和完善国家重大科技基础设施管理，更大程度地发挥国家重大科技基础设施的科学效益和社会效益，提高创新驱动发展能力，依据《中华人民共和国科学技术进步法》、《国家重大科技基础设施建设中长期规划（2012—2030年）》、《中央预算内直接投资项目管理办法》和有关法律法规，制定本办法。

第二条　本办法所称国家重大科技基础设施（以下简称“设施”），是指为提升探索未知世界、发现自然规律、实现科技变革的能力，由国家统筹布局，依托高水平创新主体建设，面向社会开放共享的大型复杂科学研究装置或系统，是长期为高水平研究活动提供服务、具有较大国际影响力的国家公共设施。

第三条　设施建设管理坚持“科学决策、明确权责、协同管理、开放共享”的原则。

国家发展改革委是设施建设管理的牵头部门，与财政部、科技部、自然科学基金委等部门各司其职，负责设施的规划、建设、运行和退役，以及依托设施开展的科研工作。

国家有关部门、省级人民政府、中央管理企业等是设施建设管理的主管单位（以下简称“主管单位”），负责组织本部门、本地区或本企业所属单位设施项目的申报、协调等工作，制定设施管理的有关具体政策和细则，协调落实设施建设和运行所需条件。

第四条　高校、科研院所或企业可作为设施建设管理的依托单位，负责设施项目申报、建设和运行管理的具体任务，落实相应的保障条件。

第五条 设施建设和运行全过程的资金筹措坚持多渠道、多元化原则，经费单独核算、专款专用。

第二章 项目决策

第六条 国家发展改革委会同科技部、财政部、自然科学基金委等有关部门编制设施建设规划，报国务院审批，并根据形势发展适时对规划内容进行调整。

国家发展改革委根据设施建设规划，按照“成熟一项、启动一项”的原则，组织设施建设项目的审理。设施主要由国家投资建设，地方政府、主管单位、依托单位应提供配套经费支持。

第七条 设施建设项目实行审批制，包括审批项目建议书、可行性研究报告、初步设计。情况特殊、影响重大的项目，需要审批开工报告。国务院、国家发展改革委批准的专项规划中已经明确、前期工作深度达到项目建议书要求、投资规模较小、国家投资比例较低的项目，可以直接编报可行性研究报告。

项目审批遵循竞争择优、集中建设的原则，体现设施的科研和工程双重属性，鼓励原始创新，注重自主设计研制与国际合作相结合，强化用户参与机制和开放共享机制。

第八条 项目建议书申报要求和审批程序：

（一）主管单位依据设施建设规划明确的项目建设重点，根据预先研究基础、用户需求、技术与方案成熟程度等情况，整合优势力量，组建最优团队，提出拟承担的建设项目及依托单位；

（二）依托单位应委托项目所属领域的甲级工程咨询机构编制项目建议书，经主管单位审核后报国家发展改革委；项目建议书应对设施建设的必要性、科学目标、用户需求、投资匡算、开放共享措施以及经济社会效益等进行分析，并附相关文件资料；

（三）涉及多个依托单位申报同一个项目的，国家发展改革委可通过专家评审等程序，择优确定设施建设依托单位和建设方案；

（四）国家发展改革委在委托有关机构对项目建议书进行评估的基础上，批复项目建议书。涉及有关部门职责的，在批复过程中应征求有关部门意见。项目建议书批准后，应当按照有关规定进行公示。公示期间征集到的主要意见和建议，作为编制和审批项目可行性研究报告的重要参考。

第九条 可行性研究报告申报要求和审批程序：

（一）依托单位依据项目建议书批复文件开展可行性研究，并委托项目所属领域的甲级工程咨询机构编制可行性研究报告，经主管单位审核后报国家发展改革委；

（二）可行性研究报告应当依据项目建议书批复的要求，对实现科学目标的可行性、项目建设方案的合理性、开放共享的条件和机制、土地落实情况、验收指标以及社会效益、节能、资源综合利用、生态环境影响、社会稳定风险等进行全面分析论证，并按照有关规定取得相关部门的意见或批复；建设资金在总额控制的基础上可适当提升预备费率计提标准；

（三）国家发展改革委在委托有关机构对项目可行性研究报告进行评估的基础上，批复可行性研究报告。涉及有关部门职责的，在批复过程中应征求有关部门意见。

第十条 初步设计和投资概算申报要求和审批程序：

（一）依托单位依据可行性研究报告批复文件，按照规定向城乡规划、国土资源等部门申请办理规划许可、正式用地手续等，并委托项目所属领域的甲级设计单位编制初步设计报告和投资概算，经主管单位审核后报国家发展改革委；

（二）初步设计报告应当依据可行性研究

报告批复文件的要求，细化工程的建设内容、建设规模、建设标准、用地规模、主要材料、设备规模和技术参数等设计方案，并据此编制投资概算；

（三）国家发展改革委核定投资概算，审批或委托主管单位审批初步设计方案；经批准的初步设计及投资概算作为项目建设实施和控制投资的依据。涉及有关部门职责的，在批复过程中应征求有关部门意见。

第十一条 需要审批开工报告的，依托单位应按照批复要求，编制开工报告。开工报告原则上由主管单位审批，并报国家发展改革委备案。

第十二条 依托单位依据批复的投资概算，根据工程进度，经主管单位向国家发展改革委报送年度建设资金计划申请，国家发展改革委统筹安排下达投资计划，做好与预算管理的衔接。财政部根据投资计划下达建设资金预算。

第三章 建设管理

第十三条 依托单位须从以下方面认真履行建设职责，保证建设进度和质量。

（一）成立项目建设管理机构，并明确项目建设总负责人，协调和推进项目建设工作；建设管理机构的成立、项目总负责人的任命或调整应报主管单位批准；

（二）建立健全符合设施建设特点的人力资源管理制度，制定相应的考核和激励办法，组建并稳定一支专职的研制、工程、管理人员队伍；

（三）制定项目建设技术方案，组织并完成设施建设必需的各项研究实验、技术攻关和设备研制工作，确保与工程建设进度相衔接；

（四）加强建设项目的质量、资金、进度、风险、变更、安全、采购等方面的合同、档案、信息等管理，建设过程中的重大事项应及时向主管单位报告。

第十四条 主管单位应制定和落实各项配套政策，成立项目建设协调机构，协商和解决建设中的重大事项。主管单位应于每年2月底前向国家发展改革委报送上一年度的设施建设进展，设施建设进展情况是制定后续投资计划的重要依据。

第十五条 国家发展改革委根据设施建设进展对项目建设情况进行中期检查。

第十六条 项目建设过程中出现下列情况的，应及时按程序进行调整：

（一）设施已完成可行性研究报告批复的目标和任务，投资概算不发生变化，仅部分建设内容发生一般性调整的，依托单位应提出初步设计调整方案，经主管单位审批后报国家发展改革委备案；

（二）投资概算发生变化，且调整幅度在总概算百分之十以内的，依托单位应提交调整方案，经主管单位审核后，由国家发展改革委核定或委托主管单位核定。调整幅度超过百分之十的，依托单位应提交概算调整报告，经主管单位审核后报国家发展改革委；国家发展改革委原则上先商请审计机关进行审计，并依据审计结论和具体情况，调整或委托主管单位调整概算；

（三）设施建设内容发生重大变化的，包括建设地点、建设规模、技术方案、验收指标等，依托单位须及时提交变更申请和调整方案，经主管单位审核后报国家发展改革委审批。

第十七条 设施验收包括部门验收和国家验收，按以下程序进行：

（一）依托单位应在达到验收条件后及时向主管单位提出验收申请，验收内容主要包括性能、财务、资产、建安、档案等部分；

（二）主管单位负责组织部门验收工作，形成部门验收报告后，提请国家发展改革委组织国家验收；

（三）国家发展改革委负责组织国家验收工作，并形成验收结论；验收通过的设施方可按程序转入运行阶段，并采取适当的组织形式保障设施运行。

第四章 运行管理

第十八条 依托单位负责设施的运行管理，并确保设施建设和运行的有效衔接。依托单位应成立运行管理机构，并明确总负责人；应设立设施科技委员会和用户委员会，委员中依托单位以外的专家应不低于二分之一。

运行管理机构的成立、总负责人的任命或调整、设施科技委员会和用户委员会的设立应报主管单位批准。

第十九条 设施运行经费主要来源于财政资金，以及主管单位、依托单位提供的必要的经费支持。设施运行经费的安排应结合设施运行和开放共享情况等，按照预算管理相关规定执行。

第二十条 依托单位应从以下方面做好设施运行维护工作，确保设施安全、高效运行。

（一）参照国内外同类设施的运行标准，建立以设施运行能力和效率为核心的运行维护规章制度；

（二）建立符合设施运行需要的人才引进、培养和使用制度以及差别化的考核机制和激励机制，组建并稳定一支专职的运行维护、科学研究和运行管理队伍，促进开放共享；并报主管单位批准或备案。

第二十一条 设施的日常维修改造事项原则上由主管单位统筹安排；用户在已建成运行的设施上投资建设新的实验装置，原则上应经设施主管单位初审后报国家发展改革委，由国家发展改革委审批或国家发展改革委委托主管单位审批。

第二十二条 依托单位应从以下方面做好设施向社会开放、共享共用工作。

（一）建立向其他单位开放共享的管理制度，积极承担国家有关部门下达的任务；

（二）参照国内外同类设施的开放共享标准，建立公开、公平、开放的设施使用申请管理制度，定期召开用户年会；建立用户意见反馈机制，做好用户服务、满足用户需求；

（三）向社会发布设施技术指标、运行计划等信息，并为用户提供技术支持及必要的工作条件；

（四）在确保国家安全和保护知识产权的前提下，最大限度地实现科学数据共享；

（五）积极开展国际科技合作和交流，参与重大国际科技合作计划；

（六）承担青少年和社会公众科普等社会责任，每年向社会公众开放时间不少于十天。

第二十三条 科技部将依托设施开展的重大科学研究工作纳入重要支持方向。自然科学基金委在自然科学基金中对依托设施开展的科学研究进行支持。设施主管单位和其他相关部门应统筹利用现有科技资源加大对依托设施开展重大科学研究工作的支持。鼓励依托单位和有条件的企业支持依托设施的科学研究工作。

第二十四条 主管单位要做好设施运行的监督管理工作，对设施运行情况进行年度考核，发现和解决运行中存在的问题，每年 2 月底前应向财政部、国家发展改革委等部门报送上一年度的年度运行报告。

国家发展改革委会同有关部门委托第三方适时对设施的科研支撑能力、科技发展潜力、开放共享和运行绩效进行阶段评估。

年度运行报告和阶段评估结果是配置设施运行资源、升级改造和退役的重要参考，评估程序和要求另行制定。

第二十五条 设施因科学寿命终结或其他原因确需终止运行的，由依托单位提出退役方案，经主管单位审核后报国家发展改革委。国家发展改革委委托项目所属领域的工程咨询机构进行咨询论证，并根据论证意见进行批复。涉及有关部门职责的，在批复过程中应征求有关部门意见。

第五章 附 则

第二十六条 有关部门可根据本办法及职责分工，制定本部门的具体管理办法。

第二十七条 发展改革、财政、审计、监察等部门依据职能分工，按照有关法律法规和本办法进行监督检查，设施主管单位和依托单位应积极配合相关工作。对项目建设和运行过程中的违规违法行为，依法追究行政或者法律责任。

第二十八条 本办法由国家发展改革委会同有关部门负责解释。

第二十九条 本办法自发布之日起实施。

附件：

1. 国家重大科技基础设施项目建议书编制提纲（略）

2. 国家重大科技基础设施可行性研究报告编制提纲（略）

3. 国家重大科技基础设施初步设计方案和投资概算编制提纲（略）

国务院关于创新重点领域投融资机制鼓励社会投资的指导意见

国发〔2014〕60号　2014年11月16日

各省、自治区、直辖市人民政府，国务院各部委、各直属机构：

为推进经济结构战略性调整，加强薄弱环节建设，促进经济持续健康发展，迫切需要在公共服务、资源环境、生态建设、基础设施等重点领域进一步创新投融资机制，充分发挥社会资本特别是民间资本的积极作用。为此，特提出以下意见。

一、总体要求

（一）指导思想

全面贯彻落实党的十八大和十八届三中、四中全会精神，按照党中央、国务院决策部署，使市场在资源配置中起决定性作用和更好发挥政府作用，打破行业垄断和市场壁垒，切实降低准入门槛，建立公平开放透明的市场规则，营造权利平等、机会平等、规则平等的投资环境，进一步鼓励社会投资特别是民间投资，盘活存量、用好增量，调结构、补短板，服务国家生产力布局，促进重点领域建设，增加公共产品有效供给。

（二）基本原则

实行统一市场准入，创造平等投资机会；创新投资运营机制，扩大社会资本投资途径；优化政府投资使用方向和方式，发挥引导带动作用；创新融资方式，拓宽融资渠道；完善价格形成机制，发挥价格杠杆作用。

二、创新生态环保投资运营机制

（三）深化林业管理体制改革

推进国有林区和国有林场管理体制改革，完善森林经营和采伐管理制度，开展森林科学经营。深化集体林权制度改革，稳定林权承包关系，放活林地经营权，鼓励林权依法规范流转。鼓励荒山荒地造林和退耕还林林地林权依法流转。减免林权流转税费，有效降低流转成本。

（四）推进生态建设主体多元化

在严格保护森林资源的前提下，鼓励社会资本积极参与生态建设和保护，支持符合条件的农民合作社、家庭农场（林场）、专业大户、林业企业等新型经营主体投资生态建设项目。对社会资本利用荒山荒地进行植树造林的，在保障生态效益、符合土地用途管制要求的前提下，允许发展林下经济、森林旅游等生态产业。

（五）推动环境污染治理市场化

在电力、钢铁等重点行业以及开发区（工业园区）污染治理等领域，大力推行环境污染第三方治理，通过委托治理服务、托管运营服务等方式，由排污企业付费购买专业环境服务公司的治污减排服务，提高污染治理的产业化、专业化程度。稳妥推进政府向社会购买环境监测服务。建立重点行业第三方治污企业推荐制度。

（六）积极开展排污权、碳排放权交易试点

推进排污权有偿使用和交易试点，建立排污权有偿使用制度，规范排污权交易市场，鼓励社会资本参与污染减排和排污权交易。加快调整主要污染物排污费征收标准，实行差别化排污收费政策。加快在国内试行碳排放权交易制度，探索森林碳汇交易，发展碳排放权交易市场，鼓励和支持社会投资者参与碳配额交易，通过金融市场发现价格的功能，调整不同经济主体利益，有效促进环保和节能减排。

三、鼓励社会资本投资运营农业和水利工程

（七）培育农业、水利工程多元化投资主体

支持农民合作社、家庭农场、专业大户、农业企业等新型经营主体投资建设农田水利和水土保持设施。允许财政补助形成的小型农田水利和水土保持工程资产由农业用水合作组织持有和管护。鼓励社会资本以特许经营、参股控股等多种形式参与具有一定收益的节水供水重大水利工程建设运营。社会资本愿意投入的重大水利工程，要积极鼓励社会资本投资建设。

（八）保障农业、水利工程投资合理收益

社会资本投资建设或运营管理农田水利、水土保持设施和节水供水重大水利工程的，与国有、集体投资项目享有同等政策待遇，可以依法获取供水水费等经营收益；承担公益性任务的，政府可对工程建设投资、维修养护和管护经费等给予适当补助，并落实优惠政策。社会资本投资建设或运营管理农田水利设施、重大水利工程等，可依法继承、转让、转租、抵押其相关权益；征收、征用或占用的，要按照国家有关规定给予补偿或者赔偿。

（九）通过水权制度改革吸引社会资本参与水资源开发利用和保护

加快建立水权制度，培育和规范水权交易市场，积极探索多种形式的水权交易流转方式，允许各地通过水权交易满足新增合理用水需求。鼓励社会资本通过参与节水供水重大水利工程投资建设等方式优先获得新增水资源使用权。

（十）完善水利工程水价形成机制

深入开展农业水价综合改革试点，进一步促进农业节水。水利工程供非农业用水价格按照补偿成本、合理收益、优质优价、公平负担的原则合理制定，并根据供水成本变化及社会承受能力等适时调整，推行两部制水利工程水价和丰枯季节水价。价格调整不到位时，地方政府可根据实际情况安排财政性资金，对运营单位进行合理补偿。

四、推进市政基础设施投资运营市场化

（十一）改革市政基础设施建设运营模式

推动市政基础设施建设运营事业单位向独立核算、自主经营的企业化管理转变。鼓励打破以项目为单位的分散运营模式，实行规模化经营，降低建设和运营成本，提高投资效益。推进市县、乡镇和村级污水收集和处理、垃圾处理项目按行业“打包”投资和运营，鼓励实行城乡供水一体化、厂网一体投资和运营。

（十二）积极推动社会资本参与市政基础设施建设运营

通过特许经营、投资补助、政府购买服务等多种方式，鼓励社会资本投资城镇供水、供热、燃气、污水垃圾处理、建筑垃圾资源化利用和处理、城市综合管廊、公园配套服务、公共交通、停车设施等市政基础设施项目，政府依法选择符合要求的经营者。政府可采用委托经营或转让—经营—转让（TOT）等方式，将已经建成的市政基础设施项目转交给社会资本运营管理。

（十三）加强县城基础设施建设

按照新型城镇化发展的要求，把有条件的县城和重点镇发展为中小城市，支持基础设施建设，增强吸纳农业转移人口的能力。选择若干具有产业基础、特色资源和区位优势的县城和重点镇推行试点，加大对市政基础设施建设运营引入市场机制的政策支持力度。

（十四）完善市政基础设施价格机制

加快改进市政基础设施价格形成、调整和补偿机制，使经营者能够获得合理收益。实行上下游价格调整联动机制，价格调整不到位时，地方政府可根据实际情况安排财政性资金对企业运营进行合理补偿。

五、改革完善交通投融资机制

（十五）加快推进铁路投融资体制改革

用好铁路发展基金平台，吸引社会资本参与，扩大基金规模。充分利用铁路土地综合开发政策，以开发收益支持铁路发展。按照市场化方向，不断完善铁路运价形成机制。向地方政府和社会资本放开城际铁路、市域（郊）铁路、资源开发性铁路和支线铁路的所有权、经营权。按照构建现代企业制度的要求，保障投资者权益，推进蒙西至华中、长春至西巴彦花铁路等引进民间资本的示范项目实施。鼓励按照“多式衔接、立体开发、功能融合、节约集约”的原则，对城市轨道交通站点周边、车辆段上盖进行土地综合开发，吸引社会资本参与城市轨道交通建设。

（十六）完善公路投融资模式

建立完善政府主导、分级负责、多元筹资的公路投融资模式，完善收费公路政策，吸引社会资本投入，多渠道筹措建设和维护资金。逐步建立高速公路与普通公路统筹发展机制，促进普通公路持续健康发展。

（十七）鼓励社会资本参与水运、民航基础设施建设

探索发展“航电结合”等投融资模式，按相关政策给予投资补助，鼓励社会资本投资建设航电枢纽。鼓励社会资本投资建设港口、内河航运设施等。积极吸引社会资本参与盈利状况较好的枢纽机场、干线机场以及机场配套服务设施等投资建设，拓宽机场建设资金来源。

六、鼓励社会资本加强能源设施投资

（十八）鼓励社会资本参与电力建设

在做好生态环境保护、移民安置和确保工程安全的前提下，通过业主招标等方式，鼓励社会资本投资常规水电站和抽水蓄能电站。在确保具备核电控股资质主体承担核安全责任的前提下，引入社会资本参与核电项目投资，鼓励民间资本进入核电设备研制和核电服务领域。鼓励社会资本投资建设风光电、生物质能等清洁能源项目和背压式热电联产机组，进入清洁高效煤电项目建设、燃煤电厂节能减排升级改造领域。

（十九）鼓励社会资本参与电网建设

积极吸引社会资本投资建设跨区输电通道、区域主干电网完善工程和大中城市配电网工程。将海南联网Ⅱ回线路和滇西北送广东特高压直流输电工程等项目作为试点，引入社会资本。鼓励社会资本投资建设分布式电源并网工程、储能装置和电动汽车充换电设施。

（二十）鼓励社会资本参与油气管网、储存设施和煤炭储运建设运营

支持民营企业、地方国有企业等参股建设

油气管网主干线、沿海液化天然气（LNG）接收站、地下储气库、城市配气管网和城市储气设施，控股建设油气管网支线、原油和成品油商业储备库。鼓励社会资本参与铁路运煤干线和煤炭储配体系建设。国家规划确定的石化基地炼化一体化项目向社会资本开放。

（二十一）理顺能源价格机制

进一步推进天然气价格改革，2015 年实现存量气和增量气价格并轨，逐步放开非居民用天然气气源价格，落实页岩气、煤层气等非常规天然气价格市场化政策。尽快出台天然气管道运输价格政策。按照合理成本加合理利润的原则，适时调整煤层气发电、余热余压发电上网标杆电价。推进天然气分布式能源冷、热、电价格市场化。完善可再生能源发电价格政策，研究建立流域梯级效益补偿机制，适时调整完善燃煤发电机组环保电价政策。

七、推进信息和民用空间基础设施投资主体多元化

（二十二）鼓励电信业进一步向民间资本开放

进一步完善法律法规，尽快修订电信业务分类目录。研究出台具体试点办法，鼓励和引导民间资本投资宽带接入网络建设和业务运营，大力发展宽带用户。推进民营企业开展移动通信转售业务试点工作，促进业务创新发展。

（二十三）吸引民间资本加大信息基础设施投资力度

支持基础电信企业引入民间战略投资者。推动中国铁塔股份有限公司引入民间资本，实现混合所有制发展。

（二十四）鼓励民间资本参与国家民用空间基础设施建设

完善民用遥感卫星数据政策，加强政府采购服务，鼓励民间资本研制、发射和运营商业遥感卫星，提供市场化、专业化服务。引导民间资本参与卫星导航地面应用系统建设。

八、鼓励社会资本加大社会事业投资力度

（二十五）加快社会事业公立机构分类改革

积极推进养老、文化、旅游、体育等领域符合条件的事业单位，以及公立医院资源丰富地区符合条件的医疗事业单位改制，为社会资本进入创造条件，鼓励社会资本参与公立机构改革。将符合条件的国有单位培训疗养机构转变为养老机构。

（二十六）鼓励社会资本加大社会事业投资力度

通过独资、合资、合作、联营、租赁等途径，采取特许经营、公建民营、民办公助等方式，鼓励社会资本参与教育、医疗、养老、体育健身、文化设施建设。尽快出台鼓励社会力量兴办教育、促进民办教育健康发展的意见。各地在编制城市总体规划、控制性详细规划以及有关专项规划时，要统筹规划、科学布局各类公共服务设施。各级政府逐步扩大教育、医疗、养老、体育健身、文化等政府购买服务范围，各类经营主体平等参与。将符合条件的各类医疗机构纳入医疗保险定点范围。

（二十七）完善落实社会事业建设运营税费优惠政策

进一步完善落实非营利性教育、医疗、养老、体育健身、文化机构税收优惠政策。对非营利性医疗、养老机构建设一律免征有关行政事业性收费，对营利性医疗、养老机构建设一律减半征收有关行政事业性收费。

（二十八）改进社会事业价格管理政策

民办教育、医疗机构用电、用水、用气、用热，执行与公办教育、医疗机构相同的价格政策。养老机构用电、用水、用气、用热，按居民生活类价格执行。除公立医疗、养老机构提供的基本服务按照政府规定的价格政策执行外，其他医疗、养老服务实行经营者自主定价。营利性民办学校收费实行自主定价，非营利性民办学校收费政策由地方政府按照市场化方向根据当地实际情况确定。

九、建立健全政府和社会资本合作（PPP）机制

（二十九）推广政府和社会资本合作（PPP）模式

认真总结经验，加强政策引导，在公共服务、资源环境、生态保护、基础设施等领域，积极推广PPP模式，规范选择项目合作伙伴，引入社会资本，增强公共产品供给能力。政府有关部门要严格按照预算管理有关法律法规，完善财政补贴制度，切实控制和防范财政风险。健全PPP模式的法规体系，保障项目顺利运行。鼓励通过PPP方式盘活存量资源，变现资金要用于重点领域建设。

（三十）规范合作关系保障各方利益

政府有关部门要制定管理办法，尽快发布标准合同范本，对PPP项目的业主选择、价格管理、回报方式、服务标准、信息披露、违约处罚、政府接管以及评估论证等进行详细规定，规范合作关系。平衡好社会公众与投资者利益关系，既要保障社会公众利益不受损害，又要保障经营者合法权益。

（三十一）健全风险防范和监督机制

政府和投资者应对PPP项目可能产生的政策风险、商业风险、环境风险、法律风险等进行充分论证，完善合同设计，健全纠纷解决和风险防范机制。建立独立、透明、可问责、专业化的PPP项目监管体系，形成由政府监管部门、投资者、社会公众、专家、媒体等共同参与的监督机制。

（三十二）健全退出机制

政府要与投资者明确PPP项目的退出路径，保障项目持续稳定运行。项目合作结束后，政府应组织做好接管工作，妥善处理投资回收、资产处理等事宜。

十、充分发挥政府投资的引导带动作用

（三十三）优化政府投资使用方向

政府投资主要投向公益性和基础性建设。对鼓励社会资本参与的生态环保、农林水利、市政基础设施、社会事业等重点领域，政府投资可根据实际情况给予支持，充分发挥政府投资“四两拨千斤”的引导带动作用。

（三十四）改进政府投资使用方式

在同等条件下，政府投资优先支持引入社会资本的项目，根据不同项目情况，通过投资补助、基金注资、担保补贴、贷款贴息等方式，支持社会资本参与重点领域建设。抓紧制定政府投资支持社会投资项目的管理办法，规范政府投资安排行为。

十一、创新融资方式拓宽融资渠道

（三十五）探索创新信贷服务

支持开展排污权、收费权、集体林权、特许经营权、购买服务协议预期收益、集体土地承包经营权质押贷款等担保创新类贷款业务。探索利用工程供水、供热、发电、污水垃圾处理等预期收益质押贷款，允许利用相关收益作为还款来源。鼓励金融机构对民间资本举办的社会事业提供融资支持。

（三十六）推进农业金融改革

探索采取信用担保和贴息、业务奖励、风险补偿、费用补贴、投资基金，以及互助信用、农业保险等方式，增强农民合作社、家庭农场（林场）、专业大户、农林业企业的贷款融资能力和风险抵御能力。

（三十七）充分发挥政策性金融机构的积极作用

在国家批准的业务范围内，加大对公共服务、生态环保、基础设施建设项目的支持力度。努力为生态环保、农林水利、中西部铁路和公路、城市基础设施等重大工程提供长期稳定、低成本的资金支持。

（三十八）鼓励发展支持重点领域建设的投资基金

大力发展股权投资基金和创业投资基金，鼓励民间资本采取私募等方式发起设立主要投资于公共服务、生态环保、基础设施、区域开

发、战略性新兴产业、先进制造业等领域的产业投资基金。政府可以使用包括中央预算内投资在内的财政性资金，通过认购基金份额等方式予以支持。

（三十九）支持重点领域建设项目开展股权和债权融资

大力发展债权投资计划、股权投资计划、资产支持计划等融资工具，延长投资期限，引导社保资金、保险资金等用于收益稳定、回收期长的基础设施和基础产业项目。支持重点领域建设项目采用企业债券、项目收益债券、公司债券、中期票据等方式通过债券市场筹措投资资金。推动铁路、公路、机场等交通项目建设企业应收账款证券化。建立规范的地方政府举债融资机制，支持地方政府依法依规发行债券，用于重点领域建设。

创新重点领域投融资机制对稳增长、促改革、调结构、惠民生具有重要作用。各地区、各有关部门要从大局出发，进一步提高认识，加强组织领导，健全工作机制，协调推动重点领域投融资机制创新。各地政府要结合本地实际，抓紧制定具体实施细则，确保各项措施落到实处。国务院各有关部门要严格按照分工，抓紧制定相关配套措施，加快重点领域建设，同时要加强宣传解读，让社会资本了解参与方式、运营方式、盈利模式、投资回报等相关政策，进一步稳定市场预期，充分调动社会投资积极性，切实发挥好投资对经济增长的关键作用。发展改革委要会同有关部门加强对本指导意见落实情况的督促检查，重大问题及时向国务院报告。

附件：重点政策措施文件分工方案

附件

重点政策措施文件分工方案

序号	政策措施文件	负责单位	出台时间
1	大力推行环境污染第三方治理	发展改革委、环境保护部	2014年底
2	推进排污权、碳排放权交易试点，鼓励社会资本参与污染减排和排污权、碳排放权交易	财政部、环境保护部、发展改革委、林业局、证监会（其中碳排放权交易由发展改革委牵头）	2015年3月底
3	鼓励和引导社会资本参与节水供水重大水利工程建设运营的实施意见，积极探索多种形式的水权交易流转方式，鼓励社会资本参与节水供水重大水利工程投资建设	水利部、发展改革委、证监会	2015年3月底
4	选择若干县城和重点镇推行试点，加大对市政基础设施建设运营引入市场机制的政策支持力度	住房城乡建设部、发展改革委	2014年底
5	通过业主招标等方式，鼓励社会资本投资常规水电站和抽水蓄能电站	能源局	2014年底
6	支持民间资本投资宽带接入网络建设和业务运营	工业和信息化部	2015年3月底
7	政府投资支持社会投资项目的管理办法	发展改革委、财政部	2015年3月底

续表

序号	政策措施文件	负责单位	出台时间
8	创新融资方式，拓宽融资渠道	人民银行、银监会、证监会、保监会、财政部	2015 年 3 月底
9	政府使用包括中央预算内投资在内的财政性资金，支持重点领域产业投资基金管理办法	发展改革委	2015 年 3 月底
10	完善价格形成机制，增强重点领域建设吸引社会投资能力	发展改革委、国务院有关部门	2015 年 3 月底

注：有 2 个或以上负责单位的，排在第一位的为牵头单位。

国务院关于促进服务外包产业加快发展的意见

国发［2014］67 号　2014 年 12 月 24 日

各省、自治区、直辖市人民政府，国务院各部委、各直属机构：

近年来，我国服务外包产业规模迅速扩大，结构不断优化，以中国服务外包示范城市为主体的产业聚集效应日益增强。坚持改革创新，面向全球市场，加快发展高技术、高附加值服务外包产业，促进大众创业、万众创新，推动从主要依靠低成本竞争向更多以智力投入取胜转变，对于推进结构调整，形成产业升级新支撑、外贸增长新亮点、现代服务业发展新引擎和扩大就业新渠道，具有重要意义。为促进我国服务外包产业加快发展，推动“中国服务”再上台阶、走向世界，现提出以下意见：

一、总体要求

（一）指导思想

以邓小平理论、“三个代表”重要思想、科学发展观为指导，全面贯彻落实党的十八大和十八届二中、三中、四中全会精神，认真落实党中央、国务院的决策部署，以拓展国际国内市场为导向，围绕培育竞争新优势和营造良好发展环境，坚持改革创新、突出重点、分步实施、示范集聚的原则，着力激发企业创新动力和市场活力，尽快将服务外包产业提高到一个新水平。

（二）发展目标

今后三年，培养一批中高端人才、复合型人才和国际型人才，培育一批具有国际先进水平的服务外包知名企业，建设一批主导产业突出、创新能力强、体制机制先行先试的服务外包产业集聚区；人才队伍规模和素质进一步提高，吸纳大学生就业的数量大幅增长；服务外包产业规模持续快速增长，国际服务外包业务规模年均增长 25% 以上；产业结构进一步优化，高技术含量、高附加值的服务外包业务占比不断提高；区域布局明显改善，特色鲜明、优势互补、协调有序的良性发展格局初步形成；服务外包企业的专业服务能力和水平显著提高，中国服务外包示范城市的辐射带动作用进一步增强；服务外包产业政策体系和服务保障体系进一步完善。

到2020年，服务外包产业国际国内市场协调发展，规模显著扩大，结构显著优化，企业国际竞争力显著提高，成为我国参与全球产业分工、提升产业价值链的重要途径。

二、培育竞争新优势

（三）明确产业发展导向

同步推进信息技术、业务流程和知识流程外包服务，着力发展高技术、高附加值服务外包业务，促进向产业价值链高端延伸。定期发布《服务外包产业重点发展领域指导目录》，加强对服务外包产业发展指导。积极拓展服务外包行业领域，大力发展软件和信息技术、设计、研发、互联网、医疗、工业、能源等领域服务外包；加快发展文化创意、教育、交通物流、健康护理、科技服务、批发零售、休闲娱乐等领域服务外包；积极发展金融服务外包业务，鼓励金融机构将非核心业务外包。

（四）实施国际市场多元化战略

适应全球服务业加速跨国转移新趋势，进一步扩大与有关国家和地区服务外包交流与合作。巩固和加强与发达国家合作，着力提高服务外包高端业务比重；积极开拓新兴市场，不断拓展新业务和营销网络；深化与周边国家合作，推动服务标准出口；密切与丝绸之路经济带和21世纪海上丝绸之路沿线国家和地区的联系，构建多元化市场新格局。

（五）优化国内市场布局

立足服务外包产业现有基础和发展趋势，深度挖掘国内服务外包市场潜力，构建以中国服务外包示范城市为主体，结构合理、各具特色、优势互补的产业发展格局。发挥长三角、珠三角、环渤海及京津冀等区域已形成的产业集聚优势，积极吸引国内外创新资源，搭建具有国际先进水平的服务外包产业平台，不断提升产业竞争力，率先达到国际先进水平，加快带动全国服务外包产业发展。发挥中西部地区的区位优势，进一步加强服务外包产业基础设施建设，将推动服务外包产业发展作为产业转型升级、构建内陆地区开放型经济新高地的重要突破口，有序承接东部地区和国际产业转移。发挥东北地区工业体系完整的优势，不断优化发展环境，加大市场开拓力度，为振兴东北老工业基地和资源型城市转型发展提供有力支撑。

（六）培育壮大市场主体

支持各类所有制企业从事服务外包业务，鼓励服务外包企业专业化、规模化、品牌化发展。推动服务外包企业提升研发创新水平，通过国家科技计划（专项、基金等）引导和支持企业开展集成设计、综合解决方案及相关技术项目等研发。鼓励服务外包企业加强商业模式和管理模式创新，积极发展承接长期合约形式的服务外包业务。培育一批创新能力强、集成服务水平高、具有国际竞争力的服务外包龙头企业。支持一批“专、精、特、新”的中小型服务外包企业。鼓励企业特别是工业企业打破“大而全”、“小而全”的一体化格局，购买非核心业务的专业服务。引导服务外包企业通过兼并重组，优化资金、技术、人才等资源要素配置，实现优势互补。政府部门要不断拓宽购买服务领域，将可外包业务委托给专业服务企业。

（七）加强人才队伍建设

充分利用国际国内两种资源，加强服务外包各类人才培养培训。采取引进和培养相结合的方式，加强中高端人才队伍建设。支持高校以人才需求为导向调整优化服务外包专业和人才结构，依照服务外包人才相关标准组织实施教学活动，进行课程体系设置改革试点，引导大学生创新创业。鼓励高校和企业创新合作模式，积极开展互动式人才培养，共建实践教育基地，加强高校教师与企业资深工程师的双向交流。全面提升从业人员能力和水平，支持符合条件的服务外包企业通过开展校企合作录用高校毕业生，建立和完善内部培训体系。

三、强化政策措施

（八）加强规划引导

全面客观评估服务外包产业“十二五”规划实施情况，研究制订《中国国际服务外包产业发展“十三五”规划》，明确提出“十三五”服务外包产业的重点领域、主要任务和保障措施等。科学谋划服务外包产业集聚区布局，尽快形成产业集聚，发挥引领带动作用。有关部门要将服务外包产业集聚区的教育资源，物联网、大数据、云计算和移动互联及新技术应用的基础设施，以及企业的技术、管理和商业模式创新项目等纳入“十三五”相关规划。

（九）深化国际交流合作

提升双边经贸合作质量，在现有机制框架下有序推进服务外包产业务实合作，营造有利于共同发展的国际环境。加大支持服务外包企业参加国际展会、项目洽谈等活动。结合实施“走出去”战略和对外援助，综合运用贸易、出口信贷、对外投资合作和对外援助等多种措施，支持有条件的服务外包企业“走出去”，开展研发外包、知识流程外包和业务流程外包等高附加值项目合作。鼓励企业和机构在国际市场购买技术含量高、业务模式新的高端服务，引进先进技术、先进经营方式和管理经验，加快推动国内服务外包产业转型升级。

（十）加大财政支持力度

完善现有财政资金政策，优化资金安排和使用方向，改进支持方式，加大对国际服务外包业务的支持，鼓励开展国际服务外包研发、人才培训、资质认证、公共服务等。充分发挥财政资金的杠杆引导作用，通过设立国际服务外包产业引导基金等市场化支持方式，引导社会资金加大对承接国际服务外包业务企业的投入，促进扩大服务出口。

（十一）完善税收政策

从区域和领域上扩大对技术先进型服务企业减按15%税率缴纳企业所得税和职工教育经费不超过工资薪金总额8%部分税前扣除的税收优惠政策实施范围。根据服务外包产业集聚区布局，统筹考虑东、中、西部城市，将中国服务外包示范城市数量从21个有序增加到31个。实行国际服务外包增值税零税率和免税政策。

（十二）加强金融服务

拓宽服务外包企业投融资渠道。鼓励金融机构按照风险可控、商业可持续原则，创新符合监管政策、适应服务外包产业特点的金融产品和服务，推动开展应收账款质押、专利及版权等知识产权质押。支持政策性金融机构在有关部门和监管机构的指导下依法合规创新发展，加大对服务外包企业开拓国际市场、开展境外并购等业务的支持力度，加强服务外包重点项目建设。鼓励保险机构创新保险产品，提升保险服务，扩大出口信用保险规模和覆盖面，提高承保和理赔效率。利用现有资金政策，引导融资担保机构加强对服务外包中小企业的融资担保服务。支持符合条件的服务外包企业进入中小企业板、创业板、中小企业股份转让系统融资。支持符合条件的服务外包企业通过发行企业债券、公司债券、非金融企业债务融资工具等方式扩大融资，实现融资渠道多元化。

（十三）提升便利化水平

深化境外投资审批制度改革，推进境外投资便利化，实行备案为主的管理方式，最大限度缩小核准范围，简化审批手续。进一步提升通关便利化水平，创新服务外包海关监管模式。创新服务外包检验检疫监管模式，对承接国际服务外包业务所需样机、样本、试剂等简化审批程序，实施分类管理，提供通关便利。加快落实外汇管理便利化措施，具备条件的服务外包企业可申请参与服务外包境外投资外汇管理改革试点，根据试点情况及时研究推广。鼓励在跨境贸易和投资中使用人民币结算。为从事国际服务外包业务的外籍中高端管理和技术人员提供出入境和居留便利。提高国际通信服务水平，支持基础电信运营商为服务外包企业网络接入和国际线路租赁提供便利。

四、健全服务保障

（十四）建设法治化营商环境

研究完善服务外包产业的法律体系，促进产业发展和规范经营行为。切实保障国家安全，对故意或者过失泄露国家秘密、危害国家安全等违法行为，要依法追究法律责任。加大服务外包领域版权、专利、商标等知识产权的执法监管力度。建立服务外包企业信用记录和信用评价体系，惩戒失信，打击欺诈，完善服务外包企业诚信体系建设。鼓励条件成熟的地方开展地方性立法，适时出台有关服务外包产业的地方性法规和政府规章。

（十五）提高公共服务水平

驻外使（领）馆要加大对服务外包企业境外开展合作的指导协调力度，主动加强与国内主管部门的沟通配合，及时提供有效信息和政策建议。发挥行业协会的作用，提高服务和促进水平，加强行业自律，研究制订服务和人才标准，树立“中国服务”品牌。充分利用现有服务外包交流合作平台，吸引跨国公司转移国际服务外包业务，鼓励研究机构、商协会、高校和企业开展多种形式的务实合作。加强对服务外包公共信息服务，及时发布国际国内市场动态和政策信息。

（十六）加强统计分析体系建设

科学界定服务外包产业内涵和外延，健全服务外包统计指标体系和统计制度。加强服务外包统计信息系统建设。强化统计监测功能，推动服务外包产业监测预警体系建设。建立健全有关部门服务外包信息共享机制。加强与国际组织、研究机构和行业协会的数据信息交流与合作，按月度发布服务外包统计数据。

各地区、各部门要充分认识促进服务外包产业加快发展的重大意义，加强组织领导，建立工作机制，强化部门协同和上下联动，切实将本意见的各项任务落到实处、取得实效。商务部要加强统筹协调，会同有关部门科学评估服务外包产业发展情况，对本意见落实情况进行跟踪分析和监督检查，每年向国务院报告一次落实情况，重要问题及时报告。

附件：1. 重点任务分工及进度安排表

2. 21 个中国服务外包示范城市

附件 1

重点任务分工及进度安排表

序号	工作任务	负责单位	时间进度
1	定期发布《服务外包产业重点发展领域指导目录》	商务部牵头，财政部、海关总署参加	2015 年 1 月启动
2	积极发展金融服务外包业务，鼓励金融机构将非核心业务外包	人民银行牵头，商务部、银监会、证监会、保监会参加	持续实施
3	推动服务外包企业提升研发创新水平，通过国家科技计划（专项、基金等）引导和支持企业开展集成设计、综合解决方案及相关技术项目等研发	科技部	持续实施

续表

序号	工作任务	负责单位	时间进度
4	政府部门要不断拓宽购买服务领域，将可外包业务委托给专业服务企业	财政部	持续实施
5	支持高校以人才需求为导向调整优化服务外包专业和人才结构，依照服务外包人才相关标准组织实施教学活动，进行课程体系设置改革试点，引导大学生创新创业。鼓励高校和企业创新合作模式，积极开展互动式人才培养，共建实践教育基地，加强高校教师与企业资深工程师的双向交流	教育部牵头，商务部参加	持续实施
6	研究制订《中国国际服务外包产业发展“十三五”规划》。有关部门要将服务外包产业集聚区的教育资源，物联网、大数据、云计算和移动互联及新技术应用的基础设施，以及企业的技术、管理和商业模式创新项目等纳入“十三五”相关规划	商务部牵头，发展改革委、教育部、科技部、工业和信息化部参加	2015 年 1 月启动
7	加大支持服务外包企业参加国际展会、项目洽谈等活动	商务部牵头，财政部参加	持续实施
8	完善现有财政资金政策，优化资金安排和使用方向，改进支持方式，加大对国际服务外包业务的支持，鼓励开展国际服务外包研发、人才培训、资质认证、公共服务等。充分发挥财政资金的杠杆引导作用，通过设立国际服务外包产业引导基金等市场化支持方式，引导社会资金加大对承接国际服务外包业务企业的投入，促进扩大服务出口	财政部牵头，商务部参加	持续实施
9	从区域和领域上扩大对技术先进型服务企业减按 15% 税率缴纳企业所得税和职工教育经费不超过工资薪金总额 8% 部分税前扣除的税收优惠政策实施范围	财政部牵头，发展改革委、科技部、商务部、税务总局参加	持续实施
10	将中国服务外包示范城市数量从 21 个有序增加到 31 个	商务部牵头，发展改革委、教育部、科技部、工业和信息化部、财政部、人力资源社会保障部、税务总局、外汇局参加	2015 年 1 月启动
11	实行国际服务外包增值税零税率和免税政策	财政部牵头，商务部、税务总局参加	持续实施
12	鼓励金融机构按照风险可控、商业可持续原则，创新符合监管政策、适应服务外包产业特点的金融产品和服务，推动开展应收账款质押、专利及版权等知识产权质押	人民银行牵头，财政部、商务部、银监会参加	持续实施
13	支持政策性金融机构在有关部门和监管机构的指导下依法合规创新发展，加大对服务外包企业开拓国际市场、开展境外并购等业务的支持力度，加强服务外包重点项目建设	商务部牵头，财政部、人民银行、银监会参加	持续实施

续表

序号	工作任务	负责单位	时间进度
14	鼓励保险机构创新保险产品，提升保险服务，扩大出口信用保险规模和覆盖面，提高承保和理赔效率	保监会牵头，财政部、商务部参加	持续实施
15	利用现有资金政策，引导融资担保机构加强对服务外包中小企业的融资担保服务	财政部牵头，工业和信息化部、商务部参加	持续实施
16	支持符合条件的服务外包企业进入中小企业板、创业板、中小企业股份转让系统融资。支持符合条件的服务外包企业通过发行企业债券、公司债券、非金融企业债务融资工具等方式扩大融资，实现融资渠道多元化	证监会牵头，发展改革委、财政部、商务部、人民银行参加	持续实施
17	进一步提升通关便利化水平，创新服务外包海关监管模式	海关总署牵头，财政部、商务部参加	持续实施
18	创新服务外包检验检疫监管模式，对承接国际服务外包业务所需样机、样本、试剂等简化审批程序，实施分类管理，提供通关便利	质检总局牵头，商务部、海关总署参加	持续实施
19	加快落实外汇管理便利化措施，具备条件的服务外包企业可申请参与服务外包境外投资外汇管理改革试点，根据试点情况及时研究推广	外汇局牵头，商务部参加	持续实施
20	为从事国际服务外包业务的外籍中高端管理和技术人员提供出入境和居留便利	外交部、公安部牵头，人力资源社会保障部、商务部、质检总局参加	持续实施
21	提高国际通信服务水平，支持基础电信运营商为服务外包企业网络接入和国际线路租赁提供便利	工业和信息化部	持续实施
22	建立服务外包企业信用记录和信用评价体系，惩戒失信，打击欺诈，完善服务外包企业诚信体系建设	商务部牵头，人民银行、工商总局、外汇局参加	2015 年 1 月启动
23	科学界定服务外包产业内涵和外延，健全服务外包统计指标体系和统计制度	商务部、统计局牵头	2015 年 1 月启动
24	加强服务外包统计信息系统建设。强化统计监测功能，推动服务外包产业监测预警体系建设	商务部牵头，统计局参加	持续实施
25	建立健全有关部门服务外包信息共享机制	商务部牵头，教育部、人民银行、统计局、银监会、证监会、保监会、外汇局参加	2015 年 1 月启动

附件 2

21 个中国服务外包示范城市

北京、天津、上海、重庆、大连、深圳、 南、杭州、合肥、南昌、长沙、大庆、苏州、广州、武汉、哈尔滨、成都、南京、西安、济 无锡、厦门。

专题研究篇

开发区在改革开放中具有独特的历史功劳

胡　平

中国实施的改革开放战略总体看来是一种渐进式的平稳推进战略，在区域开放格局上，采取的是由沿海向内地全方位、多层次的发展。实践证明，这样一种稳妥的对外开放模式，有利于身处实践一线的人们，尤其是那些后开放地区的实践者们，能够在看到已开放地区逐步蓬勃发展的景象，及时总结先行者的成功经验和失败教训的同时，充分发挥后发优势，确保在日后的发展中具有充分的回旋空间。从而在改革不断推进、开放面不断拓展的情况下，使整个局面仍然保持顺畅、平稳。

党中央领导开放改革有两个系统，国务院特区办公室是其中之一。特区办的前身是国务院办公厅特区组，由副总理谷牧同志领导，后来发展为特区办公室。特区组成立的时候只有十几个人，后来扩大为特区办，我是第二任主任。

特区办的工作系统是在沿海各省设立开放办，负责管理经济特区、开放城市和国家级开发区，国务院副总理谷牧主管这方面的事务。谷牧同志办事情非常认真负责，在确定开放城市前夕，14 个沿海开放城市他一个一个去看，回来后向中央汇报。后来中央确定了开放大连、秦皇岛、天津、烟台、青岛、连云港、南通、上海、宁波、温州、福州、广州、湛江、北海这 14 个城市。它们与深圳、珠海、汕头、厦门四个经济特区及海南岛由北到南连成一线，成为中国对外开放的前沿地带。

另一个系统是国家经济体制改革委员会，当时由总理兼任主任，各省也成立了省体改委。

经济特区全国只批准了五个，在数量上没有再发展。开放城市也就这么多，现在看来，当时没有进一步从区域的角度上规划经济特区与开放城市之间的相互融合，这项工作没有跟上来。如今，这项工作已经启动。如北部湾与东盟接轨，它的影响力比较大。长江三角洲和珠江三角洲也有一个整合的问题。另外，中西部地区走联合发展的路子是正确的。我听广播里讲，山西省请上海浦东帮他们搞招商引资，东西部地区合作，这个路子就对了。要打破行政区划和地域的概念，要按“三个有利于”的标准来衡量，沿海地区应该帮助内地城市的企业发展。当然还有一个基础设施问题，全国几纵几横的铁路、高速公路当时还没有形成，现在条件具备了。

如果说 20 世纪 80 年代我国形成了一个开放的格局，那么，到了 90 年代，开发区的建设开始出现一种扩大的趋势。吴邦国同志在上海市当书记时，我去上海，他对我说，上海市的浦西城区有闵行、虹桥、漕河泾等几个国家级开发区，浦东也有了新区，周边几个县怎么办？我给他讲，按照国家开发区管理规定，上海市政府有权审批自己的开发区，是经济开发区而不是经济技术开发区，因为经济技术开发区是国家级的，而经济开发区是省级的。后来上海市批了松江工业区和嘉定工业区，并在这两个开发区形成汽车、电子产业基地，后来上海的其他区县也都有了工业区。

至 2009 年，全国已经审批了 56 个国家级经济技术开发区、50 个高新技术开发区，还有 15 个保税区和几十个出口加工区。但建设这么多的开发区，资金从哪里来？开发区前期的基础设施建设、征地拆迁需要大量的投入，要为外商提供“三通一平”、“五通一平”到后来是“七通一平”的建设用地。这些都需要先投入大量资金，然后再把土地转让，实现滚动发展。大家走的都是这条路子。

在开放的 14 个城市中，北边的大连开发区势头很好，与天津开发区在全国排前两名。主要引进日本和韩国的资金和技术，先后搞了日本工业园区和韩国工业园区。天津利用沿海滩涂规划建设了开发区、保税区、出口加工区等几种开发模式。天津开发区搞得不错，创了自己的品牌。后来还搞了石油、钢材、汽车几个很好的项目。

山东的开放城市有青岛、济南、烟台、威海等，这些地方的开放比较正常，几个开放城市的开发区搞得都不错，尤其是青岛开发区搞得最好，那里既是开发区又是保税区，实行港口与保税区联动，在简化手续和提供服务方面搞得比较好。

江苏的发展比较均衡，像昆山、苏州、南京的开发区都是正常发展。虽然江苏没有经济特区，但由于受到上海浦东的拉动，优势很多。

浙江有几个国家级开发区，这一区域的发展重点在杭州湾。宁波搞临港工业和大型工业，重点发展石化、造纸等工业，通过建设海运基础设施，运输水平有很大的提高。可以说，浙江的开发区发展比较正常，在对外开放中没有什么大的波折。

从总体来说，各地都形成各种不同类型的开发区、保税区、高新技术开发区，应该说他们都完成了当时的历史任务。各地区在自己的区域内划出一定的区域，搞好基础设施，然后对外招商引资，国外不同规模的资金和不同水平的技术都涌了进来。这种区域密集型的资金、技术的短期集中进入，对一个城市的建设和发展起到很大的推动作用。有些开发区完全成为新城区的一部分，区内高楼大厦、新厂房都建了起来，使人耳目一新。

软件方面也学了一些管理服务，产业结构也有变化，新区的发展自然带动了老城区和老企业的改造。还有人才的培养，这也是对外开放的一大收获，特区、开发区本身培养了许多人才并输送出来，这里包括许多懂经营的老板。第三产业服务业也是从特区和开发区里开始摸索，然后全国互相仿照，进而逐步推广。应该说特区、开发区、开放城市在改革开放中有他们的历史功劳。

（胡平同志曾任福建省省长、商业部部长、国务院特区办公室主任。本文摘选自《改革开放亲历记——胡平访谈录》一书，标题为编者所加。）

致敬开发区事业的引航人

赵云栋

今年是我国兴办开发区 30 周年。30 年来，广大开发区人从零起步、顽强拼搏、开拓进取，取得了辉煌成果。我作为在开发区中工作时间最长的老同志之一，有幸见证了开发区从无到有、从小到大的全部过程。若谈及开发区的建立和发展，就不得不回顾经济特区起步发展的那段历史。

开发区“准生证”的批复

1978年初，经济建设逐步摆上了更加重要的日程，为了充分借鉴国外经验，中央决定让谷牧同志带团去西欧考察访问，代表团成员中有我的直接首长彭敏主任。此行考察历时一个多月，调研了很多地方，接触了很多新鲜事物，收获颇丰。归国后，考察团向中央领导进行汇报，每个成员都实事求是地畅所欲言，并提出了很多新名词，如补偿贸易、硬贷款、软贷款等，有问有答，气氛十分热烈。其中一次汇报更是从下午3点开始，直至深夜11点才结束。其后，专门为此召开的国务院务虚会也持续了多天时间，研议的内容很深、很宽，涉及利用外国政府贷款引进技术和资金、吸引外商直接投资举办中外合资企业等方面。最后，这些想法和观念被整理、归纳并反映到了党的十一届三中全会中，“改革开放是我国的基本国策”这一伟大决策被写入全会决议。自此，我国踏上了改革开放的伟大征程。

改革开放的一大举措是兴办经济特区，邓小平同志是创始人，谷牧同志是指挥员。1979年，中央决定对广东、福建两省的经济活动实行特殊政策、灵活措施，通过简政放权加大地方的自主权，改革管理体制、发挥特色优势、扩大对外贸易，并在两省设立经济特区，以此搞活经济。但在当时，计划经济的色彩仍然浓厚，且因国门初开，“新鲜空气”扑面而来的同时，“苍蝇”、“蚊子”也趁机而入，对计划经济体制形成了一定程度的冲击。于是，社会上的非议和质疑之声顿起：称特区是“飞地”、是“租界”、是“走私的通道”，更有甚者还称道，在深圳的土地上，除了五星红旗还在飘扬以外，其他什么都“变”了，都是资本主义的东西。一时间，特区发展与改革开放都面临着前所未有的巨大压力。

但是，在短短几年间，顶着压力艰难前行的深圳特区创造了一个又一个的经济奇迹——工业总产值由1979年的6000万元增加到1984年的18亿元，5年增长了29倍。事实胜于雄辩。1984年初，邓小平同志视察深圳特区，挥笔写下了“深圳的发展和经验证明，我们建设经济特区的政策是正确的”，至此，特区建设拨云见日。邓小平同志回京后，与中央领导座谈时提出，“除现在的特区外，可以考虑再开放几个港口城市，如大连、青岛。这些地方不叫特区，但可以实行特区的某些政策。”

一个月后，沿海部分城市座谈会在北京召开。此次会议形成的《沿海部分城市座谈会纪要》，经中央政治局正式讨论通过，并于1984年5月4日以中发［1984］13号文件批发全国。在我看来，这一文件是我国改革开放中极为重要的、具有史诗性的、里程碑性的文件，是指引我国改革开放走向伟大胜利、取得根本性成果的重要文件。

荒滩上的艰难起步

万事开头难。我国沿海地区兴办的首批14家开发区，虽然基本沿用了经济特区的政策、措施，但在起步建设期，仍然面临着诸多困难，这其中，资金匮乏无疑是最大的绊脚石。在当时国家财政十分紧缺的情况下，通过时任副总理谷牧同志等老领导们的积极努力和争取，14个开发区获得了共计22亿元的开发性优惠利率贴息贷款，用于开发区的基础设施建设，具体由国务院特区办负责5年内分批发放给14个开发区，这就是我国开发区的第一桶启动建设资金。当时，我作为国务院特区办的工作人员，与其他人员一起实施了这笔资金的筹集与发放工作，亲历种种，感受极深。

记得银行一位负责资金划拨的同志曾对我说：“咱们国家六十年代（指20世纪）搞三线建设，结果上百亿元的资金扔到山沟里了，得不偿失，损失很大。现在，你们搞开发区建设，可不要将大把大把的资金扔在荒滩上、扔到大海里啊！”这个警示，给了我们很大压力。

1984年底，我到秦皇岛开发区调研，看到的是一片瓦砾、满目荒滩，在聊天中，有的建设者提出了“开发的土地是否晒太阳”的疑虑，我的心里也不由得打鼓：什么时候才能把这片地“填满”？这个大大的问号一直困扰着我。

实事求是地讲，总体看来，当时全国各地的开发区基本情况大抵如此，起步极其艰难。

这一情况一直持续到1986年邓小平同志到天津开发区视察。一下火车，他就对前来接站的时任天津市市长李瑞环同志说，“我是来看看你们的开发区的”。视察后，邓小平同志充分肯定了开发区的建设工作，他指出，“对外开放还是要放，不放就不活，不存在收的问题”，并且欣然题词——“开发区大有希望”！在这个关键时刻，邓小平同志的重要讲话和光辉题词对开发区的广阔前景作出了明确的论断，澄清了许多疑虑，也坚定了开发区创业者们的信念和信心，直到今天依旧是鼓舞着一代又一代开发区人的巨大精神力量。

在开发区创建历程中，邓小平同志曾三次视察开发区，我现在细想起来，也许是因为他深刻体会到之前特区创办和发展的艰难，因此对创办开发区要更多给予关注和支持。他的“姓资姓社”、“计划与市场”的重要思想，对开发区人坚定信心、快速发展起到了十分重要的作用。

改革开放永无止境。在步入全面深化改革的新时期，面对新形势、新任务，作为改革开放的排头兵，开发区要一如既往地改革突围、锐意创新，努力保持发展活力，积蓄内生动力，肩负起时代赋予的神圣使命，再创下一个三十年“大有希望”事业的新辉煌。

（赵云栋同志曾任国务院特区办公室副主任）

回忆我国出口加工区的设立
——访原国务院特区办公室副主任赵光华

我曾经在国务院特区办工作了五年，参与过我国对外开放的一些工作，之后调到海关总署，正逢出口加工区的筹划和建设，有幸参与了出口加工区建设的全过程。我始终对国家级经济技术开发区和出口加工区有着深厚的感情，也切身经历了艰难的起步建设时期，对那时的开拓者们逢山开路、遇河搭桥的坚定精神记忆尤深。在国家级开发区建区30周年之际，我十分愿意与大家一起回顾当年出口加工区的创建历程，希望能对开发区人继续奋进、实现新一轮“园区梦”有所激励。

出口加工区的概念，是1997年昆山开发区管委会最先提出的。那时，我国的台湾地区已经建设了出口加工区，而且发展很好，他们曾去考察过，对出口加工区有一定的认识和了解，因此，建议参照台湾地区经验，设立出口加工区。当时，国务院特区办曾想推动此项工作，但不久，国务院进行机构改革，特区办和体改委合并，原有机构被撤销，推动设立出口加工区的事情就这样搁置了。

到1999年，基于当时国内外的大背景，推动设立出口加工区的事情，又提上了议事日程。

改革开放初期，我国的资金、先进技术和设备、关键零部件以及开拓国外市场的能力等都十分欠缺。根据当时的实际情况，为推动经济发展，实行了“两头在外、大进大出”的沿海发展战略，大力推进以“三来一补”起步的加工贸易。经过十多年的迅猛发展，至1996年，加工贸易已占到国家对外贸易的半壁江山，占全国进出口总值的50%左右，其中出口占到50%以上。并且在促进经济发展、推动利用外资、引进先进技术和管理、解决劳动就业等方面，发挥了重要作用。但在发展过程中，也出现了不少问题，主要是加工贸易规模庞大、分布领域广、经营企业众多、管理难度大，一些不法分子利用加工贸易进行走私、逃套汇和骗退税等违法活动，在海关查处的走私大案、要案中，加工贸易方面占到50%以上。因此，必须采取措施、加强管理，才能更好地促进加工贸易健康发展。

1999年4月，国务院办公厅转发了国家经贸委等部门《关于进一步完善加工贸易银行保证金台账制度的意见》（国办发［1999］35号），要求加强对加工贸易的规范管理。当时海关总署按照国办发［1999］35号文件的要求，制定了十余个配套办法。

针对加工贸易企业有近14万家、规模大且分布广、管理难度大的实际情况，时任国务委员吴仪同志提出，加工贸易“漫山遍野的放羊不行，就弄个羊圈，把羊圈起来，将‘散养式管理’改成‘圈养式管理’”。

1999年7月，国务院办公厅转发外经贸部等部门《关于进一步采取措施鼓励扩大外贸出口的意见》（国办发［1999］71号），在文件中特别提出，要“设立规范、封闭式的出口加工区的试点，逐步引导出口加工企业向保税区和出口加工区集中，在划定的区域内，实行‘境内关外’管理体制，由海关监管”。设立出口加工区的工作正式启动。

特别值得一提的是，当时我国正在申请加入世贸组织，日本、中国台湾、中国香港等国家和地区的IT产业由于当地生产成本过高，急需向外转移，而IT产业的一个特点就是国际市场竞争十分激烈，企业需要一个能够适应“大进大出”和“快进快出”要求的环境和条件。提到“快进快出”，那时有一个非常生动的说法，叫“955”，即企业接到笔记本电脑订单后，有95%的产品，必须在5天内完成组装并送到客户手上。为适应这些要求，设立“全封闭、卡口式、信息化管理”的专门区域用于发展加工贸易，就显得十分必要了。

为落实国办发［1999］71号文件精神和吴仪国务委员的指示，1999年，海关总署牵头召集外经贸部、国家计委、国家经贸委、财政部、中国人民银行、国家税务总局、国家外汇局和国家出入境检验局等八个有关部委，共同讨论研究，并向国务院上报了关于建立出口加工区的请示。国务院有关领导审慎考虑后，提出了“会不会引起新一轮重复建设”的疑虑。为此，我们又补充了“将出口加工区设在已建成的开发区内”、“面积控制在2—3平方公里”以及“不新设机构”、“不要国家新的优惠政策”等五条原则。1999年11月，国务院批准了海关总署《关于设立出口加工区及有关问题的请示》。

2000年4月27日，国务院以国函［2000］38号函，批准了《中华人民共和国海关对出口加工区监管的暂行办法》，其中第二条明确规定，出口加工区“只能设在已经国务院批准的现有经济技术开发区内”。从此，出口加工区与国家级经济技术开发区紧密联接在一起，成为了国家级经开区重要的功能平台。

1999年至2000年上半年，有19个省（区、市）政府向国务院报告，申请设立出口加工区，总计达到50多个。海关总署会同有关部委逐家审核，还到重点地区做了实地考察，形成一致意见后上报国务院。国务院在2000年4月27日以国办函［2000］37号文批准第一批出口加工区试点，共15个，其中12个在沿海地区，沿江、内陆及沿边地区各一个。之后，为贯彻落实国务院关于出口加工区试点工作的批复，并研究确定出口加工区的具体实施办法，由海关总署牵头，会同相关部委和15

个试点出口加工区所在的省、市政府部门，专门在威海召开全国出口加工区工作会议。出口加工区的建设正式拉开序幕！

作为“第一个吃螃蟹的人”，我们要求昆山出口加工区成为试点区、样板区和示范区。他们不负重托，在建设、运行、管理等方面，为其他加工区提供了经验，也是全国第一个通过验收并运行的出口加工区。当时，昆山出口加工区的领导提出了“3 年内进出口额达到 10 亿美元”的奋斗目标，提升了建设出口加工区的信心。实际上，不到三年时间，进出口额就已经超过了 10 亿美元。

为使制定的出口加工区政策更切合实际，我们曾多次赴昆山与管委会及台商企业等座谈。当时，仁宝电脑的负责人听了出口加工区的基本政策后，当即表示，“这些政策比区外宽松多了，我们一定入区！”仁宝电脑也成为昆山出口加工区的第一家入区企业。

现在回想起来，令我印象十分深刻的是落户上海松江出口加工区的台湾广达电脑。当时，广达电脑提出，希望工厂进口的货物到达上海虹桥机场后，四个小时就能送到工厂的生产线上。为此，松江出口加工区专门配备了海关监管专用车辆，将装载货物的集装箱直接从机场运送至出口加工区，车辆上装有 GPS 定位，实行全程信息跟踪，以防止中途发生走私事件。车辆行至出口加工区卡口处，那里配备有电脑识别系统，将集装箱号、车辆牌号、货物重量等数据与装车前比对，无误则立即放行并直接送到工厂生产线，马上投产；如发现数据对不上或有问题，则到验货场查验。记得曾有一个记者不相信出口加工区的物流和通关速度，在没有告知海关和园区管委会的情况下，直接进行跟踪暗访，结果货物从飞机落地到送上生产线只用了两个半小时。由此可以看出，出口加工区不仅对我国 IT 行业的引进和快速壮大起到了关键的推动作用，而且在进出口物流、通关以及加工贸易的发展等方面都开启了高速、高效的先河。

如今分析来看，出口加工区之所以成功，有四个关键优势不可忽视，我将其总结为“四最”：一是管理最规范，外经贸部、税务总局、出入境检验检疫局、外汇局、工商总局、计委、海关总署等有关部门均制定了相关法律法规和政策办法，既实行了严密监管，又保障了企业的发展；二是通关最快捷，创新实行了卡口式的围网管理，海关在区内设立的专门监管机构实行 24 小时工作制度，保证货物即时通关；三是政策最适宜，区内实行的针对出口加工贸易的特定政策，与出口加工企业的需求完全适应；四是服务最周到，不仅基础设施完善、标准厂房建设合理，在软环境方面，管委会的“一站式”服务也为入区企业提供了更多便捷。

因此，出口加工区的起步建设虽然艰辛，但依靠老一辈领导和各部委的关心支持，依托国家级经济技术开发区优越的产业平台和良好的行政服务，凭借着开拓者们大胆创新、勇于实践的精神，园区建设取得了巨大成绩，成为我国对外贸易发展的重要窗口和功能平台。

（赵光华同志曾任国务院特区办公室副主任、海关总署副署长、党组成员。本文根据对赵光华同志采访记录整理。）

万里春风第一枝
——记大连经济技术开发区筹建历程

崔荣汉

作为大连开发区初期建设的亲历者，往事历历在目，恍如昨日。如今回首，仍不由得感叹当初首批建设者们披肝沥胆、乘风破浪的艰辛历程。

钗于奁内待时飞

1980 年夏，中央在南方沿海创建了深圳、珠海、汕头和厦门 4 个经济特区，这一消息犹如平地惊雷，在全国引起了强烈反响。时任辽宁省委第一书记的任仲夷同志立即敏锐地对大连市委、市政府领导提出一个问题：南方建设特区，辽宁怎么办？大连怎么干？是不是也可以要求建设特区？有没有条件建设特区？

事实上，身处改革开放潮起之滩，如何进一步强化大连市的沿海中心城市地位，是自党的十一届三中全会以来，大连市委、市政府一直在认真思索和探讨的问题。

同年 8 月 11 日，时任中共中央书记处书记、国务院副总理谷牧同志来到大连，我们向谷牧副总理汇报了大连市的想法：南方建了四个特区，北方是否也可以建一个或几个特区？大连工业门类齐全且基础雄厚，如果在这个口岸城市划出一块地方，建立类似深圳等地的经济特区，将会带动整个东北地区的改革开放和经济发展。

当时，谷牧副总理听完大连市的汇报，很严肃地提出了三个问题：第一，什么叫特区？第二，大连为什么要建特区？第三，大连有什么条件建特区？紧接着，谷牧副总理又详细分析，我国对于建特区没有成熟的经验，还缺乏准备，而且中央对办特区的意见也不完全一致，所以只能先开深圳等几个城市作为试验田，逐步观察它的作用、效果，也是“摸着石头过河”的一种试验。最后，谷牧同志建议，大连机械制造业实力雄厚，基础很好，应当扬长避短，发挥优势，这比匆忙建立特区效果要好得多。在当时的历史背景下，中国的进一步改革开放尚在孕育之中，大连的特区梦还难圆。对于当时的大连，更重要的是加强学习，加深对改革开放的认识，做好下一阶段改革开放的准备工作。

1981 年初，大连市委、市政府派我率领一批干部到广东省特别是深圳、珠海两市考察学习。那时，特区建设只是刚刚开始，特区人也都在边干、边看、边学、边摸索。尽管在深圳、珠海并没有看到特区的新形象，但特区之行还是让大家有了勇气和信心。回到大连后，我在班子会议上满怀希望地激励大家：既然我们现在还建不了特区，那就扎扎实实地做一些建特区和对外开放的准备工作吧，以积累经验，等待时机！

喜迎春风第一枝

1984 年 5 月 4 日，国务院下发《关于批转“沿海部分城市座谈会纪要”的通知》；

5 月 18 日，大连市委召开干部会议，宣布成立开发建设公司并准备进驻马桥子现场；

6 月 1 日，第一批 98 名开发建设者奔赴马桥子现场办公，规划开发区起步区，并开始“七通一平”基础设施建设；

8月12日，经过两个多月紧张筹建的开发区起步区已初具雏形，万里、谷牧、李鹏三位国务院副总理到大连视察工作，陪同的还有国务院、各部委的多位领导，包括国家计委副主任甘子玉、国家经委副主任赵维臣、铁道部部长陈璞如、交通部副部长子刚、中国社会科学院院长马洪、国务院特区办公室主任何椿霖、国务院口岸领导小组办公室主任梁况白等。

长期的准备换来集中的发力，终于，9月25日，国务院下发了《批转“关于大连市进一步对外开放和能源、交通建设等问题的会议纪要”的通知》（国发［1984］131号），正式批准大连在金县马桥子一带兴办经济技术开发区，同意先期建设3平方公里工作区，并相应建设生活服务配套区，起步区面积为5平方公里。至此，大连经济技术开发区成为我国14个沿海城市中第一个成立的国家级开发区，《光明日报》在后来报道中称之为“春风第一枝”。

风劲扬帆正当时

由于开发区初期建设时，需要动员和协调全市各部门力量支援，发挥好开发区作为全省乃至东北地区的窗口作用，经辽宁省委、省政府批准，将开发区管理委员会定为副市级单位，并由此选定了大连市常务副市长唐启舜同志担任管委会主任，之后，开发区又建立了党委，也由他兼任书记。

创新“小政府、大社会”的管理理念。管委会按照“小政府、大社会”的机构设立原则，提倡“特事特办、新事新办、立场不变、方法全新”的工作作风，学习香港的部分经验，借鉴市场经济办法，以创新的态度从事这项开拓性的事业。总体上看，管委会的机构不与市的机构对口，除几个领导干部由市委委派外，对其他干部要逐步实行聘任制，总人数不超过100人。具体而言，强化工商、税务等机构，不设直接管理工业的机构；对部分机构实行社会化和企业化，如不设劳动人事局，而是设立了劳动服务公司，代行部分行政职能；筹备设立律师事务所和会计师事务所等。

创新企业化经营的市场理念。搞建设，要做到不光会花钱，还要会赚钱。国家支持开发区的建设资金是贷款，是要还本付息的。因此，开发区不能照搬老市区的计划经济模式，而应紧紧把握对外开放的脉搏，向国际投资环境靠拢，使国内企业能够走向国际市场，真正做到既花钱又赚钱，在保证开发区建设需要的同时，仍有余力支持老市区建设。按照这种主导思想，管委会考虑应尽量多设一些公司类的机构，进行企业化经营。我们当时的口号是“要用改革的办法去搞开发，而不是把老办法带到开发区、到开发区再改革”。其实，那时对改革的含义并不完全清楚，只是想改变一下我们传统做法上的弊端，采取比较新的、有效率的办法去建设开发区。这种情况下，开发区率先成立了开发建设总公司，除承担基础设施的建设外，还可以从事房地产等其他方面的经营；成立了综合性的进出口公司，包罗各类商品，旨在创汇、创利；成立了经济技术发展公司，除为外商独资企业提供部分服务外，主要是对大项目和效益可观的项目投资，成为隶属开发区的大投资商；成立了社会综合服务公司，提供有偿服务，实行服务的社会化，避免小而全、大而全、工厂办社会的状况。

创新开放适宜的法规政策。办开发区，一定要有适应开放需求的法律法规。这项工作在最初确定兴办开发区时就已着手进行，至1984年10月正式动工建设，几项主要的法规已经出台，可以对外宣传并具体操作了。因为大连开发区是我国第一个批准、第一个动工兴建的开发区，没有现成的法规条例可以照搬，能够借鉴的只有南方的经济特区。为此，我们根据党的开放政策，参考特区及国际惯例的通行做法，结合开发区的实际情况，制定并公布实施了《若干优惠待遇的规定》、《企业登记管理办法》、《涉外经济合同管理办法》、《企业劳动工资管理办法》和《土地使用管理办法》等五项法规。这些内容在开发区之后多年的建设发展中，起到了重要的推动作用。

（崔荣汉同志曾任大连市委第二书记、市长，历任辽宁省人大常委会副主任、党组成员等职。本文根据作者2013年初口述材料整理。）

首部广州经济技术开发区“基本法”的诞生

——忆《广州经济技术开发区暂行条例》的制定

李东云

开发区条例的诞生即是“先行先试”的生动体现。在这个特别值得纪念的日子，我仔细回顾梳理了广州开发区建区初期的立法及其演进过程，历数当年实施依法治区、立法先行的法制战略思路，以此纪念国家级经济技术开发区建区30周年。

“依法治区、立法先行”理念的提出

1984年3月召开的沿海部分城市座谈会决定，参照深圳特区办法，兴办国家级经济技术开发区。广州市经过努力，被列入兴办开发区的城市之一。时任广东省政府副秘书长的丁励松同志参加了会议，回来传达会议精神时强调，办开发区必须认真抓好法制工作，和外商谈判、签约也必须讲究法律。

为加快开发区的筹备建设，广州市委决定成立广州开发区筹备领导小组，由当时的市委副书记朱森林同志和副市长石安海同志、市委研究室主任缪恩禄同志分别担任筹备领导小组的组长和副组长，并抽调市委、市政府机关的几个干部到筹备小组开展具体工作。我即是这个时候被抽调到筹备小组工作的。当时，朱森林、缪恩禄同志找我谈话，要我集中力量搞好开发区的法律。缪恩禄同志说，“你是北京政法学院（今中国政法大学）毕业的，学过法律，开发区法律怎么弄，要有个答卷。”其实，在大学学习法律时，教科书中并没有这方面立法的样板内容，一时间，我的压力很大。

通过市委、市政府的工作渠道，我带着如何搞开发区立法的问题赴北京请教当时外经贸部条法司司长张思卿同志、国务院法规研究中心（国务院法制办前身）主任顾明同志（曾任周恩来总理秘书）。他们给了我许多建设性的意见，从立法内容到审批程序，从体例、条文等立法技术到如何适应国际要求，都一一作了指点，还给我提供了大批参考资料。在此期间，我还多次与深圳研究立法的同志、法律专家交换意见，参加特区立法讨论会，学习他们的做法。我经常性地向丁励松同志汇报，逐步理清了立法思路，作了初步配套规划，直至报批后，才“开工生产”。

广州开发区管理委员会成立之后，经我建议，建立了“条例法规处”，与综合处、企业处、人事处和办公室并称为“四处一室”，工

作人员仅我一个“光杆司令”。以“条法处”的名义，我对外开展各项相关活动，所有立法文件的起草、修改、校对也全部亲自动手。

首先，我提出了“依法治区、立法先行”的治区理念，为立法大造舆论，并得到了时任领导的大力支持。经过长时期宣传，这一战略思想在全国开发区引起了积极响应，为制定开发区的法律性文件做了思想上和理论上的铺垫。

但在真正启动时，我们又遇到了问题。对于办开发区，全国人大没有制定法律，国务院也没有条例等法规文件。地方制定条例，属地方性法规。而《中华人民共和国宪法》和《中华人民共和国组织法》规定，省一级人大有制定本地域范围内地方性法规的权利，省一级政府可以草拟省的条例、规定、办法等地方性法规和行政规章。有鉴于此，广州市作为副省级单位，无权制定地方性法规和行政规章，但可“草拟”行政规章。我们便抓住了“草拟”这一条，将“草拟”的“权力”交给了开发区。在后来出台的《广州经济技术开发区暂行条例》中第八条规定，“开发区管委会代表广州市人民政府对开发区实行统一领导和管理”——开发区管委会可以作为广州市政府的“代表机构”，代行“草拟规章”，制订“暂行条例”。最后，在保证与宪法、组织法不冲突的前提下，我们以开发区管委会名义正式向市政府建议，条例题目定为《广州经济技术开发区暂行条例》，由广州市政府批准实施。

1985年3月6日，广州市市长办公会议通过了我们的建议；同年4月9日，市政府发布《〈广州经济技术开发区暂行条例〉等七个规章的通知》。除去《暂行条例》，还包括与之配套的《广州经济技术开发区技术引进暂行规定》、《广州经济技术开发区土地管理试行办法》、《广州经济技术开发区工商税收实施（试行）办法》、《广州经济技术开发区内联企（事）业若干问题的暂行规定》、《广州经济技术开发区企业劳动工资管理试行办法》和《广州经济技术开发区企业登记管理试行办法》。围绕这些最根本的法规性文件，广州开发区还先后制定了36个规章制度和实施细则，内容涉及项目审批程序、筹建审批程序、税收管理、土地管理、劳动管理等诸多方面，它们构成了广州开发区开创初期的基本法律制度体系。

“法无规定即可为”的突破创新

邓小平同志曾说过，制度问题“带有根本性、全局性、稳定性和长期性”，“制度好可以使坏人无法任意横行，制度不好可以使好人无法充分做好事，甚至会走向反面”。我们充分发挥了制度具有的规范功能、约束功能和激励功能。当时一位美国驻广州领事馆的领事曾评价说，《广州经济技术开发区暂行条例》是沿海城市开发区中内容最详尽、条款最具体、文字最规范、体例最严谨的一部“基本法”。

模式创新的示范。从严格意义上讲，以市政府的名义发布暂行条例，程序不够规范；从法律地位上看，暂行条例仅是法律性文件，不是地方性法规，法律效力也不高。但是，在《广州经济技术开发区暂行条例》之前，无论在理论研究，还是实际操作方面，我国关于如何为经济功能区进行立法以及立法的基础、主要内容、基本技术规范等内容均属空白。在国家没有先例经验且建设开发区又“急需”的情况下，我们只能“摸着石头过河”，坚持以“法无规定即可为”的原则，采取“暂行”或是“试行”等带有探索性、过渡性的办法，在全国范围内首创了经济功能区的立法模式。实际情况是暂行条例一经出台，即受到各方关注，在全国经济技术开发区范围内产生了重要影响。

之后，我们一直加快完善修订暂行条例，使其更为规范合法，成为真正意义上的地方性法规。1987年，经广东省人大批准，广州市人大正式公布实施《广州经济技术开发区条例》，删去了“暂行”二字。同年，国务院召开了全国第一次政府法制工作会议，广州经济技术开发区条法处是全国唯一被邀请参加的开发区法制机构。之后，1987年版条例的立法理念、体例、逻辑结构等内容，被全国其他国家级经济技术开发区纷纷效仿，可以说，后续全国各地先后颁布的经济技术开发区条例，均或多或少地有广州开发区1987年版条例的影子。之后的许多年，经过反复修订，由广东省人大批准，1994年版条例和2003年版条例也相继颁布。

法律地位的确定。最初的暂行条例第八条明确规定，“广州市人民政府在广州经济技术开发区设立管理委员会，代表广州市人民政府对开发区实行统一领导和管理。”既明确了开发区是管委会领导体制，又明确管委会是“代表”广州市人民政府行使权力。之后修订的《条例》第三条又进一步明确，“开发区设立管理委员会，代表广州市人民政府，行使市一级管理权限，对开发区实行统一领导和管理”。这种表述，较为清晰地说明了管委会根据《条例》所行使的职权是地方性法规授权，而不是市政府委托。

在1987年修订的条例中“行政管理”一章，规定开发区管委会可以“协调广州市各部门和各单位有关开发区的工作”。第八条第十项规定：“按照规定权限任免和奖惩管委会机关和所属单位的工作人员”。对于市政府各部门在开发区设立的分支机构与开发区管委会的关系，1987年版条例明确规定的是“领导”关系，改变了1985年版暂行条例所规定的“监察、监督和调处”的关系，强化了管委会对驻区机构和单位的管控，增强了开发区建设发展的工作合力。

1994年，条例进行了大幅度修改，在“行政管理”一章，关于管委会定位的规定，增加了开发区管委会“协调区内中央、省属单位有关开发区的工作”；同时对管委会的职权进一步做了扩充列举，增加到十二项，各项权限更为具体详实。其中开发区管委会“按有关规定决定开发区内行政、事业单位的机构设置、人员编制的制定及干部、职工的调配、管理与福利待遇，任免和奖惩所属工作人员”，这使得开发区管委会具有独立、完整的编制和人事权限。

创新驱动的制度化。日本政府早在1961年就制定了《工矿业技术研究组合法》，规定只要被认定为“技术研究组合”，就可以被视作非营利性的特殊法人，并享受若干税制优惠。这项法律极大地推动了日本的协同创新，并结出丰硕成果。我们参照了这个规定的内容，作为学习尝试。因此，在1987年修订暂行条例时，增加了“鼓励国内外企业、教学科研单位和工程技术人员在开发区建立‘生产—科研’联合体或科工贸联合体，并按规定在选址、设厂、受让土地、信贷、税收等方面享受优惠待遇”的内容。这条规定类似于现在的协同创新，也即“产业技术联盟”，且“协同创新体”所享受的优惠政策也十分优厚。

投资者利益保护机制的开创。暂行条例第五条规定：“开发区依法保护客商的资产应得利润和其他合法权益。开发区内的企业、事业单位和个人，必须遵守中华人民共和国的法律、法规。本条例有特别规定的，依照本条例的规定执行。”这条规定，在后续的几个版本中均得以继承和完善。在改革开放初期，我们这种与国际接轨的做法，即使放在国内现在的法律视野下，也是相当领先的。

（李东云同志曾任广州经济技术开发区管委会副主任。）

邓小平同志与开发区

鲁又鸣

时光飞逝，一转眼已是国家级经济技术开发区建区三十周年。这三十年间，我国的经济发展取得了举世瞩目的飞跃。作为当时开发区创业的参与者，回顾三十年的发展历程，真是心潮澎湃，感慨万分。

建立经济特区与国家级经济技术开发区，是邓小平同志建设有中国特色社会主义道路的重要实践，是我国改革开放的伟大创举。开发区的建设与发展，不仅有邓小平理论的指导，还得到了小平同志的直接关怀，成为我们克服重重困难、不断推动开发区向前发展的精神源动力。

1986 年 8 月，闵行开发区刚刚起步，面对开发区这个新鲜事物，我们没有任何经验可以借鉴，只能“摸着石头过河”，一步一步地往前走。当时，正值改革开放初期，资金、人才、技术都十分短缺，面临的困难是可想而知的。特别是当时人们的思想认识并不统一，对改革开放政策的理解也有所不同，社会上出现了一些质疑的声音：有的讥笑我们是“小小玩具厂、地皮晒太阳”，有的说“基础设施投资是把钱扔到黄浦江里”，甚至有人提问“开发区的红旗到底能打多久?”

实事求是地说，面对当时巨大的压力，我们也十分担心。资金投入进去，基础设施建设起来，外资不来怎么办？在这个关键时刻，邓小平同志“开发区大有希望”的光辉题词传遍了各个开发区，我们深受鼓舞、力量倍增。邓小平同志的题词不仅指明了正确的前进方向，使我们看到了开发区美好的发展前景；更增强了我们必胜的信心，给予了我们巨大的推动力量，鼓舞我们大胆尝试、闯出一条新路子！

邓小平同志题词六年之后，1992 年 2 月 12 日，他又亲临上海闵行开发区进行了视察，听取了汇报并发表了重要讲话。这一讲话作为小平同志著名的“南方谈话”中的一个重要组成部分，对之后开发区的建设、甚至我国改革开放的进一步发展都有着十分重要的意义。我有幸直接向小平同志汇报开发区的发展情况，并聆听了他的教导，虽然已经过去了 22 年，但至今回忆起来，当时的情景仍历历在目、倍感亲切。

我向小平同志汇报说，实践证明中央关于建立经济技术开发区的决策是完全正确的，也是完全成功的。我们的基础设施投资没有扔到黄浦江里，相反，国家已经取得了相当于基础设施投资 2.8 倍的资金回报，引进了一大批国际著名的跨国公司。小平同志听后十分高兴，他说，“哪些方面是最有利于社会主义的，这是一个大的原则问题。拿什么来证明科技生产力姓‘社’不姓‘资’？‘社’的优越性在哪里？为什么不会变成资本主义？要拿实践来回答这个问题，用事实说话。实践过硬得很，做不来假。”他指出，“现在把投资全部收回来，还增加了 2.8 倍。难道这不是有利于社会主义？事实已经证明，是姓‘社’不姓‘资’，有利于‘社’，而不是有利于‘资’。”小平同志还勉励我们：“改革开放胆子要大些，要敢于试、敢于闯，大胆地试、大胆地闯。不仅要把物质文明建设好，提高生产力，还要把精神文明建设搞上去，两个文明都要交出一份满意的答卷。”小平同志的“南方谈话”掀起了我国改革开放的新高潮，推动了开发区建设进入快车道，对我国开发区又好又快发展起到了重要的促进作用。

在邓小平同志“开发区大有希望”和“南方谈话”的指引下，我国开发区经过30年的建设发展，取得了辉煌的业绩。截至2013年底，上海闵行开发区企业年产值已达558亿元，利润总额54亿元，上交国家税收52亿元，与当初国家投入的基础设施投资相比，取得了37倍的回报，并且在全国开发区中，单位面积的产出也始终名列前茅。

经历了三十载的辉煌，开发区又面临着新的历史使命。千里之行始于足下，新的征程又要启航。30年过去，最早一批开发区创业者现在大都已经退休，但我们仍然时刻关注着开发区的发展。我们相信，在以习近平总书记为首的党中央领导下，在实现中华民族伟大复兴的“中国梦”的奋斗目标中，我国经济技术开发区必将取得更加辉煌的成就！

（鲁又鸣同志曾任上海闵行联合发展有限公司党委书记、董事长、总经理。）

泰达——打造誉满全球的中国园区品牌

天津经济技术开发区管委会主任　许红星

TEDA——“泰达”，意取安泰、通达之意。如今，三十而立的泰达已誉满全球。

作为全国首批设立的国家级经济技术开发区，天津开发区先后被联合国工业发展组织确定为中国最具活力的六个城市和地区之一，被《财富》和《福布斯》杂志评为中国最受赞赏的工业园区，被新加坡中盛集团评为中国AAA级工业园区之首。并且，成为全国首批三个生态工业园区之一，首批国家级循环经济试点园区，电子、汽车、石化三大产业的国家新型工业化产业示范基地以及国家级海外高层次人才创新创业基地。

如今，这方地如其名的热土，已从建立之初40平方公里的盐碱滩涂，发展成为总面积408平方公里、生产总值超过2500亿元、工业产值突破8000亿元、拥有14000余家企业和56万从业人员的，体制机制保障有力、经济要素聚集活跃、实体经济特色鲜明、创新创业活力强劲、品牌效应价值凸显、发展后劲持续提升的国际化、现代化、生态化的先进产业与新型城市综合体。

高端定位　产业集聚

30年来，天津开发区始终立于我国北方对外开放的最前沿，累计引进各类外资项目5325个，实际使用外资427亿美元，其中投资1000万美元以上项目1195个，89家《财富》500强跨国公司在区内共投资230个项目。累计引进内资企业8694个，注册资本3022亿元；现拥有1家千亿级企业集团，3家500亿级企业，17家百亿级企业，以及289家亿元级企业。深入实施“纵向延伸产业链、横向做大产业群”的产业发展战略，形成高质化、高端化、高新化的产业结构，在九大主导产业为核心的产业发展体系基础上，显现出项目集中入园、产业集群发展的良好态势，成功打造了南港工业区、北塘企业总部园区、现代产业区、逸仙科学工业园、微电子工业区、南部新兴产业区以及泰达慧谷等10个产业平台。作为我国经济规模最大、外向型程度最高、综合投资环境最优的国家级开发区，天津开发区力争到2015年实现地区生产总值3000亿元，工业总产值突破1万亿元；至2020年，地区生产总值达到5000亿元，工业总产值突破1.5万亿元。

调整结构　优化发展

坚持转变经济发展方式，推动产业结构调整和优化升级，主动构建适合现代服务业和科技研发转化的专业化环境，已经发展成为全国最大的手机、基站、电子元件、平板电视、酶制剂、太阳能电池、方便食品的生产基地之一。其中，手机年产量近1亿部，年产汽车整车超过70万辆。以此为基础，开发区着力推动汽车零部件制造业迅速发展，积极壮大服务外包产业，促进CSC、ACS、IBM、渣打营运中心、腾讯等知名服务外包企业的蓬勃发展。与此同时，充分挖掘新材料、风力发电、航天产业的发展潜力，构建高端产业高地，确保在新一轮发展中占据领先位置。

优质服务　持续发展

在全国率先提出“投资者是帝王、项目是生命线”、“为投资者提供便利、让投资者获得利润”、“服务也是生产力”等先进服务理念，致力于建设“优质、公正、廉洁、高效”的服务型政府。具体而言，要加快推进以市场配置资源为主的经济领域、以社会治理创新为主的社会领域和以转变政府职能为主的管理体制等三个领域的改革创新；狠抓夯实重大项目支撑、促进科技小巨人发展、提升楼宇经济水平三项重点工作；构建高端产业、和谐宜居、生态文明三个高地，优化工作、生活、学习、文化四个环境建设。

统筹功能　协调发展

通过积极构建社区管理的“泰达模式”、新型医疗卫生服务模式和多层次住房保障体系；推行工资集体协商、完善职工工资正常增长机制；建立法律援助联动工作机制，建全“大调解”体系等途径，使社会事业发展成绩斐然。目前，开发区已有从业人员56万人，常驻人口23万人，外籍人口4000人；近5年累计新增就业岗位超过24万个，其中，2013年新增就业岗位6.8万个；建成居民社区9个，涵盖112个小区；建成蓝白领公寓32个，总面积233万平方米，可容纳21万职工入驻；建成各类教育机构28所，包括4所高校、7所中小学和10所学前教育机构。

提升全球化竞争力：
向创新密集与生态密集型产业转型

广州开发区政策研究室副主任　李耀尧

经过30年发展，国家级经济技术开发区因其开放引领、工业支撑、自主创新与制度领先的鲜明优势和核心特色，决定了其能够发展成为所在区域最为重要的经济增长点。当前，站在全新的十字路口，要想实施更为贴切的产业创新发展策略，掌握新一轮发展的主动权，就更加需要对开发区产业升级的路径、缘由和经验进行回望探究。

以企业为根基的产业升级传统路径

升级条件：区位优势是初始导向。按照国际生产折衷理论代表邓宁的解释，决定外商投资的核心要素是OIL模式，即所有权优势、内部化优势和区位优势。对于选择在国家级经开区投资设厂的跨国公司而言，在已具备前两个优势的同时，区位优势成为其重点考虑的因素。事实上，区位优势包含了空间要素、市场要素、劳动力要素、地理人文要素等多方面内容，这意味着优越的区位条件几乎能够便利地获取经济成长所需的各类主要因素，并形成良好的信息流和资源流，为经济社会发展提供强大的信息要素和资源要素供给。同时，按照新经济地理理论，城市拥有的区位优势是产业发展和升级的重要因素，这也是绝大多数国家级经开区设立于大中型城市的根本原因。

直接升级：跨国公司的单向嵌入。与其他区域相比，国家级经开区的产业升级首先得益于大量外资进入的直接推动。从数据上看，国家级经开区实际利用外资占所在城市的比重大都在三分之一以上，更有甚者已然超过了50%；作为中国吸引外资的聚集地，即便在全球金融危机时，其吸引外商投资仍占全国总额的25%左右，且保持增长态势。因此，对于国家级经开区而言，跨国公司带来的高品质外资直接改变了其所在城市的资本分布格局和技术结构，也进而推动了自身产业结构的优化与升级，形成了资本密集型驱动模式。在跨国公司“生产者产业驱动”和“购买者产业驱动”两种模式的共同作用下，国家级经开区不仅完成了产业结构升级、工业技术结构优化和企业组织结构的变革，更实现了出口结构的转变，即由初期的加工贸易出口，逐步转向高新技术产品出口，形成了典型的外源型产业升级模式。

自主升级：本土企业的内源创新。跨国公司的引领激发了中国本土资本的活跃性，刺激了内资企业和内源型产业不断成长，这即是国家级经开区“二次创业”的重要动力。归纳而言，自主升级的载体主要分为两类：学习型本土企业和研发型本土企业。通常，国家级经开区内的学习型本土企业在跨国公司的示范引导下，借力于区内产业集聚的外部效应和学习效应模式，按照市场需求发展变化，推动企业的产生与发展；在进一步实现本土产业升级后，突出表现为产品市场占领份额的扩大与产品销售率的提高。

联动升级：产业间与区内外整合发展。混合型产业集聚即联动升级，是国家级经开区产业升级的又一体现，尤以我国加入世贸组织后更为突出。一方面表现为开发区内部产业间的协同集聚与升级。另一方面表现为开发区产业与区外产业间的合作升级。需要强调的是，区内联动是开发区产业升级的基础和路径主体，主要体现为开发区主导产业之间的竞合关系以及主导产业内部产业链的上下游竞合发展；而区外联动则是产业升级的扩展，利用国家级经开区作为区域发展增长极和产业发展龙头的带动作用，有效带动周边产业转型升级。

载体升级：创新产业的集聚平台。主要体现于产业发展载体的功能升级，具体表现为创新要素集聚的产业升级模式。当前，许多综合发展水平较高的国家级经开区纷纷选择以产业集聚的主导产业和支柱产业为载体核心，建立各类功能独特、拥有专业化分工特色的子园区或园中园。实践证明，这一方式具有三方面优点：一是创新要素密集，即高品质外资、自主研发技术、科技孵化器等高端创新要素的集聚，能够形成较强的专业化特色产业园；二是创新产业密集，即在核心支柱产业中，部分内源性产业转化为开发区创新发展的重要源泉，并由此形成创新型产业链格局，有力推动了创新产业集群升级；三是创新体系保障，即充分利用国家赋予的政策工具，建立起各具特色的、涵盖创新要素、产业和机制支撑等内容的局部政策创新体系。

升级保障：政府制度的有力推动。有专家指出，开发区对于经济增长的贡献约一半来自于制度因素，良好的政府制度创新保障是在政府主导型开发区模式下，国家级经开区实现转型升级和产业生存发展的关键所在。尤为重要的是，开发区政府富有效率的制度创新降低了交易成本，提高了行政效率和服务效率，极大地发挥了各类资源的效率潜能，成为推动产业持续升级和经济快速增长的关键动因。

开发区未来的产业升级，路在何方？

通过对国家级经开区产业升级路径的梳理和评析发现，开发区只有不断地推陈出新，塑造自身的比较优势和竞争优势，才能持续地推动产业高度化与生态化发展。

产业政策目标是开发区创新的航向。创新是开发区设立的初衷和目的。开发区需要在产业发展中建立起具有自身特色的、区别于非开发区域的发展路径，特别是发挥出创新示范的作用。

产业功能指向是开发区创新的罗盘。经济技术开发区的功能设定为利用外资基地和产业示范基地，要求成为外向型经济区域与技术扩散中心。这就要求开发区以发展创新型产业为主，即注重产业发展的高度化和生态化。其中，高度化代表了产业发展的前沿与创新指向，而生态化的本质即是创新型产业。因此，只有实现经济效率和社会效率的双向提升，才能达到产业创新升级的目标，这对于开发区的策略制定尤其重要。

产业成长路径是开发区创新的航线。开发区产业发展的组织创新包括产业分工深化、产业组织竞合联动、企业商业模式等多个方面，以此为要求，除企业实现自身变革外，开发区政府和第三方组织也应积极通过配套支撑，确保为各类经济组织提供良好的创新环境。未来，开发区需要在生态产业、循环经济发展等方面实现突破性进展，切实增强自身可持续发展的综合功能。

产业竞争能力是开发区创新的风帆。作为产业发展的排头兵，国家级经开区应积极主动地参与国际经济竞争，加快提升自身产业在国际分工中的地位，以获取全球价值链中更多的市场份额。以此为导向，要积极调整发展战略，重点发展创新型与生态型产业，逐步实现从要素密集、投资密集向创新密集、生态密集转型，提升在全球市场的竞争能力。

立足国家战略　深化改革创新
加快推动中国（上海）自由贸易试验区建设和发展

中国（上海）自由贸易试验区管理委员会副主任　简大年

党的十八届三中全会明确提出，要切实建设好、管理好自由贸易区，为全面深化改革和扩大开放探索新途径、积累新经验。作为我国推进改革和提高经济开放水平的“试验田”，中国（上海）自由贸易试验区（以下简称“自贸区”）将积极应对全球化新趋势和对接国际投资贸易新规则，探索和完善新的开放模式与制度安排，成为我国进一步融入经济全球化的重要载体，为全面深化改革提供新的强劲动力。运行2个多月的时间里，自贸区已接待企业、个人咨询和办理业务近7万人次，其中，完成核名程序的企业超过5000家。可以说，正是自贸区，点燃了人们积累多年的对改革开放的热情，激发了企业的无限创新活力，也加快了政府改革创新的步伐。

开局良好　呈现平稳健康运行态势

社会创业投资热情充分激发。截至2013年12月9日，工商部门已办结新设企业2194家，贸易类和服务类企业数量分别占到65%和27%。其中，新设内资企业2105家，注册资本累计达到456亿元，平均注册资本近2200万元/家；新设外资企业89家，注册资本超过6.2亿美元，平均注册资本达700万美元/家。许多跨国公司正在深入调研自贸区的改革试点内容和市场机遇，预计随着各项制度创新的逐步落实和营商环境的进一步完善，还将迎来外商投资的新一轮热潮。

服务业扩大开放势头良好。选择金融服务、航运服务、商贸服务、专业服务、文化服务、社会服务6个领域的18个行业扩大开放；暂停或取消投资者资质要求、股比限制、经营范围限制等23项准入限制措施，其中，已有15项内容可以实施。目前，金融机构和服务业开放项目相继落户，已有48家金融机构获批金融牌照入驻；9家中资银行在区内设立分行，12家外资银行在区内设立支行，并新引进一批证券、期货、保险、股权交易和基金公司以及243家从事金融信息服务和投资与资产管理的企业。同时，外资游戏游艺设备生产销售等一批服务业开放项目业已落地，演出经纪等开放领域初步形成一批项目储备。

各项经济指标保持稳中有进。截至2013年11月，自贸区范围内投资企业完成经营总收入12750亿元，同比增长10.5%，其中，商品销售额10970亿元，同比增长11.4%；航运物流服务收入905亿元，同比增长16.5%；完成进出口总额1030亿美元，占上海市全市的25.8%；实现工商税收459亿元，同比增长10.7%。自贸区四个特殊区域的工商税收和商品销售额在全国111个海关特殊监管区域中的比重分别达到53.4%和51.6%。

创新方式　积极营造跨境投资便利化环境

落实负面清单管理模式。2013版的自贸区负面清单中，将国民经济行业分类涉及的18个门类、89个大类、419个中类和1069个小类，依据外商投资产业指导目录、自贸区总体方案以及国家外商投资的相关法律法规，摘选细化为共190项外商特别管理措施（约17.8%的小类有特别管理措施），达到了越精细、越明确、释放空间越大、透明度越高的目的。同时，负面清单以外的外商投资项目核准和企业合同章程审批均已改为备案管理。截至12月9日，在负面清单以外实行备案的新设项目占比已达88.3%，超过之前预测的85%的目标。目前，自贸区正在征求各方意见、做好企业调研，力求以开放度更大、表述更加完整清晰的原则，启动2014版负面清单的研究编制工作。

改革境外投资管理方式。自贸区实行以备案制为主的境外投资管理方式，已有6家企业办结境外投资相关备案手续，共计对外投资3.1亿美元。目前，正着力推动股权投资企业境外投资试点，积极营造跨境投资便利化环境，搭建境外投资管理平台和服务促进体系，打造国内企业“走出去”的重要基地。

侧重事中事后综合监管。除重点落实好注册资本认缴登记制、“先照后证”登记制、年度报告公示制等商事登记制度改革外，将重点推进政府管理由注重事前审批转为注重事中、事后监管。一方面，借助信息共享和服务平台建设，建立政府各相关部门协同和联合监管的工作体系；另一方面，在已经实施的城管综合执法基础上，建立条块结合、运转顺畅的综合执法制度。同时，自贸区通过引进和发挥行业协会与中介机构作用，积极探索社会力量参与市场监督的有效途径。

风险可控 加快金融政策的落地实施

目前，人民银行和银监会、证监会、保监会都已制定发布了落实自贸区总体方案的支持意见，金融开放创新的初步框架也已形成。总的指导思想是强调为实体经济服务，重点是促进贸易投资便利化、推动总部经济和新型贸易业态发展，并为自贸区更加广泛的经济活动提供投融资及汇兑便利。

探索投融资汇兑便利化。一是探索区内企业办理跨境直接投资项下涉及的跨境收入、兑换业务时，可直接向银行办理，与前置核准脱钩；二是促进跨境融资更加便利，可根据经营需要按规定从境外融入本外币资金；三是便利个人跨境投资以及提供多样化风险对冲手段等。投融资汇兑便利是金融政策创新的核心，开放度最大，操作难度也最大，其实施关键在于开设自由贸易账户（FTA 账户），以分账管理的方式，实现 FTA 账户与境外市场的自由划转以及与该企业境内普通账户的有限渗透。目前，央行上海总部正在制订操作细则，待细则出台后可逐步具体落实。

扩大人民币跨境使用领域。在 2009 年开展的货物贸易跨境交易人民币结算业务的基础上，按照“风险可控、稳步推进”的原则，逐步将人民币跨境使用扩展到跨境电子商务、跨境人民币资金池管理、经常项下人民币集中收付和跨境人民币借款等领域。目前，区内跨境人民币双向资金池和跨境人民币借款两项业务已率先启动运作。

推进利率市场化改革进程。在 2013 年 7 月央行全面放开贷款利率管制基础上，区内金融机构可先行先试发行大额可转让存单，条件成熟时将放开一般账户小额外币存款利率上限，逐步推动存款利率市场化。

改革外汇管理方式。重点是简化行政审批流程和登记手续，促进总部经济和新型贸易的外汇资金管理便利化。自贸区计划用三个月时间实现《中国人民银行关于金融支持中国（上海）自由贸易试验区建设的意见》（即“央行 30 条”）各项措施的落地实施，争取用一年时间形成可复制、可推广的经验和做法。

分类监管 促进企业贸易运作更加便利

试点“一线放开、二线安全管住、区内自由”。自海关启动凭舱单“先进区、后报关”试点以来，6 家试点企业已办理业务 53 起，涉及货值超过 1.1 亿美元。同时，上海海关简化自贸区内货物流转手续，确定了 7 家试点企业和 4 条路线，按照“分送集报、自行运输”的方式，促进试点试验区四个区域间货物的自由流转。下一阶段，将进一步扩大试点范围，并探索简化自贸区进境备案清单格式。

推进建立货物状态分类监管制度。根据货物的不同状态，形成保税货物、非保税货物和口岸货物分类监管的操作性方案。总体目标是通过贸易监管制度创新，将海关监管方式由 O 字形改变成 U 字形，使企业贸易运作更加便利。

功能拓展 积极培育新型业态功能

围绕《中国（上海）自由贸易试验区总体方案》明确的 10 余项功能拓展任务，积极培育贸易、金融、航运等新型业态和功能。包括培育亚太营运总部，实施亚太营运商计划，首批 20 家亚太营运商已获得集团总部授权；发展面向国际的金融市场交易平台，成立注册资本 50 亿元的上海国际能源交易中心；搭建保税展示交易平台，推出国内首个采取“前店后库”运作模式的进口高端消费品保税展示交易平台；建立跨境贸易电子商务服务平台，上线国内首个跨境贸易电子商务服务平台“跨境通”；建立混合型全球维修检测基地，开展境内外高技术、高附加值的维修业务；拓展国际中转集拼功能，启动敦豪快运（DHL）

北亚枢纽在浦东机场的航空快件国际中转集拼试点；推动融资租赁全面发展，新设9家外资融资租赁母公司，引进融资租赁项目201个，租赁资产规模超过55亿美元；加快对外文化贸易基地建设，引进佳士得拍卖、华谊兄弟、中图集团、盛大网络等20余家国内外文化行业龙头企业，文化贸易基地入驻文化企业超过170家。

下一阶段，上海自贸区将牢牢抓住外商投资管理体制改革、服务业对外开放、金融领域开放创新三大核心内容加快推进的机遇，在区内搭建长期“可服务”的功能平台，打造总部经济、平台经济和新兴经济三大业态，形成支撑自贸区可持续发展的战略性主导产业。同时，要通过生产关系的调整，适应国际规则和国家改革的需求，打造国际化、法治化、市场化的营商环境以推动生产力的发展，建成具有国际水准的投资贸易便利、货币兑换自由、监管高效便捷、法治环境规范的自由贸易试验区。

构建人本型社会治理结构

广州开发区政策研究室副主任、经济学博士　李耀尧

作为治理体系和治理能力的基础，创新基层社会治理和社区服务模式，无疑是贯彻落实《中共中央关于全面深化改革若干重大问题的决定》精神的重要内容。广州开发区在这一内容上，以推动外来工本地化和农民工市民化为突破口，大胆创新社区服务方式，构建了人本型社会治理的良性结构。

均等化服务：本地农民共享发展成果

开发区的发展离不开本地农民和失地农民的支持，更承担着辐射带动周边区域发展、实现区域共同繁荣的重任。因此，推行区内居民均等化服务，使本地农民共享经济发展成果，也是开发区经济建设的重要任务之一。对此，广州开发区依据广州市“123战略”（即一个都会区、两个新城区、三个副中心），按照“山水新城、城乡一体”的构想，切实推动基本公共服务均等化。近十年来，全区财政累计投入900亿元用于城乡一体化及改善民生建设，在打造高品质基础设施、完善社会保障体系、优化公共教育资源配置、建立公共卫生服务网络等四个环节走在广州市前列。

目前，区内居民养老保险参保率达96%，城乡居民医保参保率达99%，特困失业人员和零就业家庭实现100%就业；全区高考总上线率从2006年的48%跃升到2013年的99.4%，70%的社区开办了社区教育教学点，获评全国社区教育实验区；形成以岭南医院为龙头、二级医院为骨干、镇医院及社区卫生服务中心为基础的全覆盖医疗卫生服务体系，实现城区每万人口有2名以上全科医生；建成区、街镇、村居三级公共文化服务网络，全区58个村居全部拥有文化室和农家书屋，完成公共文化设施全覆盖。

幸福社区：建立新型社会管理服务模式

借鉴香港和新加坡社区服务模式，依托中新广州知识城，在全市率先采取政府购买服务方式推动家政服务和幸福社区建设。目前，累计财政投入超过5000万元，高标准规划建成

7个家庭综合服务中心，每个中心落实场地1000平方米，安排一次性装修经费100万元、设备购买经费50万元，各中心每年购买服务经费250万元，为全区居民提供文化娱乐、体育休闲、康复治疗、技能培训、子女托管等12类共110项服务。同时，以家庭综合服务中心为基础平台的生活服务继续不断向社区和企业延伸，已建成和正在建设15个城市社区家庭服务中心、5个企业社区家政服务中心。

为打造“幸福社区”品牌和“邻里日”品牌，开发区建立了包括9类一级指标、25类二级指标、42类三级指标的幸福社区评估体系，作为社区服务创新的工作标准；开创性地开展了“邻里日”创建活动，并在知识城安置区试点开展社会管理创新工作，探索将政府部门服务评价体系、实训基地、邻里委员会、工青妇等枢纽型组织进行有机整合，打造社区服务平台与社会组织培育基地，建立新型社会管理服务体制。

组织保障：创新人本型社会治理结构

异地务工人员和农民工作为开发区的建设者、支持者，理应成为开发区公共服务的接受者和享受者，为此，必须构建新型社会发展与管理的组织网络体系，从组织制度层面对其权益给予保障。

打造枢纽组织。建立包括党、团、工会和妇联组织在内的核心枢纽组织，整合全区764名党代表、人大代表和政协委员的全部力量，在全市首创并建立了覆盖全区所有街（镇）居（村）的59个“两代表一委员”工作室，进行民意收集、现场答疑和疏通处理等工作；在企业和员工楼共建立了10个可覆盖5万名员工的工作室，专门服务企业和员工。

普及社工组织。启动“社工服务进企业”模式，着手培育美资、日资、台资、民营企业以及员工楼等五种社工服务模式。在全区31家规模以上企业和大型公寓建立了金雁党支部工作站、金雁工会联合会维权服务站各9个，全力提升异地务工人员管理服务水平。

构建义工组织。全区范围内组织了50支义务工作者队伍，为辖区居民和员工提供各类无偿义务劳动。如每个小学周边的“安全妈妈”，即由一些志愿者母亲组成义务工作队，对学生上下学交通要道进行义务疏散和护航。

培育社会组织。利用社区服务中心、街镇家庭综合服务中心、村（社区）家庭服务中心的现有资源，鼓励多元参与，建设区、镇（街）、村（社区）三级社会组织孵化基地，成功孵化并扶持了“幸福工坊”、“草根助学会”等一大批社会组织。截至2013年9月底，区内在册社会组织187家，其中社会团体45家、民办非企业单位113家、备案社区社会组织29家，教育、卫生类社会组织占社会组织总数的48.9%。

人文关怀：异地务工人员全面发展新途径

目前，区内异地务工人员约占全部从业人员的2/3以上，因此，将劳动环境、员工保障放到更重要的位置上来，对务工人员施以更多人文关怀，显得尤为重要。

建立政策保障。对异地务工人员实施“1+N”管理服务体系，保障其入户、住房、教育、医疗、社保、就业、培训、文化娱乐、法律援助和子女入学。

建立服务平台。在全区60个大型员工公寓和企业员工集体宿舍建立“金雁工程”项目点，配备100名专（兼）职指导员，按照“四有”（即有人员理事、有经费办事、有阵地议事、有制度管事）标准和“三自管理”（即自我管理、自我教育、自我服务）模式开展工作。

创新服务项目。对异地务工人员给予政治、思想、精神、亲情、发展等多方面关怀，促进其安居乐业、成长成才，以“金雁文化”品牌为核心建设好幸福家园，让异地务工人员从“异乡人”转变成“社区人”。

加强我国国际次区域经济合作的若干建议

国家发改委宏观经济研究院国土开发与地区经济研究所　杨小兵　张庆杰

随着全球环境发生重大变化，国际次区域经济合作应运而生，逐步形成了以湄公河次区域合作、中亚区域经济合作和图们江流域经济合作为代表，覆盖我国陆路周边，辐射东南亚、南亚、中亚以及东北亚广大地区的国际次区域经济合作的总体格局。因此，重新认识次区域合作在国家战略中的重要地位和作用，拓展其广度与深度，对于完善我国对外开放战略布局、确立发展的新思路和新路径具有重大意义。

一、我国参与国际次区域经济合作的主要特点

地处内陆影响对外贸易。全球化带来的亚洲开发布局多集中于“边缘地带”，即海运便利的沿海区域；相对而言，沿边的广大内陆地区往往是区域发展的盲点或各大增长极鞭长莫及的区域。受限于基础设施建设所需的大量资金投入，欧亚大陆内陆腹地与全球化经济中心间的经济距离，要远远大于物理空间的实际距离。同时，地处内陆地区的国际次区域经济合作对陆路通道的依赖性较高，多依托于一条或多条重要的陆路国际大通道。与沿海地带相比，次区域受陆路交通和经济距离的影响较大，经贸可替代的选择较少。

资源开发尚处于起步阶段。我国周边多数国家目前仍处于欠发达状态，产业发展程度低，可进行贸易的产品和服务有限，主要以开发和出口相对丰富的自然资源特别是矿产资源为主。随着经济持续高速发展，我国对矿产资源的需求不断加大，与周边次区域合作对象国之间的资源互补性日益增强。因此，资源开发合作作为我国国际次区域经济合作中的一个必然内容，在迄今为止的合作中占据着重要地位。

更适合局部区域的整合。内陆地区经济合作空间的大小受交通的合理经济运距影响较大，距离过长可能会使经济上的合作不具备可行性，也会导致多边合作谈判的复杂性升高。因而一定时期内，内陆地区相邻国家的合作将区别于一般国际经济合作，大多限制在特定范围内，以利于更快、更有效地促进区域的资源开发利用，并推动贸易和投资的发展。

需要灵活多样的合作方式。我国陆路周边各国的资源禀赋各具特色，发展阶段和社会制度多样，因此，开展空间范围可变的次区域经济合作可以具有更强的针对性和适应性。由于次区域合作在许多制度安排上不涉及主权的让渡，同正式的区域贸易组织相比，更容易较快建立和发展。在合作机制上，不仅可在多边、双边或国家、地区层面权衡选择，也可在一国主导与国际机构牵头方面灵活安排。同时，与传统意义上的区域经济一体化相比，国际次区域经济合作具有开放的区域主义特点，允许非次区域范围内的国家与地区参与。对于经济发展水平较低且资金短缺的内陆国家或地区而言，更需要借助次区域外的力量，尤其是国际组织的协调推动。

二、国际次区域经济合作是事关全局的战略新重点

完善我国全球战略布局的立足点。近年

来，受美国调整全球安全战略方向等因素的影响，我国周边已形成关系复杂、多方介入、多种机制竞争的复杂局面。但美日欧等发达国家对已有的“亚洲沿海区域—海运—美日欧市场”的投资贸易循环存有路径依赖，更加关注在亚洲沿海区域的贸易投资所获得的利益。俄罗斯在亚洲内陆地区与我国有类似的地缘政治经济条件，但目前经济能力不足。因此，我国应抓住战略机遇，充分发挥地缘优势，建立更为广泛的区域治理结构，逐渐积累参与全球竞争的经验，提高对制定和修改国际规则的发言权，推动全球战略格局的重建进程。

把握好全球分工新定位的起步区。我国经济正从全球经济分工体系的加入者向国际经济关系调整治理的积极参与者转变，通过国际次区域经济合作，一是可以主导和参与形成一些重要的区域经济多边机制，增进本国及区域利益；二是可以扩大资源开发能力，提高区域工业化水平，通过产业能力扩大话语权；三是可以通过建设区域性大宗商品期货现货交易市场，逐步提高本区域大宗商品市场在全球市场的交易比重和定价能力；四是可以逐步形成区域性的金融和资本市场，率先实现人民币国际化，提高我国在国际金融和资本市场的地位。

突破我国资源保障困局的新途径。我国能矿资源供需矛盾仍十分突出。按照相关预测，未来10—15年内，石油供需缺口将在60%左右，煤炭供需缺口在10%左右，铁、铜、铝、铅、锌等大宗矿产对外依存度将持续在50%左右的高位。而在我国国力尚不足以提供全面安全保障的情况下，积极开展国际次区域经济合作，可在两方面有效缓解资源保障困局。一是可以在周边寻找可靠的能源矿产资源来源，分散供应风险，提高资源保障能力；二是通过中巴国际大通道和泛亚铁路西线中缅通道两个方向的“两洋（太平洋至印度洋）大陆桥”，部分替代马六甲海峡功能，减少资源运输风险。

深入推动西部大开发的加速器。目前，国内部分西部内陆地区形成了“区位—运输—欠发达”的恶性循环。培育和扩大内陆地区区域市场，为破解这种恶性循环提供了“以开放带开发”的新思路和新视角。一是从交通角度，通过国际大通道建设和加强与周边的经贸联系，可以将次区域市场纳入我国西部地区市场，打破西部地区处于运输终端的窘境；二是从产业发展角度，通过大力发展利用次区域国家优势资源的加工产业，可以加快钢铁、有色、棉纺等特色优势资源加工产业在新疆、云南、内蒙及东北三省的布局，实现矿产、棉花等原料资源的就地加工。

三、加强我国国际次区域经济合作的对策建议

（一）重视顶层设计，加强对次区域经济合作的战略引领

尽快研究制定我国“国际次区域经济合作战略规划”，使之成为同国家全球战略相衔接、指导次区域经济合作的纲领性文件。“规划”覆盖的重点范围应包括我国与东北亚、中亚、南亚及中南半岛相关区域。在规划内容上，要充分认识区域所处的发展阶段和开发性特征，将市场驱动与制度安排并行；要坚持开放的“区域主义”，重视资源开发与基础设施等方面的重大建设项目规划，并突出国际大通道建设和陆路经济带建设。在规划方式上，可考虑将国内内部立项与国际合作并行，加强设计规划及行动方案的研究。在规划体系上，除综合性规划外，应逐步开展包括次区域国际通道、次区域资源勘探开发利用、次区域城市网络、次区域产业与金融发展等专项规划。在规划开展过程中，要特别重视对次区域国家展开调研，充分与相关国家协商沟通，开展周边国家国情调查和项目可行性研究。

（二）优先建设国际通道，夯实次区域合作的现实基础

建设国际大通道、提高亚洲陆路路网效率是我国加强国际次区域经济合作的关键环节。

在通道建设中，要突出合作重点，提升关键通道的支撑能力。

从我国陆路对外通道布局看，中国与南亚方向路网相对薄弱，尚没有铁路连接。正在拟议中的路网包含中巴、中尼、中缅孟印等方向；泛亚铁路西线（中缅铁路通道）中国境内大理至瑞丽段铁路正在建设，境外缅甸境内缺失段全长约500公里，投资估算约150亿元人民币；中吉乌国际铁路通道缺失段也在500公里左右；而中巴通道尚未启动兴建。

从工程建设角度看，多数通道无法列入规划或建设停滞不前，主要是受制于投资来源、经济效益和运营模式等因素。由于这些通道多数经过我国周边的资源富集区，其建设的启动可以同我国对外资源开发项目一并考虑，尝试“以矿养路”等新途径。国际大通道的性质不同于国内通常意义上的通道建设，建议按照“以我为主”的方针，结合国家战略需求，尽快组织开展相关规划的编制工作，以中央政府资金投入为主体，动员国家政治经济和外交资源，利用次区域经济合作的多双边机制，争取一揽子解决问题，实现显著进展。

（三）挖潜境内境外资源，促进次区域合作的高效多赢

充分发挥我国企业在次区域内资本、技术和管理方面的优势，实施“走出去”战略，加快次区域产业合作特别是资源合作进程。

一是加强国际次区域矿业开发基础能力建设。以周边国家为重点，加大对境外资源潜力、投资环境和开发策略的调查研究力度，以期获取境外资源勘查开发的可靠信息，建立周边国家矿产资源信息系统，降低企业“走出去”开展资源开发合作的风险。

二是发展面向次区域资源和市场的特色资源加工产业。结合国际大通道建设，在沿边陆路开放区域布局“面向境外资源、面向境外市场”的重化工基地，鼓励国内企业投资建设特色资源加工项目，或在次区域国家建立独资、合资或控股、参股的企业，发展面向次区域内外部市场的钢铁及有色冶金等相关产业。

三是发展面向次区域市场的加工制造业。承接我国东部产业转移，大力吸引外部资金进入次区域，重点发展在次区域国家拥有广阔市场的家用电器、通讯设备、摩托车、汽车机车、工程机械等制造业。

四是发展次区域的服务业，特别是在我国具备条件的周边省市发展中高端生产性服务业。建设以本区域战略性资源和大宗商品开发为主的区域性交易市场，扩大交易规模，提高在全球市场的交易比重和定价能力。同时，应注重扩大资金流入规模，提供开发建设所必需的金融工具与服务。

（四）培育新的经济增长极，优化次区域合作的空间布局

加快推进我国沿边地区城市化进程，促进资本要素在城市区域的集聚，建设若干对东南亚、南亚、中亚及东北亚等地区具有强大辐射带动能力的次区域中心城市，分层次推动次区域形成城市网络格局。

一是培育国际次区域中心城市。以昆明、桂林、乌鲁木齐、呼和浩特、哈尔滨、长春等为核心，形成资源、资金、信息的集聚、加工、辐射中心，抢占次区域发展合作高地，力争主导次区域发展的先机。

二是建设以中等城市为主的专业化节点城市。依据不同国际次区域的资源开发利用特点和区域市场需求特征，充分发挥节点城市内外交通便利、建设用地相对充裕、城市服务功能相对完善的优势，明确各城市的功能定位，形成各具特色的主导产业，实现规模化、专业化生产，推动上下游企业在城市中集聚，成为开展次区域资源利用与加工、市场开发活动的重要载体。

三是发展口岸城市和跨境经济合作区。发挥前沿城市的窗口作用，促进次区域融合发展。

（五）促进多边双边合作，探索次区域合作的有效机制

充分利用外交及经贸谈判渠道，推动合作机制建设，倡导建立多层次、常态化的对话和交流机制。

要大力推动次区域合作范围内的交通、贸易和投资便利化机制建设，提高次区域合作各国间法律法规的透明度，逐步实现区域内投资自由化，为我国及外部投资者扩大对本区域的投资提供更加自由、便利和透明的投资环境。

要利用我国在亚行、世行等多边机构的影响，推动其更多参与次区域合作，并与相关国家一起积极争取相关机构的资金和项目支持。如在大湄公河次区域，应进一步完善现有的领导人会议机制、部长会议机制、高官会议机制，重点推动在资源、教育、文化和公共安全领域内的机制建设；在中亚次区域，利用上合组织机制，优化次区域部长级会议机制，优先推动交通、能源领域的合作，积极开展次区域商务、贸易、旅游等合作，争取让所有CAREC伙伴国成为上合组织成员，利用上合组织峰会启动CAREC领导人会议；在大图们江次区域，通过贸易、商务、投资和技术层面的合作，逐步推动次区域在商务、经济、财政和外交等领域建立高官会议并使其制度化，倡导建立次区域部长级会议机制，并在条件成熟后推动领导人会议，从实质上推动东北亚的合作进程。

（六）发挥多方积极性，建立次区域合作的多层次协调机制

在国家层面，应加强跨部门综合协调机制，建立常设专门机构，统筹GMS、CAREC、GTI三个次区域合作机制，组织制订国家参与次区域合作的综合规划，并根据需要研究制订分步实施方案和专项规划。将次区域合作规划纳入国家的中长期规划以及西部大开发、东北振兴等规划中，定期组织有关省区就次区域合作的进展、问题和思路进行交流，尤其要加强与周边国家在运输通道建设方面的双、多边协调与沟通。建议按照西北、西南、东北三个方向分别设立由多部门和地方共同组成的通道建设国际协调机构，制度化地与周边国家进行协调沟通，及时解决国际运输通道建设和运营中出现的各种问题，以保证项目建设的顺利推进和高效运行。

同时，应进一步加强中央与地方政府之间的协调配合，发挥地方政府参与次区域合作的灵活性与针对性强的特点，丰富和深化区域组织的合作形式与内容。支持和鼓励地方政府在合作开发的具体问题上同对方国家的同级主体或较高层级主体进行日常的磋商与交涉。扩大中央政府对地方政府在对外事务方面的授权或分权，合理扩大区域内县级以上政府的投资和贸易管理权限，并在政策和资金层面予以支持。

（七）勇于承担大国责任，推动次区域合作的实质进展

扩大国家层面投入规模，并鼓励地方政府努力配合，共同吸引全球资源，多途径拓展次区域合作的资金来源，提高资金的利用效率，支持次区域合作的重大项目建设。建议在实施“动用外汇储备收购海外重要战略资源”的同时，采取“分流外汇储备强化次区域经济合作”战略，支持以基础设施为重点的项目建设，以增量形式提升我国战略性资源保障水平，扩大次区域市场规模，提高全球竞争力，实现战略利益最大化。

具体可以遵循五条路径：一是配合国家在次区域的总体战略和外交政策，对重大基础设施建设项目、农业扶贫项目、环境治理和生态保护项目等实施财政援助计划；二是鼓励我国开发性金融机构和大型商业银行增加对次区域合作国家区域性基础设施建设的贷款；三是进一步扩大“中国东盟投资基金”规模，同时比照“中国东盟投资基金”，建立“中国中亚南亚投资基金”和“中国东北亚投资基金”，重点支持次区域合作重大基础设施建设项目，并逐步将三大基金的规模扩大到600亿美元；四是积极与亚行、世行等多边金融机构合作，充分利用“中国东盟合作基金”，增资“亚洲

区域合作专项资金”，以此推动国际社会对次区域经济合作的支持，同时也可以考虑进行次区域合作重大项目融资；五是发起成立服务于次区域的国际性开发金融机构。

（本文系国家发改委重大问题研究基金资助项目“我国国际次区域经济合作研究”课题成果的主要观点。课题组成员：杨小兵、曹忠祥、张庆杰、申兵、王海峰、张新安、张迎新、贾若祥、王培良、刘保奎、张文韬等。执笔人：杨小兵、张庆杰。）

推进“制造业服务化”的阶段成果与路径建议

沈阳经济技术开发区管委会

随着国家振兴东北老工业基地重大决策的深入实施，沈阳经济技术开发区与素有“东方鲁尔”之称的铁西区，在合署办公的十余年间，经过一系列战略措施的重拳出击，成功完成了企业“东搬西建”和产业结构的转型调整，闯出了一条老工业基地改造振兴的新路，使一大批国有企业重新成为行业的“排头兵”，工业经济重获生机。

在党的第十八届三中全会进一步明确经济体制改革是全面深化改革重点的新时期，开发区深知：要想进一步提升和优化装备制造业，使其在世界制造业舞台占有一席之地，就必须选准一条与市场经济相适应的体制机制创新之路。

“制造业服务化”符合全球发展趋势

当前，美国实施的“再工业化”战略，力图通过技术创新与制度创新的有效互动，重振制造业体系，实现“全球经济中心”的回归；跨国公司纷纷发展生产性服务业，逐步实现由“产品制造商”向“服务提供商”的角色转变，并以此作为推进企业转型的有效模式。对此，沈阳开发区应探索出一条装备制造业与生产性服务业联动发展的全新路径，将发展生产性服务业作为推动装备制造业转型升级、走新型工业化道路的重要战略，为老工业基地振兴作出示范。

制造业转型升级的核心在于推进制造业服务化，即产业链向“微笑曲线”的两端延伸。为此，必须顺应这一变化，由单纯制造和单一提供产品向“制造服务化”及“方案解决商”转变；由产品制造占主要份额的盈利模式向为用户提供全流程服务的增值盈利模式转变，通过提供维修、流程和工作方法指导、人员技术培训等与产品相关的全程一站式后续延伸服务，形成系统设计和工程总承包的一体化集成能力，促使装备制造企业实现由“设备制造”向“系统集成”的转变。

“重制造、轻服务”的现实问题

目前，开发区内聚集了规模以上装备制造企业297家，装备制造业产值和增加值均占沈阳市的30%以上；世界500强投资企业52家，其中6家企业营业收入超过百亿元；44个产品的市场占有率居国内同行业首位，51个产品进入世界先进行列。但在铁西装备制造业发展进入转型升级的关键时期，还应看到，现有水平与建设具有国际竞争力的先进装备制造业基地的目标相比，仍然存在较大差距，主要表现在四个方面：

企业研发投入处于较低水平。从部分重点

企业研发投入情况看，机床集团、沈鼓集团、北方重工集团等企业，年研发投入均在6亿元以下；而GE、卡特彼勒、西门子、三菱重工等企业的年研发投入均在100亿元左右，有的甚至高达280亿元。即使同国内的上海电气、杭汽集团、徐工集团、中联重科等企业年研发投入20亿元左右的水平相比，区内企业的研发投入也仍然存在一定差距。

国际市场竞争能力亟待提升。沈阳机床、沈鼓、北方重工等企业虽然总体体量较大，但缺少一批单体经济总量在国际市场具有举足轻重地位的大型跨国公司，以及一批具有系统设计能力、技术输出能力、资本输出能力、工程成套能力和系统服务功能的，在国内外行业具有“话语权”的大型企业集团，致使区内装备制造业在国际市场上的总体竞争力十分薄弱。

区内企业转型调整步伐缓慢。一批全球大型传统制造企业已通过发展生产性服务业成功实现了企业转型，如通用电气的服务业收入占企业总收入的2/3以上，GE达到51.1%，IBM则高达58.2%。与之相比，2012年，铁西机床、沈鼓、北方重工等区内骨干企业服务收入占比仅为17%、19.1%和10.9%，转型步伐尚显缓慢。

高端生产性服务业相对薄弱。据统计，铁西区流通服务业占生产性服务业比重偏大，约为70%；金融服务业约占22%，科技、信息、商务服务仅占8%。可见，高端生产性服务业占比偏低，距离支撑装备制造业快速发展的要求尚有较大差距。上述问题也直接导致了装备制造企业规模、实力和总体利润水平的不足。如，2012年，全区装备制造业规模以上工业产值为1820亿元，而GE和西门子两个企业在2011年的主营业务收入均已超过1000亿美元。同时，区内主要装备制造业企业整体利润率仅为2.5%，而上述两家公司均超过10%。

挖潜服务功能的初步成效

2012年以来，在国家沈阳经济区新型工业化综合配套改革试验的支持趋动下，开发区明确了“要围绕主导产业培育和引进龙头企业，依托产业园区发展和壮大产业集群，通过产城融合拓展和做优发展空间，全面推进产业升级、环境升级、质量升级和民生升级”的具体发展思路。重点以“三大建设”为着力点，即通过实施大企业总部基地建设，实现生产性服务业的有效聚集，加快提升装备制造业的市场化、社会化和国际化水平；通过实施公共服务平台建设，推动产品创新、技术创新和产业创新，加快装备制造业向高端化、集成化和成套化发展；通过实施生活服务区建设，完善城市功能，满足企业员工居住和生活需要，吸引各类人才加速聚集。

引导企业“主辅分离”改革，推进公共资源配置市场化。利用辽宁省被纳入国家服务业试点区域的契机，引导大型装备制造业企业分离研发、设计、物流、检验检测等生产性服务功能，推动上、下游服务环节分离和外包，全力改变“大而全、小而全”的生产经营模式。一方面，推进生产性服务业向社会化、专业化和独立化发展；另一方面，推进企业由制造商向总承包商转变，提升企业的主营业务水平和核心竞争力。同时，开发区对分离发展生产性服务业的企业给予重点支持。目前，已有11家重点企业分离成立了21家生产性服务业企业。

北方重工集团重点实施“重大装备、高端成套”战略，形成矿山装备、电站设备、散料设备等10大类高端设备成套能力，先后承接了2座66万千瓦的越南公青电厂、埃塞俄比亚3个大型水泥厂等多项成套合同，为用户提供总承包服务，使价值链向上、下游两头延伸，明显提升了附加值。

沈鼓集团将原来散落在各子公司的客户服务业务进行全盘整合，组成包括售后服务、远程监测、安装检修在内的全公司统一的客户服务系统，向石化大型装备成套总承包商的角色迈进。2012年，实现服务业务销售额4.2亿元，利润8700万元，以不足企业4%的销售额，完成了40%以上的利润。同时，沈鼓集团还梳理产品诊断、维护等售后服务和设备技术资源，成立了沈阳鼓风集团测控技术有限公司，开展离心机组在线检测和远程技术服务，有效促进了企业总体收入和利润的增加。

类似的，沈阳远大集团将科技研发部门分离出来，将玻璃幕墙、电梯、机电、环保等产业研发部门整合成9个专业研究院，并组建了远大科技创业园，集团公司可购买科研人员的研发成果并给予科研人员终身提成。2013年，约有41个项目总计完成了5000万元的成果转让。特变电工沈变集团也成立了沈阳现代物流国际贸易有限公司，社会化地提供物流业务和国际贸易业务资源。2013年，营业收入预计将达17亿元，并向围绕输变电产业的物流配送一流企业迈进。

加强公共服务平台建设，完善生产性服务功能。通过发挥政府的公共服务功能，面向市场有效整合社会资源，推进了公共研发、金融服务、现代物流、人才培养和中小企业孵化等5大公共服务平台建设，成立了装备制造业聚集区公共研发促进中心，组建了信息集成服务平台等有效载体，推动了生产性服务业发展的社会化进程。目前，开发区装备制造业配套产品产业链不断完善，本地化配套率加速提升；更多企业加快转变经营思路，着力提升总体设计和成套能力。

探索多角度的支撑体系

铁西装备制造业的发展正处于加速改造提升和由大到强提高国际竞争力的关键时期，迫切需要在生产性服务业聚集区、公共服务平台、分离发展生产性服务业等方面提供强有力的扶持支撑。

支持生产性服务业聚集发展。要推动现有资源发挥作用，共同建设生产性服务业公共服务平台；积极鼓励研发设计、产业金融、现代物流、商务中介、科技信息等高端生产性服务业项目建设，完善区域服务功能，填补业态空白，形成聚集效应。

建立金融服务支撑体系。要在鼓励支持制造业企业开展融资租赁和信贷消费业务的同时，推进产融结合，探索推动生产性服务业发展新的商业运行模式和业态，创新金融服务产品，建立有利于装备制造业转型、生产性服务业快速发展的产业金融服务体系。

扶持发展科技专项。在国家科技发展战略布局中，建议设立推进装备制造业转型升级、发展生产性服务业的重大科技专项，支持开展重大技术研究、产学研模式创新、标准规范试点和行业区域示范，鼓励探索生产性服务业发展的新模式。

开拓科技金融的服务新路径
——开发区的金融创新模式初探

北京大学博士、中国科学院科技政策与管理科学研究所博士后　王旭琰

科技创新始终不能离开资本的参与。究其原因，一方面，所有面向市场的科技创新必将进入产业化过程，需要资本作为生产要素；另一方面，由利益驱动的科技创新的过程往往可以大大加快科技发展的速度。因此，科技与金融相结合，即科技金融的发展，是我国实施自

主创新战略、提升企业创新能力、培育新兴产业发展和提升国家竞争力的基础环节。

一、实现科技企业、新兴产业与金融资本的有效对接

传统金融在支持科技创新发展上存在职能失灵的现象，难以有效地服务于科技企业成长和新兴产业发展。由此，科技金融必须开拓出一条区别于传统金融的、相对独立的金融服务发展路径。

从创新过程看，科技创新能否实现市场价值和产品化、进而发展成为一个产业，不仅取决于其技术是否成熟，还深受产业链的配套水平、产业发展的政策环境、市场接受程度等多种因素的影响。这种对未来收益的不确定性既是科技创新的重要特点，又给创新投资带来了比一般资本投资更高的风险。

从金融体系看，目前中国的金融体系以银行为主，其中以国有商业银行为核心的银行系统成为资本供给的主要中介，提供社会生产所需的资本信用；但同时商业银行又是货币政策的执行者，其稳定性和资金安全性对国家货币政策至关重要，这一属性决定其必须以资本安全为首位考虑。于是，创新过程的高风险与银行资本安全考量的落差，造成了在传统金融业务下，科技创新的资本需求和银行的资本供给之间难以形成有效对接，科技型企业和新兴产业很难通过银行获得贷款融资的现状。要解决这一问题，就迫切需要一个愿意承担更高风险、充分了解科技创新过程、能够对创新发展前景作出准确判断并且愿意支持科技企业和新兴产业发展的科技金融部门。

从科技金融的实质看，其根本目的在于实现科技企业、新兴产业与金融资本的对接，即，一方面使创新找到资金的支持后快速实现产业化，另一方面使资本找到合适的投资对象并最终获得收益。由此可见，科技金融的关键点在于信息对接（实现互相“找到”的问题）和风险控制（投资能获得收益）。信息对接能够使投资者充分了解创新内容并对其产业化前景作出相对准确的判断；风险控制能够保证投资者获得一定的获利水平。因此，科技金融工作也应主要集中在两个方面：一是通过平台和机制建设，拓宽企业与资本的信息沟通渠道，减少由于创新的专业性所造成的信息不对称；二是建立合理的风险分担机制，降低创新投资者的投资风险，保障其合理的投资收益。

二、极具特色的科技金融服务模式

近年来，我国提出自主创新发展战略，作出加快培育和发展战略性新兴产业的决定，使构建科技金融体系的要求变得十分迫切，各地方政府、开发区也纷纷将发展科技金融作为重点工作之一。在这一过程中，许多开发区选择发达国家的成功样板，如，学习美国硅谷银行的资本投资方式成立自己的科技银行；复制美国互联网产业天使基金和风险投资发展的政策环境以吸引风险投资资本的聚集；参照以色列创投母基金为模板建立政府引导基金和国创母基金等……在仿效国际经验的同时，一些开发区也不断尝试探索，围绕培育科技型中小企业和发展战略新兴产业的需要，因地制宜地开拓出了一些具有中国特色的科技金融服务模式。

（一）“政府孵化平台 + 创业风险投资”模式

以中关村为例，截至 2012 年 6 月，区内 55 家主要孵化器已建立公共技术平台 135 个，设立了总额达 42 亿元的投资基金，孵化出上市企业 48 家。这些孵化器中的创业企业大都经过了相关机构的认证和筛选，或者是招商部门从国外和全国各地引进的优秀团队和企业，是创业风险投资所青睐的投资对象。

同时，为获取政府政策支持，在孵企业通常与政府机构保持着多渠道的沟通联系，这一做法也使政府（孵化器工作部门）掌握了创业企业的技术前景、市场状况和管理层能力等方面的企业信息，成为风险投资人降低投资风险的关键保障。由此还衍生出一种现象，即各

种投资机构接受孵化器工作部门的推荐，在孵化器里寻找新的投资对象，孵化器成为了创业企业和创业投资对接的平台。目前，许多孵化器将吸引风投资本、推介投资企业作为服务内容之一，通过举办各种沙龙、项目路演和对接会，进一步加强企业和资本的信息交流和对接。甚至有些孵化器为了吸引风险投资，制订了“跟投”政策，即如果创业投资对在孵企业进行股权投资，则政府跟投一定数量的资金，以分担投资人的风险。

除上述松散性的孵化平台与创业资本的合作，一些开发区还积极探索孵化器与风险投资的制度化合作机制。如武汉东湖新技术创业服务中心采取与创投机构进行股本合作的协作模式，即东湖新技术创业中心负责项目评审、孵化以及孵化企业的日常服务，同时与光谷创业投资基金、华工创投有限公司、宝安科技园等以股本合作的形式对孵化企业进行创业投资。自 2006 年采取相互持股引入创业投资以来，东湖新技术创业中心孵化企业的存活率有了较大提高，截至 2010 年，孵化器年均孵化存活率已比此前提高了 22.6%。

对于科技创新企业而言，“孵化器 + 风险投资”的模式降低了其与风险投资企业之间的搜寻成本、谈判与签订投资合约的成本以及监督投资合约执行的成本；对于风险投资者而言，孵化器极大地降低了其与科技创新企业之间的信息不对称性，并为创业投资提供了低风险、低成本的项目筛选渠道，降低了风险资本的信息费用。

推而广之，在加速器、产业园等促进企业成长和产业培育的政府平台载体上也可以复制这一模式，如加速器和风险投资的合作，产业园和产业基金的合作（苏州纳米城 + 纳米产业基金的形式）等。这些科技金融发展模式都充分利用了政府企业孵化和产业培育平台汇集信息的功能，降低了企业和风险投资对接的信息成本和资本投资的风险。

（二）“科技贷款 + 政策性担保（ + 风投）”模式

为解决银行贷款和中小企业融资需求难以对接的问题，中关村、天津等开发区纷纷成立科技担保公司，为符合园区发展导向的企业提供信用担保，使企业达到银行的资产抵押要求，成功获取银行贷款。以中关村为例，其科技担保有限公司定位于为园区科技型中小企业提供贷款担保，支持了区内电子信息、生物工程及医疗、环保行业、现代服务业、新材料等多个新兴行业的发展。同时，公司还针对不同企业群体建立了各具特色的绿色通道，如针对留学人员创业群体设立的“留学人员创业担保贷款绿色通道”、针对重点产业设立的“集成电路设计企业专项担保贷款绿色通道”和“软件外包企业专项担保贷款绿色通道”、针对高成长企业群体设立的“瞪羚计划担保贷款绿色通道”等。

除此之外，部分开发区创新性地制订了允许政策性担保公司进行股权投资的政策，保证投资方（科技银行和科技担保）在企业成长过程中获得相应的收益。如杭州高新区创投服务中心的政策性担保公司开展了股权投资业务，其收益可在创投服务中心的总盘子下与科技银行的科技贷款业务实现收益平衡。

“科技贷款 + 政策性担保（ + 风险投资）”模式是在我国以银行为基础的金融体系中、在严格的银行监管制度下，灵活使用硅谷银行“债务投资 + 股权投资”的本土化模式。一方面，企业通过担保公司的增信，达到银行要求的放贷条件，降低了融资成本；另一方面，担保公司代替银行继续进行贷款项目的信用审核，并用自有资产做贷款抵押，分担银行贷款的违约风险，在对安全性要求较高的银行和需要贷款支持的科技企业之间搭起了桥梁，实现了科技企业和银行贷款之间的资本供需的对接。

（三）“政府引导基金 + 创投母基金”模式

以澳大利亚创新投资基金和以色列创业投资母基金为代表的政府创业投资母基金模式也

被我国各地方政府积极仿效。其中，北京、上海、深圳等地的政府引导基金发展较早，且已经颇具规模。2008 年 10 月出台的《关于创业投资引导基金规范设立与运作的指导意见》，进一步加速了政府引导基金的设立和政府引导基金管理办法的出台，许多地方政府甚至针对战略性新兴产业等成立了政府专项引导基金。如江苏省成立了江苏省新兴产业创业投资引导基金（2010 年成立，首期 10 亿元）。

在各地方政府积极设立政府引导基金的大环境下，以投资和管理政府引导基金为主营业务的创投公司应运而生。以深圳市创新投资集团有限公司为例，通过委托管理、战略合作、股本合作等形式，建立了一套完善的政府创投引导基金管理办法，一定程度上弥补了地方政府运作创投引导基金经验不足的缺陷。目前，深创投已建立了 47 个政府创投引导基金，其中包括中央级的创投引导基金 2 个、省级创投引导基金 14 个，形成了全国性的投资和服务网络，基金总规模已达 85.55 亿元人民币。

“政府引导基金 + 创投母基金”的模式，一方面，有效地放大了政府资金的作用，使有限的政府资金能够通过参与发起设立子基金，吸引大量社会资本参与创业投资行业；另一方面，由于政府资金的介入以及合理的制度安排，有效降低了商业性资本参与创业投资的风险，提高了商业资本的收益。

总而言之，从设立政府引导基金对创新创业进行支持和奖励，到设立以政府为投资主体的担保公司，再到以地方政府融资平台全资建立创投公司，地方政府无疑已经成为科技金融体系的实际推动者、建设者和主要投资人，摸索出了一套既适应我国经济体制结构，又吸收国际先进经验的科技金融服务体系。

三、搭建者、引导者、管理者的角色定位

我国科技金融发展具有鲜明的政府主导特点，政府在调动资源、整合资源、搭建平台等各方面起到了市场和私人部门不可替代的作用，这使其在发展科技企业和战略性新兴产业方面的主观能动性得到了极大发挥。但与此同时，这一特点也造成了市场活力调动不足、民间资本参与不足、财政资金投入过多、政府职能延伸太广等问题。

应当看到，一方面，在中国特色的科技金融体系中，政府资金以各种形式给予了重要支持，但是政府的社会公共属性使其财政收入具有公有性质，而广泛介入高风险的科技金融投资将带来政府资产流失进而引起社会矛盾加剧的风险；另一方面，我国民间资本经过数十年的高速积累已达到极大规模，却大多徘徊在科技金融部门之外，未能有效引入实体经济特别是新兴产业中去。因此，下一阶段，我国科技金融发展应侧重通过支持民营资本成立孵化器、引导民营企业家和民间资本成立天使投资协会或联盟、降低投资基金进入门槛从而吸引小额民间资本进入创投基金和产业基金等方式，将社会上大量游离的民间资本吸收进目前的科技金融服务体系。同时，要不断探索制订能够调动民间资本活力、创造新型科技金融发展平台的激励政策，如鼓励和规范民间资本成立服务基金、利用在线社区成立网上创新创业小额投资平台等，探索出更为灵活的科技金融投资方式。

归纳而言，政府必须逐步完成科技金融直接投资者的角色转型，转向提供更为多元、更为灵活、更为务实的科技金融服务。

一是做基础平台的搭建者。应侧重在已有信息的基础上搭建统一的企业和产业信息平台，作为企业、产业与金融资本之间的信息结合点，并在提供对接服务的同时，吸收民营机构进行具体操作和二次开发利用，如进行信用信息的征集、发布信用报告、企业管理咨询、资本投资咨询等。

二是做投资方式的引导者。建议各开发区管委会在引导方式上，以政策引导为主，以资本引导为辅；而在资本引导中，以引导基金、信用担保等方式为主，以贷款、直接资本投入

等方式为辅。要不断减少直接的资金投入，转而利用引导基金的杠杆作用，放大政府资金的功能，以吸引和引导民间资本投资为导向，在降低政府直接参与投资的风险的同时，激发民间资本活力。

三是做资本流动的监管者。政府要从风险投资的参与者转向规则制定者和运作监管者，不断完善科技金融的监管体制和运作机制。如针对不同投资机构制定不同风险监管，防止资本投资蜕化为资本投机；规范投资参与主体之间的利益分配；制订资本准入、退出和补偿机制等，使民间资本在有序的框架内支持科技产业的发展，实现企业和资本以及各参与主体的共赢。

调整境外投资布局 不断提升在全球直接投资中的重要地位

国家发改委对外经济研究所副研究员　陈长缨

2007年，全球对外直接投资总量在达到创纪录的2.27万亿美元后，因金融危机的爆发，使国际直接投资格局发生了深刻变化。2009年骤减到1.15万亿美元，降幅高达40%；此后虽有所恢复，但2012年又出现了大幅下降。与此同时，区域和国别境外投资的结构变化更为明显。其中，发达国家由2007年的82%下降到2012年的65%。

这一时期，我国对外直接投资流量由2007年的265亿美元迅速增加到2012年的842亿美元，境外直接投资存量更是由572亿美元跃升到5028亿美元，实现了跨越式增长。与之相适应，我国境外投资占全球的比重也由2007年的1.2%迅速上升到2012年的6.1%，不仅成为了全球增速最快的经济体，而且重要性也明显提高。

一、我国扩大境外投资正当时

（一）紧抓全球资本短缺时期的机遇

国际金融危机后，世界经济走出危机阴影的时间和反复过程均超乎预期，包括直接投资在内的全球资本流动供需矛盾也可能继续存在。一方面，发达国家对外投资资金有限，跨国公司也继续将资金优先配置在母公司；另一方面，各国经济复苏和增长仍需大量投资，但由于短期资本流动可能引发泡沫，以直接投资为代表的长期资本流入则会引起更多关注。同时，我国境外投资的意愿不断加大、能力持续提升，加之相关政策的支持，为我国扩大境外投资、继续提高在全球直接投资中的重要地位提供了机遇。

（二）境外投资具有较大空间

从短期看，大多数发达国家希望通过外来投资注入流动性以度过难关、避免破产，因此积极向境外投资者出售技术、研发和品牌等核心资产，来自国家和企业层面的投资限制也有所放松。我国应紧抓这一机遇，扩大对发达国家部分过去难以进入领域的投资，以便获取先进技术并嵌入全球贸易产业链的中高端，为提升在全球分工中的地位打下基础。

从长期看，发达经济体走出危机后，可能收紧部分宽松的吸引外资政策，一些短期投资机会也将不复存在。但由于其吸引外资的主要目的在于提高市场效率，因此仍将存在许多长期投资机会。如，许多发达国家的交通等基础设施进入更新换代期，加之其市场开放程度高、制度规则透明、投资环境良好，将为我国提供较大的投资空间。

与此同时，发展中国家对外来直接投资一直具有长期、巨大、稳定的需求，特别是一些中低收入国家缺乏资金、外汇、技术、管理等发展要素，需要利用外资弥补缺口。近年来，越来越多的发展中国家希望通过引入外资承接国际产业转移，发挥比较优势，更好地分享经济全球化收益，制造业与基础设施也成为其最具吸引力的领域。而我国在企业组织、生产技术和管理、配套能力建设、基础设施乃至发展模式等方面，都更能适应发展中国家的需求，投资也更具有综合优势。

（三）国际产业分工体系面临重构

产业转移呈现双向流动格局。发达国家尤其欢迎技术成熟、对其竞争力影响不大、无关国家和经济安全的传统制造业领域的外来投资，具体表现在近两年来，我国对美国的机械、汽车、电子、纺织等制造业投资明显增加。

东亚地区生产体系正在调整。东亚地区（包括东南亚）内聚集了不同资源禀赋和发展阶段的多种类型国家，形成了复杂高效的分工关系，是目前国际上最为重要的制造业生产基地。金融危机后，全球经济重心继续向东亚地区转移，使其成为全球直接投资不降反增的少数区域之一；同时，较高的经济增速、大量的资金流入以及不同国家的位势变化，也为东亚国家重新调整生产体系、构建更为精细化的分工体系提供了条件。随着我国在资金、技术、管理等方面，相对于区内广大发展中国家的比较优势愈发明显，加之与周边国家位置相近、区内交通相对完善、经济一体化程度提高、文化背景相似等因素，可以加速扩大对区内发展中国以制造业为主的投资，重塑东亚分工格局，形成以我为主的“雁行”模式，并将这种分工关系延伸至南亚地区。

区域经济一体化的快速推进。近年来，各种区域经济一体化组织层出不穷，对全球直接投资和产业分工均产生了重要影响。目前，我国参加的区域组织谈判就包括中日韩自贸区、RCEP（区域全面经济伙伴关系，即“10+6”）及TPP（跨太平洋伙伴关系协议），若谈判进展顺利，将有助于我国扩大区内投资，提升对区内分工的主导力。

（四）资源能源版图出现调整

一方面，由于全球经济增速放缓，使上游资源能源产品的需求迅速下降；另一方面，美国的页岩气革命、全球多个油气资源的新发现以及新能源产业快速崛起等因素，均大大提升了能源资源供给，导致全球能源资源价格掉头向下，并连续几年在较低水平上波动，预计这一趋势还将持续较长时间。受此影响，美国、欧洲等一些能源资源消耗大国将减少在该领域的对外投资；一些能源资源富集国将寻找新的投资来源，这为我国扩大能源资源境外投资、促进能源资源来源多元化以及保障供应安全提供了重要机遇。同时，在页岩气革命后，美国国内以天然气为代表的能源价格明显下降，并将显著降低美国石化等下游产业以及钢铁、冶金、汽车等高耗能产业的成本，也为我国扩大对上述产业的投资提供了新契机。

（五）资本和技术要素呈现新优势

目前，我国要素禀赋和比较优势正在发生重要的结构性变化，劳动密集型产业和环节的比较优势逐渐式微；同时，国内资金较为充裕，在大规模制造方面积累了许多成功经验，资本和技术密集型产业与环节的比较优势和境外投资优势开始显现。

与此同时，我国产业和贸易的升级过程面临来自发达国家巨大的竞争压力，有必要通过境外投资方式获取境外中高端要素以加快实现升级。如，在发达国家并购或新设研发咨询等机构，可以直接获得高端资源，也可利用国外高端人才为我国企业服务。通过并购还可以使我国在较短时间内获得国际化经营的关键要素，破解品牌、全球营销渠道、售后服务等“短板”，在较快进入发达国家市场、提高出口附加值的同时，快速打造和提升我国自主品牌，并构建以我为主的国际分工体系。

二、投资方式应着眼于更加开放的国际化战略

国际金融危机后，全球对我投资重视程度增强与我国境外投资意愿上升相互叠加，我国境外投资正面临历史上最好的机遇期。因此，必须从战略高度谋划调整境外投资布局，在继续扩张规模的同时，着力调整和优化投资结构，培育提高境外投资企业的经营管理和盈利能力，力争形成多元化的境外投资基本布局，打造具有较大影响力的跨国公司，为未来更加开放的国际化战略奠定基础。

（一）成本型投资：中长期境外投资的主要方式

成本型投资以绿地投资为主要形式，主要集中在制造业、农业和服务业领域，这将成为我国中长期境外投资的主要方式。从长远利益看，一方面，成本型投资可以发挥我国不断升级的比较优势，利用发展中国家丰富廉价的劳动力、土地、资源、能源等要素和相对宽松的环境容量，将一些在我国已经不具备价格竞争力和资源环境承载力的产业、产品和生产制造环节转移出去，同时通过掌握资金、技术、管理与品牌等手段，保留我国对转出产业的控制力。另一方面，该类投资可为东道国创造大量就业机会、促进其经济增长、产业结构提升和建立工业体系。从投资对象看，我国成本型境外投资应与丝绸之路经济带、海上丝绸之路建设紧密结合，优先拓展对东南亚和南亚地区的境外投资，打造我国主导的区域分工体系，逐步扩大对中亚、北非、东非、中东欧等国的投资，促进投资地区多元化和分散化。

（二）高端要素型投资：从发达经济体获得优势要素

高端要素型投资以面向发达经济体的并购投资为主要方式，目的在于获得我国产业和贸易结构升级所急需的品牌、渠道、研发、管理、财务以及先进制造等高端优质要素，是我国利用全球资源的高级形式。这种方式有助于提高全球配置资源能力，在我国境外投资中的重要性和比重也应不断提升。但该类投资往往关系到发达国家及其企业的核心竞争力乃至经济安全，加之对我国崛起的担忧，使并购投资往往面对各种障碍。为此，我国企业要善用发达国家完善透明的法制环境，积极应对各种不合理的歧视或障碍。特别应注意的是，在欧美日等发达经济体中，欧洲与我国关系最为稳定、对我国投资限制较少，加之欧债危机对其影响深远，应成为我国优先关注的地区。

（三）能源资源型投资：不断增强核心环节的话语权

能源资源富集国家在全球经济中的位势和重要性不断下降，这为我国扩大能源资源境外投资带来可投资项目增多、投资限制减少、投资条件优惠、在权益分配等核心问题上增加话语权的新机遇。当前，部分跨国公司已经开始考虑向我国转让现有油田项目，预计未来在石油管线安排、能源资源协议价格等方面也会出现有利变化。考虑到我国能源资源对外依存度还将继续上升，构筑可靠、稳定、安全的境外能源资源供给布局也符合我国战略要求。因此，应充分抓住有利时机，加快全球能源资源投资布局。

在这一方面，建议优先选择政局稳定、条件优惠、短期见效、运输安全的投资项目，慎重考虑评估对中东等政局不稳国家的投资，争取达成更为有利的投资安排。同时，对钢铁、冶金、木材等一些资源粗加工项目的境外投资要高度重视对东道国的环境影响，即使在收入水平较低的发展中国家投资，也应采取排放较低、环境友好的技术，并对当地生态环境进行必要补偿，以此提升我国企业在东道国的积极

形象，促进境外投资的可持续发展。

（四）市场型投资：开拓市场资源进行多点布局

市场型境外投资是在全球需求不足的背景下，各国竞相争夺市场资源、进入对方国家直接进行生产或提供服务的方式，可以分为三种类型：一是由产品特性决定的市场型投资。因产品生命周期缩短、市场竞争激烈，除一些不宜长途运输或运价过高的产品外，许多产品必需及时根据消费者需求变化进行调整，即要在贴近市场的地区投资生产；二是为避开关税、配额、贸易摩擦等贸易壁垒而进行的境外投资；三是金融、保险、贸易、物流等服务业投资，除为当地市场提供服务外，也能为我国境外企业提供必要支撑。但在这一投资方式中，要考虑到部分已具备一定产业基础的东道国，会担心我国投资对当地市场形成“挤出”效应的现实问题，对此，要根据市场分布情况进行全球多点布局，并且充分考虑当地的投资和销售限制。

（五）基础设施型投资：意义重大影响深远

这一模式对促进我国整体境外投资意义重大，不仅能带动技术、机械、劳务出口，成为境外投资与工程承包、劳务输出的交汇点，而且对我国境外制造业投资也具有先导性作用。同时，对境外港口、机场、公路、铁路等进行投资，还可搭建对外运输新通道，成为我国全球战略布局的一部分。

具体而言，东南亚及南亚国家是未来我国主导分工体系的主要参与者，其国内基础设施建设以及与我国的互联互通，是我国转移制造业的重要前提。因此，应优先扩大对这些国家的基础设施投资，争取按照商业化原则，通过BT、BOT、PPP等形式进行权益投资，大力培养我国企业基础设施投资的运营和盈利能力；但也有一些如周边国家与我国的跨境交通建设等战略性投资，可能无法获得完全的商业回报，建议可通过援外项目或贴息贷款等手段予以支持。

三、加强我国境外直接投资的对策建议

（一）推广境外合作区模式

改革开放以来，我国在开放型园区建设和管理方面积累了大量经验，可在发展中国家以境外经济贸易合作区模式进行推广，即在双方国家层面支持下，由我国经营较好的园区内的投资开发公司或大型企业担任开发主体，发起设立境外合作区并负责进行基础设施建设等前期工作，再引导国内园区企业、大型企业的配套和关联企业向合作区投资，在合作区内复制、推广中国园区的开发和管理模式，从而形成以中国企业为主、兼顾当地企业的产业集聚区。境外合作区特别有助于我国中小企业“抱团出海”，将成为我国境外投资的重要载体，是在境外集中展示我国企业、产品与发展模式的窗口。

（二）整合资源形成合力

处理好我国和东道国政府间关系，营造良好的境外投资环境；鼓励实力较强的国有企业与大型企业率先投资，取得经验后再引导民营企业和中小企业境外投资；将境外投资与货物和服务贸易、劳务输出、工程承包、对援助结合起来，扩大境外投资带动作用；合理安排投资次序，以对发展中国家的基础设施、园区建设、金融服务的投资或合作为先导，逐步扩大制造业境外投资等。

（三）形成有效的沟通协调

东道国政府及其政策是影响境外投资成功的关键因素，为此，应在投资重点地区建立政府间对话平台，减少东道国对我国企业的投资障碍，改善企业在当地的投资环境，解决经营中遇到的各种问题，并争取一些更为优惠的投资政策。当前，与发达国家政府沟通的重点是消除其对我国歧视性的投资限制政策，取消其不合理的投资安全审查，提高我国投资便利化程度；与发展中国家政府沟通的重点是双方签署或修改投资保护协定，扩大其对我国的市场准入范围，加快其投资审批速度等。

（四）创新境外投资管理方式

完善境外投资产业导向和国别指导政策，对不同类型的境外投资制定差异化的支持措施，实现境外投资管理制度由事前审批到事后服务与管理的转变。及时总结和推广中国（上海）自由贸易试验区在境外投资管理方式试验中取得的经验，尽早对境外投资开办企业和建设项目实行备案制，提高境外投资便利化程度，以便企业能够更快抓住有利机会进行投资。

（五）金融领域的跟进支持

一要大力加强对境外投资的资金和外汇支持力度，除扩大对境外投资企业和项目的资金支持外，还应设计能够满足多种需求的金融产品。进一步放开对境外投资的外汇管制，鼓励银行率先开展境外投资，为当地投资的中国企业提供更好的金融服务。二要加强国内保险机构对境外投资的支持作用，扩大承保规模和开发新险种，引导境外投资企业在国际市场上投保，增强企业抗风险能力；同时，及时发布风险预警，制订应对措施。三要深化对主要投资国利用外资政策的研究，建立包括外交部门、商务部门、民间组织、行业协会在内的多层次、多渠道的投资信息收集机制，为国内企业提供及时准确的投资信息。

在回望中找准前行的新方向
——论国家级经济技术开发区创新提升的主要思路

天津经济技术开发区政策研究室副主任　张瑞华

自1984年创建以来，国家级经济技术开发区（以下简称“国家级开发区”）始终站在改革开放的最前沿，攻坚克难、砥砺前行，经历了国际、国内宏观环境复杂变化的重重考验，在体制创新、对外经济合作、产业培育等诸多领域均取得了巨大的发展成就，成为我国社会主义市场经济建设的生力军和发展中国家借鉴“中国模式”的重要内容。因此，在建区30年的历史节点，总结过往经验、着眼当前形势、前瞻谋划未来，意义更为深远。

一、如何定义开发区获得成功的关键动因？

国家级开发区30年来的建设发展成效是显而易见的。在经济总量方面，2012年，171个国家级开发区共实现地区生产总值5.4万亿元、工业总产值15.8万亿元、进出口总额7400亿美元，分别占全国同期相应指标的10.4%、17.5%和19.2%，对我国的宏观经济运行发挥着重要的支撑作用。在产业发展方面，国家级开发区不仅是国内汽车、消费电子、通讯等先进制造业集中度最高的地方，也是信息技术、新能源、新材料、生物医药、节能环保等战略性新兴产业的集聚高地。在对外开放方面，国家级开发区以高品质的国际化投资环境赢得了跨国公司的广泛赞誉和青睐，是外商投资最密集的地区和我国开展对外经济合作的重要平台，同时也是促进国内企业对接国际市场和“走出去”的桥头堡。在发展质量方面，国家级开发区的单位面积土地投资强度、产出强度等相关指标均领先全国，单位产出能耗、单位产出水耗也大大低于全国平均水平。

分析国家级开发区取得成功的根本原因，一方面是顺应了国家发展大势，选择了一条适宜可行的发展道路。开发区的发展不是孤立的，而是与全国的宏观经济政策环境密切关联的。回顾过去的30年，我国快速推进工业化，以“人口红利”为依托，通过以市场换技术、以市场换资金，从国际分工体系的加工制造环节切入，大规模承接国际生产力转移等途径，实现了制造业的飞速发展，成为了“世界大工厂”。而国家级开发区正是顺应时势、紧扣利用外资和培育产业这两项核心工作，主动与国际市场对接，不遗余力地优化发展环境，在引进跨国公司的优质投资项目和发展先进制造业方面走在了全国前列，实现了经济实力和产业规模的快速放大。具体而言，开发区曾经历的1992—1997年以及2002—2008年两个迅速发展的黄金阶段，也正与邓小平同志“南方谈话”和成功“入世”之后，全国掀起的两轮发展高潮时期高度吻合。

另一方面，大胆推进改革创新、打破传统体制对区域发展的束缚，也是开发区始终保持快速、可持续发展活力的原因之一。国家级开发区是我国多项关键领域改革的试水者，如天津开发区1986年便出台《开发区社会劳动保险金管理办法》，比1993年我国开始启动社会保险制度提前了7年；在1990年国务院出台《城镇国有土地使用权出让转让暂行办法》之前，多数国家级开发区早已实施国有土地的有偿出让；目前各地政府普遍建立的“行政审批中心”即是国家级开发区建区之初推行的“一站式、一条龙”服务的“推广版”；《行政许可法》中关于“一次告知、限时办结”的要求也是总结自国家级开发区的成功实践。正是通过上述种种尝试，率先推动相关领域的改革，使国家级开发区形成了迥异于普通行政区的亲商、高效、规范运作的“小环境”，从而得到投资者的广泛认可，并成为国家级开发区得以发展壮大的最重要的内在因素和核心“软实力”。

二、如何客观看待现存优势与发展瓶颈?

（一）宏观形势的突出变化

目前，国际形势变化主要呈现两大明显趋势：一是金融危机的爆发使欧美发达国家清晰地认识到制造业大量外移引致的“空心化”风险，从而纷纷推出了“再工业化”战略，对跨国投资的全球格局造成了重大影响；二是中国“近乎无限的廉价劳动力供应”已经不复存在，印尼、泰国、越南等东南亚国家的“成本洼地”效应开始显现，成为全球制造业投资的新热点。相关数据显示，过去三年中，我国直接利用外资总额的平均增速只有3.6%，其中2012年更是负增长；具体到制造业领域，实际利用外资的绝对数额连续下滑，2013年只有455亿美元，尚不如受金融危机影响较大的2008年和2009年，占比则跌落至38.74%，明显体现出国际发展形势对我国利用外资情况的重大影响。

与此同时，国内的宏观发展形势可以概括为“支撑发展的要素条件发生深刻变化，深层次矛盾凸显，正处于结构调整的阵痛期和增长速度的换挡期”。这种深刻变化主要体现在劳动力成本优势弱化，雄厚的产业基础和快速增长的消费市场成为我国比较优势的两大支撑；深层次矛盾主要是指产业结构、地区结构、分配结构的失衡问题，以及行政体制改革滞后、不适应经济社会发展需要的问题。

我国的宏观发展政策导向与改革开放之初相比也已经发生了根本性变化。在经济发展方面，规模和速度不再是主要衡量标准，当前更加注重的是提质、增效和升级，即如何解决普遍存在的产能过剩现象，将数量堆积型的粗放发展模式转向为内生型的集约发展模式；如何在业已形成的强大生产能力的基础上推动产业能级和层次提升；如何改变资源、环境过度透支的现状，走上产业与环境和谐共生、可持续发展的道路。在改革创新方面，社会主义市场经济体制的基本框架已经建立，“深水区”改革的主要指向，一方面是针对金融、电信、能源等关键领域的市场开放，另一方面是转变政府职能，消解职能部门行政管理与经济社会运行的制约，使市场在资源配置中真正起到决定性作用。在对外开放方面，主要目的已由引进资金和技术转向提升在全球分工体系中的地位，在更高层次上深度参与国际经贸合作，逐步强化在全球经济中的影响力和话语权。

（二）区域竞争格局中优势不再

原有优势的逐步弱化。与普通行政区相比，国家级开发区自2008年“两税合一”正式实施以后，基本上失去了政策优势；并且，随着“行政服务中心”等亲商、便商机制在全国推广，体制机制上的领先幅度也大幅缩小。与此同时，居住空间、商业氛围、文化娱乐等方面的“短板”效应却日趋突出，导致国家级开发区在项目资源竞争中的优势并不明显。

功能定位的特点不明。与保税区、高新区等其他功能区相比，国家级开发区是目前唯一没有特殊优惠政策的工业集聚区。特别是部分特殊功能区的主导业务正在不断扩展，在许多领域已经与国家级开发区形成了直接的竞争关系，政策上的落差必然最终体现为竞争上的弱势。而与我国近年来新批准的“新区”、“试验区”相比，国家级开发区开展改革创新的政策空间较小，在金融、海关、国际结算等关键领域的改革尚处于跟进和学习借鉴的地位。

（三）现有基础的喜忧参半

完整的经验体系。在30年的发展中，国家级开发区形成了独特的优势，包括成熟的区域开发建设模式、丰富的国际经贸合作经验、较大的高端产业发展规模、富有活力的体制机制等，这些有效经验也将是国家级开发区在新时期实现可持续发展的宝贵财富。但同时，也存在四方面主要问题：

一是创新驱动力偏软。尽管各开发区对科技工作都非常重视，在平台建设、人才引进、政策支持等方面投入了大量资源，并且也取得了不少实实在在的研发成果；但从整体上看，科技创新对经济和产业发展的实际贡献仍相对较小，驱动作用体现得尚不明显。

二是产业体系竞争力匮乏。目前，国家级开发区的产业发展水平虽在全国居于前列，但在国际分工体系中处于加工制造环节的地位没有得到实质性改变，研发设计、营销、结算等环节的高端产业要素聚集有限。

三是城市配套功能存在“短板”。随着经济发展水平的不断提高，投资者与从业人员对城市服务的需求日益升级。一方面，与母城区及其他传统城区相比，开发区的商业、文化、医疗、教育等服务功能没有优势，不仅引致了较大的通勤压力，成为推高整体经营成本的重要因素，而且成为了竞争高端产业项目的“软肋”；另一方面，开发区的空间有限，如何平衡“生产”和“生活”两者关系，依然是个不易把握的问题，多数开发区对于生活功能配套完善而带来的诸多社会事务的管理问题也并未做好充分准备。

四是管委会体制的权限瓶颈。管委会体制有两个鲜明的特征：一是事权集中，以《条例》的形式被授予省级或市级行政管理权限，从而可以相对独立运作，确保高效率；二是目标明确，即以产业培育和经济发展为主导。但随着规划、土地、环保、工商等领域直线管理的强化，《条例》对开发区的充分授权与部门法规的规定时常出现冲突，造成实际授权无法落实的现状；而各地比较普遍的开发区与行政区整合或托管乡镇的做法，以及开发区社会事务的不断增多，也必然造成管委会工作精力和目标的分散。

三、如何继续成为探索先行的“排头兵”?

时移势易，面对日益复杂的国际国内形势，国家级开发区必须主动求变，在新的历史条件和新的发展环境下，找出提升发展的新路径。需要强调的是，开发区始终是一个经济功能区，培育产业、发展经济永远是第一要务，但在以转型升级和推进“深水区”改革为主题的新时期，体现自身先进性不能单纯依靠数量规模的扩张，还必须在提高发展质量、推动科技创新、深化改革开放和走绿色低碳发展道路等“时代主旋律”方面增添亮点。因此，在建区30周年之后的发展进程中，除了一如既往地做好区域开发建设和投资促进等常规工作之外，更要着力在五个方面发力：

一是继续深化体制改革。2014年，被各界称为中国的“深化改革元年”，未来较长一段时期我国都将处于“深水区”改革的攻坚阶段。作为改革开放的试验田，国家级开发区必须抓住机遇、发挥优势，在深入研究十八届三中全会宣布的十五个重点领域的改革目标基础上，结合开发区在体制机制、对外合作、产业基础等方面的优势和长处，重点围绕市场机制完善、服务型政府建设、涉外经济体制等方面寻找突破口和着力点，为全国的改革推进积累新鲜经验。需要特别强调的是，不能将“要改革”和“要政策”相混淆，不应过分热衷于追求“先行先试”带来的利益，而是要深入研究具体业务，梳理和分析实际工作中存在的难点和节点问题，切实找到改革创新的方向。

二是加快实施转型升级。对国家级开发区而言，“转型”就是要从依靠土地扩张、相对低廉的要素价格和特殊的优惠政策，聚集外部资源发展经济的外延扩张式发展模式，逐步转向以提高创新驱动力和集约化发展水平为主的内生式发展模式。“升级”即是要提高发展水平，不仅仅是规模和总量的扩大，更重要的产业结构的优化、产业能级的提升和在国际分工体系中向研发、营销等高端环节的转移。

三是大力促进科技创新。首先应当明确，复制“硅谷”、台湾新竹科技园的模式，使科技成为区域发展的主动力，是国家级开发区的长期努力方向，但在现阶段，提升科技创新工作水平应紧密结合自身产业发展实际，以实用技术转化和与生产工艺改进相关联的研发活动为主。在这个认识的基础之上，要着重解决好两方面问题：一是政府资源与社会、市场资源的有效衔接，形成政府资源引导下，以市场为主导、以企业为主体的科技研发工作机制；二是营造优越的创新环境，从资金、人才和创业辅导等多方面为科技企业成长提供便利。

四是率先践行绿色发展。粗放式的发展模式，使我国付出了沉重的环境代价，包括空气、水体和土壤在内的全方位环境治理成为中央政府最为关注的问题之一。国家级开发区内的既有产业相对较为高端，单位产出的资源消耗和减排水平居于全国前列，有条件也有责任在实现绿色发展方面发挥示范引领作用。具体而言，不仅要继续把好项目准入关，提高增量项目的绿色生产要求标准；也要大力促进存量项目的工艺优化和流程再造，加强关联行业的上下游整合，建立循环经济产业链，降低既有产业的能耗、水耗和“三废”排放；特别是要大力促进节能环保产业发展，先行引进并推广节能减排技术，建设绿色低碳产业发展的示范园区。

五是有序推进产城融合。在我国已经进入中等收入国家行列的大背景下，只重视生产建设、不关注生活需求，或者生活功能仅限于基本服务配套的单一功能的工业园区模式已经难以为继；对于高端产业比较密集的国家级开发区更是如此。实际上，城市服务功能不足对产业发展的制约已经在许多开发区有所体现，特别是在金融、商贸、研发、服务外包等高端服务业项目的竞争中，生活成本高、文化娱乐设施少、公共交通不便、公共交流空间缺乏等往往成为开发区的“劣势”。而应对这一问题的方法，应包括两个方面：一是整合自身，加大生活、文化、商业设施的建设力度，并通过老旧区域提升改造等方法实现空间重组，改变城市功能发展明显滞后于经济发展的现状；二是强化与母城及周边城区的融合和联动发展，建立起便利的交通联系，充分利用其优质的医疗、教育和文化娱乐等资源，弥补开发区自身的不足。

内部环境：实行卓越绩效的战略管理

上海市漕河泾新兴技术开发区发展总公司

对于以公司制为管理模式的开发区而言，服务就是开发区的使命。只有通过不断创新探索市场化服务方式，强化全面质量管理意识，提升内部运营管理水平，才能全面塑造形成开发区的独特竞争力。

上海市漕河泾新兴技术开发区作为全国开发区管理主体中最早通过质量、环境管理体系双认证的开发区，自 2011 年开始，为在更高层级上实现园区服务的高标准，启动了“走向卓越”质量管理改进活动，实施 OHSAS18001 职业健康安全管理体系，以卓越绩效核心价值理念为指引，以优化改进战略管理为重点，积极导入“卓越绩效”管理模式，全面提升了管理水平和经营绩效。

在“走向卓越”的实施过程中，公司战略管理工作的改进逐步发挥了“方向盘”的作用。按照《卓越绩效评价准则》的要求，实现内部管理体系的全面整合、优化和提升，梳理提炼形成开发区招商引资、开发建设、管理服务等各方面的工作标准，完善具有漕河泾特色的管理服务规范，使公司整体质量管理水平再上新台阶。同时，通过科学合理地调配人、财、物资源，有效推动顾客与市场、过程管理等方面工作以及对应的测量分析、绩效评估系统的改进提升，实现了外部环境、企业实力与战略目标三者间的动态平衡，确保了经济社会的健康发展。2013 年，开发区实现销售收入 2720 亿元，工业总产值 1050 亿元，地区生产总值 900 亿元，其中第三产业占比达到 59%，不仅转型提升的效益明显，而且单位面积经济效益也在全国开发区中名列前茅，已经成为全国和上海高新技术产业集聚度最高、自主创新活跃度最强、二、三产业融合发展的示范性区域之一。

“以战略致胜”把脉自身发展

“卓越绩效”模式强调“以战略致胜”，即要求公司不定期扫描外部环境、分析内部能力，识别、创造并抓住机会，通过卓越的过程管理取得卓越的经营结果，实现可持续发展。因此，在推行卓越绩效管理之前，公司首先进行了目标明确的自身扫描。

一是管理体系要具有更强的针对性。通过认证的 ISO 系列管理体系是能够广泛应用于不同层次企业的基础管理模式，针对性相对不足，为更好地应对挑战、抢抓机遇、扬长避短，就必须加强对标学习，参照全球优秀企业标准改进管理模式，建立完善的标杆管理体系，从标准化走向卓越管理，强化开发区的核心竞争力。

二是品牌输出服务应高度标准化。近年来，公司紧抓国家大力发展战略性新兴产业和服务经济的机遇，加快推动“走出去”进程，逐步形成了“一区、六园、两分区”的发展框架。因此，为实现园区的整体协同发展，凸显漕河泾特色和服务水准，必须优化战略管理，明确发展路径和目标，形成可以整体输出的管理服务品牌体系。

三是加强策略谋划强化整体协调。由于开发区发展受到各方面因素影响较大，在长期战略目标的量化细化管理和对标学习方面存在一定困难；加之战略管理工作尚未有专门的归口部门和工作队伍，导致在评估调整、动态管理、绩效预测、系统协调推进和相关方利益动态平衡等方面存在不足，影响了组织绩效的整体性、一致性和协调性。因此，必须强化、优化对发展目标的过程策略谋划，并将战略作为保障可持续发展、凝聚员工向前迈进的行动纲领。

形成理念共识　构筑科学体系

机制保障专业运营。专门成立战略发展部，作为战略管理的归口部门，具体负责战略制定、实施与日常管理，在建立制度规范、明确工作抓手、召开“头脑风暴”例会、实施战略监测评估、建立标杆管理体系以及开展绩效预测分析等方面，开展了一系列富有成效的工作。深入研究编制了《战略管理程序》、《战略决策委员会工作制度》以及《战略顾问委员会工作制度》等相关指导性文件，规范战略制定及管理工作。

规范步骤层层把关。由战略发展部组织相关职能部门、子公司及各分园区，综合分析内外信息，采用分析讨论形式，提出战略规划草案。在战略管理委员会对战略规划草案进行初步审核后，提交战略顾问委员会及相关专家咨询，最终审核确定公司战略规划。

完善体系确立优势。帮助员工充分理解公司使命、价值观及发展目标，达成对加强战略管理工作的共识，并最终确定“1+2+5”的战略体系，即以“品牌战略”为总战略，以“标准化”战略和“走出去”战略为子战略，以“大招商战略”、“财务集控战略”、“精品化战略”、“人才培养战略”、“服务创新战略”为职能战略，确保层层落实、资源聚焦和配套协调。

逐级分解落实指标。依据战略规划提出的年度方针和目标，在对各职能部门和子公司提交的工作计划进行汇总和平衡的基础上，充分考虑竞争对手和标杆的发展情况，形成年度工作计划，并以年度工作会议报告形式进行发布。之后，逐层分解，提取关键绩效指标下发到各职能部门，落实进度责任和人、财、物及信息技术资源配备，确保战略措施落到实处。

严格评价科学分析。兼顾公司发展和园区建设两个层面，基于产业和经济发展、环境建设、人才与创新以及公司建设、营销、财务等关键要素设置战略目标，并依据实际发展情况，进行短期年度、阶段性和五年期的战略调整。运用SWOT分析、利益相关者分析、关键成功因素分析等有效工具，开展外部环境和内部能力的战略分析，尤其强化对本公司、竞争对手以及标杆绩效的定量、定性分析。

科学管理形成卓越绩效

在产业建设方面，“卓越绩效”管理模式的导入，明确了主要价值创造过程和支持过程，推动构建了由愿景、使命、战略、过程组成的科学的经营管理系统。同时，细化落实了“十二五”规划提出的相应的绩效目标，完善了以战略为导向的绩效管理，使主要经济指标在保持行业领先的同时再创历史新高。

在品牌建设方面，推动公司进一步梳理总结了企业文化，强化了不断变革创新的良好氛围，保证了管理经验的标准化和输出质量，实现“统一品牌、跨区布局、多点联动、协同发展”的发展新格局，对积极推广漕河泾开发区品牌，加快对外“走出去”步伐起到重要作用。

在队伍建设方面，牢固确立了“客户至上、追求卓越、和谐共生、互动发展”的公司服务理念，并根据实际情况分类细化顾客群体和全方位满足顾客需求；同时，加强了学习型组织建设，通过知识管理与分享，形成组织智慧；通过测量分析系统，持续改进组织绩效，使有机融合的系统效应逐渐显现，整体保持了健康、可持续发展的良好势头。

论工业是开发区的立区之本
——避免短视效应 坚持"四化"方向

广州开发区政策研究室主任 陈永品

认清工业在开发区的基础性地位

历经近30年的工业化发展，开发区区内的人流、商流较为活跃，土地升值较快，致使部分开发区的土地出让收益远远超出了工业发展带来的收入。于是，一些开发区认为，发展工业投资大、收益慢，是一条事倍功半、劳而无功的道路。并且，在追求利益最大化的思维模式下，将本应用于发展工业的土地转为商住用地。这种为了暂时的经济利益，放弃发展持续动力的现象在当前的转型阶段不在少数，与其说是为了遏制经济增长下滑的态势，不如说是难以抵挡土地升值带来的巨大利益诱惑。

但是，开发区一旦离开工业发展的轨道，就是舍弃优势、本末倒置，必然会使缺乏工业支撑的城市化和服务业变成空中楼阁，成为无本之木。

"城市化"不等于过度进行商业开发。开发区要警惕借城市化之名过度发展房地产和商业的短视行为，避免工业用地为商业用地让路、商业用地为房地产用地让路的舍本求末的现象出现。因为如果单纯依靠卖地生存，就失去了自身存在的意义和发展的动力，为此，要始终牢记：开发区的城市化特征应是产城融合，必须坚持走工业化道路，保证这一城市化发展的特色和持续生命力。

"转型升级"不是大量淘汰现有工业。转型升级的实质在于淘汰落后产能，同时注重发展先进制造业和高端制造业。因此，在当前转型升级的关键时期，开发区应特别警惕通过"腾笼换鸟"排斥工业发展的做法。从目前的发展情况看，发展较好的国家级经济技术开发区在加快城市化进程的同时，从未停止过工业发展的步伐，其工业增加值占地区生产总值的比重普遍高于70%；从发达国家的实践看，新加坡虽然多次实施产业转型升级，但仍保留了相当一部分制造业，美国在经历金融危机后也提出实行"再工业化战略"。这些都充分证明了发展实体经济的重要性，也说明离开工业的开发区难以保持稳步发展的态势。

工业转型的"四化"方向

概括而言，面对新的工业发展环境，开发区工业化应向高端化、集群化、信息化和生态化的方向推进。

一是产业高端化发展。一方面是技术的高端化，具有知识密集、技术密集特点的制造业应具备较强的自主创新能力，并以此提升产业竞争力；另一方面是价值链的高端化，即发展具有高附加值的产业，如在国家"十二五"发展规划中被列为战略性新兴产业的航空产业、卫星及应用产业、轨道交通装备业、海洋工程装备和智能装备产业等高端装备制造业。在积极发展战略性新兴产业的同时，也应鼓励传统产业提升产业链和价值链，促进产业融合发展，生产高附加值的产品，逐步向"微笑曲线"两端延伸。

二是实现产业集群化。应该看到，部分开

发区对已有产业规划的落实不够，规划与实施脱节的情况普遍存在；并且企业随着优惠政策走，产业根植性不强。归根到底，这些开发区仅仅解决了产业集中和集聚的问题，但未能真正形成产业集群。理想的状态应是：实现由产业集聚向产业集群发展，增强产业之间的关联性和粘性，形成相互依存、相互协作、相互促进的关系，构建特色产业链，促进产业园区化、园区特色化，从根本上促进产业集群发展。

三是以信息化带动工业化。与发达国家相比，我国的经济发展方式仍显粗放，存在结构不合理、技术不先进、过度依赖资源能源等问题。解决这些问题的根本出路在于以信息化带动工业化。国家“十二五”规划提出，要加快建设宽带、融合、安全、泛在的下一代国家信息基础设施，推动信息化和工业化深度融合。以传统制造业为主的国家级经济技术开发区，更需要以信息化推动转型升级，促进技术结构优化，提高劳动生产率和产出效益。可以说，加快信息化与工业深度融合，是提高工业化水平的必由之路。

四是确立生态化理念。一方面，基于资源能源的有限性，工业生产必须加快集约节约利用资源的步伐，减少对资源的消耗和依赖；另一方面，工业的快速发展导致环境压力日趋增大，工业废气已经成为许多城市产生雾霾的重要诱因之一。因此，必须加速对传统工业技术的更新改造，大力推进工业清洁生产，淘汰落后产能，减少工业排放。对于开发区而言，更应严格实行环评制度，推行环境容量管理，实行节能减排指标控制，率先打造生态工业园，推进绿色发展、循环发展和低碳发展。

“两路并进”推动产业升级

如前所述，提升工业化水平的根本思路，在于推进工业发展的转型升级。笔者认为，就开发区而言，则应实行对传统产业改造升级与对新兴产业孵化培育的“两路并进”方式。

传统产业是转型升级的主题和基础。传统制造业是开发区发展的基础，但不同开发区工业发展的水平并不均衡，企业的耗能大小与其效益的高低也不完全成正比。因此，必须进行分类指导：对于效益较好的企业，要在节能降耗的基础上扩大产能；对于耗能小且效益低的企业，应鼓励其进行升级改造；而对于耗能大且效益低的企业，则要督促其进行转型升级。

需要特别注意的是，“没有落后的产业，只有落后的技术”，工业转型升级并非另起炉灶，而是对原有产业进行改造和延伸，切忌以转型升级、“腾笼换鸟”为名过度清除传统产业。况且，当前许多开发区的发展收入依旧主要源自传统产业，失去传统产业的贡献，开发区便无力发展新兴产业。同时，高新技术产业与新兴产业都具有投入大、风险高、市场培育过程和回报周期长等特点。因此，在新兴产业培育阶段，开发区必须继续依靠并着力推动传统产业转型升级，并以此提供发展的持续动力。

新兴产业是工业化提升的重要方向。发展新兴产业的主要路径在于依靠创新驱动，这需要不惧挫折、坚持不懈地进行创新投入。经过二三十年的发展，多数开发区都已进入工业化的成熟期和收获期，实现了产业发展的良性循环，有能力、也更需要加大对创新的投入力度，积极培育新兴产业。

受当前经济发展的大环境影响，许多开发区工业生产呈现减产、减效的趋势，一些骨干企业利润下滑严重。对此，相关政府部门和开发区都应将其视为工业发展的阶段性特征并加以正确认识，允许开发区工业生产出现短暂减速、进行短期调整。

一旦离开工业的有力支撑，开发区就会失去发展的根基。因此，在今后相当长的一段时期内，开发区仍须积极探索新型工业化道路，率先提高工业化水平，引领我国新时期工业化的发展方向，这才是开发区的基础所在、优势所在和特色所在。

突破思维定势　建立产业生态系统

天津经济技术开发区政策研究室副主任　张瑞华

当前，在我国基本完成工业化并跻身中等收入国家行列后，身处“转型”时期的宏观经济主攻方向已然不再是规模和速度，而是质量和效益，即要“提质增效”。相应地，国家级经济技术开发区（以下简称“国家级开发区”）发展的基本环境和支撑条件也发生了重大变化：“人口红利”渐趋消失致使劳动力成本不断提高；资源禀赋条件变化与资本回报率下行对外资持续快速流入产生一定影响；加之在发达国家“再工业化”背景下，依托国际市场的“世界大工厂”发展模式面临的巨大挑战，均成为国家级开发区在新时期必须面对和解决的问题。

目前，有关国家级开发区转型升级的方向，在业界已经形成一种普遍共识，即要以科学工业园（走以科技创新为核心的内涵式发展道路）和产业新城（以产业为主导的多功能综合性区域）作为转型的战略目标。但与此同时，许多国家级开发区也随之意识到：转型发展的基点实则在于结构调整。一方面，转型升级的结果是经济、产业、人口等多层面的结构变化；另一方面，转型升级的实施抓手是要素、空间、投入结构等方面的主动调整。

还需说明的是，开发区的结构调整内涵虽与宏观经济的结构调整内涵具有部分重叠，但外延并不相同。李克强总理在2010年省部级主要领导干部专题研讨中系统阐述的结构调整，重点在于投资与消费、内需与外需、二产与三产、城市与乡村以及资源、要素投入等宏观领域的结构优化。具体而言，在产业结构调整、要素投入结构调整等方面，开发区有条件也有责任在全国率先试行，但对于提高消费和内需比例等问题，空间有限的经济功能区则难以实现。因此，结合实际，本文所述的开发区的结构调整主要聚焦在发展动力结构、产业结构、资本结构、人口结构和空间结构五个方面。

动力结构的创新调整

经过30年的开发建设，对绝大多数开发区而言，驱动发展的主要因素同建区之初相比并没有发生根本性改变，仍然以增量土地空间承载增量产业资本和依靠要素投入拉动的外延式发展为主要沿循方式。但在现阶段，从要素资源看，随着工业用地资源的日渐稀缺，增量土地的获取成本不断提高，产业用地开发的成本倒挂现象日趋严重；而从产业增量看，国内大多数行业产能过剩现象普遍存在，国际产业资本向中国转移的速度明显放缓，增量资的引进也面临更为激烈的竞争。因此，尽快谋求发展动力结构的调整已是大势所趋。

如何调整？在总体思路上，要打破“开发一片、成熟一片、再开发一片”的惯性思维，逐步转向内敛式、内生化的发展道路，大力推进空间结构的优化升级，提高集约化发展水平，使单位土地开发强度与产出强度的提升成为驱动区域经济发展的主要动力。在战术操作上，要不断完善配套政策，切实做到区域发展的“投资与科技双轮驱动”。一方面，积极推动“腾笼换鸟”，引导较早进入开发区的低端加工制造业项目逐步退出，实现相应土地的“二次开发”，承载更为优质的发展资源；另一方面，强化科技创新，不仅在研发活动和成果转化等方面提供多元支持，更要着力促进科技与产业的对接，加强对拥有自主研发技术的中小型科技企业的培育和扶持，使科技研发成果能够更直接、更有效地服务于开发区的经济和产业发展。

产业结构的适宜高端

产业结构调整往往会被习惯性地理解为“退二进三”，即不断提高第三产业的比重。事实上，这个看法略有偏颇，且尤其不适用于经济开发区。因为从农业经济到工业化、再到后工业化发展阶段，第三产业的比重逐步提高虽已形成一定趋势，但即便是在后工业化发展的最高阶段，第三产业的比重也并非越高越好。过度强调服务业发展，而忽视制造业和实体经济，必然会造成产业的“空心化”。近年来，美欧相继高调抛出“再制造化”战略就是最好的例证；而一直在制造业领域稳扎稳打，在金融、互联网等“时髦”产业并无太多亮点的德国，面对“金融危机”时的从容和坚挺，则从另一方面对这一问题给以有益启示。

特别需要强调的是，经济结构本身是个宏观问题，因此，作为一个宏观经济体，二、三产业的发展要保持合适的比例，但具体到地方则应区别对待，工业城市和商业城市的第三产业发展不可能等量齐观，如果各地第三产业的比重都向北京和上海看齐，也并不现实。

那么，作为一个功能有限的产业园区，开发区本身并不能称之为一个独立的经济体，其重视服务业发展、完善生产和生活配套，或是选择部分高端服务业领域做出一些亮点和特色的缘由，不外乎是围绕产业结构升级调整而进行的必要的有益补充。因此，那种汲汲于第三产业的比重、甚至以此论高下的观点并不可取。在国家级开发区的产业结构调整过程中，第三产业比重的提升并非主要问题，发力方向仍应锁定在提高高端产业占比和培育支柱产业两个方面。

不断提高高端产业占比。在制造业领域，要逐步淘汰位于产业链低端和劳动密集型的简单加工制造业，转向技术与资本密集、低消耗、低排放和高附加值的产业高端发展；在服务业领域，则要着重瞄准以科技研发、科技服务、互联网经济等为代表的现代服务业新兴业态。

集中力量培育支柱产业。首先，必须消除跟风和从众心理，特别是要打破“发展电子、汽车、装备、生物医药即为发展制造业；发展金融、商贸、物流、服务外包即为发展服务业”的想法；其次，要敢于在支柱产业的定位上“做减法”，紧密结合自身的发展基础、资源优势等现实条件，实事求是地确定有限的行业门类作为主攻方向；第三，要细致分析主导产业中第二、三产业间的相互促进关系，并明晰每个主导产业的具体发展方向；第四，集中优势资源投入，实现集群化发展，进一步提高支柱产业对区域发展的贡献率。

资本结构的系统持续

当前，大多数国家级开发区，特别是建区时间较长的国家级开发区，普遍存在比较突出的外资比例高、大企业和大项目比例高的“双高”特点。以天津经济技术开发区为例，在2013年的工业总产值构成中，外资企业占比达到80%，17家超百亿元大企业的产值总额占比已接近三分之二。对于这一现象进行客观分析可见，一方面，外资比例过高的开发区更易受国际市场波动的冲击，且外资项目的“盆景式”特点，决定其终究难以落地生根，资本的逐利本性随时会驱动其根据比较成本的变化而转移，不能成为开发区持续发展的稳固基础。另一方面，大项目占比高会使开发区经济发展的稳定性受到威胁，一旦少数骨干项目生产经营出现波动，将对全区的经济运行造成明显冲击；而且还会对开发区的发展资源配置造成较大牵制——在经济发展指标的巨大压下，在与大项目就配套条件、政策支持等开展谈判和博弈的过程中，开发区很难把握主动，结果往往是赢了指标却输了利益。因此，国家级开发区欲实现长期稳定发展，必须在资本结构调整方面有所作为。

优化大、中、小企业结构。开发区需要“参天大树”，也需要“丛林集聚”，在保证大企业蓬勃发展的同时，也要千方百计地促进中小企业的不断壮大，形成多元化的产业发展生态系统，提高区域经济的活力和抗冲击能力。因此，要相应调整工作思路，对大项目的服务主要集中于前期准备与招商阶段，着力点在于支持政策、配套条件和谈判能力的比拼；而对中小企业的服务则应更多关注人力资源、融资支持和市场开拓等后期保障。

调整内、外资企业比例。目前，各开发区对内资企业招商的关注重点大多局限于央企、大型国企和大型民营企业，对一般内资项目的重视程度仍显不足。因此，应确保在政策落实和资源支持上对内、外资企业以及不同规模的内资企业一视同仁。同时，必须重视对本地企业特别是科技型企业的扶持和培育，通过构建优越的创业环境和科技成果转化支持体系，助推科技型企业快速发展壮大，使其成为开发区新时期发展的生力军。

人口结构的合理聚集

平衡居住人口结构。大多数开发区由于土地空间和发展定位的限制，在人口发展上存在明显的不平衡：一方面表现在从业人口与常住人口数量关系的“倒挂”，前者的规模远远超过后者；另一方面体现在常住人口中居住蓝白领公寓的“单身”居民数量大、占比高。因此，部分开发区同时出现了“小钟摆”和“大钟摆”两类人群——“小钟摆”即每天穿梭于开发区和母城区及周边地区的通勤人口，导致了较为密集的通勤压力和较高的区域综合经营成本；“大钟摆”是每年春节前后往返于家乡和开发区之间的外地员工，这类人群以收入水平较低的年轻人为主，从短期看易导致春节过后几乎规律性的“用工荒”，使企业职工队伍的稳定性受到威胁；而从长远看则不利于开发区的人才吸引和聚集。

解决这一问题的出路在于“职住平衡”，即在适度增加开发区自身居住功能的同时，通过改善区域交通条件等手段，有效利用周边城区的居住空间，尽力缩短从业人员从居住地到工作场所的空间距离。特别是对于外地户籍员工的居住问题，必须从“一张床”的公寓式解决方案向“一间房”的安居方案逐步扩展和过渡。

优化就业人口结构。从一般规律看，产业结构的变化引致了就业结构的变化；但从辩证角度看，国家级开发区为主动适应产业结构调整的大趋势和大方向，通过提高专业技术、经营管理、科技创新等方面的高端人才保障能力，更易在高端产业发展上赢得先机，从而间接实现就业结构的提升，对于长远发展也大有益处。因此，一方面，要坚持“开源”，与高等院校、技术学校和职业技能培训机构建立广泛联系，加强区域宣传和推介，并通过校企联合的培训中心、实习基地、大学生实训基地等多种形式，吸引各类人才到开发区实地体验，做大开发区的“人才池”；另一方面，要注重“留人”，结合白领和灰领从业人员占比日益提高的实际情况，在社会服务、生活配套、文化娱乐以及户籍制度、住房政策等方面加大投入，营造富有活力的城市生活氛围，提高区域凝聚力，使开发区成为各类人才聚集的高地。

空间结构的均衡优化

动力结构、产业结构、资本结构和人口结构的调整，都离不开区域功能的优化和提升，而区域功能的变化最终必然“落地”体现为空间结构的调整。

创建之初，开发区普遍以承接劳动密集型加工制造业为主，商业与居住设施建设的压力较轻，因此有条件将开发成熟土地中的较大比例用于发展工业；但近年来，随着产业和经济发展水平的快速提升，特别是先进制造业和研发、外包等高端服务业加速发展，企业和员工对高品质城市服务功能的要求日益增高，居住、文化、教育、卫生、娱乐等各方面的服务能力和服务品质，也成为综合投资环境竞争的重要因素。

因此，在“产城融合”成为发展趋势的背景下，开发区的空间结构调整应坚持增量与存量同时并举。增量部分即新拓展的土地空间要尽量按照综合功能的产业城区进行规划建设，为居住、商业和社会服务设施留出足够空间。存量部分即是对开发区较早起步发展区块的升级改造，应综合考虑各方面配套服务的跟进，按照互相融合、有机衔接的“混合功能”模式推进，打造“活力区域”。

在调整空间布局的过程中，必须把握好两个基本原则。第一，开发区的本质是经济功能区，产业发展是开发区永远的“主业”，积极促进空间结构调整的目的，是以更加完善和高品质的城市功能服务于先进制造业和高端服务业的发展，绝不能矫枉过正，将城市功能提升置于中心地位。第二，开发区的生活、商业等服务功能发展应有限度，不能单纯追求大而全。切实破除“孤岛”思想，以“跨界思维”加强与周边区域的功能互补、资源共享和融合发展，在更宽的视野下实现空间结构的均衡与优化。

加速开发区国际化进程
勇当重点领域改革实践区

浙江省商务厅副巡视员　宋东舢

国家级开发区作为改革的“试验田”和对外开放的“窗口”，自诞生之日起就带有“改革”与“开放”这两个最为鲜明的“印记”，这也是开发区有别于产业集聚区、工业园区和高新区的最明显特征。

如今，经过30年的建设发展，开发区已经普遍脱离了传统意义上的单一工业园区，步入了新的历史发展阶段。以浙江省为例，目前省内20个国家级经济技术开发区和43家省级经济开发区已经成为统筹对外开放和促进内源发展，实现经济国际化的重要平台；成为统筹先进制造业和现代服务业，实现产业集群化的重要基地；成为统筹城乡发展和推进产城融合，实现城乡一体化的重要载体。全省74个开发区贡献了全省50%以上的实际外资和工业产值、40%以上的进出口总额和30%左右的财政收入，成为名符其实的经济发展主力军。

因此，在国家实施区域协调发展战略和加快经济转型升级战略的新时期，面对中央提出“以开放促改革”、“以改革促创新发展”的新形势，浙江省开发区应紧紧围绕“改革”、“开放”和“转型”三个方面，充分发挥新的示范、带动作用。

坚持理念开放 成为推进国际化的先导区

面对新时期国家“构建开放型经济新体制”的要求，浙江省提出要打造“国际化程度最高的省份”，于省内开发区而言，则要着重提升经济发展的质量，坚定不移地走国际化道路，以开放促改革、促创新、促发展。

推进理念视野国际化。目前，美、欧、日三大经济体力图通过TPP（跨太平洋战略经济伙伴关系协定）、TTIP（跨大西洋贸易与投资伙伴协议）和PSA（诸/多边服务业协议）形成新一代高规格的全球贸易和服务规则以取代WTO。而我国则希望通过建立上海自贸区，参与新的国际贸易规则，引领新一轮的对外开放。可以预见，未来我国将形成以若干个自由贸易园区（港区）为核心，以众多的国家级、省级开发区为烘托的相互支撑、联动发展的大开放格局。因此，要站在新一轮对外开放的制高点上定位和谋划开发区的发展。

推进发展平台国际化。杭州开发区新加坡科技园、镇海开发区北欧工业园、平湖开发区日本产业园以及宁海开发区的瑞典科技孵化园等均已启动建设；海盐县与法国共建的核电产业园、富阳开发区与以色列合作共建的科技产业园正在推进；杭州开发区和嘉兴开发区正在积极争取设立中英（杭州）、中丹（嘉兴）国家生态合作园；衢州开发区也正在谋划建立欧洲工业园。从这些发展实践可见，今后，应继续大力推动有条件的开发区积极创建国际合作产业园，努力打造一批产业结构层次高、研发创新功能强、国际交流渠道畅、综合服务效率好的国际化专业园区。

推进产业项目国际化。长期以来，浙江省投资规模在3000万美元以上的外资项目和世界500强项目大多集中在国家级和省级开发区，如：杭州开发区引进的美国福特整车项目和瑞士史陶比尔工业自动化项目、慈溪开发区的德国大众整车项目、嘉兴开发区的丹麦智能玩具项目等。近年来，随着开发区人口集聚和投资环境的持续改善，许多国际高端服务业也纷纷入区投资。总投资超过20亿美元的美国米高梅旅游娱乐综合体项目就落户慈溪开发区（杭州湾新区）。因此，作为承接国际产业转移的首选地，今后一个时期，开发区可以不依赖浙江原有的产业基础，通过面向全球的招商选资“空降”新兴产业，特别要着力引进国际高端产业项目、世界500强总部型项目，倾力打造国际化产业高地。

推进企业投资国际化。当前，利用跨国公司抢占中国市场的重大机遇，主动与外资企业合资合作，在提升产品竞争力和综合实力的同时，共同开拓国际市场的方式，已经成为开发区推进民营企业国际化和经济国际化的重要途径。如，富阳开发区内的浙江省最大制药企业——海正药业与美国辉瑞公司的合资合作，金华开发区内的浙江青年汽车集团与美国、德国、英国等汽车公司的产业合作等。此外，开发区还积极支持和引导实力雄厚的民营企业通过海外投资拓展发展空间。以桐乡开发区为例，区内企业以实现资源、技术、市场和销售网络“四个控制”作为向全球市场进军的目标，积极打造本土“跨国公司”，目前已累计对外投资超过100亿元。其中，华友钴业公司通过在非洲刚果（金）建设矿山开采等多个项目，控制了全球已探明钴储量10%以上的份额。

推进人才队伍国际化。人才的国际化不仅带来了先进的管理理念和技术，更极大地提升了开发区内企业和产业的档次。目前，省内多个开发区纷纷改变了传统依靠引进外资带动产业发展的做法，转向通过设立“海外人才工作站”、“海归人员创业园”等方式引进海归人员和外国专家，培育发展新兴产业。以余姚开发区为例，其引进的姚力军博士创办的江丰电子公司在半导体新材料研发方面可与国际一流企业竞争，累计申请国家发明专利235项，先后承担并主持2个国家863重大专项。

抢创发展新优势　做好重点领域改革实践区

经过前期的申报、评估及综合比较，全省确定在开发区开展“两类十大项目”的重点领域深化改革试点，其中部分试点已经探索并积累了一些相关经验。通过对十大试点的精心布局，现已形成了一批看得见、摸得着的，能够体现开发区特色和优势的成果，并从体制机制上总结出可复制推广的经验，为更广泛地区的同类改革和各级政府出台与开发区相关的政策提供了一定的实践依据。

深化改革释放红利。日前，《浙江省商务厅关于推进我省开发区深化重点领域改革的指导意见》正式印发，突出强调坚持广泛普及与重点突破相结合、规定动作与自选动作相结合、顶层设计和基层首创相结合，鼓励开发区从各自实际出发，以重点领域改革试点为突破口，充分发挥主观能动性，创造性地推进各项改革，破解当前制约发展的诸多难题，再创发展新优势，开辟前进新道路。

创新驱动优化格局。根据国家“深入实施创新驱动发展战略，增强工业核心竞争力，形成战略性新兴产业和传统制造业并驾齐驱、现代服务业和传统服务业相互促进、信息化和工业化深度融合的产业发展新格局”的要求，通过理念创新、体制创新、管理创新、业态创新、载体创新及科技创新等途径，加快推动开发区转型升级，不断增强发展活力和综合实力，切实推进发展方式的转变和竞争优势的重构，为开放型经济和区域发展提供坚实基础和动力源泉。

完善体制激发活力。对开发区而言，体制优势是最大的优势，机制环境是最好的环境。要继续强化优势、完善环境，必须加快推进开发区立法进程，明确法律地位和职责事权；必须完善政策体系和机构编制，保障开发区的基本权益；也必须引导开发区创新所辖区域的管理体制和内设机构的运行机制，提高日常工作的运转效率。

整合提升增强实力。尽管通过整合提升，实现了产业资源整合和发展空间拓展，但浙江省开发区体量规模仍然普遍偏小。从统计数据上看，全国排名前 10 位开发区的工业总产值均在 3000 亿元以上，而天津、广州、苏州、昆山等综合发展水平较高的开发区的经济体量已经超过 5000 亿元。因此，应着力推进新一轮高标准整合提升，加快发展步伐，缩小与先进开发区的差距，在做大做强的基础上，力求做精做优，以此增强浙江省经济的发展后劲，谋求在全国的领先地位。

打造经济升级版　引领经济转型的方向和未来

随着我国工业成本的不断攀升，打造经济升级版成为新时期转型发展的必经之路。据统计，目前全省开发区已集聚工业企业 5 万余家，其中外资企业近 1 万家，可以说，开发区承载了省内最优质的企业资源，成为了打造经济升级版的重要阵地，引领着全省经济转型的方向和未来。

由要素拉动向创新驱动转型。在劳动力供给局部短缺、资源环境约束持续增强的形势下，开发区必须改变传统依靠廉价劳动力投入、大量资源消耗和政府大规模投资带动经济高速增长的发展方式，转向依靠创新驱动实现高质量、低消耗的可持续发展。

由政策优惠向综合优势转型。客观而言，经过 30 多年的改革开放，开发区的政策优势日渐式微。但与其他特殊功能区相比，长期积累的品牌效应、基础设施、产业集聚、人才队伍、管理体制、服务理念、办事效率等综合优势仍是其能够持续吸引海内外投资者的核心竞争力。

由形态开发向功能完善转型。在完成“七通一平”、“九通一平”的物理形态开发后，开发区需要进一步完善生产性服务功能和生活性服务功能，通过精耕细作和深度开发，不断提高品质和品位，增强对高端产业和优质人才的吸引力。

由产业新区向产城融合转型。不同于以房地产为支撑的造城运动，开发区打造的是以产业集聚、人口集聚为基础，以产兴城、以城促产、实现产业与城镇融合发展的现代化工业新城。为此，应以此为导向，在国家推进新型城镇化战略中发挥更大作用。

建立“智慧体系” 提供“智慧服务”

——对开发区建立智慧园区的思考

上海市漕河泾新兴技术开发区发展总公司 董学颖

通过工业化和信息化的深度融合，进一步提升园区的核心竞争力；通过主题园区和虚拟园区的同步建设，不断增强园区的软实力；通过实现创新、服务和管理能力的突破，推进产业结构的调整升级——上述这些发展路径已经成为开发区在探索新型工业化、城镇化进程中的新的“智慧”之选。

构建综合的“智慧”服务体系

智慧园区是建立在园区数字化基础之上的智能化管理和运营方式，其更加注重将智能技术融入到园区的日常管理中，以便全面感知、随需应变；更加注重内容的鲜活性、可视性和互动性，通过将各方优势资源加以整合，以信息化、智慧化的方式助力园区的可持续发展。以此为方向，园区的综合“智慧”服务体系应该包括六方面内容：

一是领先的技术资源服务。开展新一代信息网络基础设施建设、完善信息化发展环境是建设智慧园区的前提条件。通过建设高速、稳定、大容量的园区骨干光传送网络，实现“千兆进楼、T级出口”的网络资源覆盖能力；推进基于各种标准制式的3G、4G网络建设以及公共区域的WIFI全面覆盖，实现园区的移动办公和商务交流；采用“多网合路室内覆盖系统”实现新建楼宇室内网络系统的集约化建设，做到“一次进楼、全面覆盖”，为园区内的组织和个人提供高速、便捷、安全的网络服务，打造“身边的互联网”。

二是系统的商业综合服务。园区商业服务的核心在于构建一站式的商务服务体系，而开展卡务集中管理并实现账户的统一发行、控制和结算，自然成为一种最佳选择。一方面，以智能一卡通为载体，搭建园区商务平台，提供餐饮、购物、娱乐、健身、停车及电子商务等一系列配套的便捷支付服务，并利用园区的综合服务供应链优势，推动实现园区配套服务的电子商务化应用；另一方面，用户可以通过前台终端和园区门户实现账户的实时查询，经营管理者也可通过对一卡通数据的分析和挖掘，掌握其运行情况和园区各种配套资源的使用状况，以便更好地管理和调配资源。

三是高端的物业管理服务。以云计算平台为基础，构建智能物业管理系统，形成管理、服务、商圈互动和业主信息化应用为一体的多功能平台，全面提升物业管理及运营能力，满足园区各方需求。如，建设园区呼叫中心平台，通过电话、网站、手机等多样化的信息交互方式实现实时的咨询、投诉和报修；建设楼宇智能化控制系统，实时监控空调、电气、通风、给排水、电梯等物业设施，并实现消防系统喷淋、烟感智能化控制；安装地下车库车辆管理系统，实现计费、计时、车牌摄像等功能的智能化操作。

四是专业的公共平台服务。建设各类信息化公共服务平台，加强与企业的沟通交流。搭建产业公共技术服务平台为企业提供信息化外包、技术咨询、技术测试等服务；依托创业支撑服务平台提供仪器设备共享、知识产权、科技信息咨询等服务；建立公共人事服务平台，通过人力资源专业网站为企业提供人事代理、人员派遣、猎头服务和企业登记代理等多元服务；完善教育培训平台，通过数字化手段实现企业定制培训、员工远程教育、在线学习等一系列网络学习功能。

五是完善的安全应急服务。借助高清摄像头、GPS定位仪等工具实现对在建工地及其他区域安全状况的实时管控；建立环境监控体系，依据园区规模、污染物类型和地理位置布设监控点位，并通过对相关数据的分析和统计，准确掌握各污染源的排放情况；建立综合预警体系，实现智能预警、环境感知预警与园区管理指挥中心和警署的对接，确保对公共突发事件作出及时响应和指挥调度。

六是便捷的移动网络生活。从传统的互联网信息化布局向移动互联网和物联网布局模式转变，以信息、人、服务三者通过移动方式的串联为核心，实现信息流动的实时化、交互化和移动化，形成立体式的多维服务体系，引导科技生活新方式，提升用户对产业园区的黏性。当前，可以利用移动终端实现信息的交互和传输，构建智慧园区的服务模式。如，依托一卡通系统建立信用支付体系；以GIS系统为平台、商户为节点、服务为纽带，通过O2O的方式，借助移动信息平台，集成园区各类服务，随时随地为园区企业和员工提供实时信息查询、移动办公和生活服务等。

提供差异化的“智慧”服务

受众面的多样性决定了智慧园区的建设需要针对不同的服务对象提供差异化的服务内容。因此，要有效整合产业园区内、外各种资源，营造经济全球化时代的智慧网络软环境，实现园区管理者、企业和公众的紧密联结，从而提升产业园区对企业和人才的吸引力和凝聚力，促进产业园区的转型和可持续发展。

在政务层面，建立涵盖交通、安防、应急调度、电子报关等方面的园区与各级政府部门间的联动机制，通过政务办公的电子化，方便园区管理者及企业同政府主管部门间的信息传递，确保处理过程的透明化和可追溯性。

在企业层面，提供交流和服务的互动平台，通过诸如在线招商、人才服务、创业孵化、物业管理等方式搭建园区管理者和企业间的桥梁，使需求和服务在两者间更好地流动。强化一站式服务，保持服务执行的可视化，注重服务能力和执行的反馈。

在公众层面，提供面向园区大众、以便捷生活为目的的交通、餐饮、购物、娱乐、通讯等公共服务；同时，利用多媒体和网络等技术手段提供信息的发布和查询，确保内容和服务的互动性、鲜活性，构建亲民、便民的数字化生活环境。

园区建设的“智慧”法则

智慧园区的建设不同于一般意义上的产业园区开发，而是更要注重通过“智慧”的基础设施、公共服务体系和政务服务建设，提升产业园区的内部管理水平，增强园区的创新能力，为企业创造优良的创新和发展环境。因此，应特别注意解决如下三个重要问题：

一是注重加强资源共享，实现信息的高效流通和互换。智慧园区是建立在园区各类应用体系之上的综合平台，只有加强对各信息系统的功能整合和资源共享，才能避免出现“信息孤岛”现象，确保园区服务和企业需求的有效对接，实现信息互动与效能最大化。

二是注重以用户为导向，突出信息化服务的适用性。园区的智能化建设不能纸上谈兵，必须以用户需求为核心，注重应用系统的用户体验，设计和提供“一站式”的便捷应用与服务，确保政府、园区、企业和公众间沟通交流的适用性。

三是注重信息深度融合，确保线上线下资源的充分对接。园区竞争力的提升要依靠优质服务的提供，而建设智慧园区、植入信息化技术、为用户提供更为便捷的服务，正是实现这一目标的技术手段。因此，只有打通线上的应用系统和线下的服务资源之间的联系，使两者实现信息的深度融合，才能使智慧园区真正“智慧”起来。

构建实现工业绿色发展的环境保护体系

中国工业环保促进会会长　杨朝飞

长期以来，我国工业对经济增长的贡献率一直保持在较高水平，且年增长率与 GDP 增速基本同步，2012 年，工业增加值已经达到近 20 万亿元。如果以 1978 年为基年、工业增加值指数为 100 进行计算，截止到 2012 年，工业增加值指数为 3871.30，即改革开放 30 年来，我国工业产值增长了 38.7 倍。与此同时，从工信部运行监测部门发布的 2014 年一季度工业发展情况可见，我国产业结构调整稳步推进，转型升级取得积极进展。高技术制造业增加值同比增长近 12%，高于工业平均增速 3.1 个百分点；装备制造业增加值增速达到 11.8%，同比提高 2.8 个百分点。并且，在工业投资增速整体放缓的情况下，工业技术改造投资增速达到 17.7%，高于工业整体投资增速 2.7 个百分点。

还应看到，由于我国的工业化发展总体沿循了资源型的增长路线，仍然造成了大量的资源能源消耗和浪费。1978—2010 年，我国能源消耗排放的二氧化碳增速达到 4.8%，单位 GDP 能耗是美国的 4 倍、日本的 8 倍，这种高能耗、低效率的增长模式已经成为实现工业可持续发展的巨大障碍。

一、工业环境保护存在五大焦点问题

（一）发展方式较为粗放

2012 年，我国单位 GDP 能耗是世界平均水平的 2.5 倍，也分别是美国和日本平均水平的 3.3 倍和 7 倍。目前，工业能耗占全社会总能耗的 70% 左右，二氧化硫的排放量占全社会的 90%；单位工业产品能耗与国际先进水平相比也存在较大差距，如，吨钢的综合能耗约高出 15%，水泥综合能耗高出 20%—25%。有数据显示，在我国国民经济周转中，社会需求的最终商品仅占原材料用量的 20%—30%，有 70%—80% 的资源进入环境成为废物，造成污染和生态破坏。

（二）产业结构不尽合理

由于历史发展原因，我国工业资本深化现象一直十分明显，加之经济增长长期对投资的过度依赖，导致了资金密集型的石化、钢铁、水泥等高耗能行业所占比重居高不下。2000—2009 年，我国重工业占工业产值比重从 60.2% 提高到 70.5%，超过了日本、德国、美国等发达国家在工业化进程中曾经达到的峰值。并且，这些行业不仅占到工业能耗的 80% 左右，而且生产能力过剩，工艺、技术和设备落后状况十分严重。

（三）环境治理技术储备不足

目前，我国制造业工艺技术装备落后，环保投入比例较小，清洁生产技术滞后，与发达国家工业化相比存在一定差距。如，钢铁行业的烧结烟气脱硫缺乏成熟的脱硫技术，电解铝的电解烟气集气效率过低，建材行业的除尘技术落后等。

造成这一问题的原因是：一方面，环保技术供需矛盾严重，市场急需的关键性环保技术储备不足，而低水平的环保设备制造能力却过剩。加之，由于缺乏促进环保新技术产业化的资金和有效的经济激励机制，致使新技术推广应用难度加大，部分重点环保领域的关键技术和重大装备仍需主要依靠进口；另一方面，由于缺少战略层面对高技术产业发展的规划，国家通过财税、金融等政策激励和引导企业研发的力度不足，自主创新所依赖的人才资源培育缓慢、国际高层次人才引进不够、青年人才梯队尤为缺乏等问题，造成了产业自主创新能力薄弱，特别是以企业为主体、需求为导向、产学研有机结合的环保技术创新体系建设进展迟缓。

（四）管理支持政策有待加强

一是尚未有效建立综合决策机制与系统政策方案。工业环境保护涵盖了技术创新、资源节约、污染减排、结构调整、增产增效等多方面的要求与主题，需要各项政策形成目标明确、分工协同的有机政策体系。但目前，我国促进工业环境保护相关政策的顶层设计、协同配套、分工合作等机制尚未出台，统筹设计与实施的目标也远未实现。由于缺乏统一的评价指标和共同前置引导性工作以将所有分散的政策和手段统领起来，导致了我国工业环境管理产生了政策交叉、重叠乏力等诸多问题。

二是现行政策难以满足工业环境保护新需求。我国现行的部分环境标准仍然采用20世纪80年代颁布实施的标准，其技术内容已经难以适应经济社会和环境形势的变化。如，由于缺少先进的现代监测技术方法标准，且生态保护标准数量较少，导致污染物监测方法与数量不足，无法满足生态保护工作的实际需要。

三是管理政策及技术规范的可操作性尚有欠缺。我国现行管理政策以及技术规范多是由政府主导、研究机构协助制订的，体现了较强的原则性。但企业作为实际应用对象，却极少有机会参与到规则的制定中。这一现状造成了理论与实践脱节的问题，导致实施政策往往缺乏可操作性，实际成效不尽人意。

（五）企业环境意识亟需提高

作为环境污染的主体，企业的环境行为已经成为工业环保中最为主要的推动力量，但我国企业的整体环境意识不容乐观。一是缺乏环境保护责任感，对应尽的环境保护义务鲜有认知，为了追求利益而虚报监测数据、偷排污染物、不达标排放等违规做法普遍存在；二是大多数企业未能有效解读环境法律法规及政策要求；三是缺乏环境风险意识，对于环境风险隐患缺少必要的防患措施和应急预案，一旦发生事故，后果不堪设想。

二、构建绿色发展环境的政策建议

（一）借力金融工具促进工业环保

实现环保投资主体多元化。当前，需要投资治理的环境问题十分复杂，单纯依靠政府有限的财政投入难以达到总体目标。因此，要在合理划分各投资主体环境事权的基础上，明确中央和地方、政府和企业的环保投资权责关系，形成政府、企业和个人的多元化投资。中央政府可通过公共财政转移支付、设立各种基金和政策优惠等手段支持地方政府开展环境基础设施建设、生态环境保护以及正常的环境管理活动；而在资源的再回收利用、污染治理设备的制造等方面，应鼓励加入商业公司、私人部门等市场行为，建立一个与市场经济相适应的环保产业投资体制，以缓解中小型企业工业污染防控资金短缺的问题。

逐步实现信贷“绿色”化。金融部门应根据可持续发展的原则，制定优先贷款、低息贷款、贴息贷款和禁止贷款等区别政策，支持企业实行清洁生产，节约能源和资源，并促进科技贷款、技术改造贷款同环境保护和改善生态环境的有效结合，逐步实现信贷“绿色化”。

加大支持中小企业绿色转型的金融力度。一是建议设立中小企业绿色管理专项基金，鼓励购买绿色设备、采用绿色技术等。如，在“中小企业发展基金”下建立“中小企业绿色转型专项基金”或在“环境保护基金”下建立“中小企业污染防控专项基金”等。二是建立专门的政策性金融组织。建议创办政策性担保公司，吸引更多盈利性社会资金参与到企业绿色管理的实施中来；同时，建立政策性商业银行，为中小企业绿色发展提供利息低、期限长的政策性信贷资金。

探索民间资本进入工业环保领域新模式。2013 年 11 月，李克强总理在会见中国环境与发展国际合作委员会外方代表时表示，“节能环保产业在中国拥有巨大市场，可以成为推动经济发展的支柱产业。我们鼓励民营和社会资本进入这一领域，也愿推动节能环保产品和相关基础设施建设更多走向世界，向各国开放”。因此，要为工业环保基础设施和公共服务项目投资创造可持续的商业环境，改变政府主导局面，鼓励民间资本发挥主导作用。如，可采用公/私合作伙伴关系（PPP）投融资模式，加强政府公共投资与民间投资的合作。

（二）转变产业增长方式

有效化解过剩产能。对于拟建项目要严格市场准入，把好土地和信贷闸门，做到不环评、不审批、不放行；采取淘汰落后、兼并重组、扩大需求和产业转移等综合方式整治存量过剩产能，通过政府强力推动，引导企业自觉执行。坚持和提高淘汰落后产能的标准，除规模外应增加能耗、物耗、环保、质量和安全等限制指标，达不到标准的项目应限期整改，整改无望或整改仍不达标的项目要坚决淘汰。注重运用财政、价格、税收、金融等经济手段化解过剩产能，加快资源税改革，扩大计征范围，加收资源占用费，征收环保税，对不符合标准的高耗能、高排放产品征收消费税，促使企业成本完整化，弱化项目投资冲动。

促进资源转化增值。大力延长资源型产业链条，提高钢铁、煤炭、稀土、有色金属等矿产资源的综合利用率和精深加工度，促进产业向高端、产品向终端发展；调整优化资源型产业布局，落实重点产业发展规划，推动优质生产要素向重点园区和骨干企业集中，努力建设专业特色鲜明、品牌形象突出、服务平台完备的现代产业园区；完善资源配置政策，严格执行退出机制，引导资源合理流动，促进资源就地转化。

调整优化产业结构。按照传统产业新型化、新兴产业规模化、支柱产业多元化的思路和要求，巩固提高第一产业、优化提升第二产业、发展壮大第三产业，促进三次产业协同发展。用高新技术和先进适用技术改造传统产业，推动产品升级换代和企业转型升级。大力发展战略性新兴产业，培育壮大新能源、新材料、高端装备制造、生物科技等产业集群，形成具有旺盛活力和持续竞争力的新的经济增长点，努力打造更多市场竞争力强、辐射带动效应大的支柱产业。

（三）大力鼓励工业技术改造

探索推进工业产品生态设计。重点研究产品轻量化设计、环境友好型设计、资源节约性设计方法，增加低毒低害原料在产品中的使用。加快研究制定《关于开展工业产品生态设计工作的指导意见》、《关于开展生态设计产品评价试点工作的通知》和《生态设计产品评价试点实施指南》，选择部分具有代表性的工业产品，探索开展生态设计产品评价。

加快生产技术与工艺源头预防的研发与应用。开展重点污染行业的清洁生产关键新工艺与新技术的研发工作，重点推进钢铁、化工、有色、建材、造纸、纺织等行业的技术装备改造。以水泥行业为例，应用新型干法窑外预分解技术、低氮燃烧技术、原（燃）料预均化技术等清洁生产工艺和技术，实现污染物源头削减。

（四）完善工业环保相关政策

完善管理标准与技术政策体系。一方面，要建立健全环境质量标准和污染物排放标准，同时加快制定适用于环境影响评价、污染物排放总量核算与控制、清洁生产审核、环境工程建设管理、环境标志与环境保护产品认证、环境信息与档案管理、循环经济与生态工业等工作的技术规范和标准；另一方面，提升环境技术管理体系在工业环境管理中的地位与作用，充分发挥污染防治最佳可行技术导则和工程技术规范在各项环境管理制度中的技术支撑作用，逐步将环境技术管理融入到环评审批、环保验收和监督执法等各项环境管理工作中。

填补工业环保领域法律空缺。一是填补污染控制领域中某些方面的空白，建议制定《有毒有害化学物质控制法》等相关法律法规；二是进一步明晰环境侵权的民事责任，可制定《环境污染损害赔偿法》等相关法律法规；三是履行国际环境条约需要，如《固体废物进口管理办法》等；四是完善环境管理制度，规范执法行为，建议制订环境监测管理条例等。

增强法律与政策的可操作性。要对上位法规定的行政处罚的行为、种类和幅度范围进行细化规定，对法律制度制定实施细则或单项法规；配合做好《水污染防治法（修正案）》、《大气污染防治法（修正案）》等法律法规的修订工作，尽快推动《规划环境影响评价条例》和《环境保护法》的修改论证工作。

自选科学范式 掌握实效路径

天津经济技术开发区政策研究室副主任 张瑞华

毋庸置疑，产业升级本身是一种自然过程，总是沿循从产业链低端向产业链高端、从低附加值行业向高附加值行业、从劳动密集型项目向资本和技术密集型项目逐步演进的规律。其原理在于，一区域产业发展水平的提高，必然会引致经济规模的扩大和商业环境的繁荣；但经级差地租和商务成本的双重发力，又会导致现有产业的“优胜劣汰”，决定了在有限的资源范畴内，只能被更高水平、更高质量的新产业取而代之。开发区作为各地产业集聚的主要平台，其发展也必然遵循了这一既定规律。

究其根本，产业发展的水平和效益直接决定了开发区的整体质量与存在价值。因此，尽管“产业升级”是个看似老生常谈的问题，但因其与生俱来的重要性与根植性，还是必须围绕方向把控、路径选择和形态提升三个方面，对其进行剖析说明，以此在聚焦升级路径的基础上，更好理解国家级经济技术开发区的本源意义。

产业升级不是统一范式与规定动作

以我国最早设立的开发区为例，在通过发展“三来一补”的加工制造业攫得“第一桶金”后，继而转向发展先进制造业；时至今日，最初以低成本为导向的劳动密集型项目大多已经倒闭或迁出，代之而起的是大量跨国公司乃至世界500强投资的高端项目。但是，鉴于开发区这一经济功能体的特殊性，对于其产业升级的具体方向“必须透过现象看本质”，亟需审慎厘清。

产业升级不是非此即彼的机械演进。正如笔者在前一篇文章中所阐述的，不能将产业升级中的结构调整简单理解为“退二进三”，而是应将重点投向聚集高质、高优、高新的项目资源，提升产业能级和产业链分工地位上。这是因为，对于以制造业为主的大多数国家级开发区而言，从短期看，服务业依然无法替代制造业成为发展的主要动力；从长期看，受空间、人口、功能等方面的限制，开发区也难以实现真正意义上的“城市化”，相比服务功能而言，其生产功能仍将长期处于明显优势地位。因此，要打破二三产业逐步演进的机械观念，以提升具体行业（包括服务业和制造业）的发展水平作为推动产业升级的切入点和重要抓手。

产业延伸不应仅遵“微笑曲线”。“微笑曲线”理论揭示了产业价值链的基本规律，为企业在激烈的市场竞争环境下，通过不断提升和整合产业价值链，实现可持续发展指明了方向。但具体到开发区与曲线的关联问题还需要理性的新意解读——产业资源的聚集必然会物化为具体的厂房或楼宇，无法效仿企业通过资产重组、股权交易等手段便利地转移经营重点，改变产业价值链所处的位置。因此，唯有立足现状，从既有产业的提升和向附加值较高的关联行业渗透这两方面同时入手，才是有效推进产业层次提升的良方。

还需注意的是，对于开发区而言，产业向“微笑曲线”两端的扩展具有一定的局限性。尽管依托雄厚的制造业基础，在促进研发、设计等前端环节发展方面尚有可为；但对于营销、服务等下游环节的发展，因其天然需要贴近市场的属性，决定了开发区几乎毫无优势可言的现实。即便是引入大量的营运中心、结算中心等项目，但因与开发区的主导行业关联度不高，且其主要业务并不一定在开发区内施行，因而无法形成产业升级的真正推力。

“产品”先进不代表“产业”先进。一段时期以来，大家更习惯于将电子通信、生物医药、汽车、装备制造、新能源、新材料等少数行业等同于先进制造业，这实际上是混淆了产品的先进性和产业的先进性。以手机、相机等部分数码产品为例，其本身是现代化的先进产品，但其生产方式却未必高端化，甚至属于劳动密集型的低端制造业。因此，开发区应抛开具体的产品形态，将生产方式的先进性作为先进制造业的评判标准，但凡生产技术高于行业平均水平、生产效率和盈利能力处于领先地位的产业，即可认定为先进制造业。

基于上述分析，开发区产业升级的方向要重点把握三个方面。第一，产业升级并无统一“范式”，而是要结合各开发区的不同情况因地制宜、分别考量；第二，产业升级的目标设定应明确具体，必须清晰界定重点发展的行业门类及分阶段的发展目标，切不可笼统地归为先进制造业或现代服务业；第三，作为一个长期持续的过程，产业升级不可能毕其功于一役，必须树立动态观念，根据形势和条件的变化，与时俱进地调整方向和目标。

升级方式要重点聚焦并策略实施

聚焦要点不能四面出击。先进制造业和现代服务业虽然不能囊括、也无法完全排除任何一个完整的产业门类，或构成具体的产业方向，但是任何产业都有其先进（或现代）的环节，即每个产业门类内部均存在足够的升级空间。因此，开发区要善于“做减法”，一方面，从产业基础、资源供给、市场辐射、人力保障等多方面，剖析自身发展条件，梳理竞争优势与不足；另一方面，要分析不同行业发展的要素需求，并确定其中最为敏感的要素条件，两相对照，选择匹配度高、带动力强、发展基础好的少数行业作为主攻方向。

确立量化指标方能收到实效。高水平编制产业发展规划、实事求是地确定主导产业发展的阶段性目标，再以其为基础，在土地空间、基础设施、人力保障、政策配套等方面合理配置资源，才是实现产业发展既定目标的核心关键。由此，就要摒弃急于求成的观念，提出和明确具有可操作性的产出规模、行业地位、技术水平、经济效益等量化指标，勾勒出产业升级的清晰图景，并作为开展具体工作的引导和依据。

存量项目与增量项目同步并举。产业升级最终将体现为具体项目的发展，单体项目水平的提高是整个产业能级提升的基础所在。因此，要从存量与增量两方面入手同时推进。

对于增量项目，一方面，要着重引进行业领军企业投资的大项目、好项目，以此作为快速做大主导行业规模的有效手段。在方式上，紧盯重点企业的投资和布局调整动态，注重"对位招商"和产业链招商，及时把握投资机会并主动出击；同时，依托既有龙头骨干企业，深挖上下游关联项目资源，提高主导行业的集聚度。另一方面，着重培育和扶持本土企业做大做强，尤其要在促进科技企业发展方面下足功夫，对于依靠自主研发、掌握领先技术并具备新产品研发能力的科技企业，应集中资源加大扶持力度。诚然，与项目引进相比，项目培育不仅费时费力，其结果的不确定性也较大，但唯有如此才是开发区真正走向内生式发展道路、把握主动权的必由之路。

对于存量项目，一方面，要加速实施"腾笼换鸟"，制订配套政策，引导技术落后、提升空间有限的低端项目逐步退出，以承载更高质量的项目；另一方面，鼓励企业加强技术研发，引导区内研发机构与生产企业对接，以更多的实用技术研发成果助推主导行业的升级改造。同时，区内相关管理部门应加强主导行业研究，把握行业发展趋势和技术动态，建立公共平台，促进区内企业与相关科研院所、管理咨询机构的对接，通过引进新产品、新技术和先进管理体系，推进技术改造和管理优化，提升生产经营水平。

从"集聚"向"集群"的根本转变

一般而言，区域产业发展大致可分为三种形态，亦可说是三个阶段。其中，产业集中是大多数区域在开发建设初期的产业形态，即没有明确的主导行业发展方向，仅通过招商承接发达国家和地区的外溢或转移项目资源，所引进的也多为低成本导向的产业链低端项目。发展到产业集聚阶段时，开发区则已形成若干规模大、占比高的支柱行业，新引进项目的规模和质量也有明显提升。并且，因区域经济和产业发展具备一定基础，对招商项目不再来者不拒，而是从投资强度、产出强度、技术水平等方面设定"门槛"，转向"招商选资"。

产业集群是发展的最高形态。根据迈克尔·波特在《国家竞争优势》中给出的定义，产业集群需要在特定区域中具有竞争与合作关系，且在地理上集中，由交互关联性的企业、专业化供应商、服务供应商和相关产业的厂商及其他机构等组成群体。在这一阶段，区域内主导行业清晰且产业链完整，行业内具有分工合作关系、不同规模等级的企业及关联生产性服务业机构高度聚集，产业"生态"系统已然形成。

以上三种形态在产业发展规律上存在递进关系，从而构成了产业升级的一个侧面。而从国家级开发区的具体情况看，尽管推动产业集群发展得到了足够重视，但实际的产业发展状态仍仅局限于产业集聚，距离严格意义上的产业集群尚存不小差距，需要进一步的提升与完善。

做大绝对规模与提高相对规模。足够庞大的产出规模是成为产业集群的基本要求。因此，开发区的集群培养，首先要做大绝对规模，以资源配置的倾斜为基础，有针对性地强化主导行业招商，吸引更多优质高端项目加速流入，促进行业规模的快速扩张。同时，要做大相对规模，即在全国乃至全球范围内，提高行业的市场占比份额，并由此形成聚集效应，成为行业发展高地，最终发展为业内高端要素及配套服务行业青睐的“焦点”。

变主导产业“本土化”为“根植性”。促进引进项目与地方经济乃至社会文化的融合发展，改变“移植”状态慢慢扎根的现状，促进其根植性发展。同时，有效利用骨干企业的技术外溢和市场带动作用，促进本地企业创新和提速发展，逐步增加在主导行业中所占比例。通过上述两方面工作，切实夯实主导产业发展基础，增强发展的稳定性，进而提高对关联产业资源的吸引力，实现产业集群发展。

创新策源地与产业共生化。在强化生产功能的基础上，逐步向研发、设计等产业链上游环节渗透，加大对主导行业科技创新的支持力度。同时，在专业化人才引进和培育、科技创新平台建设与政策完善等方面做足功夫，促进创新活动的高度活跃，力争成为行业内新技术、新产品的“策源地”。注重配套项目招商，提升本地配套率水平，通过龙头企业和上、下游配套企业的相对集中布局，形成以专业化分工与社会化协作为基础、不同类型企业共生互补的产业生态体系，在节约物流成本、增强区域特定行业成本优势的同时，促进关联企业间的直接交流和信息传递，从而提升行业整体发展活力。

跨境贸易电子商务：开启园区功能整合新纪元

杭州经济技术开发区管委会

近年来，随着网络购物的悄然兴起，诞生了“海淘族”、“代购族”等一批新兴形态。但在看似的“便捷”中，却要常常面对邮寄周期长、无从判断是否“货真价实”、退换货难以保证等一系列现实问题……不过，随着2014年5月7日，杭州跨境贸易电子商务进口业务试点正式在杭州经济技术开发区的启动，这些问题得到了迎刃而解。目前，园区已引进天猫国际、银泰网、杰莱雅、中外运等22家龙头企业和优质项目，正着力打造成为全国一流的跨境贸易电子商务平台。

功能创新源自雄厚的平台基础

基础优势稳固。目前，杭州开发区已设立6个专业电子商务园及10个涉及电子商务的产业园区，139家电子商务企业在区内落户。而杭州出口加工区内除海关、国检等口岸管理部门入驻外，另设有1家银行、11家报关行、5家货运代理公司以及邮政等多家公共服务机构。为开展跨境贸易电子商务，开发区又启用了2.1万平方米的监管场地，配备了全套查验设施，开发了信息服务系统，并整合区内10万平方米物业，作为电商仓储和展示区域。这些健全便捷的配套设施，均为试点工作的开展奠定了良好基础。

物流企业集聚。作为国家物流服务标准化试点，开发区共有物流企业160余家，汇集了百世物流、浙江八方、德邦货代、浙江韵达速递等行业龙头企业，其中限额以上企业45家，总仓储面积约180万平方米，车辆约2800余辆。目前，“阿里系”的菜鸟网络杭州项目也已确定落户开发区，将作为菜鸟网络全国智能物流骨干网络的七大核心结点之一，实现货物24小时内送达国内任何地方的高效物流模式。

运作经验丰富。依托“杭州海关大通关平台”，出口加工区海关与杭州机场、乍浦港开展了直通式验放工作，缩短了运输时间，节约了企业成本。此外，海关和电商企业间还完成了监管系统的全面对接，实现了信息化、自动化的全程有效监管。

成本效益源自备货暂存与环节简化

区别于以往在网上下“海外订单”、邮寄回国至少需要2—4周时间的传统模式，试点利用了出口加工区的政策组合优势，创新采取了“备货暂存、物品出区”的新模式，即集中从海外采购一批商品，备货暂存在跨境贸易电子商务进口产业园内的仓库。

降低物流成本。集中采购备货模式能够减少商品进口流通环节、降低商品的采购和物流成本，进而大大降低商品价格。比如，购买一种美国坚果食品，一般贸易进口的市场零售单价需要180—190元，而通过天猫国际这样的跨境电商平台，直接购买只需120多元。再以银泰网为例，作为垂直类电商，在入驻产业园后可与天猫国际等平台一样享受保税等优惠政策，即企业从海外采购的商品可以先不支付关税，待销售完成后再行结算。这样计算下来，成本预计将下降约20%，而节约的成本则可以让利给消费者。

确保商品品质。跨境贸易电子商务的商品在进口报关、检验检疫、网上销售环节中，可以全程使用阳光监管通道依法入境销售，产品可以溯源；同时，消费者网上购买境外货品，不仅能和普通网购一样快捷，而且退换货服务所需的时间也基本等同于国内电商平台的退换货时间。除此之外，还能通过展示区、O2O体验店模式进行现场体验。

配送链条快捷。传统的“海淘”方式存在国际货运风险高、时间长的问题，而跨境贸易电子商务打破了这一配送“壁垒”，消费者下单时，备货已经暂存在园区内，配送速度与国内网购相差无几，运费也相对低廉。

模式创新源自高效快捷的服务环境

开发区积极探索“快速通关、便捷服务、有效监管”等管理服务新举措，努力打造国内一流的“功能完备、开放兼容，机制新颖、便利高效，阳光运行、规范健康”的公共服务平台，为跨境贸易电子商务营造良好的生态环境。

通关管理信息化。围绕打造高标准监管场所设施的要求，重点推进软硬件建设，特别是信息化管理系统的开发和运营，实现了基于大数据平台的“无纸化通关”。首批试点企业通过开放兼容的接口与管理系统无缝链接，满足了信息化管理的要求，服务能力处于国内领先地位。

监管节点前移。检验检疫部门创新实施“提前申报备案、入区集中检疫、出区分批核销、质量追溯模式”的监管机制，备案的电商企业进口商品只需申报一次，再次入区时即可同时完成检疫和检验。

通关服务便捷化。入驻杭州出口加工区的跨境贸易电子商务企业可在区内办理进出口通关手续，享受“一站式”的物流通关服务等一系列优惠政策。下一阶段，开发区将进一步创新体制机制、完善运作方式，在集聚更多优质跨境电商企业入驻的同时，试行海关系统与电商对接、建立电商企业诚信系统等服务新方式。

“变”与“不变”间的角色新定位
——浅谈国家级经济技术开发区的转型之路

浙江省商务厅开发区处　陈芳芳

在国家级经济技术开发区走过的30年中，每逢重要节点，其发展方针便会依据发展阶段的不同特点和目标定位的与时俱进进行调整——从最初遵循经济特区的技术、管理、知识和对外政策“四个窗口”作用，到90年代的“三为主、一致力”；而后到2004年建立20周年时的“三为主、二致力、一促进”，以及“十二五”期间的“三并重、二致力、一促进”。从这些定位的变化中不难发现，每一次的完善补充实则都是围绕开发区如何更好发挥业已形成的综合优势、承担新的示范带动作用而展开的。

从“先发优势”到“综合优势”。经过多年发展，开发区已由特定区位的“先发优势”，逐步转变为以品牌效应、基础设施、规模经济、产业集聚、创新资源和人才队伍为内容的“六位一体”的综合性优势，形成了区别于其他功能区域的核心竞争力。

从“政策高地”到“投资高地”。从最初单纯地以政策优惠、土地级差吸引产业，转为通过打造高品质的软件和硬件投资环境吸引有效投资，现已成为国内外高端投资的集聚之地，牢固树立了“投资高地”的品牌形象。

坚持“开放引领”和“体制创新”。尽管各地开发区的发展水平和阶段特点不尽相同，但其之所以保持着旺盛的生命力，得益于始终坚持的两个基本思路，即坚定不移地引领开放和不断深入地创新体制。也正是基于这两个鲜明特点，开发区不仅成为所在地区经济发展的核心引擎，而且也成为可资借鉴的“国际范例”。

品牌效应与综合优势

30年来，“开发”和“开放”一直是开发区的首要任务，但面对国际国内形势的深刻变化，这一使命也面临着诸多新问题。一方面，大多数开发区的各项功能已经趋于成熟，甚至部分开发区现已发展成为所在城市的副城，“开发”的定义不免弱化；另一方面，自贸区等新型功能载体的出现，将我国“开放平台”建设带入了全新阶段，对开发区“开放先行者”的角色定位带来一定挑战。

不过，从战略角度出发，具有丰富先行先试经验的国家级开发区仍将成为新形势下我国重要的开放平台，其有责任也有能力成为产业结构优化升级的引领者和助推器。

从世界背景看，近年来，虽然各地不断出现了诸多新区、产业集聚区、特色产业园等新兴概念的各类功能型园区，但开发区始终是全世界最为通用的发展品牌，已经形成了不可比拟、无法取代的无形资产。

从发展趋势看，根据全面深化改革的计划部署和时间表，继续扩大开放仍将作为我国今后一段时期内的重点工作。但深化改革不能凭空做起，开发区在长期发展中形成的六大综合优势，自然为深化改革提供了良好基础。

从特色优势看，得益于近几年的综合发展，开发区已经具备了较强的包容性，可以承担绿色发展、创新发展以及新型城镇化等多个方面的探路领跑重任，是我国转型发展中最有条件、最为便利的“抓手”。同时，自2008年开始，国务院先后批准升级、新设了161家国家级经济技术开发区。目前总数已经超过200家的“正规军”，仍将是下一阶段新政策、新措施的最佳实验者和执行者。

适宜适合的战略定位

客观研判，因发展水平的参差不齐和发展阶段的相差距离，已经不再适合依照同一标准规划全部开发区的发展路径。因此，国家级开发区在新形势下的定位可谓是一道“选择题”，即每个开发区要在清楚认知自身发展阶段的基础上，结合国家战略要求和各地目标定位，从发展样本中选择因地制宜的道路。

新区化发展模式。这一模式要求授权管理的区块充分利用开发区的“六大优势”，并围绕“新型工业化”与“新型城市化”的双向目标，突出二三产业融合，快速实现区域发展。当发展为城市“副城”时，可以选择授权其到新的区块继续开发。

举例而言，杭州经济技术开发区位于远离城市中心的下沙地区，经过短短20年的时间，在钱塘江水冲击形成的一片芦苇荡上，完成了基础设施建设，发展形成了装备制造等主导产业，集聚了40万规模的人口，城市功能逐步加强，已经成为杭州市的重要“副城”。近年来，开发区逐步明确了“城市国际化、产业高端化、环境品质化”的目标定位，坚持工业化与城市化“双轮驱动”，先进制造业与现代服务业“两业并举”，致力打造“功能完善、产城融合”的杭州副中心。

泛区化发展模式。这一模式要求在市一级或县域范围内，剥离出全部有效的产业区块，由开发区统一规划、统一招商，即将大范围行政区内的所有经济功能剥离至开发区，由开发区的专业招商团队和专业经济发展团队，根据所在区域的发展规划进行管理运行。

以位于县级市的富阳经济技术开发区为例，通过整合全县域内所有的发展空间要素，形成“一区六城”的发展新格局，并在体制机制中创新使用了“管委会+指挥部+相关乡镇+集团公司”的管理模式。如今，对各个区域派驻指挥部的做法，充分发挥了开发区高效专业的特点，引进了新兴铸管等重量级央企和一批潜力企业，更提前10年完成了新农村建设的任务。区域内的场口新区整合前的年工业产值仅为10亿元，财政收入不足4000万元；整合后，开发区投入建设资金1.88亿元，建设了科技孵化大楼、中小企业创业园、镇新办公楼等设施，在一年内改变了落后面貌，跃入了发展先进行列。

市场化发展模式。在特定范围内，采用这一模式的开发区仅需进行完善的基础设施建设，而将招商、服务等功能交付“市场”，由市场化的公司进行运作。这一模式是对开发区传统管理体制的调整和创新，使其能够充分利用社会资源，并发挥市场灵活高效的作用。

众所周知，上海漕河泾新兴技术开发区虽然由漕河泾发展总公司进行管理，但市政府仍然赋予其包括党委建制、行政级别、项目审批等经济管制权力和必要的特许经营开发职能。具体而言，从制订控制性规划方案、土地出让和经营，到贷款额度与担保、财政补贴和专项资金，开发区总公司其实具有较强的“政府色彩”，但这在当时的开发建设背景下是十分重要的，有效提高了办事效率、减少了协调工作量。因此，公司体制仍然保留了超自主体制的特点，其管理方式也渐趋规范和完善。

东方慧湖的科技创新“进化论”

苏州工业园区工委、管委会研究室

早在20年前，中新两国领导人即为苏州工业园区确立了“建设一个以高新技术为先导、现代工业为主体、第三产业和社会公益事业配套的，具有一定规模的代化工业园区”的发展目标。由此，自启动开发建设以来，园区便充分利用新加坡健全的营销网络，发挥区域性政策优势和环境优势，引进了一大批科技含量高的资金密集型项目，并形成了以外资为主的先进制造业企业集群。但与此同时，随着外向型经济主导模式的确立和经济国际化程度的日益提高，诸如外向依存度过高、易受国际经济波动冲击等问题也逐渐浮现，特别是1997年亚洲金融危机后，矛盾更为凸显。

正因如此，园区开始了一场对经济发展方式的警觉与反思。从实质上看，多数外资企业只是跨国集团投资设立的一个工厂，不仅企业发展的自主性以及抗风险能力较差，而且引进先进技术、承接技术溢出、带动区域发展的实际成效有限，一旦遭遇经济冲击时，更是难以维持区域经济的持续健康发展。

为解决这一问题，2000年4月，园区开始沿循科技创新路径寻求转型升级契机，正式启动了苏州国际科技园建设。之后，2001年成立中新苏州工业园区创新投资有限公司，2002年启动研究生城，并最终发展成为集多种功能于一身的独墅湖科教创新区……自此，苏州工业园区正式迈入了科技创新的漫漫“进化”之路。

丰富多元的创新载体

苏州国际科技园是园区推动科技产业发展的重要载体，建设初期以孵化和发展与制造业相关的软件产业及科技企业为主要目标。得益于良好的产业基础、配套环境以及扶持政策，迅速集聚了一大批软件开发和集成电路设计企业，成为了中国科技企业孵化器和国家软件产业基地。目前，经过十余年的发展，科技园已经形成了包括创意产业园、创意泵站、云计算产业园等模块在内的特色产业载体，并建设了较为完善的公共技术平台体系。

创意产业平台实现规模效应。2006年，随着创意设计、服务外包等产业的兴起，科技园启动了创意产业园建设。2007年，作为创意产业的延伸，由旧工业厂房重新设计改造的创意泵站竣工投用，集聚了以蜗牛电子、士奥动画为代表的一批动漫创作、网络游戏、广告创意和工业设计企业。截至2013年底，创意产业园累计吸引入驻各类创意设计和服务外包企业245家，研发人员近11300人。微软、华为、中国移动、惠普、甲骨文、软银以及国内最大的旅游B2B电子商务平台——同程网、国内知名的CAD软件开发商——浩辰科技和国内领先的高端光模块供应商——旭创科技等企业纷纷入驻发展。

云计算产业园托起“云彩计划”。2011年以来，大数据、云计算风起云涌，鉴于拥有发展云计算产业的良好基础，园区因势制订了“云彩计划”，着手建设云计算产业园，旨在聚焦云计算产业及项目资源，构建云服务体系、打造云应用平台、形成云产业集群，并辐射带动软件与创意、融合通信、文化教育、移动互联网、物联网等相关产业发展。截至2013年底，园区已集聚云计算相关企业300多家，为提升综合竞争力、打造智慧城市提供了有力支撑。

一体化互动的支撑体系。作为政、产、学、研、资、介等多个环节有效合作的载体，独墅湖科教创新区逐步成为园区推动科技创新和转型升级的主战场。并且，为不断强化协同创新理念、推进产学研一体化合作，科教创新区通过校企联合共建实验室、组织创新企业与进区高校科研成果对接等方式，加快科研成果推广应用与产业化步伐，共建成研发机构和平台170余个（其中省部级30个）、国家级孵化器4个、省级孵化器5个，呈现出“产业覆盖面广、市场化程度高、技术水平领先”等多重特点。如，东南大学苏州研究院与近50家地方企业开展产学研合作，西安交通大学技术入股21家企业，中国科技大学苏州研究院建立了硒与人体健康重点实验室和硒谷科技合作共建研发中心等，这些平台有效促进了创新要素的互动，形成了产学研一体化的创新支撑体系。

亲商亲才的服务机制。创新设立了中小企业服务中心，专门搭建中小企业金融创新服务平台、综合政策服务平台和资源中介服务平台，通过充分授权，提供项目申报、金融信贷、人才服务、情报信息和知识产权等方面的一条龙服务。积极引进会计师事务所、律师事务所等科技服务中介机构，通过设立会计服务外包基地，成立中小企业担保公司，全方位解决中小企业在融资、人才、市场、技术、上市辅导等方面的服务需求。同时，建设启用菁英公寓、专家楼等人才定向优惠房，并在子女入学、家属就业、户口迁移、出入境管理等多方面开设绿色通道，解决优秀人才的后顾之忧，形成了优良的服务环境。

企业集聚的创新效应。目前，科教创新区已经累计入驻创新型企业近1600家。在纳米技术相关产业方面，依托中科院苏州纳米所，加快建设苏州纳米城，初步形成了纳米光电子、纳米生物医药、纳米材料等产业雏形，成为全国第三个国家级创新园（国家纳米技术国际创新园）、国内最大的纳米技术研发与产业化基地。在融合通信产业方面，集聚了相关企业近250家，且大多拥有自主知识产权和核心技术，其中产值超1000万元的成长性研发生产型企业已逾50家。在生物医药产业方面，依托江苏首个省级生物医药专业孵化器——生物纳米园，引进了250多家国内外高端科研人才设立的创新型生物医药企业，初步成为国内最重要的生物医药企业和高端人才集聚地之一。在软件及动漫游戏产业方面，集聚软件、集成电路设计、动漫游戏企业近500家，研发人员2万余名。

专业完善的创投体系

推动科技产业项目发展的关键难点，往往在于解决创业资金的引进参投问题。从国外高科技园区的发展经验看，科技经济的起飞离不开风险投资和风险基金的参与。因此，早在启动科技载体建设时，就在引入创投方面同步发力。从2001年成立中新苏州工业园区创业投资有限公司，并与台湾怡和创投合作设立园区第一支基金，到2007年成立苏州创投集团，再到2012年11月更名为苏州元禾控股有限公司，实现资源的整合优化，苏州创投走过了一段从“学着做”、“合着做”到“独立做”、“领头做”的“进化”轨迹，形成了覆盖股权投资、债权融资和股权投资服务三大板块的业务架构，建立了企业初创期、成长期和成熟期等各个阶段的股权投资链，建成了国内领先、相对完善的投资业务体系。

在“学着做”阶段，公司与台湾怡和创投合作设立平行投资基金，并派遣员工到怡和创投培训学习；在“合着做”阶段，与以色列最大的创投公司合作，成立了英菲尼迪—中新创业投资企业、华亿基金，双方共同募集和管理基金，拥有平等的项目决策权力；在

“独立做”阶段，尝试募集并管理了元风基金、常熟基金等创业投资基金；在“领头做”阶段，集团的注册资本和投资能力不仅位居国内创投行业前列，而且还设立了国内第一家完全市场化运作的创业投资母基金，并通过参股方式，引进国内外优秀的创投管理团队新设创投基金，带动了区域内创投行业的共同发展。

与此同时，充分发挥苏州创投的龙头作用，积极搭建科技金融服务平台，建立了覆盖种子期、成长期、扩张期、成熟期的科技企业创新创业投融资服务体系。目前，区内累计接受风险投资服务的企业达300多家，吸纳风投金额30多亿元。近年来，针对科技企业的个性化需求不断创新金融产品，相继完成了苏州市第一单中小企业集合信托、第一单中小企业集合式贷款和第一单知识产权质押式贷款等个性化服务。

高端定制的人才计划

在决定向科技产业进军后不久，园区就遇到了极大的人才瓶颈制约：当时苏州唯一的综合性大学——苏州大学的人才培养根本无法满足软件开发、集成电路设计等高端科技产业发展的需要。因此，为弥补这一“短板”，园区于2002年启动了研究生城（现独墅湖高等教育区）建设，开启了招校引院、自主培养人才之路，以有力支撑科技企业的创新创业活动。

开放融合的办学理念。按照“政府搭台、高校办学、服务产业、面向市场”的方针，坚持“后勤城市化、资源共享化、校园开放化、管理现代化”，借鉴国外高等教育市镇的成功经验，采用基础设施共享、校区相互开放融合的城市规划方式开发建设，累计建成各类科研教学载体339万平方米。

量体裁衣的办学模式。研究生城独树一帜地确立了“以研究生培养为主、以紧缺专业为主、以公办民助为主、以中外合作办学为主”的定位，探索出了“合作办学”“垫资办学”“租赁办学”“独立办学”等多种办学方式，并积极引导高校根据地方转型升级需要，开设相对应的学科专业。目前，区内已引进中国科学技术大学苏州研究生院、中国人民大学国际研究学院、南京大学苏州研究生院、武汉大学苏州研究生院、西交利物浦大学、新加坡国立大学苏州研究院等24所高校，在校生达7.5万人，为园区乃至苏州市培养了一大批高端人才。

学以致用的办学宗旨。成立独墅湖科教创新区理事会、校际合作委员会，积极推进高校与政府及企业的互促互动，有选择地引进知名高校，有针对性地设置学科专业，有目标地推进人才培养。同时，成立科教创新区人才服务联盟，累计吸引会员400多家，为企业发展提供个性化服务与人才保障。

跨国公司钟爱的“奶酪”口味

——联合利华北亚区副总裁曾锡文谈开发区如何吸引跨国公司投资

自建区之初、招商之始，吸引外商投资便成为开发区做大经济总量、做强产业实力的有效途径之一。规模较大的跨国公司不仅能够助力开发区形成一定的产业集群，而且可以在技术创新、人才引进、市场培育甚至生产性服务业发展等方面发挥重要的带动作用。因此，为使跨国公司在区内“落地生花”，开发区不免各出奇招。但实际上，这些精心准备的“奶酪”，却未必能够真正契合跨国公司权衡投资地的“口味”——唯有真正了解跨国公司的思维模式、行为特性和考察重点，才能有效满足投资商的需求，做到有的放矢。

跨国公司的行为有何特性？

一般而言，跨国公司的历史相对悠久，具有严格的管理规定和行为准则，完全遵守当地的法律法规，并格外关注舆论和重视企业形象。由于其通常拥有复杂的组织结构，包括行业管理部门、地区管理部门等多个条块，其决定投资一个项目往往需要 7—8 个月、甚至一年半以上的时间，这就要求开发区必须具有足够的耐心。以联合利华在四川的投资为例，从布局到协议最终签订，总共用了五年时间。有鉴于此，跨国公司选择投资地的行为可以总结为“条块结合、部门分制、数据先行、集中决策”。

更看重市场占有率而非盈利能力。联合利华在成长为印度最大的消费品企业之前，曾经持续亏损了 30 年；自 1986 年进入中国以来，在华分公司也始终依靠欧美地区提供的现金流维持经营。但即便如此，公司仍选择将年收入的 30% 用于广告投放，致力于开拓国内消费市场，提升市场占有率。可见，跨国公司更倾向于扮演“开拓者”的形象，而并非“短期盈利者”。

初始投资不代表长远方向。基于化工行业特性及投资角度分析，联合利华在投资大型生产企业时，初期投入一般不会高于 5000 万美元，因为 5000 万美元的投资已经足以产生 30 亿元的产值。而对于强调投资额的开发区而言，5000 万美元的数字或许与其期望值相距甚远，但单纯衡量首次投资额意义并不大，因为跨国公司是天生的“扩张主义者”，开发区应有耐心培育其做大做强并追加投资。

全球采购模式中的相互竞争。由于跨国公司实行的是全球采购模式，账目数据显得尤为重要。对于决策者而言，在不影响全球战略布局的前提下，生产成本低廉、交通运输便捷、消费群体聚集都会成为吸引项目落户的重要因素。不过也要看到，尽管跨国公司鲜少因为短期利好而制订投资计划，但在预算紧张时，这却有可能成为其权衡投资的一个重要因素。联合利华在合肥、天津、四川的投资都得到了地方政府给予的财政支持。因此，在面对越南联合利华、菲律宾联合利华、巴西联合利华争抢同一项目的情境时，这样的财政支持能够直接降低项目成本，继而促成项目落地。

对员工谋私利行为的零容忍。许多开发区都有对于招商人员的奖励政策，如引入投资项目给予投资额 3‰的资金奖励等。但跨国公司往往很难接受这种做法，甚至不欣赏企业对于个人贡献的奖励行为。因此，如果在招商中提及这一问题，反而会造成负面影响。

投资考察的重点在哪里？

开发区的目标定位。有些地处内陆地区的开发区曾经计划打造跨国公司的地区总部基地，但在理性分析区位、管理、配套服务设施以及集聚效应等因素后，最终决定放弃，转而开始培育先进加工产业基地，并已然形成了一定优势。因此，在开展跨国公司招商工作前，开发区必须结合自身实际进行分析和精准定位。

便捷的区位交通。跨国公司在建设生产基地时，会将硬环境的交通设施配套，如机场、港口等作为投资考察的重点。值得注意的是，以高速公路为主的快速陆运交通网络往往是跨国公司考察的重点，甚至可以弥补距离机场和港口较远的缺陷。

排污标准和污水处理设施。跨国公司落户投资的开发区，必须具有完备的污水处理系统，也必须具有明确的排放标准。联合利华曾经考察的一个工业园区，提出建厂后污水可以任意排放，但这个所谓的“便利条件”成为公司最终放弃投资该区的直接原因。因为在跨国公司看来，没有明确的排污标准，意味着可能被迫违反法律规定，这是跨国公司绝不能接受的。

持续稳定的电力资源。对于生产项目而言，电力供应是尤为重要的。以联合利华为例，合肥开发区内的工厂现有面积375亩、产值近160亿元，按照2020年总产值200亿元、亩均产值4000万元的计划，需要全年不间断的双回路电源和能源供应。

完备的服务配套设施。会议场馆、酒店等设施也是十分重要的。跨国公司的项目考察组一般会在项目落地之前多次到开发区进行实地考察，完善的酒店设施能够增加考察人员的舒适感，从而为园区加分。联合利华在进行产业转移投资布局时，也是考虑到合肥开发区的五星级宾馆等服务配套设施十分完善，这成为项目最终落户的重要原因之一。

成熟的绿化环境。较高的绿化率也是十分重要的硬件条件。建设道路两侧的绿化带可能投资不高，却意味着开发区的绿化配套工作已经成熟。因此，建议开发区利用绿化带将园区合理分割为规整有序的若干区域，直接增加整体印象分。当然，跨国公司还会就供气、能源、土地等基础设施建设情况进行考察。

如何甄别项目的投资质量？

对于土地空间有限的开发区而言，如何将少量的土地用于建设投资强度高、产出效率高和具有持续盈利能力的项目，是必须重视的功课。因此，准确甄别优质投资项目尤为重要。

理性分析投资项目性质。一方面，引入的项目必须符合当地发展规划，且能够与地方优势充分结合。如西部某中心城市欲招引富士康建厂，但项目落地后将带来约30万新增人口以及庞大的生活配套等问题，这显然偏离了其“高科技休闲之城”的定位。相比之下，作为人口大省的河南省引入该项目则更为合适。另一方面，开发区的招商部门应随时研究行业发展曲线，准确分析项目前景。此外，还应在谈判之前摸清投资商的行业地位，充分审视投资产品在行业中的重要性、先进性和稀缺性。

权衡项目对地方经济的贡献。开发区不能仅仅着眼于短期招商业绩，而是要更加重视长远效益，综合分析产业上下游链条和配套情况，以权衡项目的带动作用。同时，应坚持环保原则，考虑耗水、耗能等因素，并将土地视为最宝贵的招商资源，严格计算单位用地强度，确保土地的税收效率。

甄别投资项目的真实性。由于投资主体的行业地位、项目所属行业的平均毛利润率以及目标销售地区同类产品的销售量等要素，在短期内都难以发生明显改变。因此，开发区在招引项目之前，应以投资商的角色计算项目的投资回报率，即依据投资商的市场占有率、产品毛利率，计算出产品产量、增值税缴纳额以及开发区的税收收益，并以此作为判别投资真伪的重要依据。

值得关注的招商注意事项

在具体招商工作中，特别是面对外商时，许多细节是必须注意的，可以将这些内容归纳为“三大纪律、八项注意”。

“三大纪律”是指招商人员在接待跨国公司投资考察组时应规避的思路性错误。首先，跨国公司不是政客，无需迎来送往、前呼后拥，简单接待、礼貌即可。其次，跨国公司不是游客，无需安排参观旅游景点，如果结合项目需求安排周边大学、职业技术学校等考察地点，反而更能够展示园区的特色优势。最后，跨国公司不是食客，无需安排复杂的宴请，可提供更为简单便捷的午餐，以预留出更多时间用于下午的谈判沟通。

“八项注意”是开发区在接待中应注意的细节。

一是知己知彼的前期工作。在谈判之前，招商人员应通过联络商会、领事馆、地区总部等渠道全面了解投资商的基本情况。

二是有的放矢的资料准备。必须提前做好

自我定位，将开发区视为一个品牌，制作能够充分展示优势和卖点的英文资料。如果能够连同照片、数据一起，现场拷贝给跨国公司考察团，则会给人留下更为专业的印象。

三是讲求效率的人员组织。建议将接待人员严格划分为全陪人员、专业人员和省市领导。其中，全陪人员要求语言上能够无障碍沟通，且熟悉开发区情况和招商工作要点，主要负责协调考察日程、安排专业人员的介绍和答疑等工作。专业人员可再细分为产业、土地、环保、税收、人才等多个专题，涉及每个专题的内容都应由相关部门的负责人进行专业介绍，答疑后即可先行离开，以体现专业性和高效性。除非必要，专业人员无需全程陪同。省市领导的会见则主要以答疑解惑为主，以消除客商的投资顾虑。

四是有条不紊的日程安排。精心策划，做好事前安排和事后跟进，建议接送站和考察时的路线应更多地安排畅通的高速路、高端林立的标准厂房、完备的商业设施、优越的绿化环境和欧式住宅小区等，为外国客商展现国际化的开发区形象，切忌为绕近路而横穿农田、钻小巷或穿行棚户区。

五是有理有据的情况介绍。专业人员的介绍时间应严格控制在十分钟以内，更多地使用已经核实的数字、图表，并尽量引用第三方调查数据和客观评价。沟通时应实事求是，有针对性地介绍开发区的情况，如对商业投资商应侧重介绍居民收入水平，对生产投资商侧重介绍可就业人口数量，对科技研发投资商侧重介绍周边高校数量和与开发区的距离等。

六是注重交流的宴请会见。外国客商特别是欧美客商对于三餐的要求同中国有很大区别。相对而言，他们更倾向于快速高效的午餐和注重交流的晚餐。在接待中，特别是在考察时间较为短暂时，如果将午餐安排得异常繁复，会在一定程度上影响双方下午的日程安排；而晚餐若因地方领导较为繁忙而匆忙结束，则可能导致外方考察人员不能充分交流解惑。因此，建议将午餐安排为较为精致的营养盒饭，而在晚餐时留出足够的沟通交流时间，也许在交谈中会取得意想不到的效果。

七是有礼有节的迎来送往。省、市、区的领导在会见客商时，应更多鼓励客商提出疑问，以解决客商顾虑，切忌反复介绍地区生产总值、增长率等数据。

八是得体适宜的礼品交换。礼品无需特别繁复贵重，选择能够体现地区特色的简单礼物即可。

（本文系联合利华北亚区副总裁曾锡文的发言整理稿，未经本人审核，标题为编者所加。）

中国与世界的互动关系正在深度调整

国家发改委宏观经济研究院对外经济研究所　毕吉耀　张哲人　杨长湧

国际金融危机后，在世界经济进入大调整、大重组、大变革的同时，我国也进入转型发展的新阶段。当前，世界需要适应一个日益强大的中国，中国也需要适应不断变化发展的世界——既要依托强大实力积极有所作为，又要清醒认识到我国所处的发展阶段；既要维护和实现自身发展利益，又要坚持和平发展与互利共赢，以增强外界认同；既要主动参与引导国际事务和应对外部挑战，又要加快转变经济发展方式，使国际国内两个大局相得益彰。

在全球经济增长中凸显引擎作用

当前及今后一个时期，世界经济增长格局将继续面临深刻调整。一是发达国家至今仍未走出危机阴影，经济增长疲软乏力，失业率居高难下，主权债务危机风险丛生。二是新兴经济体增速显著放缓，工业化、城镇化进程面临需求不足、产能过剩、政策空间减小和体制机制尚未理顺等诸多因素制约，结构调整和改革压力增大，抵御外部风险冲击能力减弱。

2009—2012 年，我国对世界经济增长的年均贡献率达到 35.8%，已经成为仅次于美国的第二大经济体，有力地促进了全球经济复苏。当前，全面深化改革将释放经济增长新动力，深入推进新型城镇化将创造巨大的投资和消费需求，我国经济在相当长的时期内仍将保持 7% 左右的中高速增长。而综合国际货币基金组织、世界银行及联合国等机构的相关预测，未来 5 年全球经济仅能实现年均 3% 左右的低增长。在这种情况下，我国对世界经济增长的引擎作用将进一步凸显。同时，随着对外开放程度的持续提升以及国内市场规模的不断扩大，通过贸易、投资、金融等渠道对其他国家经济增长的带动作用也将进一步增强。

新一轮全球产业结构调整引致竞争加剧

从全球范围看，围绕新能源、新材料、生命科学、空间和海洋开发等展开的技术创新更加密集，以绿色、低碳智能为特征的新兴产业蓬勃兴起。主要发达国家纷纷通过数字技术和制造业相融合推进再工业化，力图抢占科技创新和产业发展制高点。以美国为例，2000—2008 年，制造业生产累计增长 6.2%，远低于同期 GDP 增幅，17 个子行业中仅有 5 个实现扩张；而 2009—2012 年间，制造业生产累计增长达到 15.2%，大大高于同期 GDP 增幅，且有 14 个行业保持扩张。在制造业内部，纺织、木材、家具等劳动密集行业和塑料与橡胶、非金属矿物等资本密集行业，均扭转了危机前的持续收缩态势；航天、计算机等技术密集行业也继续保持快速增长。与此同时，发展中国家积极利用外商直接资和承接国际产业转移，加速发展具有比较优势的产业和技术，并不断加大科技投入，谋求实现跨越式发展。因此，未来一段时期，市场将成为最稀缺的资源，国际产业和技术竞争将更趋激烈。

如今，我国参与全球产业分工日趋深入，在全球价值链中的地位不断提升，产业的转型升级发展使得我与各国的竞争关系进一步强化。一方面，劳动力、土地等要素成本进入集中上升期，制造业的传统竞争优势趋于弱化，部分劳动密集型产业特别是低端制造环节开始向低收入国家转移，使我国在相关领域同发展中国家的竞争关系增强；另一方面，我国加快发展战略性新兴产业，大力培育以技术、品牌、质量、服务为核心的国际竞争新优势，与发达国家在新能源、新材料、节能环保和高端制造等领域竞争激烈。2012—2013 年，在光伏组件等新能源领域，我国已与欧美国家出现了严重的贸易争端。

与世界的经贸关系愈加紧密

国际金融危机后，发达国家积极调整负债消费模式，进口需求明显减弱；同时，为促进经济复苏和重振制造业，一方面积极扩大出口和吸引资本回流，另一方面不断强化对本国市场的保护。相对而言，新兴经济体则侧重加快推进工业化、城镇化进程，继续鼓励扩大出口，持续增加进口需求，在国际贸易中的份额不断提升，并在基础设施建设、产业发展等领域大量吸引外部投资，利用外商直接投资规模持续增长。2012 年，新兴经济体利用外资已占全球的 52%，首次超过发达国家。

全球贸易投资格局出现的新变化，为我国扩大同世界各国的经贸投资往来带来新机遇。目前，我国已成为世界第一大出口国、第二大进口国、第二大吸收外资国和第三大对外投资国。虽然受外需减弱、贸易保护主义等因素影响，我国出口增速显著回落，但对新兴市场的出口仍实现快速增长，同时进口规模不断扩大，未来5年更有望达到10万亿美元，在不断深化同世界各国贸易往来的同时，也有力带动了世界经济的增长。

此外，我国不断放宽投资准入，探索实践准入前国民待遇加负面清单的管理模式，积极扩大金融、教育、文化、医疗等服务业利用外资；加快实施“走出去”战略，扩大在能源资源合作开发、基础设施建设、具有比较优势的制造业、农业国际合作等众多领域的对外合作，预计未来5年将达到5000亿美元的投资规模，为深化同世界各国的经贸合作关系提供了有力支撑。同时，随着丝绸之路经济带、21世纪海上丝绸之路、中印缅孟经济走廊、中巴经济走廊等战略构想的逐步付诸实施，我国同周边国家和发展中国家的经济合作有望进入层次提升、广度扩大、互促共进的新阶段。

在多边贸易体系中的影响持续深化

为强化掌控经济全球化的主导权，提升国际竞争力，攫取更多利益，美国大力推进“跨太平洋伙伴关系协定”（TPP）和“跨大西洋贸易与投资伙伴关系协定”（TTIP）。上述协定的共同特点是高标准、广覆盖，以准入前国民待遇和负面清单管理为基础，全面扩大市场准入，将劳工标准、环境保护、知识产权、政府采购、竞争中立等新议题纳入谈判，大幅降低边境后壁垒，并更加强调金融、通讯等服务业领域开放和投资自由化与便利化。目前，TPP12个成员国的GDP和贸易均占全球的40%左右；TTIP即美欧的GDP、贸易分别占全球的50%和30%。两个自贸协定一旦签署，将形成地跨两洋的超大自由贸易区，必然对经济全球化走向和多边贸易体系发展产生深远影响。

全球经贸发展的新趋势以及经济全球化规则即将出现的新变化，将深刻影响我国与世界的互动关系。入世以来，我国借助多边贸易体制，积极参与经济全球化，不仅实现了经济持续快速发展，而且在现行多边贸易体系中的影响力和话语权不断提升，成为经济全球化的最大受益者。美国借助TPP和TTIP重塑全球经贸规则，将使我国参与经济全球化的门槛显著抬高，甚至遭受贸易投资转移带来的损失。据测算，TPP与TTIP建成后，我国外贸进、出口额将在5年内分别缩减1200亿美元和1000亿美元以上。但随着经济全球化的深入发展，多边经贸规则变革也是大势所趋，且其在许多方面与我国完善社会主义市场经济体制和扩大对外开放的目标是一致的，只要实施更加积极主动的对外开放战略，努力适应国际经贸规则新变化，我国深入参与经济全球化的前景仍然向好。

全球金融体系中的新地位

国际金融危机重创了发达国家的金融体系，以美元为核心的国际货币体系受到严重冲击，美元作为主要国际储备货币的地位不断削弱，而欧洲主权债务危机也导致欧元一度濒临崩溃边缘。据统计，2009—2012年，美元和欧元资产在全球官方外汇储备中的比重分别由62%、26%降至61.2%、24.1%。主要国际货币之间汇率大幅波动，金融市场剧烈动荡严重干扰了全球经济复苏，因此，国际社会要求改革国际货币体系的呼声日益高涨。

虽然在相当长时间内，以美元为核心的国际货币体系不会发生根本性改变，但随着新兴大国的迅速崛起，世界经济格局和力量对比正在发生重大变化，建立更加多元平衡的国际货币体系已是大势所趋。

我国经济持续快速增长，对外贸易投资规模不断扩大，外汇储备位居全球第一。人民币汇率持续走强，银行等金融机构“走出去”步伐加快，在全球金融体系中的地位日益提升。特别是近年来，我国加快推进人民币国际化进程，人民币在跨境贸易投资中的使用比重不断提升，香港、新加坡、伦敦等人民币离岸中心初具雏形。今后一个时期，随着资本项目可兑换、人民币汇率形成机制改革、利率市场化等不断取得新进展，人民币在国际货币体系中的地位有望持续提升。据测算，到2016年我国对新兴市场贸易量的50%有望以人民币结算，到2020年人民币在国际储备货币中的地位有望与日元或英镑持平。同时，我国在国际货币基金组织、世界银行以及多边开发银行等国际金融机构中的话语权和投票权不断增加，将有力促进国际货币金融体系的改革。

巩固全球治理体系中的话语权

随着经济实力和综合国力的大幅提升，我国在全球政治、经济、军事、安全等众多领域的影响力显著增强，各方在重大国际和地区问题上更加注重同我国的合作，同时对我国在全球经济再平衡、应对气候变化、知识产权保护、市场开放等方面的要求也相应提高。发达国家要求我国承担更多的国际责任和义务，发展中国家期待我国在国际扶贫、对外援助等方面给予更多支持，中国被加速推向了国际事务的前沿。

面对此种形势，一方面，要积极参与全球治理，推动国际秩序朝着更加公正合理的方向发展，用好20国集团、上海合作组织、金砖国家合作机制等多边平台，在多边事务中发挥更大作用，努力维护和实现我国的发展利益；另一方面，也要牢记我国仍将长期处于社会主义初级阶段的基本国情以及世界最大发展中国家的国际地位，本着既要有所作为又要量力而行的原则，承担与我国发展阶段和能力相适应的国际责任和义务。

成为富有市场竞争力的品牌园区开发商

上海浦东康桥产业发展有限公司副总经理　邓浩强

国企类开发区即是指由国有开发公司作为园区开发管理主体的开发区。在上海，除少部分开发区为镇一级集体性质外，绝大多数的开发区为国企类开发区。因此，要推进上海开发区的产业转型升级，关键在于推进国企类开发区的转型发展，特别是要以增强国有开发公司的综合实力为关键，促进开发管理能力的有效提升。

目前，一系列围绕“市场在资源配置中起决定性作用”的配套制度和政策已经陆续出台。如，上海市在2013年底出台了《关于进一步深化上海国资改革促进企业发展的意见》（即“上海国资国企改革20条”），并于2014年3月出台了《关于加强本市工业用地出让管理的若干规定（试行）》，对国企类开发区提出了新的要求。同时，随着上海自贸区的发展，越来越多的民营企业和外资企业将目光投向沪上产业园开发领域，这在一定程度上加剧了上海国企类开发区的激烈竞争。在此新形势下，上海国企类开发区能否从根本上转变发展模式，转“危”为“机”，成为当前工作中亟待思考的问题。

以“市场化”为核心的国资改革

市场调研结果显示，上海大部分园区的国有开发主体普遍存在市场化意识不强、机制不灵活、人才资源不足、发展活力不强等问题，主要表现在难以提供富有市场竞争力的薪酬或激励以招揽和保有人才，造成企业“招人招不到、留人留不住”的困境；同时，也存在着倚靠没有市场生存压力的区域垄断开发地位，只管“守地”不管拓展，缺乏持续发展和拓展能力等一系列现实问题。为此，“上海国资国企改革 20 条”中提出的分类监管、法人治理结构、市场化的选人用人和激励机制、创新容错机制等意见，为改革发展提供了新的空间并指明了方向。

今后，园区国有开发主体应努力探索建立一套符合自身开发特点的体制机制，以提升发展的活力和竞争力。具体而言，一是建议在分类指导和监管时，能够从实际出发，在对园区国有开发公司进行功能分类的同时，进行合理的定性分类，以加快推进国企类开发区开发主体的市场化步伐。二是建议出台配套“上海国资国企改革 20 条”的园区开发类国企改革落实文件，重点推行市场化薪酬激励制度、职业经理人和股权激励制度（员工持股），支持园区开发主体组建具有市场竞争力和生命力的开发运营团队。三是在保证国资保值增值和坚持园区为实体经济服务的原则下，稳步推进园区开发主体从国有独资向国有相对控股的混合所有制模式转变，充分利用社会资源共同提升园区开发水平。

应对好弹性年期出让制度

根据《关于加强本市工业用地出让管理的若干规定（试行）》（沪府办［2014］26 号），上海工业用地将实行弹性年期出让制度，新增工业用地出让年限从 50 年调整为 20 年。这一制度将有利于促进工业用地的循环高效利用，尤其适用于上海这类工业用地短缺且产业转型步伐较快的一线城市。但同时，弹性出让制度的实施也会引起一系列连锁反应。一方面，由于上海园区一般由国有开发主体代表政府先行垫资开展征地动拆迁等前期开发，而当前工业用地的前期开发成本与工业用地出让收入已经存在成本倒挂现象，一旦缩短出让年限，势必会引起土地出让收入的减少，由此返还至开发主体的前期开发成本也将相应减少，这不免在一定程度上加剧了资金压力。

另一方面，在缺少与弹性出让制度相应的配套扶持政策的情况下，国有开发主体可能由于难以实现资金平衡，极大降低其继续进行土地前期开发的积极性。因此，建议在税收分成、土地增值收益分成、物业开发收益、区域土地收益总体平衡等方面进行系统的顶层设计，以化解国有开发主体的资金压力，促进其持续健康发展。可考虑采取多种途径切实提升资金实力：一是试行区域土地收益总体平衡机制。优化园区规划，适当增加商业、住宅、研发办公等经营性用地比例，以经营性用地出让收益弥补工业用地的前期开发成本。二是支持园区国有开发主体开展自有物业经营。立足产业发展趋势和市场需求，支持开发研发办公物业或标准厂房，并在有利于产业发展的前提下对自主开发的物业实行一定程度的分割转让，通过物业的租售收益充实资金实力。

培育具有竞争力的开发主体

相比上海园区国有开发主体，除在土地资源获得方面缺乏优势外，一些国内外产业地产开发企业在决策和管理机制、薪酬体系、金融工具运用等方面均较为灵活和贴近市场，且在物业开发经营方面积累了专业的实践经验，将会在一定程度上对上海园区国有开发公司造成较大冲击。

对此，要建立优胜劣汰的市场机制，按照市场规则优化和改善开发主体间能力和水平参差不齐的现状。从支持有基础的开发主体做大做强、培育具有市场竞争力的品牌园区开发商的角度，鼓励推动有实力、有经验的国有开发主体“走出去”，可采取“政府牵线、企业主导”的模式，促进其与实力不足的开发主体进行联动，通过项目合作、人员交流、合作开发等多种方式，提升上海园区的整体开发水平　和能力。

协调推进服务业跨界融合的放管准入与监管创新

国家发改委宏观经济研究院产业经济与技术经济研究所研究员　姜长云

2013 年，我国服务业占 GDP 的比重已经超过第二产业，成为三次产业中占比最大、吸纳就业最多的行业。今年一季度，服务业占 GDP 的比重已达 49%。据此判断，如无明显意外，“十三五”时期，服务业占 GDP 的比重必将超过 50%。由此，为顺应产业结构由工业经济主导向服务经济主导的转变，“十三五”期间的服务业发展，不仅要做好做实“使市场在资源配置中起决定性作用”的大文章，而且要在更好发挥政府作用方面突出重视两个问题：一是加强对服务业改革开放和区域合作的试验示范；二是协调推进对服务业跨界融合的放管准入与监管方式创新。

我国服务业发展中的现存问题

观念更新严重滞后。部分地方对服务业发展的规律和机理认识不清，观念更新严重滞后，甚至片面套用工业、制造业的发展方式发展服务业，致使重复投资、盲目建设、粗放经营等问题普遍存在。并且，也造成了重硬件、轻软件，重设施、轻能力，缺少服务业发展的制度和文化环境建设，以及缺乏领军人才和复合型人才等一系列现实问题，弱化了产业的竞争力和可持续发展能力。

支持力度仍需加强。近年来，各级政府日益重视服务业集聚区的建设，但考虑到一些技术密集型服务业集聚区的发展，需要会计师事务所、审计师事务所、律师事务所、高端猎头公司等商务服务业的支持，因此，实现这一设想的最有效办法即是开展相关试点、试验和示范活动，以便降低服务业发展的成本和风险。但迄今为止，除《服务业综合改革试点实施方案》，将建设生产性服务业集聚发展示范区作为服务业综合改革试点的 5 项主要任务之一外，国家层面的相关政策仍需加强。

区域封锁、部门分割问题依然存在。近年来，在服务业发展方面，区域间、部门间围绕资源、要素和市场等方面的过度竞争问题依然存在。其实，鉴于许多现代服务业相对于农业和制造业而言，具有高集聚性和强辐射性的特点，加强服务业与工业、农业甚至不同服务行业之间的有效融合，才是提升服务业水平和切实发挥出作用的重要途径，也有利于提高服务业的资源配置效率和产业竞争力。

以服务业集聚发展示范区作为工作突破口

当前，随着对外开放的不断深入，对服务业外商投资实行准入前国民待遇加负面清单的管理模式已经成为必然趋势。但在此过程中，如何最大限度地获取开放红利并减少开放风险？又应如何在深化对外开放的过程中充分借鉴国际经验，健全有效的服务业外资并购安全审查机制？为更好地回答这些问题，结合当前实际和未来发展趋势，建议“十三五”时期，要尽快推进国家层面的服务业集聚发展示范区建设，并将其作为重点工程，从微观层面、宏观层面、区域层面和行业层面共同做好协调推进工作。

一是在服务业公共平台和集聚区运行机制改革方面，要引导相关利益主体加强分工协作，积极探索资源共用、设施共建和市场共享机制，以及不同类型企业的分工协作、优势互补和培育区域服务业综合体系的方式，特别要开展区域统筹合作的试验示范和完善服务业产业链合作机制的试验示范。

二是围绕服务业集聚区的金融创新工作，探讨科技小额贷款、创业投资、天使投资、科技金融等分阶段支持服务业发展的方式和机制，并将其同探索建立市场化运作的服务业发展基金结合起来，拓宽现代服务业的融资渠道和风险分摊机制。

三是创新服务业人力资本提升机制，主要包括加强领军人才和企业家培训方式、创新人力资源服务园运行机制等。

四是推进服务业放宽准入与完善监管有效结合的试验示范，借此为民营企业、社会资本和国外资本平等参与服务业发展创造条件。

带动产业结构升级的积极意义。近年来，随着信息化的深入发展，新一代信息技术对服务业发展和社会生产生活组织方式的影响日益广泛且深刻，不仅迅速提升了服务业活力和运行效率，激发了服务业新业态和新商业模式的大量形成；而且为服务业跨界融合和网络化发展提供了新的助力，极大加速了经济服务化以及服务业与三次产业的融合进程。与此对应的去中心化、网络化和扁平化生产组织方式，正在形成对相关产业发展的颠覆性冲击，这也为加快产业转型升级、提升产业价值链提供了新的动力。由此可见，服务业的跨界融合发展，正成为服务业创新发展的新引擎和服务业产业融合的新增长点。一方面，这一变化为有效提升服务业发展质量、消费体验和增值能力，提供了新的手段和参照系；另一方面，可以更好地提升服务业对产业结构优化升级和价值链跃升的引领支撑能力，甚至可形成覆盖相关产业链、惠及产业体系的深远影响，形成引领产业转型升级的“点睛之笔”。

协调创新收益与创新风险的矛盾。按照建设统一开放、竞争有序的市场体系的要求，对服务业跨界融合及其他领域实行统一的市场准入制度，确保市场规则的公平、开放、透明和规范，可为服务业发展的新业态和新商业模式提供平等的发展机会。但目前，服务业跨界融合在全球范围内都处于发展的初级阶段，系统、成熟而又富有针对性的监管经验并不多。如果采用传统的监管手段或监管方式过严，往往会影响监管的针对性和有效性，容易形成“一管就死”的问题；甚至会因疏忽产业特性的差异，产生抑制创新的结果。但如在放宽市场准入的时候疏于监管机制建设，也容易迅速积聚跨界融合的发展风险，增加其可持续发展的难度。为此，“十三五”期间，应将放宽市场准入与创新监管方式有效结合起来，更好地协调创新收益与创新风险的矛盾。

创新服务业跨界融合的监管机制，要凸显开放、包容、平等、协同、创新的理念，引导政府相关部门之间加强监管协作，提高跟踪监测水平，以促进跨界融合监管的信息互换、监管互认和执法互助。特别是要重点加强事中事后监管，探索对服务业发展的全程协同监管机制。同时，可在部分行业探索国家、省市两级的分级监管机制，强化属地化监管责任，为防范系统性、区域性风险多设一道“安全阀”。

规范行业准入标准。结合服务业跨界融合产业属性的差异，创新监管的底线思维和红线思维。要注重对服务业跨界融合风险和问题的研究，在此前提下，有序推进相关立法或推动设置相关国家标准、行业标准，鼓励企业实行企业标准，借此规范相关机构的从业行为，引导和完善市场秩序并防控市场风险。

探索危险清单监管方式。借鉴对外资实行负面清单管理的思路，探索对服务业跨界融合的危险清单式监管方式，如设置诚信底线、产权保护底线、个人或企业隐私权保护底线、网络和信息安全底线、国家安全红线和法律红线等，使各类市场主体可依法平等进入清单之外的领域，但不得从事未达底线或跨越红线的服务业跨界融合活动。危险清单的设定，要确保透明性、公平性和规范性。对于互联网金融等区域性、系统性潜在风险较大的领域，要注意通过实行信息报备、压力测试、风险预案和信用评级等方式，加强风险防范。而在谨慎注意产业属性差异的前提下，要尽可能注意将危险清单同已经形成的较为成熟的监管措施进行对接，如对互联网金融的监管，既要注意其特殊性，更要注意其作为金融监管的一般性。

重视行业协会的作用。在加强企业自律的基础上，应更多鼓励行业协会在行业治理和行业自律中发挥作用，加快形成“企业自律 + 行业自律 + 政府监管 + 社会参与监督”的复合型监管机制。许多发达国家都十分重视行业协会在服务业监管中的作用，究其原因，相对于政府部门而言，行业协会能够更好地了解行业属性和运行规律，相当于优先设立了一面有效的“防火墙”。

改革创新是重塑核心竞争力与内在价值的关键

天津经济技术开发区政策研究室　张瑞华

在建区十周年时，天津经济技术开发区曾编写了《希望的历程》一书，书中提出“改革和创新是开发区的生命”，并对这一观点进行了详细阐释，即“开发区的建区原则是发展社会主义市场经济，与国际惯例接轨；物质基础是大力吸收外国投资，兴办外商投资企业。这决定了开发区需要，而且也必须创立一套与之相适应的社会经济体制”。依循这一思路，开发区的“探路者”们在诸多关键领域的改革创新方面走在前列，其中还不乏一些重大的创新举措。

突破制度藩篱的率先实践

管理体制的创新是开发区快速发展的根本源泉。建设之初，除上海市的几家开发区外，其他开发区均建立了以管委会为主体的“准政府”管理体制，即“以地方人民代表大会和政府的特别授权，组建开发区管理委员会，代表市人民政府管理开发区。在形式上，开发区管委会是市政府的派出机构，以一个‘委’的建制出现，与计划委员会、经济委员会一样，是市政府的组成部分。”之所以将其定义为“准政府”，是由于管委会本质上虽属于政府机构，承担着较为全面的行政管理职能，但其权力来源于上级政府授权，且领导机构实行任命制而非选举制，从而与在《中华人民共和国地方各级人民代表大会和地方各级人民政府组织法》框架下运行的“真政府”存在明显区别。

管委会体制具备事权集中、精简高效的特点，在提升行政效率、推动市场经济体制建设和营造国际化投资环境等方面体现了巨大优势，为区域开发建设和经济发展的快速推进提供了有力的体制保障，也因此成为保税区、高新区等其他各类功能区建构管理体制的通行范式。

土地交易制度的确立是开发区快速发展的一大助力。在开发区起步阶段，我国尚未建立土地所有权与使用权分离、允许土地使用权有偿交易的制度。当时，获取这一资源的唯一方式即土地划拨。这对于已经习惯通过以市场交易方式获取建设用地的外国投资者而言，显然是难以理解和适应的。有鉴于此，在认真研究发达国家土地使用权交易制度的基础上，开发区人提出了建立土地使用权有偿出让、转让制度的相关建议，并最终被中央政府采纳。

1988 年 4 月，全国人大通过了《中华人民共和国宪法修正案》，将原有的第十条第四款“任何组织或者个人不得侵占、买卖、出租或者以其他形式转让土地”，修改为“土地的使用权可以依照法律的规定转让”；同年 12 月，《中华人民共和国土地管理法》修改完成，以此为标志，土地有偿使用制度正式引入我国。1989 年 8 月，天津开发区与美国一家公司签订了国有土地使用权有偿出让合同，成为我国政府向外商出让成片土地的“第一单”。

服务型政府的理念是开发区快速发展的关键基石。以建设“仿真的国际投资环境”为目的和要求，开发区在政府职能转变上做足了功夫：摒弃了以往“高高在上”、以“管”为主的行政行为方式，开始形成“服务为主、寓管理于服务中”的全新理念。

具体而言，在行政审批方面，大幅度精简流程环节、提高速度效率，首创性地提出并实施了“一站式、一条龙”的审批服务，明确了“首问负责、限时办结”等工作规范，率先推行“程序公开、要件公开、进度公开”的透明化工作制度。在企业服务方面，针对企业生产经营实际，从劳动用工、资金融通、通关报检到市场开拓、产权保护等方面，不遗余力地提供全方位的优质高效服务，形成了国家级经开区的核心“软实力”。

社会保险制度的建立是开发区快速发展的重要保障。在传统的计划经济体制下，职工的住房、医疗、子女教育以及退休后的生活保障等均由企业自行负担，这与外商习惯的相对单纯的雇佣关系有些格格不入。因此，开发区若要吸引外商投资，就必须与国际惯例接轨、建立起新型劳动关系。

1985 年，天津市人大出台《天津开发区劳动管理规定》，其中第十三条载明“开发区企业应当按月向开发区劳动服务公司缴纳社会保险基金，劳动保险基金占本企业国内职工劳动服务费的 25%”；1986 年制定的《天津开发区社会劳动保险金管理办法》详细规定了企业员工养老、医疗、工伤、失业、生育保险及住房储蓄金的缴付和管理办法，这应该是新中国成立以来最早出现的社会保险法律规范文件。尽管在今天看来，这些内容显得不够成熟和精细，但在当时却足以支持开发区率先建立起符合市场经济规律的新型劳动关系，且比我国全面实施社会保险制度提早了近 10 年。

此外，在海关、外汇等领域的投资和贸易便利化改革方面，国家级经开区亦是亮点频现。但客观而言，上述重大创举大多完成于经开区设立后的十年间，之后，特别是进入 21 世纪以来，开发区的改革创新显得颇为“沉寂”，不仅在关键领域的重大创新方面成果寥寥，而且在全国大力推动综合配套改革试验的进程中也未免有些被边缘化之嫌。

究其原因，客观而言，一方面，伴随我国各项法规制度的不断健全，直线管理部门的管理权限逐渐上收，加之《行政许可法》强化了对政府行政行为的约束，使开发区探索创新的空间有限；另一方面，改革的深入推进使我国市场经济体制得以不断完善，开发区在体制和功能方面的领先“势差”逐渐缩小，在改革试点的竞争中自然不再具有明显优势。从主观上看，我国成功“入世”掀起了利用外资的高潮，大项目、好项目纷至沓来，极大地促进了开发区利用外资水平的显著提高，以及经济规模、产业能级的快速放大，但也在一定程度上形成了招商引资的路径依赖——穷则思变的改革动力有所减退。

重塑内生动力与核心竞争力是关键

当前，我国正处于转型发展的关键时期，通过推动“深水区”改革，解决制约经济发展的制度“瓶颈”势在必行。因此，进一步完善国内市场经济运行体制、优化生产要素配置、促进结构调整和提质增效，同时注重在经贸领域与国际通行规则的全面接轨，在更高层次上更为深入地融入全球经贸体系，已经成为中央高层战略构想的重要基点。党的十八届三中全会出台的《中共中央关于全面深化改革若干重大问题的决定》，系统性地提出了经济制度完善、市场体系建设、政府职能转变等15个重大领域的改革创新方向和思路，标志着我国步入全面深化改革的崭新历程。

在此形势下，开发区必须顺势而为，强化改革创新的主动性和进取精神，充分发挥在体制机制、经济实力、国际化水平等方面的优势，充当我国深化改革“攻坚战”中的先锋军。同时，也要清醒地认识到：加大改革创新力度，是开发区重塑核心竞争力和保持可持续发展活力所必不可少的支撑手段。

具体而言，开发区推动改革创新需要把握好三个原则：一是要严格区分“要改革”与“要政策”，不应热衷于“先行先试”的好处和利益，而是要以敢于担当、勇于实践的态度，切实推动制度创新和工作流程优化；二是要深入研究国家改革创新的总体部署，并结合自身实际和优势，找准发力方向；三是要紧扣转型升级发展的主导方向，围绕重点工作领域，积极开展业务性、实效性的改革探索。

深化管理体制创新。在30年的发展历程中，管委会体制在推动区域建设和经济发展方面的优越性已经得到充分展现。但伴随城市化程度的不断提高，也相应带来了社会管理事务的大幅增加，使开发区一直坚持的以经济建设为主、精简高效的“准政府”特色与“保证行政职能到位、社会管理不留空白”的职能要求难以两全其美，“管委会”稍显力不从心。但换言之，这恰恰为开发区大力推行政府购买公共服务和吸纳各方社会力量参与，集中行政资源开展核心业务，探索政府治理与社会自我调节、居民自治良性互动的社会治理新模式，提供了客观需要和现实基础。

当前，全国各地普遍建立的行政服务中心和快速推进的政务公开，使开发区在审批工作技术层面开展创新的空间受到严重挤压，但审批制度创新仍是开发区保持和强化体制优势的关键所在。为此，不仅要紧扣转变政府职能和放宽市场准入的改革方向，争取简政放权、减少审批事项以及全面实施负面清单管理的试点政策，而且要率先建立起完全符合市场经济运行规律的行政管理模式。

此外，也应注重依据商事登记制度等改革措施落实后，政府对市场主体的管理重点从前期相对静态的资格审查转向后期相对动态的经营活动监管的重大变化，主动强化市场监管方面的配套改革，为全国范围的行政审批改革积累有益经验。

优化土地管理制度。土地是大部分开发区普遍面临的“瓶颈”问题，受制于“稀缺”的土地指标，许多开发区不仅无法从容推进成片开发，而且也不能为项目引进和有序摆放预留足够空间，项目等土地的情况屡见不鲜。当然，在耕地资源日趋紧张的现实条件下，我国实施更为严格的土地管理制度是必然且必要的。由此，必须认识到：通过争取更多的用地指标以解决开发区的土地供应问题，无异于杯水车薪，必须另辟蹊径。建议开发区要主动开展土地集约利用水平评价，以此为基础，可探索与国土部门共同制订土地集约利用水平考核标准，并争取设立“土地集约利用示范区”。

另一方面，依据“涉及土地变性必须重新收储”的现行土地管理政策，那些分布在创建较早的开发区内的、存在旧厂区改造和退二进三实际需求的经营主体，却不得不放弃自主改造提升的发展路径，而最终成为政府主导下的“拆迁项目”，使经营成本和效率均受到极大影响。针对这一问题，深圳市已先行一步，通过地方立法允许业主按标准补缴土地出让金后，依照政府统一规划开展自主改造，取得了良好成效，其经验和做法值得开发区深入研究和借鉴。

开展科技体制创新。完善科技工作体制，营造优越的科技创新环境，进而提升科技创新能力是开发区实现长期可持续发展的根本途径。具体而言，一是要优化科技投入体制，积极探索财政资金和社会专业化投资联动机制，形成政府引导、企业主体、市场化运作的科技平台建设和运营模式。二是要完善科技成果转化机制，着力建设科研机构与企业对接和技术成果交易两个平台，促进科研成果向现实生产力的快速转化；并要突破无形资产注册比例限制，丰富创业辅导和扶助手段，激发科技创业活力。三是要加大科技金融创新力度，在丰富政府的研发经费资助、创业贷款担保或贴息等扶持手段的同时，促进商业银行优化科技企业融资政策，放宽无形资产抵押贷款条件，积极发展中小企业贷款公司、创投和基金等社会化融资渠道。

推进投资和贸易便利化领域的综合改革。作为世界第二大经济体，当前，我国宏观发展战略考量的重点是如何更为深层次地融入全球经贸体系，以提升国际分工地位和增强国际影响力。为实现这一目标，首先需要在投资和贸易领域实现与国际规则的全面对接，这也是建立上海自由贸易试验区的目的所在。而作为我国外向型经济发展相对集中的平台，开发区的外经、外贸活动十分密集，对影响投资和贸易便利化的制度和体制因素也有着最为直接的体验和深刻认识，完全具备率先推进相关改革的条件和基础。

因此，一方面，应密切关注并借鉴上海自贸区先行先试的改革措施，积极跟进其在放宽市场准入、优化外汇管理、提高通关效率等方面行之有效的创新举措。另一方面，要紧密结合开发区升级发展的战略导向，注重同自身既有产业基础相关联的价值链高端环节的资源整合，针对研发设计、运营销售、财务管理等领域开展专项投资便利化改革试点，并注重对服务贸易政策环境的提升和优化。

系统性的“区域营销”与多元化的渠道建设

天津经济技术开发区政策研究室　张瑞华

现如今，对于“招商引资”这条开发区的“生命线”的认识，决不能仅仅拘泥于推介会、洽谈会、谈判、签约等活动形式，而是必须纵观整体，将其视为系统性的“区域营销”。简而言之，除了这些看似热闹、光鲜的“前台”活动之外，行政审批、政府服务、硬件配套、人才保障等方方面面的“幕后工作”实则更为重要。这是因为，开发区作为经济功能区的根本属性不会改变，但围绕项目资源的竞争只会日趋激烈，由此决定了台前幕后的工作必须顺时应变、积极调整，有的放矢地制订出一系列创新举措。

过去30年，基于跨国产业资本向中国加速转移和我国工业化快速推进的两大趋势，国家级开发区将招商引资的精力主要集中于承接制造业领域的跨国资本转移方面，其结果自然是制造业在大多数开发区内居于绝对主导地位，在经济总量中的占比甚至高达三分之二以上。虽然近十年来在“先进制造业和现代服务业并重发展”的方针指引下，开发区在服务业领域的招商引资取得了明显进展，向微笑曲线两端的研发、设计、运营等高端环节的渗透招商初见成效，但总体上还是主要在国际分工体系的加工制造环节谋求发展，招商引资工作中重外资、重制造业项目的特点依然突出。

还应看到，一方面，由于“廉价劳动力供应”的比较优势明显削弱，加之发达经济体实施“再工业化”战略以及东南亚国家快速崛起等方面的影响，我国近年来利用外资出现下滑。过去三年，我国直接利用外资总额的平均增速仅为3.6%，其中，制造业领域实际利用外资连续负增长，2013年仅为455亿美元，尚不如受金融危机影响较大的2008年和2009年，占比则跌落至38.74%。相比之下，服务业领域利用外资成效显著，2013年增长了14.2%，总额达到615亿美元，连续第三年超过制造业。另一方面，中国工业经济运行减速已成定局，工业增加值增速在2000—2011年期间基本保持在10%以上，2012年骤降至7.7%，2013年略降至7.6%，今年上半年更是进一步跌落至7.2%的水平。

面对以上形势变化，开发区必须主动调整自身的招商方向，改变侧重外资、侧重工业项目的传统思路，将资源和精力更多投向内资招商和服务业招商。同外资项目相比，内资项目熟悉国内各地情况，对政策、行政效率、政府服务等方面的细节更为敏感和关注，对居家生活环境和医疗、教育等社会服务的要求也相应更高，这就要求开发区的投资环境建设必须更加系统、更加细致。与制造业项目相比，一方面，服务业项目资产相对较轻且转移方便，加之在现代信息技术的支持下，其经营所受的地域限制较小，因此，在成功引进后，还要在使其“扎根”发展方面下足功夫；另一方面，由于其所处领域发展变化快，各种新兴业态层出不穷，异军突起的骨干企业众多，如果在招商对象的选择上，一味照搬吸引制造业的模式，仅仅锁定既有的龙头企业“按图索骥”，显然是远远不够的，必须及时、全面地把握行业发展的最新动态和信息，并善于从中发现新的发展机会。

引资方式需具更强针对性

在国家赋予开发区的优惠政策逐步削弱、直至消除的过程中，继续保持政策优势以提高招商竞争力，成为了每个开发区的“必修课”。于是，以“地方粮票”补充“全国粮票”取消后留下的缺口，成为了一种普遍通行的做法。由此，各开发区对国内各地政策动向的关注度极高，任何新的政策一旦公布，几乎都会被群起而复制。经年累月，各开发区在招商政策上可谓是算无遗策，再行突破的空间已是小之又小，累积的问题却日益增多：

一是过度的相互学习和借鉴，造成各开发区政策雷同，缺乏个性和特色，与主导产业培育和区域发展战略的结合不够紧密。二是政策措施过多、过细，基本覆盖了各领域、各环节，导致不能突出重点；同时，财政资源使用过于分散，政策效果受到影响。三是在“N+1”式的政策攀比下，新引进的项目往往在三年、五年甚至更长时间内无法形成实质性的财政贡献，反而会增加开发区投融资运转的压力；而且长期的新增财力不足，最终必然会在政策兑现环节捉襟见肘，对开发区的信誉、形象造成不良影响，还会贻人以“招商买资”的口实。

当前，国家对于各地滥用财政补贴的乱象极为重视，针对土地出让金和地方财政使用情况的审计监督明显加强，甚至有取消一切形式的地方政府财政补贴政策的提法。因此，现阶段，面对全国各地、尤其是具有特殊政策的其他各类功能区的有力竞争时，开发区的“绝对优势”就在于政策体系的调整优化，要使其既符合国家财政管理的基本框架，又能取得更好的政策效果。

聚焦政策方向。为将开发区的政策资源真正集中到少数主导产业上，在对其进行界定时，就要尽可能的具体、清晰，避免类似“先进制造业”、“现代服务业”这样宽泛、笼统的提法。

集中资源投入。如果完全不分轻重，处处给政策、给补贴，其结果必然是“撒芝麻盐”，手段虽然多，效果却未必好。所谓“伤其十指，不如断其一指”，要通过深入研究，准确把握关键环节，集中财政资源投入。

丰富政策手段。除直接的财政资金补贴外，还应从融资支持、信息服务、市场开拓、平台建设、社会服务等多方面入手，形成完备的政策支撑保障系统。

营销价值更应持续优化

如果站在“区域营销”的角度认识开发区的招商引资，那么，招商方向 = 目标客户，政策体系 = 促销手段，营销产品 = 区域投资环境。由此可见，招商引资的实质内容即是一个向投资者推介投资环境并取得认可的过程，而招商竞争最终比拼的则是投资环境品质的高低。

诚然，投资环境建设是一项系统工程，涉及能源保障能力、行政审批效率、交通运输条件、社会事业配套、人力资源支撑等方方面面，甚至每个工作人员在各项业务办理过程中所体现出的基本素质、工作作风，都会影响到投资者对区域投资环境的整体印象和评价。

在开发区发展的不同阶段，投资环境的具体内涵和建设重点也在不断发生变化。创建之初，由于一切从零开始，投资环境建设必须着眼于满足项目生产经营的基本需要，以“三通一平”、“五通一平”直至“七通一平”的基础设施配套和建立基本的市场经济运行体制为主要内容。到20世纪90年代中后期，伴随产业集聚达到一定规模，企业服务体系的完善就成为这一阶段投资环境建设的重要内容，特别是电子行业“代工”生产模式的兴起，使“零库存”的“柔性化生产”对海关通关效率提出了更高要求，通关环境建设一时成为各开发区关注的重点；随后，产业发展水平的提高，使商务人流日益增加并形成常住人口，生活环境的提升和优化也被逐步提上日程。进入21世纪，开发区的市政配套已经基本完善，投资环境竞争的“焦点”转向了“软实力”，天津开发区首创的“新九通”理念（信息通、市场通、法规通、配套通、物流通、资金通、人才通、技术通、服务通）在过去十年对各开发区投资环境的提升和优化产生了重要影响。

因此，顺应开发区转型升级的主题趋势，产业结构的“软化”和高端化成为必然方向，进一步提升和调整投资环境建设的思路和理念至关重要。

高度重视投资和贸易便利化的制度创新。这既是当前我国推进“深水区”改革的重要内容，也是开发区为适应高端产业对行政效率、监管模式等方面改革创新的更高要求，而强化体制优势、塑造核心竞争力的主要抓手和基础。

着力提升专业化商务服务的能力和水平。产业发展的水平越高，对专业化商务服务的需求就越大。因此，在未来的投资环境建设中，开发区在完善政府服务的同时，还必须善于整合市场资源，加强融资投资、信息服务、创业支撑、产权交易、财务税务等各类服务平台和服务体系的建设。

注重人力资源保障能力的强化。不仅要做好人才开发，为高端产业发展和科技创新提供有力支撑，而且要针对我国“人口红利”逐步耗尽的现实，协调维护好产业工人队伍的稳定，以保证制造业的平稳发展。

大力完善城市服务功能。应当充分认识到，“重生产、轻生活”的发展思路已然不切实际，投资者对居住品质、生活便利、娱乐设施、文化氛围以及教育质量、医疗水平等因素的考量已经日益加大。

拓展丰富多元的网络渠道

无论是政府主导招商，还是企业化、社会化招商均在各开发区形成了一套成熟“范式”。但面对全新的发展环境，适当调整工作思路或许会有“柳暗花明”的意外收获。

加强外部招商资源整合。招商引资在某种意义上是一项“广种薄收”的业务，招商网络张得是否足够庞大、编得是否足够细密，均是影响招商成效的基础性因素。面对新业态、新业务快速涌现的产业发展态势和日趋激烈的竞争形势，仅仅依靠自身力量显然不够，必须加强外部资源和力量的引进与整合，特别要强化与国内外各类行业协会、商会和中介机构的联系与合作，借助其丰富的行业信息和客户资源，更为准确地把握行业发展动态，及时掌握投资信息和新的发展机会。

注重专业化招商队伍建设。这里强调的“专业化”，并非单纯指招商业务的水平和能力，还包括对具体行业的熟悉和了解程度。在项目接洽过程中，能够与投资者流畅应答，并可根据行业发展特点提出更具针对性的支持措施，是在招商竞争中赢得先机的有效手段。为此，要特别注重引进和培养兼具语言基础、产业背景和商务能力的复合型人才。

深化服务企业理念。展会招商、中介招商、全民招商，都不如“以商招商”。既有企业将自身在开发区的良好“体验”讲述给同行、客户，通过口口相传，形成广泛的美誉度和认可度，其所带来的促进作用是不言而喻的。因此，必须牢记“功夫在事外”的道理，通过精益求精地为企业做好实实在在、点点滴滴的日常服务，赢得更多投资者的青睐。

优化招商绩效考核办法。目前，开发区对于招商工作的评价主要是基于新引进项目的注册金额。然而，由于市场的不断变化，制造业项目未必能够实现既定的投资和生产计划，而服务业项目的注册资金也只是一个“流量”，并不能说明其实际的经营效益。因此，更好的考核办法应是在引进资金数额的基础上，增加固定资产投资、营业收入、财政贡献等后期指标并赋予足够权重，侧重于从增量项目的实际质量和效益方面考核招商绩效。这就要求开发区调整招商奖励或项目引荐奖励的兑现办法，由注册环节的一次性兑现，逐步转向结合项目落实情况的分期、多次兑现。

建立以人为本、共性统一、科学合理的安全监管体系

开发区的安全监管工作不仅涉及法制建设、体制建设、机制建设等安全生产管理层面，而且还包括监管队伍建设以及具体实施方法等实际操作内容，体系十分庞杂，是一项任务艰巨的系统工程。当前，在完善安全监管模式、理顺工作关系、构建执法环境等方面，许多开发区已然总结出一系列可推广、可复制的标准化经验，但在具体的执行操作中，更需要考虑自身的经济发展水平、产业结构、机构设置等情况，将共性与个性结合起来进行权衡，以选择更为科学的方式方法。

安全监管工作存在“三大问题”

安全监管机构尚不健全。改革开放以来，

我国各类开发区发展迅猛。目前，仅国务院批准成立的国家级经济技术开发区就有200多家，若将高新技术产业开发区和其他类型的国家级特殊功能区一并计算在内，总规模已达400余家。园区类型的差异化自然导致了安全生产监管模式的多种多样。总体而言，大多数园区的安全监管部门隶属于经济发展局，并未成立独立部门。当然，如此的设置与安排并无不妥，且在一定程度上反映出开发区机构设置精简高效的特点，但一旦发生安全生产事故，其安全监管机构不健全的问题便会暴露无遗。

监管主体执法资格不充分。由于开发区管委会仅是所在地政府的派出机构，并不具备一级政府的全部职能，因此，在工作开展过程中，通常只能采取“委托执法”的方式获得相关政府部门的授权。而实际上，这种授权往往存在执行时间、执法范围等诸多方面的限制，也必然会在一定程度上降低工作效果。

监管任务与监管力量不匹配。一方面，由于安全监管工作需要面对区内全部企业，这就使一些开发较早、规模较大的开发区的安全监管任务极为繁重；且实际情况显示，部分开发区内还存在矿山开采和危化品生产等危险系数较高的企业，安全监管的内容涉及范围更广、专业性更强。另一方面，开发区普遍存在着基层执法队伍编制有限、人员保障力量较为薄弱以及监管人员专业素质能力不足等现实问题，更增加了工作开展的难度。

坚持“以人为本”的共性原则

确立“以人为本、安全发展”战略。“以人为本”是安全生产工作的立足点和价值观，“安全发展”是贯穿新《安全生产法》的核心理念。具体而言，即是在制订相关政策和安全发展措施的过程中，应首先意识到人的重要性，同时要注重社会管理创新、制度创新、理念创新，最终实现科学和可持续发展，以及经济建设与社会建设的协同进步。

落实主体责任和监管责任。推动主体责任的落实是做好安全生产工作最根本的责任，也是必须具体落实到企业层面的责任；在监管责任方面，只有充分发挥主观能动性，全方位、动态性地做足安全生产保障和监督体系的建设工作，方可真正实现“有备无患”。

构建“三位一体”的保险体系。开发区的安全监管工作不应仅仅依靠监管手段，还应注重相关制度的完善，并善于充分利用科技手段，通过方法、制度、技术“三位一体”的不断创新，全面推动安全监管工作的系统性创新。

推广安全生产责任险。除贯彻落实全国人大在今年8月31日通过的《新安全生产法》、进一步强化执法检查外，还应依靠专业培训，提升开发区安全监管工作人员、区内企业管理人员以及一线生产人员安全生产、规范操作的意识与能力。同时，要积极吸纳其他国家主要依靠安全生产保险的手段，管理和控制安全生产秩序的有效经验，在国内大力推广安全生产责任险，力争使之成为促进“安保互动”的有力杠杆。具体而言，可由保险公司的相关部门负责排查企业的生产隐患，一旦发生事故，则可依照双方签订的合同条款实施善后处理和赔偿。

深入推进五项转变。一是生产经营单位要建立健全事故隐患排查治理制度，实现从“管理事故”逐渐向“管理隐患”的转变。二是积极落实预防为主的要求，建立安全生产预防体系标准，在持续排查治理安全隐患方面做足功夫，推动工作重点从“事后处理”向“事前预防”的转变。三是将标准规制的思想贯穿于安全评价、事故隐患排查治理、安全执法、安全教育和培训、应急救援以及严重危及安全的工艺、设备淘汰制度等综合治理的各个层次、各个方面，促进管理方法从整体预警向更为基础细致的工作方向转变。四是要坚决贯彻落实中央关于“发展决不能以牺牲人的生命为代价。这必须作为一条不可逾越的红线”的指示要求，实现从“伤亡事故管理”向“注重职业健康管理”的转变。五是注重内理机制、外重法锤，推动由原来单纯的行政手段向法律手段与经济政策手段并用转变。特别要加大对安全生产领域违法、违规、违章、违标、放纵隐患存在等危害生命安全的不法行为的打击力度，切实提高违法成本，形成生产经营单位“出不起事故、不敢出事故、主动预防事故”的压力机制。

科学谋划“个性化”监管方法

推进安全生产标准化建设。今年，我国首次将实施安全标准化建设以及建立安全标准化制度的要求写入新的《安全生产法》，旨在通过率先推进部分地区和企业的标准化建设，树立起地区样板和行业样板，最终实现安全生产有保障、企业发展有后劲、企业品牌有提升的目标。因此，安全生产标准化将会成为一个持续改进和不断完善的过程，且必定会与企业落实主体责任同步。从现实情况看，部分实现一级标准化的企业已经逐步在市场中确立了优势条件，具备了再上新台阶的扎实基础。

推动隐患排查治理体系建设。该体系是能够最大限度避免安全生产事故发生的重要屏障。因此，在具体推进过程中，应改变传统的“运动”式隐患排查方法，建立起长效机制，逐步渗透到企业的日常生产中。事实上，自2010年开始，隐患排查治理体系试点工作已经陆续在全国范围内展开。其中，值得一提的是，湖北省鄂州市探索的“七个一”特色工程，将企业隐患排查工作落实到每个企业，并通过全体生产班组和员工实施全面排查、重点排查的方式，确保排查质量，进而将标准化建设中需要改进的内容持续落实到企业的各个环节中，监管效果十分明显。

完善日常监管工作的系统性。一方面，要做好风险辨识，充分了解区内行业、企业以及人员较为密集地点的危险源分布，明确企业生产车间、生产链条中的危险环节，特别要注重粉尘作业场所中除尘系统的安全性，并对这些风险点进行严密监控，通过措施、方法和人数等方面的控制，保障危险场所的作业安全。另一方面，要继续创新机制推动综合执法。目前，部分开发区已经建立起部门间综合执法的机制，在确保严格执法的同时，还可起到互相监督和推动安全监管各项具体工作落实的作用。此外，部分开发区还探索了引导和鼓励小微企业购买安全保险，通过中介组织服务强化技术支撑，以及实施分类指导，整合低、小、散的企业实行集约化经营等方面工作，均取得了不同程度的效果。

（本文根据国家安全生产监督管理总局监管四司副司长尚文启“如何做好开发区安全生产监督管理工作”的讲话整理，未经作者本人审定。）

开发区转型发展势在必行

国家发改委产业经济与技术经济研究所　姜长云
农业部农村经济研究中心　陈艳丽

国际金融危机以来，世界经济面临深度调整，复苏过程充满艰难曲折，工业生产、国际贸易和跨国投资增速低迷，导致出口甚至跨国投资对经济增长的拉动效应明显减弱。与此同时，我国正面临经济增长速度换档期、结构调整阵痛期和前期刺激政策消化期的叠加效应，在“爬坡过坎”之时，基于“三过度”的传统建设方式和运作模式将更加难以为继。

因此，推进开发区的转型发展，不仅缘于促进其自身可持续发展的迫切要求，而且对于进一步充分发挥其在全面建成小康社会、推进改革开放和社会主义现代化建设中的积极作用，也具有重要意义。

从体系内部看，大多数开发区的经济增长速度较十年前明显放缓，特别是近几年经济增速下行压力不断加大。部分产业仍处于国际分工和产业链的中低端；高端人才供给不足，土地、能源、劳动力等要素成本提高或要素可得性下降问题突出；引进外资的技术含量和技术溢出效应亟待提高，通过引进外资实现对国外高端技术消化、吸收、再创新的成功案例较少。同时，也有部分开发区仍然存在资源利用效率不高、工业比重过大、服务业与工业融合发展不够充分，以及自主知识产权技术和品牌匮乏、创新能力较弱、产业价值链和附加值有待提升等问题，致使经济发展与资源环境间的矛盾日益加大。

从开发区间及其与周边地区的关系看，多数开发区在社会发展、人居空间、基础设施、生态环境甚至配套服务体系建设等方面，缺乏与周边地区的有效协调，且在产业发展的具体关联和分工协作方面也有所欠缺。特别是开发区间产业结构雷同、低水平同质竞争较为突出，导致难以形成有效的错位分工和优势互补关系，影响了整体的提质增效和创新提升。

基于前述发展中面临的各种问题和风险挑战，推进开发区的转型发展必须“多管齐下”，努力将其打造成为推进体制机制创新的先导区、实施创新驱动战略的导航区、产业转型升级的示范区以及发展开放型经济和统筹区域开放合作的先行区。

从主要依靠优惠政策向主要依靠体制机制创新转变，着力培育可持续发展的新动力。完善要素价格的市场决定机制，营造有利于资源、要素流动和优化组合的发展环境，健全环境成本的科学评估和内部化机制。围绕探索对外商投资实行“准入前国民待遇＋负面清单”的管理模式，积极争取国家级经济技术开发区成为相关体制机制创新的试验区。结合推进政府职能转变，将工作重点转向加强区域统筹规划、维护公平竞争的市场环境、制定规范科学的准入标准、支持创新和完善区域协调与合作关系等方面，引导优质资源、优质要素、优质产业向开发区集聚。

从主要依靠要素驱动向主要依靠创新驱动转变，着力培育成为经济发展的新引擎。引导开发区从传统的招商引资转向招商选资与招才引技相结合，提高引进外资质量，扩大技术溢出效应。以建设科技型、创新型开发区为目标，加强科技创新和成果转化能力建设，优先发展高新技术产业和引进高素质人才，构建高新技术产业和高素质人才集聚区。推动创新服务体系建设，通过引导要素结构的优化升级，增强创新能力和发展活力。积极培育鼓励创新创业的社会氛围，牢固确立企业在实施创新驱动战略中的主体地位，激发外资和民间资本的投资潜力，鼓励开发区加快业态创新和商业模式创新。创新投融资方式，加强政府对公共创新平台和小微企业创新活动的支持，完善政府投资的引导作用，充分发挥其“四两拨千斤”的作用。

从“数量扩张、外延发展、粗放低端”向“强化特色、丰富内涵、集约高效”转变，着力培育产业竞争新优势。强化产业发展规划的约束力，完善产业关联、园区关联机制，规避“布局跟着项目走”的局限，促进产业集群发展，提升布局效益，打造经济发展方式转变的先行区。鼓励结合区域优势、产业基础、市场前景和区域产业竞争态势，突出发展重点，强化产业特色，积极参与区域乃至全球产业链分工，加强配套服务体系建设，培育以技术、品牌、质量、服务为核心的产业综合竞争优势。延伸产业链条，培育主导产业、跟随产业、衍生产业、配套产业有序发展的新格局，增强产业体系的抗风险能力。

从“工业孤岛、产城隔离、自我发展”向“产业融合、产城相依、辐射带动”转变，着力培育现代化多功能综合性产业区。顺应我国产业结构从工业主导向服务业主导的阶段性转变，结合国际产业转移和外资利用新趋势，引导现代服务业特别是生产性服务业适度优先发展，促进服务业与工业、农业融合发展，营造良好的营商环境和创新创业氛围，增强对优质资源、优质要素的吸引力和对资源、要素流动的引领支撑能力。通过探索“总部在区、基地在外”、“服务在区、生产在外”、“高端在区、低端在外”等新型发展模式，增强区内企业对产业链、价值链的参与能力和主导能力。强化与周边地区间的产业关联和分工协作，引导开发区突破“围墙经济”，放大溢出效应，增强对区域发展的辐射带动能力。统筹开发区、区外社区和区域中心城市、城乡空间的规划布局，完善人居环境和服务支撑，强化与周边地区间的良性互动效应。

着力培育发展开放型经济和统筹区域开放合作的先行区。顺应国际金融危机后世界经济、贸易和投资增长的新趋势，积极发挥国级经济技术开发区在推动新一轮对外开放中的率先垂范作用，倒逼体制机制改革和自身转型升级，打造成为加快培育国际竞争新优势的主战场。有效利用放宽外商投资准入的机遇，争取获得更多的先进技术、管理经验和市场机会。统筹两种资源、两个市场，着力营造内外资企业一视同仁、公平竞争的营商环境。充分发挥沿海港口城市优势，培育带动区域发展的开放高地，形成陆海统筹的区域开放合作新格局。支持区内企业打造自主品牌和国际营销网络，提升我国产业的国际分工地位。开展开发区间、开发区与周边地区间完善竞合机制的改革试验以及跨区域协调联动机制。

探索效益优先　结构优化的土地开发模式

广州开发区政策研究室主任　陈永品

以全新思路促集约发展

调整土地供应模式。过去，对于在孵化器中成长起来的科技企业，开发区会尽量满足其用地需求；但面对资源日益紧缺的现状，已经无法允许此类高成长性企业“独门独院”。即便对于一些处于一、二线城市的开发区而言，产业轻型化、企业科技化的趋势也日益明显，其发展形态已由工厂林立转向公司林立，人才聚集特点也从工人聚集转向工程师聚集。面对此种形势，过去的平面供地模式已经难以为继，必须采取立体供地模式，从供地转向供楼。企业用地往往是为建立适合自用的楼宇，如果能为其量身打造价格适宜、设施配套齐全的工作环境，企业就不会坚持要地。因此，多供楼、少供地，多建一些孵化器、加速器、商务办公楼宇，以满足科技企业、现代服务业企业的发展空间需求，才是具体有效的解决办法。

优化混合建设模式。按照产业社区的理

念，改变一家企业配备一个门院、一个停车场的做法，实行混合式集约建设模式，即除满足企业生产经营的功能外，其他设施一律实行统一规划、统一建设、开放共享。具体做法是，对于科技类企业，尽量引导其从“地上生产”转向“上楼生产”，杜绝“摊大饼”式的平面建设；对于先进制造业企业，则鼓励其实行“地上生产、楼上办公”，适当提高建设容积率，实现节约用地。

以二次开发提升土地效用

盘活闲置土地。由于种种原因，各开发区均或多或少地存在闲置用地，为此，要视不同情况，分门别类地进行处置。一方面，管委会要出台提高容积率、给予技术升级扶持、设备更新投入补贴等激励措施，鼓励企业用好盘活土地，引进先进技术和设备，积极增资扩产；另一方面，对于确因市场变化无法维持运营的项目，可与企业协商收回，或鼓励其转让给新项目；如果是恶意圈地、待价而沽的情况，则要坚决依法收回。

实施“腾笼换鸟”。对于一些产出效益低的用地企业，要出台政策鼓励其产业转移，将腾出的土地出让给效益好的项目。但应注意的是，“腾笼换鸟”不一定就是“退二进三”，也可以是继续“退二进二”，毕竟开发区的工业化进程还在继续，项目的选择仍应以效益为准则。

转换用地功能。对于一些不愿意转移出去的低效企业，可以采取转变用地功能的方式进行就地改造。具体可从两个方向着手，一是结合开发区产业高级化特征，将其改造成专业孵化器和加速器，如目前许多将旧厂房改造为创意园的成功案例。

近年来，广州开发区也对区内企业的闲置房屋进行了摸底排查和分类研判，专门出台政策鼓励其改造成为专业孵化器，并给予认证挂牌和升级奖励。目前，已经批准改造了生物技术、新材料、节能环保产业等近20家孵化器，同时，要求这些孵化器引进的项目必须经区科技局批准，且在区内注册登记为独立法人。

二是结合区域城市化进程，进行商业化改造。特别是对于早期开发的片区，人口聚集已经达到一定数量，对居住、商业配套设施有着强烈需求，可按照相关规定对企业的旧厂房进行功能转换，改造成商住或商业项目。

需要说明的是，土地的二次开发是一个艰难的过程，要想取得突破和成效，就必须坚持市场化运作的原则。一方面，开发区管委会要出台相关政策，鼓励企业用好盘活土地，积极进行自我升级改造；另一方面，也要舍得投入，按照市场价格进行回购。

以用地结构优化实现可持续发展

确保用地项目的结构与效益均衡。要科学研判、分析产业走向和项目发展前景，既不能急功近利，以产值论英雄，将一些具有发展潜力的科技项目拒之门外，也不能一味追求高精尖，把一些产出效益高的先进制造业项目过滤掉。必须努力确保每块土地都有实实在在的经济效益和社会效益，使土地资源向高端制造业、新兴产业、总部经济项目倾斜。同时，项目引进后要有严格的刚性考核制度和跟踪监督机制，力促用地项目的承诺能兑现、不落空。

促进已有用地企业转型升级。一方面，可以依托企业自身的发展优势，通过加大投入，加强技术创新和商业模式创新，提升产业链和价值链，从而提升单位土地产出的附加值；另一方面，也可将土地作为资源，引进高端项目与内、外资企业进行多元化的战略合作。

应当认识到，企业升级的潜能是巨大的，开发区管委会应成为积极的推动者和支持者，主动提供项目信息，出台相关政策措施，帮助用地企业升级。广州开发区早期引进的一些跨国企业，十年来通过不断研发新技术、开发新产品，在原有地块上早已实现了产能翻番。

提供产业发展的良好平台。“风物长宜放眼量”，无论是现有企业的成片改造，或是规划新的产业园区，都要坚持高定位、高起点，既不能急于求成，也不能以眼前论成败。要立足于发展战略性新兴产业和现代服务业的实际，搭好平台、打牢基础，为今后的持续发展积蓄力量。目前，许多开发区都相继建设了一些新兴产业园，有的是新规划建设的，有的来自于对旧企业的成片改造，这些都是开发区争当创新驱动发展“生力军”的具体体现。

深化体制机制改革　不断激发市场主体新活力
——天津滨海新区和上海浦东新区的发展经验

李晓琳　吴　健

党的十八届三中全会以来，天津滨海新区和上海浦东新区通过创新体制机制，有效破除了相关壁垒，极大激发了市场主体的积极性，率先获得了改革的丰厚红利。

以行政审批制度改革为抓手 不断激发市场主体新活力

天津滨海新区和上海浦东新区均将行政审批制度改革作为转变政府职能、激发市场主体活力的主要抓手，特别是在创新行政审批制度改革的方式方法上进行了大胆探索。目前，国家层面的部分行政审批权力下放和取消在两个地区已初见成效，如，工商登记制度改革落实后，市场主体呈现井喷式发展。2014 年 1—8 月，天津新设立各类市场主体 87519 家，同比增长 48.6%。

优化组织结构和行政资源，推行“大部制”。根据实际工作需要，以扁平化管理为导向，不断优化完善行政管理框架，切实提高管理效率。2014 年 7 月 30 日，天津市市场和质量监督管理委员会正式挂牌成立，工商、质监、食品药品“三局合一”，实现一体化监管。浦东新区探索建立“大部门制”、“大管委会”和“大市镇”的行政管理架构，区政府工作部门数量仅相当于上海市其他区县的 2/3，每万人行政编制数为 3.8 人，不足全市平均数量的 1/2。

持续削减和下放审批事项，推行依法审批。2014 年，天津减少行政审批事项 295 项，累计减少 73.9%，并先后分三批向滨海新区下放市级审批事项及权限 236 项。2014 年 4 月，天津市政府公布了《天津市行政许可事项目录（2014 年版）》，在全国率先废止了非行政许可审批事项这一“灰色地带”，并从事项名称、法规依据、申报条件等 21 个方面对保留事项进行了统一规范。同时，公布了市和区县两级行政许可事项目录，以“一表清”的方式提供更好服务。清单公布以来，市级行政许可事项共办件 53935 件，比 2013 年同期减少 30809 件，降低 36%；平均审批办结时间为 4.1 个工作日，比 2013 年同期减少 0.5 个工作日。浦东新区通过清理审批事项，使社会类行政审批事项从最初的 724 项减少到 203 项，现已形成“4 + 3”的开发区管理格局；通过开发事权的整合下沉，基本做到“开发区事、开发区办”。2014 年，进一步推进区级机关“瘦身”和街镇“强身”工作，完善面向群众的基层综合服务管理平台，全面强化基层一线服务。

大胆创新审批方式方法，推行综合审批。

目前，浦东新区正积极推广“管办分离”和“一门式办结”的行政审批服务模式，通过设立“行政审批服务处”，将开发区大市镇的审批职能进行合理归并，逐步推行综合审批。在全市率先开发行政审批事项属性要素数据库、行政审批事项管理系统和智能导航系统，编制行政机关实施行政审批操作标准的“业务手册”和行政相对人申请行政审批具体依据的“办事指南”。

2013 年 4 月，天津启动实施了政府投资项目联合审批，将全程办理时限由 125 个工作日提速到 99 个工作日。同年 12 月，又实施了企业“三天四证一章”制度，新设立企业可在三个工作日内全部办结工商营业执照、机构代码证、国税部门税务证、地税部门税务证和企业公章“四证一章”，将项目从立项审批到取得开工证的累计审批工作日缩减到 31 天以内。2014 年 1—8 月，共有 1315 个企业投资项目进入联审系统办理，总投资达到 4165 亿元，同比增长 50%。滨海新区则通过设立行政审批局，将新区 18 个委办局的 216 项审批职责全部交由行政审批局实施，建立了“新区的事在新区办”的工作机制，初步形成全区统一的行政审批服务体系。

坚持创新驱动发展战略
不断激发创新创业新活力

坚持市场引导创新方向的原则，在金融、税收、财政资金引导等方面进行改革探索，较为有效地调动了资本投向创新创业的积极性。

以市场需求为导向，不断创新完善科技金融体系。将建立完善科技金融体系作为推动创新型企业发展的重要手段。天津初步建立了以财政拨款资助、贷款贴息贴费、股权投资支持相结合的融资模式和以融资超市、专营机构、金融创新产品等为支撑的综合化服务体系。制定了《信用贷款风险保证金管理办法》，开展了知识产权质押融资工作，成为全国首批科技保险试点城市。针对轻资产、无抵押担保物的初创期科技型中小企业，滨海新区在全国首创通过天使投资，将政府对科技项目的无偿资助转变为政府通过天使投资公司对科技型中小企业的股权投资。

浦东新区的科技金融体系更为成熟和完善，明确将股权和债权市场作为融资主要来源，将社会资本和市场机构作为投资主体力量，利用市场机制去芜存菁，不再给“劣质”科技企业“喂奶粉”，确保资金向拥有核心竞争力的科技企业配置。在直接融资方面，着力构建覆盖科技型中小企业种子期、创业期和成长期的股权投资体系，有效引导和放大社会资本投入。一是面向种子期企业，重点深化科技投入体系改革，解决创业孵化融资问题。在国有资本经营预算中安排 20 亿元专项资金成立科技投资理事会，下设浦东科投、张江科投两大投资平台，实施决策方式、盈利方式、考核激励机制等改革，重点对高科技创业团队进行投资支持，有效培育了近千个创业项目转化为种子期企业。二是面向初创期企业，重点以母基金撬动风险投资基金（VC）解决资金规模问题。在浦东科投平台下，设立规模为 10 亿元的创业风险投资引导基金作为母基金，通过“协议配投”“有限合伙人（LP）”“有限合伙人 + 普通合伙人（LP + CP）”三种出资方式，与国内外知名创投机构合作成立了 21 只风险投资基金，由母基金带动多方创投基金，撬动社会资本 400 亿元。目前，交技股份、康耐特等科技企业已成功上市，中微半导体、聚力传媒等一批科技企业也已成长为行业细分领域的龙头企业。三是面向成长期企业，重点与私募股权基金（PE）合作解决科技成果产业化问题。共同设立生物医药产业基金、新能源产业基金等多只 10 亿元规模的高科技产业基金，通过股权投资、海内外并购等方式，重点支持一批科技成果产业化项目。

在间接融资方面，浦东新区着力构建符合中小科技企业资产特征的债权融资体系，丰富银行等金融机构的科技金融产品。一是以政策性金融工具引导商业银行信贷，通过科技资产评估、贷款贴息、培育自主创新中小企业（“慧眼工程”等）、设立担保专项资金、发展科技贷款专营机构和小额贷款公司等方式，引导金融机构加强对科技型中小企业的资金支持。截至2013年底，政策性金融工具已累计引导商业银行为1500家科技企业提供了约150亿元的贷款。二是设立知识产权中心和知识产权质押融资专项资金，已有450家次的轻资产科技企业获得共计9亿元的知识产权质押担保贷款。以此为基础，浦东新区还通过梯度化风险补偿和奖励措施，鼓励商业银行开展知识产权直接质押融资和信用贷款业务，目前已为科技型中小企业提供知识产权直接质押贷款18亿元、信用贷款15亿元。

以服务企业为准则，构建良好的创新创业生态体系。园区和地方政府共同打造的创新创业生态体系，已成为当前企业入区发展所考虑的关键要素。为此，上海张江高科技园区从创新机制改革、建设服务政府、提高行政效能、优化投资环境四个方面入手，以服务企业为核心，建立了行政服务中心“一门式”服务平台，设立了行政事项“零收费”政策试点，搭建了企业协商平台，进行了高质量的实验室建设，为不同企业量身孵化，极大地提高了孵化成功率。

突破外商投资体制壁垒
不断激发对外开放新活力

天津和上海均是我国对外开放的前沿地区，也是构建开放型经济的重要阵地。目前，两地重点在外商投资体制方面进行了一系列改革，形成了一定的宝贵经验。

提高通关和口岸服务的效率与水平。通过优化整合工作环节、建立健全信息平台等方法，探索通关和口岸服务新模式，极大地提高了通关效率，增强了口岸辐射功能。天津通过实施集中申报、分批通关等创新措施，基本实现了北疆港区、南疆港区的区域联动和24小时通关。口岸公共信息平台和全港区电子化口岸建设全面展开，初步实现了通关的信息化管理；开展“属地申报、口岸验放”的通关模式，通关效率提高20%—40%，物流成本降低20%—30%。天津东疆保税港区实现了货物在保税港区与境外之间的自由进出，通过不实行配额、许可证管理，仓储时间不受限制，进区货物“只检验、不检疫”等措施，增强了融资租赁产业的竞争力。

全面优化外商负面清单管理模式。上海2014版负面清单已经出台，天津的负面清单也已进入论证阶段，负面清单管理模式已经成为口岸外商管理的新原则。上海2014版负面清单修订后，包含了31条进一步扩大开放措施，其中，服务业扩大开放措施14条，制造业、采矿业、建筑业等领域扩大开放措施17条。同时，进一步增大透明度，将无具体限制条件的限制措施由原来的55条减少到25条。负面清单管理模式建立后，对清单以外的领域，按照内外资一致的原则，将外商投资企业合同章程审批改为备案管理，使新设的内外资企业数量显著增加。从上海自贸区揭牌至2014年8月底，工商共办结新设企业11944家，其中外资企业1612家，占比13.5%；内资企业10332家，占比86.5%。并且，超过90%的新设外资企业是通过备案方式设立的，且外资企业备案实现了当场完成。

加快金融对外开放的能力和水平。作为对外开放的窗口城市，两地正努力完善本地区的金融体系。天津以外资中国法人机构为补充的开放型经济金融服务体系，在实现外资金融法人机构“零突破”的同时，进一步提升了对外开放的能力和水平；最近，又取得境外投资基金试点政策，支持境内企业从事境外投资。至此，境内外资本可通过天津股权投资基金平台实现资本项下的境内外双向流动。

（吴健，江西赣州高新技术产业园区管委会；李晓琳，国家发改委经济体制与管理研究所。）

综合篇

2014 年北京市开发区发展情况综述

一、数据概况

1. 开发区经济规模稳步扩大。2014 年，北京市开发区实现工业总产值 9586.1 亿元，同比增长 7.3%；实现总收入 4.1 万亿元，同比增长 24.2%。其中，中关村国家自主创新示范区实现总收入 3.6 万亿元；三个市级开发区①实现总收入 2553 亿元。北京市开发区实现利润总额 3147.4 亿元，同比增长 30.4%。其中，中关村国家自主创新示范区实现利润总额 3031.5 亿元；三个市级开发区实现利润总额 108.7 亿元。

2. 招商引资工作取得丰硕成果。自开始至报告期，北京市开发区招商项目个数共计 45522 个，项目总投资 1.6 万亿元，注册资本 1.4 万亿元，其中，三资企业注册资本 2628.9 亿元；外商实际投资 238.2 亿美元。中关村国家自主创新示范区招商项目个数 35026 个，项目总投资 1.2 万亿元，注册资本 1 万亿元，其中三资企业注册资本 1687.8 亿元，外商实际投资 153.3 亿美元。

3. 土地集约利用率有所提高。2014 年，北京市开发区规划面积 451.8 平方公里，比上年增加 26 平方公里。其中，3 家国家级开发区规划面积 438.9 平方公里，占全市开发区面积的 97%；3 家市级开发区规划面积 12.9 平方公里，占全市开发区的 3%。截止到年底，全市开发区累计已开发土地面积和累计已供应土地面积分别为 305.3 平方公里和 157.1 平方公里，占规划面积的比重分别为 67.6% 和 34.8%。累计已建成城镇建设用地面积 244.1 平方公里，占规划面积的比重为 54%。全市开发区已建成城镇建设用地每公顷土地实现总收入 15567.4 万元，其中中关村国家自主创新示范区每公顷土地实现总收入 18307.8 万元。

二、积极推进生态工业园区建设工作

按照北京市清洁空气行动计划要求，在 2017 年前完成 19 个市级以上开发区基本建成生态工业园区的建设任务，市经信委组织开展了适合北京市特点的生态工业园区建设、管理和评价指标体系研究，制订了《本市工业生态园区评价管理暂行办法》（草稿）。市经信委会同市环保局制订并下发了《推进市级以上开发区生态化建设工作方案》，明确了 2015—2017 年三年的工作目标、工作任务以及实施步骤等要求。同时组织开展了国家低碳工业园区试点推荐工作，目前“大兴采育经济开发区”、“中关村永丰产业基地”已经国家工信部、发改委获批作为试点单位建设。

三、推进新型工业化产业示范基地建设

1. 示范基地的认证及评价工作。按照工信部要求，组织了“装备制造（轨道交通装备）· 北京丰台区”示范基地复核工作，组织推荐了“生物医药 · 北京大兴区”和“工业设计 · 北京大兴经济开发区”申报工信部第六批国家新型工业化产业示范基地。积极开

① 2012 年中关村扩区为“一区十六园”之后，原有 16 家市级开发区中有 13 家纳入中关村范围，仅剩林河经济开发区、天竺空港经济开发区、房山工业园 3 家未纳入，为避免重复计算，市级开发区数据仅加总此 3 家。

展市级新型工业化产业示范基地认定工作。联合市发改委、市规划委、市国土局等相关委办局，积极开展了第二批市级新型工业化产业示范基地的创建工作，认定并下发了13家授牌的基地名单。为加强对已认定的32家示范基地的持续监管，开展了示范基地年度发展评价工作。

2. 积极推进示范基地公共服务平台建设，鼓励基地土地集约利用发展。支持示范基地提高公共服务能力，重点支持公共服务平台在场地改造、安全监控、信息服务、人才培训等服务能力，鼓励示范基地建设一站式服务大厅，为企业提供便捷服务。2014年北京市共安排近2575万元专项资金重点支持了12家市级示范基地公共服务平台建设，新增或改造公共服务面积3000多平方米，通过这些措施完善基地内公共配套设施，促进资源优化配置和专业化分工协作。

鼓励示范基地完善配套设施，支持以土地集约、产业集聚为目标，建设、改造标准化厂房和企业用房。2014年北京市共安排8000万元引导资金支持示范基地建设标准化厂房或实验用房约120万平方米，为企业发展创造良好投资环境。着力推动基地集约发展。

四、推进北京市战兴产业布局与重大项目落地决策服务支撑系统建设

为促进开发区合理配置资源、优化布局，加强资源信息平台加强对接和数据共享，市经信委推进了北京市战兴产业布局与重大项目落地决策服务支撑系统建设。目前已汇集园区土地利用状况、产业发展状况、资源环境以及污染状况等数据的统计数据。下一步将会同市规划委、市国土局、市统计局加强信息资源共享平台建设。

开发区主要经济综合指标一览表

项目		单位	2014年	2013年	增减（%）
工业总产值（现价）		亿元	9789.3	8207.6	19.3
高新技术企业		亿元	5116.6	7377.0	-30.6
销售（营业）收入		亿元	41737.7	34125	22.3
工业		亿元	8328.8	9151.9	-9.0
第三产业		亿元	23733.9	21875.6	8.5
利润总额		亿元	3177.8	2576.1	23.4
工业		亿元	587.8	640.1	-8.2
区内主导产业及产值					
主导产业	1. 计算机、通信和其他电子设备制造业	亿元	2446.5	1822.1	34.3
	2. 土木工程建筑业	亿元	1864		
	3. 房屋建筑业	亿元	1491.5		
	4. 汽车制造业	亿元	1448.8	17.3	8274.6
第三产业		亿元			
进出口总额		亿美元	1185.8	1101.4	7.7
出口		亿美元	424.8	446.5	-4.9
税收收入		亿元	1570.6	1613.8	-2.7
新批企业个数		个	9945	6157	61.5
外商及港澳台企业		个	100	150	-33.3
合同外资金额		亿美元	9.4	16.7	-43.7
外商实际投资		亿美元	11	14.1	-22.0
固定资产投资		亿元	1110.6	1351.3	-17.8
在岗职工数		个	2258217	2178218	3.7
规模以上企业个数		个	7445	6250	19.1
工业		个	1868	1415	32.0

（北京市开发区协会）

2014 年上海市开发区发展情况综述

一、概况

“十一五”期间上海产业空间布局进一步优化。2006 年经国家开发区清理整顿后，形成了 41 个公告开发区，其中 38 个为工业开发区；2009 年本市实施产业区块梳理和“两规合一”（“两规”即城市总体规划和土地利用总体规划），形成了 104 个园区，总规划面积约为 789.3 平方公里，分为公告开发区、产业基地、城镇工业地块 3 类。其中国家公告开发区 487.7 平方公里，产业基地 179.4 平方公里，城镇工业地块 122.2 平方公里。104 个工业区构成了上海市“十二五”产业发展的重要空间载体。

二、开发区转型升级取得成效，园区三产比重首次超过二产

2014 年，上海市开发区产业结构中的二、三产营业收入之比为 48.03:51.97，三产所占比重比 2013 年提高 3 个百分点，第三产业比重首次超过第二产业，开发区转型升级取得成效。

园区中上海市市北高新技术服务业园区、中国（上海）自由贸易试验区三产比重超过 95%；海港综合经济开发区、上海未来岛高新技术产业园区、漕河泾开发区松江高科技园、永丰街道等 20 个园区三产比重超过 50%。

2014 年，上海市开发区实现营业总收入 63468.73 亿元，园区经济规模三年三大步，从 2012 年的 5 万亿元到 2013 年的 5.5 万亿元，2014 年一举超过 6 万元规模，经济能级大幅提升，成为上海市经济转型发展重要区域。

2014 年，上海市营业总收入超千亿元以上的开发区（产业基地）有 13 个，上海综合保税区产业规模超过 1.5 万亿元，上海金桥经济技术开发区和国际汽车城一起成为超 6000 亿的园区，规模比 2013 年增加较大，漕河泾新兴技术开发区、松江工业区和张江高科技园区规模超过 3000 亿元，嘉定工业区超 2500 亿元、康桥工业区、青浦工业园区上海市市北高新技术服务业园区、莘庄工业区、宝山钢铁基地和上海化学工业经济技术开发区（合计）等超 1000 亿元，成为上海市开发区经济能级持续提升的龙头和重要引擎。

三、工业生产呈现新常态，开发区占全市比重持续增加

2014 年，上海市开发区规模以上工业企业完成工业总产值 25561.31 亿元，占全市规模以上工业 79.3%，同比增长 0.8%，开发区工业生产增幅连续三年在个位数波动，呈现新常态。上海本市开发区规模以上企业工业生产占全市的比重从 2010 年的 72.91% 增加到 2014 年的 79.3%，比重接近 80%，是上海市工业生产最重要区域。

工业向园区集中进一步提升，园区规模进一步扩大。浦东新区、嘉定区和松江区是上海市开发区生产规模最大的前 3 个区县，3 个区县共完成产值 16135 亿元，占全市开发区规模以上企业完成产值的 58.89%，其中浦东新区的开发区完成工业总产值 8106.63 亿元，同比

增长0.4%。

从园区总量分析，2014年国际汽车城以3148.10亿元排名第一，松江工业区（试点园区）以2722.63亿元排名第二，上海金桥经济技术开发区以2047.94亿元排名第三；上海浦东康桥工业园区、嘉定试点园区和青浦工业区（试点园区）是上海市开发区工业企业2014年超千亿的园区。从重点园区增幅分析，张江高科技园区以22.38%排名上海市重点开发区增速第一，国际汽车城、莘庄工业区和青浦工业区（试点园区）紧随其后。

单位土地产出水平逐步提高。上海市开发区工业用地2014年平均产出率为84.3亿元/平方公里。各区县分析，浦东新区和闸北区以140亿元/平方公里排名前两名，嘉定区以135.9亿元/平方公里排名第三，上海化学工业经济技术开发区（不含两分区）超过100亿元/平方公里。

产业集群规模化发展成效显著，汽车制造业成为上海市开发区第一大产业。上海市2014年规模以上工业企业行业超过500亿元的行业有十一个，其中汽车制造业超过计算机、通信和其他电子设备制造业成为上海市开发区第一大产业，2014年完成4979.67亿元，其次是计算机、通信和其他电子设备制造业达到4967.55亿元，化学原料和化学制品制造业和通用设备制造业超过2000亿元产业规模。十大行业的规模以上工业企业2014年共完成工业总产值21259.2亿元，占全市开发区完成工业总产值的83.17%。同时上海市的五大行业中有四个行业属于先进装备制造业，说明上海市开发区产业结构调整取得一定成效。

四、自贸区影响持续扩大，外内资大幅增长，但实到外资出现下降

2014年，上海市开发区累计引进外资项目3301个，同比增长103.64%，占全市外资项目数的70%，中国（上海）自由贸易试验区对外资的影响在2014年持续增大，自贸区引进2057个外资项目。

2014年，上海市开发区累计吸引合同外资金额206.36亿美元，同比增长96.58%，占全市合同外资金额的65.28%，占比大幅提升。上海市开发区引进外资出现分化，中国（上海）自由贸易试验区、陆家嘴金融贸易区、张江高科技园区和漕河泾新兴技术开发区等国家级开发区2014年对外招商形势较好。

在内资方面，中国（上海）自由贸易试验区对本市引进内资具有重大拉动作用，2014年上海市开发区引进内资项目34265个，同比增长91.6%，落户内资企业注册资本金为5109.9亿元，同比增长181.07%。其中国家级开发区为4120.88亿元，同比增长201.81%，自贸区扩区到临港产业区影响，临港产业区的引进内资项目数与资金也大幅增长。

五、全市开发区工业固定资产投资连续下降

2014年，上海市开发区累计完成工业固定资产投资929.37亿元，同比下降4.6%，连续两年本市开发区工业投资呈现下降，占全市工业投资的80.37%。

六、上缴税金增长呈现新常态，第三产业保持较快增长

2014年，上海市开发区上缴税金4449.89亿元，同比增长7.38%，占全市税收的36.82%。2014年上海市共有10个园区税收超100亿元，其中中国（上海）自由贸易试验区上缴税金1558.92亿元，排名第一，陆家嘴金融贸易区排名第二，国际汽车城（合计）和上海金桥经济技术开发区排名第三、四位，上缴税金超过250亿元。张江高科技园区等六个园区超过100亿元。

七、园区建设取得新成绩

国家级新型工业化产业示范基地创建工作持续推进。2014年紫竹高新技术产业区、浦

东康桥工业区两家基地获工信部批准和授牌，嘉定、青浦工业园区申报创建第六批“国家新型工业化产业示范基地”，现已通过专家评审和部长办公会审议，基本实现了全市创建15家示范基地的工作目标。组织开展了嘉定汽车产业园区、张江高科技园区生物医药产业基地、漕河泾新兴技术开发区3家基地的复核工作，并经工信部复审通过。经过几年的创建，目前上海13家国家新型工业化产业示范基地实现工业总产值11185.9亿元，首次突破万亿元大关，产业集聚度达81.6%，示范基地单位土地平均产值126.9亿元/平方公里。示范基地经济运行始终保持良好的发展势头，充分显示了示范基地在上海市开发区中的示范引领作用。

“四新”产业基地建设开始推进。依托张江国家自主创新示范区建设，推进“基地+基金+人才实训基地”结合，培育和推进“四新”经济创新基地建设试点。为满足企业落地需求，解决企业与载体间信息不对称问题为重点，完善开发区信息管理信息服务平台，整合工业园区、生产性服务业功能区、创意产业集聚区、信息服务产业基地、科技企业孵化器等各类载体，建立“四新”经济新载体信息平台。加快建立由龙头企业、中小企业、科研机构组成的创新联盟，培育创新团队和人才，打造拳头产品，形成创新链。打造一批“四新”经济发展的策源地和集聚地。推进“四新”企业与投资机构的对接，依托行业协会、龙头企业、产业园区和相关教育机构，建设“四新”高技能人才实训基地。

（上海市开发区协会）

2014年江苏省开发区发展情况综述

一、概况

2014年，江苏省开发区进一步壮大。江苏作为沿海开放地区，是最早建设开发区的省份，江苏开发区经过30多年的建设，成为外商投资的密集区、重点产业的集聚区、产城融合的先导区和改革创新的先行区。当年新批国家级经济技术开发区2家，截至2014年底，全省共有各类国家级、省级开发区131家，其中国家级开发区40家，省级开发区91家。经江苏省有关部门批准，有99家开发区为知识产权试点示范园区。

2014年在江苏省委、省政府的领导下，全省开发区认真贯彻落实党的十八大和十八届三中四中全会精神，坚持稳中求进、改革创新，紧紧围绕三项重点任务，拓展深化八项工程，着力抓好十项举措，以提高发展质量和效益为中心，加快调整结构和转型升级，统筹做好稳增长、调结构、促转型，走可持续发展之路。全省开发区在新常态下主要经济指标总体稳定，稳中有进，经济建设发展持续保持良好态势。

二、综合

2014年，江苏省开发区发展再上新水平。全省开发区实现业务总收入166711.24亿元、公共财政预算收入3387.09亿元，同比分别增长9.5%、8.3%。国家级开发区实现业务总收入96090.39亿元，公共财政预算收入1955.77亿元，分别增长10.7%、5.2%。

全省开发区呈现出苏南在高平台上平稳增长，苏中、苏北地区稳中求进的发展态势。

分区域业务总收入和公共财政预算收入完成情况

（单位：亿元）

地区	业务总收入	同比（%）	公共财政预算收入	同比（%）
全省	166711.24	8.9	3396.09	6.4
苏南	100388.32	3.5	2068.21	10.8
苏中	34576.35	6.3	577.01	0.11
苏北	31746.57	1.6	750.87	0.2

三、工业经济

2014年，江苏省开发区产业规模稳步发展。全省开发区结合自身特点，着力加快重点产业发展，企业集聚效应明显，产业规模稳步增长。全省开发区实现工业总产值113945.03亿元，其中规模以上工业总产值98921.93亿元，同比分别增长3.1%和2.5%。国家级开发区实现工业总产值64757.98亿元，其中规模以上工业总产值57749.96亿元，分别增长3.7%和5.6%。开发区实现规模以上工业增加值21651.15亿元，同比增长1.5%（现价，下同）。其中，国家级开发区实现规模以上工业增加值12670.31亿元，增长4.5%。

2014年，江苏省开发区产业结构进一步优化。围绕转型升级目标，全省开发区内产业不断调整、优化和集聚，结构进一步优化。全省开发区完成主导产业增加值22812.70亿元，同比增长11.4%。其中，国家级开发区完成主导产业增加值12778.31亿元，同比增长7.7%。

工业增加值排位前8位的行业

（单位：亿元）

产业名称	完成增加值
计算机、通信和其他电子设备制造业	4676.68
通用设备制造业	2772.93
化学原料及化学制品制造业	2647.74
电气机械及器材制造业	2000.75

续表

产业名称	完成增加值
专用设备制造业	1530.39
汽车制造业	1261.51
纺织业	997.34
铁路、船舶、航空航天和其他运输设备制造业	805.31

四、固定资产投入

2014年，江苏省开发区根据产业特点和发展要求，努力做好转型升级，创新发展。全省开发区完成全社会固定资产投资21942.07亿元，其中工业项目固定资产投资13772.76亿元，同比分别增长6.5%和6.0%；完成基础设施投入2580.36亿元，同比增长4.9%。国家级开发区完成全社会固定资产投资10932.99亿元，其中工业项目固定资产投资6378.21亿元，分别增长5.6%和5.3%；完成基础设施投入1228.65亿元，同比增长3.2%。

五、招商引资

2014年，江苏省开发区面对复杂多变的国际经济形势，积极营造良好的投资环境，不断创新。全省开发区实际使用外资220亿美元，占全省比重的78.1%，其中国家级开发区实际使用外资142.63亿美元。全省开发区新批外商投资企业2416家，同比下降12.2%，占全省比重的79.7%。其中，国家级开发区新批外商投资企业1441家，同比下降12.8%。

江苏省开发区吸引内资企业快速增长。全省开发区新增内资企业注册资本6135.85亿元，同比增长24.0%，其中工业项目注册资本2243.68亿元，同比增长3.7%。国家级开发区新增内资企业注册资本3752.65亿元，同比增长33.3%，其中工业项目注册资本1050.47亿元，同比增长2.2%。全省开发区新增内资企业63697家，同比增长32.2%，其中国家级开发区新增内资企业41109家，同比增长33.0%。

六、对外贸易

2014年，江苏省开发区进出口保持低位增长。全省开发区奋力开拓国际市场，对外贸易成效显著。全省开发区实现进出口总额、出口额和进口额分别为4544.34亿美元、2713.24亿美元和1831.10亿美元，同比增长1.9%、3.3%和下降0.1%，分别占全省的80.6%、79.4%和82.5%。国家级开发区实现进出口总额和出口额分别为3798.45亿美元和2223.32亿美元，分别下降1.1%和增长0.7%。

七、科技创新

2014年，江苏省开发区积极推进科技创新载体建设，努力营造良好的创新发展环境。全省开发区内设有高新技术创业服务中心（孵化器）403家，中心（孵化器）内共有23160家企业，同比增长6.4%。全省开发区当年新增授权、申请专利为149848项。全省开发区内现有高新技术企业6958家，完成工业产值34793.21亿元，同比增长1.7%。其中，国家级开发区内有高新技术企业4466家，完成工业产值21362.84亿元，同比增长3.1%。

八、社会贡献

2014年，江苏省开发区构建和谐社会步伐进一步加快。全省开发区的发展有效地扩大了就业，推动了区域共同发展。全省开发区期末从业人员达1395.31万人，同比增长14.25%，其中工业从业人员903.77万人，同比增长10.0%。境外人士在开发区从业人员8.45万人，同比下降1.4%。国家级开发区期末从业人员836.92万人，同比增长16.8%，其中工业从业人员518.40万人，同比增长13.4%。境外人士在开发区从业人员6.48万人，同比下降7.0%。

九、生态环境

2014年，江苏省共有117家开发区开展生态工业园的创建，比上年新增17家。其中，通过国家三部委验收并正式命名的国家级生态工业示范园有14家，同意创建的国家级生态工业示范园区11家。通过省级验收并正式命名的省级生态工业园40家，批准创建的省级生态工业园区52家。

十、海关特殊监管区

江苏省现有19家海关特殊监管区，其中综合保税区16家，出口加工区2家，保税港区1家。目前太仓港综合保税区未封关运作。全省海关特殊监管区（不含保税港区）完成境外进区货值393.78亿美元，本区至境外货值716.19亿美元；国内至本区货值849.93亿美元，本区至国内货值663.12亿美元。

十一、共建开发区

共建园区是江苏省委、省政府为加快苏北振兴促进区域共同发展，采取的一项重大举措。经过几年的努力，全省共建园区数量已达41家。苏南开发区共派出二百余名各级各类干部及管理人员到共建园区工作。

共建园区主要经济指标稳定增长。南北共建园区产出快速提升，全年完成工业产品销售收入3282.26亿元，规模以上企业工业增加值715.72亿元，地方公共预算收入80.46亿元。共建园区完成基础设施投入94.11亿元，同比下降1.6%；批准进区项目647个，内资项目注册资金193.71亿元，实际到账注册外资8.75亿美元。开工在建项目341个，建成投产项目1033个。

十二、特色产业

江苏省开发区截至2014年底，全省开发区内累计批准设立了149家特色产业园区，主导产业销售收入超百亿元的特色产业园达到45个。

（江苏省开发区协会）

2014年浙江省开发区发展情况综述

一、开发区基本情况

（一）队伍再扩大

2014年，慈溪经济开发区和丽水经济开发区升级为国家级经济技术开发区；新设鄞州、慈溪滨海、姚庄和独山港4家省级经济开发区。丽水开发区的成功升级，填补了浙江省西南地区国家级平台的空缺。截至2014年底，全省已有21家国家级经济技术开发区，省级经济开发区46家。国家级开发区占全国的9.6%，在数量上仅次于江苏排全国第二。

（二）空间深化整合

2014年共计33家开发区按照夏宝龙书记“高起点地规划开发区建设，高标准地推进开发区整合提升”的要求完成了深化整合提升工作。截至2014年底，浙江省开发区经批准核心面积620平方公里，受当地政府委托管理面积6900多平方公里整合发展，其中已达七通一平标准的已开发面积2000.7平方公里，规模以上工业企业用地面积570平方公里。

（三）量质齐并进

项目和企业是开发区的生命线，2014年全省开发区新批总投资超5亿项目282个，投资总额超过5000万美元的外资项目91个，国千、省千、院士和外国专家领衔入股项目98个。截至2014年末，全省开发区“四上”企业3.4万家，外资企业1万多家，世界500强外商投资企业240家。2014年有2家开发区规模以上工业总产值超2千亿，共有超千亿开发区14家，较上年增加5家。

二、2014年主要经济指标及规模较大开发区情况

2014年全省经济（技术）开发区利用外资、对外贸易、工业、财税收入和投资等主要经济指标保持稳定增长，占全省比重较上年扩大。一是利用外资。2014年全省经济（技术）开发区新批外资项目600个，合同利用外资128亿美元，实际利用外资86.1亿美元，分别占全省的38.7%、52.6%和54.5%，实际外资同比增11.1%；2014年新批外资项目中，77%投资总额超过1000万美元、30%超过3000万美元、15%超过5000万美元，新批世界500强投资企业12家，占全省50%。二是对外贸易。2014年全省经济（技术）开发区实现进出口总额1559.3亿美元，其中出口1148.0亿美元，进口411.2亿美元，较上年分别增长6.7%、10.6%和下跌2.9%，分别占全省的44.5%、42.0%和50.3%。进出口、出口和进口总额增幅较全省平均水平高出0.9、0.7和3.1个百分点。三是规模以上工业。2014年末全省经济（技术）开发区规模以上工业企业近2万家，约占全省的52%；实现规模以上工业增加值7256.4亿元，占全省的57.9%，同比增长10%，高于全省3.1个百分点；实现利润总额2066.9亿元，占全省58.3%。四是财税收入。2014年全省经济（技术）开发区实现财政总收入2606.8亿元，占全省的34.7%，其中税收收入2448.3亿元，同比增15.0%，占全省财政总收入的32.5%，比重较上年提高1.5个百分点。五是

固定资产投资。2014 年全省经济（技术）开发区固定资产投资 9500.3 亿元，同比增 21.0%，占全省的 40.3%，比重较上年扩大 1.7 个百分点。其中基础设施投入 1892.3 亿元，制造业 4598.8 亿元，工业技术改造投入 3206.0 亿元。

2014 年主要经济指标

项目	绝对值	占全省比重	增幅	增幅较全省
实际利用外资	86.1 亿美元	54.5%	11.10%	-0.5
进出口总额	1559.3 亿美元	44.5%	6.7%	+0.9
规模以上工业增加值	7256.4 亿元	57.9%	10.0%	+3.1
财政收入	2606.8 亿元	34.7%	15.0%	+6.1
固定资产投资	9500.3 亿元	40.3%	21.0%	+4.4

2014 年全省经济（技术）开发区实际利用外资超 2 亿美元的 14 个，比上年增加 4 个；进出口总额突破 100 亿美元的 2 个；规上工业总产值上千亿开发区 14 个，比上年增加 5 个；税收收入突破 100 亿元的 4 个；固定资产投资超过 200 亿元的开发区 15 个，比上年增 5 个。

三、发展质量和综合效益情况

2014 年全省经济（技术）开发区努力做好引进大好优项目、改造提升传统产业、招才引智、打造创新平台等工作，继续推进“四换三名”工程，全方位促进开发区实现创新驱动，提升经济和社会效益。

2014 年全省经济（技术）开发区引进投资总额 3000 万美元以上外资项目 165 个，其中世界 500 强外商投资企业 12 个，当年设立备案总投资 2 亿元人民币以上内资项目数 636 个，“国千”、“省千”等专家人才入股领衔的项目 98 个；当年技术改造投入 3206.0 亿元，占固定资产投资的 33.7%，比上年增加 1 个百分点；拥有省级以上高新技术企业 2776 家，比上年新增 252 个，其中规模以上工业高新技术企业 2423 家，占全部规上工业企业的 12.1%，工业总产值 11000 多亿元，占全部规模上工业总产值的 28.5%；拥有研发中心、技术中心、院士工作站和博士后工作站 1314 家；规上工业企业每万人科技活动人员 790 人，拥有“国千”245 人、“省千”313 人、院士 126 人、外国专家 345 人；规上工业企业科技活动经费支出强度 7.7%，高于全省 1 个百分点；2014 年新增发明专利授权量 3720 件；3 年经评定的知名品牌（商标）、出口名牌 1236 只。

在综合效益方面，全省经济（技术）开发区 2014 年度新产品产值率达到 30.3%；规上工业企业占地面积 85.5 万亩，亩均工业产值 450 万元，亩均工业增加值 84.9 万元；吸纳从业人员约 659 万人，其中规模以上工业企业从业人员 374 万人，规上工业企业平均人数 187 人，人均实现工业增加值 19.4 万元，高于全省平均水平 1.4 万元/人，人均实现利润 5.53 万元，高于全省平均水平 0.44 万元/人。提升经济效益的同时，全省经济（技术）开发区重视节能降耗和环境保护，2014 年末，有 391 家企业评为清洁生产先进企业，全省开发区规模上工业企业能耗同比下降 3.3%。

2014 年主要质量和效益指标

指 标	数 值
新批世界500强外资企业投资项目数	12个
新批投资总额3000万美元以上外资项目数	165个
固定资产投资技术改造投入占比	33.7%
规上工业企业高新技术企业数占比	12.1%
研发中心、技术中心数	1168个
当年企业发明专利授权数	3720件
近三年获评知名品牌、商标数	1236只
国千、省千、院士、外国专家人数	245人、313人、126人、345人
新产品产值率	30.3%
规上工业企业亩均产值率、增加值率	450万元/亩、84.9万元/亩
规上工业企业人均产值率、增加值率	103万元/人、19.4万元/人
规上工业企业能耗降幅	3.3%
清洁生产先进企业数	391家

四、国家级经济技术开发区发展情况

国家级经济技术开发区在名称上较省级经济开发区增加了“技术”两字，是国家战略在我省的点状布局，是浙江省改革开放的最前沿地带、产业和技术结合的高地。本文主要从外向型经济、发展质量和发展效益对其进行报告。

（一）外向型经济总量贡献大，优质项目集聚

2014年全省国家级经济技术开发区合同利用外资79亿美元，实际利用外资60.4亿美元，分别占开发区总数的66.6%和70%，占全省的32.4%和38.2%；世界500强投资的外商投资企业228家，3000万以上外资项目数111家，分别占开发区总数95%和67.3%。2014年实现进出口总额899.3亿美元，占开发区总数的57.7%，占全省的25.7%。

（二）国家级开发区产业层次较高，企业规模更大

从上规模工业企业和限额以上服务业企业及其主营业务收入分析，国家级开发区产业层次较高，企业规模更大。国家级经济技术开发区工业企业数量是服务业的1.9倍，而省级开发区为2.9倍，国家级开发区工业企业主营业务收入是服务业企业的2.4倍，而省级开发区高达5.0倍。说明开发区虽都是以工业为主，但在产业层次上，国家级开发区更高一层，服务业集聚较多，服务业规模也更大；另一方面通过比较国家级与省级开发区企业数量和主营业收入，发现国家级开发区工业企业数量不到省级开发区的72%，但其主营业务收入是省级开发区1.3倍多，服务业企业国家级是省级的1.1倍，但其主营业务收入是省级开发区的2.8倍。

（三）较高投入推动较高效益，创新驱动水平有待提高

2014年全省国家级经济技术开发区规上工业企业亩均固定资产累计投入、亩均工业增加值率和人均工业增加值率分别高于省级经济开发区80.8万元/亩、23.6万元/亩和4.3万元/人；国家级开发区也更重视清洁生产，2014年规上工业企业或绿色企业称号的规上工业企业占比2.3%，较省级开发区高出0.7个百分点；但高新指标并没有出现优势，诸多指标甚至出现国家级开发区和省级开发区倒挂现象，如科技经费支出强度和新产品产值率分别低于省级经济开发区1.1个和4.8个百分点。

五、对下一步全省经济（技术）开发区发展的几点建议

（一）务实、有效推进管理体制的整合

目前，有的国家级经济技术开发区按照整合提升方案与省级经济开发区等区域在空间上进行了整合，但管理上并不到位，如湖州开发区与南浔开发区部分区块的整合、温

州开发区对瑞安开发区的整合、嘉兴开发区对乍浦开发区的整合，等等。建议对既没有建立整体、统一的有效运行机制，也没有进行统一招商、统一规划的整合区域设定为准整合区，数据不纳入统计；对超过3年不能有效整合的区域，建议撤回整合。采取这样的措施，可以促进开发区实行真正的融合发展，推动整合优化提升工作，巩固整合提升成果。

（二）把握差异化发展方向，继续推动产业结构调整升级

目前，在浙江省开发区中，纺织和纺织服装等传统产业依然占有主要地位，新兴产业经过前几年的培育，在有些开发区已经被成功打造成主导产业，如宁波杭州湾、金华开发区的汽车制造业，杭州、湖州开发区的医药制造业等。可以说浙江省开发区总体产业结构较前几年有很大提高。但有两点依然需要引起关注：一是从一些效益指标看，浙江省开发区产业附加值依然偏低，如2014年浙江省开发区工业增加值率仅为18.8%，较前几年并没有较大提高；二是虽然新兴产业已逐渐被打造成新的主导产业，但同时需要警惕新的产业同构发生，在规划和项目招商中需要把握新兴产业的差异化发展，避免当初纺织、服装等传统产业走过的产业同构之路。提升产业链和把握差异化发展是下阶段推动产业结构调整升级需要关注的两方面。

（三）国家级经济技术开发区新常态下应有更大的担当

国家级经济技术开发区是承担国家战略使命的，在审批、融资、招商等方面都有较大政策和品牌优势，是新常态下浙江省响应“一带一路”大开放战略的重要平台。但从数据看，国家级经济技术开发区总体发展水平并不尽如人意，创新驱动不足，与外省优质国家级经济技术开发区存在较大差距，在商务部历年总评排名中鲜见进入前10名。所以在新常态下，浙江省国家级经济技术开发区需要形成新的使命感，顺应国家总战略，积极推广上海自贸试验区可复制改革试点经验，成为带动地区经济发展和实施区域发展战略的重要载体，成为构建开放型经济新体制和培育吸引外资新优势的排头兵，成为科技创新驱动和绿色集约发展的示范区。

（浙江省商务厅）

2014年福建省开发区发展情况综述

一、发展规模

截至2014年底，福建省共有各类开发区101个，其中国家级开发区28个，省级开发区73个；按类型划分，经济开发区78个、台商投资区6个、高新区8个、海关特殊监管区7个、旅游度假区2个。核定土地规划面积800.1127平方公里。

二、经济运行

2014年，福建省省级以上开发区实现地区生产总值6846.19亿元，增长15.1%；工业增加值5069.48亿元，增长14.3%；完成固定资产投资4373.49亿元，增长14.3%；税收收入899.29亿元，增长15.3%；财政收入972.02亿元，增长16.9%。地区生产总

值、工业增加值、固定资产投资、税收收入、财政收入分别占全省的28.5%、48.6%、23.71%、19.1%和25.4%。全年新注册内资企业14080家，注册资本金1064.79亿元；新批外资项目328项，合同外资（验资口径，下同）32.63亿美元，实际利用外资24.49亿美元，分别占全省的31.4%、38.4%和34.4%。出口总额533.59亿美元，进口总额370.34亿美元，分别占全省的47%和57.8%。

三、台商投资区

2014年，福建省6个台商投资区实现规模以上工业总产值3690.1亿元，税收收入320.43亿元，实际利用外资7.77亿美元，外贸出口143.78亿美元；其中台资企业工业产值1102.1亿元，台资企业税收收入75.24亿元，实际利用台资2.07亿美元，台资企业出口总额50.05亿美元，分别占台商投资区29.87%、23.48%、26.64%、34.81%。截至2014年底，台商投资区累计引进台资项目1147个，合同利用台资93.95亿美元，实际利用台资77.9亿美元，分别占全省台资的9.6%、42.1%、61.8%。台商投资区已成为福建台商投资最密集的区域，成为福建承接台湾电子信息、机械、石化、钢铁、食品加工业的重要基地，成为开展闽台经济、文化交流合作的先行区域。

四、海关特殊监管区

截至2014年底，福建省7个海关特殊监管区规划面积32.3092平方公里，已建成面积17.66平方公里，累计入区企业3858家。2014年，出口总额102.02亿美元，进口总额81.68亿美元，货运总量5186.46万吨。

五、特色产业

2014年，福建省开发区积极发挥比较优势，突出特色产业，产业支撑能力得到提升，已成为特色产业集群的培育载体。如厦门海沧台商投资区已形成生物医药、电子信息、机械制造等产业集群，其中生物医药产业获批国家“战略性新兴产业区域集聚发展试点”。龙岩经济技术开发区全力打造海西世界级工程机械产业基地和国家级环卫装备专业研发和生产基地。

六、新设和扩区

2014年，福建省政府批准设立霞浦经济开发区为省级开发区，规划面积3.626平方公里；批复同意永定工业园区扩区4.9624平方公里。

七、自贸区建设

国务院批复设立中国（福建）自由贸易试验区，涵盖平潭片区、厦门片区、福州片区，总面积118.04平方公里。其中涉及开发区的有福州经济技术开发区22平方公里（含福州保税区0.6平方公里和福州出口加工区1.14平方公里）、福州保税港区9.26平方公里、厦门象屿保税区0.6平方公里、厦门象屿保税物流园区0.7平方公里、厦门海沧保税港区9.51平方公里。

八、科技创新

2014年，福建省开发区大力实施科技人才战略，鼓励产学研合作，以科技创新为支撑，推动开发区转型升级。如福州高新区获批国家级国际创新产业基地、国家软件与集成电路人才国际培训（福州）基地、国家数字家庭应用示范产业基地、国家科技与文化融合发展示范基地等；厦门火炬高新区软件园荣获“2014年度中国软件和信息服务领军产业园区”称号；莆田高新区与天津大学、中科院广州化学所、厦门大学、莆田学院签订战略合作协议，成立天津大学博士后流动站莆田科研中心、莆田学院激光精密加工与无损检测工程技术中心。

九、招商与援建

2014 年，福建省共有 5 个开发区代表参加第十八届中国国际投资贸易洽谈会福建开发区展区展洽活动，通过精心设计，特装展示与现场洽谈结合，推介活动受到众多海内外客商的关注和好评，效果明显。积极推进对口援疆工作，促成 2014 年福建国家级经济技术开发区对口援建新疆准东开发区项目正式签约，厦门海沧台商投资区和福清融侨经济技术开发区分别与新疆准东经济技术开发区签订了对口援建项目框架协议，共建物流公共信息平台，并提供援建资金各 100 万元。

十、山海协作

2014 年，经福建省委农办、省商务厅等部门共同认定莆田高新技术开发区、厦门泉州（安溪）经济合作区湖里园、厦门泉州（安溪）经济合作区思明园、惠安县惠东工业园区、柘荣经济开发区为第二批山海协作共建产业园区。

十一、环保绿化

2014 年，认真落实省政府《关于加快推进污染减排重点工作的意见》（闽政［2013］54 号），紧抓省级以上开发区节能减排工作，重点推进开发区污水集中治理。由省商务厅会同环保厅联合下发《关于严格省级以上开发区污水集中处理工作的意见》（闽商务开发区［2014］5 号），进一步明确省级以上开发区污水集中处理要求和管理办法，制定了处罚措施。截至 2014 年底，共有 89 家开发区实现污水集中处理，12 家正在推进中。围绕省十二五造林绿化目标任务，将全年 18 个绿色开发区的创建任务下发到各开发区绿化主管部门，按照绿地率 25%、绿化覆盖率 30% 的标准，指导推动各园区的创建工作。

十二、政策扶持

2014 年，按照《关于做好 2014 年利用外资和开发区促进资金项目申报工作的通知》（闽商务财务［2014］65 号），经严格审核各单位申报材料，省商务厅会同财政厅共下拨开发区产业促进资金、污水集中处理设施建设补助资金、绿色开发区建设补助资金 1860 万元，完成年度任务（1500 万元）的 124%。

（福建省开发区协会）

2014 年江西省工业园区发展情况综述

2014 年以来，江西省大力实施工业园区提升计划，深入推进特色园区、生态园区、新型社区和管理信息化“三区一化”建设，不断提升园区集约集群、生态建设、社会化服务和管理服务水平，园区经济保持了平稳发展。到 2014 年底，全省园区实现主营业务收入 23226.7 亿元，增长 12.3%；完成工业增加值 5454.5 亿元，增长 12%；上缴税金 1077.2 亿元，增长 17.1%。

一、着力稳增长、促发展，主要经济指标迈上新台阶

依托省中小企业公共服务平台，建立工业园区经济运行监测平台，对重点园区、重点产

业、重点企业实行动态监测和预警分析。完善重点工业园区调度推进工作方案，建立过百亿园区旬调度制度，加强督促检查，确保稳增长目标落到实处。预计到年底，全省园区全面完成年初预定目标，主营业务收入突破2万亿元，工业增加值突破5000亿元，从业人员突破200万人。全省过百亿园区达到73个（含2个筹建园区），同比增加4个。其中过千亿元园区2个，新增1个；过500亿元园区10个，新增2个。上缴税金过10亿元园区38个，新增12个，其中过100亿元园区1个。同时，工业园区发展升级步伐不断加快，抚州高新区、赣州高新区、吉安高新区积极创建国家级高新区；桑海经济开发区等10个园区被省政府批准筹建省级工业园区，纳入省级工业园区统一管理；配合省发改委，继续加快推动扩区调区工作，其中47个园区扩区调区规划通过初审，23个园区的规划通过省直相关部门组织的联合评审，19个园区的规划已经省政府批准。

二、着力育龙头、创特色，产业集群发展取得新成效

以省政府名义出台《关于加快产业集群发展 促进工业园区发展升级的意见》（赣府发［2014］19号），依托省经管学院编撰全省工业园区产业集群发展蓝皮书，建立产业集群发展竞争力评价指标体系，通过顶层设计，鼓励和引导每个园区重点抓好规划编制、龙头培育、产业配套三个核心要素和环节，确定主导产业特别是首位产业，引导设区市属工业园区重点培育2—3个产业集群，县属工业园区重点培育1—2个产业集群。目前，94个园区均明确了1—2个重点发展的产业集群。创新工业园区产业集群支持方式，按照“三聚焦、一放大”原则，建立5000万元的产业集群发展风险补偿金，与有关金融机构合作，调动金融机构6—8倍贷款，帮助龙头企业进行技术改造，并配套1000万元财政贴息资金支持。在去年为14家医药企业提供2.88亿元贷款支持的基础上，今年再支持20家医药及医疗器械企业和10家电子信息企业进行技改。同时，按照“三为主、一特色”（即建设以初创企业为主、以培育小微企业数量为主、以多层厂房和楼宇为主，培育科技型和集群式小微创业园）的总要求，加速推进小微企业创业园建设，完善产业配套。截至目前，全省有省级小微创业园6家，创建单位42家，累计建设标准厂房面积达到1386万平方米，入驻企业2189家，安置就业人员4.8万人。

三、着力转方式、调结构，生态文明建设呈现新面貌

园区绿化试点不断深入，生态化改造工作有序推进，生态环境明显改善，资源综合利用水平稳步提升。截至目前，全省共有三批48个园区列入绿化提升试点，占全省园区一半以上。第三批21个试点园区按照绿化提升规划要求全部完成规划目标任务，园区绿化覆盖率达到30%以上。到年底，全省园区万元主营业务收入耗电量196千瓦时，同比下降23%。积极引导工业园区开展清洁生产和发展循环经济，着力构建冶金、电力、建材、轻纺、石化等循环经济产业链，有效促进产业链延伸、资源节约利用、废物集中处理和热电能源共享。今年，永修云山经济开发区通过全国循环经济试点示范单位验收，南昌高新区列入国家级循环化改造试点园区，成为继鹰潭高新区、赣州经开区之后全省第三个国家级试点，获得国家专项补助资金近1.5亿元。工业园区污水处理设施建设全面推进，污水处理设施配套管网进一步完善。目前，全省94个省级以上工业园区中，已建成投运工业园区污水处理厂13个；正在建设的13个；已签约待建的28个。

四、着力建平台、优服务，园区管理服务能力实现新提升

工业园区物流港试点顺利启动，由省国控

公司牵头组建的总投资30亿元的园区物流港集团顺利注册运营，抚州高新区、井冈山经开区、共青城经开区、丰城高新区等4个园区列入首批园区“物流港”建设试点，吉安万吉全国物流信息平台加快推广，全省园区物流资源实现有效整合。融资服务不断完善。组织制订《江西省工业园区中小企业信用等级评定办法（试行）》（赣园区发［2014］2号），扎实推进小蓝经开区等13个中小企业信用示范区建设试点，推动全省园区中小企业信用评价体系加快建立：“财园信贷通”在工业园区实现全覆盖，奉新工业园区互助信贷通、赣州小微信贷通、九江助保贷等融资模式正在逐步推广，有效缓解了企业的融资难题。截至目前，累计为44个园区解决企业融资突破100亿元。园区信息化建设加快推进，25个园区列入第二批管理信息化建设试点，“园区事务在园区办结”的理念深入园区，服务网络不断健全，管理服务水平和办事效率得到提高。

五、着力抓重点、破难题，改革创新实现新推进

坚持问题导向，以省政府办公厅名义印发《关于推进工业园区体制机制创新的意见》（赣府厅发［2014］21号），成功召开全省工业园区体制机制创新推进座谈会，总结推广“大部制设置、扁平化管理、企业化运作”、管理信息化等方面的改革经验，推动各地建立以服务企业为中心的统一规范、精干高效的园区管理体制和运行机制。顺应工业园区发展需要，在充分征求和吸纳有关部门和园区意见的基础上，起草《江西省工业园区管理条例》，向省法制办提出了立法申报，力争列入明年立法项目计划。充分发挥考核评价的导向作用，下发《江西省工业园区考核评价办法》，对部分考核评价指标作了调整，形成了科学合理的工业园区建设与发展绩效评估指标体系，引导园区朝企业专业化、产业集群化方向发展。

（江西省中小企业局）

2014年安徽省开发区发展情况综述

2014年，面对严峻复杂的宏观环境，安徽省开发区紧紧围绕“转型发展”主线，主动适应经济发展新常态，不断加大招商引资力度，着力推进产业结构调整，区内经济运行态势良好，为全省经济平稳健康发展发挥了强有力的支撑作用。

一、2014年全省开发区建设和发展情况

1. 发展空间不断拓展，承载能力逐步增强。2014年底175个省级以上开发区占地面积达4287.9平方公里，建成区面积1709.2平方公里，总人口566.1万人，分别比上年底增长2.1%、8.8%和7.3%。区内共有各类企业7.6万家，增长19.2%。其中，规上工业企业9371家，增长11%；限上批零住餐企业1734家，增长20.5%；资质以内建筑业企业623家，增长12.7%。

2. 经济总量持续扩大，运行效益有所提升。全年开发区实现经营（销售）收入33396.3亿元，比上年增长14.2%。其中有81个开发区超百亿元，合肥经开区、芜湖经开区、合肥高新区超千亿元，分别为3467.2亿元、2162.6

亿元和1984亿元。从效益上看，全年开发区财政收入1396亿元，增长16.6%，增幅高于全省7.7个百分点，总量占全省的38.1%，比上年提高2.5个百分点。

3. 工业生产平稳增长，高新产业占比提升。全年开发区规上工业增加值6063.8亿元，比上年增长14.8%，增幅高于全省3.6个百分点，对全省工业增长的贡献率达81.5%；总量占全省的63.6%，比上年提高2个百分点。全年高新技术产业产值11449.6亿元，占规上工业的比重为48.2%，比上年提高1个百分点；增长17.5%，高于规上工业增幅2.4个百分点。

4. 主导产业逐步明晰，产业集群初步形成。全年开发区前三位主导产业实现经营（销售）收入18174.5亿元，占全区经营（销售）收入的54.4%，比上年提高0.4个百分点。随着主导产业的加快聚集，一批产业集群初步形成，如合肥经开区已初步形成装备制造、家电电子和汽车及零部件产业集群，2014年三大产业产值均已超500亿元；无为高沟开发区已经聚集电线电缆制造企业近200家，2014年产值已突破400亿元。

5. 对外贸易增长较快，开放水平稳步提升。全年开发区进出口总额272.6亿美元，比上年增长20.5%，增幅高于全省12.3个百分点；总量占全省55.3%，提高5.6个百分点。其中，出口195.4亿美元、增长22.2%、高10.7个百分点，占比为62.1%，提高5.4个百分点；进口77.2亿美元、增长16.1%、高13.1个百分点，占比为43.4%、提高4.9个百分点。

6. 招商引资力度不减，投资建设稳步推进。全年开发区实际利用外商直接投资81.4亿美元，比上年增长5.3%，总量占全省的66%。亿元以上省外境内投资项目2747项，实际到位省外境内资金4489.8亿元，增长28.3%，增幅高于全省11.4个百分点，总量占全省的56.5%。固定资产投资9739.8亿元，增长16.2%，增幅低于全省0.3个百分点，总量占到全省的45.8%。其中，工业投资6479.2亿元，增长16.6%；基础设施投资1076.2亿元，增长4.9%。

7. 科技投入不断增多，创新能力日益加强。全年开发区研究与实验发展（R&D）经费支出231.6亿元，比上年增长18.8%，增幅高于全省2.7个百分点；总量占全省的56.7%，比上年提高1.3个百分点。申请专利6.3万件、增长11.1%、比全省高4.9个百分点，占63.4%、提高2.8个百分点；授权专利3.4万件、增长4.4%（全省为下降1%），占70.6%、提高3.6个百分点。

二、当前全省开发区发展存在主要问题

1. 产业特色不够明显。一是产业定位趋同，全省19家国家级开发区中有10家将汽车及相关产业列为主导产业。二是产业层次不高，部分开发区企业主要以低端加工制造为主，产品附加值较低，特别是县域开发区以农副食品加工、纺织、木材加工和玩具制造等劳动密集型产业为主导，全省86家县域开发区中将上述产业列为主导产业的达48家。

2. 集约水平仍待提升。部分开发区仍然通过土地的低成本优势，引进资金和技术，降低了开发区土地产出率。2014年，全省开发区每平方公里（按开发区建成面积计算）实现规上工业总产值13.9亿元，比浙江2013年水平少4.4亿元，与湖北2013年水平大体相当；税收总额5815万元，分别比浙江和湖北2013年水平少5416万元和305万元。

3. 区域发展差距明显。2014年全省开发区中，经营（销售）收入超过千亿元的有3个，而不足100亿元的开发区有81家，其中20家不足10亿元。从区域看，皖江示范区平均每个开发区经营（销售）收入233.8亿元，税收总额7.1亿元，而皖北六市为137.6亿元和3.7亿元，仅相当于皖江示范区的58.9%和51.9%。

4. 要素供给矛盾较大。一是开发区用地不足与使用效率不高并存，大部分开发区土地指标紧张，同时存在土地粗放利用的现象。二是技术人才匮乏，2014 年底全省开发区全部从业人员中，专门从事研究与开发人员 12.3 万人，仅占 4.5%。三是企业融资依然困难，基础设施投资仍依靠财政投入，2014 年这一比重达 56.7%，比上年提高 1.5 个百分点。

5. 第三产业发展相对滞后。存在偏重工业现象，总部经济、软件集成、文化创意、研发设计、电子商务、现代物流等新兴产业发展不足，服务业发展规模仍然偏小。2014 年全省开发区服务业经营（销售）5915.6 亿元，比上年增长 12.1%，低于全区经营销售收入增幅 2.1 个百分点，占比仅为 17.7%，远低于全省服务业增加值占比（34.8%）。

三、加快开发区发展的对策建议

1. 科学规划定位，优化产业布局。开发区发展规划要力求做到把园区规划与城市化功能提升相结合，把园区产业规划与培育产业特色相结合，把园区用地与城市土地总体利用规划相结合。要明确产业发展方向，尤其要注重特色园区、专业园区建设，通过抓好规划，进一步完善产业布局，推进产业集聚。

2. 创新发展方式，推进集约发展。大力发展低碳经济、循环经济和绿色经济，努力建设国家生态示范园区。着力提高土地投资强度和用地密度，促进土地等资源节约集约利用。统筹不同区域、不同类型和不同发展层次的开发区错位发展、互动发展，形成以强带弱、资源共享、联动发展的新格局。

3. 加大招商力度，壮大产业支撑。在招商方式上，加快实现由政府招商向企业招商转变，由优惠政策招商向优化环境招商转变，由引进单一项目向延长产业链条、培育产业集群转变。要把目光和工作重点放在世界 500 强、跨国公司和国内知名企业上，着力引进行业领军企业和战略投资者。

4. 加大科技投入，增强发展后劲。通过财税、金融等政策，提高中小企业的科技创新意识，鼓励和引导开发区内企业持续加大技术创新投入。加强孵化中心、重点实验室等各类科技创新载体的建设，鼓励和支持有条件的园区建立设施齐全、服务配套的高新技术创业服务中心等综合性孵化器。

5. 完善配套服务，促进产城融合。加快建设商业、金融、医疗等服务设施，为园区企业发展、高新人才引进提供良好的生产生活环境。完善污水管网、电力、标准化厂房等基础配套设施建设，提升园区承载能力。加大安置房、公租房、人才公寓建设力度，为拆迁安置、人才引进提供安居乐业的基础保障。

（安徽省商务厅）

2014 年湖南省开发区发展情况综述

一、2014 年湖南省产业园区发展特点

2014 年，面对国际国内形势复杂多变，经济发展环境趋紧的不利因素，湖南省产业园区顶住经济下行压力，主动适应经济发展新常态，努力调结构、增效益，全省产业园区呈现稳步发展的良好势头，主要经济指标实现了两位数的增长，为全省经济持续稳定发展提供了

重要支撑。

（一）园区规模不断壮大，综合实力持续增强

2014 年，湖南省各类产业园区已发展到 141 家，园区布局实现了县、市、区全覆盖。园区建设规模进一步扩大，发展质量不断提升，纳入统计分析的 132 家省级及以上产业园区规划总面积达到 2229.03 平方公里，已开发面积 901.79 平方公里，占总规划面积的 40%，比上年增长 7.1%，其中工业用地面积 643.39 平方公里，占已开发面积的 71.3%，比上年增长 8.3%。园区内各类入园企业 30610 个，比上年增加 16.1%，其中工业企业 14491 个，进出口型企业 1377 个，分别同比增长 14.4%、19.2%。实现技工贸总收入 30790.68 亿元，比上年增长 18.1%；实现利润总额 1204.23 亿元，比上年增长 5.9%；上交税金总额 930.65 亿元，比上年增长 9.9%。产业园区作为全省新型工业化主战场，较好地发挥了工业集中发展、产业集聚发展的优势，全省重点建设的 50 个产业集群 90% 集聚在园区。产业园区已成为全省经济发展的重要引擎和各地经济发展的突出亮点。

（二）投资环境进一步改善，项目建设和招商引资成效显著

随着政府职能转变，部门加大了简政放权力度，多数园区设立了政务服务中心，简化了办事程序，“一站式服务”、“全程代办”成为园区政务服务的新常态。园区项目核准、备案等管理已基本实现在园区内办结，园区政务环境得到了极大的改善。园区管委会集中精力抓项目、抓外部环境，加快了企业入园和项目建设进度，许多企业实现了年初建设、年内投产的目标。2014 年，全省园区以“项目建设年”为抓手，突出基础设施和重大产业项目，园区各项建设如火如荼。132 家园区全年新开工项目 5058 个，比上年增长 28.2%；完成固定资产投资 5944.58 亿元，比上年增长 24.9%；新建成标准厂房 1352 万平米，比上年增加 550 万平米，增长 68.6%。园区道路、给水、排水、供电、通讯、网络、污水治理、土地平整等“七通一平”工程建设进一步加快，基础设施日趋完善。同时，各园区规划建设了一大批商业服务、技术服务、金融服务、住宅小区等配套服务设施，“产城融合”已成为园区发展重要理念。基础设施条件的不断完善，增强了湖南省园区招商引资吸引力，2014 年，新批准外商直接投资项目 201 个，实际到位外商直接投资 41.25 亿美元，比上年增长 16.5%；实施省外境内投资项目 1664 个，实际到位资金 1296.58 亿元，比上年增长 25.5%。

（三）高新技术产业发展迅速，园区创新能力日益增强

创新驱动战略带动了湖南省产业园区逐步向高端化、集约化发展，一批电子信息、生物医药、新材料、先进制造、新能源与节能环保产业项目先后在湖南省园区落户集聚，园区高新技术产业快速增长，园区自主创新能力不断提高。2014 年，全省园区实现高新技术产业产值 13581.56 亿元，较上年增 16.9%；高新技术产品企业发展到 2501 个，比上年增加 219 个；园区研发经费内部总支出 508.81 亿元，比上年增长 16.8%；申请各种专利 18110 件，专利授权 12634 件。高新技术企业的聚集发展，使湖南省逐步形成了一批以电子信息、生物医药、工程机械、先进制造、新型能源、新材料为主导产业的特色产业园区，全省 11 个国家高新技术产业化基地全部落户园区。这些园区产业特色鲜明，产品优势明显，发展潜力巨大，已成为湖南省经济发展的核心增长极。

（四）不同级别产业园区呈现梯度发展态势

1. 国家级园区主导地位突出。2014 年，湖南省 14 家国家级园区，仅占全省园区总数的 10.61%，实现了技工贸总收入 14892.89 亿元，占全省园区技工贸总收入的 48.37%；完成税收总额 452.57 亿元、占全省园区税收

总额的48.63%；实现高新技术产业产值7978.79亿元，占全省园区高新技术产业产值的58.75%；新增入园企业2277个，占全省园区新入园企业总数的53.55%；期末从业人员98.46万人，占全省园区从业人员总数的37.95%。国家级产业园区在湖南省园区经济发展中的主力军作用更加突出，已成为湖南省经济增长的核心力量（见表1）。在2014年全省园区综合评价排名中，14家国家级园区有12家进入前20名。与2013年比较，进入前20名的12个国家级园区排名位次虽然稍有变化，但相对稳定，体现了国家队的雄厚实力。

表1　2014年不同级别园区主要经济指标在湖南省所占比重

指标 \ 类别		国家级园区	省级工业园区	省级工业集中区
园区数量（个）	数量	14	65	53
	占全省比重	10.61%	49.24%	40.15%
技工贸总收入（亿元）	总收入	14892.89	12455.04	3442.75
	占全省比重	48.37%	40.45%	11.18%
税金总额（亿元）	总额	452.57	384.95	93.13
	占全省比重	48.63%	41.36%	10.00%
高新技术产业产值（亿元）	产值	7978.79	4318.43	1284.34
	占全省比重	58.75%	31.80%	9.46%

2. 省级工业园区成为湖南省园区经济发展的中坚力量。2014年，全省65家省级工业园区技工贸总收入12455.04亿元，占全省园区技工贸总收入的40.45%；上缴税金总额384.95亿元，占全省园区上交税金总额的41.36%；完成固定资产投资2558.44亿元，占全省园区固定投资总额的43%。招商引资成效显著，实施省外境内招商引资项目954个，到位资金663.6亿元，占比分别达到57.3%、51.2%。年内新增企业1471个，比上年增加71.8%；期末从业人员123.28万人，比上年增加10.84万人。省级工业园区作为工业发展的主要平台，有力地促进了当地经济增长、财政增收、劳动力就业和城镇化进程。

3. 省级工业集中区发展水平不断提升。近年来新批设的一批省级工业集中区，是湖南省园区经济发展的重要补充力量。与国家级园区和省级工业园区比较，这些园区在经济基础、区位条件、资源禀赋等方面处于劣势。两年多来，在当地党委、政府的大力扶持下，园区坚持专业化、特色化发展，不断加大基础设施建设和招商引资力度，以优质服务赢得了发展机遇。工业集中区基础设施不断完善，产业承载能力不断增强，园区发展初具规模，对当地经济的带动作用逐步显现。2014年，工业集中区技工贸总收入3442.75亿元，比上年增长22.9%；上交税金总额93.13亿元，比上年增长19.2%；新增企业506个，比上年增长93.9%；实际到位省外境内资金229.24亿元，比上年增长352.1%。

二、湖南省园区发展存在的问题和困难

目前，湖南省多数产业园区仍处于成长阶段，重外延扩张、轻内涵提质现象较普遍，尚未彻底摆脱粗放型发展模式。转方式、调结构、增效益是目前面临的重要而又紧迫的任务。从园区综合评价情况看，主要存在以下几个问题。

（一）园区发展不平衡，不同区域板块差距明显

湖南省区域经济大体划分为四大板块：长

株潭地区、洞庭湖地区、湘南地区和大湘西地区。长株潭地区包括长沙、株洲、湘潭，洞庭湖地区包括岳阳、常德、益阳，湘南地区包括衡阳、郴州、永州，大湘西地区包括邵阳、娄底、怀化、张家界、湘西自治州。长株潭地区共有省级以上园区 26 家，其中，有长沙经开区、长沙高新区、宁乡经开区、望城经开区、浏阳经开区、株洲高新区、湘潭经开区、湘潭高新区等 8 家国家级开发区坐落在此区域，占全省国家级开发区总数的 57.2%，是湖南省园区发展实力最强的区域。2014 年，长株潭园区共实现技工贸总收入 14758.77 亿元，较 2013 年增长 18.8%，占全省园区技工贸总收入的 47.93%，税收总额和高新技术产业产值在全省园区中的比重均超过一半，分别为 50.85%、58.09%，明显优于其他地区（见表 2）。大湘西地区有 44 家园区，而技工贸总收入、税金总额、高新技术产业产值这三个指标在全省的比重仅为 12.02%、9.59%、8.62%，远远落后于长株潭地区，也落后于其他板块，存在明显差距（见图 1）。

表 2　　2014 年湖南省四大板块园区主要经济指标对比表

指标＼类别		长株潭地区	洞庭湖地区	湘南地区	湘西地区
园区数量（个）	数量	26	29	33	44
	占全省比重	19.70%	21.97%	25.00%	33.33%
技工贸总收入（亿元）	总收入	14758.77	5999.90	6331.15	3700.86
	占全省比重	47.93%	19.49%	20.56%	12.02%
税金总额（亿元）	总额	473.29	219.89	148.25	89.22
	占全省比重	50.85%	23.63%	15.93%	9.59%
高新技术产业产值（亿元）	产值	7890.74	2306.51	2213.46	1170.84
	占全省比重	58.09%	16.98%	16.30%	8.62%

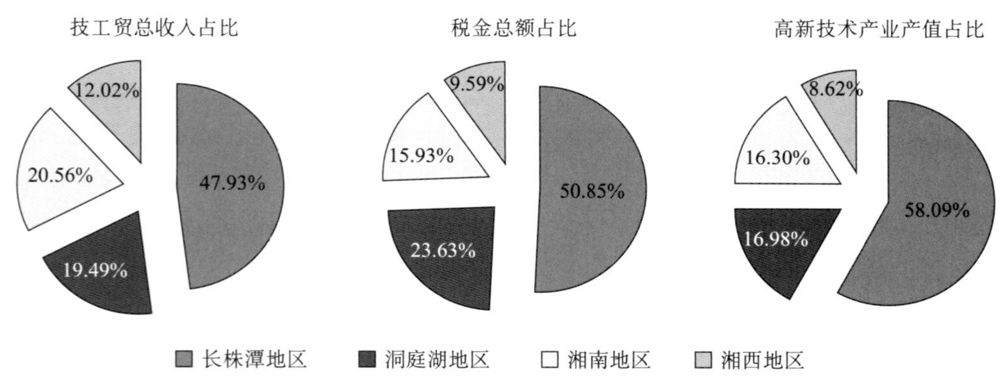

图 1　2014 年湖南省四大板块园区主要经济指标对比图

（二）园区整体发展质量有待提升，转型升级任务繁重

1. 园区主导产业集聚度不高，工业集中度偏低。2014 年，132 家园区中，主导产业集聚度达到 100% 的仅 2 家，80% 以上的 37 家，60%—80% 的 39 家。多数园区产业门类过多，特色不明显，对主导产业的培植发力不够。如何引导湖南省产业园区特色化、差异化发展，

还有很艰难的路要走。园区工业集中度情况也不容乐观，得满分的只有江华经开区一家，园区工业集中度达到80%以上的14家，60%—80%的34家，40%以下的55家（见表3）。

表3　　2014年湖南省园区产业集聚、集群情况

指标 \ 区间	80%以上	60%—80%	40%—60%	40%以下
主导产业集聚度	39个	39个	40个	14个
工业集中度	14个	34个	29个	55个

2. 高新技术产业发展仍是短腿。2014年，湖南省园区高新技术产业产值为13581.56亿元，比上年增长16.9%，占园区技工贸总收入的44%，其中14个国家级园区高新技术产业产值7978.79亿元，占全省的58.8%。除国家级园区外，全省多数园区高新技术产业产值还比较低，有的甚至为0。与上年比较，全省园区高新技术产业发展和科研情况虽有所进步，但是大多数园区仍以传统产业为主，高新技术产业产值占技工贸总收入的比重偏小，高新技术企业发展仍是短腿。

3. 园区经济效益不理想，单位土地产出强度及利税率偏低。2014年，全省园区建成区每平方公里的技工贸收入为341731.4亿元，单位土地产出远低于沿海发达地区园区水平。经济效益方面，每万元生产总值的利润率和税金率分别只有3.91%、3.02%，经济效益明显偏低。不同园区之间，单位土地产出效益差距较大；从地区来看，长株潭地区园区单位土地税收产出强度较高，洞庭湖地区与全省平均水平接近，而湘南地区和湘西地区则明显落后。

4. “两型化”建设任重道远。从2014年全省园区综合评价指标主要污染因子排放达标率和能耗降低率来看，大部分园区主要污染因子排放达标，能源消耗也有不同程度下降，但仍有1/4的园区能耗不降反升。在突出强调资源节约，绿色发展的大环境下，湖南省园区节能减排形势依然严峻，建设“两型化”园区的任务任重而道远。

（湖南省开发区协会）

2014年新疆维吾尔自治区园区发展情况综述

一、园区经济运行状况良好

2014年，新疆维吾尔自治区园区（以下简称“园区”）经济保持了良好的增长态势，纳入统计口径的88家园区工业企业完成总产值6072.41亿元，同比增长16.54%；实现工业增加值1388.76亿元，同比增长10.91%，其中规模以上企业工业增加值984.38亿元，同比增长11%，占全区工业增加值的比重为30.96%。全年用电量为1226.77亿千瓦时，同比增长24.54%；用水总量达到2.85亿立方米，同比增长36.31%。

二、园区承载能力进一步增强

截至2014年末，园区实际开发面积达到1413平方公里，比上年新增122平方公里，增长9.45%。全区园区累计基础设施投资940.13亿元，同比增长28.94%，企业固定资产投资2887.59亿元，同比增长8.92%。累计入驻企业23924家（其中：工业企业6322个，其他企业17436个；外商及港澳台投资企业166个），比上年增加595家；规模以上工业企业1008家（其中：世界500强企业62家，中国500强企业170家）。从业人员达69万人，新增就业人员6万人，同比增长9.65%。

三、招商、建设项目进展顺利

2014年，全区园区新增签约项目244个，总签约资金1423.03亿元，其中亿元以上的项目127个，重点签约项目主要集中在能源化工、建材制造等产业，其中岳普湖、叶城、吐鲁番、托克逊等园区新签约的12个总发电量为180MW、签约额达27.88亿元的光伏发电项目成为2014年园区招商项目一大亮点。2014年全区园区新开工项目217个，当年完成固定资产投资226.16亿元；新建成投产项目139个，当年完成固定资产投资93.98亿元，当年新增产值59.61亿元。

四、天山北坡经济带发展势头强劲

截至2014年底，全区园区产值达1000亿元1家、百亿元园区20家、50亿元园区26家、10亿园区52家，产值百亿元园区主要集中在天山北坡经济带，天山北坡经济带园区实现增加值983.24亿元，占全区园区的70.8%。实现工业总产值的前5名的园区分别是乌鲁木齐经济技术开发区（头屯河区）、米东新区化工工业园、克拉玛依石油化工工业园区、石河子经济技术开发区、阜康产业园区；实现园区工业总产值排在前五名的地州市分别是乌鲁木齐、昌吉、克拉玛依、石河子和阿克苏。在排名前十位的园区中，阜康产业园、准东经济技术开发区、乌鲁木齐高新技术开发区及玛纳斯工业园区工业总产值的增长率都在30%以上，保持了较快的经济增速。

五、对口援疆合作园区建设取得显著成效

2014年19省对口援建园区资金达26.11亿元，增长164.8%。主要用于支持受援地特色产业发展及产业园区基础设施等方面建设。通过援疆省（市）加大资金的投入，园区基础设施建设有所加快，功能进一步完善，承载力明显提升。如深圳喀什产业园，2014年投资1.58亿元，累计入驻企业35家，建设14.2万平方米的标准厂房和配套人才公寓已投入运营。在加大基础设施建设资金投入的同时，援建双方合力推进招商引资工作，产业合作项目不断增多。

六、低碳示范园区、新型工业化产业示范基地创建和发展工作进一步提升

2014年创建了国家级新型工业化产业示范基地两个，即阜康产业园有色金属及化工示范基地以及新疆库车石油化工示范基地。自治区级新型工业化产业示范基地两个，即若羌罗布泊盐化工工业园区盐化工（钾盐）示范基地和玛纳斯工业园区纺织（人造纤维）示范基地。创建1家国家低碳示范园区。目前共有9家国家级新型工业化产业示范基地，8家自治区级国家级新型工业化产业示范基地。9家国家级新型工业化产业示范基地实现工业总产值3400.64亿元，同比增长9.6%，其中示范产业总产值1276.01亿元，同比增长4.4%；工业增加值709.95亿元，同比增长26.1%；工业固定资产投资978.52亿元，同比下降0.3%；进出口额78.43亿美元，同比增长53.7%；示范产业企业171家。

（新疆园区（开发区）协会）

2014年山西省开发区发展情况综述

一、主要经济指标

2014年，山西省25个开发区在占全省国土面积1.54‰的有限面积内，实现地区生产总值1655.84亿元，比上年增长6.7%，超过全省1.8个百分点，占全省GDP比重13%；实现工业增加值1195.65亿元，比上年增长6.8%；实现第三产业增加值470.56亿元，比上年增长22.6%；实现高新技术产业增加值493.03亿元，比上年增长13.6%。实现财政收入210.5亿元，比上年增长16.4%；实现税收收入192.07亿元，比上年增长19.4%；实现公共财政预算收入68.3亿元，比上年增长31.1%，超过全省增速24.1个百分点；实现工业总产值3919.39亿元，比上年增长7.8%；实现企业主营业务收入5924.69亿元，比上年增长9.1%；实现企业利润总额353.97亿元，比上年增长10.4%；固定资产投资（小含农户）完成1117.3亿元，比上年增长16.4%，占全省比重9.3%；基础设施投资完成88.7亿元，比上年增长8.7%。进出口总额完成71.92亿美元，比上年增长23.7%，占全省进出口总额的44.3%，其中进口额完成25.59亿美元，比上年增长47.8%，占全省进口额的35%；出口额完成46.33亿美元，比上年增长13.5%，占全省出口额的51.8%；实际利用外资12亿美元，比上年下降29.4%，但仍占全省实际利用外资额的40.6%；实际引进境内省外投资额（含新增内资企业注册资本）704.05亿元，比上年下降25.6%。

二、土地节约集约利用

2014年，山西省开发区单位面积累计投资强度2831.46万元/公顷（188.76万元/亩），比上年增长17.8%；累计基础设施投资强度269.27万元/公顷（17.95万元/亩），比上年增长13%；单位面积GDP产出强度863.8万元/公顷（57.59万元/亩），与上年同期持平；单位面积税收强度100万元/公顷（6.67万元/亩），比上年增长11%；单位面积就业人数30.5人/公顷（2.03人/亩），与上年同期持平。

三、创新发展

2014年，山西省开发区研发机构和高新技术企业数424家，占入区企业的2.5%，入区企业研发人员数36503人，占入区企业从业人员的7.2%，高新技术企业工业总产值1787.89亿元，占工业总产值45.6%。截至2014年末，全省有高新技术企业520家，25家开发区有高新技术企业235家，占全省的45%，开发区已经成为科技创新的主力军。

2014年，山西省开发区研究与试验发展（R&D）经费支出61.6亿元，财政支持科技发展支出7.5亿元，两项支出之和占固定资产投资比重为6%，占GDP比重为4.2%。

2014年，山西省开发区共有科技孵化器60个，建筑面积222.5万平方米，孵化企业1615个；全省开发区平均科技孵化水平（孵化企业数/孵化器面积）为7.3个/万平方米，比上年增长17%。

四、环境生态建设

2014年，山西省开发区平均万元工业增加值能耗1.53吨标准煤/万元，万元工业增加值用水量15.6立方米/万元，万元GDP二氧化硫排放量3.26千克/万元，万元GDP氮氧化物排放量3.57千克/万元，万元GDP化学需氧量（COD）排放量0.81千克/万元，万元GDP氨氮排放量0.09千克/万元，万元GDP烟尘排放量1.24千克/万元，万元GDP工业粉尘排放量6.64千克/万元。工业用水重复利用率44.6%，工业固体废物综合利用率82.2%，生活垃圾无害化处理率77%。

五、入区企业

截至2014年末，山西省25个开发区入区企业17218家，“四上”企业1834家，其中规模以上工业企业494家，限额以上批零住餐企582家，规模以上服务企业178家，有资质房地产和建筑业企业580家，外商投资企业135家，进出口企业240家，世界500强投资企业99家，全区通过ISO14000认证企业96家，海外投资企业4家，建立安全生产制度、安全生产管理档案和台账的企业6375家。

（山西省开发区协会）

2014年甘肃省开发区发展情况综述

2014年，甘肃省开发区以推动开发区转型跨越发展为目标，以项目建设和招商引资为重点，着力实施省委“3341”项目工程，不断完善发展理念，拓展发展思路，转变发展方式，凝心聚力、克难攻坚，各项工作取得了显著成效。

一、甘肃省开发区2014年建设发展情况

（一）经济规模和综合实力不断壮大

随着“3341”项目工程的深入实施、产业项目的不断集聚，我省开发区经济规模不断壮大，综合实力稳步增强。截至2014年底，全省开发区（指全省35个国家级及省级开发区，下同）实际建成区面积为488.2平方公里，累计批准企业用地为357.8平方公里；现入驻企业6408家，带动就业60.5万人。2014年当年实现生产总值1412亿元，增长12.7%，高于全省平均增速3.8个百分点，占全省生产总值的20.7%，占比较上年提高1.9个百分点；完成工业总产值4616亿元，增长11.8%；实现工业产品销售收入4548亿元，增长9.3%，其中，规模以上工业企业产品销售收入4242亿元，增长9.6%。销售收入过百亿的开发区达到11个，比上年增加1个，其中，兰州高新技术产业开发区销售收入达到1500亿元，金昌经济技术开发区销售收入过1000亿元。

（二）经济效益和发展质量快速提高

继续将提质增效作为开发区转型发展的重要抓手，开发区经济效益和质量不断提高。2014年，全省开发区单位面积工业增加值产出率为23.2万元/亩，单位面积税收收入贡献率达到4.1万元/亩。节能减排力度进一步加大，关停或升级改造了一批“两高一资”企业，全省开发区工业固废综合利用率和工业用水重复利用率分别达到75.8%和

92.1%，较上年分别提高4.4、1.2个百分点；单位工业增加值能耗和单位工业增加值用水量分别为2.63吨标准煤/万元和71立方米/万元，分别比上年下降4.36和7.8个百分点。

（三）承接产业转移和招商引资质量稳步提升

全省开发区紧紧抓住国内经济转型调整有利时机，充分发挥资源、区位、劳动力等优势，通过龙头企业、产业集群和产业链招商，进一步加大对中东部地区轻工纺织、机械加工、仓储物流等劳动密集型和现代服务产业承接力度，引进项目质量稳步提升。2014年，全省开发区共引进内资项目705个，其中亿元以上投资项目361个，亿元以上项目中有149个项目集中在新能源装备制造、中医药、有色金属、精细化工行业。引进内资合同内资额2050亿元，基本与上年持平，实际到位内资额948亿元，较上年增长40%。

（四）项目建设支撑带动作用日益显现

2014年，全省开发区充分发挥项目建设对经济增长的带动支撑作用，继续加大项目推进力度，一批投资额高、带动力强的大项目加快建设。嘉峪关工业园区甘肃广银一期45万吨铝制品、中威斯一期22万吨高精冶金新材料、金昌经济技术开发区10万吨无机纤维材料产业化项目一期等项目建成投产，兰州高新技术产业开发区陇神戎发年产200亿粒现代中药生产线扩能改造、金昌经济技术开发区1万吨碳酸锂提纯，白银高新技术产业开发区尚德电机年产30万KW高压内馈调速节能型电动机生产线等项目有序推进。全省开发区全年完成固定资产投资1098亿元，增长12.9%，其中，开发区完成基础设施建设投资107亿元，同比增长12.8%；企业完成固定资产投资991亿元，增长13%。全省开发区在建项目1218个，项目平均投资规模达2.3亿元，投资强度114.6万元/亩，较上年同期提高13个百分点。

（五）园区基础设施配套和服务水平有所提高

2014年，各地政府及开发区继续加强园区基础设施建设、提升服务水平，园区投资环境进一步优化。截至2014年底，全省开发区完成基础设施配套面积488.23平方公里，占已征用土地面积的87.2%，各开发区硬件条件相较于以往有了较大改观，大多数开发区水、电、路等基础设施建设可基本满足项目入驻需求，部分开发区生产性服务业、生活商贸配套设施日臻完善，与所在城区融合发展趋势明显。同时，根据中央和省上关于简政放权和全面深化改革的要求，按照2014年全省项目观摩暨开发区工作会议上省委省政府主要领导关于完善“一站式”服务体系的要求，各开发区努力提升综合服务水平，全省开发区“一站式”服务大厅总数达到13个，部分暂不具备设立服务大厅的开发区在所在县区政务大厅开设了开发区服务窗口，实施“全程代办制”。

（六）园区循环化改造工作加快推进

2014年3月全省发展循环经济现场会后，全省开发区深入实施王三运书记关于做实做深“五大载体”的要求，加快推进循环化改造工作。5个国家级循环化改造示范试点园区结合市场环境和主导产业现状，与国家、省上相关部门衔接调整了一批重点补链项目，重点实施了一批园区循环经济公共基础设施、龙头企业和主导产业关键环节补链项目。2014年，全省开发区围绕既有项目新引进和建设上下游配套项目89项，项目总投资达到310.7亿元。同时，在部分暂不具备开展大规模循环化改造的开发区积极推行清洁生产，积极鼓励入区企业采用先进工艺技术和设备，加快淘汰落后生产工艺和产能，促进源头减量，通过技术改造提高资源节约和综合利用水平，最大限度降低污染物排放量。

二、开发区建设发展中存在的主要困难

尽管2014年甘肃省开发区在总体经济运行、优化投资环境、推进项目建设等方面取得了明显进步，但也存在整体发展水平不高、体制机制不活、基础设施滞后等突出困难问题，主要表现在以下几个方面。

（一）整体发展水平不高

甘肃省开发区数量虽然比周边的陕西、宁夏、新疆、青海分别多19个、23个、25个、33个，但在经济规模、发展效益和质量方面低于陕西省，在发展速度方面低于宁夏回族自治区（主要经济指标同比增长均在30%左右），总体发展水平在西北五省处于中下游位置；与四川、重庆等西南省市相比，发展差距更加明显。此外，7个国家级开发区在全国排名靠后，2012年（最新数据）商务部公布的全国90个国家级经济技术开发区排名中，甘肃省兰州、金昌、天水3个国家级经济技术开发区排名分别为第52、83、66位，在西部22个国家级经济技术开发区中分别位列第14、15、10位。兰州高新技术产业开发区在全国56个国家高新技术产业开发区中的综合排名为43位，在西部12个国家高新技术产业开发区中仅名列第7位。

（二）地方政府简政放权和体制改革力度不够

由于开发区自身法律地位不够明确，开发区在行政、经济、财政等方面的管理职能和权限尚未完全明确和理顺，大多数开发区所在地方政府仍未充分授权或委托开发区管委会行使同级政府部门管理职责，开发区财政不独立，人员编制不到位，相关审批权限的下放也不够，不利于建立便利化“一站式”服务体系和激发开发区建设发展的内生活力。同时，虽然国家和省上大力简政放权，但受部门条块管理制约，各部门对同一事项的审批权限下放程度不一，有些审批程序还互为前置条件，造成简政放权效果大打折扣，开发区在实际运作项目时各项手续依旧繁琐。

（三）配套基础设施资金投入不足

近年来尽管各级政府不断加大开发区基础设施投入力度，各开发区道路、水电等配套设施也日趋完善，但从整体来看，甘肃省开发区基础设施配套水平仍停留在“三通一平”的基础上，开发区环保、信息、商务、物流等公共服务设施配套水平仍然较低。据统计，截至2014年底，全省35个省级以上开发区中，配套建设园区污水处理设施的仅有6个，配套建设垃圾收集和转运设施的仅有4个，配套建设专业固废处理设施的仅有2个，园区基础设施投入资金有限，公共服务能力不足极大限制了开发区产业转型升级发展。

（四）发展方式仍显粗放低效

全省开发区中，除金昌经济技术开发区等少数开发区循环经济发展较好，其他大部分开发区的资源循环利用特别是对“三废”综合回收利用率较低，工业企业多数都是“两高一资”型产业，环境压力大，节能减排的任务重，经济效益受市场波动影响大，很大程度上制约了园区的可持续发展。同时，部分开发区在未编制扩区规划或扩区规划未获批准的情况下，随意圈占土地进行开发建设，且扩区面积远远超出发展需要和自身建设能力，扩区工作脱离实际。扩建范围内各类项目无序摆放，部分开发区急于招商引资，土地供给粗放，土地资源浪费严重。

（五）开发区产业结构不优、层次不高

甘肃省开发区中除兰州高新技术产业开发区、天水经济技术开发区等少数几个开发区高新技术、装备制造产业初具规模外，大部分开发区产业结构相对单一，低附加值的传统产业所占比重较大，高新技术企业比重低，产业链条不够长，产业集中度相对较低，规模效应尚不突出。同时，部分开发区追求短期效应，把

控不严，引进一些不符合开发区主导产业的项目，产品多为初级产品，产品结构水平依然较低，缺少具有较高附加值、较高技术含量和较高市场占有率、能够带动整个产品结构升级的新品、名品、精品，开发区创新发展能力和经济效益有待提高。

（甘肃省开发区建设发展领导小组办公室）

国家级经济技术开发区篇

大连经济技术开发区（金州新区）

【概况】 2014年，大连经济技术开发区（金州新区）［以下简称大连开发区（金州新区）］以新一轮东北老工业基地振兴、国家级金普新区获批等重大战略实施为契机，继续坚持以经济建设为中心，全面贯彻“一个主题、双轮驱动、三大战略、四项功能、五个新区、六个领域改革创新”发展思路，落实国家、省、市促投资、稳增长和减缓收费等优惠政策，主动应对经济下行压力加大等诸多困难和挑战，新常态下全区经济总体在合理区间运行，主要经济指标继续在辽宁省56个城区中稳居首位。

【经济发展】 2014年，大连开发区（金州新区）实现地区生产总值1661.2亿元，按可比价格计算比上年增长5.8%；公共财政预算收入1103.2亿元，增长5%；全社会固定资产投资1570亿元，增长7%；规模以上工业总产值2972亿元，增长5.5%；实际利用外资42.9亿美元，增长10%；实际利用内资448.5亿元人民币，增长14.7%；出口总额101.3亿美元，增长5%；完成社会消费品零售总额359.8亿元，增长11%；城镇居民人均可支配收入31220元，增长9%；城镇登记失业率2.8%；万元生产总值能耗比上年下降3.9%；主要污染物排放总量平均削减3%。产业结构进一步优化，三次产业协调发展。其中，第一产业增加值50.3亿元，增长2.7%；第二产业增加值1048.5亿元，增长6.4%；第三产业增加值562.4亿元，增长5%。三次产业结构为3∶63.1∶33.9。电子信息、装备制造、石油化工、生物医药、现代冶金、汽车及零部件六大产业集群实现销售收入3250亿元，增长12%，其中石油化工产业集群继续保持千亿级规模，装备制造和汽车零部件产业集群产值分别突破900亿元和400亿元。

【园区特色】 2014年，大连开发区（金州新区）“双百工程”重点项目完成投资226.8亿元。金州新区获国家新型工业化产业（装备制造业）示范基地称号。现代服务业发展体系进一步完善，“两街两圈两带一广场”初步形成。2104年，区内接待海内外游客1220万人次，实现旅游业总收入132.5亿元。都市现代农业发展水平进一步提高，创建蔬菜标准园、精品特色果园5个，新建水果、蔬菜、花卉、食用菌基地27个。海洋牧场投放增殖苗种20.8亿只，促进渔民增收3亿元。金州新区获评全国教育改革先进城市。与中国医科大盛京医院合作建设三级甲等综合性医院（开发区医院）工作顺利启动。国家级高新技术企业新增19家，总数已达118家。47家企业50个项目通过省“专精特新”产品（技术）认定。新增市级以上著名商标和品牌29个。金州开发区精密制造产业园被确定为大连市精密制造产业基地，入驻企业24家。国家农业科技园区现代化、标准化示范作用和带动效应进一步提升。先进装备制造业园区入驻企业已达28家。

【农业经济】 2014年，大连开发区（金州新区）农林牧渔及服务业总产值113.6亿元，下降6.8%。其中，农业产值32.9亿元，下降3.5%；林业产值0.6亿元，下降0.6%；畜牧业产值30.6亿元，下降1.4%；渔业产值39.8亿元，增长15.1%；服务业产值9.7亿元，增长7.2%。粮豆总产量5.9万吨，下降35.2%；水果总产量6.5万吨，下降29.3%；蔬菜及食用菌总产量39.8万吨，增长3.4%；肉类总产量3.4万吨，下降10.5%；禽蛋总产量3.1万吨，下降6.1%；奶类总产量2.2万吨，下降43.6%。

【产业发展】 2014年，大连开发区（金州新区）全区有规模以上工业企业556家，比年初减少33家。实现规模以上工业总产值2888.98亿元，同比增长2.5%。实现社会消费品零售总额359.8亿元，同比增长11%；第三产业增加值562.4亿元，同比增长5%，占GDP比重33.86%，同比提高4.2个百分点。民营经济增加值891.3亿元，上缴税金68.4亿元，出口创汇38.2亿美元，工业固定资产投资597.6亿元；工业用电量62亿千瓦时，同比增长4.6%。万元工业增加值综合能耗降低5.5%。全区新增销售收入超10亿元企业4家，总数达到40家；新增销售收入超百亿元企业1家（大众变速器）。4个项目被列入市级并购重点项目，并购总额约3.6亿元人民币。石油化工、装备制造、电子信息、汽车及零部件、精品钢材、生物医药六大产业集群实现销售收入3254亿元，同比增长12%以上；石油化工、装备制造产业集群产值达到千亿级规模；汽车零部件产业集群产值突破400亿元大关。5月，大连金州新区被国家工业和信息化部评为国家新型工业化产业示范基地。7月，大连开发区被国家工业和信息化部、发展改革委员会纳入首批国家低碳工业园区试点。汽车及零部件产业发展石头强劲，一汽—大众（大连）有限公司变速箱、赛博底盘制动（大连）有限公司、一汽—大众（大连）有限公司三代发动机、艾尔多汽车动力总成（大连）有限责任公司、格劳博机床（大连）有限公司、锦祥照明（大连）有限公司等一批汽车零部件产业项目增资均达1000万美元以上。电子信息产业加速集聚，形成以半导体晶圆片、LED芯片、办公设备与家电、通讯与电子设备、工业控制软件、电子元器件为主导的产业体系。装备制造产业基础进一步夯实，逐步形成以高端数控机床、制冷、医疗诊断、大型化工、冶金、船舶装备和基础部件为核心的装备制造产业体系。战略新兴产业加快发展，进一步提升该区新材料产业水平。生产性服务业与制造业实现互动发展，新引进鑫通融资租赁有限公司等融资租赁项目和九州通大连现代医药总部基地等全球性物流项目。

【投融资建设】 2014年，大连开发区（金州新区）完成23个技术改造项目备案，总投资额10.7亿元，新增税金4.4亿元。47家企业50个项目通过省“专精特新”企业（项目）认定，占全市一半以上。大连华信理化检测公共技术服务平台、大连光电产业公共技术服务平台被认定为省中小企业公共服务示范平台。30亿元非公开定向债务融资工具和5年期22亿元中期票据发行。229家预算单位公务卡改革任务全面完成。全年引进1000万美元以上外资项目18个、1亿元以上内资项目17个。召开银企对接会4次，300余家中小企业与金融机构达成意向融资14.1亿元。落实金州新区中小微企业信贷风险补偿专项资金，举办了25场专题政策宣讲会，参会企业近1000家，全年已开展三批，支持项目27个，放贷规模1.3亿元。2014年，先后组织43家企业参加国内外展览展销活动。

【生态环保】 2014年，大连开发区（金州新区）全面实施生态文明建设规划，强化组织领导，落实企业责任，加强环保队伍建设，注重环保宣传，环保志愿者队伍不断壮大，环境保护和生态文明创建工作成效显著。落实污染减排措施，年度主要污染物减排任务全面完成。全区主要污染物总量减排各项指标任务全面完成，全年减排二氧化硫60吨、氮氧化物220吨。深入推进大气污染、水环境污染治理，攻坚克难，努力改善区域整体环境质量。综合运用各种防范措施，有效控制大气污染。1月13日，获辽宁省技术监督局实验室计量认证资质认定证书。全区全年环境空气质量优良天数为294天，优良率80.6%。金州新区在金州湾Ⅱ类、Ⅲ类海域、金石滩的Ⅱ类海域、红土堆子湾的Ⅱ类、Ⅳ类海域设置监测点位16个，监测指标25项，各项监测指标年均值及一次值均符合国家相应标准。全区设置地下水监测点位14个，主要监测指标25项，按照国家《地下水质量标准（GB/T 14848－93)》中Ⅲ类标准进行评价，金州新区地下水中各项监测指标年均值符合标准。

【项目建设】 2014年，大连经济技术开发区（金州新区）确定重点项目200个，其中计划新开工项目104个，上年结转续建项目90个，前期储备项目6个。计划总投资2628亿元，年度计划投资347亿元，当年完成投资238.1亿元，完成投资额占计划投资额的68.6%。至年末，全区重点项目开（复）工149个，开（复）工率76.8%。

【科技创新】 2014年，大连开发区（金州新区）受理科技专项923项，项目涉及生物医药、智能装备、电子信息、新材料等战略新兴产业。下拨科技扶持资金1500万元。实施高新技术专利转化项目10项。全区认定区级高新技术企业22家、高新技术产品23个、区级研发机构26个，全区有知识产权试点示范单位3家、知识产权优势企业9家。培育创新主体专项21项，认定率78.5%。按照鼓励和支持产学研相结合和共同研发、协同合作的科研精神，对创新主体专项支持额度为10万—20万元。推广、应用大数据和信息技术，营造大众创业、万众创新的氛围，扶持产业化项目50项，拨付研发资金2370万元。安排区级科技计划项目315项，累计拨付研发资金5080.4万元。金州新区获大连市科技局支持项目19项，获扶持资金2120万元。技术研究开发机构298家、科技人员1.6万人，其中市级以上各类研究开发机构109家，市级以上工程技术研究中心28家，市级以上企业技术中心41家，企业研发经费占产品销售收入的2.5%。至2014年末，大连开发区（金州新区）新增高新技术企业22家，高新技术企业总数达到175家，占全市高新技术企业总数的36%，其中国家级高新技术企业118家。申请专利2275件，其中发明专利940件，实用新型专利1154件，外观设计专利181件；全区专利授权1384件，其中发明专利188件，实用新型专利1093件，外观设计专利103件。全区确定区级知识产权示范单位3家，区级知识产权优势企业9家。全年对知识产权试点单位、专利产业化单位、知识产权优势企业科技立项16项，拨付扶持资金395万元；对符合条件的46家企业的101项专利兑现扶持政策，拨付补贴资金53.5万元。

【人才建设】 2014年，大连开发区（金州新区）引进海外研发团队项目10个、外国专家30人，争取省、市拨付研发资金2000万元，居大连市首位。推荐优秀人才1人入选国家“千人计划”，全区享受国务院政府特殊津贴专家2人、大连市政府特殊津贴专家5人、大连市特聘专家1人，入选辽宁省“百千万”人才工程专家12人，纳入辽宁省“十百千”人才1人，完成全区首批科技领军人才评审，确定黄岚等科技领军人才3人。按照高层次人才奖励办法规定发放专项奖励137万元，鼓励企业和人才创新，兑现引进高层次人才安家费、博士后人员安家费、博士后项目启动经费等各项资助538.8万元。

【基础设施建设】 2014年，大连开发区（金州新区）围绕年初制订的“483”总体实施方案，实施城市建设管理模式改革创新，落实“新四化”（数字化、社会化、低碳化、精细化）方针，项目及“八大体系”（生态文明绿化体系、低碳智能照明体系、便捷有序交通体系、环保清洁供热体系、全域畅通供水体系、安全稳定供气体系、良性污水处理体系、一体化垃圾集运处体系）建设取得丰硕成果，城市管理水平和市民的公共道德意识得到有效提升，在大连市城市管理考核工作中居先导区组首位，被大连市授予2014年度环境卫生管理优秀单位称号。

【投资促进】 2014年，大连开发区（金州新区）有出口实绩企业1279家，全年实现进出口总额256亿美元，其中进口总额154.7亿美元，同比增长9.6%，出口总额101.3亿美元，比上年下降6.9%。全区一般贸易出口额26.8亿美元，比上年下降4.2%，占全区出口总额的26%；加工贸易出口额73.6亿美元，同比增长13.4%，占全区出口总额的73%。一般贸易进口额70.8亿美元，同比增长6.3%，占全区进口总额的46%；加工贸易进口额65.2亿美元，同比增长6.8%，占全区进口总额的42%；机电产品出口额31.5亿美元，比上年下降25.2%；高新技术产品出口额12.9亿美元，比上年下降14%。全区有45家企业步入大连市出口百强企业行列。2014年，全区新批准外商及港、澳、台商投资企业69家，新批增资企业36家，投资总额14.6亿美元，办理各类外商投资企业新批及变更事项254项，办理加工贸易企业经营及生产能力证明396件、原产地证出证2400余单，对外贸易经营者备案登记381家，加工贸易批准2万余个。

【社会事业】 2014年，大连开发区（金州新区）社会事业进一步发展，“十大民生工程”进展顺利，“十件惠民实事”全部完成。“就业援助”“春风行动”深入开展，实现实名制就业3.9万人，城镇登记失业率2.58%。高技能人才公共实训基地主体完工。大连开发区（金州新区）获评辽宁省社会组织建设创新示范区。平安创建工作持续深化，信访接待、治安防范、安全生产、应急处置等工作不断强化，社会大局和谐稳定。

【机构设置与管委会领导】 2014年，大连开发区（金州新区）党工委、管委会下设党工委机构7个，分别是：纪工委（监察局）、党工委管委会办公室、组织部、宣传部、统战部、政法委、政研室；设管委会机构23个，分别是：发展和改革局、经济发展局、教育文化体育局、科学技术局、民政局、财政局、人力资源和社会保障局、土地房屋局、环境保护局、规划建设局、城市管理与行政执法局、交通局、农林水利局、海洋与渔业局、经济贸易局、卫生与人口计划生育局、审计局、食品药品监督管理局、安全生产监督管理局、旅游局、信访局、建筑工务局、行政服务办公室。设群团机构5个，分别是：总工会、团委、妇联、工商联、残联；辖产业园区10个，分别是：大连金石滩国家旅游度假区（金石滩风景名胜区）、大连双D港产业园区、大连卧龙湾国际商务区、大连金州经济开发区、大连金渤海岸经济区（大连金州湾国际空港产业区）、大连登沙河产业区（大连通用航空产业园区）、大连金州国家农业科技园区、大连先进装备制造业园区、大连金石国际运动中心区、大连冷链物流及食品加工园区；辖街道办事处20个。

金州新区党工委、管委会在职领导人员如下：大连市副市级干部，金州新区党工委书记、管委会主任，金州区委书记徐长元；金州区（金州新区）人大常委会主任赵立民，金州区（金州新区）人大常委会党组书记赵相友；金州新区党工委副书记、管委会副主任，金州区委副书记、金州区区长李莉；金州区（金州新区）政协主席李巍，金州区（金州新区）政协党组书记郭杰；金州新区党工委委员、金州区委常委、政法委书记纪政；金州新区党工委委员、管委会副主任赵敏；金州新区党工委委员石传东；金州新区党工委委员、管委会副主任陈杰；金州新区党工委委员、管委会副主任，金州区委常委解学慧；金州新区党工委委员、管委会副主任丛克、李光、刘文锋；金州新区管委会副主任楚天运；金州新区党工委委员、党工委办公室（管委会办公室）主任杨生全；金州新区党工委委员、政策研究室主任阎立明；金州区（金州新区）人大常委会党组副书记、副主任潘军，金州区（金州新区）人大常委会党组成员、副主任白斌武、陈泽国，金州区（金州新区）人大常委会副主任徐晓莉、杨贵东，金州区（金州新区）人大常委会党组成员、巡视员李云春，金州区（金州新区）人大常委会党组成员、办公室主任王志仁；政协大连市金州区（金州新区）委员会党组副书记、副主席刘增润；政协大连市金州区（金州新区）委员会党组成员、副主席王义宝，政协大连市金州区（金州新区）副主席毛长毅、张俊余、冯宝民（不驻会），政协大连市金州区（金州新区）委员会党组成员、秘书长、办公室主任王世敏。

大连经济技术开发区（金州新区）主要经济综合指标一览表

项目		单位	2014 年	2013 年	增减（%）
开发区生产总值		亿元	1661.2	1589.9	5.8
第二产业		亿元	1048.5	1009.7	6.4
工业		亿元	875.9	843	6.5
第三产业		亿元	562.4	527.8	5
工业总产值（现价）		亿元	3287.3	3115.9	5.5
高新技术企业		亿元	538.8	514.6	4.7
销售（营业）收入		亿元	5312.9	5038.5	5.4
第二产业		亿元	3406.7	3701.5	-8
工业		亿元	3023.9	3184.8	-5.1
第三产业		亿元	844.1	758.8	11.2
利润总额		亿元	149.2	240	-37.8
第二产业		亿元	157.9	199.2	-20.7
工业		亿元	137.4	160.5	-14.4
区内主导产业及产值					
主导产业	1. 化工原料及化学用品制造	亿元	607.2	648.4	-6.4
	2. 石油加工	亿元	428.9	520.2	-17.6
	3. 汽车制造	亿元	358.3	311.5	15
	4. 计算机及其他电子设备制造	亿元	143.7	173.9	-17.4
	5. 农副食品加工业	亿元	117.2	158	-25.8
	6. 通用设备、专用设备制造业	亿元	265.4	304.5	-12.8
第三产业		亿元	844.1	758.8	11.2
进出口总额		亿美元	256	238.4	7.4
出口		亿美元	101.3	94.5	7.2
财政收入		亿元	103.4	98.4	5
税收收入		亿元	232.3	231.1	0.5
财政支出		亿元	95.8	127.8	-25
新批企业个数		个	1750	1604	9.1
外商及港澳台企业		个	69	77	-10.4
内资企业		个	1681	1527	10.1

续表

项目		单位	2014年	2013年	增减（%）
新批企业投资额	外商及港澳台企业	亿美元	9.3	18.1	-48.6
	内资企业	亿元	7.3	5.2	34.6
	增资企业	亿美元	5.3	5.5	-3.6
合同外资金额		亿美元	8.4	13.1	-35.9
外商实际投资		亿美元	42.9	39	10
固定资产投资		亿元	994.2	945.1	5.2
年末从业人员数		个	282089	307963	-8.4
在岗职工数		个	223162	231612	-3.6
在岗职工平均工资		元	62920	56953	10.5
规模以上企业个数		个	1429	1515	-5.7
工业		个	538	574	-6.3
万元GDP能耗		吨标煤/万元	0.589	0.613	-3.9

【30年专栏】 1984年5月4日，国务院转发《沿海部分城市座谈会纪要》，决定进一步开放包括大连在内的14个沿海港口城市，并逐步兴办经济技术开发区。1984年9月25日，大连经济技术开发区获国务院批准；10月15日，正式开工建设，从此拉开大开发序幕，开启大连对外开放新纪元。经过多年发展，对大连经济技术开发区对引领和带动全市整体经济起到极其重要的作用，充分彰显开放集聚优势和创新发展活力，进一步加快大连全域城市化进程。2010年4月9日，大连市委、市政府决定将金州区和大连经济技术开发区合并成立金州新区，实行“一套人马、三块牌子”的管理体制，从此推动大连经济技术开发区建设步入科学发展率先发展的新阶段、新征程。

30年来，几代开发区人高举改革开放大旗，用国际化视野和战略性思维绘就一幅宏伟壮丽的发展蓝图，用辛勤汗水和聪明才智攻克一道道难关险隘，用过人胆识和顽强意志创造一个又一个发展奇迹，使这里发生翻天覆地的历史性深刻变化，取得令人振奋、有目共睹的丰硕成果。

开放引领作用凸显。依托大连金石滩国家5A级旅游度假区等十大产业园区和出口加工区等功能区，引进包括美国英特尔、德国大众等75家世界500强企业在内的总计48个国家和地区的3500多家外资企业入驻，累计利用外资260多亿美元、实现外贸出口总额950多亿美元，成为大连市乃至辽宁省改革开放的最前沿、新窗口和核心区。

经济实力显著增强。累计实现地区生产总值8910亿元，公共财政预算收入663亿元，全社会固定资产投资6362亿元，规模以上工业总产值20728亿元，社会消费品零售总额1656亿元。综合经济实力名列东北县区首位，超过辽宁省多数地级市水平，跻身全国215个国家级开发区前列。

现代产业集聚加速。石油化工产业集群达到千亿级规模，装备制造、电子信息2个千亿级产业集群正在加快建设。以半导体芯片、生物医药、节能环保、航空等为主体的新兴产业加速聚集；以总部经济、旅游、软件和服务外包为代表的现代服务业迅猛发展；以农业产业化和特色农产品基地为重点的现代农业体系全面构建、产业结构日趋优化、基本竞争力大幅攀升。全区产值超亿元企业249家，其中超10亿元企业42家、超100亿元企业6家，在经济发展中发挥重要支撑作用。

城市功能日趋完善。从 1984 年的 3 平方公里起步区发展成为当前的规划面积 1039.8 平方公里、建成区 110 平方公里、常住人口 120 万人的新城区。凭借毗邻港口和专业码头的区位优势，实施一大批道路、电力、市政管网等基础设施工程，特别是随着大连新机场选址在金州湾建设，形成陆海空多点支撑、轻轨、高铁、高速公路、国省干道纵横交错的现代化集疏运体系。

发展成果惠及百姓。社会各项事业成绩斐然，相继建成东北领先、国内一流的图书馆、大剧院、市民健身中心、滨海及山地公园，引进 12 所大学和北京小学等基础教育名校，三级甲等盛京妇女儿童医院将于年内投入使用，公共服务和社会保障体系不断健全，成为全国首批义务教育发展基本均衡区。居民生活质量持续改善，收入水平稳步提高，人均年可支配收入达到 31220 元。

（大连经济技术开发区管委会）

秦皇岛经济技术开发区

【经济发展】 2014年，秦皇经济技术开发区（以下简称“秦皇岛开发区”）经济呈现平稳增长态势。完成地区生产总值253.18亿元，第二产业实现增加值178.69亿元，增长6.1%，第三产业实现增加值72.34亿元，增长5.6%。固定资产投资继续增长。完成全社会固定资产投资116.49亿元，同比增长16.2%。其中城镇项目投资87.18亿元，同比增长20.2%；房地产开发投资29.31亿元，同比增长5.7%。实际利用外资、内资保持增长。批准外资项目4个，外资项目总投资4.40亿美元，同比增长1.6倍，合同外资1.06亿美元，同比下降35.0%。实际利用外资2.09亿美元，同比增长10.2%。到位内资122.46亿元，同比增长10.8%。引进秦皇岛市外资金59.76亿元，河北省外资金57.31亿元。外贸出口增长、进口下降。全年累计完成进出口总额30.03亿美元，同比下降7.3%，其中：出口总额18.10亿美元，同比增长14.2%；进口总额11.93亿美元，同比下降27.9%。以汽车销售为主的消费品市场稳定增长。全区累计社会消费品零售总额48.36亿元，同比增长13.1%。其中：限额以上批发和零售业实现零售额46.60亿元，同比增长17.1%；限额以上住宿和餐饮业实现零售额0.95亿元，同比下降13.4%。财政收入小幅增长。全部财政收入累计完成41.14亿元，同比增长1.8%。其中：地方一般预算收入完成13.93亿元，同比增长2.6%。

【产业发展】 2014年，秦皇岛开发区粮油食品加工、汽车零部件、重大装备制造、金属压延等特色产业迅猛崛起，同时大力培育发展先进制造业、战略性新兴产业和现代服务业，构建了支撑当前、引领未来的现代产业体系。美国通用电气、联合技术、ADM和韩国LG、日本旭硝子、新加坡丰益、台湾鸿海等世界500强企业，以及中信、中粮、中船、中航、中兴、哈电等众多国际、国内知名公司，相继落地生根，蓬勃发展。坚持“有中生新”提升特色产业，建成了世界最大汽车铝制零部件基地、中国第二大汽车玻璃生产基地、重要高端装备制造基地和北方最大粮油食品加工基地。“无中生有”发展新兴产业，建成了中国首家数据产业基地、国内最大节能卤素灯生产基地、最大干雾抑尘装置生产基地、重要的清洁能源装备生产基地，打造了享誉内外的产业品牌。全年工业经济运行较好。全区规模以上工业企业有145个，完成工业总产值636.01亿元，同比下降0.2%，大中型企业完成485.44亿元，外商及港澳台企业完成452亿元，分别同比下降0.4%和2%。规上工业完成增加值153.19亿元，同比增长5.1%，大中型企业完成增加值123.02亿元。工业企业利润大幅增长。规模以上工业企业主营业务收入675.79亿元，同比下降3.0%。外商及港澳台企业主营业务收入完成490.70亿元，同比下降1.5%。实现利税41.72亿元，同比下降4.7%，其中利润24.60亿元，同比增长10.7%。实现利润为秦皇岛市的86.3%。

【园区特色】 2014年5月11日，中关村海淀园秦皇岛分园举行揭牌仪式，成为中关村海淀园在全国建立的首家分园。分园成立后可依托秦皇岛开发区现有产业基础，重点围绕节能环保、高端制造、生物工程及新医药、电子信息（大数据）等产业展开深度对接合作，推动一批海淀企业入驻，成为中关村海淀园辐射带动发展的典范。采取政府直接设立和与社会资源结合的基金设立方式，设立分园产业扶持、引导发展的各类专项基金。引导金融企业和投资机构等多元化投入，全方位推动“秦皇岛分园”的发展。揭牌仪式上，北京千方科技集团、北京碧水源科技有限公司、闪联工程信息技术有限公司、清控科创有限公司、漫游世纪（北京）科技孵化器有限公司、北京市海淀服务外包企业协会的6个首批项目正式签约。

【科技创新】 2014年，秦皇岛开发区建区30周年，也是完成“十二五”目标的关键之年。科技工作根据开发区锁定的“提速增长、绿色崛起、跨越发展”的工作目标，在建设“创新型国家、城市、园区”目标指引下，牢牢把握京津冀协同发展的重大机遇，以创新驱动发展战略为主导，谋划发布科技工作顶层设计，推动建立“秦皇岛科技城”。

2014年，全区高新技术产业完成工业总产值381亿元、实现销售收入415亿元、实现利税33亿元、实现利润21亿元，分别占全区总量的60%、61%、79%、87%，实现同比增长36%、20%、10%和11%，高新技术产业主要经济指标首次在全区经济发展中的占比超过了50%，高新技术企业总数达到68家，占全市总量的77%（全市共88家）；省级以上企业研发机构（包括企业技术中心和企业工程技术研究中心）达到24家，占全市总量的60%（全市共40家）；年内引进清华水木人力资源研究院等8个战略性新兴产业项目。

2014年，京津冀协同发展上升为重大国家战略。秦皇岛开发区围绕节能环保产业和数据产业，开展科技招商与纳才引智。2014年5月11日，中关村海淀园秦皇岛分园挂牌启动，千方科技、漫游世纪等6个项目同时签约；12月，秦皇岛（中科院）技术创新成果转化基地引进第三批项目。秦皇岛（中科院）技术创新成果转化基地引进中科院遥感所、地理所、自动化所、过程所等12家科研院所的18个项目（成立16个实体企业和2个所企共建平台）；引进清华大学、天津大学、北京化工大学等京津高校建立产业技术研究院等成果转化机构，落户开发区数谷翔园。开发区代市政府起草了向省政府提交的《关于“秦皇岛科技城”建设的请示》，已得到省领导批示，“秦皇岛科技城”及8个园区建设起步。

【投资促进】 2014年，秦皇岛开发区项目建设实施了重点项目领导分包责任制，对确定的重点项目，包任务目标、包开工时限、包全程服务。联彩储油及交易中心、金光伏薄膜太阳能、国投泰盛大宗商品交易中心等重特大项目成功引进，中兴智慧城市、阿尔法工业园、中建材产业园、海大汽车文化产业园等21个项目取得实效。河北省首家北美州工业园区—加拿大泰瑞斯工业园正式启动。全年新批企业个数731个，其中外商及港澳台企业4个，内资企业727个。

【投资环境】 2014年，秦皇岛开发区填海造地二期围堰提前合龙，泰盛商务大厦投入使用，栖云山路正式通车，铁路下穿桥全部完工；实施数谷翔园、展园廉政园、戴河生态园、龙海道等一批环境绿化工程，新增绿地面积30.5万平方米；行政审批制度改革进一步深化，被列为全省试点单位之一，改革总体方案已获省政府批准；ISO9001质量管理体系顺利通过审核验收；成功发行二期公司债券7亿元；获得棚改贷款额度16.5亿元，一期到位2.9亿元，有效缓解了资金压力；引入国内最大风险投资机构——深圳创新投资集团，推动科技创新与金融资本有机结合，为发展提供了资金保障。

【生态环保】 2014年，秦皇岛开发区共计划污染减排工程17项，均全部完成。实现削减实现削减化学需氧量1.5%，氨氮1%吨，二氧化硫1.6%，氮氧化物5.5%。城市环境质量进一步改善。小汤河水质状况良好，达到4类环境功能区划要求。2014年空气质量优于二级天数为239天。全年共检查施工现场126个，建筑面积485.86万平米，出动1320人次，589车次。区内机械化清扫率达到75%，裸露树池和绿地整治率达到100%。开展环境日环保法律法规集中宣传活动。组织开展"践行环保 普法维权"进社区环保活动、"净化海滩捡垃圾"环保系列宣传活动。开展城区环境综合整治，共实施现场检查950余次。开展"利剑斩污"及环保专项行动和农作物秸秆禁烧工作。

【社会事业】 2014年，秦皇岛开发区投资1909万元，对15个村进行重点改造，实施改造提升项目88个；新增城镇就业3627人，再就业1336人，转移农村劳动力322人，发放各类就业补贴580万元；失地农民养老保险实现全覆盖，新农合参合率达98%；持续加大教育投入，实施六小、一小扩建工程，投入300余万元改善农村中小学办学条件；托北大优质医疗资源，推进新医院建设，着力提升医疗卫生服务质量和水平；深入开展"感恩之星"等道德模范评选以及群众性精神文明创建活动，弘扬社会主义核心价值观，引领社会新风尚，社会环境稳定和谐。

【机构设置与管委会领导】 2014年，秦皇岛开发区进一步健全和完善全区纪检监察机构，在区内7个党委、工委设立兼任纪（工）委书记，在8个副县级行政单位设立兼任纪检组长，其他各基层党总支、党支部也全部设立兼职纪检委员。

秦皇岛开发区工委工作部门下设：工委办公室、纪律检查工作委员会、政法委、法院、检察院、编办。群众团体：工会联合会、妇女联合会、共青团工委、国际商会。

秦皇岛开发区管委工作部门下设：管委办公室、政策法制局、建设规划局、人事劳动和社会保障局、城市发展局、社会发展局、经济发展局、财政局、审计局、秦皇岛市国土资源局开发区分局、监察局、秦皇岛市公安局开发区分局、国土分局（海洋局）。另有出口加工区管理委员会。直属事业机构：招商局、科技局、大项目办、农村工作局、教育局、安全生产监督管理局。

秦皇岛开发区工委书记郑宝亮，工委副书记胡英杰、李生、陈永富、郝凤斌。纪工委书记王家林。管委主任胡英杰，管委副主任郑宝亮、李生、邵宏根、李颖熹（女）、扈秋宁、郭晓城、刘洪柱、何华庆、吕爱国。

秦皇岛经济技术开发区主要经济综合指标一览表

项目	单位	2014年	2013年	增减（%）
开发区生产总值	亿元	253.18	253.91	6.0
第二产业	亿元	178.69	181.42	6.0
工业（规上）	亿元	153.19	158.33	5.1
第三产业	亿元	72.34	70.33	5.6
工业总产值（现价）	亿元	689	686	0.44
高新技术企业	亿元	454.74	452.77	0.44
销售（营业）收入	亿元	1454.60	1207	20.5
第二产业	亿元	714.59	757.5	
工业	亿元	711.79	754.23	-5.63
第三产业	亿元	—	—	—

续表

项目		单位	2014 年	2013 年	增减（%）
利润总额　　　（规上）		亿元	21.86	29.85	-26.8
第二产业　　　（规上）		亿元	26.7	23.86	11.9
工业　　　　　（规上）		亿元	24.60	21.71	10.7
区内主导产业及产值（规上）					
主导产业	1. 汽车制造业	亿元	148.4	146.82	1.07
	2. 专用设备制造业	亿元	51.19	48.09	6.445
	3. 计算机、通信和其他电子设备制造业	亿元	36.89	25.98	42.0
第三产业		亿元	—	—	—
进出口总额		亿美元	30.03	32.38	-7.3
出口		亿美元	18.10	15.83	14.2
财政收入		亿元	41.14	40.41	1.81
税收收入		亿元	38.58	37.94	1.69
财政支出		亿元	18.26	17.24	5.92
新批企业个数		个	731	383	90.86
外商及港澳台企业		个	4	2	100.00
内资企业		个	727	381	90.86
新批企业投资额	外商及港澳台企业	亿美元	4.4	1.7	158.8
	内资企业	亿元	—	—	—
	增资企业	亿美元	—	—	—
规模以上企业个数		个	145	144	0.69
合同外资金额		亿美元	1.06	1.64	-35.37
外商实际投资		亿美元	2.09	1.90	10.00
固定资产投资		亿元	116.49	119.81	-2.77
年末从业人员数		万人	68052	65999	3.1
在岗职工平均工资		元	50900	48819	4.2
万元 GDP 能耗		吨标煤/万元	—	—	—
水资源消耗总量		万立方米	1238	1330	-6.92
单位国内生产总值取水量		立方米/万元	4.89	5.24	-6.7

附：

国家级经济技术开发区建区30周年发展情况
——秦皇岛经济技术开发区

【30年专栏】 2014年10月27日，是秦皇岛经济技术开发区建区30周年的日子。30年来，作为首批国家级经济技术开发区之一，秦皇岛开发区由0.62平方公里一期开发，扩大到现在全区规划控制面积128平方公里，有35个国家和地区的客商前来投资，发展成为环境良好、功能完善、充满生机和活力的现代化工业园区。

秦皇岛开发区建区以来，累计批准外资项目684个，利用外资26.7亿美元；批准内资项目6327个，到位内资745亿元。以数据产业为突破口，大力发展节能环保、数据、新能源、生物工程四大战略性新兴产业，全力打造中国首家数据产业基地、国内最大节能卤素灯生产基地、最大干雾抑尘装置生产基地、重要的清洁能源装备生产基地，全面推进产业转型升级和质量提升。全力推进科技创新，发展高新技术产业。2009年至今，累计投入1.2亿元，扶持64家创新型和成长型企业，取得良好成效。全区拥有国家级高新技术企业55家，省级企业技术中心23个。

在“秦皇岛市对外开放暨秦皇岛经济技术开发区成立30周年工作会议”上，开发区管委主任胡英杰全面回顾了30年来秦皇岛开发区的发展历程：

30年艰苦创业，30年拼搏进取。建区以来，国务院特区办、商务部等部委的科学指导，市委、市政府的正确领导，省市各部门、各县区的鼎力支持，为开发区发展注入了强劲动力，激励和鞭策我们砥砺前行，在昔日的荒野上，建成了全市最强增长极、全省一流开发区和全国闻名特色产业园区，充分发挥了“窗口、示范、辐射、带动”作用。2013年底，开发区以占全市1.64%的土地面积，创造了全市21.7%的地区生产总值、20.5%的财政收入、45%的规上工业主营业务收入、74%的进出口总额和近90%的工业企业利润，地方贡献率远超12.1%的国家级开发区平均值，实现了由“忽略不计”到“重要增长极”的巨大跨越。获得“中国创造力开发区、最佳投资环境开发区、最具发展潜力园区、全国首批民生改善典范开发区”等荣誉称号。

纵观30年的历程，大体可以分为三个发展阶段：

（一）起步发展阶段

从1984年到1994年，是起步发展阶段。在此10年间，我们开发区从1.9平方公里起步，仅靠0.93亿元的国家贷款，逐步完成了水、电、路、气、讯等基础设施建设，引进了华燕邦迪等一批企业。1992年，乘着小平同志南方谈话的东风，国务院第一次批准扩区5平方公里。到1994年底，累计利用外资1.69亿美元，内资9.07亿元，完成开发面积0.93平方公里，初步形成了滚动发展的能力。

（二）快速发展阶段

从1995年到2007年，是快速发展阶段。在此期间，开始行使市级审批管理权限、出口加工区正式封关运行、对山海关开发区统一管理，国务院第二次批准扩区16.08平方公里。引进外资项目401个，内资项目3083个。累计利用外资14.1亿美元，内资215.8亿元，实现地区生产总值505.8亿元，分别是前10年的8.3倍、23.8倍和61倍。粮油食品加工、汽车零部件、重大装备制造、金属压延等特色产业迅猛崛起，主要指标实现了年均30%以上的增速，综合实力显著增强。

（三）转型发展阶段

从2008年至今，是转型发展阶段。在此期间，进一步拓展空间，规划控制面积扩大到128平方公里。以数据产业为突破口，大力发展节能环保、数据、新能源、生物工程四大战略性新兴产业，全面推进产业转型升级和质量提升。特别是2013年以来，按照市委、市政府提出的更高要求，产业转型升级显著加快。京津冀协同发展上升为国家战略后，开发区积极承接京津产业转移，探索出了科技引领、创新驱动、绿色崛起的新路径。

各具内涵又一脉相承的三个阶段，构成了开发区从小到大、由弱到强的发展奋斗史。30年来，我们取得了以下主要成就。

（一）现代产业强势崛起

以招商为重点，以项目为抓手，大力培育发展先进制造业、战略性新兴产业和现代服务业，构建了支撑当前、引领未来的现代产业体系。建区以来，累计批准外资项目684个，利用外资26.7亿美元；批准内资项目6327个，到位内资745亿元。美国通用电气、联合技术、ADM和韩国LG、日本旭硝子、新加坡丰益、台湾鸿海等世界500强企业，以及中信、中粮、中船、中航、中兴、哈电等众多国际、国内知名公司，相继落地生根，蓬勃发展。坚持“有中生新”提升特色产业，建成了世界最大汽车铝制零部件基地、中国第二大汽车玻璃生产基地、重要高端装备制造基地和北方最大粮油食品加工基地。“无中生有”发展新兴产业，建成了中国首家数据产业基地、国内最大节能卤素灯生产基地、最大干雾抑尘装置生产基地、重要的清洁能源装备生产基地，打造了享誉内外的产业品牌。

（二）科技创新充满活力

按照“摆位优先、政策扶持、平台助推、技术支撑”的原则，全力推进科技创新，发展高新技术产业，显著提升了经济发展的质量和效益。1995年制定的开发区首部发展纲要中，就明确提出以高新技术产业为导向。相继出台《关于加快推进科技创新驱动发展的实施意见》等12部政策规定，支持科技产业发展。2009年至今，累计投入1.2亿元，扶持64家创新型和成长型企业，取得良好成效。积极搭建创新载体，相继建成数谷翔园、国家级燕大科技园、国家高新技术创业服务中心、河北省软件产业基地等一系列技术转化平台，总面积达到31万平方米。强化与IBM、中科院、清华大学等顶尖科研院所的合作，建成全球首个云计算三维互联网应用孵化平台、秦皇岛3D打印设计制造中心，组建了IBM数据产业研究院、清华大学装备研究院等8家研发机构和11家院士专家工作站，引进了上百名院士、科技专家来秦创新创业，成为全市科技产业发展的“梦之队”。牢牢把握京津冀协同发展机遇，引进了北大科技产业园、中关村海淀园秦皇岛分园、京津人才创新创业园和中科院技术创新成果转化基地，构建了以“三园一基地”为代表的承接平台，千方科技、恒业科技等一批优质项目入园投资兴业，成为京秦合作的排头兵。目前，全区拥有国家级高新技术企业55家，占全市的68%；省级企业技术中心23个，占全市的62%。高新技术产业以占全区38%的工业产值，创造了88%的利润，成为引领发展的主导力量，展现出广阔的发展前景。

（三）生态环境宜业宜居

环境就是竞争力、环境就是生产力。我们一以贯之地做强、做美、做优环境，开发区成为全省首家、全国第六家ISO14000国家示范区，打造了产业发展的平台、居民生活的乐园和生态环境的佳地。按照“统一规划、分步实施、适度超前”的原则，累计投资25亿元，完善基础设施建设，形成了以秦皇西大街、龙海道、北京道为主轴的四通八达的路网体系、功能完备的配套设施，产业承载能力全面提升。坚持高起点设计、精品化塑造、区片式推进，累计完成投资21亿元，实施环境工程365项，绿化面积308万平方米。相继建成开放广场、森林体育公园、翔园、展园和戴河生态园等一批精品工程，构建了贯通东西的生态绿带和景观长廊。营造了“白天是景点、晚上是亮点、节日是看点”的景观效果，形成了生态与人文和谐统一的环境体系。有所为、有所不为的实行项目集中联审，集约高效利用土地，严把项目环评关口，累计淘汰不达标项目投资超百亿元。守住了绿色发展的源头，奠定了绿色发展的基础。如今的开发区，产业与环境相融，人与自然和谐，已经成为一座绿色典范的生态新城。

（四）稳定和谐洋溢幸福

坚持让开放成果惠及群众，做到民生改善优先投入、优先保障、优先发展，群众生活水平大幅提高。1993年以来，全区累计投入20多亿元改善民生，占可用财力的五分之一，处于全国领先水平。创造性推行“双创”引领、长效补偿、就业培训、失地人员城镇养老保险等一系列政策措施，增加农民收入，保障群众生活。2004年以来，带动农民创收23.6亿元，失地农民就业率达93%。特别是启动了失地人员养老保险工作，财政投入2.1亿元、承担70%的保费，1.2万人从中受益，彻底解决了他们的后顾之忧。深化医疗卫生体制改革，健全基层医疗服务网络，完善养老服务体系，新农合参合率达98.8%，连续6年居全市第一，有效解决了群众看病难、养老难的问题。优先发展教育事业，累计投资10.5亿元，新建和改造学校24所，形成了较为完整的教育体系，基本实现了城乡教育均衡发展，教育规模和质量都发生了翻天覆地的变化。以构筑和谐幸福家园为目标，加快推进城市化建设，累计投资38亿元，建成渤海家园、邢庄家园等9个城市社区，总安置面积202万平方米，1.3万人搬进新居，居住条件根本改善，生活质量大幅提升。构建了覆盖城乡的文化设施，推动了群众性文体活动蓬勃发展。出版国内第一部开发区志书、第一本《开发区文学》期刊。报纸、广播、电视、网络等新闻事业有声有色，走在全国开发区的前列。着力打造“平安开发区”，创新社会管理方式，推行“七个覆盖”模式。社会防控体系不断完善，专项治理成效显著，营造了和谐稳定的发展环境。

（五）党建工作繁花硕果

探索建立富有特色的党建工作机制，为改革发展稳定提供了有力的思想、组织和作风保障。以提高服务质量为目标，扎实开展党员先进性教育、学习实践科学发展观、创先争优、群众路线教育实践等专题活动，狠抓勤政廉政建设，整治不作为、乱作为等突出问题，有力提升了党建工作水平。打造高素质干部队伍，弘扬焦裕禄精神，贯彻“好干部”五条标准，营造了“风正、气顺、心齐、劲足”的浓厚氛围。注重夯实基层基础，连续五年开展“百名干部下基层”和部门包村活动，500余名干部深入基层帮难解困，为群众解决大量实际问题，密切了党群干群关系。推行农村换届选举“五选七不选”新机制，创新非公企业党建工作，提升了基层组织的凝聚力和战斗力。深入开展感恩教育、文明单位创建、道德模范评选等特色活动，培树了感恩之星、和谐家庭、金牌工人、道德模范等一批先进典型。传递了正能量，带出了好风气，使爱岗敬业、感恩奉献成为社会主旋律，形成了特色鲜明的区域道德文化。

30年风雨兼程，30年岁月如歌。秦皇岛开发区的发展，承载着上级领导的关怀厚爱，凝聚着全体干部的辛勤汗水，饱含着广大群众的无私奉献，离不开新闻媒体的鼎力支持。在此，我谨代表工委、管委，向所有关爱、支持开发区发展的各位领导、各级部门、各界朋友，向为发展作出重要贡献的全体干部和广大群众，致以崇高的敬意和衷心的感谢！

面对30年取得的成就，我们可以自豪，但决不能自傲；可以欣慰，但决不能陶醉。必须清醒地看到，与先进开发区相比，还存在着总量不够大、速度不够快、结构不够优等突出问题。对此，必须正视差距，对标先进，奋力拼搏，锐意进取，努力在新的起点上实现新的跨越。

第九届全国人大常委会秘书长、国务院特区办原主任何椿霖，国务院特区办原副主任、中国开发区协会原会长赵云栋，商务部原副部长马秀红，中国开发区协会会长师荣耀出席了会议。

河北省委常委、市委书记田向利出席会议并发表讲话，在讲话中充分肯定了秦皇岛开发区30年发展取得的成绩。她指出，开发区30年的建设史，就是一部敢闯敢干、开拓创新的奋斗史，每一次扩区都是一次重大飞跃。开发区能取得今天的建设成果，体现了广大建设者不畏艰难、拼搏进取的精神风貌和勇于担当、服务大局的精神境界，体现了一个好班子和好队伍的巨大能动性。30年凝聚起的开发区创业精神弥足珍贵，应当永远发扬光大，成为推动全市改革开放的精神动力。

田向利还指出，30年的对外开放，极大增强了秦皇岛的综合实力，极大改善了城乡面貌和人民生活，但同沿海和省内先进地区比，秦皇岛在经济总量、发展速度、质量效益、民生收入等方面存在较大差距。她强调，站在新的历史起点上，我们要继续打开解放思想“总闸门”，牢牢抓住招商引资、招才引智“牛鼻子”，全力构筑园区建设“顶梁柱”，积极打造开放型经济“升级版”，精心守护环境建设“生命线”，以更强的紧迫感和更大的力度，掀起新一轮改革开放的热潮。

秦皇岛开发区建区30周年取得的巨大建设成就，得到了各级领导以及社会各阶层的充分肯定，具有里程碑式的意义。

（秦皇岛经济技术开发区管委会）

天津经济技术开发区（南港工业区）

【区域概况】 2014年，天津经济技术开发区（以下简称“天津开发区”）建区30周年，形成一区十园格局：东区、逸仙科学工业园、微电子工业区、汉沽现代产业区、开发区西区、南港工业区、南部新兴产业区、泰达慧谷、泰达中区和北塘企业总部园区，占地总面积逾400平方公里。

东区为最初批准建立的区域，规划面积33平方公里（实际占地约41平方公里），位于天津市东45公里，紧邻塘沽，东起东海路，西至京山铁路，南靠新港四号路，北接塘沽北塘。区域属冲积—海积平原，填垫前为盐田。地面标高东高西低，按大沽高程系，平均高度为海拔2.5米。经填垫后，地面标高达3.5米。地形属退海滩地，处于新华夏构造体系。地质状况良好，无地震断裂带穿过。气候属温带大陆季风性气候，年平均气温12度，降水量602.9毫米，蒸发量1909.6毫米，平均气压1016.4百帕（hPa），日照百分度65%，全年主导风向为西南风，年平均风速4.5米/秒。东区开发较早、规划成熟，承担着区域产业功能、经济社会协调发展和产城融合发展的功能，是泰达的核心区域。1993年后，天津开发区分别在武清县（现武清区）、西青区和汉沽区（现滨海新区汉沽）建立逸仙科学工业园（占地面积2.89平方公里）、微电子工业区（占地面积2.32平方公里）和天津开发区汉沽现代产业区（规划面积15平方公里）3个区外小区。2003年，在天津开发区西部扩建开发区西区，规划面积48平方公里。其四至范围：东至唐津公路、西至茶金公路、南到津滨高速公路、北临杨北公路。区域定位为“开发区东区的土地延伸、产业延伸和管理延伸”，航空航天、生物医药、汽车配套、电子通讯、机械制造、新能源等成为西区支柱产业，西区已跃升为泰达和滨海新区的重要增长点。2009年4月，南港工业区开发建设，其位于滨海新区东南部，规划面积200平方公里。其中港池航道水域38平方公里，成陆162平方公里，四至范围：西至津歧公路，向东围海造陆至-4米等深线，北至独流减河左治导线，南至青静黄河右治导线。南港工业区规划建设东、西两个港区，西港池为石化专用港区，东港区为综合性港区，未来通航能力达到10万—15万吨。整体形成“一区、一带、五园”的空间结构，一区指南港工业区世界级重化产业基地，国家循环示范区。一带指在南港工业区西侧，沿津歧公路建设项目带宽1公里的生态绿化防护隔离带，形成南港工业区和大港油田城区之间的绿色生态屏障。五园即石化产业园、冶金装备园、综合产业园、港口物流园和公用工程园。区域功能定位是：以发展石油化工、冶金及重型装备制造产业为主导，以承接重大产业项目为重点，以现代港口物流业为支撑，建成一流的综合性、一体化的现代工业港区。2010年9月，天津开发区与大港管委会签订协议，合作开发“中华民营经济基地”，将其重新命名为“南部新兴产业区”，近期规划面积26平方公里。2011年，泰达与汉沽管委会合作开发原“茶淀工业园”，将其更名为“泰达慧谷”，整体纳入现代产业区规划范围，占地面积5.16平方公里。

2014年1月2日，中共天津市滨海新区委员会颁发有关滨海新区功能区整合方案和新区部分街镇行政区划调整方案，决定将轻纺经济区（规划面积58平方公里）、北塘经济区（规划面积10平方公里）划归天津开发区，随之更名为天津开发区中区和天津开发区北塘企业总部园区。

【经济发展】 2014年，天津开发区经济社会保持平稳较快发展，各项工作取得显著成效，保持在天津滨海新区的主力军作用和在国家级开发区中的排头兵地位“两个不动摇”。

2014年，天津开发区实现地区生产总值（GDP）2801.01亿元，按可比价格计算，同比增长15.2%。其中，第二产业增加值完成2193.32亿元，增长17.4%；第三产业增加值完成607.69亿元，增长6.3%。二、三产业结构由上年的77.8∶22.2变化为78.3∶21.7。全员劳动生产率49.83万元/人，增长8.4%。全区完成财政收入550.19亿元，同比增长0.6%，税收收入436.28亿元，下降2.2%。全年地方财政收入231.46亿元，其中公共财政预算收入227.30亿元。财政支出220.08亿元，其中公共财政预算支出215.98亿元。

2014年，天津开发区进出口总额487.65亿美元，完成全社会固定资产投资800.03亿元，同比增长15.1%。其中外商及港澳台项目151.14亿元。至2014年末，全社会固定资产投资累计完成5299.85亿元。全区批发和零售业增加值110.49亿元，增长5.5%。社会消费品零售总额231.34亿元，同比增长8.6%。

【产业发展】 2014年，全区工业增加值2170.55亿元，按可比价格计算，同比增长17.5%。其中规模以上工业增加值2147.40亿元，可比增长17.7%。全部工业总产值9002.92亿元，同比增长7.4%。其中规模以上工业总产值8903.11亿元，增长7.4%。在规模以上工业中，外商及港澳台投资企业工业总产值6382.73亿元，下降1.6%，内资企业工业总产值2520.38亿元，增长14.3%。全区有306家企业工业总产值超过1亿元，产值合计占全区工业总产值的比重为97.7%。其中84家企业超过10亿元，产值合计占比为89.5%；19家企业超过100亿元，产值合计占比为65.4%。

在规模以上工业企业中，电子、汽车、装备、食品、石化、新能源新材料、生物医药、航天等八大行业共完成工业总产值6504.00亿元，占全区规模以上工业总产值的比重为73.1%。其中，电子行业1928.81亿元，占全区规模以上工业总产值的21.7%；汽车行业1370.84亿元，占全区规模以上工业总产值的15.4%；石化行业1097.37亿元，占全区规模以上工业总产值的12.3%；装备行业791.45亿元，占全区规模以上工业总产值的8.9%；食品行业704.43亿元，占全区规模以上工业总产值的7.9%，新能源新材料行业403.28亿元，占全区规模以上工业总产值的4.5%；生物医药行业198.64亿元，占全区规模以上工业总产值的2.2%。在主要工业产品产量中，电子计算机整机、移动通信基站设备、平板显示器等电子产品，汽车整车、汽车用发动机等汽车产品，风力发电机组、电梯等装备产品，太阳能电池等新能源新材料产品产量保持增长。2014年，全区规模以上高新技术企业产值1660.55亿元，同比增长0.9%，占全区工业总产值的18.4%。计算机及办公设备、信息及化学品、航空、航天器及设备、医药等高技术产业工业总产值实现快速增长。

第三产业运行状态良好。2014年，批发和零售业增加值110.49亿元，比上年增长5.5%。市场销售规模继续扩大，全年商品销售总额2840.45亿元，比上年增长17.6%。交通运输、仓储和邮政业增加值43.49亿元，比上年增长3.3%。客货运输量增长态势良好，全年各种运输方式货运量6999.80万吨，比上年增长41.2%；货物周转量777.50亿吨公里，比上年增长58.7%；南港港口货物吞吐量137万吨。客运量13033.90万人次，比上年增长52.2%。住宿和餐饮业增加值6.68

亿元，下降0.5%，降幅较上年减少，全年限额以上住宿和餐饮业营业额10.43亿元，比上年下降10.7%。其中，客房收入3.89亿元，下降1.2%；餐饮收入5.63亿元，下降17.6%。至年末，全区星级酒店12家。其中，五星级5家，四星级5家，三星级2家。金融业增加值156.72亿元，增长1.0%。金融创新业务加快推进。2014年，长城汽车金融开业，成为天津第一家汽车金融公司。融资租赁、商业保理、消费金融等金融创新行业快速增长。融资租赁合同余额2760.48亿元，比上年增长18.3%。新设立基金企业认缴出资额6.02亿元，比上年增长15.8%。至年末，全区共有银行机构44家。其中，外资银行6家，银行营业网点106个。各类保险机构12家，融资租赁企业47家，商业保理企业22家，财务公司2家，消费金融公司1家，小额贷款公司10家，基金类企业371家，认缴出资额894.33亿元，实缴出资额541.75亿元。境内外各资本市场上市企业17家，专业交易市场10家。房地产业增加值30.32亿元，增长8.4%。全年房屋施工面积455.68万平方米，下降17.4%。房屋竣工面积184.69万平方米，下降29.3%。其中，商品住宅86.50万平方米，下降19.2%。商品房销售面积43.51万平方米，下降16.9%。商品房销售额62.96亿元，下降20.8%。其他服务业增加值260.00亿元，增长10.7%，继续保持较快增长。全年规模以上其他服务业主营业务收入353.45亿元，比上年增长10.1%。其中，营利性服务业增长23.5%，对服务业增长起到重要支撑作用。租赁和商务服务业，水利、环境和公共设施管理业，卫生和社会工作等行业实现快速增长，拉动作用明显。

【园区特色】 2014年，天津开发区开放门户作用显著。注重产业合作渠道建设，维护和拓展与国际组织、驻外使馆、国内外行业协会、商会、中介机构、跨国集团总部等渠道关系，区域国际化程度提升。有来自65个国家和地区3591名港澳台胞和外籍人士在天津开发区工作和生活。利用驻外办事处功能，搭建高端国际合作平台，在美国、日本、欧洲及中国的北京、上海、香港、台湾等地设立办事处。对外宣传和区域推介力度不断强化。全年成功举办中国（南港）港航物流国际交流会、中国（天津）国际机械工业装备博览会、中国汽车产业发展（泰达）国际论坛、中国环渤海电子制造及智能自动化展览会暨论坛等系列重要展览会议。开展30年改革开放历程总结回顾系列活动，发挥外事外交、知名媒体和经济界权威媒体等平台作用，展示天津开发区30年建设发展成果，树立良好国际形象，进一步提高区域影响力、知名度和美誉度。

【科技创新】 2014年，建立部门业务联动机制，打造科技招商、工商注册、科技型中小企业认定“一条龙”科技服务体系。科技招商再创佳绩，全年新引进科技企业771家，注册资金总额63.7亿元。新增国家级高新技术企业32家，新增科技型中小企业1008家。新增科技小巨人80家，科技小巨人企业总量和新增数量继续保持全市第一。推进“滨海—中关村科技园”合作区建设。全年科技发展金和科技风险金投入2.16亿元，累计投入31.39亿元。至年末，全区共有18家企业实现在各类资本市场挂牌融资。

科技载体全面加强。启动津京互联创业中心二期建设，加强创业中心大厦、津京互联创业中心等公共办公间建设，提升天大科技园、科技发展中心等各园区配套服务水平，为科技型中小企业落户提供优质平台。服务外包园被认定为国家级科技企业孵化器。全年新增孵化转化载体面积5万平方米，新增各类研发机构25家。其中，国家地方联合工程实验室1家，市级企业技术中心11家。至年末，全区共有各类孵化器14家。其中，国家级孵化器3家。孵化载体面积70万平方米，在孵企业580家，工程技术研究中心29家，企业重点实验室15家，企业技术中心58家，跨国公司研发中心58家，风险投资公司115家。

科技创新发展提速。全区共申报各类科技创新项目500项，获得立项支持项目350个，其中国家级科技项目35项，获得各级政府扶持资金2亿元。年内认定高新技术企业32家，软件企业12家，科技型中小企业1008家。至年末，累计认定高新技术企业277家，软件企业95家，科技型中小企业4612家，科技小巨人企业349家。

科技创新成果不断涌现。飞旋科技自主研发生产的“磁力轴承真空分子泵”填补国内空白，康希诺公司疫苗研发项目入选国家科技重大专项。全年技术合同登记574份，累计登记3585份；技术合同成交额23.1亿元，累计成交额77亿元；科技成果鉴定登记62项，累计登记326项。

人才队伍建设继续强化。全年引进高级人才111人，新建博士后工作站4个。新建青年见习基地10个。组织开展各类培训人数2.03万人。举办各类人才招聘会142场，共吸引7.50万人次、1500家单位参加。至年末，引进高级人才总量1279名，企业博士后工作站和博士后创新实践基地90家，在站博士后61名。人力资源中介服务机构41个。其中，民营机构16个，共有青年见习基地96家。

【投资促进】 2014年，开发区批准外商投资项目157个，增资项目301个，投资总额123.78亿美元，合同外资金额86.32亿美元，比上年增长10.9%，实际使用外资60.39亿美元，比上年增长9.1%。新批外商及港澳台项目合同外资平均规模3407.58万美元。投资规模在1000万美元以上项目123家。新批《财富》全球500强项目3家。外商及港澳台项目合同外资增资金额45.07亿美元，平均增资规模2334.86万美元。增资超过1000万美元的项目有82家。内资新注册企业1328家，增加注册资本企业404家，内资企业注册资本（含增资）370.64亿元，其中，新增民营企业1138家，注册资本146.79亿元。新设立内资企业平均注册资本1585.01万元，注册资本在1000万元以上的238家。2014年，全区进出口总额487.65亿美元，比上年下降4.1%。其中，出口229.27亿美元，增长2.3%；进口258.37亿美元，下降9.2%。按贸易方式分，加工贸易出口194.04亿美元，增长2.7%，一般贸易出口32.66亿美元，增长1.6%。

全年先进制造业不断做大做强，新批及增资制造业外资项目226项，合同外资金额（含增资）32.18亿美元。渤海轻工集团、托普索二期、中沙新材料、长芦南港新材料园、法液空工业气体、石药制药等重大制造业项目签约落户；大众变速器约翰迪尔、富士通天精密电子、养乐多二期、艾达变速器、东海碳素等项目增资扩产；一汽大众华北基地项目、斯堪尼亚卡车等制造业项目取得重大阶段性进展。

现代服务业加速聚集，新批服务业外资项目152项，增资项目79项，合同外资金额（含增资）54.14亿美元；内资企业新设1288家，增资392家，注册资本金（含增资）338.98亿元。海天汇金、富邦国际、银信国际、天融国际、永丰金、嘉屹、均和等一批融资租赁项目，中联重科、新希望集团等保理项目，赶集网、豆瓣网等互联网项目，国美金融控股、中集总部、邦吉企业管理服务、伟尔石油等服务类项目及现代海斯克（中国）投资公司、尚达国际、学大教育科技等总部性质项目在开发区签约落户；天津长城滨银汽车金融公司作为天津市第一家汽车金融公司在开发区开业；五八同城信息技术、俊安、捷信消费金融、神州数码融资租赁、永旺小额贷款、汇鑫国际、先达海水资源等服务性项目完成增资。楼宇经济初见成效，全年纳税总额23.6亿元人民币，其中税收超亿元楼宇5座。

开发区继续加强与国家部委和市、区有关部门联系，维护和拓展国内外行业协会、商会、中介机构等渠道关系，深度挖掘区内外优质客户资源，搜集项目信息。实施主动走出去战略，强化区域推介，组织或参与大众配套商大会、夏季达沃斯论坛、汽车论坛、石化大会、互联网大会等活动。借助首都资源开展工作，与中国产业用纺织品协会、国家发改委中国投资协会新兴产业中心等机构对接并签订合作协议。拜访三星、LG 等公司总部及北汽新能源、京城控股、数码大方、中机联等企业，有效拓展在北京方面的信息和项目渠道。全年组织赴首都招商活动 16 次，走访企业 140 家，对接项目 64 个，签约 6 个项目，涉及投资额 17.8 亿元人民币。走访区内企业 600 家，协调解决企业问题近 200 件，完成备案企业 466 家，备案企业的 924 个项目中，实现 320 个转型升级项目。发挥在建项目协调办公室作用，全年召开专项协调会 200 余次，现场协调会 100 余次，累计为企业解决难题 400 件。在全国十余个省市举办 112 场招聘活动，为重点企业组织应聘 3 万余人。

【生态环保】 2014 年，开发区区域空气质量达标率 54.2%，比上年提高 8.2 个百分点。细颗粒物（$PM_{2.5}$）年均浓度 75 微克/立方米，臭氧（O_3）年均浓度 79 微克/立方米。区域环境噪声平均值为昼间 53.3 分贝，道路交通噪声平均值为昼间 63.3 分贝，符合国家区域环境噪声标准。水环境保持稳定，全区集中式饮用水水源地水质达标率 100%，污水处理厂出水水质达标率 100%，市控重点水污染源在线监控率 100%。2014 年，天津开发区全力实施“美丽泰达·一号工程”，开展“清新空气”行动，完成主要污染物排放总量指标控制任务。落实东区多个热源厂脱硫除尘设施改造项目、现代产业区热源厂脱硫设施改造工程及中粮天科等 7 家企业粉尘治理项目，使开发区挥发性有机物综合治理工作走在全市前列。不断完善节能环保政策体系，发布《天津经济技术开发区促进节能降耗、环境保护的暂行规定》，完成《2014 年协议节能目标责任书》签订工作，签订责任书的企业由 55 家增至 62 家，签订节能总量为 17620 吨标准煤。建成大气污染防治网格化管理系统，加强环境监察执法力度，完成重点企业现场检查 269 家次，实施行政处罚 78 家次，限期整改 32 家次，停产整改 1 家，推动 17 家重点企业实现自行监测数据公开。开发区通过国家循环经济试点单位验收，累计共有 285 家企业通过 ISO14001 体系认证，成为全国首批低碳工业园区试点单位。全年审核 2 批环境保护鼓励项目共 62 个，组织区内 6 家企业申报 15 个中央财政大气污染防治专项资金项目，获得中央、市级补助 5715 万元。“中国天津—美国费城清洁技术转移合作平台及领军示范项目”入选中美绿色合作伙伴计划。实施欧盟“天津滨海新区企业环境信息公开试点项目”，承接商务部国家级开发区节能环保建设与发展研究课题。

构建可靠的能源供应保障体系，有序开展能源规划、建设计划、运营管理等工作。泰康路 35KV 变电站本体及外线电源工程建成，东区燃气管网改造项目有序开展，东区黄海路西侧给水工程、大众 DL382 项目 110KV 变电站按期推进。开发区相关部门组织东、西区各专业公司及三小区总公司编制迎峰渡夏方案和冬运工作方案，确保区域能源供应安全平稳。2014 年，全区万元地区生产总值能耗 303.88 公斤标准煤，比上年下降 7.6%，万元工业增加值能耗 345.90 公斤标准煤，下降 8.9%；万元地区生产总值耗电 357.24 千瓦时，比上年下降 8.1%，万元工业增加值耗电 401.57 千瓦时，比上年下降 8.0%；万元地区生产总值新鲜水消耗 2.93 立方米，比上年下降 12.1%，万元工业增加值耗水 3.11 立方米，比上年下降 14.6%。

【社会事业】 教育事业实现新跨越。教育基础设施不断改善，第一中学改扩建进展顺利，国际学校改扩建二期、新保育院建成投入使用。推动教育均衡化发展，完成教师队伍交流。第二中学通过高中现代化学校达标验收。当年义务教育入学率 100%，巩固率 100%，高中入学率 99%。流动人口子女占义务教育阶段学生总数的9.1%。至年末，全区共有各级各类学校26所。其中，大学3所，民办学校12所。在校学生3.78万人。其中，大学生2.80万人，中小学生0.97万人。在校学生中，外籍学生400人。幼儿园10所，入园儿童2960人。教职工3316人。其中，外籍教师145人。

医疗卫生事业实现新发展。泰达国际心血管病医院、泰达医院继续提升医疗服务水平，心血管内科成为国家临床重点专科建设项目。各区域医疗资源建设不断完善，新世纪妇幼儿医院加快建设，西区医院建成投入使用，油田总医院港南医院进驻南港工业区。社区卫生服务中心实现社区和公寓卫生服务全覆盖。至年末，全区共有12家综合性医院、3家专科医院，36家社会力量办其他医疗机构、1家社区卫生服务中心、14个社区卫生服务站、58家企业保健站。拥有各类卫生技术人员1895人。其中，高级职称卫生技术人员271人。病床1167张。全年诊疗186.01万人次。

构建良好文化氛围。打造品牌文体活动，举办首届泰达全民马拉松赛，完善泰达经典音乐文化广场和“数字电影泰达行”主题活动，泰达读心书友会荣获中国图书馆学会颁发的全国书友会一等奖。泰达图书馆档案馆全年档案借阅利用0.59万人次，图书流通17.64万册次，提供文献检索1.92万次，接待读者用户102.04万人次。至年末，档案馆馆藏总量51.09万卷（件），图书馆馆藏总量126.06万册、馆藏数据库56个。

城市管理水平不断提升。全面推进城市管理精细化，升级数字城管信息平台，建立全新城市管理机制。社区管理不断创新，建立人口、房屋“两实”管理系统，切实打造安全社区、平安社区。至年末，全区区内共成立9个社区、9个社区居委会，建立23个社区志愿者服务站和120支社区志愿团体。年内组织志愿活动651次，志愿服务时间21.14万小时。全区共有全民健身场所94个。社会救济、优抚安置、老龄、民族和宗教、计划生育等工作落到实处。

【劳动保障】 劳动收入进一步提高。2014年，天津开发区从业人员劳动报酬总额396.93亿元，比上年增长10.4%。其中，外商及港澳台投资企业240.52亿元，增长8.0%；内资企业156.40亿元，增长13.7%。全区从业人员人均劳动报酬7.94万元，同比增长11.6%。

城市居民收入得到提高。城市居民人均可支配收入50201元，比上年增长8.5%。人均消费支出36145元，比上年增长7.9%。

社会保障实现新提升。劳动就业水平不断提高，新增就业岗位7.87万个。工资集体协商奖励扶持力度进一步加大，协商企业3260家，覆盖职工22.00万人。全年工伤认定1251人次。西区富士康白领公寓、现代产业区蓝白领公寓建成投入使用。至年末，全区共有政府公屋、高级人才公寓、蓝白领公寓32处，总面积232万平方米，能满足21万外来职工入住。

至2014年末，参加基本养老保险人数29.42万人，基本医疗保险人数30.12万人。参加投保单位5734家。全年养老、医疗、失业、工伤、生育及子女医疗等五项险种缴费额70.10亿元，比上年增长12.0%。其中，基本养老保险44.19亿元，医疗保险19.02亿元。全年共向1.28万名离退休人员发放养老金3.83亿元。

【南港开发建设】 2014年，南港工业区开发实现新突破。完成固定资产投资52.00亿元。其中，基础设施投资29.44亿元。液体化工码头灌区、10万吨级航道疏浚、南堤路6.2公里道路和7.5公里管廊顺利完工。南港铁路全面开工建设。南疆散货物流中心项目搬迁顺利。中石化液化天然气、合佳威立雅、托普索催化剂等产业项目加快推进。南港工业区正式纳入国家发改委和工信部联合下发的《石化产业规划布局方案》，中俄炼化一体项目和中石化炼油扩能改造项目列入国家重点工程。完成南港工业区一期控规修编及供水、电力、燃气、热力、管廊、雨污排等专项规划修编。完成《天津南港工业区内部铁路总体布局专项规划》编制。水利部正式批复《独流减河口综合整治规划治导线调整报告》。土地整理快速推进，取得中沙新材料园等7个项目海域使用权证，完成中沙新材料园等8个项目土地收储，南港工业区累计具备可摆放项目土地82.5平方公里。交通体系顺利推进，南港铁路全面开工；滨海高速已全线贯通；南港工业区完成南堤路等6.2公里道路建设，完成红旗路等9条道路照明工程，累计通车里程百余公里；10万吨级航道完成主体疏浚，7个5万吨级液体化工品专用码头具备投产条件，完成VTS雷达站建设工作，岸线开放计划获国务院批复，口岸开放通过市级阶段性预验收。工业区公用工程项目稳步推进，大唐热电项目、先达海水淡化项目、法液空工业气体项目等公用工程项目正常推动；南港工业区建成投运110kV变电站1座，在建220kV变电站2座，110kV变电站1座，35kV变电站1座，启动南港电力大通道工作；新增供水、燃气、热力、污水管线8.4公里，累计完成83.4公里各类管线、432孔公里通信管线及25公里工业管廊建设；完成85万平方米绿化工程施工；投资服务中心、港务大楼、养管基地、秀水派出所大楼具备投入使用条件；南港封闭管理门禁系统工程启动建设。招商工作顺利推进，全年新增签约项目11家，包括：河南碳四深加工项目、蒙西集团二氧化碳基全降解塑料项目、中国水电建设集团新能源公司风力发电项目、杰士汤浅铅酸蓄电池项目、北京科华光刻胶项目、领航润滑油项目、西比西天然食品营养添加剂项目、长芦南港新材料园区项目、中沙新材料园项目、法液空工业气体项目、中国特种设备检测研究院等，总投资318亿元。至2014年末，累计签约项目50个，总投资逾1428亿元，其中在建项目17个，投产项目10个。

【西区发展】 2014年，西区建设继续加快。爱达变速器、新兴移山、妙可蓝多等工业项目建成投产。航天资源循环、卓达科技、金耀药业等产业项目加快建设。全年西区完成工业产值1437.39亿元，同比增长22.0%，其中汽车产业、电子产业实现快速发展，重点大项目工业产值占举足轻重位置，长城汽车项目完成566.81亿元、三星电子有限公司完成177.92亿元、立中工业园完成177.71亿元、鸿富锦精密电子完成150.02亿元、三星电机有限公司完成62.71亿元、金耀集团完成41.14亿元、维斯塔斯风力技术有限公司完成39.64亿元、太钢大明金属制品有限公司完成34.6亿元。

西区生活配套设施加快完善，24项配套项目完成14项，建成西区医院、天渤公寓餐饮（津粤汇）、邻里中心、第二派出所、第二消防站等，完成公交线路提升、公安视频建设、九大街桥梁改造、京津唐高速涵洞建设、规划调整、长城幼儿园合作项目、长城公寓门诊部、西区文体活动中心等项目，天渤公寓二期、天鸿公寓二期和三期、商业综合体等剩余项目预计明年建设完成。

基础设施建设有序推进，完成固定资产投资81.23亿元（包括基础设施投资1.95亿元）。为保证大众变速器、三星电子、富士康等企业的景观需求，完成大众DL382项目周边道路拓宽改造工程；完成夏青路、江泰路等17条道路绿化建设；为奥迪项目实施周边道路改造工程；通信管孔、东南组团河道、路灯等一批工程顺利实施；为企业补填土和其他机动项目等随机工程按照需求及时实施。保证大众变速器一期、长城汽车二期、艾达二期、立中车轮二期、长征火箭二期、爱达变速器等重点项目如期投产，促进富士康鸿富锦精密电子（天津）生产基地收尾工作顺利进行。至年末，落户企业180余家，在建重点项目有：大众汽车（中国）投资有限公司在天津开发区西区建设的汽车变速箱生产基地，总投资9.27亿欧元，生产世界上最先进的双离合变速箱；一汽丰田研究院依托一汽和丰田两大母公司雄厚的技术力量，承担一汽丰田合资体系汽车产品开发、试制、试验、认证以及技术服务业务，主要进行汽车相关的产品企划、造型开发，底盘和电子电气开发，动力总成开发，样车开发等；李斯特技术中心（天津）有限公司，利用公司现有的内燃机、动力总成系统测试技术及测试系统的开发与研究技术，致力于机动车发动机、动力总成、整车的性能测试与优化等技术咨询和技术服务；航天资源循环科技有限公司的航天资源循环PET（聚对苯二甲酸乙二醇酯）原级资源化项目，将消费者遗弃的废弃物资源化后形成与原生物属性相同的产品回收再利用过程中不改变材料属性，再生出的PET材料与原材料可按照一定配比混合使用，生产的产品还和原产品一样，实现从“瓶”到“瓶”的真正循环利用。

【各园区统筹联动发展】 逸仙科学工业园以打造科技聚集园区为目标，全面推进园区转型，完成园区科技转型概念性规划。2014年，逸仙园完成工业产值104亿元，同比下降4.72%；自营收入1777.69元，同比下降14.6%；实现出口46682万美元，同比增长13%。逸仙园将招商工作重点放在科技企业招商引资上，全年完成入区新项目注册85家，其中科技型企业73家，占新注册企业总数85%。年内，园区对两条主干道亨远路、庆龄大路道路绿化进行提升改造，完成大路两侧绿地、分车带、游步道铺装、木格栅及园区出入口节点景墙等工程，共种植乔木2000株、花灌木5000株、地被植物及草坪6.2万平方米，打造景观节点4处，街头景观12处，街头公园1处。

天津开发区微电子工业区完成控制性详细规划报批。飞思卡尔研发中心落户微电子工业区，是继三星通信研发中心及三星电子国际质量认证研究所之后又一家高科技研发中心。加快园区环境改造，完成二期道路及微七路红线围墙改造工程、微七路隔离带、总排河绿化带改造工程，建成三号公寓公共广场。完成园区供水系统全面维修，排除园区供水系统安全隐患。完善区域配套，建成三号公寓12号楼，引入园区的826路公交自2014年4月正式运营，乘坐此车可到达和平区中心站。

现代产业区加大招商引资工作力度，全年有一汽物流、鲜活果汁、先导颜料、斯创姆福禄能源设备、荣辉电机等10个新项目落户，总投资额3.14亿美元；东海炭素（天津）有限公司、天津杰诺康园艺休闲用品有限公司等2家企业增资，总投资额1.05亿美元。基础设施建设在建13个项目完成9个，累计完成投资1.78亿元。产业区深化企业服务，走访企业53次，协调解决现代海斯克二期项目电力、燃气增容、富谦科技等3家企业14项重点问题，为区内45家企业办理、协调、推动落实各类事项122件，加快办理一汽物流、鲜活果汁等10家新入区企业前期手续，推动一汽进出口、新和、东海炭素二期、杰诺康二期等11家在建企业建设进度，区域功能形象进一步完善。

天津开发区南部新兴产业区（简称南区）定位为天津开发区的南部拓展区、滨海新区新兴产业先导区。2014年，园区符合两个规划的土地面积7.57平方公里。园区起步区范围内拆迁工作完成80%，主干路网、沿线能源管线铺设、绿化栽植、路灯杆安装、路名牌、道路指示牌及行车线设置等工作基本完成，具备项目规划设计、开工建设条件。港中公路拓宽工程进入全面施工阶段。

北塘企业总部园区定位为中小企业总部基地、国际旅游目的地、生态人文宜居小镇。2014年，园区道路、水系、绿化及配套管线等基础设施建设基本完工。中国人民银行动产融资公司、津能滨海热电有限公司、泰达集团、中部新城开发投资、滨海新区住房保障中心等新区机构及企业入驻办公，新区法院即将入住。北塘古镇、包克图蒙古风情园、海上一日游等传统旅游项目在“五一”“十一”营业期间，先后接待游客10万余人次，成为天津市新的旅游目的地。还迁房项目全部完工，年末迎来首批居民还迁。文化体育中心、蓝白领公寓、建发大厦、垃圾转运站等配套项目完成主体施工，进入精装修阶段。昆明路小学、柳州道公交站等项目完成前期手续办理，2015年开工建设。园区全年新增注册企业100余家，注册资本11亿元，累计完成企业注册300余家，注册资本60亿元人民币。签约或达成入住意向的企业100余家。

泰达中区规划面积58平方公里，包括48平方公里工业区和10平方公里生活区。2014年，中区完成新的产业规划调整，产业定位为：坚持石化下游产业的特色发展，逐步融入新材料、生物医药、高端装备制造等战略性新兴产业，形成中区新的特色产业体系，努力打造国家新型工业化（产业用纺织品）示范基地、我国北方重要的轻纺工业基地、新材料和生物医药产业集聚区、高端装备制造项目承载区、城市拓展示范区和生态宜居新城区，构建开发区新的经济增长极。2014年，中区完成固定资产投资27.6亿元。全年新增注册及变更企业95家，注册资金3.77亿元，科技型企业认定26家。重点新签约项目信星国际产业园12月开园，吸引入区注册企业85家，注册资金2.5亿元。新增投产项目5个，华恒、中矿、美浓等8家企业生产运行平稳，全年实现工业产值25.3亿元。是年，中区建成市政道路9.1公里，完成绿化面积8.2万平方米，完成8条道路照明工程，安装路灯2130基。建成1座消防站、1座雨污水泵站和汛期临时排水工程。至年末，中区工业区在建26平方公里土地整理全部完成，建成道路58公里，绿化建设面积75.2万平方米。配套服务设施更加完善，10万平方米蓝领公寓入住率逾50%，邮局、超市、药房、健身室、阅览室、职工食堂、公共浴室等各类配套服务设施完备，新设立快递中转站提供近20家快递公司的快递收发服务。民生银行、工商银行为驻区企事业单位及职工提供优质金融服务。大港华兴医院分院即将入驻。滨海三号酒店运营良好。公交首末站正式使用，公交线路通往港东新城及原大港城区。

【机构设置与管委会领导】 2014年，天津开发区（南港工业区）管委会及党组设如下设工作部门：管委会（党组）办公室、党建工作部、开发区企业党委、开发区工会、西区办公室、政策研究室（法制局、司法局）、发展和改革局、投资促进领导小组办公室、投促一局、投促二局、投促三局、经济发展局（滨海新区工商行政管理局开发区分局）、贸易发展局、建设和交通局（规划和国土资源管理局）、科技发展局、教育文化卫生体育局、财政局、人力资源和社会保障局、环境保护局、审计局、公用事业局、外事局、安全生产监督管理局、城市管理局、南港综合办、南港规建局、南港经发局（投促四局）。

天津开发区（南港工业区）管理委员会主任、党组副书记许红星，中共天津经济技术开发区（南港工业区）管理委员会党组书记、管委会副主任王盛。天津开发区（南港工业区）管理委员会副主任王强、张军、艾亚民、张东昇、郎东、施扬、马玫、李泽民、张国盛。天津经济技术开发区管理委员会副巡视员王俊明、宋卫群、贾守月。天津经济技术开发区管理委员会主任助理王雪佳。

【30年专栏】 天津开发区从1984年建立至2014年走过历经30年发展历程，大致可划分为四个阶段。

一、主要阶段

（一）起步期（1984—1991年）

盐碱滩兴起的外向型工业区。1984年建区伊始，天津开发区把国务院提出的“以工业为主，以外资为主，以出口为主”的“三为主”方针作为建区方针，充分利用改革开放的政策优势，吸引外资，引进技术，建立起外向型工业区的雏形。在起步发展阶段，天津开发区不占国家良田，不依赖国家计划内投资，创造出负债和“滚动”开发、“规划一片，开发一片，收益一片”的区域开发模式。仅靠3.2亿元贷款起步建设，在全国率先实行土地有偿出让转让制度，探索出投入1元人民币搞基础建设，吸引2美元的工业项目投资，创造3美元的工业产值的“1-2-3”模式。

1986年8月21日，中国改革开放总设计师邓小平视察天津开发区，指出“对外开放还是要放，不放就不活”，并欣然题词：“开发区大有希望”。天津开发区以其成功实践证实邓小平的科学预言，不断推动区域改革开放、经济社会发展，于1991年开发完毕4.2平方公里起步区，入区外资及港澳台企业350家，累计投资总额6亿美元，内资企业近500家，注册资本20余亿元。当年实现地区生产总值6.71亿元，工业总产值18.7亿元，出口1.1亿美元。

在起步期，天津开发区区域社会总产值和实现利税均有较快增长，招商引资开始进入良性循环轨道，为区域腾飞奠定良好基础。

（二）加速期（1992—1996年）

产业功能区的快速发展以1992年邓小平南方谈话为契机，我国经济发展与对外开放进入新的历史时期，天津开发区作为外商投资重点地区得到快速成长，区域管理水平迅速提升，综合投资环境显著改善；形成“开放、开拓，励精图大业；求新、求实，众志建新城”的“泰达精神”。引进外资实行“内外结合、主动出击”策略，通过“一条龙、一站式”优质服务赢得大批外商投资，“三资”企业数目与日俱增，且投资规模大，技术含量高，外商投资领域宽，第三产业呈现良好发展势头。

1992年，摩托罗拉投资成为天津开发区高新技术产业发展的里程碑。开发区的产业不断吐故纳新，升级换代。1994—1996年，连续三年开展“投资环境年”活动，对改善区域法制环境、政务环境、生产环境、商务环境、城区环境、文化环境提出具体要求。1995年，工委、管委会在全国开发区率先提出“六高三化”目标（不断追求人才的高素质、工业的高技术、企业的高效益、规划的高水平、建设的高标准、生活的高质量，逐步建成以工业现代化为基础，以管理现代化为支撑，以城市现代化为标志的具有国际水准的现代化新城区）。

1996年，天津开发区实施“由政策优势向体制优势转变，由一般项目向资本密集型与技术密集型项目转变，由单一工业区向现代化新城区转化”战略，确定“科技兴区”方针，制订并出台一系列促进高新技术产业发展的措施和政策。随着工业生产规模日益扩大，为满足第三产业发展和生活需要，开始加强公共配套服务设施建设，房地产业得到迅速发展，天津开发区开始由单一工业区向现代化产业功能区转变。

1992—1996年间，工业总产值近乎每年翻一番。截至1996年末，天津开发区累计开发土地20平方公里，批准外资及港澳台企业2744家，协议投资总额77.85亿美元，内资企业登记2551家，注册资本36.3亿元。当年实现地区生产总值131亿元，工业总产值370.1亿元，出口总额14.5亿美元。

（三）转型期（1997—2007年）

从产业功能区走向综合功能区。1997年后，随着国际投资环境发生变化及自身经济总量基数不断加大，天津开发区提出未来发展新的经济增长战略，实行资本引进和科技创新“两条腿走路”方针。

1997年，开发区总结“高位运行”经验，提出一系列举措，促进经济社会整体发展。2000年，颁布《天津经济技术开发区促进高新技术产业发展的暂行规定》和《天津经济技术开发区鼓励高级人才人区的暂行规定》。2001年，提出“构筑21世纪新经济平台”新概念；开发区管委会13个部门均纳入ISO9000质量管理体系。2002年，提出“新九通一平”

软环境理念，制定主导产业发展规划，出台信息产业总体规划、生物和现代医药产业发展规划。2002年，随着“入世”和滨海新区开发开放，开发区迎来新机遇，汇聚摩托罗拉、三星等一大批世界企业，形成以汽车、电子信息产品制造业（IT行业）、原材料、生化为特色的高科技产业聚集地。2001—2003年，连续三年开展“形象年”活动，塑造崭新的人文形象、社会形象、政府形象、城区形象。2003年，开展“寻找泰达短板，重振泰达精神”大讨论活动，使政府促进经济发展的能力和区域管理水平有显著提高。2006年，滨海新区开发开放被纳入国家“十一五”发展规划，天津开发区成为滨海新区核心区和标志区、改革试验先行先试区以及宜居生态型新城区，迸发出新活力。2007年，天津开发区继续按照“有限目标、逐步逼近”策略，进一步改善投资环境，完成“改善投资环境10件实事”，促进开发区综合投资环境优化提升。

转型期的基础设施建设由工业园区为主转向工业区与生活区并重。通过开发商品化住宅小区，建设一批高起点、有影响的生活服务投资项目，生活区滞后于工业区发展的局面明显改观。园区空间扩展由快速向外扩张转向消化已开发土地，建成区向外推移的速度较上一阶段有所减缓，进入内向填充时期。随着区内规划路网的建成及市政基础设施的逐步完善，泰达面貌发生显著变化，分散的建成区逐步连成一体，交通条件进一步改善，与周边地区联系明显加强，优势区位在这个时期得以确立。

至2007年末，天津开发区实现地区生产总值938.70亿元，工业总产值3350.67亿元，累计批准来自74个国家和地区的外商及港澳台投资企业4485家，项目投资额403.28亿美元，合同外资金额300.35亿美元。其中投资规模超过1000万美元的项目有657家，投资规模超过1亿美元的项目有31家。实现进出口总值335.01亿美元，进口总值完成150.02亿美元，出口总值完成185.00亿美元。累计开发土地面积45平方公里，其中工业区34平方公里，生活区11平方公里。

（四）跨越期（2008—2014年）

迈向新经济平台的综合创新城区。2008年，受国际金融危机影响，经济形势呈现复杂局面，天津开发区开展“构建中国新经济平台”大讨论活动，确定构建中国新经济平台的“八个板块”。提出“二二二三四”战略，即重点发展两个产业，先进制造业和现代服务业；做好两篇文章，推动存量和增量共同发展；实现两个驱动，投资驱动和科技驱动；重视三资并重，外资、国资和民营资本共同拉动。以金融、服务外包、物流、贸易为代表的现代服务业保持高速增长和多元化发展趋势。2010年，提出着力打造高端产业高地、自主创新高地和绿色发展高地，在天津市大发展和滨海新区加快开发开放中当先锋、打头阵、挑重担、做贡献。科学的区域经济定位，引领经济快速、持续发展。

开发区跨越期的区域空间布局架构更加完善，“一区十园”与“东西南北”四区对进态势形成并稳步发展。

在构建中国新经济平台过程中，发展城市服务业和社会事业，倡导节能环保、制度和区域功能创新，推动产城融合发展。天津市首个数字化城市管理系统在泰达启动，全国第一笔排污权网上交易在泰达排放权交易所挂牌，翠亨社区一站式服务中心投入使用，提供教育培训、权益保护的“农民工之家”揭牌，全市第一家中外合资医院泰达普华医院开院，昭示着天津开发区正跨越功能区发展阶段，走向产城融合的新征程。

至2014年末，天津开发区主要经济指标在国家级开发区中继续保持第一。实现地区生产总值（GDP）2801.01亿元、工业总产值9002.92亿元。累计批准来自88个国家和地区的外商及港澳台投资企业5439家，其中投资规模超过1亿美元的项目有7家。累计认定高新技术企业277家，软件企业95家，科技型中小企业4612家，科技小巨人企业349家。进出口总额487.65亿美元，出口229.27亿美元，进口258.37亿美元。全社会固定资产投资累计完成5299.85亿元。累计开发土地176.47平方公里，其中工业用地85.11平方公里。

二、主要成就

【天津开发区30年发展成就】

（一）发展水平

自1998—2012年，国家商务部（原外经贸部）对全国国家级经济技术开发区进行的投资环境综合评价中，天津开发区连续15年获第一名（“十五连冠”），成为中国乃至亚太地区最具吸引力的投资区域。

在“中国改革开放30年人物事件评选”中，天津开发区入列“中国改革开放30年30个优秀集体”，系唯一一个国家级经济技术开发区。

通过几代泰达人拼搏奋斗，历经30年建设发展，天津开发区从昔日规划面积不足40平方公里的盐碱田，发展为400余平方公里的先进制造业聚集区和现代化创新型宜居生态城区，配套齐全、功能完善、环境优美、社会安定，产业繁花似锦，城市欣欣向荣。来自世界60余个国家和地区的人士居住于此，不同语言、不同生活习惯相互交融。天津开发区初步形成从学前教育到高等教育，从普通教育到职业教育，从政府办学到社会办学的比较完备的教育体系。社区卫生服务站和公共卫生服务中心全面覆盖生活区和外来务工公寓。图书馆档案馆面向政府、企业、学校、社区，提供全方位、多层次的文献信息服务。文化创意产业联盟，工业博物馆——泰达方便面印象馆、中新药业博物馆等文化旅游设施不断丰富。天津开发区以构筑“社区治理共同体”为基础，创新社区管理体制机制，开发了数字社区系统和泰达城市网系统，提升了居民的满意度、生活便利度和幸福感。

（二）荣誉称号

天津开发区先后获得12项国家部委授予的荣誉称号。1. ISO14000国家示范区。2001年5月10日，天津开发区被国家环保总局正式命名为ISO14000国家示范区，这标志着开发区的环境保护进入具有国际水平的新阶段。2. 首批国家电子信息产业园。2005年6月，信息产业部确定31个城市和地区为首批国家电子信息产业园。天津开发区成为申报单位中唯一一个拥有3个电子信息产业园的区域。3. 国家首批循环经济试点园区。2006年10月29日，国家发改委公布对首批11个国家循环经济试点园区试点实施方案的评审结果，包括天津开发区在内的9个园区顺利通过专家评审。4. 国家首批生态工业示范园区。2008年5月20日，国家环境保护部、商务部、科技部召开国家生态工业示范园区建设工作会议，正式授牌天津开发区为国家生态工业示范园区。5. 汽车产业首批国家新型工业化产业示范基地。2010年2月2日，工业和信息化部在北京国际会议中心召开国家新型工业化产业示范基地创建工作会议，并举行首批示范基地授牌仪式，天津开发区（汽车产业）获首批国家新型工业化产业示范基地，成为天津市唯一获此殊荣的工业园区。6. 国家商标战略实施示范城区。2010年6月30日，在全国商标战略示范城市（区）授牌电视电话会议上，天津开发区被确定为“国家商标战略实施示范城区”，成为国家工商总局首批确定的53个国家商标战略实施示范城市（区）中唯一的国家级开发区。7. 电子信息产业国家新型工业化产业示范基地。2010年12月25日，工业和信息化部召开全国工业和信息化工作会议，天津开发区电子信息产业区获国家新型工业化产业示范基地（电子信息产业）。8. 石油化工国家新型工业化产业示范基地。2010年12月25日，工业和信息化部召开全国工业和信息化工作会议，滨海新区石油化工产业区获国家新型工业化产业示范基地（石油化工），成为国内8家同类基地之一。天津开发区为滨海新区创建“国家新型工业化石化产业示范基地”核心组成部分。9. 全国模范劳动关系和谐工业园区。2011年8月15日，全国构建和谐劳动关系先进表彰暨经验交流会在北京举行。天津开发区荣膺“全国模范劳动关系和谐工业园区”称号。10. 国家级海外高层次人才创新创业基地。2011年12月20日，第14届中国留学人员广州科技交流会开幕式暨第三批海外高层次人才创新创业基地揭牌仪式在中国进出口商品交易会展馆举行。天津开发区荣获国家级“海外高层次人才创新创业基地”称号。11. 国家首批低碳工业园区试点。2014年7月，天津开发区被国家工信部纳入首批低碳工业园区试点。12. 南港工业区列入国家石化产业基地。2014年，天津开发区南港工业区正式列入国家石化产业基地。

（天津经济技术开发区管委会）

烟台经济技术开发区

【经济发展】 2014年，烟台经济技术开发区（以下简称“烟台开发区”）完成地区生产总值1278.63亿元，其中第二产业增加值937.61亿元，第三产业增加值328.08亿元，同比分别增长6.2%、4.3%、12.5%；公共财政预算收入78.32亿元，地方税收收入60.01亿元，同比分别增长16%、21.3%；规模以上企业主营业务收入4518.78亿元，增长4.3%；完成固定资产投资595.43亿元，增长11.3%；社会消费品零售总额106.6亿元，增长12.8%。

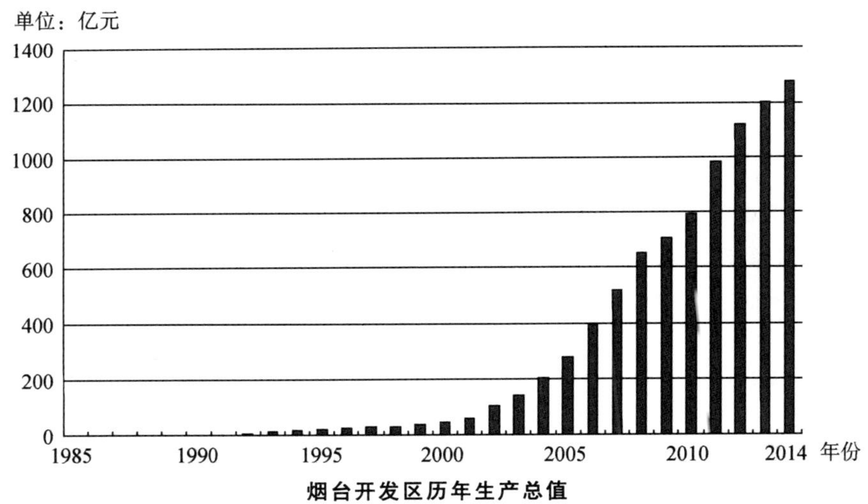

烟台开发区历年生产总值

【产业发展】 2014年，烟台开发区完成工业总产值4130.16亿元、增长4.5%，规模以上工业总产值3809.48亿元，增长4.6%；工业总产值中的外商及港澳台投资工业总产值3566.87亿元、增长3%，内资工业总产值563.29亿元、增长15.5%，主导产业和骨干企业稳步发展，全年电子信息、机械汽车产业完成产值3220.43亿元，增长4.5%。富士康工业园调整产品布局，首次实现机器人出口，产值继续保持千亿规模；东岳基地新上昂科威、创酷等3款中高端车型，全年生产整车68.7万辆，产值达到644亿元；LG事业群爆发性增长，共完成产值520亿元、增长48.6%。三大新兴产业加速崛起，企业总数达到200多户，产出规模超过300亿元。万华工业园MDI一体化项目投产，环氧丙烷及丙烯酸酯一体化项目基本建成；普罗吉生物医药园、新时代健康产业园等一批重点项目按计划稳步推进。

【园区特色】 位于区内的保税港区西区是全国第一家以出口加工区和临近港口整合转型升级形成的保税港区。2014年，保税港区完成工业总产值955.11亿元、进出口157.5亿美元。国际综合物流园区是全市“十二五”规划的重点项目，集仓储、配送、商贸、会展、物流总部经济等功能于一体，先后荣获“中国物流园区投资环境50强”和“中国最具发展潜力物流园区”称号。2014年100万吨级冷链物流、海吉星国际农产品交易中心等40余个优质项目落户园区。资源再生加工示范区是全国首家进口废物“圈区管理”园区，2014年完成工业总产值23.93亿元。留学人员创业园区累计引进海外留学人员355名、创办企业580家，注册资本17.55亿元，上市企业4家，获得专利（专有）技术1085项。

【科技创新】 2014年，烟台开发区研发投入41.91亿元，占GDP比重3.6%；新认定高新技术企业17家，总数达到58家，高新技术产业产值2246.48亿元，同比提高8.4%；获批省级研发中心5家、市级研发中心9家；2014年全年共取得市级以上科技成果49项，15项被认定为国际领先水平；国内专利申请累计4957件，PCT国际专利申请累计达63件；新引进“千人计划”6人，总数达到25人。全年启动国家863计划等省级以上重大科技专项21项，组建新材料和生物医药两大产业创新平台和新材料产业联盟，聚集起近百家企业协同集成创新。

【投资促进】 2014年，烟台开发区进出口366.04亿美元，增长2.7%。其中：进口152.22亿美元，增长1.8%；出口213.82亿美元，增长3.3%。新批准外商投资项目58个，投资总额20.58亿美元，同比增长8.5%；合同外资金额8.09亿美元，同比增长12.2%；外资增资项目25个，同比增长31.6%，企业增资额（总投资）10.37亿美元，同比增长22.5%。

【生态环保】 2014年，烟台开发区6个重点减排项目通过国家环保部年度减排核查，二氧化硫、化学需氧量、氨氮排放年度削减率达17.41%、15.68%、34.77%。注重加强工业企业异味治理，强化企业排污申报制度，限期取缔、淘汰、整治高污染燃料燃用设施，严格规范机动车管理工作，提前淘汰黄标车264辆。实施过千万元技改项目35个，完成投资68亿元。

【基础设施建设】 2014年，烟台开发区新启动规划编制13项，重要板块和节点规划全面实施。加快推进金沙滩公园改造，滨海路实现贯通，城市展示中心正式开放。建成福莱山市民文化公园，磁山晋升为国家4A级景区。改造完成黄河路、五指山路，成为全区基础设施建设的样板工程；公共交通总站正式运营，新水厂、深海排放、变电站等一批重点工程进展顺利，城市形象和承载能力大幅提升。

【融资工作】 2014年，烟台开发区搭建政金企合作平台，综合运用信贷周转、贷款贴息等政策，鼓励银行加大实体经济支持。创新驱动市场化机制更加成熟，设立5000万元政府创业投资引导基金，参股成立深创投、源创等3支创投基金，撬动市场基金规模达5.15亿元。

【管理与服务】 2014年，烟台开发区深入贯彻落实各级简政放权部署，推出了一揽子优化环境的政策措施，先后调整出台了支持工业经济发展、推动服务业和金融业发展、推进创新型开发区建设以及扶持企业上市等一系列意见，积极推进行政审批、工商登记以及区属国有企业等各领域改革。社区网格化管理实现全覆盖，在全市率先把政法综治、民政管理等10余项工作权限下放到社区，群众办事更加方便。

【社会事业】 2014年，烟台开发区民生投入33亿元、增长9.3%，16件为民服务实事全部落实。建立群众满意度联席会议制度，正式开通民生服务热线，进一步完善大走访机制。高标准建设了4所幼儿园，高考一本上线率提高到39%。在建安置小区11个，总面积240万平方米，交付住宅1500多套；旧村改造新开工面积44万平方米；新建隆惠和天宇两个农贸市场。提高居民社保待遇，财政补助和基础养老金标准均为全市最高水平。新增城镇就业再就业4.7万人，城镇居民人均可支配收入提高到4.5万元。

【机构设置与工委管委领导】 烟台开发区工委部门：工委办公室、纪工委、组织部、宣传部、群工部、政法委。管委职能部门：发改经信局、投资促进局、商务局、人社局、财政局、教体局、住建局、城管环保局、交通运输局、农海局、安监局、旅游局、科技知识产权局、民政局、卫生计生局、公安分局、规划分局、国土分局、政管办、保税港区西区管理局、市场监管局、金融办、资源再生区管理局、物流园区管委。

工委管委领导：市委常委、工委书记、管委主任王曰义，副书记、副主任刘建民，副书记武维刚，工委委员、组织部部长高松敏，工委委员、纪工委书记邵力波，工委委员、政法委书记吕永坤，工委委员、群工部部长苏智，工委委员、副主任于少轩，工委委员、副主任杨林盛，工委委员、办公室主任王培海，工委委员、副主任于玲，工委委员、宣传部部长张华志，工委委员、物流园区管委主任范吉宏。

烟台经济技术开发区主要经济综合指标一览表

项目		单位	2014年	2013年	增减（%）
开发区生产总值		亿元	1278.63	1204.41	6.2
第二产业		亿元	937.61	898.85	4.3
工业		亿元	912.16	874.35	4.3
第三产业		亿元	328.08	291.51	12.5
工业总产值（现价）		亿元	4130.16	3950.48	4.5
高新技术企业		亿元	2246.48	2072.11	8.4
“四上”企业销售（营业）收入		亿元	4518.78	4334.07	4.3
第二产业		亿元	3971.34	3822.43	3.9
工业		亿元	3876.96	3729.33	4.0
第三产业		亿元	547.44	511.64	7.0
“四上”企业利润总额		亿元	354.54	330.74	7.2
第二产业		亿元	300.77	280.52	7.2
工业		亿元	292.68	272.32	7.5
区内主导产业及产值		亿元	3220.43	3080.48	4.5
主导产业	1. 电子信息	亿元	2140.28	2160.07	-0.9
	2. 机械汽车	亿元	1080.16	920.41	17.4
第三产业		亿元	53.77	50.22	7.1
进出口总额		亿美元	366.04	356.53	2.7
出口		亿美元	213.82	206.97	3.3
地方财政收入（公共财政预算收入）		亿元	78.32	67.49	16.0
地方税收收入		亿元	60.01	49.48	21.3
地方财政支出（公共财政预算支出）		亿元	78.32	67.49	16.0
新批企业个数		个	2176	1027	111.9
外商及港澳台企业		个	58	40	45.0
内资企业		个	2118	987	114.6

续表

项目		单位	2014 年	2013 年	增减（%）
新批企业投资额	外商及港澳台企业	亿美元	4.57	6.01	-24.0
	内资企业	亿元	91.32	85.28	7.1
	增资企业	亿美元	3.53	1.20	193.9
合同外资金额		亿美元	8.09	7.21	12.2
外商实际投资		亿美元	10.55	8.96	17.7
固定资产投资		亿元	595.43	535.12	11.3
年末从业人员数		个	314818	322204	-2.3
在岗职工数		个	312430	318772	-2.0
在岗职工平均工资		元	56241	52966	6.2
规模以上企业个数		个	723	737	-1.9
工业		个	251	245	2.4
万元 GDP 能耗		吨标煤	0.157	0.168	-6.5

（烟台经济技术开发区管委会）

青岛经济技术开发区

【概况】 青岛经济技术开发区（以下简称“青岛开发区”）内设有国家级保税区、出口加工区、新技术产业开发试验区、中德生态园和省级凤凰岛旅游度假区。规划面积274平方公里，常住人口63万人。经过30年的开发建设，青岛开发区从一个小渔村建成了一个现代化城区。随着西海岸新区开发建设上升为国家战略，青岛开发区站在新的历史起点，正积极融入“一带一路”建设，加快转型升级、创新发展。

【经济发展】 2014年，青岛开发区完成地区生产总值1685.75亿元，增长9.3%；规模工业产值4930亿元，增长1.1%；公共财政预算收入150亿元，增长6.9%；固定资产投资795亿元，增长5.9%。地区生产总值约占青岛市的1/5，工业总产值约占1/4。荣获中国生态（人文）宜居规划建设示范区，是中国最具投资潜力十强开发区，综合发展水平评价连续9年居全国国家级开发区前五强。

【产业发展】 2014年，青岛开发区致力于建设实力更强的经济新区。紧跟全球新一轮科技和产业革命步伐，牢牢把握发展实体经济这一坚实基础，优势产业转型升级与新兴产业培育壮大“双措并举”，先进制造业与现代服务业“双轮驱动”，工业化与信息化“两化融合”，着力构建以海洋经济为特色的现代产业体系。港口、家电电子、石化、汽车、造修船、海洋工程等优势产业集群发展势头强劲，“六大产业集群”产值占规模工业产值的85%以上，产值过百亿元的企业7家，重点配套和核心技术项目达200余家，形成产值过千亿元产业集群3个。

突出发展战略性新兴产业，产值达到千亿元以上。发展互联网产业，加快推进产业转型。推动家电电子产业与新一代信息技术深度融合，促进物联网、云计算的研发和应用。引导汽车产业高端发展，大力引进纯电动汽车等项目，建设国家新能源汽车生产和示范基地。引进国际知名航空制造和服务商，打造国家级航空产业园。规划建设“健康城”，发展壮大高端生物医药产业。加快节能环保产业发展。培育发展生产资料交易市场。增强海洋装备制造业的创新能力，走向深海、走向深蓝。将发展跨境电子商务作为融入“一带一路”战略的重要举措，落实“互联网+”行动的重要内容，促进产业转型升级的重要引擎，山东省首家跨境电商产业园——青岛跨境电子商务产业园正式开园。

大力发展生产性服务业，改造提升生活性服务业，服务业增加值占地区生产总值的比重年均增加近2个百分点。优先发展信息服务、创意设计等新兴服务业。建设国家级大宗商品交易市场。大力发展汽车、船舶、家电出口贸易，整车进口口岸正式运营，正积极打造汽车口岸电商平台。推动物流贸易金融一体化发展，搭建金融业与产业集群融合发展新载体，建设区域性金融中心。创建国家服务外包示范园区，实现软件和服务外包领域就业人数连续四年翻番增长。推动旅游、商业、会展业加速发展，建设高端旅游龙头项目，形成韩碧楼、悦榕庄、希尔顿等20家以上星级酒店的度假酒店群，打造青岛西海岸旅游和商贸中心。

【园区特色】 2014年，青岛开发区建设充满活力的开放新区。坚持以开放促改革、促发展，省级综合配套改革试点和国家级开发区体制机制创新试点深入实施。深化行政管理体制改革，按照大部制要求，进一步精简优化机构设置，精简整合职能部门，压缩总体编制；建立完善权责到位、分工明确、精简高效的管理体制和运行机制。创新投融资体制机制，强化对实体经济支持力度，全区金融机构超过60家。在全省率先推出外商投资便利化改革举措，先后进行五次审批改革，将1054项审批事项精简到92项，总精简幅度达91.3%。率先取消社会投资类项目前置审批，政府投资类项目审批提速80%以上。实施“先照后证”、“三证合一”等商事制度改革，新增市场主体是上年的2.2倍。统筹推进涉外经济体制、土地管理体制、医药卫生体制等改革。荣获“中国最具投资潜力十强开发区”荣誉称号。

【投资促进】 2014年，青岛开发区进一步扩大开放，积极复制推广上海自贸区创新经验，整合利用好海关特殊监管区政策，多层次拓展开发区发展空间。推动和保障前湾保税港区向自由贸易港区迈进。开辟国际交流与合作新领域，在更高层次上“引进来”、“走出去”。以世界眼光选育项目，大力引进世界500强、全国500强企业，力争引进一个大项目，带动一批配套企业，形成一条产业链。坚持进口和出口并重，着力在延长贸易增值链上下工夫，推动外贸由规模向质量转变，培育出口竞争新优势。近60个国家和地区的客商来区投资，累计引进投资过千万美元项目520个，投资过亿美元项目31个，世界500强投资项目100个。完成外贸进出口264亿美元，其中出口完成108亿美元，进口完成156亿美元。全年实际利用外资23亿美元。

【科技创新】 2014年，青岛开发区实施创新驱动发展战略，全面推动科技创新、协同创新，完善创新载体和支撑体系，全社会研发经费支出占生产总值的5%以上。区内拥有光电子、重质油、轮胎先进装备和关键材料等近10个国家级重点试验室、工程技术研究中心，省部级以上科研机构60多家，全区80%以上规模工业企业建立了专门研发机构，高新技术产业产值占规模工业总产值的60%以上，是全国科技进步考核先进区、国家知识产权试点园区。发明专利总申请量居山东省各区市首位。实施“千帆计划”，探索建立“苗圃—孵化器—加速器”孵化体系。深入实施技术标准战略，近年来，全区有20多家企业完成100多项国家标准、行业标准的制修订；中德生态园生态指标体系通过德国技术监督协会认证，被国家标准化管理委员会确定为国际标准化综合示范园区。加快推进“百千万人才工程”，用好国际海洋人才港30条政策，打造海洋人才高地。目前，全区共有各类人才31.5万，占人口总数的1/3强。中国石油大学、山东科技大学等8所驻区高校在校大学生12万人，形成了从院士到博士、大学生，再到普通技工的人才生态链。

【生态环保】 2014年，青岛开发区坚持产城融合、城乡一体，推动全域统筹协调发展，加快建设美丽城市、生态城市、智慧城市。

建设美丽城市。全面融入青岛规划建设，打造青岛中心城区和西海岸核心城区。用世界眼光、百年理念、精品意识推进规划建设，完善各层次规划和专项规划。推进产城融合的新城市开发，形成城市、产业、人才的有效互动。注重标志性老建筑保护和城市风貌延续，统筹新城区建设和老城区提升。高品质建设银沙滩植物园等生态主题公园，打造青岛世博园南园。构建滨海步行道、绿道等体验网络。荣获“中国人居环境范例奖”。

建设生态城市。坚持绿色发展理念，注重人与自然的和谐发展，正确处理经济建设和生态环保的关系。推进节能环保技术研发与应用，实施绿色建筑认定，建设生态低碳城市。

城区绿化覆盖率提高到46%，林木绿化率提高到40%，空气质量优良率保持91%以上。高标准加强河道综合整治。城市污水集中处理率超过90%。加强海洋环境保护与修复，离岸规划建设人工岛。建设蓝色牧场，打造国家级远洋渔业基地。利用新技术推进节能减排，创建国家生态工业示范园区。是全国首个成功创建国家可持续发展实验区的国家级开发区。

【智慧园区】 2014年，青岛开发区以国际标准超前规划建设市政设施和城市管网。加快推进轨道交通1号线、13号线等重大交通设施。建立高效低碳的智能交通系统，实施道路畅通工程，着力构建外通、内畅、互联的现代交通体系。完善疏港交通体系，港口海铁联运能力由7%提升到10%。加强智能电网建设，打造国家新能源智能用电示范区。完善电子政务公共服务体系，大力发展电子商务。推动三网、四网融合发展，提升教育、医疗等民生领域信息化建设水平，率先建设无线城市，争取成为国家智慧城市示范试点单位。

【社会事业】 2014年，青岛开发区积极创建全国文化先进区、全国公共文化服务体系示范区，让市民享有更优质的精神文化生活。区文化馆、图书馆晋升国家一级馆，构建区级文化艺术中心、街道文化活动中心和社区文化活动中心构成的基层文化服务网络，15分钟文化圈基本形成。群众性文化活动精彩纷呈，凤凰岛文化旅游节连续举办十五届。打造“影视之城、创意新区”品牌，北京电影学院现代创意媒体学院、上海戏剧学院艺术学校相继建成招生。成功举办中国经济50人论坛、金凤凰奖颁奖典礼、国际纳米科技大会等一系列国家级赛事节会。

坚持把民生需求放在首位，全面实施“六大幸福工程”，不断提升市民幸福指数。实施住房保障工程。把保障性安居社区建设作为城市转型、社会转型的重要平台。率先实现全域城市化，完成63个村庄改造，形成15个保障性安居社区。保障性住房新开发面积占到全区住宅开发总量的50%以上。把构建和谐劳动关系拓展到和谐社区建设当中，实现由“单位人”到“社会人”、“社区人”的转变。

实施富民强居工程。把就业作为经济发展的第一目标，为市民提供更好的就业岗位和创业机会，每年扶持创业4000人以上，创业带动就业2万人。驻区高校毕业生本区就业率提高到20%左右。扶持发展中小企业和微型企业。城镇登记失业率控制在2.5%以内，驻区高校毕业生本地就业率提高到20%以上，社保标准稳步提升。

实施教育提升工程。坚持把学校、医院建成全区最好的建筑，高标准超前规划建设一批中小学、幼儿园，培育发展10所全省、全国示范学校。大力发展民办教育、继续教育，高度重视特殊教育、老年教育，发挥和放大高校教育资源优势，实现与经济社会共赢发展。

实施全民健康工程。加大医疗卫生体育事业投入，建成山东最大、国内前五的医疗单体西海岸医院，打造区域性医疗服务中心。健全基层医疗卫生服务网络，支持和规范民营医院发展，居民人均期望寿命达到84岁，争创国家全民健身示范城市。

实施平安建设工程。全面推行信息化、网格化管理服务，构建起“大安全、大城管、大信访、大稳定”社会治理新体系，建设全国最安全、最稳定、最和谐的城区，被民政部确定为全国社区治理和服务创新实验区。

实施民主法制保障工程。将依法行政贯穿于政府工作的各个领域和各个环节。全面深化和持续加强安全生产法治体系，全面提升应急处置和防灾减灾能力。推进社区居民自治，争创全国居务公开民主管理示范区，着力保障群众民主权利，创造更加公平正义的社会环境。

青岛经济技术开发区主要经济综合指标一览表

项目		单位	2014 年	2013 年	增减（%）
开发区生产总值		亿元	1685.75	1537.37	9.7
第二产业		亿元	1077.77	1000.46	7.7
工业		亿元	1007.64	934.57	7.8
第三产业		亿元	595.90	525.17	13.5
工业总产值（现价）		亿元	5064.66	4999.67	1.3
高新技术企业		亿元	2855.48	2921.56	-2.3
销售（营业）收入		亿元	6809.90	6736.01	1.1
第二产业		亿元	5041.86	4975.03	1.3
工业		亿元	4926.76	4861.70	1.3
第三产业		亿元	1768.04	1710.98	3.3
利润总额		亿元	366.15	343.35	6.6
第二产业		亿元	223.88	210.60	6.3
工业		亿元	213.05	201.25	5.9
第三产业		亿元	142.26	132.75	7.2
区内主导产业及产值					
主导产业	1. 石油加工、炼焦业	亿元	913.11	929.58	-1.8
	2. 电器机械及器材制造业	亿元	772.09	738.97	4.5
	3. 汽车制造业	亿元	528.16	513.19	2.9
	4. 计算机、通信设备制造业	亿元	470.24	472.70	-0.5
	5. 船舶及其他运输设备制造业	亿元	322.60	308.68	4.5
	6. 专用设备制造业	亿元	300.43	288.64	4.1
进出口总额		亿美元	263.75	258.50	2.0
出口		亿美元	107.73	103.95	3.6
财政收入		亿元	470.47	470.06	0.1
税收收入		亿元	371.72	347.00	7.1
财政支出		亿元	172.25	136.65	26.1
新批企业个数		个	4737	3693	28.3
外商及港澳台企业		个	108	115	-6.1
内资企业		个	4629	3578	29.4
新批企业投资额	外商及港澳台企业	亿美元	23.11	21.36	8.2
	内资企业	亿元	218.39	200.68	8.8
	增资企业	亿美元	11.41	10.80	5.6
规模以上企业个数		个	985	1104	-10.8
合同外资金额		亿美元	17.21	28.60	-39.8
外商实际投资		亿美元	23.10	23.10	0.0
固定资产投资		亿元	794.54	750.48	5.9
年末从业人员数		个	444297	402808	10.3
在岗职工平均工资		元	58024	54957	5.6
万元 GDP 能耗		吨标煤/万元	0.3993	0.4143	-3.6
水资源消耗总量		万立方米	7058	6814	3.6
单位国内生产总值取水量		立方米/万元	4.1866	4.4323	-5.5

（青岛经济技术开发区管委会）

南通经济技术开发区

【经济发展】 2014 年，南通经济技术开发区（以下简称“南通开发区”）完成地区生产总值 785.49 亿元，同比增长 13.6%；地方公共财政预算收入 39.33 亿元，同比增长 12.2%；进出口总额 48.2 亿美元，同比增长 10.1%；全社会消费品销售总额 85.7 亿元，同比增长 9.6%；固定资产投资 542.96 亿元，同比增长 20.5%。

【产业发展】 2014 年，南通开发区完成工业总产值 2228.99 亿元，同比增长 13.4%。英国得福乐科技、香港华强科技、韩通赢吉重工、中天智能电网等 32 个总投资 143.4 亿元的项目开工；日本丝路咖精密机械、日本大王生活用品、台湾万洲石化、台湾美利达自行车、新加坡赫比电子、瑞典奥托立夫安全气囊、瑞士斯福瑞制药、香港福融辉膜材料、日本帝人纤维商品研究所等 19 个总投资 68 亿元的项目开业运营。南通开发区基本形成装备制造、精密机械、医药健康、新材料、传感器等一批新兴产业特色板块，2014 年实现新兴产业产值 599.5 亿元，同比增长 12.0%，占规模工业产值的 38.7%。开发区获评南通市级以上两化融合示范试点企业 10 家。完成服务业投入 246.8 亿元，完成服务业应税销售收入 647 亿元；完成服务外包合同额 3.35 亿美元、执行额 3.06 亿美元；美国邦吉融资租赁、普洛斯物流、万利宁物流、浪潮科技、新思软件、中兴通讯、软通科技、综艺科技等一批现代服务业项目落户。江苏省现代服务业集聚区能达商务区累计引进落户 29 个商务服务项目，总投资 106.6 亿元，日本永旺超大规模购物中心签约落户，世茂广场、中国工业博览城一期开业运营，“南通智慧生活体验馆”启动建设。

【园区特色】 2014 年，南通开发区基本形成了精密机械产业园、电子信息产业园、装备制造产业园、医药健康产业园、新材料产业园及能达商务区、综合保税区、品牌商业集聚区等“5 + 3”特色产业园区，道路、水、电、汽、标准厂房等基础配套不断完善。其中南通综保区注册企业 62 家，总投资约 52 亿元，一期土地利用率超过 60%；石化交易平台营业收入超 50 亿元；南通纺织原料交易平台被认定为省进口商品交易中心试点；进口商品展示直销平台正式营业；跨境贸易电子商务平台成功操作 10 票 B2C（商对客）跨境电商业务。南通开发区与台湾中小企业总会签约设立“台湾中小企业发展示范园”，日驰变速器等台湾“磐石奖”企业项目成功落户。

【科技创新】 2014 年，南通开发区全社会研发投入占地区生产总值 2.45%，获批国家高新技术企业 24 家，国家重点新产品 3 个，省高新技术产品 112 个。获批国家级科技计划项目 10 个，省级科技计划项目 12 个，市级以上科技项目获扶持资金 6140 万元。新批市级以上企业技术中心和工程技术研究中心 13 家；新增“三创”载体 32.5 万平方米，总面积 83.5 万平方米。新增发明专利 92 件，万人发明专利拥有量 26.26 件。新增高技能人才 2147 人，新引进海内外高层次人才 71 人，累计 2800 人。建立国家“千人计划”大数据处理研究院，推进中国工程院院士欧进萍创办的智性科技、国家千人计划专家袁怡宝创办的海太精密测控等30多个高端人才项目产业化。

【招商引资】 2014年，南通开发区开展“‘10·100’项目招引行动”（引进10个重大项目、100个优质项目），重点围绕电子信息、精密机械、医药健康、现代装备制造、新材料和现代服务业开展招商活动。全年实际利用外资5.89亿美元，新批外资项目32个，总投资12.4亿美元，其中3000万美元以上项目12个。“台湾中小企业发展示范园”启动，日驰变速器等台湾“磐石奖”企业项目成功落户。泰中合资精糖、德国默克制药、日本武藏精机、香港元佳新材料、香港嘉逸药业、PVC弹性地板等36个总投资78亿元的项目落户。南通开发区被评为“江苏省利用外资转型发展示范区”。

【生态环保】 2014年，南通开发区通过ISO14000环境管理体系再认证审核，获批“国家生态工业示范园区”、“国家循环化改造示范试点园区”，国家级分布式光伏发电示范区建设稳步推进。开展“环境综合整治百日行动”，钢丝绳行业废酸、污泥处置逐步规范，金属制品工业园区污泥无害化处置中试研究基本结束，通州港区、军山半岛等板块治理取得实效。全年绿化造林321.6公顷，天星湖湿地公园完成主体工程，小海林木基地、景兴路林木基地、通盛大道绿化提升工程、东方大道星湖大道节点景观工程基本竣工。

【城市建设】 2014年，南通开发区实施基础设施和城建项目49个，总投资25亿元。万顷良田工程一期土地复垦整理工作通过省级验收，二期工程启动。新通海沙三期围垦通过竣工验收。东方大道北延、新兴路、复兴路东延等13条道路建成通车。第一污水处理厂提标改造、第二污水处理厂三期扩容工程基本完成；中水回用工程投入运行，建成全球首套制浆废水回收装置。

【社会事业】 2014年，南通开发区制订出台了开发区“承包土地换保障、宅基地换住房”的“双置换、双保障”政策，投入财政资金2亿元，将3000多名失地群众按政策全部纳入社保体系。敬老院二期主体建成，每千名老人拥有养老床位32张。教育现代化工程有序推进，新增公办幼儿园2所、省优质幼儿园2所、市优质幼儿园1所。食品药品监督有效加强，创成省级慢病综合防控示范区。组织实施5大类18项为民办实事工程，老小区改造、市场建设、公交覆盖、河道清理等民生工程取得成效。平安、法治开发区建设扎实开展，被评为“法治创建工作先进县（市）区”，被江苏省委、省政府评为“2011—2014年度全省社会治安综合治理先进集体”。

【机构设置与管委会领导】 南通开发区党工委、管委会下设党工委、管委会办公室（文明办），纪工委（监察审计局），组织部（人力资源和社会保障局、编办、民政局），政法委（综治办、610办、依法治区办），群工部（总工会、商会、妇联、团委），机关党工委，人武办公室，农村工作局，社会事业局，经济发展局，招商一局，招商二局，财政局，规划房产局，建设局，行政执法局，安全生产监督管理局，环境保护局，综合保税区管理局，深圳招商局，对台招商中心，服务业招商中心，软件办，上海招商局，投资服务中心。

南通开发区党工委：

书记屈宝贤，副书记羌强、董克新、丁秉华、陈本高、周建

党工委委员陈强、陈琦、王世瑞、范志强、李晓斌、刘锋、刘碧云、成晓静、王康力、孙庆刚

南通开发区管委会：

主任羌强，副主任董克新、陈强、陈琦、王世瑞、范志强、李晓斌、刘碧云、成晓静、王康力、范结兵、孙庆刚

【国家级经济技术开发区建区30年专栏】

南通开发区是全国首批14个国家级开发区之一，“ISO14000”国家示范区和国家生态工业示范园区。历经30年的发展，开发区建

成区面积近55平方公里，2014年常住人口20.7万人，户籍人口14.82万人，人口自然增长率3.95‰。先后吸引了欧美、日韩、台湾等30多个国家和地区客商投资，累计兴办企业5000多家，其中外资企业近800家，总投资约180亿美元，世界500强设立企业70多家，逐步成为长三角利用外资集中的先进制造业基地和上海一小时经济圈重要的产业发展高地。基本形成了电子信息、现代装备制造、精密机械、医药健康、新材料、现代纺织、服务外包等产业集群，2014年第一、二、三次产业比重为0.4∶73.8∶25.8。建有国家级南通综合保税区、跨江合作园区苏通科技产业园、跨国合作园区中奥苏通生态园等各类开放平台，1.4平方公里城市核心区能达商务区基本建成。

南通经济技术开发区主要经济综合指标一览表

项目		单位	2014年	2013年	增减（%）
开发区生产总值		亿元	785.49	691.5	13.6
第二产业		亿元	583.95	529.8	10.2
工业		亿元	556.63	503.4	10.6
第三产业		亿元	199.65	159.7	25
工业总产值（现价）		亿元	2228.99	1965.8	13.4
高新技术企业		亿元	398.64	314.4	26.8
销售（营业）收入		亿元	3481.61	3048.7	14.2
第二产业		亿元	2226.51	2061.8	8
工业		亿元	2102.5	1960.4	7.2
第三产业		亿元	1252.1	983.4	27.3
利润总额		亿元	220.58	197.7	11.6
第二产业		亿元	154.09	141.9	8.6
工业		亿元	146.02	135.2	8
区内主导产业及产值					
主导产业	1. 化学新材料	亿元	542.6	496.7	9.2
	2. 现代纺织	亿元	200.51	184	9
	3. 精密机械	亿元	118.81	110.5	7.5
	4. 装备制造	亿元	125.61	99.4	26.4
进出口总额		亿美元	48.19	43.75	10.1
出口		亿美元	28.53	27	5.7
财政收入		亿元	102.06	93.3	9.4
税收收入		亿元	62.09	59.8	3.8
财政支出		亿元	57.83	58.24	-0.7
新批企业个数		个	928	783	18.5
外商及港澳台企业		个	32	40	-20
内资企业		个	896	743	20.6
新批企业投资额	外商及港澳台企业	亿美元	15.34	15.23	0.7
	内资企业	亿元	91.85	71.9	27.7
	增资企业	亿美元	4.5	3.75	20

续表

项目	单位	2014 年	2013 年	增减（%）
合同外资金额	亿美元	5.99	8.81	-32
外商实际投资	亿美元	5.89	6.62	-11
固定资产投资	亿元	542.96	450.6	20.5
年末从业人员数	个	101650	98690	3
在岗职工数	个	98400	95550	3.17
在岗职工平均工资	元	60823	53986	14.5
规模以上企业个数	个	761	752	1.2
工业	个	471	474	-0.6
万元 GDP 能耗	吨标煤/万元	0.478	0.507	-5.7

（南通经济技术开发区管委会）

连云港经济技术开发区

【经济发展】 2014年，连云港经济技术开发区（以下简称“连云港开发区”）实现地区生产总值480.1亿元，同比增长13%，占连云港市（简称全市）的24.4%；第二产业增加值390.5亿元，增长16.6%；第三产业增加值89.1亿元，增长16.5%；财政收入70.7亿元，增长8.1%；税收收入66.1亿元，增长19.3%；财政支出32.6亿元，增长0.3%；销售（营业）收入2457.7亿元，增长17.4%；固定资产投资237亿元，增长26.7%，占全市的13.8%；其中工业投资165.4亿元，增长23.7%，占全市的15.9%；社会消费品零售总额14.1亿元，增长12.8%；实际利用外资3.6亿美元，占全市37.7%。

【产业发展】 2014年，连云港开发区以建立现代产业体系为目标，全力推动产业结构调整，促进园区转型。全年实现工业增加值373.1亿元，增长17%，占全市的37.7%；规模以上工业增加值368.1亿元，增长17%；工业总产值1502.8亿元，增长17.8%；规模以上工业总产值1468.8亿元，增长17.5%，占全市的30.5%；其中外商及港澳台投资企业工业总产值741.2亿元，增长14.7%，占全市的69%，内资企业工业总产值761.6亿元，增长21.1%，占全市的20.3%；南北共建园区加快建设，江宁经济技术开发区连云港工业园实现工业产品销售收入138.7亿元，增长51.6%；规模以上工业增加值30.5亿元，增长45%；公共财政预算收入2.2亿元，增长23%；新批内外资项目16个，其中外资项目10个，实际到账注册外资8850.51万美元，工业固定资产投资37.3亿元，基础设施投入6.21亿元。产业集群发展势头强劲，生命健康等五大主导产业实现产值933.6亿元，增长20.6%，占全区规模以上工业总产值比重的63.6%，主营业务收入920亿元，增长20.5%，对工业增长的贡献率达70.4%。形成抗肿瘤新药、风电装备、汽车零部件、高端电子、油脂深加工等5个百亿元特色产业集群；企业产值超百亿元1家，超50亿元11家；12家企业进入全市产值20强。国税收入占全市的32%。

【园区特色】 2014年，连云港出口加工区获批江苏省海关特殊监管区域整合优化试点，推广上海自贸区创新制度4项，通关时间减少40%，物流成本降低20%。鼓励企业开展上市融资，启动上市程序企业5家，珩星电子成功挂牌上海股交中心。新海连香港公司上市计划启动，上海自贸区窗口公司设立。以建区30周年、连博会等重大活动为契机，积极开展系列宣传活动，扩大了对外合作交流，彰显了园区特色品牌。组织知名作家开发区采风行活动3期，出版文集2本、邮册1本，展览及演出各1次。

【科技创新】 2014年，连云港开发区以科技创新为突破，着力提升区域核心竞争力。成功获批江苏省知识产权示范区；生命健康等四大产业公共服务平台加快建设；陆续出台高层次人才创业办法、企业上市扶持政策；全区研发投入占GDP比重达4.3%；新增国家“千人计划”人才2名；新批省级以上研发机构11家，其中康缘中药国家重点实验室通过验收，豪森国家重点实验室培育点获批；新认定国家高新技术企业5家，新承担国家火炬与重点新产品计划4项、国家重大科技专项5个。中国科学院（连云港）能源动力研究中心开展气化炉试验，聚酰亚胺短纤维国家标准获批立项，全球首个胃癌小分子靶向抗癌药阿帕替尼获批上市；江苏恒瑞医药股份有限公司和江苏豪森药业股份有限公司包揽江苏省2个1.1类新药；江苏豪森药业股份有限公司荣获中国专利金奖，蝉联国家科技进步二等奖。

【投资促进】 2014年，连云港开发区产业招商以"二三二"产业发展为导向，依托连博会、连云港之夏、专题推介会等招商平台，积极开展产业招商，一批大好高新项目落地建设。2014年，新批宏旺不锈钢、润众生物制药等项目96个，投资额239亿元，分别增长10.3%和18.1%；其中新设外商投资项目39个，增长56%，项目投资总额10.53亿美元，合同外资金额5.24亿美元，增长19.4%。新设内资项目57个，项目投资总额174.6亿元，增长26%。推动东方集装箱、重山风力等外贸企业争取订单，扩大市场份额，全区实现进出口总额35.66亿元，增长2.9%；占全市的44.4%。其中出口总额14.54亿元，增长3%，占全市的33.38%，进口总额21.12亿元，占全市的57.5%。鼓励优势企业通过设立海外分公司、兼并重组、申请国际认证等方式参与国际竞争，新增境外投资项目9个，涉及美国、欧洲、中国香港等多个国家和地区。

【生态环保】 2014年，连云港开发区以国家生态工业示范园区创建为抓手，加快打造环境原生态、发展可持续的新型园区。污染控制能力显著增强，区内单位工业增加值COD排放量0.79千克/万元，单位工业增加值氨氮排放量（以N计）0.24千克/万元，单位工业增加值SO_2排放量0.72千克/万元，单位工业增加值氮氧化物排放量0.24千克/万元，主要减排指标全部达标。生态园区建设稳步推进，实施投资1500万元的鑫能污泥发电选择性非催化还原脱硝及除尘改造等节能技改项目13个，其中投资50万元以上项目8个，完成能源管理体系建设评价企业3家。生态园区建设步伐加快，新增绿化47万平方米；西北组团污水处理厂设备安装调试；国家生态工业示范园区创建指标全部达标，2个街道通过省级生态乡镇验收。综合治理机制日趋完善，深入开展大浦工业区等环境综合整治行动，突出解决医药、新材料等重点行业企业污染问题。严格源头把关，审批项目环评率达100%。完善危废管理，工业危废实现网上申报、转移、管理覆盖率100%。严控秸秆焚烧，实现卫星监测零火点。

【基础设施建设】 连云港开发区启动基础设施提档三年计划，全年投入资金35亿元，新建、改建黄海大道、花果山大道、松花江路等道路36.5公里；铺设水电线路55公里；建成标准厂房38万平方米；工业展览中心展厅、工业邻里中心一期建成投用；金融大厦、港逸花园主体完工；中德园二期、北极星商业广场启动建设；国际学校进场施工；台湾综合医院完成注册；新增融资租赁等金融服务机构3家；中国网库连云港基地建成单品电子交易平台10个。

【管理与服务】 2014年，连云港开发区大力发展街村特色经济，力促农民增收、民生提档。三个街道完成公共财政预算收入5.6亿元，同比增长13.4%，其中朝阳街道完成2.5亿元；集体经济收入过100万的村（居）达23家，占总数的68%；农民人均纯收入首次突破2万元，增长25.8%；朝阳街道获批江苏省创新型试点乡镇、全市综合实力十强乡镇，刘巷村入选全国特色百强村；猴嘴物流广场成为市级智慧物流服务业集聚区。完成朝阳中小学异地新建等民生幸福工程项目51项；调整教育管理体制，技工学校筹建办学；中云等2个街道被评为江苏省文明乡镇；城乡居民医保、养老保险基本实现全覆盖。

【党建工作】 连云港开发区扎实开展党

的群众路线教育实践活动，坚决反对“四风”，文件、会议和表彰活动压缩21.7%，“三公”经费减少36.1%；新建村居党群服务中心5个。制订开发区重大事项决策、村（社区）干部离任交接等制度51项；强化村级“三资”管理，实施“三务”公开。全面落实党风廉政建设党委主体责任和纪委监督责任，严格监管工程建设、政府采购；加大执法监察和执纪办案力度。

【机构设置与管委会领导】 连云港开发区管委会的下设机构有：党政办公室（政策研究室）、纪工委（监察局、重大事项督查推进办公室）、党群工作部（总工会、人力资源和社会保障局）、经济发展局（基础设施局）、企业服务中心（行政服务中心）、社会事业局、农村工作局、财政局（金融办、上市办）、建设局（房管局）、环保局、安监局、信访办（政法委、综治委、司法局）、招商局（出口加工业招商局）、新医药和生物技术产业招商局、新能源和新能源汽车产业招商局、新材料和高端装备制造产业招商局、现代服务业招商局、平台建设指挥部、投融资促进办公室。

连云港开发区党工委、管委会领导：市委常委、开发区党工委书记关永健，党工委副书记、管委会副主任、连云港高新技术产业园区管委会主任孙爱华，党工委副书记、管委会常务副主任商振江，党工委副书记、管委会副主任王刚，党工委委员、管委会副主任邱家海，党工委委员、管委会副主任陈永良，党工委委员、管委会副主任王强，党工委委员、管委会副主任张昭华，党工委委员、管委会副主任张汝凯，管委会副主任、政法委书记，市公安局党委委员、开发区分局局长、党委书记杨健，党工委委员、纪工委书记王波，党工委委员、党群工作部部长王成，党工委委员、管委会副主任，区平台建设指挥部指挥长曹洪秋，党工委委员、管委会主任助理田海鹏。

【国家级经济技术开发区建区30年专栏】

建立国家级经济技术开发区，是党中央、国务院作出的重大决策。1984年12月，国务院《关于南通、连云港两市进一步对外开放的批复》，批准连云港兴办国家级经济技术开发区，把连云港开发区历史性地推到了改革开放最前沿。在改革春风的吹拂下，全区上下和衷共济，披荆斩棘，奋勇拼搏，经济社会发生了翻天覆地的变化。应该说，30年的道路是艰辛的，30年的成就是巨大的，30年的经验更是宝贵的。慎终追远，是为承前启后；温故知新，在于继往开来。

建区30年，全区综合实力迅速提升。全区地区生产总值年均增长35.7%，规模以上工业总产值增长34.7%。2012年成功迈入“千亿园区”，全面开启了以“提质增效、崛起腾飞”为内涵的“第三次创业”新征程。目前，全区形成产值过100亿元企业1家、过50亿元企业9家，11家企业进入全市产值20强，13家企业进入全市纳税30强。在商务部最新公布的国家级开发区综合排名中，稳居“第一板块”，并荣获“中国最具投资潜力开发区”等称号。全区综合实力迅速提升。

建区30年，全区产业体系多元集成。明晰了“二三二”主导产业发展方向，构建了“一统多专”的产业招商架构，集聚了恒瑞医药、康缘药业、豪森医药、中复连众、神鹰碳纤维等行业一流企业，建成了全国最大的抗肿瘤药物、抗肝炎药物生产基地，碳纤维、超高分子量聚乙烯纤维等技术国内领先，形成了风电设备研发生产的完整产业链，成为亚洲最大的风电装备基地，正加快建设万吨碳纤维生产基地。抗肿瘤新药、风电装备、汽车零部件、油脂深加工四大特色产业迈入百亿产业行列。2013年新兴产业产值占工业总产值比重达70%。全区产业体系多元集成。

建区30年，全区对外开放纵深发展。充分利用国际国内两个市场、两种资源，开放型经济从无到有、从小变大，技术引进水平和利用外资总量不断提高，先后吸引美国杜邦、日本三菱、德国大陆等20多家世界500强企业来区投资，累计实现利用外资近30亿美元，占全市份额一半以上。积极推动区内企业参与国际分工，开拓国际市场，对外贸易快速增长，进出口总额超过250亿美元，占全市总量的50.5%。中复连众收购德国风电企业，恒瑞医药在美国设立研究中心，特别是新海连公司在香港设立窗口公司，迈出了国有资本国际化的新路子。

建区30年，全区人民生活明显改善。逐步告别短缺经济，人民群众生活水平大幅提升。农民人均纯收入近1.6万元。社会保障体系初步建立，养老、医疗、失业、工伤、生育保险覆盖面不断扩大，新农合参保率达99.8%，城乡最低生活保障制度全面建立，社会救助体系不断完善。义务教育和高中阶段教育基本实现现代化，职业教育和高等教育水平明显提升。人民群众越来越多地享受改革开放成果，幸福指数节节攀升。全区人民生活明显改善。

建区30年，全区创新发展特色鲜明。稳步推行了以身份档案制等为主要内容的“四制一化”改革，做法被商务部在全国开发区推广。按照企业化运行的思路，不断深化完善扁平化改革，强化绩效考核，内生活力全面激发。深入实施“人才强区”战略，引进国家“千人计划”人才11人，建成省高层次人才创新创业基地。持续提升企业自主创新能力，拥有省级以上研发机构65个，国家级高新技术企业30家，承担国家重大科技攻关项目51个，研发投入占GDP比重达4.3%，科技创新能力位居同类开发区上游，创造了众多“第一”和“唯一”。

连云港经济技术开发区主要经济综合指标一览表

指标名称	单位	2013年	2014年	2014年较上年增长（%）
地区生产总值（可比价增速）	亿元	412	480.1	13.0
第二产业	亿元	334.9	390.5	16.6
工　业	亿元	318.8	373.1	17.0
第三产业	亿元	76.5	89.1	16.5
工业总产值（现价）	亿元	1275.6	1502.8	17.8
高新技术企业	亿元	592.9	703.1	18.6
销售（营业）收入	亿元	2093.3	2457.7	17.4
第二产业	亿元	1359.9	1594.6	17.3
工业	亿元	1280.4	1507.2	17.7
第三产业	亿元	732.7	862.5	17.7
利润总额	亿元	180.3	200.1	11.0
第二产业	亿元	142.5	157.4	10.5
工业	亿元	138.8	154.5	11.3
区内主导产业及产值	亿元	774.1	933.6	20.6
1. 生命健康	亿元	304.2	369	21.3
2. 先进材料	亿元	104.2	119.8	15.0
3. 大型装备	亿元	173	213.5	23.4
4. 精密机械	亿元	179.5	213.9	19.2

续表

指标名称	单位	2013 年	2014 年	2014 年较上年增长（%）
5. 消费电子	亿元	13.2	17.4	31.8
第三产业	亿元	37.7	42.6	13.0
进出口总额	亿美元	34.67	35.66	2.9
出口	亿美元	14.1	14.54	3.1
财政收入	亿元	65.4	70.7	8.1
税收收入	亿元	55.4	66.1	19.3
财政支出	亿元	32.5	32.6	0.3
新批企业个数	个	87	96	10.3
外商及港澳台企业	个	25	39	56.0
内资企业	个	62	57	-8.1
新批企业投资额	亿美元	202.4	239	18.1
外商及港澳台企业	亿美元	10.46	10.53	0.7
内资企业	亿元	138.6	174.6	26.0
增资企业	亿美元	0.78	0.42	-46.2
规模以上企业个数	个	466	441	-5.4
合同外资金额	亿美元	4.39	5.24	19.4
实际利用外资额	亿美元	3.52	3.6	2.3
固定资产投资	亿元	281.3	320.7	14.0
年末从业人数	万人	7.1	8	12.7
在岗职工平均工资	元	43257	46563	7.6
万元 GDP 能耗	吨标煤/万元	0.148	0.142	-4.1
水资源消耗总量	万立方米	1203	1085	-9.8
单位国内生产总值取水量	立方米/万元	2.92	2.26	-22.6

（连云港经济技术开发区管委会）

上海闵行经济技术开发区

【经济发展】 2014年，闵行经济技术开发区（以下简称“闵行开发区”）闵行园区积极吸引高端制造业、以研发中心为代表的生产性服务业项目，使园区站上产业价值链“微笑曲线”高端，进一步促进了园区产业结构优化升级与转型发展。其中，成功引进重点企业“艾仕得（AXALTA）研发中心”等项目入驻园区。2014年，闵行园区实现销售收入571.9亿元，企业利润58.7亿元，上缴税收47.8亿元，总体保持稳步发展。

【产业发展】 2014年，闵行开发区闵行园区不断调整产业结构，已逐步由单一以制造业为主转型为先进制造业、高端研发中心、设计中心等生产、服务业融合发展的产业格局，强生、亨斯迈、恒瑞、圣戈班、米其林、三菱等世界500强企业在闵行园区设立的研发机构为园区创新升级注入了新的活力。

【招商引资】 2014年，闵行开发区闵行园区积极引进外资，年内共有阿尔斯通轨道交通、希丁安家具、巴斯夫化学建材公司三家园区外资企业增资扩股，三个项目合同外资总计9977.42万美元，实际利用外资1307.48万美元。园区积极推进高端制造业、研发中心等项目建设，经过半年多接洽和谈判，“艾仕得（AXALTA）研发中心”项目入驻合同正式签订，并利用园区存量老旧厂房定制改建，盘活存量厂房27480平方米。并集聚了阿尔斯通有轨电车、法雷奥雨刮器新产品、伊利爱贝食品公司新工厂等一批企业产能扩大、产业转移项目。全年新签或续签希丁安、强生中国、ABB维修车间、苏尔寿、东浩等企业厂房租赁合同、场地使用合同，新增土地租赁面积31791平方米，厂房租赁面积26646平方米。

【生态环保】 2014年3月，经国家环保部等三部委发文，闵行开发区被命名为“国家生态示范工业园区”。开发区紧紧围绕“清洁生产”，大力发展绿色经济。一是低碳制造引领，优化产业结构，促进高新技术、高附加值和低能耗、低排放项目实行增长替代；二是清洁利用土地，试行土壤检测与修复；三是控制污染总量，推进节能减排；四是环境责任共建，以企业作为主体，组织园区企业共同履行环境社会责任。经国家环保部推荐，2014年，闵行开发区被联合国环境规划署作为“南南合作”经济与环境协调发展的案例。

【基础设施建设】 2014年，闵行开发区闵行园区不断完善园区基础设施和生活服务配套设施，提升园区整体形象。结合剑川路、昆阳路拓宽，开展园区环境整治工程；加强园区防台防汛工作，配合市水务局完成沙港河沿线防汛通道的打通、防汛通道6米范围内的绿化搬移工作；完成园区市政养护基地和开发区警务基地的搬移与新基地的建设工作；园区锦江之星经济型酒店、喜士多超市年内完成装修改造工程，并正式投入使用。

【管理与服务】 2014年，针对全国两会、亚信峰会等重要节点，闵行开发区闵行园区依托“园区EHS网络平台工作会议”，有效指导园区企业开展安全生产等相关工作，开展了园区安全生产隐患排查等活动。年内，重点在园区企业中开展了粉尘爆炸隐患专项整治与新安全生产法普法宣讲等工作。2014年，在上海市商务委授权范围内，全年完成了19项园区企业外资变动申办事项的审批。为强生制药、“艾仕得研发中心”等20余家企业与项目提供环保、规划审批方面的协调服务。审核和指导16家园区企业完成了项目化扶持资金申请。

【机构设置】 2014年5月，上海闵行经济技术开发区经营建设主体上海闵行联合发展有限公司（简称闵联公司）划转新成立的上海地产闵虹（集团）有限公司（简称闵虹集团）管理。在新的体制框架下，闵联公司作为闵虹集团产业园区的重要运行载体，在闵虹集团的领导下，进一步突出了以招商引资为核心，以服务园区企业为抓手，促进园区结构调整、转型升级的功能。

闵行经济技术开发区主要经济综合指标一览表

单位：亿元

指标名称	2014年	2013年	同比增幅
一、销售收入	571.9	558	2.56%
二、企业利润	58.7	53.9	8.89%
三、上缴税收	47.8	48.65	-1.66%

（上海闵行经济技术开发区）

上海虹桥经济技术开发区

【经济发展】 2014年，上海虹桥经济技术开发区（以下简称“虹桥开发区”）实现经营收入752.41亿元，实缴税金23.9亿元，利润总额23.37亿元。其中，注册外资企业新增合同外资1.02亿美元，新增实到外资0.95亿美元，384家注册外资企业实现营业收入161.15亿元人民币，利润总额16.6亿元人民币，实缴税金16.4亿元人民币。截至2014年底，虹桥开发区累计利用合同外资37.94亿美元，累计实到外资36.52亿美元，累计营业收入1593.12亿元人民币，累计利润总额143.0亿元人民币，累计实缴税金122.4亿元人民币。

【招商引资】 2014年，虹桥开发区引进中梁地产、菊水化工、超阳光伏、工程银行等客户11家。留住YKK、希奥莱姆医药科技、诺维信、尤尼吉可（上海）等近10家客户。德国克朗斯、国纱祎纸浆纸张商贸、华升富士达电梯等重要客户扩大了租赁面积。

【生态环保】 2014年，虹桥开发区完善区域环境管理、加强开发区内绿化养护、道路保洁等区域综合管理工作。年末，虹桥开发区顺利通过2014年度环境认证审核。

【基础设施建设】 2014年，虹桥开发区通过与泰国领馆方面协调、沟通，完成泰国领馆新建馆舍项目的建设工作，日本领馆改扩建工程完工。新虹桥俱乐部改造项目顺利完成结构封顶，新俱乐部改造项目荣获上海市文明工地及上海市绿色施工样板工地荣誉，并被推选为长宁区质量和安全标准化示范工地；配合长宁区政府实事工程，配套设置了6处公共自行车租赁服务站点，投入230辆公共租赁自行车；新虹桥中心花园内建设健身步道、羽毛球场、篮球场等运动场地。

【管理与服务】 2014年，虹联公司进一步发挥开发区区域管理与服务方面的作用，确保了区域管理各项工作有序推进。一是积极开展开发区安全生产工作。通过加强安全责任制、健全制度、安全演练、集中巡视等方式，有效确保区内各楼宇项目、公共场所等的安全生产运营。二是有效发挥区域管理和服务职能。除完成区域内基础设施日常维护管理工作，积极配合落实长宁区全国文明城区复评迎检相关工作。同时，还协助做好区域内泰国、日本、韩国领事馆等外事机构改扩建及相关配套工作，三是以ISO14001体系贯标工作为契机，重点推进落实虹联公司和虹桥开发区区域环境建设各项任务。四是加强与所在地区党建联建，通过坚持在组织上参与、坚持在机构上对接、坚持在力量上融入、坚持在资源上支持、坚持在工作上配合的“五个坚持”，践行以服务凝聚党员、凝聚社区、凝聚群众的宗旨。

【机构设置】 2014年5月，虹桥开发区经营建设主体上海虹桥经济技术开发区联合发展有限公司（简称虹联公司）划转新成立的上海地产闵虹（集团）有限公司管理。在新的体制框架下，虹联公司作为闵虹集团商贸园区的重要运行载体，在闵虹集团的领导下，把握上海服务经济加快发展的机遇，主动融入大虹桥商务区的一体化发展，积极实施区域深度开发战略，有效提升开发区对中高端商贸服务业的承载能力，努力推动开发区的精品化与集约化发展。

（上海虹桥经济技术开发区）

上海漕河泾新兴技术开发区

【经济发展】 2014年，上海漕河泾新兴技术开发区（以下简称“漕河泾开发区”）完成销售收入2852亿元，其中第三产业收入1908亿元，地区生产总值（GDP）970亿元，其中第三产业增加值744亿元；税收总额95亿元。三产收入占总销售收入比例达到67%，产业结构进一步优化。

【园区建设】 至2014年底，漕河泾开发区国内外友好园区已达到59家，其中国内41家，国外18家。同时为贯彻上海市帮扶遵义要求，又与遵义经开区签署合作共建协议，启动了漕河泾遵义分区的共建项目，其中帮助遵义经开区完成的遵义绿洲设计项目获美国建筑师协会颁发的全球区域城市设计金奖。与青浦区政府和凯德置地签订合作框架协议，拟建设面积约500亩的漕河泾开发区赵巷分区。产业转移促进中心（商务部上海基地）全年共帮助中西部落地24个项目，投资总额155亿元，同时协助成立“上海—滇中新区产业转移促进中心”。

【招商引资】 2014年，漕河泾开发区新引进项目243个，其中外资项目29个。新增内资注册资本15.35亿元，外资3.85亿美元，创年引进注册资金历史最高纪录。本部新引进美国雅培、强生、韩国SK集团、德国费森尤斯等世界500强项目4家，汉堡王、侨兴、标致、凯米拉、贺利氏等跨国公司地区总部和投资性公司5家，以及芬兰瓦尔梅特等行业领军企业和丽生健康（互联网医疗）、摩贝在线（化合物搜索引擎及大数据）等一批“四新”企业。

【环境建设】 2014年，漕河泾开发区在生态园区方面，完成公共建筑26个楼宇能源审计、能效评估及6家工业企业能效检测和评估统计；生态园区建设27项考核指标全面达标，在上海市开发区综合评价中，资源利用指数继续保持第一。按照花园单位要求，开展多种形式的绿化建设，持续改善开发区整体绿化景观环境。

智慧园区方面，进一步推进“智慧漕河泾”信息化规划实施。与中国移动签订4G-LTE智慧园区战略协议，开展智能无线覆盖项目合作，启动无线覆盖升级试点；在国际商务中心实施涵盖楼宇访客门禁系统、停车智能识别管理系统、智能停车收费系统以及一卡通智能综合应用一体化的数字信息化试点；启动智慧招商、智慧交通、智慧生态、智慧建设等项目建设，大力提升园区信息化环境。

国际园区方面，在规划设计、招商引资、经营管理、服务理念等领域继续对照国际标杆，加强国际间的合作，深化与国际姐妹园区的合作交流，探索孵化器的国际化合作与发展。

【科技创新】 2014年，漕河泾开发区继续探索持股孵化新模式，全年签署12份增值服务协议，总计45万元；持股孵化2家，立项7家。科技型中小企业融资平台全年共向41家企业发放贷款2.2亿元。区内有7家企业实现新三板挂牌，2家企业挂牌OTC。与20家券商基金签署增值服务协议，与6家企业签署财务顾问协议。开发区现有312家高新技术企业，占全市总数的6%；159家服务外包企业，其中经认定的市服务外包重点企业9家，技术先进型服务企业22家。

【人才建设】 2014年，漕河泾开发区通过微信公众号认证，推出手机移动端服务；举办了多场专场招聘活动，自主开发"漕河泾开发区人才培训服务平台系统"，为培训业务发展提供技术和平台保障。全年共为1388家（次）单位提供了招聘服务，推荐6.1万人，录用1.2万人；为园区882家单位提供人事代理服务，服务人数达1.8万人，服务单位达到园区入驻单位总数的34%；开设293期各类培训，为企业培训人数达2.5万人，占园区专业技术人员总数的11.9%；人才绿洲网访问总量突破900万人次。

【区域服务】 2014年，漕河泾开发区上线试营运"漕河泾E服务"平台，目前共集成各类服务供应商共计72家，为园区客户提供商务办公、餐饮健康、汽车服务、文化演出等多元化的服务功能；协同响应系统服务延伸到临港园区，已投入试运行；完成"楼宇一键叫车"信息化预订系统推广应用。

【机构设置及开发区领导】 2014年，漕河泾开发区发展总公司党委、总经理室下设：党办及办公室、工会、招商中心、建设部、土地管理部、企业服务部、园区管理中心、投资经营部、组织处及人力资源部、计划财务部、审计室、战略发展部、科技部。

集团公司主要领导班子：上海市漕河泾新兴技术开发区发展总公司党委书记、董事长刘家平，上海市漕河泾新兴技术开发区发展总公司监事长达孺牛，上海市漕河泾新兴技术开发区发展总公司党委副书记、总经理桂恩亮。

2014年上海漕河泾新兴技术开发区主要经济指标完成情况

指标名称	计量单位	2014年	同比增减%
地区生产总值	亿元	970.3	-5.2
其中：工业增加值	亿元	226.0	-24.8
销售收入	亿元	2852.6	-7.6
其中：外商投资企业	亿元	1739.3	-5.5
其中：第三产业总收入	亿元	1908.4	1.6
工业总产值（现价）	亿元	784.7	-24.8
其中：外商投资企业	亿元	709.6	-23.6
税收收入（含异地及关税）	亿元	94.7	11.0
利润总额	亿元	217.2	10.6
出口总额	亿美元	79.7	-30.2
进口总额	亿美元	40.2	0.4
新引进企业数	家	479.0	—
其中：外资企业	家	62.0	—
新增外资注册资本	亿美元	1.8	—
年末全区从业人员	万人	22.1	—

（上海漕河泾新兴技术开发区发展总公司）

宁波经济技术开发区

【经济发展】 2014 年，宁波经济技术开发区（以下简称“宁波开发区”）实现地区生产总值 975 亿元，增长 6.5%；完成财政总收入 347.6 亿元，增长 9.6%。其中，区本级实现地区生产总值 730 亿元，增长 7%；完成财政总收入 200 亿元，增长 11%；城乡居民人均可支配收入 39500 元，增长 10.5%。

【产业发展】 2014 年，宁波开发区鼓励企业拓宽融资渠道，7 家企业通过国家证监会 IPO 预披露。出台财政、外贸、节能减排一体化产业政策，推进工业龙头骨干企业和高成长性小微企业培育，新增产值超十亿元、亿元企业 7 家和 15 家，“小升规”企业 745 家，实现规上工业产值 2090 亿元、增加值 345 亿元，分别增长 6.5% 和 5%，实现利润 108 亿元，占全市总量的 17.2%。关停整治落后产能企业 129 家，盘活利用闲置厂房 25 万平方米，新实施“机器换人”改造项目 100 项，110 家低产田企业实现亩均税收提升，成为浙江省“腾笼换鸟”示范区。经济领域改革迈出坚实步伐，启动实施要素资源市场化配置改革，制订市场准入负面清单，推行排污许可证制度，实行商事登记制度改革，新增市场主体 10083 家，增长 39.1%。

【园区特色】 2014 年，宁波开发区实行能源消费总量和能耗强度“双控”，实施节能项目 142 个，36 家企业开展清洁生产，15 个循环经济项目加快推进，成为国家低碳试点工业园区。通过国家级生态区创建技术核查。

【投资促进】 2014 年，宁波开发区新引进总投资超 50 亿元的优质产业项目 2 个，实际利用外资 10.2 亿美元，实际利用内资 115 亿元，浙商回归资金 100 亿元，均居全省前列。以宁波进出口商品采购贸易改革示范区建设为依托推进贸易便利化，穿山港区、梅山港区成功创建国际卫生港，梅山口岸扩大开放通过国家验收，实现外贸进出口总额 190 亿美元，占全市总量的 17.5%。启动实施经济社会转型发展三年行动计划，游艇基地等 18 个重大项目开工建设，吉利春晓整车一期等 7 个总投资 20 亿元以上产业项目建成投产，完成固定资产投资 506 亿元，其中工业投资 233 亿元，工业技改投资 178 亿元。

【科技创新】 深入实施“人才特区”战略，新增各类人才 2.3 万人。强化创新驱动，中科院城市环境观测研究站建成启用，新增省市级企业工程技术中心 13 家、高新技术企业 10 家、市级科技型企业 10 家，战略性新兴产业、高新技术产业增加值占规上工业增加值比重分别为 19.4% 和 48.5%，全社会研发经费支出占地区生产总值比重 2.7%。

【生态环保】 加强环保执法和污染治理，化工、印染等九大重污染行业完成整治，提前一年完成“十二五”化学需氧量、氨氮和二氧化硫减排任务。深化工业烟粉尘、矿山扬尘和渣土治理，加强交通组织管理，推进道路清爽行动，加快黄标车淘汰和限行工作，淘汰黄标车 6666 辆，新增清洁能源车辆 478 辆，新建改建绿化面积 4084 亩，空气质量优良率 84.4%，提升 3.6 个百分点。

【管委会领导】 宁波开发区管委会主任、党工委书记马卫光；宁波开发区管委会副主任、党工委副书记胡奎、陈承奎；开发区管委会副主任、党工委委员丁丁、胡培良、张国平、王海军；开发区管委会巡视员史卫国、王一鸣；开发区管委会副巡视员吕焕忠。

宁波经济技术开发区主要经济综合指标一览表

序号	指标名称	计量单位	本年实绩	同期	同比增长（%）
	开发区生产总值	亿元	735.3	687.4	7.8（可比价）
	第二产业	亿元	413.8	402.8	4.8（可比价）
	其中：工业	亿元	378.6	369.1	4.9（可比价）
	第三产业	亿元	313.7	276.7	12.7（可比价）
	工业总产值	亿元	2297.8	2114.2	8.7
	高新技术企业产值	亿元	852.1	764.4	11.5
	规模以上企业主营业务收入（“四上企业”）	亿元	4504.7	3676.5	22.5
	第二产业	亿元	2179.5	2060.2	5.8
	其中：工业企业	亿元	2052.9	1943.1	5.7
	第三产业	亿元	2325.2	1616.3	43.9
	利润总额	亿元	193.6	206.9	-6.4
	第二产业	亿元	119.6	130.2	-8.1
	其中：工业	亿元	114.5	124.7	-8.1
	第三产业	亿元	74.0	56.6	30.8
	区内主导产业及产值				
	1. 化学原料及化学制品制造业	亿元	568.9	510.8	11.4
	2. 黑色金属冶炼和压延加工业	亿元	235.6	251.7	-6.3
	3. 汽车制造业	亿元	155.3	154.8	0.3
	4. 纺织服装、服饰业	亿元	138.8	126.5	9.6
	5. 电力、热力生产和供应业	亿元	137.1	146.7	-6.4
	6. 专用设备制造业	亿元	127.8	124.2	2.9
	进出口总额	亿美元	186.3	193.5	-3.7
	其中：出口	亿美元	103.7	96.1	7.9
	财政收入	亿元	233	180	29.4
	税收收入	亿元	190.4	156.7	21.5
	财政支出	亿元	97.3	84	15.8
	新批准设立企业	个	3721	2022	84
	其中：外商投资企业	个	63	62	1.6
	其中：内资企业	个	3658	1960	86.6
	新批准企业投资总额				
	其中：外商投资企业	亿美元	18.82	19.60	-3.9
	内资企业（注册资本金）	亿元	206.8	98.3	110.4
	增资企业	亿美元	18.82	13.37	40.7
	规模以上企业个数	个	1454	1321	10.1
	合同外资	亿美元	18.6	13.6	36.3
	实际外资	亿美元	10.2	9.3	10.2
	固定资产投资	亿元	500.2	391.3	27.8
	年末从业人员	万人	26.39	26.16	0.9
	在岗职工平均工资	元/年	61866	59108	4.7
	万元 GDP 能耗	吨标煤/万元	0.58	0.59	-1.7
	水资源消耗总量	万立方米	19867	19486	1.9
	单位国内生产总值取水量	立方米/万元	27	28.3	-4.5

（宁波经济技术开发区管委会）

福州经济技术开发区

【经济发展】 2014年，福州经济技术开发区（以下简称“福州开发区”）全年实现地区生产总值373.92亿元，增长11%；规上工业增加值242.81亿元，增长12.5%；公共财政总收入28.61亿元，增长16.3%，其中地方公共财政收入16.83亿元，增长14.6%；实际利用外资2.15亿美元，增长42.9%；出口总额32.82亿美元，增长14.1%；社会消费品零售总额133.96亿元，增长27.1%；全社会固定资产投资216.97亿元，增长49.4%；城镇居民人均可支配收入35465元，增长9.2%；农村居民人均可支配收入18280元，增长11.4%；实施190项重点项目建设，完成投资150.65亿元，占年度计划110.3%。其中，全社会固定资产投资、实际利用外资、出口总额提前一年完成“十二五”规划任务。

【产业发展】 2014年，福州开发区“高、精、新”特点产业集群加速发展，形成电子及通信设备制造业、电气机械和器材制造业、金属冶炼和压延加工业、交通运输设备制造业和农副食品加工业等五大工业主导产业。全年五大主导产业共实现产值650亿元，占全区规模以上工业的70.2%，增长11.7%，拉动规模以上工业产值增长8.3个百分点。全区28个行业大类中，有25个行业产值增长。五大主导产业稳步增长，实现产值650亿元，占规上工业总产值的70.2%，增长11.7%，电子及通信设备制造业、电气机械和器材制造业、金属冶炼和压延加工业、交通运输设备制造业和农副食品加工业分别增长13.1%、3%、7.4%、23.9%、13.1%。其中，以实达电脑、新大陆电脑、国脉科技、网讯、华映显示（借壳闽闽东）等5家上市公司为骨干的电子及通信设备制造业企业2014年实现产值299亿元，占开发区规上工业总产值的32.3%；以冠城大通（大通机电）、飞毛腿（电子）等2家上市公司等为骨干的电气机械和器材制造业企业2014年实现产值85.4亿元，占开发区总产值的9.2%，主要产品包括：锂离子电池、漆包线、电动机；以中铝瑞闽、升兴集团等为骨干的金属冶炼和压延加工业2014年实现产值110.5亿元，占开发区总产值的12%，生产的主要产品有：铝材、棒材、镀层板（带）、焊接钢管等；以马尾造船、东南造船为骨干的交通运输设备制造业2014年实现产值70.4亿元，占开发区总产值的7.6%，主要为船舶制造；以名成集团、坤兴海洋、宏东渔业、大昌生物为骨干的农副食品加工业2014年实现产值84.3亿元，占开发区总产值的9.1%，所生产的主要产品有：冷冻水产品和饲料等。

2014年，福州开发区涵盖现代物流业、物联网、服务外包、生物医药等新兴产业的服务业持续快速发展。生产性服务业发展迅速，其中，国脉科技、新大陆科技、网龙计算机、博远无线等多家企业2014年主营业务营业额上亿。主要业务类型包括：软件产品、信息服务、网络游戏平台、电子商务、电信运营服务、安卓手机平台等。

【园区特色】 2014年，福州开发区以罗星街道区域为中心，在“马尾—罗星—亭江—琅岐城镇和产业发展主轴带”上，实施“四片区”的产业布局。

马江片区。开发区现代服务业的核心区域，位于开发区的罗星街道，片区规划面积8平方公里。实施“退二进三”，稳妥推进工业企业外移；积极发展港口物流、游艇、旅游、商贸、金融、信息、服务外包、商务会展、科技研发、文化创意等现代服务业；强化闽台经贸交流与合作，积极承接国际服务业转移，吸引跨国公司设立地区总部和研发中心，加快形成中央商务区；重视发展船政文化产业，重点打造“中国船政文化城”；抓紧建设人才、专家为对象的高档社区和新型社区；实施好天马山公园等一批大型休闲娱乐建设项目。

快安片区。开发区西部高新技术产业的集聚区域，位于开发区的马尾镇，片区规划面积9平方公里。以电子信息、机械制造、食品饮料等为主导产业，促进显示器件产业向产业链的高端发展；大力发展物联网、精密机械制造、生物医药、健康食品、环保装备等高新技术产业；创建企业高新技术工程研究中心，形成集研发创新、孵化和生产制造功能并重的高新技术产业基地；延伸发展电子商务、现代物流、工业设计、营销商贸、商务金融、信息服务等现代生产性服务业，构建二三产业联动发展的产业体系。

长安片区。开发区北部战略性新兴产业集聚区域，位于开发区的亭江镇，片区规划面积9平方公里。优化提升机电制造业；大力发展高端机械制造、海洋生物、海洋食品等战略性新兴产业；配套发展港口物流、研发、营销等生产性服务业。

琅岐片区。开发区东北部海洋产业集聚区域。位于开发区的琅岐镇，片区规划面积14平方公里。加强榕台海洋新兴产业深度合作；做大做强休闲农业、设施农业、精致农业；大力发展金属压延加工、金属新材料、海洋生物产业、轻型海工装备产业，积极发展港口物流、科技研发、服务外包，商务商贸、文化创意、滨海旅游等现代服务业。

【科技创新】 2014年，福州开发区兆科智能卡、朝日环保、金泰纺织等22家企业列入市级以上重点技改项目计划，总投资43.9亿元，年度投资21.79亿元，22个重点技改项目达产后将新增产值55亿元，拉动工业增长6个百分点。福日电子、凯普动力等24家企业利用“6·18”产学研平台，与省内外高校、科研院所共同开展产学研合作，项目总投资3.6亿元。星海通信、福光数码、大地管桩等6家企业申报省级和市级企业技术中心，马尾区企业技术中心创建工作继续保持全市领先地位。友通实业、创高安防等企业参与工业设计中心的认定。新大陆环保公司开展NLO－140K大型臭氧发生器的省级首台（套）设备认定工作。

【投资促进】 2014年，福州开发区推动海嘉建设、海西财富等重大项目顺利落地，共有海峡旅游综合体项目、信通游艇产业园项目、运通星总部、正荣综合体等28个“三维”项目对接成功落户开发区。互联网游戏产业园招商工作进展顺利，园区共注册企业25家，注册资本合计3.2亿元。开发区参加“5·18”海交会、“9·8”投洽会。其中，“海交会”签约内外资项目有18项，总投资达90.3亿元人民币；“投洽会”签约外资项目有11项，协议外资2.02亿美元，其中合同项目8项，协议外资1.53亿美元，协议项目3项，协议外资4900万美元。“省民营企业招商会”签约项目4项，总投资达34.5亿元人民币。

【生态环保】 2014年，福州开发区对区内重点用能企业落实“三色”（对单位能耗下降幅度5%以上的企业（绿色）给予肯定和表扬；对单位能耗下降幅度在0—5%的企业（黄色）要求认真分析并解决存在问题；对单位能耗不降反升的企业（红色）要在分析的基础上，提出整改措施并予以落实；强化对25家区级以上重点用能企业的监管。进一步推动区内企业开展节能技改工作，统一、华映光电、新福兴玻璃等16家企业进行生产线更新改造。鼓励企业参与自愿性清洁生产审核。中铝瑞闽、福人木业等4家企业开展循环经济示范试点单位建设中期评估验收。

【优惠政策】 2014年，福州开发区出台了《福州经济技术开发区关于促进产业龙头与战略性新兴产业骨干企业发展的实施意见》《福州经济技术开发区促进电子商务产业发展实施办法（试行）》、《福州经济技术开发区关于促进楼宇经济发展的实施办法（试行）》等三大产业扶持政策。

【机构设置】 福州开发区与福州市马尾区实行“两区合一”的行政管理体制，2014年，管委会设置工作部门23个，下设管委会（区政府）办公室、发展和改革局、经济和信息化局、住房和城乡建设局、交通运输局、卫生和计划生育局、教育局、科学技术局、公安局、民政局、司法局、财政局、人力资源和社会保障局、国土资源局、区环境保护局、市容管理局、安全生产监督管理局、农林水局、商务局、市场监督管理局、文化体育局、审计局、统计局、监察局（与区纪委机关合署办公，不列入机构数）、民族与宗教事务局（与区委统战部合数办公，不列入机构数）。

（福州经济技术开发区管委会）

广州开发区

【概况】 广州开发区由广州经济技术开发区、广州高新技术产业开发区、广州出口加工区、广州保税区4个国家级经济功能区组成。2014年，广州开发区面临外贸出口放缓压力、工业经济低迷等不利因素，努力寻求稳增长与调结构的平衡点，全区经济增长在连续30年保持10%以上中高速增长后转入中低速增长轨道，但经济发展质量呈现出结构优化、效益提升、民生改善的良好态势。

【经济发展】 2014年，广州开发区实现地区生产总值（GDP）2212亿元、规模以上工业总产值5274亿元、财政收入601亿元、税收收入459亿元，分别比2013年增长7.5%、4.8%、10.7%和7.8%。其中财政收入除6月落后于苏州工业园，其余11个月累计增速均位居全国开发区首位；税收收入从10月开始超越苏州工业园区，保持全国开发区领先优势。2011—2014年，广州开发区累计实现地区生产总值（GDP）8212亿元，是“十一五”规划总量1.4倍。

2014年广州开发区主要经济指标一览表

指　　标	单位	2014年	2013年	同比增长%
GDP	亿元	2212	2110	7.5
规模以上工业总产值	万元	52738027	51159152	4.80
固定资产投资额（项目在地口径）	万元	5785712	5004605	15.61
财政收入	万元	6008966	5430629	10.65
税收收入	万元	4585578	4254637	7.78
公共财政预算收入	万元	1208206	1098127	10.02
公共财政预算支出	万元	1057366	1046751	1.01
合同利用外资	万美元	231548	220627	4.95
实际使用外资	万美元	157374	149633	5.17

注：财政收入增速按可比口径计算。

广州高新技术产业开发区（简称“广州高新区”），实行“一区多园”的管理模式。全区由广州科学城、天河科技园、黄花岗科技园、广州民营科技园和南沙资讯科技园组成。2014年，广州高新区实现营业总收入5010亿元，同比增长11.33%，工业总产值3550亿元，增长7.58%。其中，广州科学城贡献突出。2014年，科学城完成固定资产投资278亿元，增长21.2%，高出全区投资增速6个百分点；科学城投资占全区投资总量的50%，比2013年同期比重高出4个百分点。科学城完成规模以上工业总产值2005亿元，增长10.4%，高出全区产值增速5.8个百分点，占全区产值比重39%，比2013年同期提高3个百分点。新引进创维华南总部、豪丽斯中国总部等12个总部项目。全球首个建筑软件实验室等一批创新平台落户。市金融资产交易中心挂牌运营，广州股权交易中心挂牌企业突破1000家。

2014年，广州保税区实现工业总产值61.82亿元，工业增加值14.60亿元，规模以上工业利润总额0.27亿元，实现固定资产投资11.41亿元，分别比2013年下降17.34%，14.48%，6.78%，6.67%。

2014年，广州出口加工区实现工业总产值43.85亿元，工业增加值9.06亿元，规模以上工业利润总额1.54亿元，分别比2013年增长56.09%，56.85%，101.59%。

【产业发展】 2014年，广州开发区第三产业比重提升1个百分点。第三产业中房地产、电子商务、软件业等现代服务业快速发展，推动第三产业贡献不断提升。2014年全区第三产业增加值占GDP的比重达25%，比2013年同期提高1个百分点。现代服务业增势显著。房地产业、科技服务、软件开发、检验检测、商务服务等现代服务业发展势头良好，商品房销售面积、现代服务业营业收入增速分别达到61.8%和22.5%，分别比2013年同期增速提高18.5个、6个百分点。商贸业增长领跑全市。2014年以来，以京东商城、国美电器及特易购等为代表的零售企业带动全区社会消费品零售总额月度增长连续保持18%以上水平，全年社会消费品零售总额增长18.3%。

2014年，广州开发区工业内销产值完成3546亿元，增长6%，分别比全区产值和外销产值增速高1.4个和4.3个百分点。内资企业后发优势强，2014年，内资企业产值累计增长21%，分别高出全区和外资企业产值增速16个和18个百分点，其中，民营企业产值增长22%，比全区产值增速高出17个百分点。

【投融资建设】 2014年，广州开发区第三产业项目投资增长18.4%，分别高出全区增速（15.5%）和工业项目投资增速（9.6%）3个和8.8个百分点。第三产项目投资比重69%，同比增长2个百分点，其中，房地产项目投资比重23%，比2013年同期下降2个百分点。

【创新发展】 2014年，广州开发区着力在“规权、简政、监管、保障”上下功夫，实施创新政府管理模式、加强事中事后监管省级改革试点，完成改革总体实施意见和各项配套改革方案的总体设计。再造行政审批流程，深化商事登记制度改革，将内资、外资企业的设立登记改为“一审两核”，减少审批环节。知识产权保护和服务综合改革试点方案由省政府上报国家，国家知识产权局广东审协中心启动运营，广州知识产权法院、广州知识产权仲裁院等落户，获批为国家知识产权示范园区。深化投融资体制改革，采取设立区域发展基金等多种方式，吸引社会资金参与基础设施建设。开展中欧政策合作试点，深化中以（以色列）高科技合作。开展海关关检合作“三合一”改革，促进通关便利化。

【科技创新】 2014年，广州开发区为全面实施创新驱动战略，不断加大力度发展科技企业孵化器，先后投资建设广州科技创新基地、广州科学城综合研发孵化区和科技企业加速器，直接投资建设孵化器总建筑面积31.55万平方米、加速器74.5万平方米。此外，区内还集聚广州国际企业孵化器、广东软件科学园、中国科协广州科技园等不同投资主体建设的科技企业孵化器。

出台《广州开发区科技企业孵化器认定管理办法》和《广州开发区关于加快孵化器加速器科技园建设发展的实施意见》，一批以企业为依托的创业苗圃、孵化器、加速器应运而生。建成了1+N的孵化器集群体系，即在广州开发区科技和信息化局的领导下，以广州火炬高新技术创业服务中心为依托，充分利用广州开发区的雄厚产业资源，建设37个分园区，形成资源互补、配套齐全的孵化网络，并形成“创业苗圃—孵化器—加速器—科技园”的完整的科技企业创业孵化链条。

广州开发区科技总孵化面积330万平方米，区级孵化器（试点）数量37家（其中国家级孵化器5家，市级孵化器5家）；2014年新增孵化面积81万平方米，新增区级孵化器（试点）数量11家。政府、企业、科研院所等不同主体投资建设的广州开发区科技企业孵化器已形成华南地区规模最大的孵化器集群，已成为该区孕育科技型中小企业的重要载体、聚集高端技术人才的人才高地和科技自主创新的发源地。至2014年12月，全区孵化器在园企业总数1731家，在园企业注册资本总额214.9亿元；2014年新引进企业426家，新引进企业注册资本总额40.49亿元。全区孵化器累计引进企业2568家，引进注册资本累计286.56亿元；累计毕业企业553家，落地产业化企业343家。至年末2014年12月，孵化器引进中组部“千人计划”人才38人，聚集广东省创新科研团队和广东省科技领军人才9个，广州市创新创业领军人才39人，广州开发区领军人才48人，已成为支持该区创新发展的人才资源库。

【机构设置与管委会领导】 2014年，广州开发区管委会工作部门共17个，分别为纪律检查工作委员会、工委办公室、组织部、宣传部、政策研究室、发展和改革局、经济发展局、科技和信息化局、规划和国土资源管理局、财政局、人力资源和社会保障局、建设和市政园林局、环境保护和城市管理局、审计局、保税业务管理局、中新广州知识城合作事务办公室、企业建设局。

广州开发区党工委书记、管委会主任陈志英，党工委副书记李红卫、陈小华，管委会副主任为李红卫、蔡刚强、郭粤明、孙秀清，纪工委书记崔世刚，秘书长陈杰。

（广州开发区）

湛江经济技术开发区

【经济发展】 2014 年，湛江经济技术开发区（以下简称“湛江开发区”）全年实现生产总值 215.58 亿元，增长 9.8%；固定资产投资 219.67 亿元，增长 58.6%；财政总收入 49.74 亿元，其中公共财政收入 13.55 亿元，增长 18.3%；规模以上工业总产值 253 亿元，增加值 69.33 亿元，增长 10.7%；社会消费品零售总额 141.09 亿元，增长 10%；外贸进出口总额 10.96 亿美元，增长 5.0%。

【投资促进】 湛江开发区钢铁项目累计完成投资 221.97 亿元，其中 2014 年完成投资 116 亿元。高炉、炼钢、连铸、热轧、冷轧等五大主体工程及附属配套工程加快建设，1 号高炉封顶，2 号高炉正在紧张施工，30 万吨原料码头建成运行，自备电厂 1 号机组完成并网。中科炼化项目累计完成投资 30.77 亿元，场地清表平整基本完成，主体工程具备全面动工建设条件，码头围堰、疏浚、吹填等工程正在施工。冠豪高新一期工程、双林药业等 6 个项目建成投产，总投资 90.9 亿元。中国纸业高端纸、盛宝科技等 24 个项目动工建设，总投资 196.5 亿元。

【园区特色】 2014 年，湛江产业园在全省产业园目标责任年度考核中，荣获全省第一名，争得 4.69 亿元专项扶持资金和 860 亩土地指标。循环经济园区建设取得大进展。石化产业园建设提速，完成园区空间布局和公用工程规划编制及 466 万平方米围堰吹填工程，鹏尊能源、京信电力等先期入园项目进行勘探等前期工作。钢铁配套园区建设加快，启动“六通一平”，宝钢发展、宝钢国际等 8 个先期入园项目正开展前期工作。

【科技创新】 2014 年，湛江开发区高新产业园加快推动技术创新，新组建省级工程中心 3 家，全区达 6 家，占全市 33%。新增市级企业技术开发机构 1 家，拥有市级研发中心 23 家，占全市 35%。高新区科技企业孵化器投入使用，培育孵化科技型企业 23 家。建立国家“海智计划”湛江高新区工作站，与华南理工大学、中国海洋大学、广东海洋大学等 5 所高校开展政、产、学、研合作。省科技厅批准将东海岛试验区纳入高新区管理；申报国家级高新区可行性报告已报省政府。

【招商引资】 2014 年，湛江开发区利用园区载体，加大招商引资力度。赴北京、上海、广州、香港等地招商交流，全年合同利用外资 9648 万美元，实际利用外资 2324 万美元，增长 4.5 倍。新引进世界 500 强、中国 500 强、上市公司共 8 家。举办湛江（上海）钢铁产业招商推介会，与中冶环保设备、宝钢国际物流、宝钢发展等企业签订项目 23 个，合同投资总额 55.6 亿元。

【基础设施建设】 2014 年，湛江开发区城区建设“强芯提质”。启动“三旧”改造项目 14 个，动工 1 个，全年收缴土地出让金 1.73 亿元。银隆广场、祺祥大厦、恒兴大厦、银地绿洲、南国豪苑、江南世家等商住项目投入使用。万达广场、荣盛中央广场等 10 个商住项目正在加快建设。开展“创卫”、“创模”、“创文”工作，投入 3000 万元改造平乐工业区内道路，整治文保河、椹塘河、绿塘河等，创建国家卫生城市通过国家专家的评审，获得创建国家文明城市的提名资格。东海岛基础设施建设“提档加速”。总长25.7公里的东腾路、水星路、工业路、民富路、新区西路、新丰东路正在加快建设，完成工程进度42%，完成投资2.4亿元。岛南大道和龙水路完成施工和监理招标，安置小区配套的桉幼路、南岭路、青南路、潭水路、繁荣路、机井路同步建设，S288改线工程完成路基建设，四纵三横交通路网正在形成。

【社会事业】 2014年，湛江开发区落实种粮补贴825.69万元，惠及2.39万农户；农民专业合作社发展迅猛，4个被评为省级示范社，6个被评为市级示范社；“三防”工作能力明显提高，成功防御强台风“威马逊”和“海鸥”。全年投入扶贫双到资金1322万元，实施集体帮扶项目27个；投入1240万元修复水利工程13宗，解决5所学校、8条村庄共1.8万人的饮水安全问题。投资5144万元的硇洲中心渔港一期工程已竣工。旅游产业有新的增长。全年接待人数472万人次，增长10%，全区旅游行业收入36.1亿元，增长31.3%，均列全市第一。大力发展龙海天景区、硇洲海岛旅游业，龙海天景区非税总收入358万元，增长58.4%。培训就业大幅提高，宝钢湛江钢铁公司当年招聘600多名员工中，东海岛籍居民约占50%。组织劳动力职业培训3001人；城镇新增就业10103人；再就业1890人，农村劳动力转移就业4668人。社保工作巩固深化，全部实现被征地农民养老保险与城乡居民养老保险并轨；全部完成省、市下达的16项社保考核指标，9项指标列全市第一；社保基金征收4.9亿元，当年结余2.4亿元，累计结余13亿元。重视学校文化建设和传统文化传承，修复东海书院；创新教师培训新模式，率先在全市推进教育现代体系建设，提升学校治理能力，提高教学效果；全面总结建区30周年走过的风雨历程及建设成就，编撰出版《三十春秋——湛江经济技术开发区30周年纪实》、《东硇史谭》、《东硇革命斗争史》、《宝岛揽胜》等历史文化丛书；举办建设成就展、书法摄影楹联作品展、文艺晚会等。

湛江经济技术开发区主要经济综合指标一览表

项目	单位	2013年	2014年	增减（%）
开发区生产总值	亿元	283.51	302.76	6.72
第二产业	亿元	192.47	202.68	5.31
工业	亿元	177.12	185.34	4.64
第三产业	亿元	60.49	67.88	12.21
工业总产值（现价）	亿元	573.66	584.95	1.97
高新技术企业	亿元	45.99	49.27	7.12
规上　工业	亿元	18.3968	11.2988	-38.38
进出口总额	亿美元	10.44	—	—
出口	亿美元	7.48	—	—
财政收入	亿元	99.996	126.8705	6.87
税收收入	亿元	78.81	85.2033	8.11
新批企业个数	个	295	—	—
外商及港澳台企业	个	1	5	—
内资企业	个	294	—	—
合同外资金额	亿美元	0.35	0.9648	172.92

续表

项目	单位	2013 年	2014 年	增减（%）
外商实际投资	亿美元	0.0421	0.2324	452.02
固定资产投资	亿元	140.18	219.67	56.70
年末从业人员数	个	63002	64397	2.21
在岗职工数	个	46630	—	—
在岗职工平均工资	元	55752	—	—
规模以上企业个数	个	223	238	6.73
工业	个	61	60	-4.76
万元 GDP 能耗	—	—	—	—

（湛江经济技术开发区管委会）

温州经济技术开发区

【区情概况】 温州经济技术开发区（以下简称“温州开发区”）是1992年3月经国务院批准设立的浙南唯一的国家级开发区。至2014年底，现辖区国家级状蒲园区（委托高新区管理）、滨海园区和金海园区，成建制受托管理海城、沙城、天河和星海4个街道，区域规划总面积133.66平方公里，总人口23.78万人（其中户籍人口9.96万人，流动人口13.82万人）。2013年底，浙江省人民政府批准温州设立浙南沿海先进装备产业集聚区。同时，温州市委、市政府确定将开发区的滨海园区和金海园区29.8平方公里作为浙南沿海先进装备产业集聚区的核心区块。2014年2月，浙江省人民政府批复开发区“一区七园”整合提升方案，整合提升后区域总面积达262.98平方公里。

【经济发展】 2014年，温州经济技术开发区（整治提升）实现地区生产总值351.2亿元，规上工业总产值886.5亿元，财政总收入60.18亿元。其中开发区本级实现地区生产总值187.75亿元，增长7.7%；工业总产值626.6亿元，增长6.8%；工业增加值119.85亿元，增长8.8%；财政总收入25.1亿元，增长10.8%，其中公共财政预算收入9.39亿元，增长9.4%；限上固定资产投资121.02亿元，增长26.1%；社会消费品零售总额30.47亿元，增长12.3%；外贸进出口总额10.6亿美元，增长1.16%；城镇常住居民人均可支配收入40855元，农村常住居民人均可支配收入24525元，分别增长9.0%、10.3%；节能减排超额完成市下达任务。

【产业发展】 2014年，温州开发区完成限上技改投资33.79亿元，增长41.2%，全员劳动生产率提高了13.8%，获中国开发区30年30强“产业创新奖”和省级特色品牌园区称号。明泰标准件项目列入国家强基工程，人本轴承、圣邦科技等5个项目列入省重点技改项目。新增省市名牌产品6个、省市出口名牌产品2个，水暖行业联盟标准列入省级标准化试点示范项目。完成“个转企”303家、“小升规”64家、“企转股”10家，乔顿服饰、创力电子成功登陆“新三板”。汽车产业规上产值同比增长24.6%，新增10亿元以上企业1家。金帝集团纳税超亿元。成功入选第一批“国家低碳工业园区”试点和省级循环化改造示范园区。

【项目建设】 抓住国际产业合作和国内产业转移机遇，2014年，开发区引进项目35个，出让工业用地776亩，占市本级的31.7%。中韩医乐园项目签约，注册成立温州医乐园发展有限公司。中电温州产业园项目签订合作备忘录和合作意向书。正泰电器、明泰标准件等一批重大项目建设扎实推进，完成温商回归到位资金24.57亿元。推进海城台一现代农业观光园建设。

【科技创新】 2014年，温州开发区2.7万平方米的科技孵化器挂牌投用，已有7家企业、2家中介机构和1家青年电商创业平台入驻。深化校企合作，进一步加大浙大与开发区技术转移中心、哈工大与开发区科技成果转化中心、开发区知识产权服务中心建设，新增9家高新技术企业，累计达55家；新增方正阀门、华远汽车零部件等45家省科技型中小企业，全区省科技型中小企业数达118家；高新技术产业产值达123.04亿元。光达电子1名人才入选“省千”计划、1名人才申报“国千”计划。新增康尔达市级博士后工作站。开通人力资源服务网站，应届毕业生初次就业率达100%，招引各类人才29637人。

【生态环保】 2014年，温州开发区开展“两河整治”大会战，获评省级河道保洁先进单位。全面完成26条黑臭河整治任务，星海新川浦、纬四浦2个河道生态建设项目入围省河道生态建设示范工程。建成平原水库5座。完成绿化建设77.1公顷，沙城庄桥村创成省级森林村庄。全市首个污泥焚烧综合利用热电联产工程成功并网发电。罗东南街、沙城中心街接线工程竣工通车。国家生态工业示范园区通过省级预验收。完成城中村二类改造26.91万平方米、旧住宅区改造12.55万平方米、旧厂区改造9.1万平方米，分别完成年度任务134.6%、1255%和910%；垃圾无害化处理率达100%。

【社会事业】 2014年，温州开发区坚持民生优先，投入资金6.89亿元，增长13.79%。初步形成“高初小幼”教育体系，滨海医院通过省二乙综合医院评审，天河社区卫生服务中心通过市级二级乙等考核验收，初步构建“20分钟医疗服务圈”。深化社保“一站式”服务，智慧档案”建设初具雏形。新开通143路公交线路、社区巴士星沙线、金海1号和2号线，金海园区的公共交通体系逐步完善。金海大厦、海洋科技创新园、交通枢纽中心、人才公寓、金海第一幼儿园、金海卫生服务中心、文体广场等一批功能配套项目建设加快推进，核心区潜质逐步凸显。

【机构设置与管委会领导】 2014年，温州开发区管委会内设直属机构（18个）：党政办公室、纪委（监察室）、组织宣传部（统战部）、社会管理综合治理委员会办公室、经济发展局、科技局、人力资源局、文教体工作局、民政卫生和计划生育局、公安分局、住房与建设局、市政环保局、商务局、安全生产监督管理局、海洋渔业与农林水利局、城市管理与行政执法局、总工会、团委。直属事业单位（9个）行政事务服务中心、建设项目前期管理中心、财政集中支付中心、建设工程质量安全监督站、瓯飞办公室、土地储备中心、接待服务中心、档案馆、综合执法大队。派驻机构（7个）：财政地税局、国税分局、国土资源分局、工商分局、质量技术监督分局、社会保障分局、开发区海关。国有企业（7个）：滨海新城投资集团、市政园林有限公司、城建发展有限公司、农业发展有限公司、交通建设发展有限公司、石油有限公司、金海保安服务公司。

管委会领导：徐蓬勃、郑俊、黄伟龙、陈叶挺、郑炳停、夏禹桨、虞立清、董学德、谢少乐、应士杰、林志佩、王松龙。

温州经济技术开发区主要经济综合指标一览表

项目	单位	2014年	2013年	增减（%）
开发区生产总值	亿元	187.75	175.15	7.7
第二产业	亿元	140.17	130.77	8.7
工业	亿元	119.85	113.47	8.8
第三产业	亿元	46.91	43.77	4.9
工业总产值（现价）	亿元	475.27	445.97	6.8
进出口总额	亿美元	10.61	10.20	-3.8
出口	亿美元	10.30	9.70	-1.8
财政收入	亿元	20.15	18.19	10.8

续表

项目	单位	2014 年	2013 年	增减（%）
税收收入	亿元	9.03	8.23	9.7
财政支出	亿元	10.10	8.40	20.4
新批企业个数	个	910	645	—
外商及港澳台企业	个	10	2	—
内资企业	个	900	643	—
固定资产投资	亿元	121.02	102.99	26.1
年末从业人员数	个	122360	110663	—
工业	个	281	279	—
万元 GDP 能耗	吨标煤/万元	0.43	0.50	-4.7

（温州经济技术开发区管委会）

昆山经济技术开发区

【概况】 昆山经济技术开发区（以下简称“昆山开发区”）至2014年底，辖区（含代管区）面积为115平方千米，共建有省部共建昆山留学人员创业园、昆山光电产业园、昆山综合保税区、昆山企业科技园、昆山金融街、东部新城、中央商贸区、中华商务区等一批特色功能区和产业载体，是昆山深化两岸产业合作试验区的主要平台和载体。推行“区镇联动”，昆山开发区与北邻的周市镇实行招商、规划、建设等事项统筹发展，周市镇划出20平方公里的区域列为江苏省（昆山）光电产业园的拓展区。至2014年底，中共苏州市委昆山开发区党工委共设立党委18个，其中，直属党委7个，街道党工委5个，社区党委2个，企业党委4个，下辖党支部（党总支）767个。

【经济发展】 2014年，昆山开发区引进外资项目103个，投资总额15.03亿美元，同比增长45.03%，合同利用外资6.9亿美元，开发区集聚47个国家或地区的2106个外资项目，以外资为主要支撑的电子信息、光电显示、装备制造、精密机械、民生轻工等五大传统优势产业和支柱产业，基础地位相对稳固。其中，光电显示、精密机械和民生轻工三大主导产业的发展质量和规模持续提增，电子信息产业中的代工制造部分产能向中西部地区转移。在此产业结构性调整和全球经济增长波动的总体趋势下，2014年实现地区生产总值1495.4亿元，同比下降0.06%；工业总产值5078.34元，同比下降4.86%，高新技术企业工业产值1110.63亿元；进出口总额686.61亿美元，同比下降4.79%，其中出口总额446.66亿美元，同比下降1.23%。全区全口径财政收入226.83亿元，同比增长6.93%；公共财政预算收入86.79亿元，同比增长8.38%。开发区内资服务业企业注册资本累计69.41亿元，同比增长46.85%，三资（含港澳台资）服务业企业注册资本累计3.62亿美元，同比增长247.31%，服务业增加值390.4亿元，同比增长6.98%，在GDP中的占比提高了2个百分点。

【项目建设】 2014年，昆山开发区大项目带动效应显著。仁宝、纬创等IT龙头企业调整代工产品结构，智能手机、平板电脑等新型产品快速增长，彩晶、昆达、纬视晶等骨干企业新产品布局初步形成，世硕电子、三星芯片载板两个总投资超10亿美元的龙头项目开业投产，蓝月亮、鼎镁新材料、摩缇马帝等大项目开工建设；新引进建大环宇、统实、神达等6家投资性总部项目，宝成、纬创、南宝等总部企业进入试运；一批重点服务业项目顺利推进，北京数字电视国家工程实验室签约；江苏首个外资基金公司华创毅达（昆山）股权投资管理有限公司落户；日资三井住友银行开业。

【招商引资】 2014年，昆山开发区新引进外资项目103个，投资总额15.03亿美元，同比增长45.03%，另有在批、待批外资项目16个，其中超亿美元项目7个；在谈外资项目35个，其中超亿美元项目6个；在谈民资项目19个，其中超亿元项目9个。引进和培育内资项目2434个，注册资本114.34亿元，同比增长1.6%，其中注册资本金超过500万元的项目263个，同比增长124.79%。大项目进入和对主导产业集聚效应的支撑作用进一步提升，总投资达10亿美元、一期总投资1.47亿美元的世硕电子项目和一期投资2.98亿美元的奇美偏光片项目正式获批；新批总投资超1亿美元的厚声光电LED陶瓷散热基板项目、增加总投资超1亿美元的意力电路、嘉联益电子增资项目在批；一期总投资1.5亿美元的茂迪太阳能项目顺利落户，未来总投资将达到7亿美元。正国新能源汽车电池项目、库博汽车标准件增资项目、斯沃博达汽车电子增资项目顺利获批；摩缇马帝、丰田电装、六和机械正式开工；天纳克排放系统顺利竣工投产。戴铂新材料总部项目落户开发区，北京数字电视国家工程实验室顺利签约并完成注册；直升飞机项目有序推进，拟先行设立租赁公司；冠信影视传媒公司顺利签约，将投资建设大型文化产业传媒信息基地；宝成、统一、纬创等销售总部进入试运行阶段，建大环宇投资总部、再兴教育总部、南宝研发总部、杜邦财务总部相继设立；江苏首个外资基金公司——华创毅达（昆山）股权投资管理有限公司落户开发区；日资三井住友银行顺利开业，开发区外资银行结构进一步优化。

【科技创新】 2014年，昆山开发区实施“企业创新主体培育工程”，全年新增认定高新技术企业31家、民营科技企业20家；认定高新技术产品121只；高新技术产业产值占规模以上工业产值比重达47.7%；华天科技获国家科技02重大专项及国家863计划。工研院平板显示技术中心的柔性显示技术研发平台获省级前瞻性研究专项资金2000万元；新增研究生工作站3家；认定各级各类研发机构66家。产学研合作向纵深推进，与工研院、史太白技术转移中心达成合作；举办光电产业技术创新创业合作沙龙活动；2014年申报产学研合作项目26个。实施“高层次创新创业人才集聚工程”，全年入选国家“千人计划”1人，三一动力陈振雷成为第十批国家“千人计划”企业创新人才苏州唯一入选者，柔性引进“千人计划”2人；创通微电子杨磊入选青年拔尖人才支持计划；新增省创新团队1个，昆山市级以上“双创”人才17人。实施“知识产权示范创建工程”，企业知识产权创造、运用能力不断增强，2014年新增专利零突破企业60家；完成发明专利申请2220件，发明专利授权237件，万人发明专利拥有量达26件；版权登记量超1200件；澳昆获国家发明专利优秀奖；攀特电陶在“新三板”挂牌上市。

【项目建设】 2014年，昆山开发区推动昆山深化两岸产业合作试验区的政策落地，有效推进昆山综合保税区、昆山光电产业园、昆山金融街、省部共建昆山留学人员创业园的载体建设和功能建设、20个昆山市政府重点实事工程建设。涉及城市和园区基础建设的开工量14.9亿元，建设工程新开工面积242.8万平方米，竣工208万平方米，在建1129万平方米，新增绿化面积90万平方米。完成盛晞路，金沙江路、蓬莱路等5项续建改造维修工程；完成太湖路、黑龙江路、娄东路、珠海路、欧美工业园人行道改造工程等6项新开工道路改造维修项目，服务业在建项目26个，在建面积351万平方米，累计完成投资19亿元。总投资43亿元的政府重点实事工程中，实事工程14项，重点工程4项，续建工程2项，其中，开发区体育公园完成土方施工和绿化景观建设，黑龙江路改造、娄江码头提前竣工。

【基础设建设】 2014年，昆山开发区围绕“壮大全区集体经济实力、加快区内教育事业基础设施建设、打造更加宜居的小区环境、积极推进三大工程建设”四项重点有序推进民生社会事业建设。开发区富民合作总公司所属一期82383平方米公寓楼竣工并交付使用，全区集体经济总收入完成1.48亿，同比增长10%。教育事业基础设施建设稳步推进，区内幼儿园、小学的布局得到调整优化，富春江幼儿园（年内更名为石予幼儿园）和蓬曦小学（年内更名石予小学）投用。小区环境建设得到改善，完成富华东村的雨污分流、三线入地、天然气改造、外立面粉刷、道路拓宽、停车位改造、屋顶维修、绿化工程；组织实施“动迁农民市民化工程”、“外来建设者融入工程”和“公共服务均等化工程”。

【社会事业】 2014 年，开发昆山区进一步完善“富民、便民、乐民、安民”的社会保障体系，全面优质均衡提供公共服务，不断完善创新社会管理，促进社会民生事业进一步发展。年内，与周市镇联动形成并落实《昆山开发区、周市镇关于推进“三大工程”建设三年实施方案（2014—2016）》，在“动迁农民市民化工程”方面，完善社会保障机制，提升动迁农民就业能力；加强教育引导，全面提升动迁农民文明素质；开展动迁小区全面治理工程；开展文体活动，丰富动迁农民业余生活。在“外来建设者融入工程”方面，探索积分制公共服务；营造社区关爱环境，促进新昆山人社会融合；畅通诉求表达通道，吸纳新昆山人社区参与。在公共服务均等化工程方面，拓展公共服务内容，促进公共服务均等化；创新公共服务方式，提升公共服务绩效。着力加强政府服务和社会自治，通过转变政府职能、完善社区自治架构，创新社区管理体制，积极培育社会组织，引入社会工作制度，加强社区人才队伍建设等举措，加强和改进自身的服务质量和水平。

【互动交流】 2014 年 3 月 20 日，以“产业融合、互利双赢”为主题的——昆山深化两岸产业合作试验区推介活动在台北市举行。经贸交流活动期间，昆山市代表团拜访仁宝集团、纬创集团、台塑集团、奇美材料、统一集团、茂迪新能源、裕隆集团、日月光集团和 PCHOME 等一批知名企业，推动在昆投资项目继续加码，加快转型升级、创新发展步伐，设立制造中心、贸易中心、总部结算中心、物流分拨中心、研发中心、售后服务中心等“六大中心”。同时，代表团分别与富邦金控、中租控股等金融机构成功签约，合作发起设立合资全牌照证券公司、金融租赁公司等，推动昆山试验区成为台资企业集团和金融机构“立足长三角、布局大陆市场”的重要平台和示范基地。

【机构设置与管委会领导】 2014 年，昆山开发区管委会增设昆山开发区科技局、昆山开发区台商投资服务办公室两个内设机构正式挂牌运作，正科级建制。全区内设办事机构还包括：党政办公室（督查室）、纪工委（监察审计室）、党群工作部、招商局、人力资源和社会保障局、规划建设局、经济发展和环境保护局、社会事业管理局、综合保税区管委会和管理局、留学人员创业园管理处、科技局、台商投资服务办公室、资产经营公司等直属部门，对口昆山市委、市政府 54 个部门。另设公安、财政、国土、国税、地税、工商、纪检监察室等机构，为市职能部门派驻机构，受主管部门和开发区的双重领导。

管委会领导：昆山开发区党工委书记管爱国；管委会主任路军；党工委副书记张玉林、陆宗元；纪工委书记何燕；管委会副主任陆宗元、何燕、石敏、潘建康、许玉连（不驻区）、盛梦龙、盛雪冬、肖建明（援疆）；管委会主任助理沈健。

昆山经济技术开发区主要经济综合指标一览表

项目	单位	2014 年	2013 年	增减（%）
开发区生产总值	亿元	1495.40	1496.30	-0.06
第二产业	亿元	1103.75	1130.31	-2.35
工业	亿元	1076.83	1107.62	-2.78
第三产业	亿元	390.40	364.93	6.98
工业总产值（现价）	亿元	5078.34	5337.75	-4.86
高新技术企业	亿元	123	108	13.89

续表

项目		单位	2014年	2013年	增减（%）
销售（营业）收入		亿元	6572.53	6719.90	-2.19
第二产业		亿元	5178.49	5424.08	-4.53
工业		亿元	5069.47	5323.96	-4.78
第三产业		亿元	1394.04	1295.82	7.58
利润总额		亿元	381.59	375.48	1.63
第二产业		亿元	305.71	303.68	0.67
工业		亿元	296.81	296.57	0.08
区内主导产业及产值					
主导产业	1. 计算机、通信和其他电子设备制造业	亿元	3393.91	3728.63	-8.98
	2. 通用设备制造业	亿元	214.49	206.05	4.10
	3. 汽车制造业	亿元	174.56	152.89	14.17
	4. 专用设备制造业	亿元	90.19	90.68	-0.54
	5. 化学原料和化学制品制造业	亿元	87.35	72.31	20.80
	6. 铁路、船舶、航空航天和其他运输设备制造业	亿元	76.94	73.89	4.13
第三产业		亿元	1041.68	1021.75	1.95
进出口总额		亿美元	686.62	721.16	-4.79
出口		亿美元	446.66	452.22	-1.23
财政收入		亿元	175.99	202.37	-13.04
税收收入		亿元	133.67	152.74	-12.49
财政支出		亿元	53.50	77.85	-31.27
新批企业个数		个	2537	1885	34.59
外商及港澳台企业		个	103	62	66.13
内资企业		个	2434	1823	33.52
新批企业投资额	外商及港澳台企业	亿美元	15.04	10.37	45.03
	内资企业	亿元	114.34	112.54	1.6
	增资企业	亿美元	5.33	8.59	-37.88
合同外资金额		亿美元	6.90	3.78	82.78
外商实际投资		亿美元	5.52	6.19	-10.83
固定资产投资		亿元	266.94	288.58	-7.50
年末从业人员数		个	549154	526202	4.36
在岗职工数		个	391028	377128	3.69
在岗职工平均工资		元	56266	51373	9.52
规模以上企业个数		个	838	866	-3.23
工业		个	416	427	-2.58
万元GDP能耗		吨标煤/万元	0.189	0.172	9.88

注：1. 2014年昆山市财政局在执行《区镇分税制财政管理体制实施细则》时，对昆山开发区税收属地管理进行了调整，致使2014年开发区税收收入同比下降5.47%。如按原口径计算，2014年开发区完成全口径财政收入为215.54亿元，同比增长6.51%（其中：税收收入为173.22亿元，同比增长13.41%）。2. 资源来源：昆山开发区统计中心、昆山开发区财政分局。

（昆山经济技术开发区管委会）

营口经济技术开发区

【园区概况】 营口经济技术开发区（以下简称“营口开发区”）是辽宁沿海经济带上的一个重要节点。哈大铁路、哈大公路、沈大高速公路和哈大高速铁路客运专线等交通动脉纵贯全境，交通运输四通八达。坐落在开发区境内的营口港，有营口、鲅鱼圈、仙人岛三个港区，拥有140多条国际、国内航线，与50多个国家和地区通航。与港口相配套的海关、出入境检验检疫部门和外轮代理、理货、供应等服务机构一应俱全。是中国沿海的主枢纽港之一。营口开发区境内有28.5公里长的黄金海岸线，中国慈母圣地望儿山、鲅鱼公主、贝壳观景台、墩台山古烽火台、亚洲植物标本园、熊岳温泉、金沙滩海滨浴场等自然人文景观，构成了山、海、林、泉交相辉映的海滨旅游度假胜地。

【经济发展】 2014年，营口开发区实现地区生产总值469.1亿元，增长6.1%。固定资产投资231.5亿元，下降20.9%。外贸出口18.7亿美元，下降12.7%。社会消费品零售总额108.1亿元，增长12.4%。城镇居民人均可支配收入31651元，增长7.3%。农村常住居民人均可支配收入14715元，增长11.5%。公共财政预算收入42.7亿元，下降8.9%。其中，国税收入6.4亿元，增长48.8%。地税收入25.9亿元，下降14.2%，财政部门收入10.4亿元，下降16.1%。

【产业发展】 2014年，营口开发区三次产业比为2.2∶50.5∶47.3。第一产业稳步发展。农业总产值19.2亿元，增长4%。农产品出口创汇6000万美元。农业专业合作社达57家，带动农户8000户，增加收入1.9亿元。无公害农产品种植面积3.5万亩。新创省市农业品牌10个。望儿山牌白酒、银霞牌白糖荣获中国驰名商标。开发区获批辽宁省首家海蜇出口示范区。

第二产业稳中有进。二产增加值236.7亿元，增长5.6%。规模以上工业增加值198.3亿元，增长5.8%。新增规模以上工业企业13户。产值超亿元企业93户、超10亿元企业16户。四大产业集群产值488亿元，占规模以上工业产值的61.8%。工业用电量16.7亿千瓦时，增长9.1%。

第三产业快速发展。三产增加值222.1亿元，在GDF中占比提高4个百分点。销售房屋面积57万平方米，成交金额24.5亿元。金融机构本外币各项存款余额500亿元，贷款余额640亿元。万隆广场对外营业。全年接待国内外游客880万人次，实现旅游总收入106亿元。海滨温泉旅游节荣获“最具创新价值节庆”奖。开发区被评为“2014年度中国最美休闲小城”。

【港区联动】 2014年，营口开发区港口物流贸易园区建设不断加快。完成专项规划和控制性详细规划。无地招商取得新进展，中国华信、浙江传化等一批项目正在推进，中国北方盐业交易中心、辽宁大同管件交易平台等正在筹建，全年新引进物流贸易企业410家、新增税收2.8亿元。园区被评为“辽宁省示范物流园区”、“国家级优秀物流园区”。

港口经贸创新试验区申报工作正抓紧推进，营满欧大陆桥桥头堡规划正加紧编制。中欧海铁联运专列投入运营，全年实现集装箱运量2万标准箱，占东北各港口总量的93%，占全国总量50%以上，全国排名第一。中韩自由贸易试验区、综合保税区正向上申报。俄韩产品加工基地、韩国商品城正积极筹建。

港口金融创新试验区建设实现突破。与盛京银行、营口沿海银行和华君控股集团签署《四方战略合作协议》，营口沿海银行总部迁入进展顺利，红运大宗商品交易中心投入运营，辽宁北方金融资产交易中心实现试运行，入驻金融、类金融企业22家，注册资金85.1亿元。

【招商引资】 2014年，营口开发区落实全市“园区建设年”工作部署，全年开工千万元以上项目121个，其中亿元以上项目103个，10亿元以上项目22个。信义玻璃、无限极、沈鼓、中船重工、北方精密设备等重大项目实现投产，奥特莱斯、望海渔港、熊岳温泉城等项目正在建设，推进中铁物资、圣亚海洋城、台湾商业综合体等22个重点项目。

园区功能日益完善。滨海、临港、输变电产业园功能不断完备，项目集聚效应明显。鹊鸣湖、新兴装备制造、中小企业园基础设施逐步完善，项目承载力进一步增强。东北亚文化创意产业园项目包装、积极开展招商工作。

国有企业稳步发展。营口港实现吞吐量3.3亿吨，集装箱运量561.2万标准箱。鞍钢鲅鱼圈新厂钢产量536.7万吨。华能营口电厂发电量79.8亿千瓦时。沙鲅铁路公司货物运输量4500万吨。哈大高速铁路鲅鱼圈站客运量100万人次。

【建设环保】 2014年，营口开发区村村通公路建设完成。修建养护村路200公里，新建农村公交站牌80个。改造人行道板17万平方米、路边石10万延长米，更换路2014年灯1.5万盏。城区集中供热改造工程按期完成。生态环境不断改善。“青山、碧水、蓝天”工程扎实开展。森林城市创建工作有序推进，城区绿化补植32万株，春季万人植树17万株，“千万亩经济林工程”造林900亩。矿山生态治理177亩。山海广场岸线保护和沙滩整治修复初见成效。红海河、二道河清淤截污工程基本完工。大气污染防治、饮用水监测、污染源检测等工作不断加强。城市管理进一步强化。与北京桑德集团签约成立德洁公司，机械化清扫水平进一步提高，清扫面积达1150万平方米。垃圾清运实现全程封闭，垃圾打包场主体工程已经完工。城管进社区工作扎实开展，成立综合执法所6个，执法工作站40个。

【管理与服务】 2014年，营口开发区社会管理成效显著。社区管理工作进一步加强，海东办事处、金伟社区分别荣获全国和谐社区建设示范街道、示范社区。启动轻刑快办程序，依法处置非访案件。强化交通、建筑工地、油气管线等专项整治，安全生产形势持续稳定。加大物价监管力度，荣获“全国价格工作先进集体”。开展巡逻防控，社会治安防控体系不断完善，连续九年荣获“省级平安县区”。

【社会事业】 2014年，营口开发区教育体育事业不断发展。集中开展了教育行风专项整治，区职教中心成为全省职业教育改革发展示范校，全年培训各类职业技术工人2563人。成功举办国际半程马拉松赛，全民健身活动深入开展，群众性体育协会达18个，人均体育场地面积位居全国前列。计生卫生水平进一步提高。社区卫生服务中心全部投入使用，中心医院内科病房大楼开工建设，医疗市场专项整治活动深入开展，规范经营医疗机构570家。

就业和社会保障工作扎实开展。举办招聘会110场，新增城镇实名制就业13565人，实名制转移农村剩余劳动力4072人，城镇登记失业率控制在2.3%以内。城镇医疗保险扩面1749人，养老保险扩面6679人。发放各类保障金4600万元、各类优抚金589万元，接收退役士兵155人。婚姻登记工作通过国家3A等级评定。发放妇女创业贷款300万元。惠民实事积极推进。60岁以上老人乘车优惠政策得到落实，自来水、老旧小区、农村学校操场等改造工程基本完工。教育网络全覆盖工程积极推进。化惠民活动广泛开展。成功举办望儿山母亲节、海滨温泉节、广场文化月等活动。非物资文化遗产保护工作有序开展。广播电视村村通工程已经完工。播放公益电影600场，大剧院演出70场，图书馆接待读者30万人次。

【管委会领导】 2014年，营口开发区党工委书记王立群，副书记王百胜、郭广东、罗奎亮，管委会主任王百胜，常务副主任杜邦安，副主任江东、赵新明、刘方辉、牛思群、陈长滨（4月任）、郭琳（4月免挂职）。

（营口经济技术开发区管委会）

威海经济技术开发区

【经济发展】 2014年，威海经济技术开发区（以下简称“威海开发区”）总面积为278平方公里，其中建成区面积39.3平方公里，海岸线长44公里，辖3个镇、3个街道，108个村、35个社区，全区户籍总人口159169人，同比增加3633人，增长2.28‰。全区实现生产总值197.54亿元，按可比价计算同比增长11.3%；固定资产投资129.90亿元，同比增长17.4%；社会消费品零售总额106.32亿元，同比增长13.1%；外贸进出口总额38.44亿美元，同比下降23.9%；公共财政预算收入20.78亿元，同比增长14.7%。

【产业发展】 2014年，威海开发区完成规模以上工业总产值364.92亿元，同比下降0.9%；实现主营业务收入353.13亿元，同比增长3.0%；利税30.83亿元，同比增长27.0%；利润19.58亿元，同比增长39.3%。年内实施工业建设项目27个、技改项目26个、创新项目295个。2014年新增规模以上工业企业16家、高新技术企业4家、小微企业1365家、个体工商户转型企业41家、市级科技型中小企业28家、股权市场挂牌企业2家。全区纳税过百万元企业258家，同比增加14家。

【科技创新】 2014年，威海开发区新建市级科技企业孵化器2个，新增科技孵化企业51家，区科技创业服务中心被认定为省级大学生创业孵化示范基地和全市青年自主创新行动示范基地。批准设立山东省院士工作站1家，省级企业技术中心2家，市级企业技术中心3家，市级工程技术研究中心2家，市级工程实验室2家；获得市级科学技术奖8项；新认定高新技术企业4家，新认定科技型中小企业28家，全区高新技术产业产值占规模以上工业总产值的比重达到53.5%，比上年提高1.11个百分点；完成发明专利申请468件，发明专利授权40件，万人发明授权量2.58件。至2014年底，全区共有院士工作站4家；省级以上企业技术中心13家，其中国家级1家、省级12家；市级企业技术开发中心12家；省级工程技术研究中心8家；市级工程技术研究中心16家。

【投资促进】 2014年，威海开发区积极对接中韩自贸区建设，重点实施出口加工区、中韩（桥头）产业园、新城（崮山）产业园、环山路第四工业园和韩国商品交易中心五大园区载体建设，成功举办韩国红参文化节等系列对韩商贸交流活动，率先突破中韩（威海）经济合作示范区建设，韩国商品交易中心一期6月对外营业，入驻企业46家，至年末实现进口额1000万美元、销售额7000万元，总投资18亿元的中锐生命科技生产基地、9亿元的德丰利达生物科技、4.8亿元的长江脉医药科技、1.5亿美元的和祥泰数码科技等69个项目签约落地，豪顿华工程等15个项目增资到位7754万美元。2014全年实际利用内资53.7亿元、外资1.56亿美元，利用外资总量位居威海市首位。与177个国家和地区保持贸易往来，实现进出口总额38.4亿美元，总量位列威海市第一。

【投融资建设】 2014年，威海开发区有各类金融机构48家，其中银行业金融机构32家（支行），保险业金融机构10家，小额贷款公司2家，融资性担保公司2家，地方民间融资机构2家。2月，威海华东数控股份有限公司完成定向增发3.2亿元。6月18日，山东海育时代海洋科技发展有限公司在上海股权托管交易中心成功挂牌。10月，威海海大医院成功引进9000万股权投资。至2014年底，开发区各项存款余额222.61亿元，各项贷款余额139.99亿元，合计兑现企业扶持资金1.96亿元，提供信贷周转资金3.93亿元，协调金融机构发放小微企业贷款37.2亿元。

【生态环保】 2014年，威海开发区制订《威海经济技术开发区突发环境污染事故应急预案》等4个区级应急预案和4个部门应急预案，52家重点污染企业、16家危险废物产生企业及20家放射辐射单位纳入日常管控。2014年全年审批各类项目397个，验收项目17个，配合市环保局验收项目3个，监督企业转运危险废物4262.24吨，开出转运联单297份。全区累计实施节能重点工程15个，完成项目节能评估审查39个，重点抓好两大热电企业污染物减排和3处规模化养殖场、8处小型燃煤锅炉整治，圆满完成全年节能减排任务。

【管理与服务】 2014年，威海开发区6个镇、街道全部建成启用镇级便民服务中心，107个村和32个社区设立村级便民服务代办点。开发区政务服务中心集行政审批服务、社会服务、效能监察三大平台于一体，设服务窗口46个，进驻部门35个，工作人员106名，可提供192项行政许可及服务事项。设立“建设工程项目联审联批受理区”，审批时限由281个工作日压缩到28个工作日。按照“一口受理、同步审批、信息共享、统一发证”的运行模式，做到无前置审批的市场主体设立1个工作日内办结。2014年6月，网上行政审批暨电子监察系统正式运行。

【人才建设】 2014年，威海开发区与1名海外专家达成对接意向，引进博士后研究人员3人；新增海外特聘专家1人、蓝色产业计划专家1人、省首席技师1人、中青年专家2人、特聘专家1人。大学生创业孵化基地被省财政厅、人力资源和社会保障厅联合认定为“省级大学生创业孵化示范基地”，获省级扶持资金300万元，入驻创业项目18家。至11月末，全区343名回生源地报到高校毕业生全部实现就业。培训农村劳动力8期862人。组织2351人在岗职工开展技能提升培训、566名职工参加“金蓝领”高级工培训。组织1111名失业职工开展创业培训，9个工种1008人参加职业技能鉴定考试，合格率93.4%。新增山东省首席技师1人，高级工457人，其中技师、高级技师48人。至年末，全区有高级工1320人，技师174人，高级技师83人。

【社会事业】 2014年，威海开发区完成民生支出7.1亿元，占公共财政预算支出的比重达50%，新增就业4550人，新建青岛路小学和台北幼儿园，完成5所民办幼儿园公办性质改造和3所中小学塑胶操场建设，投入运营11辆标准化校车。新建改造村居文化活动场所33个，组织大型群众性文化活动和文化下乡111场。升级改造农村道路6条7.4公里、桥涵5座，除险加固塘坝12座。

【机构设置与管委会领导】 2014年，威海开发区管委会下设管委办公室、监察局、住房和城乡建设局、经济发展局、工业和信息化局、财政局、社会事业局、市场监督管理局、出口加工区管理局9个正县级机构；法制局（司法局）、商务局、市政公用事业管理局、农业经济发展局4个副县级机构；教育局、人力资源和社会保障局、审计局、社会管理指挥中心办公室、城市管理办公室、科学技术局、项目推进办公室、统计局、服务业发展局、安全生产监督管理局、交通运输局、环境卫生管理局、园林绿化管理局、金融工作办公室、国有资产管理局、经济合作局16个正科级机构。

威海开发区领导班子：党工委书记吕晓东，党工委副书记王炳刚、马端兴，威海开发区（出口加工区）管理委员会主任吕晓东，副主任王炳刚、张天泉、宋克军、郭传利、王祖友、姚桂礼、谭乐胜、乔军、梁永波、汤华海、张刚、许宏妮。

【30年专栏】 威海经济技术开发区于1992年10月经国务院批准成立，与威海出口加工区实行"两区合一"的管理体制，总面积278平方公里。建区以来，全区上下按照"总体规划、分步实施、滚动发展"的思路，坚持以经济建设为中心，以解放思想为先导，以改革开放为动力，以富民强区为己任，白手起家，自费开发，创新创业，着力推动城乡、经济社会、三次产业全面协调持续发展，成为威海市改革开放的桥头堡和产业崛起的新城区。

一、主要成绩

（一）综合实力显著增强，成为推动区域经济发展的重要增长极

建区23年来，全区生产总值、工业总产值、固定资产投资、社会消费品零售总额、进出口总额、公共财政预算收入等主要经济指标年均增速超过20%。2014年，全区实现生产总值197.15亿元，同比增长11.3%；规模以上工业总产值364.9亿元，下降0.9%；固定资产投资129.9亿元，增长17.4%；社会消费品零售总额106.32亿元，增长13.1%；公共财政预算收入20.78亿元，增长14.7%；税收收入、四税收入占公共财政预算收入的比重分别为96.68%、64.32%，分别提高0.59个、2.43个百分点。

（二）开放水平快速提升，成为全市对外开放的重要窗口

全区累计引进40多个国家和地区外商投资项目969个、内资项目1920个，实际利用外资19.9亿美元、利用内资356.6亿元。其中，投资过千万美元项目达到50个，过亿美元项目3个，世界500强项目9个。与177个国家和地区保持经常贸易往来，累计实现进出口总额355亿美元，年均增长37.4%；全区进出口过千万美元企业达到44个，其中过亿美元企业5个。2014年，实现外贸进出口38.4亿美元，下降23.9%；实际利用外资1.56亿美元，增长11.6%，外贸进出口总额和利用外资总额全市第一。

（三）产业体系日臻完善，成为承接国际产业转移和创新创业的重要基地

初步形成船舶制造、高端装备、电子信息、生物医药、轻纺服装等工业主导产业和现代商贸、物流、商务运营、城郊休闲旅游、韩国商品交易等现代服务业，全区规模以上工业企业达到124个，销售收入过亿元工业企业44个，限额以上批发零售住宿餐饮类和重点服务业企业106个，三次产业比重由建区前的23.18∶56.95∶19.87优化为3.72∶59.08∶37.20，被评为全国模范劳动关系和谐工业园区和山东省优质船舶产品生产基地、首批循环经济示范园区。

（四）城市建设快速推进，成为威海城区拓展最快的板块

威海国际新港、火车站、汽车站和青烟威城际铁路威海总站均在区内，基础配套设施实现"十通一平"，公共服务设施全面覆盖，城市集中供热和污水处理率、城乡生活垃圾处理无害化率均达到100%，绿化覆盖率超过47.3%，新建各类建筑物1115万平方米，建成区面积达到34.7平方公里，成为威海市重要的交通枢纽区、宜居宜业示范区和现代服务业聚集区。

（五）城乡社会事业一体化发展，成为改善民生的示范区

累计投入民生资金51亿元，新建扩建中小学校14所、幼儿园32所，所有中小学校全部达到市级以上规范化标准，其中省级达到77%，被评为国家义务教育发展均衡区；新建改造村居卫生服务机构84处、医院4所，打造城市步行15分钟、农村1.5公里卫生服务圈；建设社区老年人日间照料中心34处、农村幸福院10处、镇级敬老院3处，建成覆盖城乡的养老、医疗、救助等社会保障体系；完

成27个城中村拆迁改造任务，建设各类保障性住房3138套，改造农村危旧房屋938户；认真落实就业创业扶持及支农惠农政策，鼓励发展特色种养业、村办加工业和社区服务业，城镇登记失业率控制在1.2%以内，2014年城镇居民人均可支配收入达到3.4万元，农民人均纯收入达到1.6万元，群众物质生活和保障水平显著改善。

二、主要做法

（一）坚持开放活区，深入推进对外开放

始终把发展外向型经济作为重中之重，坚持以招商引资为主线，先后采取了行政招商、全员招商、专业招商、全员服务招商等招商模式，逐步由“拣到篮子里都是菜”的粗放式招商向招商选资选智转变，不断扩大对外开放的广度和深度，以开放促发展、增活力。一是全面对韩合作。坚持把对韩开放作为主攻方向，全面加强对韩经贸合作，先后引进韩国乐天集团、昌星株式会社等韩资项目640个，实际利用韩资11.2亿美元，占全区利用外资总额的56.3%，占全市存量韩资总额的26%，聚集了全市60%以上的在威韩国人。2014年对韩贸易额达到14.8亿美元，占全区外贸总额的38.5%，占全市对韩贸易额的28.3%，成为韩国人在威海投资、经商、居住最集中的区域。二是突破欧美合作。将欧美合作招商作为重要突破口，先后引进比利时贝卡尔特集团、博优国际集团、英国豪顿集团、西班牙德格集团、法国液化空气集团、美国科尔法集团等欧美项目89个，实际利用资金3.3亿美元，占全区利用外资总额的16.6%，成为欧美企业在威投资最集中、质量最好的区域。三是强化产业合作。重点围绕符合区域发展实际的临港临海、生态环保、高新技术类产业，坚持一二三产业项目一起招，国内国外资金一起引，突出抓好与国内外大公司和高科技企业的联系，着力引进科技含量高、辐射带动能力强的先进制造业项目和高端服务业项目，提高产业聚集度，拉长产业链条。四是持续深入合作。坚持向存量要增量，突出抓好落地企业跟踪服务，推动一大批企业真正扎下根、发展快、效益好。2014年，全区批准增资项目15个，增资额7754万美元，占全年实际利用外资总额的49.7%。韩资企业宣杨数码科技有限公司2004年成立以来先后10次增资，总投资额由最初的100万美元增至8720万美元，年销售收入由最初的2亿元增长到23.1亿元，年均增长27.7%。欧资企业豪顿华工程公司是最早进区投资的欧洲企业，产值扩大15倍，年纳税额连续多年超过1亿元。比利时贝卡尔特钢帘线公司先后4次增资，总投资扩大10倍，产能扩大7倍，年纳税额扩大14倍。

（二）坚持产业强区，着力打造产业新城

按照区域化布局、集约化利用、集群化发展的思路，大力实施产业强区、科教兴区战略，坚持园区带动、项目拉动、创新驱动互促共进，着力培植优势产业集群和龙头骨干企业，加快构建以新型工业为支柱、以现代服务业为支撑的现代产业体系，打造先进制造业基地和现代服务业聚集区。一是搭建特色产业园区。按照园区带动、龙头引领、集群发展的思路，科学编制产业和园区发展规划，重点规划建设了威海出口加工区、环山路工业园、临港产业园、中韩（桥头）产业园、生物医药产业园、创新创业产业园等一批现代制造业园区，成为区域发展的重要载体。环山路第一工业园总占地2000亩，进驻项目50个，平均每亩土地投资强度达到506万元，全部达产后可实现产值126亿元，平均每亩土地产值达千万元。中韩（桥头）产业园总占地14.4平方公里，由国际顶尖咨询服务机构安永公司负责开展产业规划及招商推介，已完成基础设施提档升级，正抢抓中韩自贸区建设机遇，积极联合韩国仁川自由经济区探索推进中韩平行合作园区建设，着力打造中韩地方经济合作示范区。二是培植优势产业集群。坚持工业主体地位不动摇，充分发挥区内临港工业优势，把发展蓝色经济和特色产业作为主攻方向，大力推进传统产业转型升级与新兴产业引进培育，重点改造提升船舶制造、汽车零部件、电子信息、轻纺服装等传统优势产业，培育壮大高端装备制造、生物医药、新能源、新材料等战略新兴产业，成为山东半岛重要的先进制造业基地。目前，船舶制造业已形成以中航威海船厂为龙头，年造船能力达到200万载重吨的现代船舶产业体系，是山东省优质船舶产品生产基地和六大船舶工业聚集区之一。高端装备制造业已聚集华东数控、华东重工、豪顿华工程、华夏集团、双轮泵业等一批骨干企业，成为以重型和超重型精密数控机床、动车风机、特种泵、塔机等为主导产品的先进装备制造业基地。食品医药产业聚集国内医药百强企业如迪沙药业集团等食品医药企业40多家，重点发展海洋生物工程、新医药制造及保健品精深加工业。轻纺服装业形成以海马地毯、山花地毯两大地毯业龙头为代表的全国最大的铺地材料生产基地。新材料产业重点推动世界最大的金属粉末加工企业昌星电子、省内首个获批直销经营许可的安然纳米等骨干企业做大做强，提升产业规模效应。三是打造现代服务业聚集区。充分发挥宜居城市环境优势和制造产业聚集带动优势，顺应产业结构调整和消费结构升级要求，高起点编制现代服务业规划，大力发展现代商贸、物流、商务运营、城郊休闲度假旅游和韩国商业文化风情等业态，现已聚集包括日本永旺株式会社、韩国乐天集团等总投资248亿元的商贸服务业大项目27个，规划建设总建筑面积148万平方米的商务办公楼56栋，引进各类金融、科研、外包、企业总部类企业620多家，发展中外运国际物流等各类物流企业360多家，成为全市服务业新中心。其中，韩国商品交易中心聚集涉韩贸易企业46家，成为集批发零售、仓储配送、线上线下交易、旅游购物于一体的全市首家专业韩货市场，致力打造国内最大的纯正品韩货集散地。家居建材商场营业面积达到27万平方米，是全市最大的家居建材集散地。汽车专业市场聚集整车销售、汽配经营和维修服务企业190多家，汽车销售份额占全市的70%。四是强化项目建设支撑。始终把项目建设作为经济发展的牛鼻子，认真落实工委领导和部门包项目责任制，实行项目建设周调度、月考核、季观摩，靠前解决项目落地和建设“瓶颈”，促进项目早日开工、投产。近三年，累计开工建设二三产业项目254个、投产166个，完成投资272.37亿元，项目投资强度平均达到463万元/亩，是国家规定投资强度的1.9倍。今年重点推进二三产业项目48个、总投资226.34亿元，其中工业项目32个、服务业项目16个，计划年内完成投资48亿元。五是完善科技创新体系。坚持把自主创新作为第一动力，持续加大科技创新投入，出台促进企业创新发展、平台建设、产学研合作、高层次人才引进、品牌培育、上市融资等系列扶持政策，连续多年开展“自主创新年”活动，积极构建以企业为主体、市场为导向、产学研相结合的技术创新体系。截至目前，全区创建市级以上企业研发创新平台67个，其中国家级1个、省级28个；省级以上著名驰名商标和各类品牌47个；高新技术产业产值占规模以上工业总产值的比重达到54.5%。六是注重提升开发质量效益。坚持集约发展、生态优先理念，集约节约利用土地资源，强化生态环保建设，鼓励发展循环经济产业链和光伏建筑一体化、风力发电、大型农村沼气系统等新能源项目，先后淘汰落后发电能力10亿千瓦时、玻璃产能460万重箱，努力实现人与自然和谐持续发展。目前，全区土地容积率约为1.02，平均项目投资强度240万元/亩，亩均工业产值191万元，亩均税收13.5万元。

（三）坚持环境立区，持续优化发展环境

始终坚持环境就是生产力，充分发挥区位优势、政策优势和先发优势，积极推进城乡设施改善和管理创新，持续优化区域发展环境。一是完善城市设施环境。坚持高起点规划、高标准建设、高效能管理，充分考虑城市未来发展需求，科学做好城市发展总体规划，系统指导城市开发建设。在西部中心城区，持续加大城建设施投入，累计完成基础设施投资191亿元，重点规划建设了中心商贸区、九龙湾休闲旅游度假中心、海上公园、乐天休闲体育公园等一批城建重点工程，完善了水、电、气、暖、路、通讯、公园等基础配套设施和医院、学校、商贸、金融等公共服务设施，实施了城中河道整治、破挖山体治理、老旧小区整治、绿化亮化等城市环境综合整治，探索推行了城乡网格化、精细化管理模式，环境面貌和承载能力显著提升。在东部滨海新城，按照“一点突破、三轴推进、七线贯通”的规划格局，重点围绕逍遥湖这一核心，推动“滨海休闲轴、成大路城市发展轴、金鸡大道城市发展轴”三轴并进，打造“四横三纵”主干路网为脉络的现代化、生态化滨海新城。目前，62平方公里的核心区开发全面启动，成大路、石家大道、金鸡大道等路网体系以及14公里沿海岸线修复整治、逍遥湖、五渚河公园、石家河公园、公共服务区、健康产业园、教育园区等工程规划建设全面推进，成功入选山东省绿色生态示范城区。二是改善行政服务环境。坚持“企业创造财富，政府营造环境”服务理念，注重在服务细节上下功夫，认真落实扶持企业发展的各项优惠政策，建立健全领导和部门包扶企业、重大项目联席会议和企业服务“直通车”等制度，全面深化行政审批制度改革，及时承接中央和省市下放行政审批事项，完善行政审批服务机制和三级便民服务网络，推行“一个窗口”对外、“一站式”办公、“一条龙”服务等管理服务模式，通过ISO14001环境管理体系和ISO9001国际质量管理体系双认证，行政服务效能不断优化。采取“整合流程、一门受理、联审联批、信息共享、限时办结”等方式，积极推行建设工程项目模块化审批流程再造和市场主体设立联审联批，打破部门界限，优化部门机构职能，理顺和压减审批事项的前置条件，推行网上审批和各部门间的联审联批，推动行政审批服务提速。对重大项目，管委成立专门工作组，全程靠上去协助办理相关手续，解决相关问题。一般性项目逐一落实包服责任单位，搞好项目跟踪服务。三是优化体制机制环境。按照“小政府、大服务”和“精简、高效”原则，大胆创新选人用人、目标绩效考核管理、行政审批等体制机制，为区域发展提供了有力保障。按照山东省开发区体制机制创新试点要求，积极开展开发区体制机制试点工作，争取在行政管理、用人分配、园区开发等方面先行先试，加快建立精简高效的行政管理体制、充满活力的创新创业支撑体制和公平有序的社会管理体制，推动政府管理由注重事前审批向注重事后监管转变，为全省深化改革、扩大开放探索积累可复制、可推广的经验做法和实践依据。四是营造和谐稳定环境。坚持依法治区、依法行政，深入开展了“法治经区”、“平安经区”创建和企业履行社会责任体系建设，健全完善了安全生产和应急管理机制，全区平安镇、街道、学校达标率为98%，平安村居、企业达标率超过90%，全力打造创新创业、宜居宜商的和谐发展环境。

威海经济技术开发区主要经济综合指标一览表

项目	单位	2014年	2013年	增减（%）
开发区生产总值	亿元	197.54	179.51	11.3
第二产业	亿元	116.71	108.57	10.5
工业	亿元	106.10	99.00	10.5
第三产业	亿元	73.47	64.02	13.5
工业总产值（现价）	亿元	391.80	385.92	1.5

续表

项目		单位	2014 年	2013 年	增减（%）
高新技术企业		亿元	111.73	108.91	2.6
销售（营业）收入		亿元	598.49	508.74	17.6
第二产业		亿元	405.65	369.25	9.9
工业		亿元	357.86	347.83	2.9
第三产业		亿元	192.83	159.40	21.0
利润总额		亿元	33.24	26.20	26.9
第二产业		亿元	21.15	16.46	28.5
工业		亿元	19.58	13.85	41.4
区内主导产业及产值					
主导产业	1. 船舶及零部件	亿元	32.46	38.77	-16.2
	2. 汽车及零部件	亿元	62.75	62.89	-0.2
	3. 电子信息	亿元	66.61	69.80	-4.6
	4. 通用设备	亿元	51.96	55.40	-6.2
	5. 食品药品	亿元	48.37	44.17	9.5
	6. 电力热力	亿元	52.58	52.20	0.7
第三产业		亿元	192.83	159.40	21.0
进出口总额		亿美元	38.44	50.51	-23.9
出口		亿美元	19.73	20.33	-3.0
财政收入		亿元	39.43	34.88	13.0
税收收入		亿元	39.13	34.83	12.3
财政支出		亿元	17.99	36.27	-50.4
新批企业个数		个	—	—	—
外商及港澳台企业		个	26	19	36.8
内资企业		个	1163	609	91.0
新批企业投资额	外商及港澳台企业	亿美元	4.41	3.95	11.6
	内资企业	亿元	27.51	4.25	547.3
	增资企业	亿美元	2.14	2.58	-17.1
合同外资金额		亿美元	1.87	1.58	18.4
外商实际投资		亿美元	1.56	1.40	11.4
固定资产投资		亿元	129.89	110.63	17.4
年末从业人员数		个	61828	64567	-4.2
在岗职工数		个	58380	63998	-8.8
在岗职工平均工资		元	50787	45322	12.1
规模以上企业个数		个	321	310	3.5
工业		个	125	114	9.6
万元 GDP 能耗		吨标煤/万元	1.176	1.264	-7.0

（威海经济技术开发区管委会）

福清融侨经济技术开发区

【经济发展】 2014年，福清融侨经济技术开发区（以下简称“融侨开发区”）完成规上工业总产值756.28亿元，比增6.47%，完成年任务的97.17%；固定资产投资完成119.6亿元，比增19.59%，完成年任务的102.88%；其中工业固投完成41.62亿元，比增27.91%，完成年任务的102.33%；实际利用外资6301万美元，比增21.52%，完成100.02%；合同利用外资8261万美元，比增3.35%；税收收入19.36亿元，比增13.01%，完成市政府下达任务。其中规模以上工业总产值占福清全市的54%。

【产业发展】 融侨开发区主要由中心区和洪宽工业村组成。2014年，中心区共有在产企业187家，总投资192亿元，规模以上企业83家，产值超亿元企业49家；在建项目10家，总投资39亿元；在批项目4家，总投资388亿元。2014年共实现规模以上工业总产值517.75亿元，占全区的68.69%；固定资产投资88.5亿元，占全区的74.02%；税收14.76亿元占全区的76.24%。其中光电科技园是中心区的重要组成部分，占地面积1700亩，重点发展光电产业核心技术、核心部件和自有品牌。截至2014年引进项目22个，总投资70亿元，已建成投产的有睿鸿光电、捷星显示科技、诺希新材料一期、天邦电讯、福融辉实业、易佰特电子、福光光电、宏宇电子、捷联电子、福融盛、易佰特新能源、天瞳光学、融工光学、元鸿光电等14个项目。2014年共实现产值150亿元，比增18.11%，占全区规模以上工业产业的19.9%。

洪宽工业村是全国第一个侨办工业村，规划面积16.6平方公里，已建成5.5平方公里。入驻企业138家，其中在产企业97家，总投资95.3亿元，规模以上企业40家；在建项目5家，总投资10亿元；在批项目16家，总投资15亿元，培育了台湾机电、铝产业、综合工业三个特色产业。2014年共实现规模以上工业总产值236.03亿元，占全区的31.31%；固定资产投资31.1亿元，占全区的26%；税收4.6亿元，占全区的23.76%。

融侨开发区主要以电子信息产业和汽车玻璃产业为主导产业。电子信息产业，以捷联电子、捷星显示科技等企业为龙头，发展平板显示整机制造产业，上下游电子信息产业链企业72，融合LCD/LCD－TV整机、LCM模组、背光模组、主控板、升压板、转轴、轴芯、偏转线圈、印制板、注塑、模具、IT服务生产于一体。2014年，实现工业产值440亿元，比增2.33%，占全区产值的58.37%，其中全球最大的显示器制造服务商冠捷科技集团，2014年实现产值205亿元，占全区电子信息产业的46.59%；由韩国LG集团和冠捷科技投资的捷星显示科技2014年实现产值72.58亿元，占全区电子信息产业的16.5%。汽车玻璃产业，主要是以福耀集团为主，2014年加大科技创新投入，提高自主创新能力，研发并生产停车散热的太阳能玻璃、自由控制透视效果的调光玻璃、天线镀膜玻璃、防辐射玻璃等世界高端的汽车玻璃。2014年实现工业产值46亿元，比增4.55%，占全区产值的6.1%。汽车玻璃占中国市场60%，占世界市场20%。

【园区特色】 2014年，融侨开发区是能够自主研发、生产和制造全系列半导体显示产品的企业，同时也是全球领先的半导体显示技术、产品与服务提供商，位列全球显示领域前五强，专利居全球第一的京东方科技集团股份有限公司与福州市政府共同投资300亿元人民币的福州京东方8.5代高端面板项目的入驻，以开发区现有光电科技园为依托，2014年启动光电科技园二期的规划、建设，总占地面积8000亩，为打造千亿电子产业奠定基础。

【科技创新】 2014年，融侨开发区顺利通过国家科技部专家组对高新技术产业示范基地复核评审；福耀玻璃工业集团股份有限公司的“一种弯曲玻璃板的方法和装置”发明专利入选第十六届中国专利优秀奖；福耀玻璃、融林塑胶、海壹食品、胜田食品、爹地宝贝、奋安铝业6家企业申报福建省名牌产品复评；永强力加新申报福建省名牌产品和福州市产品质量奖；爹地宝贝、三华股份2家企业被批为福建省著名商标；宏宇电子、融林塑胶、皇家地坪、绿溢农业4家企业已批为福州市知名商标；宏宇电子入选为福州市知识产权示范企业。

【投资促进】 2014年，融侨开发区以现有电子信息产业为基础，以光电科技园为主要载体，重点推进电子信息产业向中上游核心技术领域提升，实现垂直整合，延伸产业链条。全年新签约项目共6项，其中外资3项，合同外资4905万美元，分别为嘉捷电子、冠威塑料增资和元鸿光电增资等项目；内资3项，总投资6.8亿元，分别为万濠电子、宏宇电子二期和瑞林新材等项目。

【生态环保】 2014年，融侨开发区加大污染排放监督力度，落实节能减排责任制。正式启动区内燃煤锅炉淘汰或改燃专项整治工作。其中福耀集团投入7100万元，完成了天然气技改和脱硝除光技改项目，为开发区优质环境建设起了推动作用。

【基础设施建设】 2014年，融侨开发区完成南部片区福前路南路段的路面主车道、桥梁建设以及雨水、污水管道铺设；完成福耀路、清华路改造工程，有效缓解企业出行难、停车难问题；完善园区内主干道路标及指示牌设置，为企业和客商提供区位标识；园区内新开通两条公交线路及增设20个公交站点，缓解区内企业员工出行难问题。

【管理与服务】 通过校企合作及内地偏远地区的劳务合作为企业输送劳务人员6500多人，缓解企业用工难问题；通过与教育部门沟通协调，帮助企业员工安排子女就学349名；协调解决捷星、捷联、福耀、睿鸿企业员工住宿问题，2014年有547位员工通过资格审核，其中175人已正式入住西环小区公租房。

【和谐园区构建】 2014年，融侨开发区抓园区标准化建设，共参与各项标准制订20多项；顺利通过省质监局验收组省级标准化示范园区考评验收；148位企业中层管理人员通过企业质量标准化岗位培训考试，取得标准化员证书；有86家企业通过验收取得安全生产标准化达标证书。

【机构设置与管委会领导】 融侨开发区党工委、管委会合署办公，下设管委会办公室、党群工作部、劳动人事局、经济贸易发展局、财政局、国土规划建设局、开发区企业服务中心、孵化器服务中心。其中劳动人事局与党群工作部是两块牌子一套人马；两个服务中心属事业编制。

开发区领导名单：管委会主任翁芳明，党工委书记陈少华，管委会副主任林云明、余颖凌、林聪仁（厦门大学来区挂职）、刘小勇（江西井冈山开发区来区挂职），纪工委书记薛承龙。

福清融侨经济技术开发区主要经济综合指标一览表

项　目		单位	2014 年	2013 年	增减（%）
开发区生产总值		亿元	285	257	10.91
第二产业		亿元	227	195	16.47
工业		亿元	189	178	6.59
第三产业		亿元	51	41	25.09
工业总产值（现价）		亿元	756.28	702	7.73
高新技术企业		亿元	395	339	16.61
区内主导产业及产值					
主导产业	1. 电子信息产业	亿元	440	430	2.33
	2. 汽车玻璃	亿元	46	44	4.55
进出口总额		亿美元	49.8	49.8	0
出口		亿美元	37.28	36.92	2.47
财政收入		亿元	19.36	17.17	12.96
税收收入		亿元	19	17.17	12.96
规模以上企业个数		个	123	115	6.96
合同外资金额		万美元	8261	6188	3.35
外商实际投资		万美元	6301	5185	21.52
固定资产投资		亿元	119.6	100	19.65
工业固定资产投资		亿元	41.62	32.54	17.46

（福清融侨经济技术开发区管委会）

沈阳经济技术开发区（铁西区）

【经济发展】 2014年，沈阳开发区规模以上工业总产值3026.1亿元，增长5.5%；规模以上工业增加值760.5亿元，增长6.4%；固定资产投资473.4亿元，增长1.3%；公共财政预算收入58.1亿元，增长13%；实际利用外资8.5亿美元。

【产业发展】 2014年，装备制造业产值2290亿元，增长13.2%，占全区规模以上工业总产值的75.6%。汽车及零部件产业产值723亿元，其中宝马铁西工厂生产整车14.5万辆，产值390亿元，增长62.5%，拉动全区工业增长4.2个百分点。现代建筑产业产值660亿元，增长5.1%。实施装配式建筑工程182.2万平方米，医药化工产业产值320亿元，重点医药化工企业实现扭亏为盈。同时，区内工业产品协作配套额达到106亿元，增长63%。

2014年，沈阳开发区农业总产值21.6亿元，增长6.1%。粮食总产量16.5万吨。农民人均纯收入16211元，增长8%。实施农产品“三品”认证15.3万亩，都市观光农业发展得到推进，开展了农村土地承包经营权确权颁证改革试点及林地林权制度改革工作。种植粮食作物22万亩，12万亩玉米生产绿色防控全覆盖，10万亩水稻生产实现全程机械化；建设高标准农田5.5万亩，粮食总产量达到3.3亿斤，增长12%；现代农业取得新成果；新增设施农业面积1000亩，设施农业生产面积达到2.58万亩；农民合作社达到158家，已注册的家庭农场达到12家，培育了28家市级示范社，3家省级示范社，2家市级家庭农场，新型农业经营主体不断壮大；完成22.5公里细河清淤任务，完成农业农村水利设施建设投资454万元，32项农田灌排工程建设全面竣工，水利工程建设和生态治理取得新成效；维修改造农村公路12.5公里，绿化植树5500株，新建农村垃圾池170个，新增农村无害化厕所800个。

2014年，沈阳开发区工业企业分离的60户生产性服务业企业实现收入58亿元。开发区服务业大厦对存量资源进行二次开发利用，建成面积1万平方米。截至2014年底，入驻嘉泰电子商务、达美物流、中资产权交易等各类生产性服务业企业（机构）48家，其中30家企业（机构）正常运营。基本形成以金融机构为主，集电子商务、工业设计、检测检验、信息服务、现代物流为一体，服务装备制造业等企业的综合性服务大楼。

【园区建设】 2014年，沈阳开发区中德高端装备制造产业园开展了总体规划、产业规划编制工作，中法沈阳生态园规划建设并探索市场化运营模式，化工园开展了总体规划修编工作，细河新城总体规划编制完成。滨河生态新城和宝马汽车产业新城的城市功能得到完善。

【项目建设】 2014年，沈阳开发区争取各类上级支持资金17.3亿元。新开工3000万元以上项目118个、竣工项目111个。41个市重点项目全部开复工，完成投资373亿元，增长11.2%。投资88亿元建设宝马铁西工厂三期，投资58亿元的宝马发动机一期主体完工，投资50亿元的米其林三期扩产项目开始筹建，沈化股份、普利司通等搬迁改造项目加快推进，东方银座铂尔曼酒店、丰田纺织等一批项目竣工。

【科技创新】 国家级两化融合示范区发展规划编制完成，企业样本库初步建立。沈鼓集团云制造平台在线租用、北方重工数字化工厂营销成效明显。骨干企业重大技术装备国产化取得新成果。远大科技园运行经验在全国推广。新增10户高新技术企业、2个省级重点实验室和2个省级工程技术研究中心，荣获省市科学技术奖项65项，创新型中小企业增至31户。

【生态环保】 沈阳开发区成为国家首批低碳工业试点园区。2014年，开展热电企业脱硝除尘专项治理，拆除小锅炉房22座，新增集中供热面积181.3万平方米。细河治污取得阶段性成果，对开发区西部的污水处理厂进行扩建。

【园区特色】 2014年4月25日，沈阳开发区管委会与辽宁股权交易中心签署《金融服务战略合作框架协议》，约定共同设立辽宁股权交易中心铁西中心。辽宁股权交易中心铁西中心于2014年8月19日在沈阳经济技术开发区正式挂牌运营，是辽宁股权交易中心在省内设立的第一家分支机构。开发区在辽宁股权交易中心挂牌的企业可通过股权定向增资、股权质押、专利权质押、备案发行私募债等方式，吸引银行、PE（私募股权投资）、VC（风险投资）、科技基金、小贷公司等机构基金，促进企业发展。2014年，有55家企业成功在辽宁股权交易中心铁西中心挂牌。

2014年3月，中法两国正式签署《关于生态园区经贸合作的谅解备忘录》，标志中法园的开发建设进入实质性操作阶段。2014年7月，沈阳开发区正式组建中法生态园管委会，采取新模式进行园区整体开发建设。

2014年，沈阳经济技术开发区实行“三证合一”，简化准入手续，缩短办理时限，推进登记制度便利化，促进市场主体加快发展。实现一个窗口办理、一套材料申报、信息共享、信用惩戒、联动监管和严格市场退出。实行“三证合一”后，企业设立登记时限由原来的15个工作日缩短成8个工作日，最短5—6个工作日完成。

【项目建设】 2014年，园区推进了法国万喜集团垃圾焚烧发电项目、法国电力集团电力基础设施建设项目、法国威立雅集团再生水处理项目、法国盛瑞资金集团足球学校项目、法国CRR建筑设计公司项目、德国西诺公司汽车零部件项目、德国EWS公司数控机床刀具生产项目、德国KTC公司机床零部件生产等44个项目，完成注册项目7个，开发策划项目5个，签约落地项目4个。

2014年11月28日，华晨宝马新发动机工厂铸造车间第一个铸件下线，这是宝马集团首次在德国之外斥巨资投资铸造生产。华晨宝马新发动机工厂轻金属铸造车间采用宝马最新的低压金属型成型技术，同时应用新型的无机环保黏合剂替代传统的有机黏合剂制造砂芯，使生产过程中有害物质排放接近于零。应用这一创新生产技术，宝马的轻金属铸造生产可使发动机内燃残留物的排放降低98%。2014年，华晨宝马铁西工厂工业总产值376.91亿元，同比增长58.85%，占沈阳华晨宝马工厂总产值的37.55%，较2013年占比提高8.55%；全年宝马铁西工厂累计产量14.44万辆，同比增长64%。

【机构设置与管委会领导】 沈阳开发区管委会内设机构：办公室、人社局、财政局、审计局、发改局、经信局、农发局、安监局、行政审批大厅、公共资源管理办公室、信访局、外经贸局、建设局、西峡谷生态公园管理处、征收办、房产局、金融办、公管办、国资局、统计局及机关工委、总工会。

沈阳开发区区（铁西区）委副书记、区长、管委会主任程晓龙，区委常委、开发区管委会常务副主任（正局级）刘树敏，开发区管委会副主任王玉辰、李慈、张洪利、张明、年军。

沈阳经济技术开发区主要经济综合指标一览表

指标名称	单位	2014 年	同比增幅（%）
开发区面积	平方公里	448	0
企业户数	户	4781	23.8
#内资	户	4426	27.2
外资	户	355	-7.6
全区从业人员	人	118000	—
新进区企业	户	694	126.1
#外资企业	户	15	-11.8
批准进区项目	个	125	31.6
#外资项目	个	11	-52.2
地区生产总值（两区数据）	亿元	1002.7	5.1
规模以上工业总产值	亿元	3026.1	5.5
规模以上工业增加值	亿元	760.5	6.4
固定资产投资额	亿元	473.4	1.3
社会消费品零售额（两区数据）	亿元	541.4	10.7
实际利用外资	万美元	85377.9	-13.3
出口总额	万美元	204699	5.04
公共财政预算收入	亿元	58.08	13
公共财政预算支出	亿元	39.88	15.1
税收总额	亿元	124.64	23
商品房销售面积	万平方米	178.12	27.23

（沈阳经济技术开发区管委会）

哈尔滨经济技术开发区

2014 年，哈尔滨经济技术开发区（以下简称“哈尔滨开发区”）面对严峻复杂的宏观环境和艰巨繁重的发展任务，按照市委提出的“三个不变”工作思路，全区上下凝心聚力、重抓实推，经济社会发展呈现出“稳中求进、质态变优、改革深化、民生改善”的良好态势。

【经济发展】 2014 年，哈尔滨开发区积极应对经济下行压力困难，全力调结构、稳增长，各项主要经济指标实现逆势上扬。规上工业增加值、固定资产投资增幅分别从一季度末的 4.4%、-47.5% 提升到全年的 5%、20%；全年实现地区生产总值（含平房区）1075 亿元，同比增长 8%；完成主营业务收入（含平房区）3600 亿元，同比增长 11.8%；经开区实现地方财政一般预算收入 15.5 亿元，同比增长 11.5%，实现基金性财政收入 15.5 亿元，同比增长 62%；全年新增规上工业企业 24 家，装备制造、绿色食品产业总产值占全市比重分别为 39% 和 55%，固定资产投资、规上工业增加值等多项指标继续在全市保持领先地位。

【投资促进】 2014 年，哈尔滨开发区积极应对投资动力减退挑战，全力上项目、促开工，项目整体推进情况好于预期。全年实现开（复）工项目 120 个，推进省重点项目 4 个，开复工率、投资完成率分别达到 100% 和 218%。一批基础配套工程和城市功能项目启动建设，地铁 1 号线三期工程如期开工，两座 220KV 变电站、两座 66KV 变电站和核心区给水加压站工程进展顺利，A 区热源厂二期完成主体建设。东方学院、铁道职业技术学院建成并投入使用，职教园区已形成近万名在校生规模。产业援疆工作得到有效落实，区内 8 家企业与对口援疆单位达成合作意向。哈南会展中心、万达广场、碧桂园、哈加孵化器综合体等项目建设稳步推进，城市业态不断丰富，形象品位快速提升。积极应对资源要素趋紧制约，全力求创新、破瓶颈，要素保障能力不断提升。在土地利用上拓展空间，通过加强指标争取、城乡挂钩指标等多种途径，全年完成 3.2 平方公里土地征用任务，保证了重点项目建设用地需求。

【投融资工作】 2014 年，哈尔滨开发区充分发挥金融管理办公室作用，综合施策，切实解决了中小企业融资难问题。在新增融资上创新方式，运用融资租赁和企业债券等新型融资方式，进一步拓宽融资渠道，净增融资 50 亿元，有效破解了资金瓶颈，保障了建设和发展资金需求。

【招商引资】 2014 年，哈尔滨开发区积极应对龙头项目稀缺瓶颈，全力抓招商、引投资，产业大招商取得历史性突破。按照“项目引进重点从注重引进数量转到选择精品项目、从注重广泛吸纳转到重点打造产业链条”的发展思路，狠抓龙头项目落户，加快主导产业培育。全年新批合同外资额同比增长 3.5 倍，新签约引进项目 193 个，实际利用国内资金 189 亿元，实际利用外资 7 亿美元，成功引进黑龙江俄速通国际物流等超亿元项目 12 个，哈飞汽车重组和哈工大机器人产业化基地项目入区发展，实现产业龙头项目的历史性突破。

【改革创新】 2014 年，哈尔滨开发区扎实推进全面深化改革，重点领域取得突破性进展。改革项目入区评价机制，制订出台《项目入区评审指导意见》，促进和确保入区项目“提质”、“提速”。改革资产经营和投融资管理模式，通过资产运营和资产归集，实现国有资产保值、增值。创新项目审批模式，在“一表制”、“一图制”基础上，推行网上审批新模式，项目审批效率明显提高。改革机构设置，增强了项目谋划、推进、服务力度。创新园区管理模式，组建南岗集中区管委会，“高效运转、便捷服务”的管理成效初步显现。

【社会事业】 2014 年，哈尔滨开发区持续保障和改善民生，和谐社会建设达成阶段性成果。全年投入民生建设资金 3.2 亿元，为历史最高。新开工棚改项目 4 个，回迁安置棚改居民 1310 户。实现城镇新增就业 3181 人，完成全年任务的 149%。在全市率先启动被征地农民养老保险工作，2131 名人员参保并实现养老金社会化发放。民生服务审批事项下沉社区工作进展顺利，62 项民生服务事项全部下沉社区办理。社会综合治理效果显著，平安建设测评满意率达 96.6%。义务教育全面加强，在全省率先成为国家县域义务教育发展基本均衡区。全面落实医改政策，卫生建设达标率、新农合参合率均为 100%。着眼打造创先争优亮点，勇于创新与重在实效实现同步发展。启动国家级生态示范园区建设并被评为最具投资价值的开发区之一，全国首家省级文化金融服务平台——黑龙江省文化金融服务中心正式成立。全市第一个园区人才工作站在动漫基地建成投入使用，高层次创新创业人才引进步伐明显加快。

【机构设置和管委会领导】 哈尔滨开发区为哈尔滨市委、市政府派出机构，设党工委和管委会，内设 38 个工作机构和 1 个直属企业。

管委会领导：党工委副书记、管委会主任、中共平房区委书记于得志，党工委副书记、管委会副主任、平房区区长王立奇，党工委委员、管委会常务副主任石永林，党工委委员、管委会巡视员费聿海（5 月退休），党工委委员、管委会副主任魏传平、孙铁利、温善骋，党工委委员、纪工委书记张君，党工委委员、管委会副主任董继文，党工委委员、管委会副巡视员宋五四（5 月退休）。

（哈尔滨经济技术开发区管委会）

长春经济技术开发区

【经济发展】 2014年，长春经济技术开发区（以下简称“长春开发区”）实现地区生产总值910.5亿元，同比增长2%；市列工业产值2389.2亿元，同比增长7.7%；一般预算全口径财政收入70.1亿元，按可比口径增长20.7%；实际利用外资16.63亿美元，同比增长12.14%；实际利用内资105.2亿元，同比增长15.8%；固定资产投资473.4亿元。主要经济指标增速全面超过长春市平均水平。

【招商引资】 2014年，长春开发区围绕生物制造、跨境电商、汽车核心零部件、新能源汽车等重点领域，共开展境内外招商活动120次，接待考察团组130多批次，均创历年新高。签约项目43个，总投资106.8亿元，完成全年任务的119%。此外，还储备了200多个在谈项目。

【产业发展】 2014年，长春开发区围绕转型升级的目标任务，立足经开区产业优势和综保区功能优势，谋划实施了以聚乳酸为主的生物制造、跨境电商、新能源汽车三大战略性新兴产业，呈现出非常好的发展势头，成为吉林省长春市产业转型创新的亮点。

生物制造制订了产业规划纲要，规划建设了10平方公里长春生物化工产业园，首期1.7平方公里基础设施配套和10万平米标准厂房全面完成，满足了当期聚乳酸及下游制品项目落位的需要，招商工作效果显著，与国内外聚乳酸行业的所有龙头企业进行了对接，签约浙江海正、山东必可成等10个项目，其中8个项目开工建设，6个项目已经投产，涉及了从聚乳酸原料、改性料到下游制品生产的国内外主要知名企业，具备了完整的产业链条。

以跨境电商出口为突破口，在互联互通、物流补贴和通关服务三个关键环节取得较大进展：在互联互通方面，长春兴隆综保区直通俄罗斯海参崴货运通道、长春至莫斯科货运航线正式开通。在物流补贴方面，制订了促进长春兴隆综保区跨境电商发展的优惠政策。在通关服务方面，长春兴隆综保区正式运营，具备了率先推广上海自贸区可复制政策的优势。阿里巴巴、顺丰、俄美达、飞虎等重大项目已经签约落位，首批跨境电商商品于11月顺利出关，标志着吉林省跨境电商业务正式开展。

长春开发区围绕打造新能源汽车动力电池生产基地和高端新能源客车出口基地，起草了《长春兴隆综合保税区引进整车项目研究报告》，项目用地已经进行规划预留，招商工作也在抓紧推进。

【园区特色】 2014年，长春开发区全力打造高新产业园、专用车产业园、装备制造及新兴产业园、生物产业园、综保产业园“五大产业园区”，确立园区发展定位和发展方向。

高新产业园重点发展高端零部件、快速消费品、光电信息产业。依托富维—江森、采埃孚、富奥石川岛、一汽丰田、大陆汽车电子、博泽等一批国际、国内汽车零部件著名厂商，挖掘现有企业潜力，推动重点企业技术改造。

专用车产业园重点发展一汽通用等汽车整车和零部件项目。全面实施与一汽差异化发展战略，创建国内一流、国际知名的国际化专用车特色产业园区。

装备制造及新兴产业园。重点发展以低碳

技术为导向的装备制造业。大力引进、培育石油化工和生物化工设备、节能环保设备、食品和包装机械、基础零部件、智能电网设备等门类项目。

生物产业园重点发展生物基材料和生物基化学品产业。实现百万吨聚乳酸等生物基材料和百万吨下游制品的产能集聚。

综保产业园借助长春兴隆综合保税区的功能平台优势，重点发展“2 + 2”产业体系，即以现代物流、保税展示和国际贸易为代表的现代服务业和以高端制造、特色产品加工为代表的先进制造业，辐射和带动周边外向型经济的发展。

【项目建设】 2014 年，长春开发区开工亿元以上项目 140 个，完成全年任务的 107%。其中，丰田发动机、富奥石川岛、大陆汽车电子、爱尔铃等企业的改扩建项目和九三集团、新力光源、发电设备、三鼎工业园、际华园长春目的地中心、万豪商业综合体、大众卓越总部基地等重点项目进展顺利。

【社会管理与民生】 2014 年，长春开发区“幸福经开行动计划”全面完成，全面推进“增收富民、保障惠民、实事利民”三大工程，完成年初承诺的就业服务、人才对接、“慈善暖冬”等 10 件民生实事。全面加大社区投入，长春开发区用房总面积达到 1.74 万平方米，实现了翻倍式增长，社区用房全部达标，其中千米社区 11 个，占社区总数的 47%。

【机构设置与管委会领导】 2014 年，为进一步加快建设服务型政府，长春经开区管委会根据“三定方案”，对管委会下设机构进行了有效整合，全面清理和规范了行政审批和服务职能，高标准推进了政府服务体系建设，长春开发区内设上级机关在管委会驻区的机构 15 个，管委会直接下设机构 23 个，直属事业单位 13 个以及 2 个街道和 1 个乡镇和 2 个街道。长春经开区开发区管委会领导：开发区管委会主任王庭凯。

（长春经济技术开发区管委会）

杭州经济技术开发区

【经济发展】 2014年，杭州经济技术开发区（以下简称“杭州开发区”）实现地区生产总值524.85亿元，按可比价计算，同比增长11.27%。全年完成工业总产值1662.6亿元，同比增长9.6%；完成工业销售产值1669.5亿元，同比增长6.5%。全区规模以上工业企业304个，完成规模以上工业企业总产值1662.6亿元，同比增长6.1%（含迁入企业上年基数）；完成规模以上工业企业销售产值1657亿元，同比增长3.1%（含迁入企业上年基数）。财政总收入119.39亿元，同比增长4.5%；地方财政收入51.02亿元，同比增长0.2%。固定资产投资307.5亿元，同比增长6.3%。全社会消费品零售总额62.4亿元，同比增长17.2%。

【产业发展】 2014年，杭州开发区大力培育优势产业、推进优化升级，优势主导产业继续发挥支撑带动作用，装备制造、电子信息、生物医药、新能源新材料、现代食品等产业产值占比77.5%，产业结构不断优化。服务业发展步伐加快，全年实现服务业增加值127.1亿元，比上年增长7%，服务业增加值占GDP比重24.2%，服务业增加值占比连续3年实现提升。服务业产业类投资额82.1亿元，增长10%。深入实施“572”培育计划，5亿元以上企业实现产值1322亿元，占比80%，龙头企业带动效应持续显现。推进项目开竣投以及企业增资扩产、技术改造，全年完成产业性投资197.9亿元，占固定资产投资比重64.3%，其中战略性新兴产业投资增长55.4%，生产性服务业投资增长39.8%，切实增强产业发展后劲。

【开放型经济发展】 2014年，杭州开发区开发区坚持扩大开放，抓好招新引优、对外贸易，开放型经济发展水平提升。累计完成实际利用外资8.13亿美元，完成全年任务目标的102.4%，同比增长20%；完成实到内资54.2亿元，完成全年任务目标的136.8%；浙商回归到位资金32.1亿元，完成全年指标的110.7%。全年完成出口63.8亿美元，增长9.2%；服务外包全年执行金额7.1亿美元，增长10.6%，服务外包产业园入选省特色品牌园区。5月7日，杭州跨境贸易电子商务进口业务在开发区内出口加工区启动，开发区坚持制度、管理、服务“三个创新”，成为全国首个实现“网购保税”与“直邮进口”业务全覆盖的试点园区。至2014年末，园区进口业务交易总量94万单，交易金额累计1.95亿元。

【科技创新】 2014年，杭州开发区围绕“东部科技港”建设，构建“智汇下沙”区域创新体系。合计开工创新平台22.5万平方米，盘活闲置楼宇16.4万平方米，研发投入占GDP比重3.5%。新增专利申请量5586件、专利授权量3593件。发明专利申请量2295件，增长13.9%，发明专利授权量695件，增长26.59%。万人发明专利授权量21.9件，新增省级专利示范企业1个，区级专利试点企业6个。中国计量学院大学科技园被认定为国家级大学科技园和国家级科技孵化器，浙商创业园被新认定为省级孵化器，海外留学人员创业园被认定为市级孵化器，三花研究院升格为省级院士专家工作站。全年共促成产学研合作项目37个。培育国家高新技术企业15个，引进国家高新技术企业3个，至2014年末，国家高新技术企业累计106个，其中国家重点支持高新技术产业化骨干企业即“国家火炬计划高新企业”12个。全年培育市级高新技术企业30个，引进市级高新技术企业1个，市级高新技术企业累计356个。新增市级以上研发机构25个，累计181个，区内企业研发机构设置率33.6%，科技层次实现快速提升。

【生态环保】 2014年，杭州开发区把“五水共治”“三改一拆”作为“美丽东部湾”建设的重点内容，以“治污水、排涝水、抓节水”为重点，全年完成截污纳管改造230处，实施河道清淤12千米、生态修复4千米，整治提升工业企业12个。提升绿化面积，全年完成松乔街、纬一渠两侧、文津北路、围垦街、文渊北路、星河北路等绿化带建设，增加绿地面积33.4万平方米。坚持改拆结合、拆后利用，拆除违法建筑34.8万平方米，改造城中村68万平方米、旧厂区12.7万平方米，完成新元、下沙、松合3个社区回迁安置。开发区“智慧环保”系统顺利上线，首批26个重点排污企业纳入全过程监管。12月11日，开发区通过国家生态工业示范园区验收，杭州开发区自2009年启动国家生态工业示范园创建，经过5年努力，实施产业转型升级，发展循环经济，改善环境质量，保障环境安全，生态建设迈上新台阶。

【人才建设】 2014年，杭州开发区大力实施“人才强区”战略，打造杭州“东部人才港”，营造积聚人才的“洼地效应”，为创新驱动、转型发展提供强有力的人才支撑，累计引进高层次人才695人，其中引进国家“千人计划”专家16人、省“千人计划”专家33人、市“521计划”专家17人、省“151”工程人才14人、市“131”工程人才80人。至年末，累计集聚高层次人才创办企业108个，其中亿级产值企业7个、千万级产值企业40个。

【基础设施建设】 2014年，杭州开发区加快功能园区开发建设，拓展产业发展的新空间。完善基础设施，东部高新产业园、金沙湖中央商务区等园区8条骨干道路建成投用，绕城高速公路南互通、沿江大道等对外路网建设进展顺利。功能园区带动效应初步显现，重点功能区全年招商引资注册资金26.7亿元，完成年度任务的1.45倍，实现投资118.9亿元，增长2.67倍。

【管理与服务】 2014年，杭州开发区推进行政审批制度改革，审批事项精简率56%。深化工商登记制度改革，截至2014年底，新注册企业增长52%，注册资本增长3.8倍。9月，公共资源交易平台正式运行，实现公共资源统一进场交易、统一信息发布、统一交易规则、统一规范运作。根据杭州市进一步下放建设工程项目相关市级审批和管理权限的要求，开发区范围内的建设项目在开发区内进行公开评标，实现“办事不出区”。

【社会事业】 2014年，杭州开发区深入实施教育强基、医卫利民、文化惠民等“十大民生工程”，全年完成民生类投入27.5亿元，占财政总支出的36.2%。加快区内道路建设，完善交通网络，开发区幸福北路（德胜路—农垦路）等20个道路工程建成竣工，竣工总长度13.1千米，地铁1号线延伸段、江东大桥西接线等重点工程进展顺利，547个公共停车泊位竣工，优化5条地铁接驳线路，改善居民出行条件；建成投用5所学校，优质学前教育覆盖率90%，基础教育得到水平提升。建成投用宝龙城市广场、和达城等164万平方米商业平台，健全生产生活配套设施。东方医院二期工程主体完工，元成、智格社区卫生服务站完成迁建并投入使用，开发区医疗卫生服务网络不断完善，开发区残疾人服务中心开工建设。

2014年，杭州开发区扩大政府补贴惠民政策效应。全年社会保险累计审核425人，补贴1316万元；医保累计补助753人，补贴424万元。深入推进医保经办服务能力建设，全年共办理证历本2.61万本、办结各类审批备案1881人次、个人账户提取3007人次、门诊及住院零星报销1864人次。各类流动参保人员转移接续5613人次，比上年增长74.8%；少儿医保参保续保3832人，增长1.26倍。城乡参保续保146人，增长1.98倍，参保率超过95%。

【机构设置与管委会领导】 杭州开发区下设纪检监察组、管委会办公室、人事劳动社会保障局、政法委、机关党委、开发区人民法院、开发区人民检察院、经济发展局、社会发展局、公安分局、财政局、国土分局、规划分局、建设局、招商局、卫生分局、市场管理分局、城市管理办公室、出口加工区综合管理局、总工会、残疾人联合会等行政部门。

管委会领导：管理委员会党工委书记陈晨，党工委副书记邵立春、周涛。杭州经济技术开发区管理委员会主任陈晨，党工委委员、管委会副主任邵立春、詹国平、何铨寿、王永芳、马佳骏、郝大龙。杭州经济技术开发区管理委员会纪工委书记俞斌。杭州经济技术开发区党工委委员虞付月。

杭州经济技术开发区主要经济综合指标一览表

项目		单位	2013年	2014年	2014年同比增减（%）
开发区生产总值		亿元	471.71	524.85	11.27
第二产业		亿元	358.04	396.84	10.84
工业		亿元	344.94	385.30	11.70
第三产业		亿元	112.55	127.06	12.89
工业总产值（现价）		亿元	1515.79	1662.60	9.69
高新技术企业		亿元	495.12	631.58	27.56
销售（营业）收入		亿元	1969.02	2029.44	3.07
第二产业		亿元	—	—	—
工业		亿元	1555.10	1657.00	6.55
第三产业		亿元	—	—	—
利润总额		亿元	—	—	—
第二产业		亿元	—	—	—
工业		亿元	114.75	132.00	15.03
区内主导产业及产值		亿元	1343.34	1407.31	4.76
主导产业	1. 机械制造	亿元	382.68	418.40	9.33
	2. 电子通信	亿元	241.04	218.31	-9.43
	3. 食品饮料	亿元	222.41	226.53	1.85
	4. 生物医药	亿元	67.54	128.30	89.96
	5. 汽车及零部件	亿元	414.56	410.60	-0.96
	6. 新能源产业	亿元	5.06	5.17	2.17
第三产业		亿元	—	—	—
进出口总额		亿美元	87.20	93.94	7.73
出口		亿美元	58.45	63.83	9.20

续表

项目		单位	2013 年	2014 年	2014 年同比增减（%）
财政收入		亿元	114.23	119.39	4.52
税收收入		亿元	114.23	116.91	2.35
财政支出		亿元	83.67	76.00	-9.17
新批企业个数		个	1520	2435	60.20
外商及港澳台企业		个	45	35	-22.22
内资企业		个	1475	2400	62.71
新批企业投资额	外商及港澳台企业	亿美元	13.52	14.74	9.02
	内资企业	亿元	26.19	61.47	134.71
	增资企业	亿美元	3.15	3.59	13.97
合同外资金额		亿美元	13.95	7.68	-44.95
外商实际投资		亿美元	6.77	8.13	20.09
固定资产投资		亿元	289.18	307.50	6.34
年末从业人员数		个	220503	223100	1.18
在岗职工数		个	220503	223100	1.18
在岗职工平均工资		元	62216	68568	10.21
规模以上企业个数		个	466	550	18.03
工业		个	269	304	13.01
万元 GDP 能耗			0.016	0.014	-12.50

（杭州经济技术开发区管委会）

武汉经济技术开发区（汉南区）

【经济发展】 2014年，武汉开发区完成规模以上工业总产值2650亿元，增长12%；规模以上工业增加值770亿元，增长12%；固定资产投资460亿元，增长30%；工业投资420亿元，增长27%；公共财政预算总收入273.3亿元，增长10.75%（全口径财政收入312.51亿元，增长10.5%。其中税收收入269亿元，占比86%）；地方公共财政预算收入63.84亿元，增长14.5%。实现招商引资总额279.5亿元，增长30.14%；社会消费品零售总额31亿元，增长15.1%。

汉南区实现地区生产总值118亿元，增长13.88%；规模以上工业总产值227亿元，增长15.2%；固定资产投资160亿元，增长18%；公共财政预算总收入23.76亿元，增长18.3%；地方公共财政预算收入13.1亿元，增长14.8%；社会消费品零售总额17.6亿元，增长15%。

【产业发展】 2014年，武汉开发区（汉南区）加快产业结构调整，转型升级成效显著。在坚持做大做强汽车产业的同时，实施汽车产业和非车产业“双轮驱动”战略，围绕发展新兴产业、现代服务业和现代农业，谋划引进一批新产业、新项目，发展后劲持续增强。

汽车产业集群竞争力不断提升。汽车及零部件产业产值突破两千亿元大关，整车产销突破110万辆大关，成为开发区耀眼的城市名片。汽车产业类招商喜报连连，投资105亿元的东本三厂项目、投资51亿元的南京金龙新能源客车项目、投资30亿元的国轩高科动力锂电池项目顺利落户，武汉新能源汽车工业技术研究院开工，东风本田零部件工业园正式启动，东风英菲尼迪汽车有限公司在开发区注册成立。在建重点项目进展顺利，东风雷诺核心厂房建设基本完成，东风技术中心扩建项目有序推进，东风新能源工厂投产，东风史密斯半挂车联合厂房、东风格特拉克联合厂房建成并开始试生产。

新兴产业及服务业加速崛起。电子电器产业再添生力军，成功引进投资50亿元的海尔创新工业园项目。新材料产业取得重大进展，投资50亿元的金发科技新材料项目签约落户。平台经济实现零的突破，渤海商品交易所华中地区总部项目落户开发区，预计年交易额将达到1万亿元。数字出版及文化创意产业快速成长，湖北广电正式签约太子湖文化数字创意产业园，华中国家数字出版基地一期建成交付，中文在线、凤凰网湖北站签约入驻。工程设计产业迅速发育，中国市政工程西北设计研究院等6家工程设计类项目正式入驻总部区。港口物流业不断壮大，三菱普洛斯物流、宝湾物流即将投入运营，投资12亿元的宇丰码头、汉南港、中海粮油码头相继建成并投入使用。武汉国际赛车场项目正在报批立项，通用航空机场选址报告编制和空域论证已经完成。亚洲心脏病医院破土动工，永旺梦乐城主体结构将在春节前建成，奥特莱斯拟入驻汉南欧洲风情小镇。

现代农业蓬勃发展。新增标准化生产基地面积2.3万亩，甜玉米等特色蔬果种植规模不断扩大。湘口水产养殖示范园成为全市六大现代都市农业园区之一，8 项特色水产养殖新技术得到推广，1 项技术规范成为武汉市地方标准。农产品现代化营销渠道通畅，90% 以上特色农产品通过合作社、经纪人及电商平台销往全国各地。休闲观光农业取得新突破，各类蔬果采摘吸引游客 10 万余人次，楚湘公司 7000 亩现代农业生态园初具雏形，开春即可接纳八方游客。农业组织化程度不断提升，累计培育 103 个家庭农场、200 个农民专业合作社。

【园区特色】 2014 年，武汉开发区（汉南区）加大服务企业力度，夯实经济发展基础。围绕推进园区配套设施建设、拓宽企业融资渠道、鼓励支持企业开展自主创新、强化人才保障体系，全方位服务企业，有力促进了经济平稳增长。

园区配套设施建设日趋完善。东风雷诺项目配套设施工程加快推进，凤凰工业园建设如火如荼，两军片区“一横两纵一环”骨架路网建设全面启动。智慧城环线路网建设全面铺开，上下汉洪高速的第一条匝道顺利完工，启动区完成分地块开发设计。生态城凤凰大道东延伸段建设进展顺利。通用航空及卫星设备产业园选址汉南工业倍增发展区，通江一路西段、洪兴二路、黄金线东荆段等多条园区道路建成通车，乌金工业园实现水电气“三通”，110kV 幸福变电站建成投入使用，为企业入驻和开工建设夯实了基础。

企业融资渠道进一步拓宽。促进企业上市融资，雷迪特、大禹阀门、绿岛园林、长江机电等 8 家企业成功在“新三板”挂牌。车都公司发行 20 亿元企业债券，积极筹备发行 20 亿元中期票据。智慧城与市国有资产经营管理公司共同发起成立武汉智慧城市创业投资基金，为新一代信息技术企业提供融资支持。

【科技创新】 2014 年，武汉开发区（汉南区）实施高企培育计划，新增高新技术企业 38 家，其中开发区 33 家，汉南区 5 家，创历史新高。围绕重点高新技术产业领域，帮助企业争取各类科技专项资金 2000 余万。强化企业自主创新主体地位，万邦激光获批湖北省工程技术研究中心，同济现代、李尔汽车座椅获批湖北省企业技术中心，区内各类国家级、省级技术中心及实验室达到 24 家。加强企业孵化器建设，开发区新增孵化器面积 11 万平方米，汉南区新增 3.3 万平方米。

人才保障体系不断完善。制订实施高端人才居住、创业场所支持、人才发展专项资金使用办法等配套政策，为创新创业人才提供全方位服务。大力实施“青桐计划”，三角湖创业服务中心成功引进 42 家现代服务业企业，成为名副其实的“大学生创业特区”。全面推进“招才引智”战略，组织开展中央“千人计划”、湖北省“百人计划”及武汉市“黄鹤英才计划”申报工作，评选出 3 个新兴产业高端人才项目，累计拨付资助资金 1368 万元。加强高技能人才队伍建设，举办第九届“制造业创新拔尖人才”评选活动。定期为企业举办招聘会，积极推进职业技能培训。

【管理与服务】 2014 年，武汉开发区（汉南区）提升建设管理水平，城市面貌大为改观。以创建全国文明城市、国家卫生城市、国家环保模范城市为抓手，持续推进城管革命，强化城市规划引领作用，加大城市基础设施建设力度，大力保护生态环境，城市面貌日新月异。

“三创”工作强力推进。全力以赴创建全国文明城市，加强宣传引导，广泛发动群众，形成全民参与的工作合力。针对存在的问题，加强协调调度，明确责任分工和整改时限，建立督导和责任追究机制，有力提升了区域城市形象。受检点位成绩理想，为全市创建活动作出了贡献。高标准完成国家卫生城市创建工作，启动省级环保模范城市创建工作。

城市综合管理成效明显。完善以市容环境为重点的常态、长效管理机制，开展渣土污染、占道经营、违法建设等专项整治，集中解决一批城市管理的重点难点问题。切实履行燃气、桥梁、管线及危险品运输等安全管理职责，圆满完成各项减排指标。优化交通组织，新开通2条区内微循环公交线路及沌口至纱帽的272路公交。充分利用数字化城市管理平台，不断提高科学化、规范化、精细化管理水平，“大城管”考核持续位居全市前列。

城市规划设计水平稳步提升。两区规划修编工作经过两轮评审，已进入报批程序。编制完成《大汉阳地区公共交通规划（2012—2030年）》并获市政府批准。汉南区国土规划“一张图”信息系统投入使用。编制纱帽主城区供水、排水规划，基本完成《开发区新城组群控规导则》和郭徐岭片区旧城改造规划。沌口新城重点区域城市设计取得新进展，编制南太子湖总部区城市设计方案，完成红升村、海尔工业园地块规划论证。

城建攻坚计划深入实施。三环线西段主线高架桥全线贯通。东风大道快速化改造一期基本完成桩基工程，二期各项工程也在快速推进中。连通蔡甸的碧湖路延长线将于1月底全线贯通。地铁3号线、6号线及四环线开发区段等重点工程实施顺利。现代有轨电车试验线工程正式开工，联结主城区的立体交通网络逐步形成。通顺大道有序推进，军纱大道和檀军公路拓宽改造工程正式开工，加上汉洪高速，今后进出汉南将有4条道路。汉南兴一路白马桥、马影河大道延长线、滩头山路、学院路建成通车。

【生态环保】 2014年，武汉开发区（汉南区）按照道路建设景观化、绿道建设网络化、湖泊治理公园化、山体修复生态化、企业建绿标准化、核心绿地花园化的理念，新建绿地134万平方米、改建绿地24万平方米、新建绿道30公里。三环线开发区段生态隔离带基本建成，军山第一大道景观绿化工程成为全市标杆。建成龙灵山生态公园九曲湾湿地景区，硃山湖水系连通工程顺利完工。全面履行基本生态控制线保护承诺，编制完成开发区（汉南区）山体保护规划、湖泊“三线一路”保护规划。

【社会事业】 2014年，武汉开发区（汉南区）坚持以人为本、民生优先，加大民生和社会事业投入力度，实施社会事业发展规划，全方位推进“15分钟社会服务圈”建设，完善文化、医疗、教育、体育等配套设施，让广大市民共享两区一体化改革发展成果。

就业和社会保障工作不断加强。全面落实就业优惠政策，积极推动创业带动就业，全年新增就业人数近万人，劳动关系总体保持和谐稳定。开发区特困家庭救助基金和困难家庭大病医疗救助基金分别提高至450万元和600万元，城市低保标准提高至每人每月560元，实现对困难群众的应保尽保。汉南新农合医保覆盖面进一步扩大，参保率达到99.51%。深入实施保障性安居工程，新建各类保障性住房3490套，基本建成2762套，分配入住1471套。养老服务体系不断完善，确定区级养老服务中心选址并进行规划设计，军山街凤凰苑社区养老院即将投入使用，汉南区实现60岁以上困难老人居家养老护理服务全覆盖。

医疗卫生体系进一步健全。协和医院西区外科楼即将交付使用，新民社区卫生服务中心顺利建成，并与市五医院签订委托管理协议。沌阳社区卫生服务中心提档升级，蒲潭社区卫生服务站完成标准化建设。汉南区基本完成农场卫生体制改革，区人民医院创省级重点专科1个，区中医院顺利通过二级医院评审。

教育水平稳步提升。长江国际学校、武汉法国国际学校入驻国际教育园区。神龙小学等5所小学通过市级标准化小学验收，永久社区幼儿园、蒲潭幼儿园二期、小军幼儿园基本建成。开发区一中一本上线人数同比增长50%，增幅居全市首位。汉南区以全省第一的成绩通过全国县域义务教育基本均衡发展评估认定。汉南职教中心汽车维修实训基地、纱帽中学综合改造、育才小学综合楼等教育项目顺利推进。

文化体育事业繁荣发展。全年累计组织9场大型文艺演出，新建31个社区图书室。成功举办亚洲杯乒乓球比赛、男篮亚洲杯赛、世界体育舞蹈大奖赛、中意足球明星赛等国际赛事，积极申办通用航空国际航联飞行者大会（WFE），市民文化生活日益丰富。车都职工文化活动中心建设项目荣获武汉市建筑行业最高荣誉“黄鹤杯”，即将投入使用。两区新档案馆（规划馆）选址已定。

社会管理综合治理有力推进。投资6000万元启动城市视频监控系统二期建设，实现开发区（汉南区）全境覆盖。以创建平安开发区为目标，及时就地化解矛盾，切实做好信访稳控和公共安全保障工作，未发生影响社会稳定和社会治安的重大事件。安全生产隐患排查治理体系和食品药品安全监管体系进一步完善，全年未发生重大安全生产事故和食品药品安全事件。

【改革创新】 两区融合步伐加快。按照“小政府、高效率、法制化”的原则，制订武汉开发区（汉南区）党政领导体制及机构设置方案，完成土地规划、建设管理、招商和公安部门整合，两区领导体制和组织机制一体化迈出关键步伐。汉南区人大代表、政协委员、离退休老同志相继到开发区参观考察，开发区机关干部广泛参与“走进汉南”活动，干部交融交流日益加深。

政务环境持续优化。深化工商登记制度改革，推行注册资本认缴制和“先照后证”登记制度改革，放宽注册资本、经营场所登记条件。将原属于核准制的部分外商（含中外合资）项目变更为备案制。加强事中事后监管，开通市场主体信用信息公示系统。学习上海自贸试验区经验，推进出口加工区转型升级，商检开发区办事处正式入驻。全面清理行政权力和政务服务事项，向社会公布“权力清单”和“责任清单”，公开财政预决算。

与周边区域进行合作共建。在经济托管洪湖市新滩新区、与仙桃市合作共建龙华山工业园区的成功基础上，按照合作共赢原则，与汉川市签署合作框架协议。在市政府统一指导下，谋划合作共建黄冈产业园，发挥国家级开发区的示范、引领和带动作用，助力武汉1+8城市圈建设。

（武汉经济技术开发区管委会）

芜湖经济技术开发区

【经济发展】 2014年，芜湖经济技术开发区（以下简称“芜湖开发区”）实现规模以上工业增加值364.4亿元，可比价增长11.1%；进出口总额35.7亿美元，同比增长7.8%；实现财政收入66.3亿元，同比增长20.8%。实际利用外资7.1亿美元，同比增长26.2%；实际利用内资328亿元，同比增长29.6%。新签约亿元以上项目39个，总投资317.3亿元，其中5亿元以上项目25个，总投资288.4亿元。新开工亿元以上项目54个，总投资290.8亿元，其中5亿元以上项目25个，总投资248.2亿元。

【产业发展】 2014年，芜湖开发区工业企业经营效益大幅增长，规模以上工业企业实现增值税28.1亿元，同比增长39.8%。汽车零部件产业实现利润总额21.2亿元。奇瑞汽车瑞虎5、艾瑞泽7、E3等几种新车型销售占比70%以上，产品结构大幅提升；零部件企业积极开拓新的整车配套市场，纷纷增上新项目扩大生产规模，耐世特凌云、金安世腾、博耐尔等一批企业利润增长超过50%；积极支持美的集团结构调整，促使更多产能、新产品、新技术转入芜湖基地，美的生活、美的厨卫等企业利润增幅超过50%。日立公司将其在上海的柜机生产线全部迁至芜湖开发区。

铜基材料企业引进国外先进设备，扩建项目产能逐渐释放，鑫科公司年产4万吨高精度电子铜带项目已开始试生产，精诚铜业3万吨高精度的铜板带项目正在逐渐达产，众源新材料年产7万吨高精度铜及铜合金带箔生产线已经达产，2014年3家企业实现利润总额1.1亿元，同比增长1.4倍。

新型平板显示等战略性新兴产业效益初现，长信科技、东旭玻璃、信义玻璃等龙头企业2014年实现利润总额35.9亿元，同比增长75.1%。

【投资促进】 2014年，芜湖开发区围绕首位产业和平板显示产业，瞄准产业链关键环节企业，开展以商招商、产业链招商，促进产业聚集；利用大型行业协会和大企业供应商大会等相关活动借会招商，组织和参加大型招商活动30余次，接待来访客商50余批次、300余人次，收集优质项目信息，储备新项目；利用驻点招商模式，招引来自珠三角的中兴智能科技产业园、华讯智慧教育产业园等一大批投资规模大、科技含量高、效益好的项目；围绕项目落地、投产、生产运营等环节落实委领导牵头协调，专人跟踪对接制度，做好各个环节服务工作。

【园区特色】 2014年，芜湖开发区围绕打造宜居宜业的产业新城目标，通过政府性投资项目撬动社会资金投入经开区的建设发展，不断完善生活配套实施。2014年全年各类政府性投资项目（包含基础设施）完成投资24亿元；完成《芜湖经济技术开发区土地二次开发利用规划》编制，共清理闲置土地2645亩；国家生态工业示范园区获批，获国家能源局首批国家分布式光伏发电应用示范区；积极推进出口加工区升级改造工作，卡口及附属道路工程改造方案已得到合肥海关认可，综保区申报工作按计划有序推进。

【科技创新】 2014年，芜湖开发区通过政策引导，鼓励以企业为主体的自主创新体系，全力推进政产学研用和科技项目实施，增强企业创新能力。全年新增高企数超15家，高新技术产业产值1250亿元，占规模以上工业总产值的82.6%。连续三年获得“省创新型园区”称号，成功获批省首批“知识产权培育示范园区”和“国家知识产权试点园区”；全年发明专利申请量超1800件，同比增长23.4%，发明专利授权超370件，开发区万人拥有有效发明专利达78.5件。重点推动院士工作站和省级以上工程技术研究中心建设，奇瑞公司与清华大学等国内外著名院所合作共建的芜湖市汽车产业技术研究院成立，一期注册资本金500万元，中国工程院院士杨善林教授与芜湖汽车产业技术研究院正式签约设立院士工作站。重点组织开展高层次科技人才团队招引工作，成功与中科院上海微系统与信息技术研究所金星团队签约。全年新增5件省著名商标，华亚塑胶被认定为中国驰名商标。

【管理与服务】 2014年，芜湖开发区预计兑付企业各项奖补资金15.23亿元。共梳理行政权力794项，拟保留494项，行政权力精简37.78%。深入企业开展帮扶活动，“一周一报”工作有序进行，积极帮助企业拓宽融资渠道，楚江集团、鑫科材料、神剑化工通过发行股票、企业债募集资金超23亿元，积极为企业办理动产抵押、商标质押助企融资7.5亿元。重视推进企业上市工作，召开企业上市培训会和“新三板”培训会，积极支持宏景光电、纽麦特、华烨工业用布、通和汽车管路等一批企业上“新三板”，安徽省菩提果牧业科技有限公司等4家科技创新型企业成功登陆挂牌安徽省股权托管交易中心科技创新板（新四板）。解决企业职工需求，优化公交线路，开通城北公交环线；落实“零费制”优惠政策，减轻企业负担；缓解企业用工难问题，全年举办招聘会211场，开办48个就业和技能提升培训班，新签河南开封、江西2个人力资源基地。

【社会事业】 2014年，芜湖开发区16项民生工程计划投入各类资金4.5亿元。新增创业企业396户，城镇新增就业2万余人，成功申报市级创业基地——芜湖大学生创业苗圃。注重加大教育基础设施、医疗卫生等民生工程资金投入力度，加强师资队伍建设，提升教育教学质量，合理完善中小学布局。加大宣传，拓展参保范围，全面提高社会保障水平，全年城镇职工“五险”参保人数均近10万人。

【管委会领导】 芜湖开发区管委会领导：党工委书记、管委会主任陆雷，党工委副书记刘国华，管委会副主任纪良柱，管委会副主任欧冬林，管委会副主任王慧山，纪工委书记李永宁，管委会副主任（兼出口加工区专职副主任）季学敏。

（芜湖经济技术开发区管委会）

惠州大亚湾经济技术开发区

【经济发展】 2014年，惠州大亚湾经济技术开发区（以下简称“大亚湾开发区”）实现地区生产总值470.4亿元，增长3%。其中，第二产业增加值405.3亿元，增长2.5%；第三产业增加值63.2亿元，增长7.3%。固定资产投资212.7亿元，增长23.5%，其中工业投资93.4亿元，增长26.6%；社会消费品零售总额23.1亿元，增长14.8%；税收总额（不含海关代征税）206.9亿元，增长3.6%；公共财政预算收入37亿元，增长24%；公共财政预算支出41.9亿元，增长12%。

【产业发展】 2014年，大亚湾开发区工业生产平稳增长，实现规上工业增加值386.2亿元，增长2.3%。石化产业下降8.2%。电子信息、汽车零部件产业实现较快发展，电子信息、汽车零部件产业分别增长34.8%和27.4%。第三产业逐步兴旺，商贸物流平稳增长。全年全区第三产业增加值63.2亿元，增长7.3%；社会消费品零售总额实现24.7亿元，增长14.8%；全区港口吞吐量实现3336.1万吨，增长4.6%。

【园区特色】 惠州大亚湾石油化学工业区（以下简称“石化区”）地处大亚湾开发区东部，由工业用地区、石化物流及港口发展区、绿化防护带三部分组成，获“2014中国化工园区20强”称号，综合实力排名全国第二位。目前，在中海油惠炼一期1200万吨/年炼油和中海壳牌95万吨/年乙烯两大龙头项目带动下，石化区已落户项目共计76宗，总投资1604亿元。其中，石化项目48宗，投资额1316亿元；公用工程项目28宗，投资额288亿元。2014年，石化区实现规模以上工业总产值1193.2亿元，占全区规模以上工业总产值的72.3%，石化产业已成为大亚湾区的支柱产业。

【科技创新】 2014年，大亚湾开发区社会研发经费投入共计10.5亿元，R&D占GDP比重2.2%。共申报各级科技计划项目75项，其中国家级立项2项。中创化工“10万吨/年乙酸仲丁酯工业化生产技术”项目获得省科技进步奖二等奖。中海油惠州炼化分公司“高酸重质原油全额高效加工的技术创新及工业应用”项目获得2014年国家科学技术进步奖二等奖，成为惠州市第一家获得国家科技奖的企业。启动了国家级科技企业孵化器的建设和申报工作，建立中山大学博士后创新实践基地、在职研究生管理办公室、化学工程硕士实习基地。推进中海油建立重质油重点实验室和省级院士工作站、比亚迪实业建立半导体照明省级工程中心。2014年专利申请量1119件，其中发明专利234件。

【投资促进】 2014年，大亚湾开发区实现内资签约项目89宗，总投资额234.41亿元；合同利用外资4.11亿美元，实际利用外资3.68亿美元。全区在建、筹建和在谈项目（不含房地产类）121宗，投资额1302.68亿元。其中，在建项目40宗，投资额724.4亿元；筹建项目32宗，投资额167.26亿元；在谈项目49宗，投资额411.02亿元。

【生态环保】 2014年，大亚湾开发区环境空气优良天数332天，空气质量优良率93.0%，空气质量位于全市各监测站点前列；

饮用水源水质达标率100%。顺利推进生态村镇创建，澳头、西区街道国家级生态镇创建已通过国家环保部材料初审。全面开展“南粤水更清”行动计划，推进“一镇一河流”整治，着力推进淡澳河、坪山河、苏浦河、响水河、石头河5条重点河流的整治，其中淡澳河已基本完成工程建设。第二、第三水质净化厂已试运行，实现“一镇一污水厂”；完成西区上田小组的农村污水管网建设，建成农村人工湿地3座。推进“美丽乡村·清洁先行”专项活动，建成农村垃圾屋82座。大气污染整治有力开展，对建筑工地扬尘、泥头车遗撒等问题进行了集中整治。

【城市建设】 市政道路不断完善，中兴北路（中兴五路至北环立交段）、进港路、淡澳河两侧滨河路已贯通，疏港大道加紧推进；龙山五路北接惠阳东华大道和龙山三路北段接惠阳内环路两个路段建设稳步推进，跨界道路加快对接。交通设施不断优化，霞涌汽车站已完成主体工程施工，引导公交企业提前更新31台车辆，新增及优化多条线路。休闲娱乐场所日趋配套，板嶂岭森林公园已正式启用，虎头山公园一期已对公众开放。商贸设施不断增加，西区世纪城商业广场（含大地院线）已投入使用，太东时尚岛商贸区和嘉禾影院初步完工。

【社会事业】 2014年，大亚湾开发区民生支出29.3亿元，占公共财政预算支出的70%，增长24%。年度15件民生实事34个具体项目中，30项完成年度建设任务，突出解决了道路交通、学校建设、医疗卫生、公园绿地建设等一批民生热点问题。建成华中师大附小、西区三小、海惠幼儿园、霞涌幼儿园4间学校，与惠州一中、惠阳高级中学开展合作办学。成功创建广东省推进教育现代化先进区。启动了大亚湾区“智慧医疗”一期工程和“海云工程”建设，实现了32间村卫生站纳入医疗定点联网结算，建立了大亚湾区智慧医疗卫生信息平台。6项门诊特定病种的报销比例统一提高到95%。人均基本公共卫生服务经费从40元提高到44元。实现了所有文化场馆免费开放。完成送戏下乡6场、送电影下乡384场、送书下乡7456册，发放文化惠民卡4339张。获评“全市社会治安综合治理优秀县区”。完善社区服务，新增2个社工站点，在3个社区综合服务中心开展试点，在全市率先启动居家养老免费送午餐服务。

【机构设置与两委领导】 中共大亚湾区委下设区委办公室、组织部、政法委3个职能部门；区管委会下设区管委会办公室、监察局、宣教局、工贸局、公安分局、财政局、人社局、国土分局、环保局、住建局、交通运输局、社管局、审计局、海洋与渔业分局、安监分局、执法分局、食药监分局17个工作部门。

区委：市委常委、大亚湾区委书记张瑛，区委副书记、管委会主任黄伟才，区委副书记张添才，区委常委、纪委书记曾红胜，区委常委吴欣，区委常委、政法委书记巫远斌，区委常委（挂职）赵岩，区委常委黄辉，区委常委、组织部部长詹星，区委常委、区委办主任黄伟忠。

管委会：管委会主任黄伟才，管委会常务副主任吴欣，管委会副主任（挂职）赵岩，管委会副主任黄辉，管委会党组成员、区管委办主任黄伟忠，管委会副主任：李耀楠、陈东照、黄志军、刘晓阳、刘小林、翁佳伟，管委会党组成员：李印铸。

惠州大亚湾经济技术开发区主要经济综合指标一览表

<table>
<tr><th colspan="2">项目</th><th>单位</th><th>2014 年</th><th>2013 年</th><th>2014 比 2013 增减（%）</th><th>备注</th></tr>
<tr><td colspan="2">开发区生产总值</td><td>亿元</td><td>470.4</td><td>468.6</td><td>3.0</td><td rowspan="5">增速为可比价增速。</td></tr>
<tr><td colspan="2">第二产业</td><td>亿元</td><td>405.3</td><td>408.7</td><td>2.5</td></tr>
<tr><td colspan="2">工业</td><td>亿元</td><td>399.4</td><td>395.9</td><td>2.1</td></tr>
<tr><td colspan="2">第三产业</td><td>亿元</td><td>63.2</td><td>58.1</td><td>7.3</td></tr>
<tr><td colspan="2">工业总产值（现价）</td><td>亿元</td><td>1659.6</td><td>1747.7</td><td>0.0</td></tr>
<tr><td colspan="2">高新技术企业</td><td>亿元</td><td>283.6</td><td>214.6</td><td>36.3</td><td>为经省级科技部门批准认定的高新技术企业；增速为可比价增速。</td></tr>
<tr><td colspan="2">区内主导产业及产值</td><td>亿元</td><td>1483.8</td><td>1593.6</td><td>-1.1</td><td rowspan="4">增速为可比价增速。</td></tr>
<tr><td rowspan="3">主导产业</td><td>1. 石化产业</td><td>亿元</td><td>1162.1</td><td>1342.4</td><td>-7.1</td></tr>
<tr><td>2. 电子信息产业</td><td>亿元</td><td>223.4</td><td>171.7</td><td>32.3</td></tr>
<tr><td>3. 汽车零部件产业</td><td>亿元</td><td>98.3</td><td>79.5</td><td>27.4</td></tr>
<tr><td colspan="2">销售（营业）收入</td><td>亿元</td><td>1760.0</td><td>1851.7</td><td>-4.9</td><td rowspan="4">为“四上”单位营业收入</td></tr>
<tr><td colspan="2">第二产业</td><td>亿元</td><td>1577.3</td><td>1683.9</td><td>-6.3</td></tr>
<tr><td colspan="2">工业</td><td>亿元</td><td>1573.6</td><td>1681.4</td><td>-6.4</td></tr>
<tr><td colspan="2">第三产业</td><td>亿元</td><td>182.7</td><td>167.8</td><td>8.9</td></tr>
<tr><td colspan="2">利润总额</td><td>亿元</td><td>49.9</td><td>61.3</td><td>-18.6</td><td rowspan="4">为“四上”单位利润总额</td></tr>
<tr><td colspan="2">第二产业</td><td>亿元</td><td>37.1</td><td>59.3</td><td>-37.5</td></tr>
<tr><td colspan="2">工业</td><td>亿元</td><td>37.0</td><td>59.3</td><td>-37.7</td></tr>
<tr><td colspan="2">第三产业</td><td>亿元</td><td>12.9</td><td>2.1</td><td>526.5</td></tr>
<tr><td colspan="2">进出口总额</td><td>亿美元</td><td>42.7</td><td>41.0</td><td>4.0</td><td></td></tr>
<tr><td colspan="2">出口</td><td>亿美元</td><td>25.6</td><td>24.4</td><td>5.0</td><td></td></tr>
<tr><td colspan="2">财政收入</td><td>亿元</td><td>314.4</td><td>342.2</td><td>-8.1</td><td>为各级财政总收入，包括自留部分和上缴部分</td></tr>
<tr><td colspan="2">税收收入</td><td>亿元</td><td>282.4</td><td>314.1</td><td>-10.1</td><td></td></tr>
<tr><td colspan="2">财政支出</td><td>亿元</td><td>41.9</td><td>37.4</td><td>12.0</td><td>为公共财政预算支出（区本级）</td></tr>
<tr><td colspan="2">新批企业个数</td><td>个</td><td>894</td><td>702</td><td>27.4</td><td></td></tr>
<tr><td colspan="2">外商及港澳台企业</td><td>个</td><td>6</td><td>8</td><td>-25.0</td><td></td></tr>
<tr><td colspan="2">内资企业</td><td>个</td><td>888</td><td>694</td><td>28.0</td><td></td></tr>
<tr><td rowspan="3">新批企业投资额</td><td>外商及港澳台企业</td><td>亿美元</td><td>1.8</td><td>1.3</td><td>43.5</td><td rowspan="3">为新批投资立项项目投资总额；“新批企业投资额”数据含增资企业投资额，增资企业投资额未能单独统计。</td></tr>
<tr><td>内资企业</td><td>亿元</td><td>220.8</td><td>253.3</td><td>-12.8</td></tr>
<tr><td>增资企业</td><td>亿美元</td><td>—</td><td>—</td><td>—</td></tr>
</table>

续表

项目	单位	2014 年	2013 年	2014 比 2013 增减（%）	备注
合同外资金额	亿美元	4.11	3.91	5.2	
外商实际投资	亿美元	3.68	3.50	5.2	
固定资产投资	亿元	212.7	172.2	23.5	
年末从业人员数	个	157691	140889	11.9	
在岗职工数	个	121116	103576	16.9	
在岗职工平均工资	元	58225	50972	14.2	
规模以上企业个数	个	280	249	12.4	
工业	个	114	102	11.8	
万元 GDP 能耗	吨标准煤/万元	1.95	2.03	-4.1	

备注：“四上”单位是指规模以上工业法人单位、限额以上批发零售住宿餐饮法人单位、资质以内的建筑业法人单位和房地产开发经营业法人单位、规模以上服务业法人单位。规模以上工业是指年主营业务收入 2000 万元及以上的法人企业；限额以上批发业是指年主营业务收入 2000 万元及以上的法人企业，限额以上零售业是指年主营业务收入 500 万元及以上的法人企业，限额以上住宿和餐饮业是指年主营业务收入 200 万元及以上的法人企业；资质以内建筑业企业是指具有建筑业资质的所有独立核算建筑业的法人企业（包括没有工作量的建筑业企业），资质房地产开发经营企业是指有资质的房地产开发经营法人企业；重点服务业是指年营业收入 1000 万元及以上或年末从业人员数 50 人及以上的法人企业。

（惠州大亚湾经济技术开发区管委会）

萧山经济技术开发区

【经济发展】 萧山经济技术开发区（简称萧山开发区）下辖三个新城——市北城、桥南城和江东新城，拥有三大国家级产业基地——江东新能源高新技术产业基地、装备制造新型工业化产业基地和杭州软件产业基地萧山扩展区块。2014年8月29日，大江东产业集聚区进行体制调整，江东新城、临江新城、前进工业园区由大江东产业集聚区托管。2014年开发区实现规上工业销售产值759.6亿元，同比增长4.8%；规上工业增加值151.3亿元，同比增长6.6%；规上工业利润51.7亿元，同比增长21.4%；三产增加值77亿元，同比增长4.4%；完成财政总收入56.56亿元，其中地方财政收入26.99亿元，均同比增长4.7%。

【招商引资】 2014年，萧山开发区共引进外资项目38个。合同利用外资10.6亿美元，同比增长79.3%；实际利用外资4.23亿美元，同比增长2%；引进内资项目22个，实际利用市外内资22.6亿元。总投资30亿元的浙江三生制药项目、20亿元的宝龙城市广场项目、3亿美元的无限生活信息科技项目、9000万美元的国药控股浙江运营中心项目等大项目落户开发区。全年共通过零地招商方式引进外资三产项目30个，共计合同外资8.1亿美元，实到外资1.84亿美元。成功引进了注册资本5000万美元的嘉华融资租赁（浙江）有限公司、注册资本3000万美元的浙江龙票融资租赁有限公司等多家不用地三产公司。

【转型升级】 有效投资深入推进。2014年，萧山开发区完成固定资产投资88亿元，同比增长3.3%；其中限额以上工业投资48.4亿元，同比增长2.4%。28个重点建设项目中，郑泰机械等3个项目建成投产，谷易科技等8个项目土建竣工，费列罗食品等7个项目在建，联成华卓等8个项目正在办理前期手续。主导产业引领升级。重点企业支撑明显，着力发展先进制造业，并把“机器换人”作为开发区产业升级的主引擎来抓，全年装备制造业累计实现工业销售产值185.3亿元，占比31.4%。重汽杭发公司D08发动机，实现销售产值21.9亿元，同比增长7.5%；兆丰机电新增自动化生产线，销售产值同比增长21%。科技创新成效显著。新增高新技术企业11家，授权各类专利345件，同比增长37.5%；其中发明专利34件，实用新型专利218件，外观专利93件。污染整治强力推进，全年关停企业4家；22家整治提升企业已全部完成。节能降耗紧抓不懈，与千吨标煤企业签订“双控”目标责任书，大力实施节能改造项目，单位工业增加值能耗呈现下降态势，全年能源“双控”目标基本完成。申报安全生产标准化创建企业60家，参加百万员工安全生产大培训37196人。开展以涉尘涉爆场所为重点的“三场所两企业”专项检查22次。实施安全生产挂牌督办制，对7家存在较大事故隐患的单位进行挂牌督办。加大建筑工地安全生产管理，出台《在建工地安全生产工作制度》，开展施工现场检查21次。

【智慧经济】 2014年，萧山开发区实施“1+4X”的智慧经济模式，杭州湾信息港已完成228家企业注册，其中包括口袋购物、挂号网、网盛控股、数联中国等十二家网络及相关企业；中国智慧健康谷、中国智慧移动谷、中国智慧设计谷、中国智慧交通谷、中国智慧化纤谷等重大项目相继启动。新批新农汇产业园、长三角国际珠宝产业园、健盛之家产业园3家，形成集约型产业发展模式。以珍诚医药在线、全球花木网、雅库网、化纤信息网、中国网商城为代表的智慧网发展更加成熟。以娃哈哈萧山基地、中国重汽、杭维柯、博雷等企业为代表的智慧工厂引领发展，12个项目列入区级智慧应用重点项目库。

【产业发展】 2014年，萧山开发区大力发展现代服务业，三次产业比重达到52.9%。厦门航空总部基地、长龙航空购置飞机项目以及灵康药业、珍诚医药物流项目、宝龙城市广场、长三角国际珠宝产业园等重点产业项目开工。娃哈哈营销中心、永盛控股、长龙航空、灵康药业等多家知名企业总部落户开发区，娃哈哈公司实现营业收入173.8亿元。杭州国际珠宝城项目已成为华东地区珠宝交易的集散地，完成营业收入36.5亿元。金投融资租赁公司、杭州卓铭融资租赁有限公司、新萧商小额贷款公司等金融企业投入运营。此外，建筑面积约11万平方米的雷迪森财富中心全面投入运营，138家企业完成装修入驻。

【环境建设】 公建项目扎实推进，2014年，萧山开发区30个政府投资项目全年完成总投资12.15亿元，全面完成全年目标任务。市心北路累计完成投资1.68亿元，全线完成整治；金鸡路北伸顺利通车；钱江农场一区二期安置房、江东新城保障房结顶；开发区小学、杭州湾信息港二期、市北安置房五期、桥南安置房二期、青年路、北二路、闸口路西伸正在施工建设。实施总面积32.5万平方米的8个绿化工程。桥南区块市政园林GIS信息管理系统推进。开发区公园完成招投标。新增公共自行车服务网点7个。生态建设成效显著，“三改一拆”强势推进；改建旧厂房11.6万平方米，完成全年任务的104%；全面完成主要道路和主要河道沿线违法建筑整治，拆除违法建筑391处，累计拆除违章建筑29.6万平方米，三年任务两年完成。“五水共治”全面展开：市北内河排涝闸、红垦管道翻水闸建成使用，各类道路管道已全部完成；五甲河、四甲河、九号坝直河、先锋河等黑臭河、垃圾河整治之中。生猪禁限养全面推进：8家生猪养殖场全部完成签约，7家已拆除，1家正在拆除中。“四边三化”全面推进：完成铁路边借地与土地流转2.1万平方米，绿化种植2.1万平方米，完成率均为100%；完成总长度27.9公里的高速公路周边“三化”工作，累计清理棚摊7850平方米。

【社会管理】 2014年，萧山开发区顺利完成开发区小学借校招生工作，新建信息港社区。有效加强对文化市场的安全检查。3家单位成功创建区卫生单位和市健康单位。加强流行病防控，建设“健康小屋”。认真做好民政、计生等工作，积极开展慈善救助。建立和谐劳动关系，保障职工合法权益，企业职工养老保险累计净增3920人，为目标数的411%；企业住房公积金建制扩面累计净增3197人，为目标数的387%；就业再就业累计完成514人，为目标数的103%。推进“平安网格”全覆盖，建设一批“零发案、零事故、零激化、零上访、零脱管”的“五零”网格。积极化解信访矛盾，完成1020家企业的劳动保障书面审查工作，开展企业劳资纠纷隐患排查及专项检查120家。

【机构设置与管委会领导】 管委会内设办公室、直属党委、政策研究室、招商局、经济发展局、国土规划局、人力资源和社会保障局、社会事业发展局、财政局九个部门，下设红垦农场、钱江农场、高层次（海外）人才创业服务中心、招商中心、会计结算中心、后勤服务中心、企业服务中心、市政公用事业管理处、计划生育服务中心、江东工业园区开发建设服务中心10家事业单位，下设兴达市政公司、鸿达市政公司、江东市政公司、开发区热电公司、杭州湾信息港5家企业单位。2014年领导班子：萧山区委常委、开发区党工委书记、管委会主任裘超，党工委副书记章燕梁，党工委委员、管委会副主任周利明、陈兴康、施天贵、顾大飞、姜国法、屠锦铭。

（萧山经济技术开发区管委会）

北京经济技术开发区

【经济发展】 2014年，北京经济技术开发区（以下简称“北京开发区”）高度重视经济运行工作，经济运行的质量和效益持续提升，实现地区生产总值997亿元，同比增长9.2%；完成规模以上工业总产值2380.3亿元，同比增长3.6%。全年完成地方公共财政预算收入120亿元，同比增长19.7%；完成税收收入342.4亿元，同比增长14.7%；全社会固定资产投资完成391亿元，同比增长4.2%；完成出口总额88.6亿美元，同比下降19%。截至2014年底，实有市场主体10344户，同比增长37.90%。其中，内资企业8719户，注册资本总额2129.25亿元；外资企业819户，注册资本总额7.76亿元。

【产业发展】 2014年，北京开发区按照“高端化、服务化、集聚化、融合化、低碳化”的发展要求，着力打造“4+4”产业发展格局，即：做强电子信息、生物医药、装备产业、汽车产业四大主导产业的科技研发、系统集成、总部运营等高端业态，并培育扶持高端服务业、文化创意、节能环保、临空经济等四大新兴产业。2014全年，四大主导产业总产值2111.1亿元，占北京开发区总产值的88.7%。其中电子信息产业产值793.1亿元，占工业总量的比重为33.3%；装备制造产业产值440.8亿元，占工业总量比重18.5%；生物工程和医药产业产值283.5亿元，占工业总量比重11.9%；汽车和交通设备产业产值593.8亿元，占工业总量比重为24.9%。

作为大兴区和北京开发区行政资源整合后重要的产业融合发展载体和平台，“六园”（即生物医药产业基地、国家新媒体产业基地、新能源汽车产业园区、军民结合产业园区、生产性服务业产业园、新空港产业园）不断持续快速发展。其中生物医药产业园实现总收入135亿元，增长21%，税收增长38%；新媒体产业园实现总收入206亿元，增长15%，税收增长20%；新能源汽车产业园实现收入53亿元，增长25%，以北京新能源汽车公司为龙头，2014全年整车生产约5000台，北京市场占有率70%以上。

【招商引资】 2014年，北京开发区新批内、外资企业投资总额（含增资）折合119.5亿美元，同比增长27.4%，创历史最高水平。其中：外资项目投资总额11.4亿美元；内资企业注册资本503亿元（折合79.8亿美元）。合同利用外资5亿美元，实际利用外资6.4亿美元。内资项目备案金额93.7亿元。产业化项目固定资产投资累计已完成162亿元。新增世界500强企业一家，500强项目2个。实现全年30个重大项目签约的既定目标。

【科技创新】 2014年，北京开发区着力打造具有全球影响力的科技创新中心，在体现科技创新中心的五大特征——创新要素汇聚、创新服务完备、创新能力突出、创新氛围浓厚、创新成果不断涌现方面，取得阶段性成果。新增国家级高新技术企业70家，园区内国家高新技术企业总数达485家，中关村高新技术企业总数达到647家；亦庄科技园总收入3833亿元。规模以上高新技术企业产值完成2100亿元，占规模以上工业产值比例达到90%以上。

企业科技研发能力不断增强，2014年全国共有11个Ⅰ类生物新药进入临床试验，其中北京开发区有5个，占全国进入临床试验的45%。“小巨人”企业新增24家，总数104家；北京市专利示范企业新增5家，总数12家；北京市专利试点企业新增24家，总数266家；评选德勤亦庄高科技高成长企业20家；企业建设的国家、北京市各类重点实验室、研发机构新增18家，总数180家，企业研发创新能力有效提升。

以创新联盟为载体，促进产学研用紧密结合，创新联盟新增3家，总数14家。引导科技资源开放共享，公共技术服务平台新增8家，总数24家。推动创新创业孵化体系建设，科技企业孵化器新增2家，总数12家。加快科技服务业发展，科技服务机构新增11家，总数26家。加强国际知识产权保护，在波士顿、东京成立知识产权海外工作站，初步形成涵盖检验检测、中试服务、核心技术验证、技术交易、知识产权服务等较为完备的公共服务平台支撑体系。

依托国家知识产权试点城市和试点园区建设，提升知识产权创造、运用、保护、管理水平，强化重点产业知识产权布局，成立北京市首家专利审查员实践基地。专利申请3524件，专利授权2527件；万人专利拥有量240件，万名工程师发明专利拥有量1248件，位居北京市领先水平。获得中国专利金奖2项、优秀奖3项。

【环境建设】 2014年，北京开发区以改善空气质量为目标，以推进污染物减排为重点工作，以全面落实清洁空气行动计划、生态文明和城乡环境建设为主线，推动国家级工业生态示范园区建设。印发实施《新区环境保护资金管理暂行办法》，设立“新区环境保护资金”，资金额度为每年1亿元，用于支持北京开发区和大兴区范围内对保护和改善环境有促进作用的项目。2014年支持北京开发区和大兴区项目35项，支持资金共计3706.45万元。

实施区域“去煤化”治理工作，投入2.5亿元完成三座燃煤供热厂清洁能源改造，建成全市首个高污染燃料禁燃区。全年挥发性有机物（VOCs）减排815吨，二氧化硫、氮氧化物、化学需氧量、氨氮等四项污染物排放量均不高于2010年水平，完成了市政府下达的指标任务。

提升污水治理能力，完成金源经开、路东区两个污水处理厂提级改造，在全市率先将区域污水处理提高到地表Ⅳ类水体标准。全年处理污水4077.8万吨，污水处理率达到100%，共产再生水1126.6万吨。

开展市容环境专项整治，对北京开发区园林绿化情况进行普查。完成亦庄新城滨河森林公园河道治理和绿化，总面积501公顷，总投资约5.8亿元。完成滞洪区景观提升工程，工程面积27万平方米，总投资1.6亿元。全区绿化养护面积达到746万平方米。

【社会事业】 2014年，北京开发区公共服务方面，调整教育空间规划，启动北京十一学校亦庄实验中学、北京二中亦庄学校扩建和保华国际教育园建设，推进旧宫中学升级改造。细化规定教育资金的使用，规范和完善《北京经济技术开发区教育扶持奖励办法》。2014全年教育扶持奖励项目21个，扶持资金588.31万元。完善北京开发区公共事件医疗应急救援体系。同仁医院二期开工，社会资本投资的爱育华妇儿医院顺利开业，博大医院主体结构封顶，与北京中医药大学东方医院合作办医，建设东方医院南院区。

劳动就业方面，全年共吸纳北京市劳动力就业5595人，通过公共就业服务机构推荐7527名外省市劳动力进入北京开发区工作，受益企业1000余家。开展各类培训55843人次，5147人取得了国家职业资格证。

社会保障方面，开展社保基金和其他重大专项资金使用情况专项检查，确保各项基金应收尽收，建立农民工工资保险保障制度。截至年底共有参保单位4728家、缴费单位4583

家，同比分别增长8.12%和8.42%；参保人数36.63万人、缴费人数19.66万人，同比分别增长11.24%和11.83%，五项社会保险基金征缴总额48.7亿元、支付总额7.58亿元，为全市社保基金贡献结余总额41.12亿元，同比分别增长15.03%、6.58%和16.73%。各项惠民措施平稳落地，社会保障待遇提高10%左右。

文化建设方面，全年开展交响音乐会、文化艺术节、曲艺大赛、消夏广场演出等各类活动14项，送电影、送讲座、送演出进工地、进企业、进社区、进校园、进部队“三送五进”文化工程392场，开展健康、心理、礼仪等系列讲座90场，累计服务群众7万人次。

【人才建设】 2014年，北京开发区围绕打造“首都科技创新中心主阵地、京津冀协同发展桥头堡、转型升级绿色发展示范区、宜业宜居和谐新城”产业发展定位，积极引进高层次人才。全年新增中央“千人计划”入选者5人，累计达到50人；新增“海聚工程”入选者12人，累计达到90人；新增新区海外高层次人才36人，累计达到247人。博士后科研工作站企业分站达到25家，新招博士后8人，已累计培养50名博士后。博士后（青年英才）创新实践基地工作站达到6家，新招收博士后（青年英才）2人，已累计培养28名博士后（青年英才）。3名博士后获北京市博士后科研活动经费资助11万元，4人获第六届“博大贡献奖”。

开展第四批中关村高端领军人才职称试点推荐工作，共推荐27人参与“职称直通车”评审，其中10人获得教授级高级工程师。开展高级工程师（副高级职称）破格推荐工作，解决区内企业的多数专业技术人才骨干多年来因各种原因未能取得相应职称的问题。开展“开发区首席技师工作室”建设工作，对区内评选的“首席技师工作室”的工作成员开展免费研修培训。

为助力北京开发区企业发展，满足企业中高级和技能人才发展需求，组织北京奔驰汽车有限公司等25家企业参加中高级技能人才专场招聘会，为求职者提供中高级及专业技能岗位553个，吸引1200名求职者入场，达成意向703人，企业反映收效良好。此外，组织358家次企业赴京内外多所高校举办招聘会34场，达成意向1866人次。

【机构设置与管委会领导】 北京开发区工委内设机构为工委办公室、组织部、宣传部、党群工作部、政法工作部、机关党委、总工会、纪工委（监察局）；管委内设机构为管委会办公室、发展和改革局、投资促进局、企业发展服务局、科技局、财政局、人事劳动和社会保障局、房屋和土地管理局、建设发展局、征地拆迁办公室、市政管理局、社会发展局、审计局、环境保护局、统计局、安全生产监督管理局、研究室、信息化办公室。

中共北京经济技术开发区工作委员会书记为李长友，北京经济技术开发区管理委员会主任为梁胜。

（北京经济技术开发区管委会）

乌鲁木齐经济技术开发区（头屯河区）

【经济发展】 2014年，乌鲁木齐经济技术开发区（头屯河区）［以下简称“乌鲁木齐开发区（头屯河区）”］主要经济指标保持两位数增长，完成地区总值435.2亿元，工业总产值1014.3亿元，工业增加值150亿元，同比增长15%；全社会固定资产投资330亿元，约占乌鲁木齐市四分之一；外贸进出口总额34.6亿美元，同比增长10%；实现本级财政收入82.6亿元，同比增长27%；国有资产规模扩大到250亿元，维泰股份新三板挂牌上市；“营改增”试点惠及300家企业，新登记注册企业数量同比增长35%。

【产业发展】 2014年，乌鲁木齐开发区（头屯河区）确立三大支柱产业，其中以宝钢集团新疆八一钢铁有限公司为代表的冶金集群下行放缓，以金风科技有限公司为代表的风电装备制造集群实现了恢复性增长，以乌苏、蒙牛、伊利、可口可乐为代表的食品饮料产业实现稳步增长，三大支柱产业实现产值710.5亿元，占到工业总产值的70%。产业援疆的重点项目上海大众、陕汽、东风汽车、阜丰生物等实现了扩能增效，仅汽车和装备制造业就实现产值194亿元，与生物发酵科技产业并列成为拉动经济增长的新动力。

【新区建设】 2014年，乌鲁木齐开发区（头屯河区）以高铁片区为核心的两大新区建设实现突破，基础设施投入了42.7亿元，其中高铁片区的高铁片区北广场、公铁客运站、卫星路南延等19个标段全面开工，内部路网基本建成；白鸟湖新区一、二号台地65条道路、80公里路网全面建成，基础设施骨架已基本形成。40余个重点产业项目在两大新区同时铺开，投资总额590亿元，新增建筑体量300余万平米。万达广场、宝能城、大唐总部、温商总部快速推进。新景中心、西部恒业、地生能源等一批配套服务项目开工建设，中泰化学、葛洲坝、西部建设建成运营。

【园区发展】 2014年，乌鲁木齐开发区（头屯河区）承接丝绸之路经济带“五大中心”建设拉开帷幕。旅游集散中心入编国家旅游发展总体规划，新疆陆路港加快实施，西行国际货运班列成功首发，综保区申建成功，哈萨克斯坦“境外园”、铁路国际物流园、国际纺织商贸中心、“大北站”物流枢纽基地等项目有序推进。新疆软件园创智大厦落成，完成投入5.8亿元，19栋23万平方米的配套楼宇已全面开工建设，64家企业入园，累计营业收入突破10亿元，税收突破3000万元；兵地合作区、甘泉堡工业园、头屯河工业园发展势头良好。

【投资促进】 2014年，乌鲁木齐开发区（头屯河区）引进招商项目69个，投资总额551亿元，其中引入了南车轨道、商用飞机等18个制造业项目，投资总额187亿元，填补了首府乃至全疆相关领域空白；居然之家、新棉集团、粤商大厦等47个非工业项目，投资总额364.09亿元。落地项目13个，落地资金为197.41亿元，同比增长21.67%。第四届中国—亚欧博览会签订内联项目及外贸进出口合同共24个，签约总额达658.83亿元，占全市签约总额的36.45%。实现签约总额、内联项目签约额、外贸进出口合同金额三项全市第一。开辟多元化融资渠道，实现到位资金 94 亿元，为中小企业融资 18 亿元。

【科技创新】 2014 年，乌鲁木齐开发区（头屯河区）科技创新能力进一步提高，区内新增国家级企业技术中心 1 家，认定 2 个自治区级重点实验室，新批准组建 2 个自治区级工程技术研究中心，专利授权量 800 余件，同比增长 18%。高新技术企业达到 46 家，工业总产值占全市一半以上。财政安排 4300 万元对 65 个科技创新项目进行支持，激励企业加快技术创新、产品升级和产业链建设。已有国家级科普惠民先进社区 2 家，占全市四分之一，国家级科普惠农先进单位 2 家，国家级科普教育基地 1 家，自治区级“科普惠民”先进社区 7 家，市级“科普惠民”先进社区 17 家。

【环境建设】 2014 年，乌鲁木齐开发区（头屯河区）绿化投入达 4.5 亿元，新增绿地 3400 亩，新建的一批小游园、小水面、小绿道遍布街头巷尾。2014 年，安装 100 座密闭式垃圾房，建成 1 座日处理能力 80 吨的压缩式垃圾转运站，新增 300 余个封闭式垃圾箱，34 座直管公厕全部免费开放。城区道路清扫保洁率达 100%。

【社会事业】 2014 年，乌鲁木齐开发区（头屯河区）涉及民生的投入超过 19 亿元，80 件民生实事全部兑现。筹建 1200 套公租房，棚户区改造安置 348 户，接管 10 个老旧无物业小区，改造老旧管网 10 公里；八钢文体图书中心启动建设，发放低保、就学、扶贫等救助金 1200 余万元；启动维泰养老院项目，建成 24 个社区老年活动场所和日间照料中心；新建完善 10 家蔬菜副食品直销点，总数已达 52 家；高铁医院启动规划建设，建成 3 个社区卫生服务站，在全市率先试点公共自行车租赁；“社区通”实现手机用户覆盖 10 万户，发布各类服务信息百万条，放映公益电影、举办“社区大舞台”共 1100 余场次；安置大中专毕业生 2000 人，完成职业培训 1.4 万人，新增就业 1.9 万人，促进市一中一期主体完工、市 66 中建成使用，投入 1.6 亿元新建、改造 18 所学校幼儿园，学前教育、双语教育全市领先，成为新疆唯一获得“全国和谐社区建设示范城区”称号的区县。

【机构设置和管委会领导】 乌鲁木齐经开区（头屯河区）下设纪委（监察局）、党政办公室、组织部、宣传部、统战部、政法委、编办、机关工委；人社局、财政局、招商服务局、经发委、建设局、安监局、规划局、科技局、统计局、出口加工区、商务局、民政局、环保局、教育局、市政市容局、农牧水务局、卫生局、行政执法局、文体局、司法局、计生委、审计局、民宗局、信访局、社会服务管理局、爱卫办 34 个工作部门，11 个片区、街道。

管委会领导：管委会主任薛继海，管委会副主任杨勇、李志干、郭洪耀、张新强、李贺祖、张长林、丁彤卒、侯洁琼、李宏琪，管委会委员李春生、吐尔逊·赛买提。

乌鲁木齐经济技术开发区（头屯河区）主要经济综合指标一览表

项目	单位	2014 年	2013 年	增减（%）
开发区生产总值	亿元	435.2	497.4	-12.5
第二产业	亿元	301.1	378.4	-20.4
工业	亿元	257.1	356.1	-27.8
第三产业	亿元	126.0	112.7	11.8
工业总产值（现价）	亿元	1014.3	1002.1	1.2
高新技术企业	亿元	286.1	185.4	54.3
销售（营业）收入	亿元	2536.4	2427.8	4.5

续表

项目		单位	2014 年	2013 年	增减（%）
第二产业		亿元	850.4	1018.1	-16.5
工业		亿元	753.6	864.9	-12.9
第三产业		亿元	1686	1410	19.6
利润总额		亿元	39	82.9	-52.9
第二产业		亿元	7.2	38.1	-81.1
工业		亿元	4	34.3	-88.3
区内主导产业及产值					
主导产业	1. 黑色金属冶炼和压延加工业	亿元	374.8	474.2	-21
	2. 电气机械和器材制造业	亿元	157.3	156.8	持平
	3. 食品制造业	亿元	79	66.6	18.6
	4. 金属制品业	亿元	56.7	65.9	-13.9
	5. 烟草	亿元	42.7	—	—
	6. 橡胶和塑料制品业	亿元	37.8	33.3	13.5
第三产业		亿元	31.8	44.8	-29
进出口总额		亿美元	56.6	62.7	-9.7
出口		亿美元	47.6	51.4	-7.5
财政收入		亿元	130.8	99.3	31.7
税收收入		亿元	94	74.9	25.4
财政支出		亿元	65.2	51	27.8
新批企业个数		个	1505	778	93.4
外商及港澳台企业		个	1	2	-50
内资企业		个	1504	776	93.8
新批企业投资额	外商及港澳台企业	亿美元	0.023	2.15	-98.9
	内资企业	亿元	551.3	513.4	7.4
	增资企业	亿美元	0	0	—
合同外资金额		亿美元	998	5684	-82.4
外商实际投资		亿美元	0	4058	—
固定资产投资		亿元	360.2	320.1	12.5
年末从业人员数		个	77350	86834	-10.9
在岗职工数		个	67275	68251	-1.4
在岗职工平均工资		元	62126	55451	12.0
规模以上企业个数		个	507	457	10.9
工业		个	116	116	持平
万元 GDP 能耗		吨标煤/万元	1.22	1.17	4.3

（乌鲁木齐经济技术开发区管委会）

合肥经济技术开发区

【经济发展】 2014年，合肥经济技术开发区（以下简称“合肥开发区”）实现地区生产总值1094.2亿元，同比增长17.5%；其中，第二产业增加值925.92亿元，增长16.08%；第三产业增加值168.25亿元，增长25.76%；二、三产业比例为84.6∶15.4。实现营业收入4033.93亿元，增长16.11%；全社会固定资产投资完成511亿元、增长9.4%；工业投资281亿元，增长12.8%；全年财政收入150.5亿元，增长20.69%，税收收入111亿元，增长9.69%，财政支出56.2亿元，增长26.92%；实现进出口总额达74.6亿美元，增长25.23%，占全市34.6%，占全省14.6%；其中出口45.1亿美元，增长29.51%，进口29.5亿美元，增长18.7%。

【产业发展】 2014年，合肥开发区完成工业总产值3280亿元，同比增长15.82%，实现工业增加值865.92亿元，同比增长15.8%；在规模以上工业中，外商及港澳台投资工业总产值2124亿元，增长25.1%；内资工业总产值1156亿元，增长4.7%。产业结构进一步优化升级。规模以上工业中，家电电子、装备制造、汽车及零部件、快速消费品、电子信息、新材料、生物医药、住宅产业化等八大产业完成工业总产值2919.1亿元，比上年增长9.65%，占全区规模以上工业总产值的98.8%。

【园区特色】 经过22年的建设发展，合肥开发区经开区已经成为全国家电产业品牌最集中的产业园区之一，被工信部命名为“国家新型工业化（家电）产业示范基地”。至2014年底，该区家电产业相继引进海尔、美菱、华凌、美的、长虹、格力、晶弘、冠捷等知名企业。2014年，合肥开发区实现家电产业产值1045.27亿元，增长5.92%，占全区比重32.5%。2014年共生产液晶电视165.3万台，空调337.6万台，洗衣机329.6万台，冰箱1457.2万台。

【科技创新】 2014年，合肥开发区共有10家企业被新认定为市级企业技术中心，10家企业被认定为省级企业技术中心，8家企业被认定为市级工程技术中心，5家企业被认定为省级工程技术中心。至2014年底，共有各类研发机构107家，其中国家级研发机构10家。全区有4家国家创新示范企业，占全省的1/3。2014年，共申请发明专利1319件，同比增长66.3%；发明专利授权量168件，增长166.7%，39家企业被认定为国家级高新技术企业，国家级高新技术企业达到80家，高新技术企业实现产值2461亿元，增长26.2%。

【投资促进】 2014年，合肥开发区新批外商及港澳台投资项目17家，项目投资总额8.13亿美元，同比增长0.25%；合同外资金额2.69亿美元，增长0.65%；实际使用外资金额4.70亿美元，增长6.8%。全年新设立登记内资企业157家，增长3.97%；投资总额255.93亿元，增长7.31%。全年实现进出口总额74.6亿美元，增长25.23%，占全市34.6%，占全省14.6%；其中出口45.1亿美元，增长29.51%，进口29.5亿美元，增长18.7%。

【生态环保】 2014年，合肥开发区编制《合肥经济技术开发区国家生态工业示范园区建设规划实施方案》。新建污水管网27公里，污水管网累计建设达到287公里；污水处理厂日均处理量达到23.32万吨，污水处理厂三期及提标改造工程开工建设。开发区内共25家企业开展了清洁生产审核。区内已形成蒸汽供应能力430吨/小时，配套建设约93公里的集中供热管网，为全区75户企业集中供热。积极鼓励和支持区内企业开展ISO14001环境管理体系认证，截至2014年底，共有89家企业通过认证。污染减排方面，污水处理厂共处理污水8513万吨，实现COD削减16875吨，实现NH3－N削减1918吨。环评审批共计183件，全部通过审查并及时出具批复意见；2014年累计竣工建设项目50个，全部办理环保“三同时”竣工验收。制订2014年经开区环保专项行动实施方案，开展区内工业企业燃煤炉窑淘汰等的防尘措施落实、挥发性有机物污染治理、餐饮业油烟专项整治、重金属排放企业环境违法问题专项整治及污染源在线监控设施专项整治等环保专项检查1632家次。2014年完成绿化面积125.72万平方米。

【投融资建设】 2014年，合肥开发区内建立健全财政性投资项目管理规定，出台《合肥经济技术开发区财政性投资项目竣工财务决算管理暂行规定》。组织落实融资平台项目贷款9.2亿元，其中产业项目融资2亿元，出口加工区配套项目1.7亿元，公租房项目贷款3亿元，经营性物业2.5亿元，有效保证了项目建设资金需求。

【基础设施建设】 2014年，合肥开发区财政投资完成市政基础设施、文教卫生和公共配套等项目产值达30亿元。完成基础设施建设项目41个，道路10条20公里，市政管网10公里，团肥路等道路建成通车，十字形路网骨架初步形成。完成江岗、红塘桥等5座桥梁的改造和维修加固，开工建设机场门户花园，高刘污水处理厂完成三通一平。该区建成区（南区）城市功能日趋完善，会展中心、西北生活区周边及芙蓉路、锦绣大道、莲花路等主要干道改建完成并通车。提升城市供电、防汛等保障能力，完成观海路、宿松路供电排管建设。结合文明创建对市政道路、桥梁进行维修，健全盲道、无障碍、窨井、路灯、交通信号灯等设施管养体系。完成了经开区污水处理厂三期主体工程。

【管理与服务】 实行重大项目领办、代办制度。在日常工作中加强与海关、外管、工商等部门的沟通联系，为项目立项等重大审批事项提供全程服务，缩短审批时间。实行24小时全天候网上审批。内资项目备案审批程序减少了管委会领导审批环节，直接由经贸局领导审核就可以直接备案，缩减了办理时间。对于项目、企业和群众要求办理的事项和服务，做到“马上办、不过夜”；全力营造“四个零”良好服务氛围，即：“零关系”办事、“零利益”服务、招商引资项目“零障碍”入驻、“零干扰”企业生产经营活动；大力推行上门服务、延时服务、休息日预约服务。

建立项目服务长效机制，由管委会班子成员包保项目，帮扶企业，到企业走访调研，解决了企业反映的全部134个问题。组织家电电子、装备制造等主机与配套企业合作对接。加强政策引导，出台涉及新型工业化、科技创新、人才引进等9大支持政策，支持促进企业发展，撬动企业技改投入182亿元，占工业投资64.8%。加速聚集创新要素，助力企业引入“千人计划”1名、各类人才2.8万余人。

【社会事业】 2014年，合肥开发区坚持发展成果与群众共享理念，推进民生与社会事业，共投入资金45.5亿元。新建保障性住房4665套，分配解困房1728套。全年发放被征地农民养老保障、供养补助、医疗保障等各项保障资金8792万元，惠及3.4万人。发放社会救助类资金4200多万元，受益对象6.5万余人次。发放老村干、老民师等七类人员补助204.64万元。全年新增就业2.1万人，新增小额担保贷款2104万元，助力创业。安徽省首家民营大学生创业基地引入大学生创业实体58家。投入1.7亿元提升教育软硬件环境。

引进六安路小学、45中、46中3校优质教育资源，高刘社区4所学校标准化建设基本达标；开发区市级素质教育示范校4所，普惠性幼儿园21所，继续在合肥市保持领先。在安徽省率先实行“零租金”敬老院社会化运营；政府购买居家养老服务，73万余人次从中受益。在安徽省首创“金育工程”项目，计生工作连续5年位列全市先进。

【机构设置与管委会领导】 2014年，合肥开发区下设党工委办公室（区直党委、团工委、妇女联合会）、管委会办公室（应急办）、财政局（国有资产监督管理办公室、财务中心）、建设发展局、经贸发展局（企业党委、工会联合会）、社区管理局（人口和计划生育委员会、征地拆迁安置管理办公室）、社会发展局、人事劳动局（安全生产监督管理局）、市场监督管理局、政法委（信访局、群众工作部）、城市管理局（城市管理行政执法分局、行政执法大队）、建设管理中心、招商一局、招商二局、环保分局、政府采购中心（公共资源交易中心）、纪工委（督查组、绩效办、监察室）、重点工程建设管理局。

合肥开发区党工委书记、管委会主任姚卫东，党工委副书记、管委会副主任操云何、桑林兵，工委委员、管委会副主任孙余洲、程振革、吴昊、王家和，工委委员、纪委书记张明。

合肥经济技术开发区主要经济综合指标一览表

项目		单位	2014年	2013年	增减（%）
开发区生产总值		亿元	1094.17	931.45	17.47
第二产业		亿元	925.92	797.66	16.08
工业		亿元	865.92	747.66	15.82
第三产业		亿元	168.25	133.79	25.76
工业总产值（现价）		亿元	3280.01	2832.06	15.82
高新技术企业		亿元	2461.15	1950.20	26.20
销售（营业）收入		亿元	4033.93	3474.37	16.11
第二产业		亿元	3294.15	2815.22	17.01
工业		亿元	3042.43	2587.40	17.59
第三产业		亿元	789.78	689.15	14.60
利润总额		亿元	183.11	143.42	27.68
第二产业		亿元	166.36	128.95	29.02
工业		亿元	158.90	122.44	29.78
区内主导产业及产值					
主导产业	1. 家电配套	亿元	1045.27	986.85	5.92
	2. 汽车零部件产业	亿元	648.26	640.67	1.18
	3. 装备制造	亿元	456.81	440.96	3.60
	4. 快速消费品	亿元	238.06	255.72	-6.91
第三产业		亿元	799.98	699.11	14.43
进出口总额		亿美元	74.6	59.57	25.23
出口		亿美元	45.1	34.82	29.51
财政收入		亿元	150.5	124.7	20.69
税收收入		亿元	111	101.19	9.69

续表

项目		单位	2014 年	2013 年	增减（%）
财政支出		亿元	56.2	44.28	26.92
新批企业个数		个	174	168	3.57
外商及港澳台企业		个	17	17	0
内资企业		个	157	151	3.97
新批企业投资额	外商及港澳台企业	亿美元	8.13	8.11	0.25
	内资企业	亿元	255.93	238.49	7.31
	增资企业	亿美元	2.51	2.07	21.05
合同外资金额		亿美元	2.69	2.68	0.65
外商实际投资		亿美元	4.70	4.40	6.80
固定资产投资		亿元	511.08	467.01	9.44
年末从业人员数		个	206297	190732	8.16
在岗职工数		个	158612	157560	0.67
在岗职工平均工资		元	56232	50482	11.39
规模以上企业个数		个	456	420	8.57
工业		个	238	233	2.15
万元 GDP 能耗		吨标煤/万元	0.22	0.25	-9.09

（合肥经济技术开发区管委会）

成都经济技术开发区

【园区概况】 成都经济技术开发区（以下简称成都经开区）是2000年2月国务院批准的国家级经济技术开发区；2005年9月被国家信息产业部批准为国家（成都）电子元器件产业园；2010年10月被国家工信部批准为国家新型工业化（汽车）产业示范基地创建单位。成都经开区是四川省重点培育的特色成长型千亿产业园区，成都汽车产业综合功能区主体区和正在规划建设的天府新区·龙泉高端制造产业功能区。成都经开区位于成都市向东发展的主体区域，是连接成都至重庆、上海、广西出海大通道的东部门户要塞。

【经济发展】 2014年，成都经开区紧紧围绕“世界级汽车产业城、国际化生活品质城”建设目标，认真贯彻落实党的十八大、省市党代会精神和“五大兴市战略”等重大决策部署，以汽车产业发展为主导，狠抓重大项目投资拉动、对外开放招大引强、产城融合互动发展，全区经济社会继续保持强劲发展势头。全年完成地区生产总值944.6亿元，增长12.7%；全社会固定资产投资405.5亿元；地方公共财政收入58.4亿元，增长20.9%；社会消费品零售总额102.1亿元，增长10.9%；城镇居民人均可支配收入29799元、农民人均纯收入15649元，分别增长10.4%、11%；城镇登记失业率2.4%；万元GDP能耗下降1.8%。区域经济实力连续两年位居四川省区（市）县第一。2014年度成都经开区主要综合性经济指标如下表所示：

2014年成都经济技术开发区主要经济指标

指标名称	计量单位	绝对值	同比增幅%
地区生产总值	亿元	944.60	12.7
第二产业增加值	亿元	769.46	14.7
全社会固定资产投资	亿元	405.50	—
地方公共财政收入	亿元	58.44	20.9
地方税收	亿元	50.94	23.9
社会消费品零售总额	亿元	102.07	10.9
进出口总额	亿美元	29.97	10.0
销售（营业）收入	亿元	1745.64	14.3
利润总额	亿元	186.32	14.1

【产业发展】 2014年，成都经开区工业总产值1683.74亿元，增长16.7%；规上工业增加值增长15.5%；工业利润增长25%，工业经济发展质量和效益持续稳步提升。汽车整车（机）产量90万辆，增长23.3%；整车主营业务收入1087.5亿元，增长20.4%，首次迈上千亿台阶。汽车零部件企业突破300家，汽车核心部件基本实现本地配套，地配率达

26%，主营业务收入260亿元，增长18.2%。龙头带动，汽车整车制造规模发展。成都经开区现已聚集一汽大众、一汽丰田等10家整车企业，初步搭建年产135万台整车生产平台，成为西部地区第二大整车生产基地，连续5年实现了汽车产量倍增发展。2014年，整车产量占全省的90%，增长23%，增幅是全国三倍；汽车产业近三年连续跨上“全产业链千亿元、汽车制造业千亿元、整车制造千亿元”三大台阶。整零并举，汽车配套产业聚链发展。截至2014年底，成都经开区已引进200余个汽车总成和关键零部件项目，可生产发动机、客车前后桥、中型柴油机、汽车减震器、汽车电机、发动机电喷装置、车身覆盖件等系列产品。其中，配套整车企业的零部件项目超过120个，已落户100强（含全球和国内）汽车零部件生产项目31个，零部件产业发展初具规模，本地配套率达26%，以汽车、工程机械整车（机）为主导的产业体系和关键零部件配套链群初步形成。“双轮”驱动，汽车服务业蓬勃发展。以成都国际汽车博览城为龙头，中国兵装万友汽车博览中心、吉利汽车超市城市综合体、九峰国际汽车博览城、中信昊园全球汽车创意网络中心等一批汽车贸易博览重大项目加快建设，汽车贸易千亿产业集群加速形成；基本实现了经开区骨干路网与高速路网、泸州港、重庆港等港口、货站的有效对接；成都公路口岸加快建设，目前公路口岸主体工程基本完成，海关国检辅助信息平台、集装箱堆场管理信息系统等信息化项目加快建设。

2014年汽车（含机械）及配套产业情况

单位：亿元

	产量（辆）	销售收入		增加值		利税	
		绝对值	增长（%）	绝对值	增长（%）	绝对值	增长（%）
汽车整车	897384	987.77	21.8	337.91	20.5	249.60	8.4
机械整机	7221	86.70	-10.3	10.88	-7.0	3.78	1.7
汽车配套		211.31	15.9	47.18	15.6	23.20	29.2
机械配套		32.68	-7.0	7.57	-12.1	4.66	-11.3

【园区特色】 为探索出一条“低能耗、低排放、低冲击的生态园区建设之路”和“创新型、创造型、创业型的智慧城市发展之路”，实现园区发展模式由粗放型向集约型、资源利用型向环境友好型、投资拉动型向创新驱动型的转变，2014年成都经开区正式启动“中法成都生态园”建设，正进行园区产业布局规划；主办了第十五届西博会“中法生态园”城市可持续发展论坛，带动示范辐射成都乃至西部地区在节能环保、绿色建筑、清洁能源等领域与法国及欧盟国家的合资合作，成为国家生态工业示范园区创建单位。

【科技创新】 产业高端要素加快聚集。2011年起，成都经开区连续4年荣获国家科技进步考核先进区称号，并荣获全国科普工作示范区、国家新型工业化示范园区等称号。成功申报四川省知识产权示范园区、成都市创新驱动发展试点区。2014年，全社会研发投入35.6亿元，增长24.8%。沃尔沃新能源汽车、一汽新能源客车、川汽新能源汽车基地等新能源整车加快建设，川汽纯电动公交客车投放试运；创新创业平台加快建设。美国哈曼国际、德国汽车智创中心、成都瑞华特电动汽车检测中心以及宁波卡培亿电控研发中心、孔辉科技等一批研发检测项目落户经开区，汽车产业自主创新能力得到提升。现已高标准组建了院士（专家）工作站14个、博士后科研工作分站17家、沃尔沃西部研发中心等60余家企业创新中心；投资建成首批50套高层次人才公寓、3000余套产业职工之家；修建成都国际汽车人才中心大楼，引进世界排名前50名的人才专业机构进驻；创新设立人才工作站，聘请人才服务专员，开通企业人才子女入托就学、家属就业就医等“绿色通道”服务。创新创业人才队伍不断壮大。通过“百千万”人才引育工程，吸引了来自清华、北大等海内外知名院校人才328人（博士27人，硕士301人），并先后与清华、北大、浙大、同济、吉大5所高校签订战略合作协议；设立1亿元天府汽车专项基金，现聚集国家“千人计划”专家4人，省“千人计划”专家11人，“成都市人才计划”专家14人。

【投资促进】 2014年，成都经开区引进重大项目31个，实际到位省外内资189亿元，实际利用外资3.3亿美元。引进工业项目开工16个，其中投资1亿元以上工业项目数14个。成功引进投资123亿元的东风神龙乘用车成都基地和投资40亿元的一汽大众四期整车扩能项目。引进浦项制铁等12个重大汽车零部件配套项目，引进沃尔沃西部中心等3个汽车研发项目。2014年全区共有工业促建项目155个，占地面积23194亩，项目协议总投资817.5亿元。全年顺利实现竣工投运项目25个、开工建设项目28个、加快续建项目25个，完成工业固定资产投资95.2亿元。2014年全区进出口总额29.97亿美元、增长10%，其中出口额6.25亿美元、增长4.1%。新批外商及港澳台企业11家，投资额7.26亿美元。

【生态环保】 建立完善的企业环境管理绩效考核制度，利用循环经济和产业生态学理念与方法指导园区企业的生态化建设。2014年，成都经开区综合能源消耗量473147吨标准煤，总用电量110436万千万时，工业耗水量1351万吨，规上万元工业增加值综合水耗1.85立方米/万元，降低11.5%，规上万元工业增加值能耗0.065吨标准煤/万元。专门建立了成都经开区（龙泉驿区）应对重度污染天气专项检查工作领导小组，积极响应成都市重污染天气应急预案，及时做好大气污染源调查、燃煤整治专项检查、高污染燃料锅炉专项检查、建筑工地管理、扬尘治理工作；由区环保局牵头，组织发改、水务、农发、商务等部门对辖区内沱江流域关联河道及汇入河道沟渠沿线水污染源进行深入排查，建立“一源一档”，深入推进水污染整治工作；不断加大对新建项目的规范管理、在建项目“三同时”情况跟踪检查及验收等方面工作力度；扎实完成总量减排工作，2014年成都经开区上报减排项目5个，完成化学需氧量削减936.2吨，氨氮132.84吨，二氧化硫削减71.5吨，氮氧化物削减10.38吨；积极推进重点企业强制性清洁生产审核工作，强化危废及放射源监管、污水处理厂监管，加强放射源和射线装置监管，确保环境安全。

【机构设置】 成都经开区党工委、管委会内设机构为“一办八局”。党工委、管委会办公室（含机关党委）：负责党工委、管委会文秘、信息、文书、组织人事、人才开发、群团、目标管理督查、机关后勤事务、机关财务、对外联络、对外接待和会务承办等方面的工作。负责机关党的建设、纪检监察、共青团、妇联、工会、人事工资、离退休干部管理等方面工作；协助区委组织部指导园区企业党建等工作。汽车产业投资服务局：在区投资促进委员会领导下，负责统筹和履行全区汽车制造项目和汽车商贸、物流、博览、专卖及以汽车为主题的文化、休闲、运动等项目的投资促进工作。现代工业投资服务局：在区投资促进委员会领导下，主要负责除汽车以外的新型工业项目、重点工程机械、外资项目、孵化器项目等功能性服务项目的投资促进工作。项目建设服务局：主要负责招商引资后，项目进区开工建设至项目建成投产前所有环节的协调、服务工作。企业发展服务局：主要负责项目建成投产后的后续服务工作。统筹发展局：主要负责编制经开区中长期发展规划、承担经开区建设发展、重大事项等战略问题调查研究。区域合作局：主要负责经开区跨国、跨区域和与周边区市县对外交流合作可行性研究。汽车研发和贸易博览投资服务局：负责制订成都经开区（龙泉驿区）和天府新区龙泉片区（成都市汽车产业综合功能区）汽车产业的研发创新、创意设计和电子电器、总部经济投资促进发展战略、工作计划并组织实施；负责制订成都经开区（龙泉驿区）和天府新区龙泉片区（成都市汽车产业综合功能区）汽车产业贸易博览投资促进发展战略、工作计划并组织实施。物流管理服务局：负责组织编制龙泉驿区现代物流业发展战略、政策措施并组织实施；负责全区现代物流业发展的指导、协调和服务；负责龙泉物流中心招商引资、企业服务、物流信息化平台建设和对外宣传；协调推进龙泉物流中心基础设施、配套设施和物流项目建设；协调推进成都公路口岸规划建设；协调口岸管理工作，开展区域物流发展合作与交流。

【党工委、管委会领导分工】

廖仁松（党工委书记、区委书记）主持党工委全面工作；

何　勋（党工委副书记、管委会主任、区长）主持管委会全面工作，主管成都经济技术开发区党工委、管委会办公室；

李　桦（区政府党组副书记、管委会副主任）负责管委会常务工作，协助主任抓投资促进统筹工作，主要分管汽车制造项目和汽车商贸、物流、博览、专卖及汽车文化、汽车休闲运动项目及工业孵化器项目等的投资促进工作，分管成都经济技术开发区汽车产业投资服务局、龙泉驿区（经开区）投资促进委员会办公室；

贾伦才（党工委委员、管委会副主任）协助主任分管项目建成投产后营运过程中的服务工作，主要负责扶持服务企业做大做强、技术改造、技术创新、知识产权保护、安全生产、优惠政策兑现及企业日常服务、经开区经济运行分析、统计信息报告等工作，分管成都经济技术开发区企业发展服务局；

程　果（党工委委员、管委会副主任）协助主任分管经开区发展策划、战略研究和区域合作等工作，主要负责编制经开区中长期发展规划、承担经开区建设发展、重大事项等战略问题调查研究，经开区跨国、跨区域和与周边区（市）县对外交流合作可行性研究，经开区园区文化和信息化建设，分管党工委管委会办公室、成都经济技术开发区统筹发展局；

蔡本刚（党工委委员、管委会副主任）协助主任负责除汽车产业以外的新型工业项目、工程机械项目、外资项目、科技孵化器项目等的投资促进工作，分管成都经济技术开发区现代工业投资服务局。

成都经济技术开发区主要经济综合指标一览表

项目		单位	2014 年	2013 年	增减（%）
开发区生产总值		亿元	944.6	837.06	12.7
第二产业		亿元	769.46	674.05	14.7
工业总产值（现价）		亿元	1683.74	1443.21	16.7
销售（营业）收入		亿元	1745.64	1527.3	14.3
利润总额		亿元	186.32	163.27	14.1
主导产业；	汽车（机械）及配套	亿元	1271	1036	22.7
进出口总额		亿美元	29.97	27.23	10
出口		亿美元	6.25	6.01	4.1
财政收入		亿元	221.91	183.45	21
税收收入		亿元	50.94	41.94	23.9
财政支出		亿元	81.63	53.1	53.7

续表

项目		单位	2014 年	2013 年	增减（%）
外商及港澳台企业		个	11	7	57.1
新批企业投资额	外商及港澳台企业	亿美元	7.26	6.55	10.8
合同外资金额		亿美元	3.02	0.48	525.21
外商实际投资		亿美元	1.91	7.50	-74.5
固定资产投资		亿元	405.5	500.87	-19
年末从业人员数		个	13.2	13	1.5
规模以上企业个数		个	179	166	7.8
水资源消耗总量		万立方米	1351	1342	0.67

（成都经济技术开发区管委会）

昆明经济技术开发区

【经济发展】 2014年，昆明经济技术开发区（以下简称“昆明开发区”）实现营业总收入1160亿元，同比增长12.4%；地方公共财政预算收入27.21亿元，同比增长15.19%；规模以上固定资产投资116.7亿元；规模以上工业增加值95.8亿元，同比增长7.5%；限额以上社会消费品零售总额42.28亿元，同比增长18.2%；外贸进出口总额89.97亿美元，同比增长51%。全区新增市场主体3546家，同比增长21%。至此，“十二五”规划设定的目标任务中，地区生产总值、全社会固定资产投资、地方财政一般预算收入、进出口总额等7项指标已提前超额完成；装备制造业产值、工业项目占比等14项指标也将于2015年底前完成，“十二五”规划设定的总体指标完成情况较好。

【园区特色】 2014年，昆明开发区紧紧围绕经济社会发展面临的突出问题，按照“一区一主业”的要求，全面完成八个片区产业空间布局规划的梳理和调整工作，园区功能分区和产业布局更富特色。实行“腾笼换鸟”、“盘活存量”、“兼并重组”，实现二次创业。相继对哈电、天威云变等圈而未用土地进行协商收回，重新布局晨农冷冻设备、金晟环保包装等4个亿元以上工业项目；对云南工业大麻、昆明劲华陶瓷等经济效益低下的企业用地（厂房），通过收购、兼并、重组的方式进行改造、提升；积极支持和鼓励企业利用现有用地（厂房）进行技术改造，对云内动力D19欧V柴油机10万台生产线改造项目、雪兰牛奶酸奶系列产品生产线扩建项目、锡业锡材锡合金粉提质提级技术改造项目和盟生药业新版GMP改造等技改项目给予大力扶持；积极推进云电投电力装备工业基地、华红印刷年产80万箱烟标生产、昆船集团物流装备综合能力建设项目等省、市新建重点项目建设；着力发展新型产业，着重对文化创意产业、现代金融服务业等新型产业的扶持，紫云青鸟国际珠宝文化创意博览园、七彩云南旅游文化产业园、银河之星（T－PARK）文化创意产业园和云南省PE中心等相继建成并投入运营；以台工精密机械有限公司、尼古拉斯克雷亚机床有限公司、云南CY集团为代表的装备制造业企业，紧跟市场开始由传统装备制造迈向高速、高精、高效的智能装备生产。

【招商引资】 2014年，昆明开发区在面对土地资源日益趋紧和投资者投资动力减退的双重挑战下，重点突出“以商招商”，在项目选择上，大力引进总部经济、“楼宇”经济、税源型经济、金融及金融衍生项目。全年新注册登记各类内资企业2654家，新批外资企业11家，企业登记数居西部开发区第一。累计到位外资4.71亿美元，完成全年任务的171.27%，引进市外内资143.87亿元，完成全年目标任务数的102.76%。云南建工集团、普洛斯物流、DHL物流等世界500强项目落地，世界500强累计投资项目数达16个。

【科技创新】 2014年，昆明开发区新认定国家级高新技术企业22家，高新技术企业累计达98家，高新技术企业产值占比达到29.5%；专利申请和授权总量达833件，完成全年目标任务的400%。强化科技基础条件平台建设，全年获批国家级和省级科技企业孵化器各1家、省核定工业产品质量控制和技术评价实验室3家（占昆明市42.9%）、国家级企业技术中心1家（昆明市唯一）、省级企业技术中心4家（占昆明市28.6%）、市级企业技术中心6家、省级工程技术研究中心2家、市级企业工程技术研究中心4家、设立市级院士工作站1家。全社会R&D经费投入达10.11亿多元，R&D经费投入占销售收入的比重达3.7%。获得昆明市名牌产品5个，新增国家驰名商标3件。引进与培养高层次人才101人，被授予全国创业孵化示范基地和云南省高层次人才创新创业示范基地。

【生态环保】 2014年，昆明开发区以创建国家生态工业示范园区为契机，着力推进绿色发展、循环发展、低碳发展，环境总体质量保持稳定，资源节约成效明显。环保投资达5.07亿元，实现新增城市（城镇）绿地面积179.26公顷，完成目标任务的101.15%。种植乔木10.89万株，森林覆盖率同比增长0.34%，林木绿化率同比增长1%，森林火灾受害率严格控制在1‰以下，空气质量达标率为94.67%，工业固废处置利用率达100%，城市污水收集处理率达88.01%，环保设施竣工验收执行率达100%，四项主要污染物总量减排圆满完成。

【文化建设】 2014年，昆明开发区按照建设云南民族文化强省，将昆明打造成为世界知名旅游城市的总体要求，结合园区自身转型发展的实际需要，着力加快文化创意产业发展，注重特色民族文化的保护与传承。按照《昆明经济技术开发区管理委员会关于大力发展文化创意产业的实施意见》有关要求，制定出台针对性和操作性更强的《昆明经济技术开发区促进文化创意产业发展若干政策的规定（试行）》，着力吸引各类文化创意企业和创意人才入区发展。制定出台《昆明经济技术开发区文化创意企业培育中心（孵化器）认定和管理暂行办法》，通过培育中心（孵化器）的集聚效应，吸引和汇聚一批中小微型文化创意企业，用市场化的手段撬动全区文化创意产业发展壮大；加快文化创意产业发展，打造经开区特色文化品牌。严格执行《昆明经济技术开发区促进文化创意产业发展若干政策的规定（试行）》，审核批准云南云智慧数字传媒有限公司等16家企业正式进入《昆明经济技术开发区文化创意单位名录》，并按照政策规定给予符合条件的企业相应的扶持政策；注重特色民族文化的保护与传承，提升经济发展的文化元素。挖掘利用阿拉撒梅文化的现有资源，通过《昆明经济技术开发区阿拉撒梅文化保护传承与产业化开发》课题研究工作，在充分调查研究和比较分析省内外民族文化产业化开发的成功经验基础上，经过深入细致地研究，提出阿拉撒梅文化保护传承与产业化开发的具体构想，打造集宗教活动、文化展示、工艺品销售、民族饮食等于一体的撒梅文化风情旅游小镇。

【服务与管理】 2014年，昆明开发区不断完善管委会管理体制机制，严格执行首问首办、限时办结、服务承诺、责任追究和项目推进等机制，强化对干部职工的监督管理，定期收集整理办事企业和群众对管委会经办人员评价表，针对存在的问题，及时进行整改，不断优化提升服务质量。推进《昆明经济技术开发区条例》修订工作，新《条例》于2014年12月1日起正式施行，进一步规范政府行为。制订实施《昆明经济技术开发区机关人员服务监督牌使用管理规定》，统一制作人员服务监督牌放置于机关各办公室门口，公开干部职工姓名、照片、部门职务、工作职责、服务电话、去向状态，增加政府工作透明度，广泛接受人民群众监督，不断提升管委会机关工作效能。

【社会发展】 2014年，昆明开发区实施惠民工程，加大民生投入，全面落实惠民实事，教育、文化、卫生、社会保障等公共服务水平不断提高。统筹完善社会保障体系，社会保险参保人数达25.15万人。全面推进保障性住房建设，累计完成城中村改造投资16.18亿元。不断优化教育基础设施建设，启动昆三中经开区分校建设，完成经开一中、二中、五小危房深度抗震检测，全面实施经开四中新校建设，累计完成教育基础设施投资9014万元。加强医疗机构监督管理，有效规范医疗服务行为，全面执行国家基本药物制度，落实国家医药惠民政策。加强文体设施建设，博物馆、文化站点、农家书屋、体育健身设施大量增加，公共服务均等化水平进一步提升。强化安全生产，开展安全生产“三项行动”、落实企业主体责任。

【创业就业】 2014年，昆明开发区完成101户中、小、微型企业创业扶持申请的受理、现场查验、初审、会审、公示及资金拨付等工作，超额完成市政府下达的扶持91家的目标任务，激发了全区中、小、微型企业创业激情。同时，扩大就业渠道，维护民生和谐，农村劳动力转移就业451人，转移就业新增收入779.22万元，开发公益性岗位数160个，城镇登记失业率控制在3.5%以内。

【机构设置】 2014年，昆明经济技术开发区的党、政内设机构为：党政办、组织部、人力资源与社会保障局、工委工作部、纪工委、监察审计局、政策研究室、机关党委、创建办、区妇联、总工会、团工委、经济发展局、投资促进局、社会事业局、法制局（司法局）、住房和城乡建设局、监管办、环保局、拆迁安置局、城乡工作局、城市管理局（综合执法局）、安全生产监督管理局、民政局、出口加工区管理局、食品和药品监督管理局；昆明市有关部门派驻机构有：财政分局（国库支付中心）、规划分局、国土分局、国税分局、地税分局、工商分局、公安分局、消防大队、质监分局。托管两个街道办事处：阿拉街道办事处、洛羊街道办事处。

昆明经济技术开发区主要经济综合指标一览表

项目		单位	2014年	2013年	增减（%）
开发区生产总值		亿元	284.15	256.63	10.72
第二产业		亿元	186.85	165.94	12.6
工业		亿元	169.88	157.94	7.56
第三产业		亿元	96.75	89.42	8.2
工业总产值（现价）		亿元	567.06	519.45	9.17
高新技术企业		亿元	150.59	141.27	6.59
销售（营业）收入		亿元	1160	1032	12.4
第二产业		亿元	630.7	529.55	19.1
工业		亿元	525.5	494.68	6.23
第三产业		亿元	526.41	481.49	9.33
利润总额（四上企业）		亿元	56.17	46.08	21.89
第二产业		亿元	36.72	30.79	19.26
工业		亿元	29.91	28.16	6.21
区内主导产业及产值					
主导产业	1. 装备制造	亿元	202.78	182.8	10.93
	2. 食品饮料	亿元	101.43	96.29	5.34
	3. 烟草及配套	亿元	54.99	53.59	2.61
	4. 光电子信息	亿元	23.37	24.61	-5.04
	5. 现代服务业	亿元	90	85.7	5.02

续表

项目	单位	2014 年	2013 年	增减（%）
第三产业	亿元	526.41	481.49	9.33
进出口总额	亿美元	89.9	59.6	50.8
出口	亿美元			
财政收入	亿元	59.82	57.18	4.61
税收收入	亿元	48.48	43.95	10.3
固定资产投资	亿元	116.69	172.53	-32.36
年末从业人员数	个	96708	93377	3.57
在岗职工数	个			
在岗职工平均工资	元	49641	45178	9.88
规模以上企业个数	个	389	364	6.87
工业	个	118	115	2.61
万元 GDP 能耗	吨标煤/万元	0.0559	0.0704	-20.6

（昆明经济技术开发区管委会）

长沙经济技术开发区

【经济发展】 2014年，长沙经济技术开发区（以下简称“长沙开发区”）实现地区生产总值716.06亿元，按可比价格计算，比2013年增长10.85%。其中，第二产业增加值完成567.08亿元，可比增长10.52%，第三产业增加值完成148.98亿元，可比增长16.88%，第二、第三产业比例为3.8∶1，全员劳动生产率48.7万元/人。财政收入135.32亿元，比上年增长10.8%，税收收入96.38亿元，增长6.9%。

【对外贸易】 累计进出口额27.54亿美元，同比增长25.1%。外贸进出口23.12亿美元，增长12.46%。其中，出口总额9.71亿美元，增长34.73%；进口总额13.41亿美元，增长0.44%。完成高新技术产品进出口7.12亿美元，增长83.63%。完成机电产品进出口19.17亿美元，占全区进出口总额比重为82.92%。

【产业发展】 2014年，全区实现工业增加值512.36亿元，其中规模以上工业增加值507.66亿元，可比增长22.75%。实现工业总产值1643.05亿元，同比增长12.86%，其中规模以上工业总产值1636.65亿元，增长12.8%。在规模以上工业中，外商及港澳台投资工业总产值472.17亿元，增长39.39%；内资工业总产值1164.48亿元，增长4.72%。规模以上工业中，工程机械、电子电器、汽车等三大产业完成工业总产值1405.55亿元，占全区规模以上工业总产值的85.88%。

【招商引资】 全年完成省外境内到位资金19.92亿元，同比增长24.32%。完成市外境内资金形成固定资产投资43.6亿元，同比增长20.26%。完成实际到位外资3.86亿美元，同比增长17.79%。成功引进总投资300亿元的长沙科技新城项目。

【科技创新】 加快推进创新型园区建设，产业环保局牵头制定出台了《专利驱动创新发展鼓励办法》，举办全区示范园区建设动员大会、创新方法培训和知识产权管理贯标培训，举办科交会新能源汽车行业产学研对接暨众泰纯电动汽车发布会专场活动。新增万通科工和千山药机两家省级工程技术研究中心，全区省级以上技术中心达到29家，三一重工获得中国专利金奖1项、三一汽车获得中国专利优秀奖1项、远大科技、铁建重工、千山药机三家企业获得科技创新市长奖。获得授权发明专利281件，同比增长40%。

【生态环保】 着力构建“两型社会”，全面启动“三年造绿行动”，新增绿化面积43.5万平方米。着力打造人民东路优质亮化工程，完成星沙污水处理厂扩容提质改造工程，不断完善园区雨污管网路网建设，污水处理率达95%以上。创建“国家生态工业示范园区”通过省级审核验收。

【项目建设】 全年完成工业固定资产投资110亿元，新开建项目23个，竣工投产项目20个。蓝思科技榔梨工业园、广汽菲亚特二期、恒天九五二期、中国通号等重大项目全面推进。广汽三菱扩产项目、国科微电子（一期）、长沙创芯科技6英寸集成芯片项目等项目相继竣工投产。上海大众（长沙）项目累计完成投资51亿元，样车于12月下线。

【人才建设】 建立两个数据库：高层次人才智力库，吸纳国内外高层次人才294名；项目评审专家库，入库专家45名；抓好三项服务：高层次人才创业项目全程代办服务、工管委领导联系走访重点高端人才服务和海外引才工作站对接服务；全年共接洽高层次人才创新创业项目咨询50余批次，收集申报项目17个，评审通过7个，引进高层次创新创业人才21人，其中9人入选市“3635计划”，2人入选省“百人计划”，共给予项目扶持资金630万元；18家企业获上级引智专项经费支持92万元，2人入选首届“湖湘青年创新英才”，3人入选第二批“长沙市科技创新创业领军人才”，新增博士科研站1家、院士专家工作站4家。

【信息化建设】 搭建电子政务城域网，实现区县所有直属科局通过1000M光纤、通过100M专线联接到中心机房，中心机房配置小型机、服务器、数据存储中心、交换机、防火墙、防病毒网关等高档先进设备。区县100%的直属单位建成完善的内部局域网络，搭建区县政府网站平台集群系统，整合建设区县300多个单位部门子网站，已有6000余台电脑终端接入区县政务网络。区县电子防控平台（视频监控平台）、区县政务服务事项在线办理系统、数字城管信息系统、卫生信息系统、数字档案管理系统等100余套大联网系统在政务网上运行。

【基础设施建设】 完成基础设施投入7.68亿元，平整场地3366亩。完成核心区控规提升，对产业布局、公共服务设施、商业设施、道路交通、市政设施等进行了专项规划。全面启动绿化亮化、道路改造、公租房建设、交通设施优化等提质工程，完成星沙供水应急管网、星沙污水处理厂扩容提质建设。星沙海关、长沙出入境检验检疫局已相继开关开检。汨罗工业园、新疆鄯善工业园等“飞地园区”建设顺利推进。

【社会事业】 大力推进公共服务项目建设，建成1878套公租房。强化企业员工集中居住小区的管理服务，有力地提升了企业员工生活品质。完善公共设施配套，新开通3条园区穿梭巴士线路，规划建设“一主三次”商业中心，满足产业工人生活居住需要。加强安全生产管理和安全隐患大排查、大整改，全年未发生重大安全生产事故。

【机构设置与工管委领导】 长沙开发区管委会下设办公室、人力资源与社会保障局、党群工作局、纪检监察审计室、招商合作局、产业环保局、财政局、建设发展局、社会事业局、经济研究室、总值班室11个工作部门。长沙开发区党工委书记杨懿文，党工委副书记、管委会主任李科明，党工委副书记、常务副主任吴京生，党工委副书记、纪工委书记高杰，党工委委员、管委会副主任陈新忠、巩固、黄瑶、刘逢春、范遵新。

长沙经济技术开发区主要经济综合指标一览表

项目	单位	2013年	2014年	增减（%）
开发区生产总值	亿元	645.9733	716.0697	10.85
第二产业	亿元	513.1162	567.0866	10.52
工业	亿元	463.4522	512.3610	10.55
第三产业	亿元	127.4636	148.9831	16.88
工业总产值（现价）	亿元	1455.8183	1643.0484	12.86
高新技术企业	亿元	1210.0229	1239.8021	2.46
销售（营业）收入	亿元	1773.6159	1883.9346	6.22
第二产业	亿元	1564.3855	1643.8456	5.08

续表

项目		单位	2013 年	2014 年	增减（%）
工业		亿元	1475.2306	1526.8239	3.50
第三产业		亿元	264.4820	283.4613	7.18
利润总额		亿元	80.8413	65.4506	-19.04
第二产业		亿元	77.1331	57.8751	-24.97
工业		亿元	73.0295	56.9132	-22.07
区内主导产业及产值					
主导产业	1. 工程机械制造	亿元	903.2177	920.3484	1.90
	2. 汽车及零配件	亿元	237.0445	320.8142	35.34
	3. 电子信息	亿元	115.2459	164.3862	42.64
	4. 新材料	亿元	30.68	35.5211	15.78
	5. 食品饮料	亿元	34.8349	31.8680	-8.52
	6. 轻印包装	亿元	22.5230	19.8371	-11.93
第三产业		亿元	127.4636	148.9831	16.88
进出口总额		亿美元	23.1215	27.5411	19.11
出口		亿美元	9.7139	12.4577	28.43
财政收入		亿元	122.945	135.32	10.07
税收收入		亿元	90.1340	96.3825	6.93
财政支出		亿元	165.226	135.32	-18.10
新批企业个数		个	304	244	-19.74
外商及港澳台企业		个	3	4	33.33
内资企业		个	301	240	-20.27
新批企业投资额	外商及港澳台企业	亿美元	3.33	3.86	16
	内资企业	亿元	16.04	19.5	21.6
合同外资金额		亿美元	4.312	3.86	-10.48
外商实际投资		亿美元	3.28	3.8	13.61
固定资产投资		亿元	163.6167	167.4066	2.32
年末从业人员数		个	139218	147154	5.70
在岗职工数		个	139218	147154	5.70
在岗职工平均工资		元	50829	62546	23.05
规模以上企业个数		个	468	483	3.21
工业		个	140	145	3.57
万元 GDP 能耗		吨标煤/万元	0.0177	0.0239	35.03

（长沙经济技术开发区管委会）

贵阳经济技术开发区

【经济发展】 2014年，贵阳经济技术开发区（以下简称“贵阳开发区”）规模以上工业总产值完成500亿元，同比增长17.9%；规模以上工业增加值完成210亿元，同比增长17.9%；财政总收入预计27.59亿元，同比增长21.12%，公共财政预算收入完成14.17亿元，同比增长18.81%，公共财政预算支出完成14.15亿元（含上级专款2.61亿元），同比增长7.22%。招商引资实际到位资金完成234.6亿元，同比增长32.29%；实际利用外资完成7168.78万美元，进出口完成35281万美元，经济实力不断增强。

【产业发展】 2014年，贵阳开发区根据《贵阳市产业布局规划（2013—2020年）》《中关村贵阳科技产业园空间布局规划》，结合现有的产业发展基础，按照“大项目—产业链—产业集群—产业基地”的路径，找准路径和方法，在壮大提升原有产业的同时，聚焦发展大数据产业、高端装备制造业、新医药健康产业“三大产业”集群。2014年规模以上工业总产值完成500亿元，规模以上工业增加值完成210亿元，工业总产值（绝对值）和增加值（绝对值）排名贵阳市第一位；全年新增规模以上工业企业12家，达到117家。新增亿元以上工业企业10家，达到55家；新增10亿元以上工业企业3家，达到9家。是贵阳市最具发展潜力的工业经济区域之一和贵州省最重要的装备制造业基地。

【园区特色】 贵阳开发区中关村贵阳科技园经开园区（小孟生态工业园）是贵阳市重点规划建设的一类工业园区，是国家新型工业化产业示范基地，是贵州省“511”示范培育园区，是贵阳市传统的老工业基地，以航空、航天两大军工基地为依托，聚集了一批优强企业，产品覆盖航空航天军工产品、汽车及汽车零部件、工程机械、数控机床、工业基础件、平板电视、生物医药、特色食品、新型材料等领域。园区先后获得“国家军民结合（装备制造）高新技术产业化基地”、“国家新型工业化产业示范基地”、“全国电子商务示范基地”、“国家循环化改造示范试点园区”、“全国工程特种车辆及零配件产业知名品牌示范区”、“全国低碳工业园区”等国家级荣誉称号，同时被纳入了全国老工业基地调整改造规划范围。2014年，实现工业总产值538亿元，是2010年的4.4倍；实现工业增加值234亿元，是2010年的6.47倍，工业总产值、工业增加值总量位居贵阳市第一，工业总产值占贵州省和贵阳市的比例逐年上升并呈加速上升态势。2014年，中关村贵阳科技园经开园区（小孟生态工业园）在贵州省、贵阳市100个产业园区年终“增比进位”考评中均名列第一。

【园区建设】 贵阳开发区着力抓好项目建设。一是以小孟工业园区重点项目建设为着力点，努力突破“双征”（征地、征房）等难点问题，按照“以周保月、以月保季、以季保年”的项目推进机制，推动项目快速落地。截至2014年底，园区项目共84个，其中产业项目58个，在建基础设施项目26个，总投资亿元以上项目56个，总投资10亿元以上项目7个。其中，奇瑞客车、中航贵阳电机、中煤盘江重工、险峰机床、中航工业红林产业园等41个项目相继建成投（试）产，投产率为71%。二是通过制订《贵阳经济技术开发区重大工程和重点项目管理办法》《贵阳经济技术开发区固定资产投资及重大工程和重点项目目标考核奖惩实施细则》，并定期召开调度会等一系列举措，强力推进18个省重大工程和重点项目建设。2014年，完成投资70.165亿元，为全年目标任务的103.32%。其中，新建的7个项目已全部开工，贵阳开发区精密机床加工产业园项目完工。三是积极行动，超前谋划，经贵阳市投融资管理委员会办公室审定，融资项目24个，融资金额为114亿元(其中市贷区还项目2个，融资总额41.3亿元，区贷区还项目22个项目，融资总额74.43亿元)。2014年底，22个区贷区还项目中17个项目已通过银行审贷会，融资金额44.28亿元，已到账2.221亿元。

【科技创新】 2014年，贵阳开发区新增产值在10亿元以上的企业3家。在现有企业中选择50家初具规模的企业，加强各项政策扶持，培育了一批具有较强国际影响力和行业影响力的领军品牌企业。推进重大科技成果落地转化，加强与高校、科研院所等各类主体的对接，转化和引进一批具有领先水平、产业引领作用和规模化前景的重大科技成果。支持市场前景广阔的重大创新产品研发和产业化。突出军民融合发展，在航空航天、工程机械、汽车零部件等领域，筛选了一批具有广阔市场前景、高附加值的重大创新产品，加速其研发创新和产业化进程。打造“小巨人”企业。增强对创新创业企业、科技型中小企业的扶持能力，支持中小企业步入快速成长轨道，打造一批“小巨人”企业，培育省级科技小巨人企业7家，总数达到14家。强化创新平台支撑能力建设，促进三大产业聚焦发展。围绕三大产业和企业创新发展需求，加强行业共性科技平台、企业创新基础设施建设，推进各类平台、资源的共享与整合，提升对科技创新与成果转化的支撑能力。强化创新创业服务能力建设，推动“大众创业，万众创新”。以建立完善创新创业软环境为目标，着力从人才聚集、知识产权推进、科技金融、科技中介、创新文化等方面入手，全方位提升创新创业服务能力。

【投资促进】 2014年，贵阳开发区招商引资实际到位资金（省外）完成234.6亿元，同比增幅32.29%。全年利用外资7168.78万美元，同比增长20%。外贸进出口完成37488万美元，同比增长27.5%。共签约项目32个，签约金额237.4亿元。先后组团参加了省、市举办的“3·1北京·贵州大数据合作洽谈会”、“3·21贵阳·深圳大数据和文化旅游产业发展推介会”、“4·19京筑创新驱动区域合作年会”、“朝阳·贵阳深化合作活动”、“贵州·台资企业项目昆山对接会”、“深圳加工贸易对接会”、“香港活动周”、“酒博会”、“西博会”等11次重大活动。其中，“3·1”系列活动，共签约项目5个，“3·21”系列活动中，共签约项目3个，4·19”系列活动中，共签约项目9个，共签约17个项目，总签约金额163.2亿元，主要是大数据以及大数据关联产业和装备制造业。主要以华唐集团服务外包基地、积分通智慧旅游、北汽福田新能源汽车、智能车联网、绿色环保植物保护剂产业基地建设、TCL集团贵阳O2O电商产业园项目为代表。

【投融资建设】 2014年，贵阳开发区成功发行二期企业债9亿元，发行成本仅为6.47%，低于6.55%银行基准利率，是2014年以来贵州省发行成本最低的企业债；2014年，开发区融资实际到位资金达39亿元，融资综合成本总体控制在10%以内。为确保2015年的项目资金保障，贵阳开发区超前谋划，有22个续建及拟建项目与银行达成贷款协议，共签订融资贷款合同48.08亿元。经贵阳市投融资管理委员会办公室审定，融资项目24个，融资金额为114亿元（其中市贷区还项目2个，融资总额41.3亿元，区贷区还项目22个项目，融资总额74.43亿元）。2014年底，22个区贷区还项目中17个项目已通过银行审贷会，融资金额44.28亿元，已到账2.221亿元；建立了贵州省第一个“千人计划”专家工作站，新增高新技术企业8家，达到38家。新增省级创新型企业4家、贵阳市创新型企业6家。与贵州大学合作成功申报成为国家级的大学科技园，建成省级孵化器1个。扎实推进知识产权工作，全年完成专利申请730件，完成专利授权453件，同比增长20%。

【生态环保】 2014年，贵阳开发区顺利通过了创模省级预评估、环保部西南督查中心督查、创模国家技术评估。完成花溪南明河三江口至中曹取水口段的河道治理、竹林寨人工湿地污水处理、环城绿化、石漠化综合治理等工程；完成奇瑞万达中水回用示范项目，开展南明河环境综合治理、小河二期等污水处理厂提标改造等工作；开展“六个一律”环保“利剑行动”、森林保护“六个严禁”专项执法行动；开展空气质量攻坚，出动洒水车5000余次对辖区进行降尘、清洗，启动预警处理机制，确保PM2.5等主要指标得到有效控制，空气质量优良率达到80%；完成阿哈水库生态搬迁任务，奋力完成了竹林村猪场坝、丫河寨两个自然村寨155户的搬迁任务，拆除面积约7.3万平方米，完成搬迁范围内道路和农田460亩的征收工作，最终按期全面完成饮用水源地一级保护区核心区搬迁任务。

【人才建设】 2014年，贵阳开发区共引进博士11名、硕士35名、高级职称和高技能人才4名。同时，“腾龙湾”项目及“中国贵阳金竹生态总部城”的高层次人才公寓200套建成后，首批14名高层次人才拎包入住“腾龙湾”项目。建立了贵州省第一个“千人计划”专家工作站，新增高新技术企业8家，达到38家。新增省级创新型企业4家、贵阳市创新型企业6家。与贵州大学合作成功申报成为国家级的大学科技园，建成省级孵化器1个。扎实推进知识产权工作，全年完成专利申请730件，完成专利授权453件，同比增长20%。

【管理与服务】 2014年，贵阳开发区结合第二批党的群众路线教育实践活动的开展，扎实推进企业服务工作。积极打造“三中心一网络”（企业服务中心、党群服务中心、信息服务中心、企业服务网络），初步建成园区企业综合服务网站，成立金融顾问讲师团，开展各类企业服务，服务水平不断提高；加快推进“5个100”和“百千万”工程工作。深入企业调研帮扶企业590余人次，积极与省市级单位帮扶236家企业；开通项目直通服务，扎实推进一站式全程代办和“五零”服务等工作，精简企业办事流程。2014年，开发区政务大厅受理业务23036件，办结23029件，提前办结22934件，提前办结率为99.6%。

【机构设置与管委会领导】 2014年，贵阳开发区下设机构有：党政办、纪工委、党群工作部、财政局、人力资源局、生态促进局、产业发展局、建设管理局、投资服务局、招商引资局、园区办、政务中心、房屋征收中心、创业服务中心、投资评审中心、公安分局、国土分局、工商分局、国税局、地税分局、规划分局、质监局、交管分局、城市综合执法分局。

管委会领导：工委书记钟汰甬，副书记刘本立、杨继，工委委员罗亮、向子琨（兼）、刘军、陈云贵、肖泽群（挂职）、杨曦东（挂职）、郑楠（挂职）、朱伟（挂职），管委会主任钟汰甬、康克岩。管委会副主任向子琨（兼）、刘军、陈云贵、施波、肖泽群（挂职）、张聘义（挂职）、杨曦东（挂职）、郑楠（挂职）、朱伟（挂职）、余大林、黄成虹、黄政华（挂职）。

（贵阳经济技术开发区管委会）

南昌经济技术开发区

【经济发展】 2014年，南昌开发区总收入突破1000亿元大关，达到1076.5亿元，同比增长17.74%。其中，工业主营业务收入为851.5亿元，增长14.66%；实现地区生产总值285.62亿元，增长11%；完成财政总收入40.73亿元，增长11%；实现一般预算收入11.6亿元，增长15.5%；完成固定资产投资450.02亿元，增长22%；实现社会消费品零售总额70.38亿元，增长21.4%。实际利用外资5.65亿美元，增长10.1%；完成外贸出口总额9.44亿美元，增长9.66%；实际利用内资122.94亿元，增长10.48%。2014年，位列上海同济大学发展研究院发布“中国100强产业园区排行榜”第31位。

【招商引资】 2014年，南昌开发区签约30个项目，总投资260.37亿元。其中重大项目有：投资16亿元的燃料乙醇项目；投资20亿元的深国际·南昌现代综合物流港项目；投资10.5亿元的中航重科项目；投资10亿元的五洲国际商业综合体项目；投资5亿元的海派手机项目。全区亿元以上开工项目11个，总投资68亿元，其中30亿元以上项目1个。全区亿元以上竣工投产项目8个，总投资18亿元，其中5亿元以上项目2个。全区已谈项目有49个，总投资额454亿元，其中促签约项目19个。全年签约30个项目中，工业项目有16个，占总数53.3%；在开工建设11个项目中，工业项目8个，占总数72.7%；竣工投产8个项目中，工业项目7个，占总数87.5%。全年规模以上工业完成总产值807.63亿元，同比增长13.66%；规模以上工业完成增加值211.28亿元，增长12.1%。全区规模以上工业企业用电量22.36亿千瓦小时，增长11.8%。工业比重同比上升0.51%，工业项目呈现投入不断加大，主导地位不断提升的良好态势。全区54个重大重点项目完成投资68.6亿元，占年度投资计划99.8%以上；列入市百大项目计划的7个项目完成年度计划投资100%；列入省级重点项目计划的5个项目。

【科技创新】 2014年，南昌开发区出台鼓励支持企业上市暂行办法、支持企业自主创新若干政策等一系列配套政策，每年拿出300万元鼓励企业研发创新，推动企业由制造向智造转型升级。全区有高新技术企业30家。至2014年底，高新技术产业产值231.65亿元，同比增长45.97%。以金世纪新材料、硬质合金、诚志股份、南昌欧菲光、百路佳、瑞林装备为代表省级以上工程（技术）研究中心、企业技术中心、重点实验室研发机构增至12家。

【人才建设】 2014年，南昌开发区推行“订单式”“定向式”等形式培训模式。江西机电职业技术学院与格特拉克（江西）传动有限公司DCT工厂进行校企合作、合作订单班培养、学生实习、教师挂职锻炼等项目；南昌欧菲光科技有限公司与江西现代职教集团合作同成立“欧菲班”；南昌海立电器有限公司与华东交通大学共同成立“卓越计划”培训管理专项工作小组；立健药业与江西医药学校合作成立“立健班”等。全区成功对接并开展“订单式”和“定向式”培训600人次，实现招工与培训有机结合，培训与就业无缝对接，对缓解园区企业用工结构性矛盾和促进就业起到有效作用。

【投融资工作】 2014年，南昌开发区推出“管家式”服务，深入了解掌握园区企业在产业规划、配套引进、产品研发、技术提升、用工管理等方面发展诉求，梳理建设提升工程技术研究中心、专利申请、知识产权等政策扶持方面意见建议，创建“企业管家”“党建管家”“群众管家”服务机制；推进“助保贷”“财园信贷通”等金融服务。至2014年底，南昌经开区批复申请“助保贷”企业5家，发放贷款2775万元。开展“财园信贷通”业务，帮助区内90家中小微企业申请并获得银行贷款4.7亿元。全年区内4家小额贷款公司为企业发放贷款10.74亿元，促进全区中小微企业及“三农”经济发展。

【社会事业】 2014年，南昌开发区在建市政道路重点工程项目23个，涉及建业大道、昌九大道、乐岗大道、小微大道和湖滨北路及延伸段等，项目总投资39亿元，完成投资11.1亿元。委托设计编制建[illegible]大道、兴业大道、英雄北一路等主要道路设计。小微大道、建设大道、金港路等道路工程基本完成，基本完成白玉兰路、龙潭路建设，实现新建县和红谷滩路网无缝对接、与新建县交通连网。努力开展闲置用地清理工作，完善园区服务配套功能提供发展空间和必要载体。进一步加大社会发展投入。投入1.29亿元，加强中小学校舍维修，改善学校办学条件，推进学校个性与品牌打造，强化师资队伍建设；加大“三农”投入，投入1701万元，积极落实各项惠农政策，加大公共财政投入。投入6532万元，推进社会保障和就业工作。投入3318万元，推动医疗卫生事业发展。率先完成辖区户口“一元化”换发工作，建立有效农村土地、宅基地、集体资产、集体福利等管理机制，让群众在享受户改政策各项权益保障的同时，解决好辖区内户籍管理规范化、标准化和科学化建设难题。进一步巩固和完善新型农村合作医疗制度。全年全区参合农民43977人、参合率97.9%，提高农民报销比例，开展大病商业保险，开通网上一卡通。实行重症精神病患者免费治疗，尿毒症患者透析全免费；妇女二癌普查、妇女免费体检、孕产妇分娩每人补助300元；开展儿童两病、“光明微笑”行动，全区所有儿童进行免费体检，实行社区卫生服务全覆盖。全区投资健康教育经费12万元，健康教育全覆盖，建立健康教育网络，开展健康教育知识培训，加大手足口病和艾滋病防治，开展血吸虫病查螺灭螺工作，查螺面积191.4万平方米。强化人口计生工作。将人口和计生目标管理责任制考评指标纳入开发区经济和社会发展全局中统筹安排、同步实施，稳步地促进全区人口与计生工作整体水平的提高。规范道路运输管理。全区新增车辆63台，新增吨位162吨，办理各类证件81件。稳固发展交通运输经营市场，同时还加强市场监管工作，通过与公安、交警等部门配合开展多次以交通运输市场秩序综合整治为目的的专项行动，净化道路运输市场环境。

【管理与服务】 成立“企情收处”中心。2014年9月，由南昌开发区工委会研究决定，成立南昌开发区“企情收处”中心，收集整理、督办反馈各企业需政府协调解决的问题和对区各级部门的建议等事项，这是企业向区管委会反映问题和意见的绿色通道，为企业提供方便、快捷、高效优质服务平台。自成立以来，通过手机、短信、来函等方式，收集处理30家企业反映40个问题。处理问题主要涉及政策扶持、基础设施建设、优化生态环境、行政效能提升、园区功能配套等方面。11月，南昌开发区经开区依托企情收处中心在全区范围内集中开展“企业大走访”活动，由区工委班子成员牵头，实地走访114户企业，收集近200个问题，其中解决问题180个。

设立“熊少波说理执法警务室”。2014年10月28日，公安部在人民大会堂召开全国公安机关爱民模范先进事迹报告会，表彰全国公安机关100个爱民模范集体、100名爱民模范。南昌市公安局南昌开发区分局蛟桥派出所民警熊少波被授予“全国公安机关爱民模范”荣誉称号，并受到中央领导的接见。熊少波创新设立“熊少波说理执法警务室”，管辖面积10平方千米，人口2万人，有30家企业和在建工地，企业员工5000人。多年来，熊少波走访企业5000家次，利用多种形式为企业发布治安防范、警情提示、便民服务等温馨提示短信1万条，帮助企业调处矛盾纠纷300起，为企业挽回经济损失200万元，为企业职工解决实际困难200件。熊少波先后荣获全省十大法治人物、全市“模范法制工作者”、全市“十大爱民警察”等30项荣誉。

自行车租赁项目投入运营。2014年，南昌市公交总公司在南昌开发区布局试点公共自行车租赁点。9月10日，12个站点开始运营，投入350万元，公共自行车300辆。公共自行车标准站内建设有1个服务亭、3个停车棚，其中设有可供市民充值洪城一卡通、缴纳水气费、手机话费充值等一系列便民服务的一体机。

政务微信正式上线。2014年5月，“南昌开发区”政务微信公众服务号正式上线运行。上线政务微信平台为公共订阅号，手机用户可以通过微信搜索订阅号“南昌经济技术开发区”或者扫描微信二维码添加关注。“南昌经济技术开发区”政务微信上线后，在传递内容上，平台坚持以权威信息吸引网民关注，信息涵盖政务、民生、百姓生活等内容，树立南昌开发区官方微信品牌形象。微信平台上线标志着南昌开发区正式开启网络问政微博、微信“双微时代”。

中国网库“腾计划”走进南昌开发区。2014年5月21日，南昌开发区与中国网库江西省运营中心联合举办“工信部‘腾计划’高峰论坛暨实用型电商人才培训会——走进南昌经济技术开发区”活动，吸引来自全市120家中小企业参加。

（南昌经济技术开发区管委会）

呼和浩特经济技术开发区

【概况】 呼和浩特经济技术开发区（以下简称“呼和浩特开发区”）下辖如意工业园区（如意总部基地）、金川工业园区区、呼和浩特出口加工区、国家级留学人员创业园和白塔空港物流园，规划面积240平方公里，目前建成区面积40平方公里，常驻人口12万人。

【经济发展】 2014年，呼和浩特开发区实现工业总产值355.1亿元。工业增加值完成61.5亿元，同比增长0.5%。固定资产投资完成225亿元，同比增长4.88%。其中工业固定资产投资完成95.1亿元（呼和浩特市统计局核减后为65亿元），同比增长25%。第三产业完成营业收入95.1亿元，同比增长15%。实际到位国内资金94.5亿元，同比增长41%，完成呼和浩特市政府下达80亿元任务的118%。引进国外资金1291万美元，完成公共财政预算收入15.08亿元，同比增长32.6%，完成呼和浩特市政府下达12.17亿元财政任务的124%。

【园区建设】 2014年，呼和浩特开发区沙尔沁工业区建设总规、控规和修规等城市规划编制工作已通过呼和浩特市规划委审批，工业区28个项目土地组件报批工作进展顺利，路网、绿化、污水处理厂、自来水厂等基础设施建设成果显著，光伏小镇建设步伐加快；如意总部基地在建和竣工楼宇22个，全年共引进企业184家，注册资金24亿元；金川工业园区建成内蒙古电商大厦并投入运营，组织申报自治区科技企业孵化器并获批；快出口加工区和白塔空港物流园区转型升级步伐；开展保税展示交易、跨境电子商务等新型保税服务业务和蒙古国有色金属矿产进口业务，启动申建综合保税区工作，编制完成了《申建综合保税区可行性报告（初稿）》《呼和浩特新机场空港经济区产业与空间布局补充研究》。

【人才建设】 2014年，呼和浩特开发区留创园加快完善招才引智平台建设，孵化功能逐步显现，组织申报了“内蒙古创业园”创业孵化基地。总投资20亿元、选址在如意总部基地规划建设总建筑面积为38.5万平方米的中国呼和浩特留学人员创业园，除国家科技企业孵化大厦将于2015年7月份交付使用外，其余的大部分已建成并投入使用。有三个国家级、三个自治区级的创业和孵化单位开始正式入驻。

【项目建设】 内蒙古科林埃尔电子材料有限公司3GW电子材料产业园区项目总投资210亿元人民币，截至2014年底，累计完成投资70.78亿元。内蒙古麒麟明珠胶原蛋白肠衣有限公司胶原蛋白肠衣系列产品项目总投资13.5亿元，截至2014年底，累计完成投资13亿元。内蒙古勤达科技有限公司碳纤维复合材料制品项目总投资11亿元，截至2014年底，累计完成投资6.24亿元。内蒙古三主粮天然燕麦产业股份有限公司燕麦系列产品加工项目总投资10亿元，截至2014年底，完成投资6.28亿元。内蒙古坤瑞玻璃工贸有限公司玻璃制品加工项目总投资11.3亿元，2014年完成投资4.62亿元。内蒙古晟纳吉光伏材料有限公司1.5GW扩产技改项目总投资2.44亿美元（约合15亿元人民币），2014年完成投资约3亿元。

【科技创新】 2014年，呼和浩特开发区组织企业申报国家中小企业发展专项资金项目、国家中小企业创新基金项目等共102项，申请扶持资金3.1亿元。共有40个项目通过评审，获得项目扶持资金共4801万元，通过“资金支持、政策扶持、服务支撑”三大招商引智举措，引进国内外优秀人才50人，引进获得国家专利技术（知识产权）14项。

【生态环保】 2014年，呼和浩特开发区进一步强化环境管理的基础信息，建立污染源“一企一档”管理制度。从源头控制污染源的产生，提高“市场准入”门槛，凡是不符合环保要求的一律不予审批，真正落实环保第一审批权。以水和大气污染防治为重点，不断加强对化工、制药、造纸等高污染、高能耗产业的控制与监管，特别是将制药企业污水达标排放及危废的处置作为监管的重点，确保治污设施正常运行；引进环保科研、技术孵化企业入园，为开发区、市环保事业的发展提供技术力量。对需要改进环保设备的企业，要求采用国家先进污染治理技术或国家鼓励发展的环境保护技术。

【基础设施配套】 2014年，呼和浩特开发区对沙尔沁工业区道路建设、路政维护、绿化共计投入资金达2.1亿元。总投资1亿元，日处理2万吨的污水处理厂主体建设已全部完工，进行通水运行。总投资3.43亿元占地251亩的自来水厂，完成办公楼、综合楼、附属用房主体工程。三条主干道的路网工程竣工，道路路网工程和绿化工程启动，并对道路进行了修缮。

【社会发展】 2014年，呼和浩特开发区对新农村示范村小什拉乌素村进行整体改造，投入3000多万元改造道路、铺设管网，修建村委会、文化站、幼儿园等公共设施。切实保障农民权益，发放养老保障金68万元，发放率达到100%；沙尔沁中心校校安工程竣工并投入使用，织了迎助学捐款活动，捐款捐物共计价值5万余元；沙尔沁中心校申报的“中央暨自治区公益金支持乡村学校少年宫”项目通过审查复核阶段，获45万元的扶持资金；争取到上级财政共计846万元的地区教育补助资金；新建5100平方米的卫生院，全面推进新型农村合作医疗参保工作，参保率达100%；初步建立安全生产网格化监督检查体系，共出动车辆120次（248人次），检查企业108家。

加快推进沙尔沁镇新农村建设和“十个全覆盖”工程。按照“四通、五化、六有”的标准，先后投入近亿元，完成了5个村“十个全覆盖”建设任务。

【工管委领导】 党工委书记李建平，党工委副书记、管委会主任吴志强，党工委副书记云风英，纪工委书记安白白，管委会副主任那顺巴雅尔、杨云峰、边金良、赵常富、张焕宏、王荣、张瑞、贺伟。

（呼和浩特经济技术开发区管委会）

南宁经济技术开发区

【发展概况】 南宁经济技术开发区（以下简称经开区）代管那洪街道、金凯街道，托管吴圩镇，辖区总面积504平方公里，人口25万人。为优化产业布局，经开区由中心区和空港经济区两大部分组成，中心区主要由金凯工业园、银凯工业园、北部湾科技园、南宁生物医药产业园、中央商住区构成，产业有生物制药、机电制造、新材料、轻工食品。打造南宁生物医药产业园将成为中心区未来的重点。空港经济区将重点引进空港物流、航空食品、轻型电子和新材料、生物制药及商业住宅配套产业。

【经济发展】 2014年，南宁开发区完成规模以上工业总产值514.92亿元，同比增长25.64%；规模以上工业增加值145.29亿元，同比增长19.80%；全社会固定资产投资172.02亿元，同比增长21.04%，其中工业投资108.01亿元，同比增长29.23%；财政收入完成27.77亿元，同比增长26.39%；社会消费品零售总额105.57亿元，同比增长12.3%；实际到位内资91.23亿元，增长26.21%；直接利用外资6860万美元，同比增长8.03%。

【基础设施建设】 2014年，南宁开发区完成基础设施投资约16亿元。全力建设全长近19公里、双向8车道、征拆量达1800亩15万平米、管线迁移达27种的友谊路改扩建工程，该工程用不到8个月时间，于2015年2月实现主车道通车；建成标准厂房总面积36.3万平方米，提前超额完成市委、市政府下达的20万平方米标准厂房建设任务；生物医药产业园内一批道路相继完工，累计完成雨污水管网建设总长约83公里。

【管理与服务】 2014年，南宁开发区在抓好“硬件”的同时，十分注重“软件”建设。成立企业建设局，专门负责重大项目建设和服务。实行重大项目领导挂点联系制度，一个项目一名管委会领导、一个服务队，责任领导每周现场办公，及时解决企业诉求；成立全国少有、广西唯一的行政审批局，实现一枚印章管住314个审批事项，审批时限从306个工作日缩短到25个工作日。在全区率先启动工商营业执照、组织机构代码证、税务登记证“三证合一”改革，办结时间从15个工作日缩短到1个工作日；开通了贯穿银凯工业园、北部湾科技园的新环线免费公交线路，着力解决企业员工交通出行难的问题，园区内300多家企业共3万多名员工受益。

【招商引资】 2014年，南宁开发区强化招商力量，整合资源，组建3个招商部门，错位招商，分别负责空港区、中心区及总部经济的招商工作。重点瞄准生物制药、先进科技装备制造、空港产业等，梳理出国内医药行业重点企业50强，逐步登门对接招商。制定《鼓励招商单位引资奖励办法》，行政推进与市场运作并重，驻点招商与委托招商并行，以商招商、社会招商、产业招商同步，强招商、大招商的格局逐步形成。与中国外商投资协会、戴德梁行、仲量联行等国内外驰名招商中介建立了长期合作关系。沃尔玛、三星、通用电气、西门子、强生等73家世界500强企业和国内知名企业走进经开区考察，并建立紧密联系，与13家企业（协会）签订项目投资协议和合作框架协议，签约金额达201亿元。全年引进项目112个，总投资318.5亿元，实际到位内资91.23亿元，直接利用外资6860万美元，超额完成市政府下达任务。

【产业发展】 2014年，南宁开发区整合组建绿港建设投资集团，通过发行公司债券、银行贷款、引入社会资本等拓宽筹融资渠道，全年基础建设筹融资37.23亿元，直接帮助23家企业融资22.81亿元。出台服务企业政策，制定《2014年经开区关于鼓励工业企业快增长、扩规模、上台阶的实施办法》，发挥财政资金的引导和杠杆作用，鼓励企业挖潜改造、增资扩产、提升规模；组织编印《经开区企业重点产品名录》，鼓励园区企业互相采购互为配套。2014年新增规模以上工业企业11家，新增亿元企业20家。

【园区特色】 2014年，南宁开发区紧紧围绕生物制药、先进科技装备制造、空港产业等产业开展招商引资，以引进世界500强、国内医药行业重点企业50强为主要目标，着力引进行业龙头。1月14日，开发区与海王集团签订南宁海王百亿规模保健品生产项目投资协议，项目计划总投资15.2亿元；3月4日，开发区与台湾三合兴药业有限公司签订台湾三合兴酵素（南宁）生产基地项目投资协议，项目计划投资4亿元，建设生产安神酵素、娇颜酵素、壮固酵素、养命酵素、儿童酵素、益寿酵素等系列产品项目。项目建成投产后年产值不低于4.5亿元，年税收6000万元，并将三合兴药业的东盟区域总部设在开发区；3月24日，开发区与广西粤桂高科技术有限公司签订粤创高新电子产品生产项目投资协议，项目总投资4亿元。

【投资促进】 2014年，南宁开发区重大工业项目建设成果显著，全年新开工项目190个，总投资129.81亿元；续建项目75个，总投资120.61亿元；竣工投产项目175个，累计完成投资91.09亿元。

2月22日，南宁开发区“百会”品牌系列药品生产项目、鸿基标准厂房项目正式开工建设，两项目总投资达4.96亿元。由广西丰业投资有限公司投资的“百会”品牌系列药品生产项目总投资3.75亿元，南宁鸿基标准厂房项目总投资1.21亿元；5月14日，中美合资项目广西普乐维美动物营养有限公司年产3万吨预混饲料项目在经开区正式建成投产，已完成投资6300万元；6月29日，总投资约18亿元的神冠集团生物制药及胶原食品生产项目在经开区开工建设；7月12日，南宁海王百亿规模保健品生产项目在经开区开工建设，项目计划总投资15.2亿元，竣工达产后可实现年产值100亿元，年创税13亿元；12月6日，台湾三合兴酵素（南宁）生产基地项目在南宁经开区开工建设，项目计划投资4亿元，年税收6000万元，并将三合兴药业的东盟区域总部设在经开区。

（南宁经济技术开发区管委会）

西宁经济技术开发区

【概况】 西宁经济技术开发区（以下简称“西宁开发区”）现下辖东川工业园区、甘河工业园区、生物科技产业园区和南川工业园区，区域规划面积126.6平方公里。2007年被批准为国家第二批循环经济试点园区；2010年生物科技产业园区被国务院批准升级为国家级高新技术产业开发区；2012年被批准为首批“国家电子商务示范基地”；2013年被评为“国家级孵化基地”。是青海省唯一一家通过ISO9001：2008质量管理体系认证和ISO14001：2004环境管理体系认证的事业单位。

【经济发展】 2014年，西宁开发区完成地区生产总值403亿元，同比增长22%；完成工业增加值319.8亿元，同比增长22%；地区生产总值、工业增加分别占到西宁市的37.4%和67.1%，同比提高1.6和3.1个百分比；完成地方公共财政预算收入17.5亿元，同比增长29%。截至2014年，西宁开发区累计入驻各类企业1312家，其中工业企业386户，建成投产271家，商贸流通及其他企业926家，园区企业从业人员达到6.6万人，其中2014年新增就业人员4500余人。

【产业发展】 2014年，西宁开发区通过落实《青海省工业转型升级重大产业基地建设实施意见》，全面推进开发区“两个千亿元、两个五百亿元”产业基地建设，全年共实施重点工业项目146项，完成投资373.5亿元，同比增长19.7%。开发区通过推进产业重组整合，园区光伏制造、藏毯绒纺、有色金属精深加工等产业整合有了新进展，电解铝延深加工产能达到70%以上。园区全年新增规模以上工业企业21家，现规模以上工业企业达到169家。全年开发区工业总产值达到1026.8亿元，首次突破千亿元大关，在青海省15个重大产业基地中所占比重高达76%；实现销售收入（含技工贸）1842亿元，在青海省15个重大产业基地中所占比重为73%；第三产业完成增加值50.75亿元，同比增长42.2%，三产占比达到12.6%，同比提高2.4个百分点；轻工业完成产值388.5亿元，同比增长25.2%，增幅比重工业高5.2个百分点，轻工业产值占比达到37.8%，同比提高1.7个百分点。

【招商引资】 2014年，西宁开发区围绕开发区重大产业基地建设，谋划提出了100个前期工业项目和40个现代服务业项目，开发区项目库储备项目达到305个，总投资规模1380亿元。实施园区基础设施及配套项目建设74项，完成投资76.8亿元。招商引资实际到位资金达到417.6亿元，同比增长21.3%。2014年“青洽会”布展工作中成功签约项目36个，合同引资额达298.7亿元，其中投资额超过10亿元的大项目有12个，已有光伏逆变器、锂电储能（动力）电池、铝合金及汽车零部件等13个项目开工建设。2014全年进出口总额达9.7亿美元，比上年增长39%，占青海省进出口总额的56.43%。

【高新技术】 2014年，西宁开发区在新能源、新材料、生物技术等企业创建了一批国家级和省市级工程技术研发中心。全年园区企业研发投入达到3.36亿元、比上年增长44.2%，新设立各类研发平台13个，研发平台总数达到55个，获得科技成果31项、专利技术160项。高新技术企业达到43家，比上年新增加10家；科技型企业达到62家，比上年新增加8家；高新技术企业完成产值148亿元，比上年增长86%，各园区企业引进高级职称以上专业技术人员112名，总计达401名，其中博士44人。

【金融创新】 2014年，西宁开发区积极创新融资服务模式，努力营造园区良好的融资服务环境，各园区和开发区投资控股集团公司加强与金融机构合作，分别建立了“种子基金融资授信贷款”、“中小企业助保贷”、“中小企业融资服务公司”等融资平台，努力帮助园区企业化解融资难的困难，年内组织园区224家企业与金融机构进行了26场银企对接活动，帮助企业直接融资62.6亿元。此外，青海天城信用担保公司为园区73家企业提供了267笔共36.26亿元的贷款融资担保，有效缓解企业“融资难”问题；开发区投资控股集团公司和各园区通过银行土地储备贷款、发行中期票据、短期融资券等方式，筹措建设资金48亿元，有效保障园区建设等资金需求；通过申报国家和省上支持开发区发展的各类专项资金，为企业争取各类扶持资金10.33亿元，各园区财政给企业兑现优惠政策扶持资金1.93亿元支持企业发展。

【循环经济】 2014年，西宁开发区实施了多晶硅冷氢化改造、电解铝双阴极钢棒节能改造、铁合金烟气净化利用、蒸汽凝液回收、余热发电等重点技改项目54项，园区光伏制造、轻金属材料、藏毯绒纺、锂电材料及储能（动力）电池、有色金属延伸加工、特色化工、中藏药、高原特色动植物精深加工等产业链初步形成；“国家循环化改造示范试点园区”甘河工业园，2014全年实施了68个环保整治项目，对长期排放不达标的西部锌业等9家企业进行了强制停产改造，开工建设了西区生活污水处理厂、园区固体废弃物填埋场、企业工业废水零排放、污染源监控平台等重点环保配套项目。2014年甘河工业园环境空气优良天数达到186天，比2013年同期增加143天，优良率达到52%，园区企业工业废水回用率达到86%。

【管委会领导】 青海省委副书记、西宁市委书记、开发区党工委书记王建军，西宁市委副书记、市长、开发区管委会主任王予波，西宁市委常委、开发区党工委常务副书记、开发区管委会常务副主任姚琳，开发区党工委副书记、纪工委书记吕品，开发区党工委委员、管委会副主任郭天明。

西宁经济技术开发区主要经济综合指标一览表

项目		单位	2014年	2013年	增减%
开发区生产总值		亿元	402.96	349.3	21.5
第二产业		亿元	335.72	293.74	14.29
工业		亿元	319.26	272.68	22.03
第三产业		亿元	50.75	35.08	44.67
工业总产值（现价）		亿元	1026.77	863.37	18.93
高新技术企业		亿元	148.63	79.57	86.79
销售（营业）收入	第二产业	亿元	—	—	—
	工业	亿元	994.2	842.28	18.04
	第三产业	亿元	877.35	681.33	28.77
利润总额（规模以上）		亿元	-10.8929	-1.7597	—
区内主导产业及产值					

续表

项目		单位	2014 年	2013 年	增减%
主导产业	1. 新能源	亿元	79.21	63.02	25.69
	2. 新材料	亿元	68.42	55.03	24.33
	3. 有色（黑色）金属	亿元	507.29	405.41	25.13
	4. 生物医药、食（保健）品	亿元	178.34	145.12	22.89
	5. 藏毯绒纺	亿元	81.22	63.39	28.13
	6. 化工	亿元	41.78	37.78	10.59
第三产业		亿元	—	—	—
进出口总额		亿美元	9.7	6.98	38.97
出口		亿美元	4.84	4.71	2.76
财政收入		亿元	37.95	30.59	24.06
税收收入		亿元	35.88	28.54	25.72
财政支出		亿元	25.48	—	—
新批企业个数		个	133	89	49.44
外商及港澳台企业		个	—	—	—
内资企业		个	133	89	49.44
新批企业投资额	外商及港澳台企业	亿美元	—	—	—
	内资企业	亿元	49.99	64.71	-22.75
规模以上企业个数		个	161	144	11.8
合同外资金额		亿美元	3.5	1.6	118.75
外商实际投资		亿美元	2.85	0.91	213.19
固定资产投资		亿元	449.32	378.8	18.6
年末从业人员数		万人	6.61	6.53	1.23
在岗职工平均工资		元	4342	3902	11.27
万元 GDP 能耗		吨标煤/万元	1.17	1.24	-5.65
水资源消耗总量		万立方米	2686.29	2557.11	5.05
单位国内生产总值取水量		立方米/万元	6.67	7.32	-8.88

（西宁经济技术开发区管委会）

太原经济技术开发区

【经济发展】 2014 年，太原经济技术开发区（以下简称“太原开发区”）面对经济下行压力的影响，克服困难、迎难而上，主要经济指标均实现又好又快增长：完成实现工业总产值 612.92 亿元，同比增长 18.75%；完成财政总收入 33.24 亿元，同比增长 32.5%；完成公共财政收入 12.36 亿元，同比增长 43%；完成固定资产投资 102.76 亿元，同比增长 35%。

【园区特色】 太原开发区已形成国家级装备制造（能源装备）产业基地、国家级新材料新能源基地、国内有影响的电子信息产业基地、国内有影响的食品及农产品加工基地、国内有影响的生物制药产业基地。为加快高新技术产业的发展，全面提高企业技术创新能力，太原开发区出台了《科技项目发展资金使用和管理暂行规定》。截至2014 年底，太原开发区已有 21 家企业通过省级高新技术企业认证，2014 年全区完成高新技术企业产值 76.31 亿元人民币。

【基础设施建设】 太原开发区按照总体规划和“有收益项目市场化引资，无收益项目财政投资”、“谁投资、谁受益”的原则，基本完成了 9.6 平方公里内的道路、雨污水管网、供水、供电、供暖、供汽、煤气设施及管网、通讯网络、绿化、土地平整、污水处理、固体废弃物处理等基础及配套设施建设。目前，区内骨干道路网建设，主干路网基本形成，给排水、热力、煤气管网全部贯通，通讯设施、宽带网络、有线电视线路已随道路管网一并铺设，基本实现了“九通一平”。截至2014 年底，区内建成 220KV 变电站、110KV 变电站、35KV 变电站各一座，10KV 开闭所两座；区内全部采用引黄水，日供水能力达 60 万吨；区内建成 145 吨供热供汽热源厂一座，70 兆瓦采暖、170 吨蒸汽热源厂各一座，实现了冬天供热、夏天供冷气、全天侯供应热水和蒸汽的服务；区内共完成绿化面积 442542.3 平米，完成投资约 3125.1 万元，绿化覆盖率达到 46%。

【科技创新】 2014 年，太原开发区高新技术企业新认定 7 家，累计 28 家；高新技术成果鉴定 2 项；高新技术产业销售产值 2046213.465 万元，占规上企业销售总产值 34.12%；研发费用投入 67889.67 万元；有效发明专利授权 18 件，累计 190 件。

【投资促进】 2014 年，太原开发区签约项目总数为 22 个，总投资 281.1 亿元，其中总投资 10 亿元以上项目 7 个，5 亿—10 亿元以上项目 5 个，项目涉及装备制造、新材料研发、移动通信、商贸物流、房地产等行业；利用外资 43133.77 万美元，年度储备项目总数为 79 个，总投资 1458 亿元，涉及装备制造、电子信息、生物医药、仓储物流、商业地产等行业。项目储备定位于新型工业化及现代服务业项目，严格杜绝煤焦、冶金、化工等传统耗能污染项目；注重储备项目的落地可能，充分考虑储备项目的立项、规划、土地、环保等相关问题，以促成储备项目的高落地率和高开工率；储备项目力争投资大带动性强的项目，10 亿元以上项目已达 32 个。

【投融资建设】 2014 年，太原开发区全面推进“两集中、两到位”改革，进一步减少审批环节、简化审批程序、压缩审批时限。行政审批事项由原62项保留为50项，减少幅度19%；政务服务事项由49项合并为24项，减少幅度为51%，确保所有事项在大厅办理，不搞体外循环。开展审批流程再造工作，搭建了企业入区注册平台和项目落地建设运行平台，开展项目入区联合审批、企业注册联合审批、项目落地建设联合审批和企业运行联合审批服务，编制并公示新的审判流程图，明确各单位审批负责人和办理时限。实现从项目入区联合许可开始到项目报建、施工许可完成，全流程审批时限45天。建立行政审批职能整合机制。全面整合各部门内部审批职能，将所有审批权归并到一个科室，确定13家单位入驻政务服务中心，形成权责并重、审管分离、公开透明、廉洁高效的行政审批运行机制。建立行政审批授权委托机制。各职能部门对行政审批服务科和行政审批首席审批员充分授权，使其进驻中心后，独立完成行政审批工作，确保窗口审批、盖章、证书制作三到位。

【生态环保】 2014年，太原开发区重点组织实施了南畔、南黑窑等四个“城中村”社区的清洁能源供暖改造工程，实现了居民原有分散燃煤锅炉的全面置换，同时加速推进富士康，中电科技33所等单位的燃煤锅炉置换工作，有效改善了冬季大气空气质量，烟粉尘、二氧化硫等污染物排放实现了大幅度的削减。随着入区项目的逐步建成投用，生产、生活污水的排放逐年增加，为了满足入区企业日益增长的实际需要，积极推进金世纪阳光污水处理厂二期项目建设，帮助企业解决项目落地过程中遇到的各类困难，项目已进入施工阶段。

【人才建设】 2014年，太原开发区利用省市对人才的支持政策，注重对博士后工作站、海外高层次人才创新创业基地、院士工作站、国家级和省级企业技术中心等人才平台的建设，开发区管委会申请设立了博士后工作站和海外高层次人才创新创业基地，设立企业市级院士工作站7家（其中2家获批省级院士工作站），设立山西省引进国外智力成果示范推广基地一家、博士后创新实践基地一家。拥有国家百千万人才工程、国务院特贴专家省级领军人才10余名，省学术技术带头人5名，引进博士后研究人员4名，与10余名两院院士签订长期的技术合作协议，有4名海归博士入选省“百人计划”，2名“千人计划”专家、2名“百人计划”专家在我区创建科技型企业，多名优秀人才在科技创新方面作出了突出贡献。至2014年底，开发区从业人员已达10万余人，其中：博士生40余人，硕士生近600人，本科生7000余人，有2500余名专业技术人员通过评审取得相应的职称。

【管理与服务】 按照“封闭式管理，开放式运作”的新型管理模式运作，设立了企业服务大厅。大厅遵循“审批与服务并重，服务重于审批”的理念，以事为主，方便企业；根据《行政许可法》的要求，实施并联审批，精简办事程序，缩短办事时限；按照公开、公平、公正、透明、规范、高效的原则，实行“一个窗口受理”、“一个窗口领证”、“一个窗口收费”的一条龙服务和“首问负责制”。开发区经济发展局、环保局、建设局、工商分局、质监分局、土地分局、规划分局、地税局、国税局、物业服务中心等审批服务部门组成审批服务窗口，银行、人才交流中心、会计师事务所等机构为入区企业提供延伸服务。区纪检监察、投诉中心在大厅设置监督服务窗口，保证各项审批服务事项的落实；投诉中心24小时受理企业各类投诉。建立了外商投资审批服务中心、企业项目建设服务中心、企业运行服务中心等三大服务体系。实行“三大服务中心”例会制度。所有入区企业在办理各项行政许可和审批事项以及施工建设、生产经营中遇到问题均可直接上报议题到“三大服务中心”。

【社会事业】 在加快园区建设的同时，

太原开发区坚持经济发展和社会事业发展有机结合，着力构建和谐社会。一是解决失地农民问题，统筹城乡发展，出台和落实了一系列政策办法，从政策上引导农民规模化从事养殖业以及商业、饮食等第三产业，鼓励引导农民利用自身优势走自主择业、自谋发展的道路。二是构建就业培训体系，对农村转移劳动力进行加工技能、电脑应用、绿化、服装加工、保安、锣鼓等专业培训，使其拿到就业上岗“通行证”，并安排就业。三是成立工程协调中心，区属农村组建工程服务队，为区内建设项目提供土方、物流等多种服务，解决部分村民的就业和收入问题。四是组建成立巾帼锣鼓队，参与社会化服务。五是引导农民将征地补偿款投入到有收益保障的物业项目，增加收入。六是启动了“城中村”改造工作，建设社会主义新农村。七是进一步完善居民社会保障体系，做到“老有所养、老有所依”。开发区 2851 户，9228 名农村居民参加了新型农村合作医疗，参合率达到 100%。

【机构设置与管委会领导】 太原开发区管委会下设党群部门：党群工作部、纪工委、总工会、群工部、妇工委、团工委、综合治理办公室、机关党委、企业党委、社会事务局党委；行政部门：工管委综合办公室、财政局、社会事务局、经济发展局、建设管理局、安全生产监督管理局、招商发展局、环保局、组织人事社会保障局、综合执法局、新闻宣传中心、接待办公室、政策研究室、投诉中心（信访局）、政务服务管理办公室、城中村建设管理中心、北京招商办、科技创新局．太原开发区管委会主任刘斌、党工委书记尤天拴、党工委副书记邢珺淼、管委会副主任董良、陈曦、乔建伟、王建民。

（太原经济技术开发区管委会）

银川经济技术开发区

【经济发展】 2014年，银川经济技术开发区（以下简称“银川开发区”）党工委、管委会紧紧围绕宁夏回族自治区“4643”产业结构调整总体布局和银川市“2258”工作思路，扎实推进“三调、两转、一示范”发展战略，顶住经济下行压力，千方百计稳增长、调结构、转方式、促发展，经济保持了平稳较快的发展势头。全年完成工业总产值284.8亿元，同比增长13%；完成工业增加值78.8亿元，同比增长10.6%；完成固定资产投资50.6亿元，同比增长26.6%。完成地方公共财政收入12.43亿元，同比增长12.2%。技工贸总收入520.2亿元，同比增长10%；实现高新技术产值44.8亿元，占规模以上工业总产值20.4%。

【产业转型】 选准“高轻新”转型发展路径，产业升级迈出实质性步伐。按照“调高、调新、调轻”的思路，将国家战略和开发区比较优势紧密结合，进一步明确了高端装备制造、战略性新材料和生产性服务业（iBi育成中心）三大主导产业定位，采取有力措施，助推产业结构优化升级，各项工作取得实质性突破。第一，装备制造业发展向高端化方向迈进。一是实施“腾笼换鸟”，帮助困难企业走出困局。今年以来，受市场影响，风机制造等行业下滑，新能源装备制造等项目困难加大，面对严峻形势，引进了香港美泽新能源控股有限公司，租赁恩德公司的闲置厂房，实施年产150套1.5—2.5MW风机叶片建设项目，已正式投产。引进宁夏新华宸公司控股银起重工公司，调整起重机产品结构，提高市场竞争力；引进金银河公司生产风机塔筒，为新能源企业进行配套。二是精准发力，支持现有企业技术革新升级。支持共享铸钢公司实施数字化制造项目，提升数字化制造水平，推进大河数控机床有限公司数控珩磨机床技术达到国际先进水平，加快推进宁夏轨道交通高端轴承项目，打造国内第四、西部第一的高端轴承生产基地，积极对接巨能机器人等一批影响力较强的项目，目前已有明确投资意向，正在重点跟踪。第二，战略性新材料发展水平实现历史性突破。一是紧盯光伏材料，打造行业发展新亮点。开发区实现单晶硅产能1万吨，建成世界最大的单晶硅棒生产基地。银和新能源成功拉制了国内唯一的大尺寸单晶硅棒，标志着开发区单晶硅生产规模和技术水平站在了国内的制高点。二是紧抓工业蓝宝石发展机遇，打造产业发展新起点。引进台湾佳晶公司建设年产300吨蓝宝石晶体、600万片晶圆项目，生产的54公斤级工业蓝宝石正式投产。浙江天通公司投资10亿元的蓝宝石项目已开工建设，天通、佳晶两家企业计划于2015、2016年度共安装600—800台长晶炉，达产后产能将达1500吨，为把开发区打造为全国规模最大、影响力最强的蓝宝石晶棒生产基地奠定基础。第三，iBi模式领先全国新经济发展，初步建成全区现代服务业聚集区。iBi育成中心运营一年来，通过大力培育发展物联网、电子商务、云计算等战略新兴产业，开启宁夏2.5产业先河，实现了核心业态的裂变式聚集和主营指标的几何级增长，成为西部高端生产性服务业的聚集区、宁夏科技型服务业发展的引领区、引领全区转变经济发展方式的示范区。截至2014年12月底，入驻企业308家，从业人员破4200人，主营业务收入达31.26亿元，实现网络交易额2900亿元，提前3年实现网络交易额过千亿元目标。上缴税收1亿元，企业利润总额达到2.86亿元，取得自有知识产权303项，累计培育挂牌上市企业5家，每平方米产值达到21000元，人均产值、人均利润和人均纳税分别达到：75万、6.8万和2.8万元，实现了园区核心业态的裂变式聚集和主营指标的几何级增长。一是物联网产业集群加速形成。目前，已聚集25家物联网应用企业，在物流、公共服务、环境监测、智能交通等领域发挥了重要的作用，产业特色进一步显现。二是电子商务发展态势良好。网上交易额突破2900亿元。入驻电商企业74家，实现主营业务收入10.8亿元。以黄金、白银、农副产品等大宗商品为主的线上交易占全国网络交易额的2%；电子物流应用平台覆盖全国，物流信息化平台市场占有率达95%以上。三是大数据应用走出区外，走向全国。建成了多个影响全区、面向全国的大数据应用平台，园区大数据应用在全区覆盖率达98%以上，成为“智慧宁夏”建设的核心网络，全国农村沼气综合应用等4个国家级平台，覆盖全国，医疗大数据等平台等4个自治区级平台，引领行业示范。四是高端生物医药科技取得重大突破。园区聚集了基于高端生物科技研究应用企业13家，在造血干细胞研究治疗、产前基因检测、DNA检测、种马繁育等应用领域技术领先，以乐嘉生物、台湾博讯生物、中青农业为代表的干细胞研发及基因检测、分子育种生物科技工程，填补了国内空白。五是知识产权转化取得明显进展。出台了一系列政策措施，鼓励企业发展自主知识产权，不断加快专利技术成果转化应用，已取得知识产权303项。六是文化创意产业发展壮大。银川iBi育成中心育成广告文化产业园开园运营，一年入驻企业68家，实现主营业务收入7.6亿元，上缴税收2700万元，全国唯一的国家级工业设计创意产业综合服务平台和宁夏唯一的互联网金融平台运行良好。银川iBi育成中心在国内的影响力进一步扩大，在第十二届大连软交会上获六项国家级大奖，先后荣获8个国家级示范基地称号。

【园区特色】 经过多来年的发展，银川经济技术开发区的基础设施及相关配套全面优化，优势特色产业集群已形成一定规模，产业体系逐步完善，科技创新能力、产业结构和优势特色产业都有了较大的发展，正逐步向现代化园区迈进。一是高端装备制造业的智能化。支持传统制造企业通过技术革新和两化融合提升核心竞争力。小巨人公司数控机床产品首次出口欧洲、日本等发达经济体，舍弗勒公司高端汽车轴承领域为宝马、奥迪、大众、通用等国际知名汽车企业配套，巨能机器人年产各类机器人达到300台，银利电器产品在神舟飞船得到应用，西部轨道交通公司投资22.5亿元建设的西部最大的轨道交通轴承基地加快建设。二是战略新兴材料产业的集聚化。佳晶、天通等工业蓝宝石项目加快建设，着力打造中国最大的工业蓝宝石晶棒生产基地。以西安隆基硅公司为依托，建成了世界最大的单晶硅棒生产基地，打造全国最大的切片生产基地。三是互联网+产业的国际化。紧扣国家战略，以iBi育成中心为平台，运用和国际接轨的创新理念，大力推进互联网+产业发展，整合融合传统产业，引领示范宁夏和银川市转型升级，带动区域产业创新的生态改变。通过近年来的发展，银川经济技术开发区得到了国家、区、市的充分肯定，被国家工信部、商务部、文化部、科技部等认定为“装备制造国家新型工业化产业示范基地”、“国家电子商务示范基地”、“新能源国家科技兴贸创新基地”、“国家文化产业示范基地”、“国家级知识产权试点园区、全国创业孵化示范基地”，培育出世界最大的单晶硅生产单体工厂、中国单体最大的原奶生产企业、中国最大的枸杞地理标志产品外贸企业、中国第一座智能网络化机床制造工厂等17个在国际、国内有影响力的示范工厂。

【科技创新】 创新体系科学完善，转型发展后劲持续增强。一是加快高新技术产业发展。全年新增高新技术企业5家，使开发区高新技术企业达到30家，占全区50%；高新技术实现产值44.8亿元，占规模以上工业总产值的20.4%。二是加快企业创新平台建设。支持企业发展科技型中小企业、公共服务示范平台、技术创新中心等创新平台，全年新增各类科技创新平台54个。三是落实科技扶持政策。全年兑现了共享集团等60家企业科技创新扶持奖励资金2199万元；兑现蒙牛乳业有限公司等5家企业重大项目扶持资金2257万元。四是人才管理实验区工作成效显著。成功争取国家创业孵化基地、国家大学科技园挂牌项目，引进国家千人计划专家1名。围绕台湾佳晶蓝宝石项目聚集台湾籍高层次人才和高技能型人才10余名。坚持企业的主体地位，搭建产学研服务平台。引进甲骨文、IBM等国际培训机构，开辟了国际化人才培养之路。加强与宁夏大学等科研院校的产学研合作，与宁夏大学签订了战略合作协议。与浙江大学在博士生实习、科研成果转化、高层次人才培养等方面达成了合作意向。加强人才服务工作，投资3亿余元建设高层次人才公寓，对于入住人员按户给予一次性补助5000元，在引进人才、留住人才方面进行了有益探索。

【招商引资】 围绕主导产业补链提质，推动招商向选商转变。全年实施招商引资项目24个，计划总投资约185亿元，当年到位资金50.6亿元。其中，引进世界500强企业2家，国内行业500强企业3家。主要引进了台湾佳晶蓝宝石、浙江天通蓝宝石、正大集团饲料、香港美泽新能源风机叶片、爱华新能源低倍聚光太阳能电池组件、奥地利特钢公司高端锻件及合金材料、光彩生物公司酵素饮料等一批产业带动性强、技术含量高的项目。

【机构设置与管委会领导】 银川经济技术开发区管委会下设：党政办公室、经济合作局、经济贸易发展局、财政局、规划和土地局、建设局、组织人事劳动局、政策法制办公室、安监局、纪工委、机关（企业）工委11个内设机构。开发区下设银川育成投资有限公司、银川经济技术开发区建设开发有限公司、银川高新技术产业开发总公司3个直属公司，工商局、国税局、地税局、公安局、检察院在开发区设立派驻机构，实行“一个窗口对外”、“一条龙服务”。

银川经济技术开发区管委会党工委书记、管委会主任王久彬，党工委副书记郝有民（2014年8月退休）、李鸿儒、白建平，管委会副主任蒋光临、崔昆、袁京平、马耀勇，纪工委书记杨宏伟。

【基础设施建设】 不断加大基础设施建设力度，为转型升级提供有力支撑。一是全力做好基础设施和行业配套建设工作。全年实施基础设施和行业配套建设项目17个，完成道路修建13条，总长25公里，完成投资6320万元。新增公共绿地25.7万平方米。西区公交、供电、供排水等企业和职工关心关注的热点问题得到了有效解决。iBi育成中心总投资10亿元的一期15万平方米科技地产项目全部投入使用；二期40万平方米的科技地产项目加快推进，预计2015年内投用。投入600多万元，改善安置小区道路、绿化、美化等配套设施，优化居民生活环境。陆港物流配套项目建设有序推进，全年实施物流配套项目5个，完成投资1亿元。二是盘活土地资源。加大闲置土地处置力度，全面清查入区企业土地的开发利用情况，收回闲置用地2宗204亩。加大土地收储力度，完成土地征收298亩。组织对企业土地利用情况进行调查，督促仁创科技、天净电力公司等多家企业启动实施二期工程建设。

【平台建设】 适应开发区产业重点发展战略，以建设“四大”创新平台为抓手，推动产业转型。一是加强科技平台建设。依托企业组建了1家国家级企业技术中心、4家院士工作站、8家国家和地方联合工程研究中心和17家自治区级企业技术中心。通过借助8大国家级示范基础、6大公共服务平台和30个技术研发中心，较好解决了企业缺少创新投入的短板，增强了企业自身转型内在动力，开发区高新技术企业占到全区的50%。二是产业发展平台建设工作有序开展，启动了环保产业园和高端晶体材料产业园产业规划工作，深度实施了战略性新材料产业园环境整治和水、电、暖等配套工程。三是搭建融资平台，解决企业融资难问题。推动5家企业成功上市，突破企业融资的瓶颈制约。创新融资模式，建立完善线上线下融资服务新平台，着力破解中小企业融资瓶颈，年内实现中小企业线上线下融资7.5亿元。四是建立了中小微企业融资贷款风险补偿基金，降低了中小微企业融资风险。指定专人负责协调区市有关部门，争取产业扶持政策，累计上争资金1.2亿元。

【管理与服务】 管理体制机制更加优化，服务措施更加有力，推进综合实力进一步提升。一是进一步优化管理体制机制，营造良好的发展环境。健全完善了“一切以真实数据说话、一切以客观效果评价”的考核体系，对各部门及全体干部职工工作完成情况进行量化考核。调动了干部队伍工作的积极性和主动性。对开发区权限范围内审批事项实现零收费，打造无收费开发区。在宁夏率先实行集中开放式办公，将经合局、经发局、安监局、国税、地税等与企业联系紧密的部门集中到管委会一楼办公，开展“一站式”服务。推进服务工作进入快车道。二是创新融资模式，着力解决融资困难。积极探索资产证券化、BT、BOT、承兑汇票、融资租赁、信托、企业债券、中期票据等融资模式，保障开发区基础设施建设、重大项目建设。管委会直属公司成功发行债券8亿元，成为全区首个发债成功的工业园区，有效缓解了财政支出压力。加强与邮储银行等金融机构的联系合作，年内落实邮储银行贷款融资2亿元，惠及中小微企业22家。三是加大政策、资金支持力度，鼓励中小企业在新三板上市融资。比照新三板上市条件，筛选了一批具有上市潜力的企业进行宣传引导，组织开展了针对性辅导，引导企业积极上市，年内新增上市企业5家。四是切实解决企业实际困难。针对企业运行实际情况，党工委、管委会确定了抓好困难企业脱困、支持现有企业产能提升、促进潜力企业入规、项目建设达产、加快重点工程和园区建设和加大招商引资力度等六个方面的服务重点，推进企业生产经营顺利进行。

【政策发布】 2014年银川经济技术开发区党工委、管委会印发了《银川经济技术开发区党工委、管委会关于促进投资和产业发展的若干政策规定》等扶持产业集聚发展、企业做大做强的激励政策。

银川经济技术开发区主要经济综合指标一览表

项目	单位	2014年	2013年	同比率
地区生产总值	亿元	128.01	114.3	12.0
其中：第二产业	亿元	94.01	83.49	12.6
工业	亿元	78.78	71.2	10.6
第三产业	亿元	34	30.97	9.8
工业总产值	亿元	284.8	252.04	13.0
其中：规模以上工业企业	亿元	219.1	200.09	9.5
高新技术企业	亿元	44.8	43.22	3.7
企业主营业务收入	亿元	328.8	231.19	42.2

续表

项目	单位	2014 年	2013 年	同比率
企业利润总额	亿元	15.9	9.71	63.7
财政收入	亿元	25.07	22.78	10.1
其中：公共财政预算收入	亿元	12.43	11.08	12.2
税收收入	亿元	11.03	10.47	5.3
当年固定资产投资	亿元	50.63	40	26.6
出口总额	亿元	12.07	11.08	8.9
进口总额	亿元	6.78	8.33	-18.6
新增外商及港澳台投资企业数	个	5	3	66.7
合同利用外资金额	亿美元	0.23	0.64	-64.1
实际利用外资金额	亿美元	0.25	0.54	-53.7
期末实有内资企业注册资本	万元	360.09	268.95	33.9
期末实有企业数	个	4696	3526	33.2
年末全区从业人员	人	68000	67041	1.4
全区能耗总量	吨标煤/万元	60.18	68.18	-11.7

（银川经济技术开发区管委会）

南京经济技术开发区

【概况】 南京经济技术开发区（以下简称“南京开发区”）2002年3月被批准为国家级经济技术开发区。2003年3月获国务院批准在区内设立国家级南京出口加工区。2011年12月，获得国家级生态工业示范园区授牌。2012年9月获国务院批准设立南京综合保税区（龙潭）片区。区内还先后设立了国家级高新技术产业园、海峡两岸科工园、显示器件产业园和省级高校科工园、电子信息产业园以及市级生物医药科工园、韩国工业园、LG产业园、液晶谷、紫金（新港）科技创业特区等十多个国家和省市级特色产业园。

【经济发展】 2014年，南京开发区实现地区生产总值806亿元，增长7.3%；财政收入175亿元，增长25%；公共财政预算收入72亿元，增长25%；工业总产值3568亿元，增长4%；全社会固定资产投资315亿元，增长11.6%；实际利用外资3.5亿美元。

【产业发展】 2014年，开发区全年单位工业增加值能耗同比下降3.5%，战略性新兴产业收入占规模以上工业总收入比重超过80%，服务业增加值占地区生产总值的比重提升2个百分点。康尼机电、视威科技分别在上海A股、新三板成功上市。国家级出口光电显示产品质量安全示范区创建工作通过验收。区内集聚了487家来自20多个国家和地区代表行业乃至世界领先水平的企业，世界500强投资企业61家，内资超亿元企业62家，其中规模以上工业企业124家。开发区光电显示产业集聚了一批液晶显示、OLED显示、激光显示、新光源、太阳能光伏、电子装备等项目。其中，中电熊猫、夏普、乐金显示等企业，总投资约115亿美元，形成了以TFT－LCD面板、模组及整机制造为核心的产业集群，成为国内液晶产业集群度最高、液晶模组生产规模第一的开发区，并全力打造全国领先、产业规模达3000亿元的“中国南京液晶谷”。

【投资促进】 2014年，开发区成功举办“国家级开发区对话世界500强”、“中国平板显示学术会议”、“薄膜晶体管国际设计会议”等高质量招商活动，全年新批引进重点项目36个，实际利用外资3.45亿美元。成立开发区重大项目督查工作领导小组，全年新开工重点项目30个，新竣工重点项目21个。总投资35亿美元的LG化学新能源汽车动力电池项目实现当年引进、当年开工，玻璃基板项目、星芯微电子半导体研发项目签约落户，中唐电子化合物半导体项目开工建设，G108项目主体全部封顶，进入设备安装阶段。综保区引进了苏商、格满林、南纺、中建等一批保税物流和贸易项目，建成并运营跨境电子商务监管中心，引进了一批电商企业。

【科技创新】 2014年，区内高新技术产业产值占全区工业产值80%，高新技术产品出口额占全区出口额90%以上，专利申请量达到1241件。开发区所属南京新港高科技产业园成为苏南国家自主创新示范区的重要组成板块，获批“国家创新人才培养示范基地”，紫金（新港）科技人才创业特别社区成功创建国家级孵化器，获批“国家级文化和科技融合示范分基地”，获得全市特别社区建设发展一等奖。加快推进特别社区载体建设，红枫、创智、兴智、龙港四大科技园新建成投用科创载体50万平方米，总量达到60万平方米。目前，落户特别社区的科技型企业合计285家，其中，南京市“领军型科技创业人才”以上人才创办企业166家，占总数的58%；光电、信息等战略性新兴产业领域企业73家，占总数的53%。特别社区继续推进南京先进激光技术研究院、南大光电工程研究院、北大南京产业创新研究院等五大创新平台建设，已建成16个研发中心、培育孵化了50多家科技型企业。其中，北大（南京）产业创新研究院获批市战略性新兴产业创新中心，南京先进激光技术研究院获批市重大公共技术服务平台，并正式纳入江苏省产业技术研究院体系（全省共8家）。此外，特别社区还在积极推进与南京国检共建的南京现代光电与数字智能产品公共技术服务平台建设，现已启动平台仪器设备招投标工作。

【社会事业】 持续开展“结对帮扶经济薄弱村（社区）”、“送岗位进社区”、“千企帮千户”活动，帮助三个托管街道近800人次实现再就业，累计为17个薄弱村（社区）帮扶资金7000多万元解决87件困难事宜。加快推进龙岸花园、液晶谷、尧辰路三大片区安置房建设，完成1503套选房安置，累计交付3500套。引进省中西结合医院东院项目，帮助街道扩建中小学、改造提升社区商业街、实施环境整治工程、打造乡村旅游项目。全年实现大专以上学历人员在开发区就业近5000人次。建立“党政同责、一岗双责、齐抓共管”的安全监管责任体系，扎实开展迎青奥安全生产200天、“六打六治”打非治违等专项行动以及“厂中厂”安全隐患排查。

【机构设置与管委会领导】 南京开发区管委会下设开发区工委、管委会办公室（行政审批服务处），经济发展局（安全生产监督管理局）、投资促进局（招商局）、财政局、科技人才局、建设局、国土资源与环境保护局、社会事业局（房屋征收办公室）、组织人事局（人力资源和社会保障局）、宣传局（法制办）和城市管理局（综合执法支队）。南京开发区管委会工委书记臧正金，管委会主任、工委副书记邢正军，管委会常务副主任杨友林（5月15日任），工委副书记李华，巡视员倪德龙，副主任徐志国、蒋伟，副主任张铁波、沈吟龙，纪工委书记杨彬。

南京经济技术开发区主要经济综合指标一览表

项目		单位	2014年	2013年	增减（%）
开发区生产总值		亿元	806	751	7.27
第二产业		亿元	721	684	5.40
工业		亿元	711	682	4.25
第三产业		亿元	852	68	26.13
工业总产值（现价）		亿元	3568	3430	4.03
高新技术企业		亿元	960	1065	-9.89
销售（营业）收入		亿元	4305	4135	4.10
第二产业		亿元	3546	3515	0.88
第三产业		亿元	759	620	22.37
区内主导产业及产值		亿元	3406	3380	0.77
主导产业	1. 电子信息	亿元	2033	1970	3.20
	2. 石油化工	亿元	985	1033	-4.58
	3. 轻工机械	亿元	388	377	2.83

续表

项目		单位	2014 年	2013 年	增减（%）
进出口总额		亿美元	120	130	-7.70
出口		亿美元	51	60	-13.60
财政收入		亿元	175	140	25.00
税收收入		亿元	172	137	25.18
新批企业个数		个	309	334	-7.49
外商及港澳台企业		个	14	18	-22.22
内资企业		个	295	316	-6.65
新批企业投资额	外商及港澳台企业	亿美元	2	6	-66.67
	内资企业	亿元	69	61	11.43
	增资企业	亿美元	1	5	-74.74
合同外资金额		亿美元	3	11	-72.19
外商实际投资		亿美元	3	8	-57.11
固定资产投资		亿元	316	283	11.62
年末从业人员数		个	108562	108045	0.48
规模以上企业个数		个	401	417	-3.84
工业		个	223	262	-11.07
万元 GDP 能耗		吨标煤/万元	0.053	0.077	-31.17

（南京经济技术开发区管委会）

兰州经济技术开发区

【经济发展】 2014年，兰州经济技术开发区（以下简称“兰州开发区”）完成生产总值166.94亿元，同比增长27.98%；工业增加值83.54亿元，同比增长38.76%；销售收入392.60亿元，同比增长20.8%；企业固定资产投资240.88亿元，同比增长25.89%；完成地方财政收入28.48亿元，同比增长22.66%；税收总收入23.44亿元，同比增长44.14%。

【产业发展】 2014年，兰州开发区加快发展以新型工业和现代服务业为主导的优势产业，不断提升经济发展的质量和效益，全区切实转变经济增长方式，促进产业结构调整。打造形成了以中石油西部物流中心、中国铝业连铝总部为代表的总部经济集群；以和盛堂、新兰药、禾邦、科创、九州通、佛慈、申联医药、人为峰药业为代表的医药物流集群；以众邦电缆、蓝科石化、宏宇变压器等为主的先进装备制造产业集群；以兰州交大、甘肃农大和科技孵化园等为代表的科教文化集群；以万里、兰飞和长风等为代表的航空航天产业集群；以正威国际为代表的电子信息产业集群。

【园区特色】 2014年，按照兰州市委、市政府《关于推进兰州新区、兰州高新技术产业开发区、兰州经济技术开发区融合发展的实施意见》精神，兰州开发区集中力量积极融合兰州新区发展，重点负责兰州新区机场北高新园区、机场北物流产业园和农业现代加工产业园的招商引资和项目建设工作。三个园区划总面积38.38平方公里，重点发展生物医药、新能源、新材料、电子信息、物流配送等新兴产业和生态旅游产业。

2014年12月30日进行了空间布局及管理体制调整，辖安宁园区、西固园区、红古园区、皋兰园区及机场北高新园区等五个二级园区。在国批区9.53平方公里的基础上规划面积达到165.32平方公里。

【科技创新】 2014年，兰州开发区全面推进产学研合作，引导辖区企业与省农科院、西北师大、兰州交大、甘肃农大等10所院校建立了科研成果转化合作伙伴关系，并建立了经济区科研成果项目库，汇集涵盖了生物医药、农业、电子科技、工学、食品科学等25个方面332项科研项目。近几年累计为企业申报市级以上名牌产品10个，30多户企业通过了ISO9000质量管理体系认证，23户企业通过了甘肃省科技厅组织的高新技术企业认证。

【投资促进】 2014年，兰州开发区全力引进项目，截至2014年底，在机场北高新技术产业开发区累计开工项目24个、总投资额353.5亿元；新引进项目13个，意向投资额163.4亿元；新开工项目9个、建成项目5个。2014年，完成进出口贸易总额664.06万美元，其中：进口贸易额465.58万美元，出口贸易额198.48万美元。

【生态环保】 2014年，兰州开发区红古园区成功申报第五批国家“城市矿产”示范基地，加快构建“城市矿产”循环经济产业链，以兰州兴盛源再生资源为主体，打包申报了总投资14.28亿元的16个重点项目。安宁园区重点加快节能技术和节能产品推广应用，鼓励和引导企业加大技术改造力度。机场北高新园区重点依托“出城入园”企业和招商引资项目打造生物医药产业链，现有禾邦、科创、申联、人为峰、天慈、安泰堂、新兰药、佛慈、和盛堂等15个生物医药项目，总投资105.76亿元，当年到位资金26.55亿元。2014年，兰州开发区万元工业增加值用水量为9.34立方米/万元，万元工业增加值耗能为0.26吨标煤/万元，二氧化硫排放量为200吨，氮氧化物排放量为48吨，化学需氧量排放量为481吨，氨氮排放量为277吨。

【管理与服务】 2014年，兰州开发区进一步完善园区管理服务体制，建立便利化“一站式”服务体系，行政事项审批实行并联审批制、限时办结制、重大事项审批“绿色通道”等制度。项目建设方面，通过领导包抓责任制、百日会战行动、项目现场推进会等措施全力推进项目建设。招商引资方面，聘请了北京市甘肃商会、广东省甘肃商会、四川省甘肃商会、市政府驻厦门办事处等12个招商引资区域代表帮助开展招商引资工作，介绍线索项目。投融资方面，加大对开发区基础设施、公共服务设施和政策平台建设的投入，主动同投资机构、保险公司及商业银行等合作，加大融资力度。规划建设方面，从项目建设的规划选址、用地规划许可、工程规划许可、工程初步设计、施工合同备案、工程施工许可、安全备案、工程质量监督、招投标、工程竣工验收等阶段实现了“一条龙”审批服务。房地产方面，建立了“一站式”的房地产交易大厅，实现了房地产交易与权属登记管理工作一体化。

【机构设置与管委会领导】 兰州开发区下设党政办公室、纪工委（监察局）、组织人事局、财政局、经济发展局、规划建设和房地产管理局、国土资源局、招商服务局等8个内设机构和投融资中心（兰州经济技术开发区城市建设投融资公司）1个直属机构。

（兰州经济技术开发区管委会）

宁波大榭开发区

【经济发展】 2014年，宁波大榭开发区（以下简称“大榭开发区”）实现地区生产总值200.3亿元，同比增长8.6%；财政总收入111.5亿元，同比增长9.2%；工业总产值541.5亿元，同比增长5.1%；全社会固定资产投资65亿元，同比增长41%，其中工业投资58.2亿元，占89.5%；进出口总额30.7亿美元，同比增长33.1%；合同使用外资1.3亿美元，实际使用外资1.1亿美元，实际利用内资（大市外）37.2亿元；港口货物吞吐量8052万吨，同比增长6.9%，其中集装箱吞吐量255万标箱，同比增长16.4%；现代服务业营业收入1155亿元，同比增长12.1%。

【临港经济】 2014年，大榭开发区全年进口原油2796万吨、货值190亿美元，约占全国进口总量的10%；全长666公里的中石化“甬—沪—宁”输油管道全年中转输送量达1994万吨。中海油大榭贸易公司获商务部批准在全省全市首家开展原油贸易，全年完成原油贸易量240万吨、实现税收9.4亿元。中海油大榭石化全年完成原油加工量490万吨，缴纳税收54.8亿元。万华工业园区工业企业实现税收15.7亿元。总投资134亿元的中海油大榭石化馏分油综合利用项目完成桩基、隧道、大件运输等系列前期工作，全面开展设备安装；总投资53亿元的东华能源福基石化丙烷资源综合利用项目基本完成桩基工程，土建工程全面推进中。总投资6亿元的华泰盛富乙酸仲丁酯、总投资8亿元的榭北热电两个项目全面开工；万华化学10万吨氯化氢氧化制氯、5万吨水性树脂、万华容威三期4万吨聚醚扩建、汉圣化工环保橡胶油、环洋化工二期3万吨环氧氯丙烷扩建等五个项目建成投产，总投资8亿元的大榭港区信海油品仓储项目完工，国内首个具有自主知识产权的银亿乙硅烷项目实现当年签约并开工。大榭石化四期改扩建项目启动前期报批工作，东华能源200万方大型液化气基地站项目在浙洽会上签约并完成地质初勘，乙烷裂解制乙烯项目开展前期研究。

【现代服务业】 2014年，大榭开发区以油品、煤炭、金属、物流等大宗商品贸易为主，文化传媒、股权投资等新兴服务业齐头并进的现代服务业体系基本形成，现代服务业税收贡献已占全区税收总额四分之一左右。上海分众传媒公司、益普索公司、优壹宝贝公司等为代表的一批优质传媒电商龙头企业成功落户大榭。远大物产等5家企业获评2014年度宁波市优势总部企业。

【基础设施建设】 2014年，大榭开发区完成5个控制性详规公示、技审等工作。基本形成“水、电、气、路、管廊”立体化基础设施建设体系。全年实施政府投资建设项目23个，总投资1.4亿元的大工业供水工程加快推进；总投资8000万元的220KV冷岙变扩容工程正在推进中，东港南路电力通道工程完工，第二座220KV变电所选址和电力第三通道开展前期工作；总投资2亿元的北仑—大榭天然气管道工程全面开工建设；总投资2亿元、全长7346米的公共管廊工程一期2标段顺利施工。深化“三改一拆”专项行动，全年拆除违法建筑21万平方米。启动“智慧岛”建设。完成榭北化工园区封闭式管理框架设计，开展“八打八治”打非治违专项行动。

【生态环保】 2014年，大榭开发区成为宁波市唯一年均PM2.5浓度达到二级标准的区域，空气质量优良率持续保持全市第1位。完成全国第一家进口工业品生态安全港创建。在全省范围内第一家开展区域环境风险评估。推进腾笼换鸟、节能减排和落后产能淘汰工作，实施重点节能技改项目26项，全年实现规上工业万元增加值能耗同比下降7.3%，实现近年来首次下降。占全区能耗总量90%以上的重点用能企业单位产品能耗，均已达到国内同行业领先水平。完成4家企业8台中频炉淘汰验收，对4家低效企业增收差别化电价，完成非工业S7变压器淘汰。实施环境整治项目19个，超额完成年度黄标车淘汰任务，实施排污权有偿使用制度，顺利完成全年减排任务，完成万华热电一期锅炉烟气脱硝等一批减排技改项目。开展区域内印染、重金属行业淘汰整治、临港重化工企业挥发性有机物整治等专项行动。抚育山林3500余亩，种植各类树种15万余株，完成重点道路区块绿化升级改造8.2万平方米。实施总投资超3.5亿元的36个治水项目。重点开展工业污水治理，投资3229万元加快污水处理厂提标改造，努力使废水排放达到一级A类标准，同步确保建成区内100%截污纳管处理。初建智慧城管平台，开通96310城管热线。提升环卫保洁机扫率至65%，提升16小时保洁面积至59万平方米。

【社会事业】 2014年，大榭开发区全力实施“六项民生实事工程”，总投资2.13亿元的社区教育学院、大榭中学风雨运动场和图书馆（青少年宫）、游泳馆等工程完工投用；完成金城小区、海滨花园老小区改造；完成公共自行车一期全部工程，新设9个网点、投入200辆公共自行车；购置投用8辆环保公交车；建成投用200套公共租赁房，开工建设400套保障性住房，研究制定具体分配方案；完成海港路机非分离安全出行试点工程；实现城区主要公共场所免费WIFI无限制覆盖。大榭高中段教育委托北仑区统筹办学，集中精力办好义务段教育。完善文化管理体制，发挥大榭剧院、体育馆、文艺馆等引领文化发展主旋律的作用，全年组织国内外专业演出83场次。认真贯彻“实缴”变“认缴”、“先证后照”变“先照后证”的注册登记制度改革，全年新增各类市场主体330家。加大就业动态帮扶力度，新增（帮扶）就业282人，开展城乡各类劳动者职业培训1131人次。各类社会保险参保率保持在97%以上，持续位居全市前列，本地居民各类养老保障参保21699人，全面完成市政府下达的社保扩面任务。

【投资促进】 2014年，大榭开发区具有代表性的在建重大项目已达到10个，总投资达到216亿元。2014年5月8日，大榭开发区重大民生实事工程——大榭中学图书馆、青少年教育中心、社区教育学院、大榭中学风雨运动场工程顺利通过竣工验收；5月30日，总投资2.2亿元的中海油大榭石化管廊隧道顺利贯通；6月12日，总投资7.5亿元的榭北热电项目和总投资6亿元的华泰盛富乙酸丁酯（仲）项目全面开工；中海油大榭贸易有限公司正式获得商务部颁发的原油销售经营许可证；12月8日，宁波—舟山港大榭港区招商国际码头一阶段工程（2#、3#泊位）减载靠泊能力获浙江省港航管理局批复。此为交通运输部《沿海码头靠泊能力管理规定》（以下简称《规定》）实施后，浙江首个按《规定》获批的码头泊位；12月9日，大榭招商国际码头举行当今世界最大集装箱船19100TEU“中海环球”轮首航庆典仪式；12月24日，国内目前最大规模的电力排管项目——大榭开发区东港南路电力通道工程顺利通过竣工预验收。

【组织机构和管委会领导】 2014年，大榭开发区管委会、党工委下设办公室、审计局、组织部、宣传部、总工会、政法办、经发局、财税局、社会发展保障局、规划建设局、安监环保局、交通局（港口局）、投资合作局、市场监管局、大榭街道、房屋征收管理办、开发公司、控股公司、房产公司、工程公司、化工仓储公司。

管委会、党工委领导：市委常委、管委会主任、党工委书记陈利幸，管委会副主任、党工委副书记陈召华、张才国，管委会副主任、党工委委员陈旭勤（2014 年 10 月任职）、王志荣、刘黎勇、郑安源，党工委委员、纪工委书记项瑛，管委会副主任（兼）、党工委委员、公安分局局长王雅宁（2014 年 9 月任职），党工委委员、经发局局长、党组书记沈才林（2014 年 9 月任职），党工委委员黄金国，管委会副巡视员李灵。

宁波大榭开发区主要经济综合指标一览表

<table>
<tr><th colspan="2">项目</th><th>单位</th><th>2014 年</th><th>2013 年</th><th>增减（%）</th></tr>
<tr><td colspan="2">开发区生产总值</td><td>亿元</td><td>200.3</td><td>184.1</td><td>8.6%</td></tr>
<tr><td colspan="2">第二产业</td><td>亿元</td><td>133.1</td><td>122.0</td><td>9.1%</td></tr>
<tr><td colspan="2">工业</td><td>亿元</td><td>131.5</td><td>120.4</td><td>9.2%</td></tr>
<tr><td colspan="2">第三产业</td><td>亿元</td><td>67.2</td><td>62.1</td><td>8.2%</td></tr>
<tr><td colspan="2">工业总产值（现价）</td><td>亿元</td><td>541.5</td><td>515.0</td><td>5.1%</td></tr>
<tr><td colspan="2">高新技术企业</td><td>亿元</td><td>18.9</td><td>15.4</td><td>22.7%</td></tr>
<tr><td colspan="2">销售（营业）收入</td><td>亿元</td><td>1639.8</td><td>1543.1</td><td>6.3%</td></tr>
<tr><td colspan="2">第二产业</td><td>亿元</td><td>484.8</td><td>513.1</td><td>-5.5%</td></tr>
<tr><td colspan="2">工业</td><td>亿元</td><td>480.7</td><td>509.8</td><td>-5.7%</td></tr>
<tr><td colspan="2">第三产业</td><td>亿元</td><td>1155</td><td>1030</td><td>12.1%</td></tr>
<tr><td colspan="2">利润总额</td><td>亿元</td><td>61.2</td><td>49.2</td><td>24.4%</td></tr>
<tr><td colspan="2">第二产业</td><td>亿元</td><td>31.7</td><td>40.4</td><td>-21.5%</td></tr>
<tr><td colspan="2">工业</td><td>亿元</td><td>31.3</td><td>40.0</td><td>-21.8%</td></tr>
<tr><td colspan="2">区内主导产业及产值</td><td></td><td></td><td></td><td></td></tr>
<tr><td rowspan="2">主导产业</td><td>1. 石油加工、炼焦和核燃料加工业</td><td>亿元</td><td>265.2</td><td>250.6</td><td>5.8%</td></tr>
<tr><td>2. 化学原料和化学制品制造业</td><td>亿元</td><td>232.0</td><td>215.6</td><td>7.6%</td></tr>
<tr><td colspan="2">进出口总额</td><td>亿美元</td><td>30.7</td><td>23.1</td><td>33.1%</td></tr>
<tr><td colspan="2">出口</td><td>亿美元</td><td>9.7</td><td>6.4</td><td>52.7%</td></tr>
<tr><td colspan="2">财政收入</td><td>亿元</td><td>111.5</td><td>102.08</td><td>9.2%</td></tr>
<tr><td colspan="2">税收收入</td><td>亿元</td><td>112.5</td><td>102.09</td><td>10.2%</td></tr>
<tr><td colspan="2">财政支出</td><td>亿元</td><td>34.31</td><td>33.04</td><td>3.8</td></tr>
<tr><td colspan="2">新批企业个数</td><td>个</td><td>165</td><td>135</td><td>22.22</td></tr>
<tr><td colspan="2">外商及港澳台企业</td><td>个</td><td>4</td><td>1</td><td>300</td></tr>
<tr><td colspan="2">内资企业</td><td>个</td><td>161</td><td>134</td><td>20.15</td></tr>
<tr><td rowspan="2">新批企业投资额</td><td>外商及港澳台企业</td><td>亿美元</td><td>315 万元人民币</td><td>1000 万美元</td><td></td></tr>
<tr><td>内资企业</td><td>亿元</td><td>14.67</td><td>12.47</td><td>17.64</td></tr>
</table>

续表

项目	单位	2014 年	2013 年	增减（%）
合同外资金额	亿美元	1.3	1.0	30%
外商实际投资	亿美元	1.1	0.7	57.1%
固定资产投资	亿元	65.1	46.0	41.4%
年末从业人员数	个	34987	33410	4.7%
在岗职工数	个	34953	33356	4.8%
在岗职工平均工资	元	53748	48927	9.9%
规模以上企业个数	个	163	162	0.6%
工业	个	43	47	-8.5%
万元 GDP 能耗	吨标煤/万元	0.64	0.68	-5.9%

（宁波大榭开发区管委会）

海南洋浦经济开发区

【概况】 2014年，海南洋浦经济开发区（以下简称“洋浦开发区”）面对复杂多变的宏观形势和经济下行的巨大压力，特别是在区内油气化工、浆纸等主导产业产品价格持续下跌的不利情况下，洋浦工委管委会积极应对，洋浦开发区一方面尽全力协调省直各部门，帮助企业解决项目资质审批、国际航线船舶临时停靠、安全生产事故等建设和生产运营中的困难和问题，为企业稳定经营提供良好的外部环境；另一方面，积极推动第三产业发展，协调华信控股、山东高速、康宁药业等贸易公司在洋浦完成商品贸易额约700亿元，增长约40%，同时继续保持对港航物流产业的扶持力度，支持企业发展。

【经济发展】 2014年，洋浦开发区交通运输业实现营业收入249亿元，增长约27%，实现了经济逆势增长，主要经济指标增幅远高于全省水平。地区生产总值实现254.3亿元，同比增长11.5%；工业总产值829.6亿元，同比增长19.5%；固定资产投资118.2亿元，同比增长16.6%；地方公共财政收入24.3亿元，同比增长44.1%；港口吞吐量3516.4万吨，同比增长18.5%。

【园区特色】 2014年，洋浦开发区建立了“一次申请、同步办理、三证合一”的四部门网上联动审批登记制度，实现“一表申报、一口受理、一窗发证”的便捷登记流程；完成了省政府下放44项行政审批事项的承接工作，各部门行政审批事项由458项精简到276项，减少近40%；以建设国际能源交易中心为契机，积极探索在洋浦建立自由贸易港区的可行性和必要性，交易场所已经完成交易软件调试等各项前期工作，即将开业运营；积极与海口市共同推动，重组海南的港口资源，控股公司以小铲滩为资产，与海口港航控股有限公司签订了港口合作协议，成立合资公司和经营班子，小铲滩集装箱码头正在按照优化后的方案加快建设；调整优化管委会所属各部门的职能，新组建了安监环保局、交通海洋局、市政管理局、保税港区管理局等职能机构。

【投资促进】 2014年，洋浦开发区20个省重点项目全年完成投资107.6亿元，超额完成投资计划。一是300万吨LNG站线、海南原油商业储备基地、60万吨聚酯原料等一批省重点项目实现了年内竣工投产，成为新的增长点；二是洋浦港油品码头及配套储运设施、160万吨造纸二期、150万吨特种油、山东高速石化新材料产业基地、华信石油储备基地一期、金海浆纸码头扩建工程等项目建设进展顺利，全面完成了年度投资计划；三是积极推进聚酯原料二期、工业尾气综合利用、PTA二期等项目前期工作，已具备开工条件；四是进一步完善招商机制，积极争取，招商储备了热电联产、己内酰胺、燃料乙醇、加氢精制、甲醇碳四等一批符合洋浦产业发展方向的项目，签约总金额122亿元。

【生态环保】 2014年，洋浦开发区严把安全准入关，禁止项目“带病进区”，努力提升本质安全水平；深入开展安全生产隐患排查整治和“八打八治”专项行动，全年邀请省内外专家15人次，对区内重点化工、危险化学品企业进行了6次专项隐患排查，对查出的安全隐患安排专人跟踪督办，全部责令企业限期整改。加大环境监测站、应急中心的投入，环境监测和应急管理能力得到有效提升。协调金海投入近亿元引入芬兰臭气治理系统，臭气排放明显得到改善。根据2014年主要污染物排放总量核算结果，超额完成减排控制指标。

【社会事业】 2014年，洋浦开发区开工建设1286套保障性住房，完成省下达任务数的161.2%。完成三都镇3个村348户1729人的农村安全饮水工程和三都镇街道改造工程，社区道路硬化和路灯改造工程加快实施。完成了洋浦横四路10千伏线路、高山安置区自来水管道改造工程，及时维修破损市政道路、更换破损井盖等市政设施，群众生产生活条件逐步改善。大力改善办学条件。第二幼儿园和实验小学如期开学，洋浦中学学生公寓、新都小学综合教学楼、三都幼儿园已竣工；为三都学校购置了一批教育教学设备，办学条件得到改善；从部属师范大学引进了部分优秀教师，充实了教师队伍。通过实施加大公共就业服务和劳动技能培训、鼓励企业吸纳就业和促进创业带动就业、实施创业补贴和小额贷款贴息等政策，全年新增就业1537人。

【管委会领导】 工委书记李国梁，工委副书记、管委会主任张磊，工委副书记张琦（兼，任职至10月），工委副书记严朝君（兼，10月任职），工委副书记、管委会副主任、政法委书记徐学健，工委委员、纪工委书记王积权，工委委员、管委会副主任梁博（任职至10月），工委委员、管委会副主任王庆义，工委委员、管委会副主任、洋浦开发建设控股有限公司总经理罗苏平（5月任职），工委委员、管委会副主任张进（10月任职），工委委员、组织部部长、人事劳动保障局局长张德昌。

（海南洋浦经济开发区管委会）

厦门海沧台商投资区

【园区概况】 2014年，厦门海沧投资区（以下简称“海沧区”）全面推进产业转型、城区转型、社会转型，深化对台交流，全面贯彻党的十八大和十八届三中、四中全会精神，按照机制活、产业优、百姓富、生态美、台味浓的要求，围绕美丽厦门战略规划和活力海沧定位，全面推进新港口、新产业、新城区、新家园、新机制建设，较好地完成了2014年初确定的各项目标。

【经济发展】 2014年，海沧区完成地区生产总值483.1亿元，增长13.1%；工业总产值1060.3亿元，增长11.7%；固定资产投资296.1亿元，增长21.7%；区级财政总收入155.7亿元，增长17.2%，区级财政收入25.1亿元，增长23.1%；城镇居民人均可支配收入35801元，增长10.5%；农民人均可支配收入20525元，全省“九连冠”，增长10.1%。跻身全国百强区第15名，投资潜力百强区第18名。

【新港口建设】 2014年，海沧区核心港地位日益凸显。东南国际航运中心辐射带动作用不断增强，港口集装箱吞吐量、货物进出口额首次超过东渡港，实现历史性突破。全年完成港口货物吞吐量6704.9万吨，增长12.4%；集装箱吞吐量476.4万标箱，增长25.2%，占厦门港55%以上。全球最大集装箱轮——“中海太平洋”轮首航靠泊海沧港。一是基础设施不断完善。远海码头建成全国首个第4代全自动化码头，11#液体化工泊位等项目进展顺利。南港池被列为省“十三五”新开工重大项目。积极推进“两环八射”快速路网建设，海景路正式通车，厦成高速建成并具备通车条件，马青路改造、海新路二期、海翔大道海沧主线段基本完工，海沧隧道海沧端接线工程、孚莲路拓宽加快推进，疏港路网持续完善，集疏运能力不断提升。二是临港产业持续壮大。钨业物流中心建成投产，IOI棕榈油、太平地毯、中储粮直属库搬迁项目开工建设，中油海峡、中盛冷链、华商、易贸网等项目有序推进。全市首个服务外包产业园区正式启用，瑞信融资租赁等20家企业入驻，拓展现代服务新业态。保税港区企业发展提质提速，税收增长25.1%。三是政策环境更加优越。积极融入自贸区建设，海沧被列入厦门自贸区的主要区域，复制实施上海自贸区海关监管创新制度。创新通关模式，加快通关一体化信息平台建设，启动“两单一审”改革，试点物流分类联网监管与“企业自主发送运抵报告”。东南红酒交易中心保税展示区正式运营，成为全省首个区外保税展示交易项目。

【产业发展】 2014年，海沧区战略性新兴产业加快培育。积极构建“3+3+6”现代产业体系。生物医药产业获批国家“战略性新兴产业区域集聚发展试点”，完成产值125亿元，纳税突破3亿元，新引进项目50个。生物医药孵化器成为国家级孵化器，国内首个宫颈癌疫苗进入三期临床试验，蓝湾科技、特宝生物等重点企业快速成长；生物医药港通用厂房二期全面封顶，艾德生物、大博医疗新厂基本建成。石油交易中心大厦建成运营，交易总额完成2898.7亿元，创税突破亿元，增长98.3%。信息消费与数字产业园配套工程抓紧推进，电子商务产业园正式启用。住宅现代化产业示范园进展顺利，全市首个全装配式示范项目动工建设，中铁现代建筑工业化基地正式启动，助推厦门市成为国家级试点城市。海沧区工业转型稳步推进。完善工业稳增长促转型各项措施，共兑现企业扶持资金 4830 万元。高新技术产业规上产值 657.3 亿元，占规上工业总产值 60% 以上。成立工业设计服务中心，通达电子、光洋连接器等项目顺利投产，钨业能源新材料、长塑薄膜等先进制造业项目开工建设。鼓励捷太格特、法拉电子等企业实施技改，瑞尔特卫浴“机器换人”项目进展顺利。着力促进企业转型升级，引导世佳化工、新阳纸业等落后产能停产、转型。海沧区商贸旅游业蓬勃发展。三产对经济增长的贡献增强，完成三产增加值 167.9 亿元，增长 20.4%，占地区生产总值比重达 34.75%；社会消费品零售总额 114.7 亿元，增长 21.5%。专业市场持续提升，新引进东本、标致等汽车 4S 店，汽车类零售额达 53 亿元，增长 35%；玛瑙、油画等特色产业精细化发展。跨市举办“走出海沧”商贸促销活动。海富路步行街正式开街，融信、泰地、正元等城市综合体项目进展顺利。举办音乐节、市民节、OP 帆船比赛等文化节庆活动；“大黄鸭”进驻海沧并开展配套旅游活动，日游客量突破 10 万人次。天竺山景区通过国家级生态旅游示范区初评。嵩屿成为厦鼓旅游客运航线重要码头，借势融入泛鼓浪屿旅游圈发展。海沧区发展后劲不断增强。全年审批外商项目 56 个，合同外资 3.3 亿美元，增长 24.8%；实际到资 2.5 亿美元，增长 60.8%。注册内资项目 2117 个，投资总额 159.4 亿元，增长 155.9%。完善“和谐幸福征拆”指挥协调机制，完成征地 10269 亩，拆迁 230 万平方米，征拆量均占全市 50% 以上。深入实施“海纳百川”人才计划，引进“千人计划”等专家 60 人，鼓励重点高校毕业生到海沧发展，入选省“人才强县”试点单位。

【社会与管理】 2014 年，海沧区城区建设持续推进。落实生态红线制度，编制主体功能区规划。正式启动马銮湾新城征地拆迁和基础设施建设，新阳大道及护岸工程、灌新路下穿段、马銮湾清淤整治工程正式开工；厦门院子、马銮湾 1 号、海沧万科城进展顺利。高标准提升海沧湾新城，东南国际航运中心总部大厦建设提速，轨道 2 号线开工建设；大屏山公园南门配套工程、天竺山景区“玉兰幽谷”建成投用，厦门儿童公园启动建设；新增道路约 41 公里，新垵中路“白改黑”工程等 11 个项目建成通车；新增 64 座智慧公交电子站牌，优化一批公交线路；新建公共自行车道 76 公里，占全市新建总长的一半以上；建成一批公共停车场，新增 719 个停车位。海沧区宜居环境不断提升。文明城区创建保持全省领先，文明指数季度测评、市容管理考评综合成绩均位列全市各区第一。通过国家级生态区验收，成为全市唯一省级宜居环境建设示范创建区。造林绿化进度全省“四连冠”、绿化考评连续六年全市第一。提升 44 个“四边三节点”景观，累计建成绿道 163 公里，占全市完成总量的 74.5%。马青路慢行系统基本完工，建成全市最长凤凰木绿道。实施“河长制”，开展过芸溪流域综合整治，基本完成玛瑙加工小作坊清理。完成许厝、山后等 17 个村庄污水治理工程，其余具备条件的村庄正在加快推进。海沧区民生保障不断加强。公共财政支出近八成投向民生事业，完成年度为民办实事项目，不断提升就业、安置、养老、弱势群体帮扶水平。社会保障工作得到人民日报、新华社等多家中央媒体肯定。获评“全省民政工作综合改革试点单位”，成为民政部“救急难”试点。被征地农民和海域退养渔民养老保险参保补助全市最高。城乡居民养老保险、医疗保险参保率连续五年达 100%。建成劳动就业一体化网络体系，落实促进就业各项优惠政策，完成就业再就业指标任务。安居房建设取得实效，水云湾建成投用，新月湾、临港新城一期Ⅰ组团竣工，兴东鑫一期基本建成，京口岩二期等顺利推进。海沧区社会事业统筹推进。深化教育均衡，厦门双十海沧附校、佳鑫幼儿园等4所中小学、3所幼儿园建成投用，新增学位7260个。启动进城务工人员随迁子女凭积分入学政策，农村艺术教育经验在全国工作会上推广。创出全国北师大合作办学的典型经验，与华中师范大学签约合作办学。大力开展文化惠民活动，构建完善公共文化服务体系。启动区级非遗项目申报工作，文艺小品获全国优秀推荐剧目奖。基本建成体育中心二期，加快建设东孚镇、新阳街道文体中心。举办全国击剑冠军赛、国际武术大赛、高尔夫女子欧巡赛等特色赛事，创办海峡两岸（厦门海沧）女子半程马拉松赛，厦门国际马拉松配套赛首次移师海沧。大力扶持长庚医院增开床位，海沧医院综合病房楼提前封顶；基层医疗门诊量提升56.7%；通过全国基层中医药服务先进单位验收。完成计生工作指标任务。建设全市首家自闭症培训机构，福乐家园获评省级自强健身示范点。被评为全国民族团结进步模范集体。双拥、妇女儿童、民族宗教、外侨、老龄、人防、档案、方志等各项工作取得新进展。海沧区和谐稳定成效显著。推进“平安海沧”建设，获评全国和谐社区建设示范城区，综治考评成绩在全市各区中名列前茅。构建管理、执法、服务“三位一体”的城市综合管理模式。率先全市超额完成“两违”整治任务，拆除“两违”326宗，面积73.3万平方米。落实安全生产“党政同责、一岗双责”，深入开展安全生产标准化创建工作，切实做好“六打六治”和燃气安全等专项整治工作。

【园区特色】 2014年，海沧区对台交流更加密切。两岸要员、名流、客商、民众往来频繁，对台交流成效得到中央、国家部委和省市领导赞扬。文化交流持续深化，成功承办海峡论坛·特色庙会、文博会分会场活动，举办首届海峡两岸（厦门）乐活节、第七届保生慈济文化旅游节，汉字节被国台办列为重点对台交流项目。中医药博物馆封顶，海峡文创中心加快建设。经贸往来纵深发展，全年新增台资项目16个，实际利用台资4927万美元，增长128.3%；台企贡献区级税收2.4亿元，增长10.7%。台湾风情商业街正式开业，引进台湾七大夜市112家特色商家入驻。社会交流亮点纷呈，设立全国台联两岸社区交流基地，举办海峡两岸（厦门海沧）社区共同缔造论坛，吸引台湾大学城乡基金会等积极参与活力海沧共同缔造。成立两岸义工联盟，两岸义工志愿行获评“政府创新中国十佳经验”、中国青年志愿服务大赛金奖，“两岸阳光故事家族”入围中国社会创新奖。成立大陆首个涉台检察室，逐步形成完整的涉台司法体系。深化对台教育、妇女、卫生、乡镇、宗亲等各领域交流。海沧区协商共治更加融合。积极探索基层治理体系和治理能力现代化，深化共同缔造工作，完成210个自然村（小区）的基础分类评定，完善“纵向到底、横向到边、纵横交错、互动共治”的协同治理体系。新厦门人服务综合体获评“福建省社会组织孵化示范单位”；社区微治理入选“中国社区治理十大创新成果”。探索“公建民营、医养结合”机构养老服务模式，建成24个居家养老试点。首次将新厦门人纳入社会救助范围，流动人口基本公共服务均等化成效突出，吸引德国、美国等国际专家学者参观考察。海沧区村居发展焕发活力。出台政策扶持村（居）集体经济发展，阳云外口公寓基本完工，正顺公寓等项目进展顺利，温厝、芸美、后柯、一农通过租持店面、厂房等方式发展集体经济。古楼、过坂试点农村土地承包经营权确权登记颁证工作。兴旺、海虹等成为美丽厦门共同缔造典范社区。启动现代都市农业项目，大曦山休闲旅游公园、青礁院前城市菜地成为“百姓富、生态美”品牌，农民专业合作社逐步规范。启动24个美丽乡村建设，洪塘获评“中国十大最美乡村”。

【创新发展】 2014年，海沧区政府治理不断创新。制定政府机构改革方案，政府工作部门将由22个减至19个。率先启用“多规合一”业务协同平台，推进建设项目审批流程再造，压缩审批时限约60%。商事登记制度改革走在全市前列，推行企业设立并联审批，审批时限从8天压缩至4天以内；新增商事主体5537户；核准2538家企业，增长142.4%，增幅全市各区最高。推动事权下放，向街镇和社区下放94项事务；试点街道便民服务改革，行政事项全部下放至社区工作站，最大限度方便群众办事。“三公”经费等各项支出下降33.2%。海沧区行政服务全面提升。坚持“五盯五促”、“三三制”等工作方法服务企业。健全三级便民服务中心标准体系。深化行政审批制度改革，精简审批服务事项118项。压缩审批环节，审批承诺时限压缩至法定的34.4%，办理环节压缩至5个以内。实行容缺受理，建设项目审批容缺率达32.6%。推进透明行政，全面梳理2847项行政职权，编制职权清单手册。政务综合体获“中国地方政府创新”提名奖，政府门户网站获全国政府在线服务创新奖。海沧区法治建设持续推进。认真执行区人大及其常委会的各项决议、决定，自觉接受区人大和区政协的监督。办理人大代表议案2件、建议116件，政协委员提案122件，办结率100%，满意率首次达到100%。强化政务信息公开，全年公开891条，累计公开7973条。群众路线教育实践活动成效明显，群众测评总体评价好和较好的达到100%。推行“法律进机关”，强化领导干部法治思维、提升法治能力。加强审计监督和行政监察，深入改进作风，政府绩效评估成绩在全市各区中名列前茅，机关效能建设和纠风工作取得实效。

（厦门海沧台商投资区管委会）

廊坊经济技术开发区

【经济发展】 2014年，廊坊经济技术开发区（以下简称“廊坊开发区”）辖区面积69.4平方公里，规划面积38平方公里，已开发土地面积26平方公里，辖20个行政村，区内总人口近16万人（其中农村人口3.9万人，在岗职工5.9万人，大学城师生4.5万人，流动人口1.7万人）。

2014年，廊坊开发区GDP达到336亿元，同比增长8.5%；财政收入62.4亿元，同比增长6.7%；公共财政预算收入15.8亿元，同比增长13%；城镇固定资产投资54.97亿元，同比增长11.2%；实际利用外资3.13亿美元，超出年度任务指标5025万美元，同比增长9.04%；新上亿元以上项目25个。新增规模以上企业8家，规上企业工业增加值72.9亿元，同比增长8.1%。除财政总收入外，其他指标均完成了年初确定的目标，实际利用外资、公共财政预算收入、新增规模以上企业数、新上亿元以上项目4项指标达到或超过了争取目标。

【产业发展】 2014年，廊坊开发区实施亿元以上项目34项，总投资516亿元，实际完成47.42亿元，超额完成全年计划。争列市重点项目10项，其中，润泽信息港、精雕数控机床一期、好丽友新工厂、波森汽车尾气、太古冷链物流等一大批项目建成投产，精雕数控机床二期等项目基本建成，联通基地1#、2#机房楼建设完工，高压阀门即研发中心、维特根建筑机械、华恒科技、世昌汽车等项目加快建设。引进租用闲置厂房项目17家，投资11.5亿元，租用面积10.6万平方米。引进投资1620万美元的美国辉门、投资320万欧元的德国默勒、投资2000万元的北京同创等汽车零部件项目，实现德系汽车零部件配套产业链快速发展；盘活新能燃气设备、德杰林卡商贸和污水处理设备等3家企业，累计投资4.44亿元。天合汽车零部件、富智康精密电子、米勒纺织品和中本包装四家外资企业增资4.79亿美元，盼盼门业、华创天元两家内资企业增资3522万元，促进电子信息、汽车零部件、金融服务等产业优势发展。

【生态环保】 2014年，廊坊开发区深入开展“八大攻坚战”和“蓝天行动”，初步建立区、街道办、村街（社区）三级网格化环境监管体系，燃煤工业锅炉和茶浴炉全部完成治理，削减燃煤4.43万吨，开展烟气和挥发性有机物专项治理，加油站全部安装油气回收装置，建筑工地管理更加规范，开发区PM2.5平均浓度下降到102ug/m^3，同比下降9.73%；编制完成《生态工业园区建设规划》，国家环保部、商务部、科技部批准廊坊开发区开展国家生态工业示范园区建设，成为河北省第一家。实施污水处理厂中水回用工程、热力三站、五站脱硫改造工程等减排工程，污染物总量减排任务圆满完成；全面提升水环境质量，开展水污染排查整治专项行动，强化农村饮用水水质监管和集中式饮用水水源保护区监管，水质达标率稳定达到100%；严格建设项目环评审批和验收，环境风险防控工作稳步加强，全年未发生重特大环境污染事故。ISO14001环境管理体系运行良好，顺利通过内审和外审，5家企业完成了清洁生产审核方案的实施；积极破解开发区土地资源紧缺的瓶颈制约，采取见缝插绿、腾地补绿的方法，扎实开展春秋季植树造林工程，全年共种植乔木56万株、灌木1.5万株、草坪12万平方米，新增绿化面积15万平方米。

【人才建设】 2014年，廊坊开发区共举办春秋两季大型人才招聘会、公益网上交流会等各类人才招聘会145场，洽谈成功9000多人。设立华元机电等5家高校毕业生就业见习基地，促进高校毕业生就业。组织华日家具等130家企业参加12次赴外引才活动，引进人才4367人，其中本科以上学历1292人，中高级人才328人。开展“春风行动”等系列活动，帮助628人实现就业。开展各类技能培训1080人次，发放新增就业等各项补贴1017万元。实现档案免费保管、代理免费服务。新增就业岗位2983个，农村劳动力向非农产业转移2672人，下岗人员再就业426人，农村劳动力就业难和企业招工难问题得到有效缓解。推进大学城“国际职业教育名城”建设。建立完善蹲点服务和领导包校制度，破解院校发展难题，协调推动东方大学城教育咨询有限公司完成上市融资，全力支持廊坊东方职业技术学院筹建本科，廊坊东方职业技术学院与中国民航管理干部学院签署合作办学协议；加大学生就业服务力度，有效搭建就业平台，提供就业岗位2000多个；解决历史遗留问题和战略重组收尾工作进度加快。

【信息化建设】 2014年，廊坊开发区引进亿元以上项目32个，计划总投资186亿元。制定出台《云数据产业园区招商路线图》和《金融产业招商路线图》，国家信息中心灾备中心、互联网应急指挥中心灾备中心及北京电信灾备中心成功入驻润泽信息港；保监会、银监会、证监会数据中心签署三方投资协议。现代服务业加快发展，总投资3亿美元的新开融资租赁有限公司、总投资5亿元的村镇银行金融保险项目相继落户。

【投资促进】 2014年，廊坊开发区引进江泉新威汽车商贸城、北京通力新能源设备和北京同创汽车配件等3家北京优质项目；4个国家“十二五”重点科技研究平台类项目落户科技谷园区，项目总投资4.95亿元。以服务外包基地为载体，积极承接京津服务外包企业的转移，成功引进顺丰速运冀北区域总部项目；总投资30亿元的沃尔玛“1号店”华北运营总部项目取得实质性进展。

【管理与服务】 2014年，廊坊开发区开展“民企服务集中行动”，在实施“终身制”、“保姆制”服务企业措施的基础上，完善重点企业领导分包台账和直通车制度，采取实地走访、召开专题协调会等方式积极帮助企业解决实际问题，不断提升服务企业水平；及时掌握区内企业项目建设情况和技术创新情况，积极为企业申请各类资金支持，上半年累计为40家企业申报落实扶持补贴资金3800万元。启动便民服务中心建设，5个部门24项服务事项纳入统一管理，一站式便民服务基本实现。按照“应进必进”的原则，各部门下放到政务服务中心的行政审批事项达到93项，全年累计受理各类服务事项4.8万件，按时办结率达到100%。

【社会事业】 2014年，廊坊开发区继续加大财政投入力度，社保制度健全完善，基本实现应参尽参，应保尽保。调整城乡居民养老保险的缴费档次及政府补贴，提高城乡居民养老保险的基础养老金发放标准，建立丧葬补助金制度；孤儿基本生活费由1000元/月提高至1600元/月，五保老人基本生活费、城乡困难群众医疗救助标准全面提高；足额发放失地农民财政补助金、粮食直补、农资综合直补8361万元，安排落实150万元用于农村危房改造、农村困难户帮扶、贫困残障救助、村民活动中心和文化大院建设。新农合政策内补偿比增长8.3%，达到了73.97%，实际补偿比增长6.9%，达到了49.25%。全年归集住房公积金2.4亿元，发放公积金贷款2010余万元，开工建设各类保障性住房和棚户区改造住房1654套。加大教育、医疗等社会事业投入力度，完成教育支出8383万元，占公共财政预算支出预算的4.43%；总投资2352万元、建筑面积1.96万平方米的新开发区医院投入使用；全面实施12项公共卫生服务项目，开展新农合门诊统筹，参合患者实现出院即报；社区服务中心建成使用，全区公共卫生服务质量进一步提高。

【机构设置与管委会领导】 廊坊开发区管委会下设工委办公室和管委办公室、人力资源和社会保障局、财政局、招商合作局和经济发展局、国土资源分局、规划建设分局、社会发展局、文教卫生局、公用事业管理局、出口加工区管理局、安全生产监督管理局、维护稳定办公室、工商行政管理局、质量技术监督分局、东方大学城管委会、科技谷管委会、综合执法分局、住房公积金管理部（住房保障和房产管理局）、数字化城市管理办公室、环境保护分局、统计审计局、政务服务中心、法院、检察院、开发区公安分局、东方大学城公安分局。

管委会领导：工委书记孟繁祥，工委副书记王金忠、王宁、杨宝骞，管委会主任孟繁祥，管委会常务副主任王金忠，管委会副主任黎斌、孙绍虎、王保良、肖树华、田景红。

廊坊经济技术开发区主要经济综合指标一览表

项目		单位	2014年	2013年	增减（%）
开发区生产总值		亿元	336.4	310.1	8.5
第二产业		亿元	197.3	182.4	8.2
工业		亿元	172.4	159.3	8.2
第三产业		亿元	138.2	126.8	9.0
工业总产值（现价）（规上工业）		亿元	320.1	307.5	4.1
高新技术企业		亿元	189.9	177.7	6.9
销售（营业）收入（四上）		亿元	726.2	645.7	12.5
第二产业		亿元	458.6	422.2	8.6
工业		亿元	386.5	357.5	8.1
第三产业		亿元	267.6	223.5	19.7
利润总额（四上）		亿元	47.4	55.0	-13.8
第二产业		亿元	41.5	40.0	2.5
工业		亿元	33.8	34.2	-1.2
区内主导产业及产值（规上工业）					
主导产业	1. 食品饮料	亿元	42.1	48.7	-13.6
	2. 化学原料及化学制品制造	亿元	51.8	45.2	14.6
	3. 装备制造	亿元	77.0	76.2	1.0
	4. 汽车制造	亿元	63.9	56.3	13.5
	5. 电子信息	亿元	17.7	16.5	7.3
第三产业（利润）		亿元	5.9	14.5	-59.3
进出口总额		亿美元	16.2	14.6	11.0
出口		亿美元	7.8	7.6	2.6
财政收入		亿元	88.3	75.7	16.6
税收收入		亿元	60.7	56.9	6.7

续表

项目		单位	2014年	2013年	增减（%）
财政支出		亿元	44.8	35.9	24.8
新批企业个数		个	349	283	23.3
外商及港澳台企业		个	4	1	300
内资企业		个	345	282	22.3
新批企业投资额	外商及港澳台企业	亿美元	0.3	0.2	50
	内资企业	亿元	23.1	13.3	73.7
	增资企业	亿美元	0.7	0.2	250
合同外资金额		亿美元	277	256	8.2
外商实际投资		亿美元	0.3	0.2	50
固定资产投资		亿元	3.1	2.9	6.9
年末从业人员数		个	55.0	49.4	11.3
在岗职工数		个	6.8	6.4	6.3
在岗职工平均工资		元	82694	72041	14.8
规模以上企业个数		个	0.2337	0.2350	-0.55
工业		个	904.0	804.0	12.4
万元GDP能耗		吨标煤/万元	2.69	2.59	3.9

（廊坊经济技术开发区管委会）

张家港经济技术开发区

【经济发展】 2014年，张家港经济技术开发区（以下简称“张家港开发区”）实现地区生产总值735亿元，同比增长5%。其中，第二产业增加值完成565亿元，第三产业增加值完成169亿元，同比分别增长2.5%、14.8%，第二、第三产业比例为76.9∶23。完成企业经营收入2587亿元。财政收入116.6亿元，同比增长5.2%，入库税收104.6亿元，增长5%。完成固定资产投资231亿元，增长1.4%。

【产业发展】 2014年，张家港开发区实现工业增加值556亿元，其中，规模以上工业增加值476亿元，同比增长2.3%。全年工业总产值1961亿元，同比增长2.6%，其中规模以上工业总产值1672亿元，增长2.7%。实现新兴产业产值1096亿元，占规上工业产值比重超过70%。

【园区特色】 2014年，张家港开发区张家港国家再制造产业示范基地引进工业项目10个，累计入驻企业15家，富瑞特装年产5万台汽车发动机再制造一期、正大富通逆向物流等项目建成投运（产），张家港富耐特新能源智能系统有限公司、飞嘉远动力机械有限公司开业，建成全国首家LNG/再制造产业物联网创新中心，与清华大学合作设立张家港清研再制造产业研究院，获批国家循环化改造示范试点园区。智能装备（机器人）产业基地引进美国天合汽车安全控制系统、日本小谷精密锻造等2个超亿美元项目，韩华机械（苏州）有限公司开业。电力电子产业基地引进香港恒嘉年产260吨大尺寸蓝宝石晶体材料、台湾锐捷LED衬底等2个超亿美元项目，华灿光电单体产能跻身全国第二，LED产业形成链式发展格局，工业领域电力需求侧管理促进中心华东中心落户。承办2014年第四届中国国际再制造峰会、绿色制造国际论坛、中国机器人产业发展高峰会议，并获批国家新型工业化产业（智能制造装备）示范基地和全国首个国家级节能环保装备高新技术产业化基地。

【招商引资】 2014年，张家港开发区新批外资项目30个，注册外资5.3亿美元，实际到账外资2.7亿美元。全年新设立登记内资企业1495家，新增内资企业注册资本38.5亿元。全年完成进出口总额87亿美元，增长12%。其中，出口总额66亿美元，增长14.2%；进口总额21亿美元，增长5.6%。完成高新技术产品进出口52.3亿美元，增长7.7%。

【科技创新】 2014年，张家港开发区沙洲湖科创园基建竣工，哈尔滨工业大学（张家港）智能装备及新材料技术产业化研究院、西北工业大学（张家港）智能装备技术产业化研究院入驻运行，智能装备公共服务平台建成投运，新成立产业化公司15家，张家港智能电力研究院“大规模电池储能系统”项目列为省工业支撑重点项目。高新技术服务中心获评省中小企业五星级公共服务平台。全年新增创新创业载体面积5万平方米，累计23.6万平方米。新增省级以上科技项目28项、省级以上创新平台19家、苏州市以上创新型企业9家，新增高新技术企业34家、累计131家。新增授权发明专利123件。江苏国泰新点软件有限公司获评“2014年中国版权最具影响力企业”。

【生态环保】 2014 年，张家港开发区新建、改造道路 22 条，铺设污水管网 10 公里，疏浚河道 139 条，整治重污染河道 2 条，拆坝建桥 59 座，新增绿地面积 2673 亩。淘汰落后企业 200 家，腾笼换凤土地面积 1022 亩，化学需氧量、二氧化硫、氨氮和氮氧化物四项主要环保指标削减量完成上级要求。着手开展国家生态工业示范园区建设。

【人才建设】 2014 年，张家港开发区引进“千人计划”工作站 7 个、产业化项目 10 个。新增省“双创”人才 5 名，累计 25 名；新增“姑苏计划”人才 15 名，累计 32 名，入选国家高端外国专家项目 2 项、中国留学人员回国创业启动支持计划项目 1 项、江苏省创新团队 1 个。

【社会事业】 2014 年，张家港开发区农村居民人均纯收入达到 28758 元，城镇居民人均可支配收入达到 46852 元，分别同比增长 10.2% 和 4.9%。新建各类村级经济合作组织 10 家。实现村级可用财力 4.18 亿元，村均可用财力达到 1020 万元。新开工安置房 71 万平方米，竣工 95 万平方米，完成分房 7919 套、3475 户。开展敬老院“公建民营”改革，新建居家养老服务中心 2 个、老年关爱之家 5 个，建成城乡 15 分钟医疗圈。完善新市民积分管理，公办学校吸纳新市民子女入学 22558 人。新建 2 个 24 小时自助图书馆。开展社会主义核心价值观精品节目村村演活动 52 场，组织“幸福网格乐翻天”才艺 PK 赛。

【机构设置与管委会领导】 张家港开发区管委会内设党政办公室（宣传文明办公室）、招商局（商贸局）、发展改革局（科技人才局）、经济服务局（安全环保局）、建设局、财政局、组织人事局、社会事业局、农村工作局、政法和社会管理办公室、行政服务中心（招投标中心）等 11 个工作部门，按照有关规定设置监察室，按照有关法律、法规和政策规定设置人武部和群团组织机构。2014 年，张家港经开区党工委书记：张伟，副书记：葛晓明、谢刚，委员：陶惠兴、李良、庞立新、张跃、常征，纪律检查工作委员会书记：庞立新。张家港经开区管理委员会主任：葛晓明，副主任谢刚、陶惠兴、李良、张跃、常征、赵志凯。

张家港经济技术开发区主要经济综合指标一览表

项目	单位	2014 年	2013 年	增减（%）
开发区生产总值	亿元	735.16	699.70	5.07
第二产业	亿元	565.32	551.76	2.46
工业	亿元	556.52	544.14	2.28
第三产业	亿元	169.07	147.30	14.78
工业总产值（现价）	亿元	1960.76	1910.26	2.64
高新技术企业	亿元	571.68	565.39	1.11
销售（营业）收入	亿元	2567.87	2424.34	5.92
第二产业	亿元	1741.59	1680.30	3.65
工业	亿元	1637.71	1582.14	3.51
第三产业	亿元	826.26	744.03	11.05
利润总额	亿元	100.60	94.54	6.41
第二产业	亿元	51.60	48.18	7.10
工业	亿元	46.89	43.82	7.02
区内主导产业及产值				

续表

项目		单位	2014 年	2013 年	增减（%）
主导产业	1. 机械电子制造业	亿元	716.03	649.64	10.22
	2. 金属冶金加工业	亿元	472.78	502.52	-5.92
	3. 纺织、服装制造业	亿元	396.18	400.83	-1.16
第三产业		亿元	49.0	46.36	5.68
进出口总额		亿美元	87.01	77.71	11.96
出口		亿美元	65.99	57.81	14.15
财政收入		亿元	116.6	110.87	5.17
税收收入		亿元	104.6	99.55	5.07
财政支出		亿元	—	—	—
新批企业个数		个	—	—	—
外商及港澳台企业		个	30	54	-44.44
内资企业		个	1495	973	53.65
新批企业投资额	外商及港澳台企业	亿美元	—	—	—
	内资企业	亿元	38.39	57.519	-33.26
	增资企业	亿美元	96.82	49.74	94.65
规模以上企业个数		个	1160	1169	-0.77
合同外资金额		亿美元	5.32	7.43	-28.4
外商实际投资		亿美元	2.74	3.31	-17.28
固定资产投资		亿元	231.26	228.19	1.4
年末从业人员数		个	168550	168450	0.06
在岗职工平均工资		元	72420	65720	10.19
万元 GDP 能耗			0.30	0.34	-11.76

（张家港经济技术开发区管委会）

九江经济技术开发区

【经济发展】 2014 年，九江经济技术开发区（以下简称“九江开发区”）工业主营收入首次突破 1000 亿元，外贸出口达到 9.89 亿美元，完成财政总收入 26.06 亿元，其中北汽昌河、巨石玻纤纳税过亿元；完成固定资产投资 206 亿元，同比增长 20.9%，其中工业固投 147.6 亿元，同比增长 32.1%。实际利用内资 92 亿元，同比增长 26.7%，实际利用外资 1.9 亿美元，其中现汇 7657 万美元，同比增长 45.5%，对外开放程度和水平明显提升。

【产业发展】 2014 年，九江开发区“新能源、新材料、现代装备制造、石油化工、电子电器、汽车及零配件”六大工业主导产业集聚发展格局初步形成，六大主导产业产值占全区总量已超过 80%。全年新引进项目 80 个，签约资金超过 250 亿元，其中亿元以上项目 39 个，10 亿元以上重大项目 9 个，重点引进了总投资 130 亿元的北汽昌河、中远集团保税项目、中邮储银行九江分行总部、麦德龙 4 个世界 500 强项目，艾美特电器、九江茶市、爱升电路板等一批产业项目相继入驻。北汽昌河项目是靠大联强、优化重组的成果，达产后可年产销 50 万辆整车和 60 万台发动机，全产业链销售收入过 500 亿元；艾美特电器项目是“腾笼换鸟”、盘活闲置资产的范例，达产后可带动近百家配套企业跟进，形成年综合产值过 100 亿元的产业集群，解决 1 万人以上就业问题。

【科技创新】 2014 年，九江开发区全年新增国家高新企业 9 家、省民营科技企业 12 家，申报国家、省市各类科技项目 49 项，九江国家船舶先进制造产业化基地成为国家高新技术产业基地；批设 4 个院士工作站，占全市 40%；完成专利申报量 300 多项，新增授权量 180 多件，同比分别增长 60% 和 70%，专利总量跻身全省五强。恒盛科技园新入驻项目 39 个，总量达 203 家，电子商务销售额达 3.2 亿元，成为省级电商产业园区，获批全国青年创业示范园区。新增规模以上工业企业 20 户，总数达 110 户，规模以上工业产值超 1000 亿元。全年盘活企业 10 家，盘活资产 7.8 亿元，帮扶 12 家危困企业走出困境。北汽昌河年产销 4.5 万辆整车和 8 万台发动机，整车产量、利税分别实现翻番；巨石集团产能达到 17.7 万吨，志高空调生产空调 60 万台，同比增长 52%；德福电子年产销电解铜箔近 5000 吨，同比增长 50%，新投产 3 组生产线。

【管理与服务】 2014 年，九江开发区积极承接市级下放权限，进驻大厅审批事项增至 173 项；公布行政审批权力清单，下放 38 项公共服务事项；推行网上联审联批，审批时限压缩至 36 个工作日。在全市率先推行道路保洁市场化运作，总面积达 220 万平方米。创新政府投资项目管理机制，有效简化项目审批程序，提高了办事效率，大幅减少了政府资金投入。抓好用工配送服务，通过以“乡镇对接、人力资源公司对接、校企对接”为主的七个招工渠道为艾美特、铨讯电子、中浩纺织等企业招工 2.1 万人，恒通温控成为全省首家就业援疆试点企业。

【生态环保】 2014 年，九江开发区投入

20多亿元推进城西港区二期开发建设，全年新开工、续建政府投资项目52个。总长13.2公里“三横四纵”的道路建成通车，完成项目水电配套工程25个、景观绿化22.3万平方米，实施河道整治21.7公里，开通了环园区公交。城西港区纳入全国首批启运港退税试点，城西港成为国家一类口岸，城西国际综合物流园区列入《江西交通物流基地布局规划》，九江港集装箱吞吐量完成20万标箱。九江综合保税区申报进展顺利，港区对外开放平台加速升级。

【基础设施建设】 2014年，九江开发区共实施城建及基础设施项目84个，完成投入78.5亿元。八里湖北大道西段路桥、赛城湖路建成通车，开辟了一条港城互联互通的新走廊。欧洲风情一条街、市民活动中心等一批功能配套项目相继建成，秀峰路拓宽改造、重庆路北段、成都路等9条支路建成通车。全年投资1700多万元，改造了20条边街小巷，人居环境不断改善。新增35台环卫车辆，主次干道机械化作业率达60%以上。

【社会事业】 2014年，九江开发区在九江市率先推进“五险合一”征缴模式，全年参保人员首破20万人，社保基金年终结余达3.1亿元。总投资1.2亿元的区人民医院正进行内部装修，总投资2亿元的城西医院主体工程完成过半，免费救治重大疾病患者186例。发放住房租赁补贴、城乡低保金等2300多万元，2600余户困难家庭受益。官牌夹居家养老服务中心建成启用，永安乡敬老院开展社会化养老试点。滨兴街道获评全国和谐示范街道，二马路社区、张家渡社区、赛湖村等3个社区（村）成为国家级村居示范点。新建、续建保障房项目18个、156万平方米、1.64万套。

【机构设置与管委会领导】 九江开发区党工委、管委会下设党群工作部、纪委（监察局）、人力资源部、招商局、经济发展局、建设环保局、社会发展局、财政局、国土分局、规划分局、审计分局、出口加工区管理局、城西港区管理局、汽车工业园管理办公室、科技工业园管理办公室。

管委会领导：党工委书记陈和民，党工委副书记、管委会主任叶心林（10月到任），党工委副书记、管委会副主任柯尊玉、卢友华、杜少华、黄家杰，党工委副书记淦作乾、李波（9月到任），党委委员、纪委书记张凯，党委委员、城西港区管理局副局长刘宏，党委委员、管委会副主任李善云、刘中原，党委委员、党群工作部部长陈晶冰，区党委委员、国土分局局长罗智敏，区党委委员、公安分局局长熊扬慎（6月到任），调研员戴健，副调研员蔡泽荣、敖建坤、衷嘉福、张朝富。

（九江经济技术开发区管委会）

增城经济技术开发区

【经济发展】 增城经济技术开发区（以下简称“增城开发区”）是广州实施“东进”战略的桥头堡，是广州重点谋划建设的重大战略性发展平台，是广州发展的三大主引擎之一。2014 年全年，增城开发区完成工业产值 896.96 亿元，同比增长 25.45%；全口径税收收入 54.29 亿元；固定资产投资 63.11 亿元，增长 3.99%；出口总额 59.07 亿元，增长 4.87%；进口总额 20.02 亿元，增长 4.24%；合同利用外资 13000 万美元，增长 66.54%；实际利用外资 3497 万美元，产业发展后劲不断增强，综合实力显著提升，已成为增城经济发展的强力引擎。

【招商引资】 2014 年，增城开发区通过“走出去”、“请进来”等形式加强招商推介，建立项目库，出台《增城开发区工业项目投资准入门槛实施意见》、《增城开发区招商引资不履约项目退出管理办法》，科学引进项目，规范项目建设经营。全年引进南京天加空调、广东纽恩泰新型热泵技术产业化等 13 宗项目，积极促成珠江钢琴、捷厉特种车、江河幕墙、江铜集团等 8 家企业增资扩产，项目计划投资总额 62.58 亿元，预计年产值 185.86 亿元，年税收 13.85 亿元。储备在谈有联合利华、御银科技、中设机械设备等项目 32 宗，计划投资总额 280 亿元。

【产业发展】 一是汽车产业。广汽本田汽车增城工厂发展迅速，广州电装、荒井汽车零部件项目已竣工投产。新能源汽车示范项目进展加快，已推广 LNG 客车 128 辆、纯电动乘用车 2 辆，预计今年底签订共 90 辆增程式出租车、电动客车和物流车的购车协议，推动构建低碳公交运营服务体系。二是战略性新兴产业。阿里巴巴华南物联网营运中心一期工程已完工，广东广晟光电和台湾晶元光电将合作共建 LED 全产业链园区。三是高新技术企业。已有 3 家企业设立省级工程技术研发中心，9 家企业设立非独立研发部门，3 家企业拥有国家著名商标，2 家企业拥有广东省著名商标和名牌产品，全区企业累计获得授权专利 558 项。

【投资环境】 一是道路基础设施建设。金融大道已建成通车，金融服务区周边配套设施加快完善。“三横三纵”主干道路加快建设，永宁大道西段、香山大道北段以及创业大道、创强路部分路段已建成通车，新和路、新誉路、新建路、创建路、创新大道等路面主体工程已完工，其余道路正加快建设，开发区与周边快速轨道和高快速路网的连接日趋完善。二是公共配套设施。陂头变电站已建成并投入运营，水口变电站、广本双回路供电工程正稳步建设，电力供给能力进一步提升。广本增城工厂周边排水工程等一批重点排水排污工程已完成，区内排水排污系统进一步完善。南区建成道路路灯安装及低压供电线路建设全面完成。北区 2 个员工生活配套区正开展建设前期工作。三是“筑巢”工程和环境整治。首期农民拆迁安置新社区建设按计划推进，目前已完成项目基坑支护、土方开挖、桩基础等工程，正推进地下室各项工程施工。豪进体育公园已完成场地施工和绿化种植，待完善照明等配套设施后年底可投入使用；湛若水学校和莲花书院正协商确定项目用地规划选址；马山体育文化公园已完成初步设计方案。制订近、中、远期环境整治优化提升工作方案，组织开展环境卫生专项整治行动，实现全覆盖、常态化保洁；推进施工工地围蔽、车辆运输撒漏整改，清理违规占地约3万平方米，撤销各类乱设置、乱摆放的户外广告牌匾，协调完成各类管线设施迁改约4万米、工作井箱等40余座，城乡环境得到明显改善。

【机构设置和管委会领导】 增城开发区管委会设党政办公室（与纪工委机关、监察局合署）、发展改革财政局、经贸科技信息局、国土规划建设环保局、企业建设和安全监督局等5个工作部门。管委会设主任（党工委书记）1名，由广州市副市级干部担任；副主任3名（其中1名兼党工委副书记），纪工委书记1名；管委会工作部门配广州市副局级领导职数5名，配广州市正处级领导职数5名；设管委会秘书长1名，不占管委会领导职数。2014年，增城开发区领导组织方式有一个比较大的变化，由广州市委常委、增城市委书记、增城开发区党工委书记、管委会主任欧阳卫民主持召开的开发区党工委会议与增城行政区市委常委会议分离，单独召开，就开发区发展中的重大事项进行决策。开发区党工委会议日常筹备和统筹协调工作由开发区党工委委员、管委会副主任刘棕会同志负责，并由他主持召开开发区每周举行的工作例会，研究部署开发区日常经济和建设领域的具体工作。增城开发区党工委、管委会领导任职情况如下：

增城开发区党工委领导：党工委书记欧阳卫民，党工委副书记罗思源，纪工委书记何世光，党工委委员彭高峰、刘棕会、何鎏辉、丘岳峰。

增城开发区管委会领导：管委会主任欧阳卫民，管委会副主任罗思源、彭高峰、刘棕会，增城经济技术开发区秘书长蒋志恒，增城经济技术开发区主任助理张文杰，增城经济技术开发区党政办公室主任何鎏辉，发展改革财政局局长张文远，国土规划建设环保局局长邬卫东。

（增城经济技术开发区管委会）

嘉善经济技术开发区

【经济发展】 2014年，嘉善经济技术开发区（以下简称“嘉善开发区”）完成地区生产总值69亿元，增长7.9%；实现财政总收入15.38亿元，增长17.6%，其中地方财政收入6.63亿元，增长14.3%；完成固定资产投资37.14亿元，其中工业生产性投资26.04亿元；完成规上工业产值283亿元，增长13%，规上企业利税15.8亿元，增长11%，其中利润6.95亿元，增长4.2%；合同利用外资2.62亿美元，实际利用外资1.19亿美元，实际利用县外内资22.3亿元；完成进出口总额16.19亿美元，增长6%，其中出口12.11亿美元，增长4.38%。

【产业发展】 2014年，嘉善开发区围绕工业强县建设和“二次创业、转型发展”主题，部署开展“服务千企”大走访活动，实施工业企业亩均绩效评价分档管理，积极推进“机器换人”，加大租赁企业综合管理力度，新增“小升规”29家、“个转企”44家，大力挖潜存量资源，加快探索建立低效用地、闲置厂房、“难产”项目腾退机制，完成“退低进高”399.6亩、旧厂房改造37.23万平方米，盘活存量厂房3.96万平方米。在服务企业、优化发展软环境上取得积极成效，荣获全省“‘四换三名’示范开发区”称号。积极淘汰落后产能，狠抓节能降耗、环境保护，集中对印染、化工、喷水织机等行业进行污染整治，有序推进小锅炉淘汰工作，推广清洁能源使用。完成规上服务业营业收入46亿元。全力推动重点物流业项目建设，全力打造320国道沿线现代物流业集聚区。整合特色园区功能平台，成功申报市级现代服务业集聚区。有序实施晋阳东路沿线“退二进三”，提升同城品位。

【园区特色】 2014年，嘉善开发区制定扶持政策，重点推进以第三方、第四方物流为主的现代物流业，先后引进了特易购物流、晋亿物流等行业龙头企业，积极推进320国道沿线物流集聚区创建成为省级物流集聚区。同时，加快培育工业设计、2.5产业等新业态，整合嘉善国际信息科技产业园、吴镇国际文化创意产业园、中华两岸文化创意产业园等资源，设立嘉善科技文化创意集聚区，总投资70亿元。积极推进以晋亿集团为龙头的高端装备制造产业、以华瑞赛晶集团为龙头的电子电声产业以及以新格集团为龙头的精密机械产业等“区中园”发展。

【招商引资】 2014年，嘉善开发区坚持引资、引智、引税“三引并举”，突出引进“高端外资、央企国资、优质民资”，突出引进“三类500强”、国际国内知名企业、行业龙头企业，突出引进科技尖端、技术领先、具有良好发展前景的引领项目，突出引进工业自动化装备制造、电子信息等先进制造业、工业设计、服务外包等现代服务业，突出引进高端研发机构、精英人才、创新团队、尖端技术等领先科技要素，突出引进结算中心、区域总部、基金机构等税源项目，同时努力引进浙商回归投资和承接上海产业转移的优质项目。累计外出招商600人次，接待客商1958人次，举办参加各类招商活动60余场。

【科技创新】 2014年，嘉善开发区发挥企业创新主体作用，3家企业通过国家级高新技术企业复审认定，浙江众成包装股份有限公司申报省级创新型企业，申报省级科技型中小企业6家；列入省级新产品立项69项。积极搭建科技合作平台，与北京大学创新研究院联合建立嘉善产学研合作中心。加大专利品牌工作力度，完成专利申请507件，申报各级专利示范企业7家、各级研发中心5家。加快领军型人才培育，新增“省千”领军人才1名，建立开发区省级博士工作站。

【生态环保】 2014年，嘉善开发区针对创建国家生态工业园区的要求，专门成立了“开发区（惠民街道）生态建设（城乡环境综合整治）专项工作领导小组及办公室”同时，组织发动区内企业积极参与创建工作，形成政府引导、企业联动的创建机制。建立开发区租赁企业八大工作机制，按照环保前置的审批要求，严格执行项目落户前环境影响评价制度，严查已批项目“三同时”的执行情况。2014年1—4月，已完成“三同时”验收企业7家，对不符合环保要求的企业开具项目限期整改通知。积极加快推进《生态工业园区建设规划》编制工作，着力提升产业层次，完善发展结构，大力推进清洁生产，倡导节能减排工作，全面发展低碳经济，大力改善辖区环境。

【平台建设】 2014年，嘉善开发区完成开发区东区及西区控制性详细规划编制工作。累计完成东区建设投入2.04亿元，投资1亿元实施长江路、黄河路改造工程；启动新华路东段大修改造工程；新实施的路段有新华路、扁鹊路、张仲景路、虹桥路亮化工程；全年新增区内公共绿化面积10万平方米。完成远方物流35KV供电线路改造、日常雨污水窨井盖更换、人行道修补等系列配套工程。

【基础设施建设】 2014年，嘉善开发区启动“3+6+11+1”新村庄布点规划工作，加强农村建房审批监管，加快推进枫南集聚区建设，加大惠园小区社区化管理力度。落实3名班子成员、抽调11名干部组建专项办公室，全面实施惠民、大通、枫南3个老集镇改造提升工程，完成3个集镇道路修复改造11005平方米，绿化补种改造12000平方米，雨污分流管网建设2400米，新增垃圾收集筒130只，完成惠民集镇外墙立面和广告牌改造15000平方米。完成新润到平湖钟埭的1.04公里联网公路拓宽建设，完成王潮线三星段公路大中修工程，完成枫南众安桥农危桥改造工程；启动建设大云至王家2.1公里联网公路拓宽工程，同步实施袁公桥、种田港桥2座桥梁建设工程。加强辖区内59公里农村公路养护管理。

【管理与服务】 2014年，嘉善开发区针对重大项目成立由开发区主要领导负责的项目服务班子全程高效服务，精简审批流程，缩短建设时间。完成喜力啤酒、新格精密机械2个项目“零审批”备案。扎实推进63个重点项目建设，其中县重点工业项目24个、县重点三产服务业项目9个、千万元以上项目30个。目前新建项目39个，已开工30个，开工率为96.77%（去除未供地项目8家）；63家项目中已竣工35家，竣工率为63.64%，投产率为56.36%。

【社会事业】 2014年，嘉善开发区申报创建省级卫生村、卫生先进单位各1家，市级卫生村2家，县级卫生先进单位3家；申报创建县爱国卫生示范单位（机关）1家、示范学校1家、示范企业6家。开展以“健康与卫生同在，文明与卫生同行”为主题的全国第26个爱国卫生月活动，落实“百场健康教育课进社区”，促进全民健康生活方式。落实计划生育政策奖扶727人、特扶59人。全面开展以“微心愿、微课堂、微教育、微距离、微行动”为品牌的“五微”流动人口均等化服务。加强社会化养老服务，启动嘉善县社会福利中心建设，建立健全街道级居家养老服务中心，实施“星光老年之家”和居家养老服务站提升改造，完成居家养老服务照料中心全覆盖。开展“五老”结对帮扶，争创“五好”

关工，以“行善向善、青春成长”为主题组织开展青少年暑期社会实践活动。认真落实双拥优抚工作，在全县首个推出农村60周岁以上无收入退伍老兵人身意外伤残保险续保工作，参保人员62人、金额12400元，由政府财政全额支付。深入开展“村（社区）慈善帮扶基金工程”竞赛活动，实现村（社区）慈善工作站全覆盖，全年共募集各项慈善捐款总计213.57万元。

【机构设置与管委会领导】 嘉善开发区管委会下设办公室、政治处、招商服务局、经济发展局（服务业发展局）、规划建设局、农业发展局、社会事业发展局、财政局、社会管理局。

嘉善经开区管委会党委书记、主任陆春浩，党委副书记计建新、陈一微、倪为民，管委会常务副主任房广明，管委会副主任姚巍、张激文、姚斌、杨洁明、杨雷、王育青、杨沛林。

嘉善经济技术开发区主要经济综合指标一览表

项目		单位	2014年	2013年	增减（%）
开发区生产总值		亿元	69.02	64.95	7.9
第二产业		亿元	59.04	55.50	8.2
工业		亿元	53.58	50.08	9
第三产业		亿元	7.89	7.35	8.1
工业总产值（现价）		亿元	283.04	253.54	11.6
高新技术企业		亿元	67.19	63.38	6
工业		亿元	239.10	219.89	8.73
第三产业		亿元	45.95	50.45	-8.9
工业		亿元	6.95	7.57	-8.2
区内主导产业及产值					
主导产业	1. 通用设备制造业	亿元	46.64	50.61	-7.8
	2. 家具制造业	亿元	40.49	29.85	35.6
	3. 计算机通信	亿元	24.33	28.22	-13.8
	4. 木业加工	亿元	23.35	18.78	24.3
	5. 电气机械和器材	亿元	23.20	14.1	64.5
	6. 化学原料和化学制品	亿元	16.38	14.72	11.3
进出口总额		亿美元	16.19	15.28	6
出口		亿美元	12.11	11.60	4.4
财政收入		亿元	15.38	13.08	17.58
税收收入		亿元	15.38	13.08	17.58
财政支出		亿元	1.54	2.33	-33.91
新批企业个数		个	116	114	1.75
外商及港澳台企业		个	26	28	-7.14
内资企业		个	90	86	4.65

续表

项目		单位	2014 年	2013 年	增减（%）
新批企业投资额	外商及港澳台企业	亿美元	4.72	4.94	-4.45
	内资企业	亿元	18.06	18.08	-0.11
	增资企业	亿美元	0.73	2.26	-67.70
合同外资金额		亿美元	2.62	2.93	-10.58
外商实际投资		亿美元	1.19	1.50	-20.66
固定资产投资		亿元	48.67	62.14	-21.7
年末从业人员数		个	54200	53100	2.1
在岗职工平均工资		元	48054	41629	15.4
工业		个	168	178	-5.6
万元 GDP 能耗		吨标煤/万元			

（嘉善经济技术开发区管委会）

绵阳经济技术开发区

【概况】 绵阳经济技术开发区（以下简称“绵阳开发区”）是国务院批准建设的绵阳科技城的城市副中心，绵阳市特色产业园区和新型工业集中区，四川省优秀工业园区、四川省新型工业示范基地。2012 年 10 月，经国务院批准，升级为国家级经济技术开发区（国办函［2012］179 号）。

【经济发展】 2014 年，绵阳开发区地区生产总值 178 亿元，同比增长 8.23%；财政收入 18.58 亿元，同比增长 4.21%；公共财政预算 3.72 亿元，同比增长 6.6%；进出口总额 6.88 亿美元，同比增长 7.2%，其中出口总额 4.35 亿美元，同比增长 8.53%；全社会固定资产投资 83.31 亿元，同比增长 10.32%。

【产业发展】 2014 年，绵阳开发区大力实施园区、产业和企业“三倍增”计划，全年完成工业总产值 544.52 亿元，同比增长 8.41%；其中，规模以上工业总产值 523.15 亿元，同比增长 8.3%；实现工业增加值 128.65 亿元，同比增长 8.37%。形成了电子信息、化工环保、食品及机械加工三大主导产业。以长虹电源、东材科技、长虹照明为代表的一大批的国防三线建设企业，顺利实现了产业转型并得到了快速发展，实现年产值近 300 亿元。另外，以利尔化学、禾大西普、日普精华、久远化工、西金科技为代表的高新技术企业，利用中国工程物理研究院、中国空气动力研究中心的技术成功转化，迅速形成了现实生产力。其中利尔化学股份有限公司是依托中国工程物理研究院发起设立的中外合资企业，2007 年公司改制为外商投资股份有限公司，2008 年在深交所挂牌上市，以其成果、技术、人才优势，每年开展的技术创新项目均在 10 个以上，已累计取得各类科研成果几十项，形成了 50 多项企业专有技术，申请专利 90 余项，已授权 40 多项。目前已经成为全球第二、国内最大的氯代吡啶类除草剂系列产品研发及生产基地、全国农药行业第 4 家国家级企业技术中心、国内首家具有农药生物活性检测基地的企业。公司产品主要出口到欧洲、美洲、大洋洲、亚洲、非洲五大洲 30 多个国家和地区。

【招商引资】 2014 年，绵阳开发区积极鼓励支持区内优势企业通过合资、并购和引进等方式，积极承接产业转移，延伸产业链条。引进了一大批内外资项目，促进了产业配套发展，扩大了企业产能，提高了产品质量，壮大了企业实力，助推了全区经济快速发展。2014 年，共签约引进项目 30 个（工业项目 21 个，现代服务业项目 9 个），协议引资 143.27 亿元，国内市外到位资金 78.48 亿元（其中：国内省外到位资金 49 亿元）。自成立以来累计签约引进项目 647 个，内资项目累计引进资金合同额 671.87 亿元，实际到位资金 473.8 亿元。

【科技创新】 2014 年，绵阳开发区拥有各类研发机构 23 个，其中：国家级技术中心 4 个，省级技术中心 6 个，市级技术中心 10 个；各类企业技术中心 30 余个，其中：国家级企业技术中心 2 个；集中在数字视听、软件、新材料、化工、食品等方面的有效发明专利 500 余个；在园区的外籍人才近 300 名，累计引进外国专家 50 多名，研发人员达 1000 余人。注重发挥企业、院所、高校等创新主体的积极性，不断增强区域创新能力。

【生态环保】 绵阳开发区于2011年9月启动省级生态工业园规划编制工作，并由西南交大于2012年初开始编制。2014年已完成生态工业园规划编制工作，正进入组织评审阶段。辖区严格资源节约和环境准入门槛，大力发展节能环保产业，提高能源资源利用效率，减少污染物排放，防控环境风险，实现“两化”集约发展和区域经济可持续发展。辖区主要污染物排放强度COD3.0kg/万GDP、二氧化硫1.9kg/万GDP、氨氮0.23kg/万GDP、氮氧化物1.41kg/万GDP。

【投资环境】 截至2014年底，绵阳开发区日供水能力近3万吨、日供气量170万立方米，日处理污水能力22万吨，已建成110KV变电站5个、220KV变电站1个。道路骨架网络、给排水管网、燃气、电力、通讯、宽带、有线电视网等全面配套。辖区已建成电子标准厂房30万平方米，正在建设标准工业厂房50万平方米，配套完善综合楼和职工宿舍近70万平方米，产业承载功能完善。2014年，全区统建房及公租房完成投资约18亿元，居民点基础设施建设完成投资约1.7亿元；雨污水管网完成投资约144048万元，道路建设完成投资约12亿元，河堤建设完成投资约12500万元。污水处理厂完成投资约26800万元，已建污水处理厂3个；新建垃圾房5座，垃圾收集率达95%以上。

【机构设置和管委会领导】 2014年，绵阳开发区管委会内设机构有综合办、党群工作部、监察局、经济发展局（安监局、统计局）、科学技术局（知识产权局）、住房和城乡建设局（环境保护局）、投资促进局、财政局、城乡统筹发展局、社会事业发展局（食品药品监督管理局）、社会管理办公室。其中，下属事业单位有宣传文化服务中心、产业化服务中心、财政评审中心、劳动保障服务中心、绵阳市城市管理行政执法局经开区分局、动物疫病预防控制中心、人口与计划生育服务中心、三江工程枢纽管理处、市政环境绿化维护中心。领导班子：党工委书记毛一兵，党工委副书记（管委会主任）代宏，党工委副书记（管委会副主任）黄琦，党工委委员（纪工委书记）张治冬，党工委委员（管委会副主任）朱林、陈鼎、戴顺贵、周世权，管委会副主任杨朝晖。

（绵阳经济技术开发区管委会）

邹平经济技术开发区

【经济发展】 2014年，邹平经济技术开发区（以下简称“邹平开发区”）按照“12345”的工作布局，坚持稳中求进，加快转型升级，经济实现了平稳运行。实现地区生产总值（现价）496.2亿元，同比增长3.3%。完成规模以上工业总产值2253.1亿元，同比增长1.5%；完成规模以上工业增加值396.6亿元，同比增长1.7%；实现利税150.1亿元，同比下降11.4%。实现财政总收入38.2亿元，同比增长0.75%，其中地方财政收入19.2亿元，同比增长6.97%。实现进出口总额15.2亿美元，同比下降53.3%，其中进口7.9亿美元，同比下降65.9%，出口7.3亿美元，同比下降22.9%。完成固定资产投资68.2亿元，同比增长6.9%。

【项目建设】 一是工业项目。2014年，邹平开发区创新年产10万吨轨道交通轻量化合金材料项目建设生产车间、仓库、办公楼等21.8万平方米，购置和安装设备257（套）。创新年产80万吨轻质高强铝合金材料项目完成了5万平方米厂房建设，完成192台（套）设备的采购、定货，完成双室炉、铸造机的设备安装。六丰机械年产300万只汽车用铝合金轮圈项目全部竣工，已投入试生产。齐星扩建5万吨高强度航空铝材项目完成了车间厂房和实验室建设，设备正在安装调试。德利年产3万吨箔轧项目，原有建筑物已拆除完毕，主要设备正在考察、洽谈。二是三产项目。2014年，邹平开发区鲁中运达保税物流中心项目主要建设工程全部完工，完成保税物流中心必备功能性设施建设。2014年11月19日，通过海关总署等四部委正式验收。2015年1月21日正式封关运营。投资3亿元的大商集团新玛特购物广场项目经过紧张装修，于12月底正式开业运营。三是基建项目。2014年，邹平开发区投资3200万元，实施了月河六路、会仙五路绿化及其他道路绿化养管工程，月河三路中段、月河五路南段排污工程，月河一路、会仙四路排雨工程，邹魏三园广场硬化工程等基建项目。投资4000万元对开元小学、梁邹小学进行扩建，计划新增53个教学班，新增在校生2385名。工程于9月竣工交付使用，保证了新学期教学需要。

【招商引资】 2014年，邹平开发区引进项目16个，引进项目总投资53.5亿元。合同外资40018万美元，实际利用外资31000万美元，同比分别增长62%、61.5%。1—12月新增注册企业124家，新增注册资本78915万元，同比增长121%。截至2014年底，区内共有注册企业636家，其中外资企业24家。魏桥创业集团等骨干企业发行22只债务融资产品，募集资金200.5亿元。全年累计境外融资15亿元美元，其中发行优先票据7亿美元，境外国际银团贷款5.8亿美元，配股融资2.2亿美元。

【保税物流园区建设】 2014年10月15日，通过由济南海关、山东省财政厅、山东省国税局、国家外汇管理局山东省分局组成的联合预验收小组的预验收。2014年11月19日，中心通过海关总署、财政部、税务总局、国家外汇局组成的联合验收组的正式验收，获得《中华人民共和国海关保税物流中心（B型）

验收合格证书》、《中华人民共和国海关保税物流中心（B 型）登记证书》。

【社会管理】 2014 年，邹平开发区社会事业和管理工作都取得了显著成绩。一是开发区梁邹小学、开元小学教学楼扩建工程完工并投入使用，为区内企业和周边村庄子女入学提供了良好的条件。二是安全生产监管扎实开展，有效遏制了生产安全事故的发生。一年来，区内未发生安全生产死亡事故。三是加强城管执法管理、环境整治、市政设施管理维护，有力地维护了园区城市环境良好形象。四是组织开展严打整治专项活动，有力地震慑了各类违法犯罪分子的嚣张气焰，确保了开发区的社会治安平安和谐。五是稳步推进社会劳动保障工作。狠抓拖欠农民工工资问题；妥善处理民工集体上访案件、工伤亡案件，未出现不良影响。六是计生工作健康发展，各项指标均达到了邹平县局下达的目标要求，顺利通过了山东省、滨州市、邹平县组织的年度考核工作。

【机构设置和管委会领导】 2014 年，邹平开发区管委会下设办公室、经济发展局、规划建设局、社会事业发展局、财政分局、城市管理分局、安全监督管理站、计划生育管理办公室等内设机构；另外，县政府还在开发区设立了公安分局、国税分局、地税分局、工商分局、劳动和社会保障所等分支机构。开发区内设一个街道办事处，即高新街道办事处，全面负责辖区农村管理工作，属于县委县政府、开发区双管单位。县政府还在开发区设立了行政审批服务中心，全县 28 个涉企职能部门集中办公，实行一门受理、并联审批、限时办结的“一站式”服务，进一步完善了开发区的服务体系。

管委会领导：党工委书记刘继京（任职至 2014 年 2 月），党工委副书记孙晶，常务副主任刘继京（任职至 2014 年 2 月），管委会副主任孙晶、杨新太、滕永利、张祥克、刘家龙。

（邹平经济技术开发区管委会）

如皋经济技术开发区

【经济发展】 2014年，如皋经济技术开发区（以下简称“如皋开发区”）实现地区生产总值423.90亿元，按可比价格计算，比上年增长16.10%。其中，第二产业增加值完成256.06亿元，第三产业增加值完成132.65亿元，同比增长20.95%，第二、第三产业比例为1.93∶1。财政收入继续保持快速增长。全年财政收入73.25亿元，比上年增长33.54%，税收收入66.28亿元，增长23.63%，全年地方财政收入44.52亿元，比上年增长22.81%。外贸进出口18.33亿美元，增长9.9%。其中，出口总额14.67亿美元，增长20.47%；进口总额3.66亿美元，增长-19.68%。全社会固定资产投资255.90亿元，比上年增长18.55%，其中基础设施投入18.26亿元，比上年增长10.62%。积极创建国家级生态工业园区。年末千万美元以上外资项目达90个，增幅16.88%；5000万美元以上外资项目12个，增幅9.09%；1亿美元以上外资项目5个，增幅25%；亿元以上内资项目92个，增幅8.24%。百正电子新三板正式挂牌，与恒发和宏皓为主要组成部分的强泰环保在港交所挂牌上市，大昌电子、田园纺织科技、顺远纺织科技进入上市轨道。

【产业发展】 2014年，如皋开发区全年实现工业增加值256.06亿元，同比增长11.94%，其中，规模以上工业增加值216.35亿元，同比增长12.1%。全年工业总产值1435.69亿元，比上年增长21.09%，其中高新技术企业395.86亿元，比上年增长20.34%；工业用电量完成11.04亿千瓦时，同比增长8.17%。初步形成以高新技术产业为主导、现代服务业为主体、先进制造业为支撑的产业体系，主要致力于发展新能源汽车及汽车零部件、电子电气及装备、长寿生物科技、新能源四大新兴产业和纺织服装、数控成形装备等加工制造产业。其中，新能源汽车及汽车零部件产业为如皋三大主导产业之一，是江苏省唯一的“新能源汽车产业基地”。电子电气及装备产业园区建成江苏省最大、苏中地区唯一的金属表面处理中心，吸引了创源电化学、延康汽车零部件、康得新模具等21家规模以上企业。

【园区特色】 2014年，如皋开发区积极“融入苏南、接轨上海、走向世界”。形成了城北新城区、现代制造产业园区、物流园区、产城融合区、现代农业园区五大发展板块。同时，致力打造世界级单体规模最大的全钢载重子午线轮胎生产基地、中国最具竞争力的新能源汽车生产基地、国家级氢能和燃料电池生产制造及研发基地、国家级输变电特高压电力设备及配件产业基地、软件特色产业基地和省锻压装备、软件科技产业园。在2013年获批省级生态园区后，积极创建国家级生态园区。

【招商引资】 2014年，如皋开发区新批协议注册外资25325万美元，实际到账注册外资25531万美元，同比增长49.97%，创历史最高水平。新批外商投资企业数23个；新增内资企业注册资本41.49亿元，新增注册内资企业数324个，亿元以上内资项目数达92个，形成了一、二、三产良性互动招商新局面。康迪（吉利）电动车项目、法国欧尚集团、巴西机电等一批世界500强的企业签约落户；协调促成碧空氢能科技南通有限公司与加拿大巴拉德公司签署合作协议，转让整套燃料备用电源生产技术。

【新能源汽车产业】 如皋开发区自2010年以来，策应国家新兴产业战略发展规划，抢抓机遇，立足现实，积极培育新能源汽车产业发展，2012年获批为江苏省唯一的“新能源汽车产业基地”，现拥有康迪（吉利）、陆地方舟、英田（金杯）3家新能源整车厂、改装车厂以及双钱轮胎、风迅锂电池、百应能源、泽禾氢燃料、延康、创源电化学等汽车零部件企业。该产业产品主要有新能源汽车、轻卡等整车产品，柴油机、轴承钢球、制动器总成、汽卡车专用紧固件等汽车零部件产品，以及全钢丝子午线载重轮胎、全钢丝子午线工程轮胎等配套产品，围绕推进新能源汽车“四化”（整车产品规模化、重要部件本地化、关键技术自主化、产品应用多样化）的发展思路，全力建设以新能源汽车整车为龙头、纯电动汽车和燃料电池新能源汽车为主导、新能源汽车零部件产业集群为支撑新能源汽车生产基地。2014年，新能源汽车产业产值已达到353.33亿元，销售268.42亿元，产能达到19.6万辆。

【科技创新】 2014年，如皋开发区以“科技立区、创新驱动”为发展理念、以建设创新型开发区（园区）为发展目标，狠抓人才培育、企业技改、平台搭建。高新技术企业达85家，高新技术创业服务4家，创服中心企业154家，全年完成高新技术产业投入42亿元，高新企业工业总产值395.86亿元，高新技术企业增加值119.46亿元，产品销售收入364.59亿元，进出口额6.18亿元。其中出口额3.33亿美元。累计获得国家、省、市科技创新平台45家，驰名商标16个，著名商标37个，授权专利1212个，科技项目立项数100项，万人发明专利拥有量10.6件，年内成功获评江苏省知识产权试点园区。

【人才建设】 2014年，如皋开发区累计引进研究生、博士、高级技术人员等各类人才511人，新获批国家“千人计划”专家3人，江苏省“双创人才”2人，省博士计划4人，省科技副总6人。加快推进中国产学研合作创新示范基地、国家知识产权示范园区、高端人才创业创新园区以及国家新能源国际科技合作基地建设，氢能产业与美国佛罗里达州立大学建立国际合作关系，电子电气装备产业与荷兰KM公司建立国际合作关系。建立健全柔性引进人才机制，新增江苏省级高新技术企业7家，工程技术研究中心5家，院士工作站3家，研究生工作站2家，产业技术联盟2家。

【项目建设】 2014年，如皋开发区办成千万美元以上外资项目90个，其中总投资5000万美元以上外资项目12个，1亿美元以上外资项目5个，新开工亿元以上项目21个，总投资95.78亿元，新竣工项目12个，总投资26.31亿元，完成规模工业投入75.42亿元，高新技术产业投入42亿元，工业项目投资106.90亿元，工业用电量110425万千瓦时，新增规模企业25家，亿元企业7家，5亿元企业2家，10亿元企业2家。突出发展新能源产业，打造氢能经济示范区。年内拥有百应能源、爱康太阳能、碧空氢能源、泽禾新能源、美能得等20多家企业，创建中国驰名商标6个。如皋开发区新能源产业发展初期主要以光热产品以及光伏系统的后道设备为主，近几年主要支持发展氢燃料产业。

【基础设施建设】 2014年，如皋开发区高标准编制完善深化了城北新城总体规划、道路交通专项规划、供热专项规划、新能源汽车产业发展、长寿生物医药科技等专项规划。着力打造国家级科技孵化器、人才职工公寓、金属表面处理中心以及标准工业厂房等基础性生产、生活配套设施，承载能力逐步增强。突出抓好政府投资性工程项目92个，其中房屋建筑及公建配套33个，市政项目59个。建成20个公交车整车充电基位，停泊位40个；在时代大厦、红星美凯龙停车场各建成5个充电桩；投资2.6亿元建设220KV惠民变电所，主变容量24万KVA，同步建设8回11万伏出线。中交美庐城、红星美凯龙、碧桂园、水绘绿源等重大城市项目建设有序推进。房产开工面积51.6万平方米，竣工34.1万平方米；安置房新开工面积38.05万平方米，竣工面积74.91万平方米。基础设施投入18.25亿元，增幅10.62%。

【机构设置与管委会领导】 如皋开发区管委会与城北街道合二为一，由开发区党工委、管委会统一行驶管理权，由班子领导、纪工委、人大工委、政协工委、工会、妇联及其他办、局、园区、中心等组成。主要设立办公室、党群工作局（人社局）、科技转化创业园、新能源汽车产业园、长寿生物科技产业园、科技和经济发展局、农村工作和社会事业局、政法和社会建设局、财政局、建设局、综合执法局、招商局、招商中心及环保分局、国土分局等。如皋开发区党工委、管委会领导有副书记、管委会常务副主任马金华，党工委委员、管委会副主任石兵、郝晓东、赵宏祥、曹汉清，党工委委员、纪工委书记丛立新。

如皋经济技术开发区主要经济综合指标一览表

项目		单位	2013年	2014年	增减（%）
开发区生产总值		亿元	365.1209	423.8960	16.10
第二产业		亿元	242.9983	278.7068	14.69
工业		亿元	228.744	256.0556	11.94
第三产业		亿元	109.6716	132.542	20.85
工业总产值（现价）		亿元	1185.620	1435.6890	21.09
高新技术企业		亿元	328.9478	397.5258	20.85
销售（营业）收入		亿元	1589.563	2004.2052	26.09
第二产业		亿元	1208.1099	1539.6786	27.45
工业		亿元	977.4194	1456.8920	49.05
第三产业		亿元	381.4531	464.5266	21.78
主导产业	新能源汽车及零部件制造	亿元	321.2054	353.3259	10
	电子电气装备及制造	亿元	294.9233	330.3414	12.01
	纺织服装制造	亿元	193.4226	210.8306	9
进出口总额		亿美元	16.6802	18.3292	9.89
出口		亿美元	12.1336	14.6653	20.87
财政收入		亿元	54.856	73.2540	33.54
税收收入		亿元	53.606	66.2750	23.63
财政支出		亿元	36.527	41.25	12.93
新批企业个数		个	353	347	-1.70
外商及港澳台企业		个	33	23	-30.30
内资企业		个	320	324	1.25

续表

项目		单位	2013 年	2014 年	增减（%）
新批企业投资额	外商及港澳台企业	亿美元	3.3973	2.5325	-24.46
	内资企业	亿元	38.5640	41.486	7.58
	增资企业	亿美元	0.0382	0.0769	101.31
合同外资金额		亿美元	3.3973	3.59	5.81
外商实际投资		亿美元	1.7254	2.55	47.97
固定资产投资		亿元	215.8620	255.8965	18.55
年末从业人员数		个	58820	67589	14.91
规模以上企业个数		个	816	905	10.91
工业		个	415	455	9.64
万元 GDP 能耗		吨标煤/万元	0.23	0.21	-8.7

（如皋经济技术开发区管委会）

漳州招商局经济技术开发区

【经济发展】 2014年，漳州招商局经济技术开发区（以下简称“漳州开发区”）紧紧围绕“转型升级，跨越发展”主战略，全力推动工作有效落实，较好地完成了目标任务。完成地区生产总值24.2亿元，增长8.9%；公共财政总收入13亿元，增长10%；地方级公共财政收入8.97亿元，增长14.3%；规模工业总产值73.7亿元，增长4.5%；规模工业增加值10亿元，增长6.1%；全社会固定资产投资38.2亿元，增长35%。出口总值3.9亿美元，增长66.5%；实际利用外资（验资）0.21亿美元；社会消费品零售总额6.7亿元，增长10%。

【重大成效】 2014年，漳州开发区把握形势主动作为。紧抓中央支持福建加快发展等重大机遇，提出“全力打造‘海西蛇口’”的奋斗目标。积极争取政策支持，推动区域拓展、创建“金融实践区”、自贸区申报等工作。面对经济下行压力加大的形势，及时出台一系列政策措施，兑现各类扶持奖励资金8932万元，向上争取补助资金9985万元，协调金融机构净增加贷款5.6亿元。漳州开发区各项改革取得实效。机构和人事制度改革深入推进，工商、食药监机构职能整合顺利完成。工商登记制度改革成效明显，全区新设各类市场主体431户，增长63%，新增注册资本5.59亿元，增长26%。出台《关于加快城镇化建设健康发展的指导意见》，加快落实《石坑社区城镇化建设改革试验区工作实施方案》。漳州开发区对外交流持续拓展。面向全国开展区域征名活动；积极参加“9·8”投洽会、海峡两岸台北旅展等各类展会；成功举办首届中国双鱼岛论坛、第三届国际百合属研讨会等国际性会议，区域影响力进一步提升。先后与凤凰教育、中国生态建设促进会等机构签订合作协议，与乌鲁木齐工业园区缔结为友好园区。全年对台“大三通”船舶往来472航次，对台货运吞吐量达136万吨。

【产业发展】 2014年，漳州开发区龙头产业提升。全年港口货物吞吐量完成2453万吨，增长15.4%，其中，集装箱吞吐量41.9万标箱，散杂货年吞吐量首次超过1000万吨。招银港区成为全国首批进境粮食指定口岸，木材进出口规模跻身全国第二。海工及交通设备制造业实现行业产值19.4亿元，增长11.4%。豪氏威马、诺尔、中集3家企业分别入选省、市级工业龙头企业，诺尔公司获评全省第二批“十佳海洋产业龙头企业”。漳州开发区新兴产业提速。出台扶持高科技产业、现代服务业发展政策。先后引进中华文博苑、“中国网库电商谷”、海峡两岸影视基地、华润万家、丰顺超市等项目，新引进港航物流企业10家。全年引资合同2.2亿美元。培育壮大生物科技、节能环保等产业，格绿能光电、博欣多肽、维信干细胞等项目加快建设。出台《科技创新专项资金管理办法》，鼓励企业改造创新、升级换代。盘活闲置土地资源，为新产业发展腾挪空间，共收回项目用地717亩。漳州开发区三产活力增强。全年第三产业实现增加值6.8亿元，增长4.5%。完成《旅游发展总体规划》编制，出台扶持旅游业发展相关政策，成功举办“厦门湾一体游”论坛、恐龙主题展等系列活动。旅游拉动人气效果明显，全年接待入区游客40万人次，旅游收入2.2亿元，增长20.9%。出台酒店及商业项目发展扶持办法，全区最大、面积6000平方米的丰顺超市正式营业。全年商品房销售额26.1亿元。

【基础设施建设】 2014年，漳州开发区城市建设稳步推进。加快城市总体规划修编，各项规划协同推进，完成山地开发研究及半山东、西片区城市设计等工作，城市框架进一步拉开。疏港公路拓宽改造工程、沿海大通道等一批基础配套加快建设。“智慧开发区”规划方案获国家住建部批准，成为福建省第六个智慧试点城市。“北斗卫星导航产业重大应用示范项目”顺利获批，获得国家发改委补助资金5300万元。漳州开发区设施配套加快完善。全年完成基础配套投入5.4亿元。半山西片区道路、五号路等项目相继竣工；双鱼岛市政工程、二号山片区市政道路正式开工；西片区污水泵站工程、四区综合楼等一批设施配套加快推进。新增公交站点17个，公共交通设施更加完善。大径社区公办幼儿园、嘉庚学院幼儿园建成投入使用。第一医院住院部、华润超市、汤洋整体拆迁安置房等项目有序推进，大径社区综合市场顺利封顶。漳州开发区城市环境持续改善。完成造林绿化面积350亩。开展排污费征收工作，加快21家单位污染物排放口规范化建设。加强水资源保护，制订《二次供水管理办法》，完成PM2.5环境空气监测站建设。开展“爱护家园清洁行动”、“文明农贸市场创建活动”，抓好交通秩序整治，加强文明施工管理，市容环境进一步改善。“两违”综合治理成效明显，拆除违法建设106宗，总面积24243平方米，实现“两违”建设零增长。

【社会管理】 2014年，漳州开发区惠民政策落实有力。全年累计投入民生资金4亿元。率先在全省实施本地户籍人口15年免费教育。城镇居民医疗保险、城乡居民养老保险等工作有序推进。累计筹集被征地人员养老保险金7299万元，全年共发放养老保障金273万元，为128户低保户发放低保金221万元。落实扶残助残、困难居民救助政策，全年共发放各类抚恤金、优抚金、补助款140万元。加强就业指导，组织技术工人培训2283人次，成功推荐283人就业。漳州开发区社会事业协调发展。大力举办“节会”活动，群众文化生活更加丰富。加快医疗设施完善和卫生人才引进。教育事业加快发展，顺利通过教育部“义务教育发展基本均衡”检查验收。实施新校建设、薄弱校改造项目6个，出台外来务工人员子女就学相关政策，有效缓解教育供需矛盾。实验幼儿园通过“县级示范性幼儿园”评估验收，厦大附中2014年高考再创佳绩，一本达线率80.4%，二本达线率99.5%。此外，全国第三次经济普查全面完成。外事侨务、统计、物价、史志、档案、地震、人防、计生、残联等各项工作都取得新成效。漳州开发区社会管理不断提升。深入推进平安创建活动，强化社会治安综合治理。加强社会网格化管理，完成社会管理服务中心建设。完善应急综合管理体制，推进道路交通安全综合整治。检察院巡回工作室、人民法庭有效行使职责。抓好信访、调解等工作，有效化解矛盾纠纷。扎实开展安全生产专项整治，安全生产保持平稳态势。

【文化建设】 2014年，漳州开发区成功组织了春节旅游节庆系列活动（三大组团、九个主题、十六项活动）、夏季旅游系列活动（风筝节、自行车赛、生态杨梅节、漳州名小吃美食节、亲子游园运动会）、厦门湾一体游论坛、第五届古堡音乐会暨2014首届双鱼音乐节、国庆节旅游系列活动（海峡两岸风筝节、恐龙主题展）等大型旅游活动，带动了旅游新气象。根据统计局统计，各项活动吸引了40余万人次来区旅游，为开发区带来了大量人气。与此同时，出台《关于加快旅游产业发展的若干意见（试行）》和《关于促进开发区旅行社发展的扶持办法（试行）》，建立旅游服务中心，加快与旅行社合作，推进双鱼岛东岛旅游招商、飞碟射击场建设和中华文博苑、光影艺术馆等项目。

2014年，漳州开发区首次开辟微信微博平台传播，首次整合资源抱团营销推广，首次启动漳州招商局经济技术开发区全国征名活动，首次举办2014厦门湾南岸十大人居精品评选活动，通过改革创新，为对外宣传工作注入新活力。《厦门湾南岸报》、《一周新闻》电视栏目、漳州开发区网站都是漳州开发区自办媒体，是对外宣传的重要渠道与信息传播的重要载体。为此，我们充分利用自办媒体，突出做好接地气、扬正气，弘扬主旋律、传递正能量。全年编辑出版发行《厦门湾南岸报》37期（228）版，比2013年增刊100多版，破增刊记录，发行近35万张。拍摄制作《一周新闻》电视栏目50期，稿件510篇，时长830多分钟；拍摄制作宣传片、专场13个，时长2100多分钟，向上级台发稿76篇，播出第三次全国经济普查公益广告，预防网络、电话、医保诈骗公益广告，旅游安全公益宣传片共12集，发布综治、交通安全、环境整治、两违专项整治、安全生产、家园清洁等宣传标语共3800多条次。漳州开发区网站、OA新闻中心发布信息2000条次。

在做好文化建设的同时，漳州开发区亦增强对文化经营场所的监管。2014年，对全区7家网吧、4家歌舞娱乐场所、金水仙大剧院、金三角影院进行联合检查，共检查了56家次，保障上述活动场所正常运转；完成全区17家文印店、1家音像店的年度核验工作。办理了海景娱乐城《娱乐经营许可证》的相关工作；抓好安全生产工作。按照要求于3月安排了我局与12家文化市场经营单位签订了安全生产责任状，后续新增的场所也已补齐责任状；认真做好集团建设基层企业“员工之家”的协调推进工作；开展并监督旅行社有关旅游包车、非营运车辆监管等安全工作，确保游客在漳州开发区安全旅游。制定了《春节系列活动安全预案》、《漳州开发区旅游突发事件应急预案》等一系列安全预案。同时在各次旅游活动中强加了旅游活动的统计工作，制作问卷调查表，抽样调查开发区入区旅游人员的成分和情况，分析当前游客喜好和旅游走势，以便未来为不同人群提供不同旅游项目提供数据依据。

【管委会领导】 2014年，漳州开发区党委书记、管委会常务副主任、有限公司总经理白景涛，有限公司高级顾问吴斌，党委副书记、管委会副主任、有限公司副总经理李宏午，党委副书记、管委会副主任、有限公司副总经理赵卫朋，管委会副主任李纪治、蔡志勇、马宝军、郑明辉，管委会行政专员蒋溪南，总工会主席张武生，有限公司总经理助理韩春生、刘永祥，有限公司副财务总监肖洪光，总工程师李崇刚。

【机构设置】 漳州开发区有限公司内设机构13个，分别是总经理办公室、人力资源部、财务部、企划经营部、园区开发运营中心、规划建设部、法律事务部、安全生产办公室、战略发展研究部、总工程师办公室、双鱼岛开发事业部、审计部、党群工作部（监察部）；投资企业15家，分别是漳州开发区招商置业有限公司、漳州华商酒店有限公司、招商局水产品交易中心有限公司、漳州开发区供电有限公司、漳州海达航运有限公司、漳州开发区南太武产业园区服务有限公司、漳州开发区长海汽车运输有限公司、漳州海月房地产有限公司、漳州招商房地产有限公司、漳州招商局码头有限公司、招商局物流集团福建有限公司、漳州鸿创商业房地产有限公司、福建嘉荣实业有限公司、福建格绿能照明科技有限公司、漳州招商局厦门湾港务有限公司。漳州开发区管委会内设机构30个，分别是管委会办公室、人事劳动局、财政局、经济发展局、规划建设局、社会发展局（土地收储中心）、交通运输局、战略发展研究室、总工程师办公室、法制办公室（综治委办公室）、国有资产监督管理委员会、审计局、综合行政执法局、城镇化建设指挥部办公室、文化与旅游发展局、教育卫生局（计划生育局）、公用事业管理局、房地产管理局、水务局、党群工作部（监察局）、宣传部、公安分局、工商行政管理局、国税局、地税分局、国土资源局、消防大队、人民法庭、交警大队、石坑边防派出所；投资企业5家，分别是漳州开发区公用事业有限公司、漳州开发区招商水务有限公司、漳州开发区安达公共交通有限公司、漳州厦漳大桥有限公司、福建港尾铁路有限公司。

（漳州招商局经济技术开发区管委会）

泉州经济技术开发区

【经济发展】 2014年，泉州经济技术开发区（以下简称“泉州开发区”）实现GDP增长6.5%、公共财政总收入13.21亿元、公共财政预算收入5.78亿元、工业增加值增长6.6%、第三产业增加值增长5.3%、全社会固定资产投资增长27.6%、社会消费品零售总额增长4.8%、实际利用外资（验资口径）3500万美元、外贸出口（海关口径）增长8.01%。

【产业发展】 2014年，泉州开发区党工委、管委会采取领导挂钩包片方式，深入企业，一企一策开展个性帮扶，兑现落实扶持奖励资金6000多万元；强化政府招商，引导企业盘活土地厂房资源，以存量换增量，形成新的经济增长点。收储和盘活项目用地250亩，10家企业实现再招商，嫁接新项目10个；精心组织参加江浙沪、粤港澳、省第四届民企洽谈会、9.8贸洽会等招商对接活动，成功引进项目21个，投资总额超30亿元，促成太平洋、恒达、罗裳山等制药企业与仁和集团、葵花药业等国内大型药企产销合作，三星电气与跨国公司ABB合作；加强项目协调推进，精心组织开展项目攻坚，做好12个市级重点建设项目、45个区级重点建设项目跟踪服务和督查，保证了项目建设顺利推进。

【园区特色】 2014年，泉州开发区创新驱动深入实施，举办企业创新论坛，营造浓厚创新氛围，支持企业全方位创新，推动产业提档提级。筛选确定20家龙头企业，特步、九牧王2家企业列入省龙头企业名单。在产业龙头的带动下，纺织服装、机电一体化、生物医药等优势产业综合实力持续增强，4个知名品牌入选省重点培育和发展的国际知名品牌，5个项目列为市级新增长点，形成一批有特色和比较优势的企业联盟。

【科技创新】 2014年，泉州开发区培育科技小巨人企业3家，省科技进步三等奖1项，高新技术企业2家、创新型试点企业5家、科技型企业10家、市级行业技术开发中心2家、市级企业技术中心2家。全区专利授权330件，每万人发明专利拥有量20.49件。22家高新技术企业完成工业产值210.9亿元，占全区工业产值51.7%。

【载体建设】 2014年，泉州开发区2.5产业园、圣弗兰电子商务园、工业设计中心等新平台建设加快，生产性服务业等新型业态进一步集聚发展。2家企业成为省战略性新兴产业骨干企业、1家企业成为省级知识产权优势企业，3家企业被认定为市工业设计中心、建成2个市级文化产业示范基地；2家企业成为市文化产业龙头企业，2家公司被认定为市级电子商务示范企业。

【金融改革】 2014年，泉州开发区结合开发区实际与特色，抓好企业股权投融资服务平台建设改革试点，提升金融改革实效。一是金改平台。与全国股转系统公司签订战略合作协议，为海交中心挂牌企业转板到全国股转系统挂牌创造了有利条件，区内1家企业获股转批准挂牌。挂牌企业累计已达到307家，顺利完成了市政府下达的目标任务。建立委托债权投资、私募股权等融资新渠道，帮助企业融资5.7亿元。海峡金融资产交易中心正式运营，填补了我省金融资产交易要素市场空白，成为我市推进金改的又一个新平台。二是企业上市。加强上市辅导，引导企业对接参与金改工作，全年新增上市企业2家。强化金融风险防范处置，开展区内准金融机构经营情况调查和经营风险排查，积极稳妥推进资金链断裂企业的重整和善后工作，及时化解金融风险。设立企业应急保障专项资金，为企业提供续贷过桥资金支持共21笔约1.6亿元，帮助企业渡过难关，力促企业正常生产经营。

【社会事业】 2014年，泉州开发区教育事业加快发展，首家公办幼儿园建成招生；文化事业创出亮点，两件作品荣获中华工艺优秀作品金奖和银奖，文宝公司与新华网合作创办“新华网·闽南文化网”正式上线，成为全球闽南文化对外宣传和信息交流的平台；建成工业旅游线路2条、特色旅游点5个。全面落实安全生产目标责任制，开展安全生产大排查大整治专项行动，安全生产标准化创建工作位居全市前列。

2014年，泉州开发区建立签约医生驻企服务制度，提高基本公共卫生服务水平。举办摄影展、播放露天电影等文体活动近百场，丰富员工的精神文化生活。664名居民参加城镇居民基本医疗保险，215名患病职工获医疗补助48万元。发放计生国策奖励60.12万元，受益群众11024人。创新社会治安综合治理工作模式，推行社会稳定网格管理。设立开发区巡回法庭，做好诉调对接，强化社会矛盾化解能力，园区安稳和谐。

【清濛园区建设】 一是美丽园区。2014年，大力实施“三纵三横三园”环境提升工程，健全完善园区城市配套，全力提升园区城市建设管理水平。大力加强园区景观建设，先后投入3000多万元用于改造提升吉泰路、德泰路、美泰路三条主干道，建设三产集聚街区、商贸街区和文化休闲走廊；同时，组织实施迎宾路南侧、崇宏街、崇荣街亮化和路面整治工程，改造建设仙公山公园、南山公园和狮子山公园，全力推动园区转型升级，打造产城融合的美丽园区。认真落实节能减排、环境保护和生态建设目标责任制，严把建设项目环境影响评价和环保“三同时”审批，推行清洁能源替代工作，全力创建生态安全园区。2014年，全区规上工业企业单位增加值能耗下降5.8%，园区绿化面积221.86公顷，绿化率40.5%。二是汽车基地。完成凤顺汽车零部件项目的土地勘测、规划预审、地类核对等工作；完成西虎二期30亩填方工程的招投标及施工建设，完成填方12万方；完成锐驰电子二期项目用地46亩的土地证办理，协调解决锐驰电子项目6.851亩征地遗留问题；汽车基地污水接入晋江市市政管网的工程建设，已完成协议签定等前期工作。三是2.5产业园。完成2.5产业园项目立项报批、地质勘察及出具初步环评报告；启动规划及施工图深化设计，完成总平方案设计和改造项目设计施工图的送审工作，启动改造项目预算和工程招标准备工作，着手申请公司的开发资质；已完成项目用地的招拍挂工作，同时做好产业园开发建设资金保障。

【官桥园区建设】 一是土地征收。2014年，协调推进进区大道建设用地征地工作，完成进区大道南段、东西主干道东段完成施工便道涉及土地丈量工作，发放补偿款约1100万元。协调完成土地征收移交工作。二是土地报批。做好起步区F地块信祥、卓越等两宗林地报批，目前已通过初审并上报省林业厅审核。进区大道农转用报批材料并报南安市国土局列入南安市2014年第3批次农转用指标。三是市政道路和配套设施。全年计划投资30000万元，目前已完成18345万元。起步区土石方平整工程完成土石方平整约100万方；南北大道第一标段工程已竣工验收，第二标段工程完成桥梁桩基工程及地下管网施工、路面敷设工程；南北大道南段及东西主干道东段路灯工程完成整条道路亮灯，完成建安投资约300万元；进区大道南段及东西主干道东段完成施工便道施工及部分路段抛石挤淤。四是招商服务。与4家企业签订《预约用地协议书》，预约用地1140.847亩。工业项目计划投资33700万元，其中按计划投资建设的项目4个，入场开工建设的有3个，完成基建并计划投入生产的有2个，另外3个项目正着手总平设计等基建前期工作。此外，以实地考察、投洽会等方式引进新的项目，4个项目正在洽谈中，8个已与业主基本达成入驻共识。五是融资工作。协调建设银行办理6亿元城镇化项目贷款申报工作；农发行贷款资金顺利完成2350亩贷款项目范围内用款申请8341.25万元；完成区财政3439.47万元的专项用款及暂借款的申请工作，确保款项拨付到位。

【管委会领导】 2014年，泉州开发区党工委副书记、管委会主任叶一帆（任职至2014年11月），党工委书记叶一帆（2014年11月始），党工委副书记、管委会主任梁炳辉（2014年11月始），党工委副书记王岳平，党工委委员、管委会副主任黄华强、李连生、连志富，党工委委员、纪工委书记、管委会副主任吴忠溪，管委会副主任林群英（挂职2年），党工委委员、管委会副主任傅国明，党工委委员、党务工作部部长许长春，党工委委员、管委会副主任陈斌，管委会科技副主任（兼）、党工委委员徐悦（任职至2014年11月），管委会副主任傅再扬（挂职），管委会调研员王泽涵、刘以炳（2014年11月退休），管委会副调研员黄清湖、李树山、林景彬、黄溪洪。

（泉州经济技术开发区管委会）

沧州临港经济技术开发区

【经济发展】 2014年，沧州临港经济技术开发区（以下简称“临港开发区”）实现GDP125.76亿元，同比增长1.68%；工业总产值603.65亿元，同比增长2.52%；固定资产投资123.4亿元，同比增长72.23%；财政收入39.2亿元，同比增长-6.96%；实际利用外资8111万美元，同比增长10.84%。

【产业发展】 2014年，临港开发区被世界环保大会授予“国际碳金奖”之“中国绿效企业——绿色责任奖”。临港开发区坚持以招商引资为中心，以改善环境和项目建设为重点，加快开发建设步伐，全区投资环境不断优化，入区项目日益增多，经济实力显著增强。截至2014年底，开发区共引进项目100多个，总投资600多亿元，形成了63万吨PVC、15万吨TDI、200万吨水泥、36万吨氯碱化工、2×350MW的热电联产、60万吨合成氨配套80万吨尿素、2万吨催化剂、10万吨香精香料、20万吨医药农药中间体以及总量20万吨的专用化学品等重大项目，聚集了中国化工集团、香港华润集团、冀中能源集团、美国空气公司、法国威立雅公司、法国液化空气集团、北京金隅集团、阳煤正元集团等一批国内外知名的化工企业和与之配套的公用工程和物流专业公司，形成了以石油化工、煤化工、精细化工等产业为主导的临港产业聚集区。

【园区特色】 临港开发区在产业不断集聚的同时，秉承循环经济的发展思路，遵循“产品项目、公用工程、环保安全、物流传输、管理服务”五个一体化的发展理念，针对石油化工、煤化工、盐化工、新型合成材料、精细化工、生物医药和现代物流等产业板块重点布局，提升循环经济水平，出现了一批经济关联度高、经济效益双赢的典型企业，将开发区的主体项目以产业及上下游产品为关联纽带连成一体，实现了综合效益的明显提高，已初步形成了“三圈”循环产业发展体系，即：企业内部循环、企业之间循环、企业与周边地区循环。特别是“国家级循环化改造示范试点园区”、“国家新型工业化产业示范基地”两块国家级金字招牌的获得，使得开发区循环经济产业发展水平上升到了一个新的高度。

2014年，临港开发区将依托现有产业基础，以循环经济发展为理念，主要从延伸增粗产业链及副产品综合利用两方面建立循环经济发展体系。依托TDI、MDI和聚醚产业基础发展高端聚氨酯产品；以氯乙烯单体为基础发展下游合成材料产品；通过对通用PVC改性发展特种PVC树脂及其延伸产品；积极推动化工新材料及特种化学品等高端化工产品；大力发展多元烯烃路线，建设先进催化裂化制烯烃（ACO）及甲醇制烯烃（MTO）等项目，生产乙烯、丙烯，解决石化产业发展对烯烃基本原料的需求；重点结合市场需求推进丙烯酸—高吸水性树脂（SAP）—高端涂料产业链、环氧丙烷（PO）—聚醚产业链、苯—环己酮—己内酰胺—尼龙6产业链、氯碱—TDI/MDI—弹性体产业链、乙烯—苯—ABS树脂产业链等。另外，临港开发区在延伸增粗产业链的同时注重副产品的综合利用，包括海水淡化以及煤提质等综合利用项目。

【项目建设】 2014年，临港开发区在建和新开工项目共计31个，总投资171.2亿元。其中，30亿元以上项目2个，包括山西阳煤集团正元化肥投资38亿元的60万吨合成氨80万吨尿素项目、香港华润集团投资33.6亿元的2×350MW热电联产项目；10亿元以上项目2个，包括冀中能源集团金牛化工投资19.4亿元的40万吨PVC及配套工程项目、北京安耐吉能源工程技术有限公司总投资11.6亿元的年产4300吨新型催化剂和催化剂材料项目；亿元以上项目19个。

【科技创新】 临港开发区循环经济指挥平台，是临港开发区在建设国家循环经济促进中心的基础上，以网络平台为依托，搭建线上企业服务平台。平台以“智慧城市”为理念，运用云计算、物联网的技术，通过通信网、互联网、物联网三网融合的智慧园区指挥中心，共分为四个宏观平台和十一个微观系统，2014年，处于设计施工阶段，预计于2016年正式投入使用。

【招商引资】 2014年，临港开发区全年在谈项目共计47个，总投资930亿元。包括：北京生物医药产业转移基地项目、石家庄诚信有限责任公司投资65亿元的沧州渤海新区循环经济百亿产业园项目、南京红宝丽股份有限公司投资40亿元的50万吨/年聚氨酯产业园项目、中国化工集团沧州大化聚海分公司投资27亿元的15万吨/年TDI项目、航天长征化学工程股份有限公司投资30亿元20万方/时煤气化项目等。临港开发区立足产业结构调整，依托“中国化工产品交易中心”项目，吸引50余家物流企业入驻，并新增规上贸易企业1家，实现了开发区第三产业和规上贸易企业“零”的突破。

【投融资建设】 2014年临港开发区投融资平台建设取得新突破。全年融资8170万元。通过与银行共同制定融资方案，成功办理银行贷款3笔，已发放贷款7000万元。完成“开发区城市商业合作社——小微企业互助合作基金”发放贷款8家，贷款总额1170万元。此外，通过项目融资，为给排水管网和工业管廊项目融资7500万元，贷款年限为3—5年。

【投资环境】 2014年，临港开发区共完成基础设施建设项目11项，主要包括：投资1300余万元的东区生态公园工程、投资1亿元的东区工业管廊项目以及投资1.1亿元的东区专用铁路工程。同时，投资8000余万元的生物医物产业园道路及管线工程已全面启动。

【社会发展】 2014年，临港开发区依托开发区总工会深入开展劳动关系和谐企业创建活动，积极推进开发区“服务型”工作机制建设；坚持“党群一体化、管理区域化、运作行业化、协同网格化、基层规范化、干部职业化”的“六化”目标，推进基层服务水平，丰富工作内涵；创新“三站一点”工作模式（维稳工作站、党建联系站、工会指导站、文化信息服务点），推行“组团式”服务，面向基层、一线服务，打造“15分钟服务圈”，提供“菜单式”服务，打造“问需”服务机构；注重关爱职工群体，深化“和谐企业、满意职工”创建活动，促进全区和谐发展。

【机构设置与管委会领导】 2014年，沧州临港经济技术开发区管委会下设13个部门：党政办公室、财政局、经发局、招商一局、招商二局、招商三局、招商四局、科技局、安监局、环保局、规划建设局、国土局、沧州临港兴化城市建设投资有限公司。

主要领导及职务：渤海新区党工委员、管委会副主任，沧州临港经济技术开发区党组书记、管委会主任张召堂；沧州临港经济技术开发区党组成员、管委会副主任孙俊利；沧州临港经济技术开发区党组成员、管委会副主任李盛春；沧州临港经济技术开发区党组成员、管委会副主任李国庆；沧州临港经济技术开发区党组成员、管委会副主任孙玮红；沧州临港经济技术开发区管委会副主任于增舟；沧州临港经济技术开发区副调研员刘秀芳；沧州临港经济技术开发区副调研员唐金林；沧州临港经济技术开发区党组成员、主任助理兼环保局局长沈健。

（沧州临港经济技术开发区管委会）

常熟经济技术开发区

【经济发展】 2014年，常熟经济技术开发区（以下简称“常熟开发区”）实现地区生产总值288亿元，同比增长8.9%；工业总产值1010亿元、工业开票销售收入820亿元，分别同比增长5.2%和8.5%；公共财政预算收入23.3亿元，同比增长10.4%；全社会固定资产投资220亿元，其中工业投入170亿元；进出口总额63.2亿美元，同比增长13.4%。现代产业体系加快培育，三次产业结构逐步优化，高新技术产业产值占规模以上比例达31%，新兴产业产值占规模以上比例48%。全年有效投入继续保持高位运行，服务业投资增速达30%，服务业增加值占地区生产总值比重稳步提高。区域龙头型企业带动作用十分明显，长春化工、常熟电厂、达涅利等骨干企业分别实现同比25%以上增幅；新投产企业成为经济发展生力军，亨通电缆、巴德富、特殊陶业、波士胶等近几年投产企业分别实现同比增幅200%左右。

【招商引资】 2014年，常熟开发区全年完成注册外资4.5亿美元，到账外资4.37亿美元，净增注册内资36.2亿元。观致汽车实现批量入市，目前已有三款车型上市，2013年12月月销量首次破千达1078辆，64家4S店开业，另有30家处于建设阶段；奇瑞捷豹路虎汽车实现工厂开业，建成年产13万辆整车生产能力的国内一流乘用车生产基地，并配套信息化生产管理系统，已顺利实现批量生产，第一款车型揽胜极光将于2015年2月1日正式上市销售。汽车产业招商效应逐步显现，总投资1亿美元、注册5000万美元的英国工业园项目落户开发区，安吉零部件物流、中源汽车零部件、一胜百模具钢、塔塔汽车零部件、武钢汽车钢材冷轧、屹丰热冲压、柯宾斯卡汽车生产线、埃驰等汽车配套项目纷纷进驻。项目增资形成热潮，观致汽车D平台及混合动力车型研发、理文化工三期扩建、华丰橡胶迁建、芬欧蓝泰扩建、菱锂电池、美桥、美锌、安利马赫、迪爱奇希、户上电子等28个项目增资扩产，增资项目注册资本达数亿美元。

【科技创新】 2014年，常熟开发区加快推进科技创新，引进各类人力资源突破1万名，23人列入常熟市领军人才计划，13人列入江苏省或苏州市级人才计划，9人入围第十一批国家千人计划面试。推动成立了现代通信、汽车电子、3D打印等3个产业联盟，促进行业资源共享、抱团发展。常熟科创园成功创建为国家火炬计划公共服务平台、中国科协海智基地。

【投资促进】 2014年，常熟开发区全年开工工业项目40个，总建筑面积160万平方米。奇瑞捷豹路虎汽车一期、法福克设备、泰富益机械、神隆医药二期、科达机械一期、新中能源、维苏威一期、新中源汽车、苏州石大、信扬仓储、国和新材料、博文物流二期、宝旭新能源二期、欧米亚二期、长春化工（双酚A二期、工程塑料、酚醛树脂、剥离剂显影剂等）、长春应化、崴力机电、达涅利三期、智索无纺二期等23个总建筑面积约100万平方米（其中外资新项目7个，内资新项目7个，增资扩建项目9个）的项目年内竣工投产，新增工业产值300亿元。主动分享上海自贸区的“溢出效应”，结合外商投资项目

“核改备”契机，芬欧汇川获批跨国公司外汇资金运营便利化试点，达涅利获批省级跨国公司功能性机构，深油所华东交易中心挂牌开业，期货交割库取得郑交所 PTA 批文，柏盛物流积极筹备纸浆交易中心、汽车零部件进出口仓库。全面完成了《常熟经济技术开发区总体规划（2012—2030）（修编）调整》工作，并推动实施了铁黄沙区域、汽车产业园区域、碧溪片区等各类发展规划。

【生态环保】 2014 年，常熟开发区成功创建国家级生态工业示范园区，全面启用安全环保监测及预警系统，加快了相关污染源周界浓度监测，住友橡胶治臭方案设备全部落实，2014 年 6 月完成治臭任务，长春化工废气治理取得阶段性成果。环保基础设施建设进一步加强，固废处置、垃圾焚烧、污水治理等统筹推进。循环化试点园区改造《实施方案》13 项重点支撑项目已完成 11 项。完成绿化种植面积 55 万平方米。新城初步形成商务办公、生活居住、创新创业等载体群格局，吃、住、医、学、娱更加完善，江南印象风情街、宝鸿广场综合体、268 超高层和邻里中心、休闲广场等重点项目分别处于全面建设和招商投用阶段。铁黄沙工程进展顺利，围区吹填已全面展开。长江游轮母港建设加快推进，长江游轮成功首航。

【管理与服务】 2014 年，常熟开发区积极推进村级财力增加和居民收入增长，区域内新建各类农场、合作社 11 个，着力构建富民强村新机制，实现农民人均纯收入同比增长 10%，合作医疗参保率 99.96%，调研出台区域大病医疗救助办法。统筹调整教育资源布局，全面推进校安工程，启动实施了滨江实验中学、滨江职校、东张邻里中心幼儿园、滨江幼儿园、浒浦小学、浒浦幼儿园等学校新建及修复工程。按高档商品住宅区标准建设的农民安置小区实现一期入住，并安置入住 837 户，二期主体结构封顶，三期完成初步设计并启动预置换工作。现代农业加快发展，现代设施农业科技示范园区按照省级“菜篮子”蔬菜基地标准加强建设管理，被中国蔬菜协会评为“蔬菜科技集成创新示范区”。积极推动依法行政，鼓励管理机制创新，促进政社互动，出台专项文件健全了集体资产长效管理机制。完成开发区质量、环境标准化管理体系复评复审工作。强化安全生产管理，制订出台《开发区工业企业生产安全网格化监管实施方案》，进一步加强宣传引导，突出红线意识。

【机构设置与管委会领导】 2014 年，常熟开发区党工委、管委会内设机构共有 8 个职能局（室）、2 个公司，分别是党政办公室、劳动人事局（党群工作办公室、科创园）、招商局、经济发展局（科技工作办公室、环境保护办公室、社会管理综合办公室）、投资发展局（汽车产业发展局、港口公司）、规划建设局、财政局、出口加工区管理局和滨江城投公司、经济开发集团有限公司，另按有关规定，设立纪工委和总工会、团工委、妇工委。

主要领导：党工委书记惠建林，党工委副书记、管委会主任王飏，党工委副书记、管委会副主任桑五官、张建忠，党工委委员沈鸣，党工委委员、管委会副主任樊钢，管委会主任助理孙雪良、许晓波。

常熟经济技术开发区主要经济综合指标一览表

项目	单位	2014 年	2013 年	增减（%）
开发区生产总值	亿元	799.83	772.28	3.6
第二产业	亿元	605.96	583.67	3.8
工业	亿元	568.59	547.48	3.9
第三产业	亿元	178.9	174.69	2.4

续表

项目		单位	2014 年	2013 年	增减（%）
工业总产值（现价）		亿元	2596.31	2508.11	3.5
高新技术企业		亿元	530.91	404.72	31.2
销售（营业）收入		亿元	3072.83	2838.35	8.3
第二产业		亿元	2492.63	2323	7.3
工业		亿元	2467.12	2295.35	7.5
第三产业		亿元	550.36	487.4	12.9
利润总额		亿元	95.34	93.39	2.1
第二产业		亿元	76.14	73.25	3.9
工业		亿元	75.25	72.22	4.2
区内主导产业及产值					
主导产业	1. 装备制造业	亿元	566.12	510.94	10.8
	2. 汽车及零部件产业	亿元	267.4	226	18.3
进出口总额		亿美元	111.59	112.03	-0.4
出口		亿美元	63.01	62.81	0.3
财政收入		亿元	141.84	116.06	22.2
税收收入		亿元	116.73	96.18	21.4
财政支出		亿元	68.55	61.65	11.2
新批企业个数		个	848	678	25.1
外商及港澳台企业		个	34	34	0.0
内资企业		个	814	644	26.4
新批企业投资额	外商及港澳台企业	亿美元	8.05	24.22	-66.8
	内资企业	亿元	114.32	129.57	-11.8
	增资企业	亿美元	12.67	14.84	-14.6
合同外资金额		亿美元	5.8	10.83	-46.4
外商实际投资		亿美元	7.64	6.09	25.5
固定资产投资		亿元	384.75	391.24	-1.7
年末从业人员数		个	298026	296161	0.6
在岗职工数		个	298026	296161	0.6
在岗职工平均工资		元	74091	64452	15.0
规模以上企业个数		个	1131	1247	-9.3
工业		个	821	860	-4.5
万元 GDP 能耗		吨标煤/万元	0.3	0.32	-6.3

（常熟经济技术开发区管委会）

德阳经济技术开发区

【经济发展】 2014年，德阳经济技术开发区（以下简称“德阳开发区”）实现地区生产总值（GDP）180亿元，同比下降2%；年初计划全口径财政收入34亿元，实际完成30亿元，占年初计划的98%，比2013年同期下降6%。年初计划税收入库28亿元。实际入库22.9亿元，占年计划的96%，同比下降3%。年初计划公共财政预算收入8.4亿元，实际完成8.5亿元，占年计划的102%，同比增长2.3%。年初计划基金预算收入6亿元，实际完成6亿元，占年计划100%，同比持平。年初计划地方财政收入14.4亿元，实际完成14.5亿元，占年计划的101%，同比增长1.3%。全年完成固定资产投资113亿元，同比增长13%。全年实现进出口总额2.6亿美元，同比增长23.5%，其中，实现出口2亿美元，同比增长30%。

【产业发展】 截至2014年12月底，德阳开发区有各类企业2740家，工业企业440户，其中规模以上工业企业127户。全年实现规模以上工业增加值376.3亿元，同比增长-10.3%；实现工业总产值440亿元，同比下降10%；规模以上工业企业减少2户，总量127户；实现工业投资65亿元，同比增长10%。产业结构不断调整，战略性新兴产业增加值占工业比重达到16%。大力发展生产性服务业，依托沃尔玛、盛唐摩尔和五洲广场3大商圈，推进现有商业业态提档升级。开工建设九为蓝谷、大名城、当当网、天山北路城市综合体、东方胜大运业等一批重大项目。加快沃尔玛西南物流配送、沃尔玛高端商业购物中心、红星美凯龙家居广场等在建项目进度，大力发展现代服务业。实现第三产业增加值20亿元，同比增长7.9%；实现社会消费品零售总额42亿元，同比增长28.9%。

【项目建设】 2014年，德阳开发区列入四川省、德阳市重点项目12个，项目总投资125亿元，年度计划投资20.9亿元，全年完成重点项目投资22亿元，占年度投资计划的104%。2014年，共计有16个产业项目集中开工，总投资达180亿元。重点项目投资有力地带动了全社会固定资产投资的增长。加快九为蓝谷投资有限公司、上海天亿投资公司、北京当当网、四川泰明飞机有限公司轻型运动飞机、轮船、赛车发动机等一批重大产业项目建设，突出装备制造业核心。加快信义玻璃、新疆安泰燃气、上海开旋风电控制系统等项目建设，重点发展新能源装备。以信义玻璃项目建设为契机，与广汉积极探索共建共享模式。

【科技创新】 2014年，德阳开发区主动实施“内涵发展、品质提升、创新驱动”发展思路，落实“工作创新”各项部署，围绕四川省、德阳市确定的人才政策、管理体制、社会治理等方面研究专题，结合实际，着力推动经济、政治、文化、社会等领域创新，努力营造创新发展的浓厚氛围。截至2014年末，开发区高新技术企业达到21家，国家级企业技术中心达到5家，省级企业技术中心达到4家。加大自主创新投入，与联合国工发组织合作，建立联合国工发（德阳）高科创新投资基金，不断拓宽创新投入资金渠道。加强政产学研合作，与四川大学合作建立德阳工业技术研究院，与重庆理工大学合作建立产业技术联盟，大力提高经开发区创新能力建设。

【投资促进】 2014年，德阳开发区全年引进亿元以上项目32个，总投资达200亿元，实际到位资金93.39亿元，同比增长26%。重点引进上海天亿、四川勃朗蜀威科技、四川汇川科技、北京特亮光电科技、成都晨轩机电设备、香港大恒森股份、北京当当网信息技术等重大项目；实际引进外资企业4家（其中增资项目2个），实际到位外资6150万美元，同比增长55.2%。建设海关、国检等政务设施，为发展外向型经济提供坚强的硬件保障。推动在更高层次、更高水平上扩大对外开放。大力实施“走出去”战略，支持经开区企业积极开拓国际市场，抢抓贸易订单，大力开展对外工程承包和劳务合作。制定商务发展规划、计划并组织实施，指导推进流通产业、服务业发展。应承经济一体化趋势，整合组织优势企业和资源，积极开展对外经贸交流和活动。先后成功举办广州、东莞、厦门、北京、杭州投资说明会，赴瑞典同爱生雅集团举办洽谈会。先后参加中国—德国机械合作洽谈会、德国工商经贸合作研讨会、四川—深圳加工贸易合作洽谈会、西博会等一系列大型经贸交流活动。

【生态环保】 2014年，德阳开发区在工业节能、建筑节能、交通运输节能、公共机构节能、重点用能单位节能、排污治理等关键环节，加大工作力度，帮助企业积极争取国家政策资金，加大落后产能淘汰力度，依法提出整改意见60余条。加大对国控、省控重点污染源的监管，重点污染源排放达标率100%。大力整顿美丰复合肥噪声治理，东方汽轮机、维达纸业水处理等限期治理合格，并已投入运营。积极实施“蓝天工程”、“碧水工程”等环境整治工程，对存在问题的19家企业下达了限期整改意见书。认真开展卫生城市创建工作。

【环境建设】 2014年，德阳开发区积极探索建立“网格化”城市管理机制，创新流动商贩管理工作，强力推进违法建（构）筑物整治，加大排污排废治理力度，不断提高城市管理水平。配合全市开展以建成蓝天、碧水、绿地的“现代工业化山水生态园林城市”为目标，大力开展创国家卫生城市、文明城市、环保模范城市、园林城市、森林城市“五城联创”活动，通过了省级生态工业园区专家验收，园区面貌不断美化更新，生态环境质量总体良好。

【基础设施建设】 2014年，德阳开发区完成总投资7200万元、建筑面积1万平方米的新建金沙江路学校扩建工程建设；完善建筑面积1720平方米的市第六中学（通威中学）学生宿舍扩建工程；完善180余万元的市第六中学（通威中学）、雅居乐泰山路小学运动场改造工程；完善开发区医院东河卫生院改造工程；迎接2015年全省义务教育均衡化检查，积极组织对辖区学校设备全面摸底调查，设备缺口已进入政府采购程序。加快推进燕山路延伸段、图门江路延伸段、金沙江路、峨眉山路二期、桂江街等在建市政道路设施项目建设。道路全长4379米，总投资约8980万元，已于10月底完工。全力推进新开工道路工程项目建设。新开工道路全长13884米、总投资5.73亿元。

【社会事业】 截至2014年底，德阳开发区完成学校同市名优学校的结对帮扶活动，对612名贫困学生落实生活补助75.7万元。对130名学前教育困难儿童补助14.6万元。2014年，新办幼儿园2所，民办幼儿园达到10家，入园幼儿达到2833人。深入实施“两费免收”等医卫惠民工程，惠及群众3.6万人次。在天山等5个社区建成了3000平方米的文化园坝健身苑，免费对市民开放。加强社区建设管理，建成社会组织孵化实验基地4个，吸纳志愿者3000人次。全年城镇新增就业2056人，其中，下岗失业再就业508人。开展劳动力技能培训569人，城镇登记失业率控制在3%以内。城乡居民社会保险制度全覆盖，新农保参保1069人，城镇居民养老保险参保1130

人，城镇基本医疗保险参保5.3万人。

【机构设置与管委会领导】 2014年，德阳开发区（党工委）管委会下设党政办公室、纪工委、群众工作局、发展和改革局、工业和信息化局、环境保护和安全生产监督局、住房和城乡建设局、商务局、投资促进局、财政局、社会事业局、社会保障局等12个工作机构。

工委、管委领导：党工委书记杨建明，党工委副书记、管委会主任李成金，党工委副书记简鸿彬，党工委委员、管委会副主任李本林，管委会副主任孙振国，党工委委员、管委会主任吴亚平，党工委委员、管委会副主任胡洪立。

德阳经济技术开发区主要经济综合指标一览表

项目		单位	2014年	2013年	增减（%）
开发区生产总值		亿元	180	193.5	-7.0
第二产业		亿元	166.2	174.1	
工业		亿元	105	111	-0.5
第三产业		亿元	16.5	18.0	
工业总产值（现价）		亿元	440.8	504.4	-12.6
高新技术企业		亿元	242.0	249.3	-2.9
销售（营业）收入		亿元	642.0	662.7	-3
第二产业		亿元	489.0	505.2	-3.2
工业		亿元	400.9	496.6	-19.390
第三产业（销售额）		亿元	107.8	94.9	13.7
利润总额		亿元	1.53	1.62	-5.6
第二产业		亿元	-7.36	-7.68	-4.2
工业		亿元	-75	-7.8	3.85
区内主导产业及产值			425	493	13.8
主导产业	—	亿元	375	403	-7
	—	亿元	22	20	10
第三产业		亿元	9.1	9.3	—
进出口总额		亿美元	2.8	2.16	27.91
出口		亿美元	21.3	16.6	28.08
财政收入		亿元	30	33	9
税收收入		亿元	22.9	25.88	-11.5
财政支出		亿元	14.15	15.71	-9.9
新批企业个数		个	482	328	46.95
外商及港澳台企业		个	21	20	5
内资企业		个	461	308	49.7
新批企业投资额	外商及港澳台企业	亿美元	2.5	1.2	108
	内资企业	亿元	25.6	8.25	210
	增资企业	亿美元	1.6	1.2	33
合同外资金额		亿美元	2.5	1.2	108
外商实际投资		亿美元	0.605	0.604	0.2
固定资产投资		亿元	114.6	101.4	13
年末从业人员数		个	82015	79832	2.73
在岗职工数		个	52476	53329	-1.5
在岗职工平均工资		元	52356	41426	26.4
规模以上企业个数		个	127	129	-1.61
工业		个	127	129	-1.6
万元GDP能耗		吨标煤/万元	0.805	0.948	-17.8

（德阳经济技术开发区管委会）

武汉临空港经济技术开发区（东西湖区）

【经济发展】 2014年，武汉临空港经济技术开发区（以下简称“临空港开发区”）建设、综合经济实力和城市功能提升取得重大突破，主动应对经济发展“新常态”，扩大对外开放，优化产业结构，加快基础设施建设步伐，积极推进项目建设。全年完成地区生产总值580.9亿元，按可比价格计算，比2013年增长11.5%。其中，第一产业完成增加值14.6亿元，增长1.0%；第二产业完成增加值442.1亿元，增长12.5%；第三产业完成增加值124.3亿元，增长10.6%。三次产业结构比重由2013年的2.8：74.4：22.8调整为2.5:76.1:21.4。公共财政总收入完成140.8亿元，增长17.8%。地方公共财政预算收入完成69.2亿元，增长15.1%，总量位居武汉市行政区、功能区第一。地方公共财政支出65.8亿元，增长10.7%。固定资产投资总额418.2亿元，增长21%。社会消费品零售总额165亿元，增长31.3%。税收总额突破124亿元，净增20亿元。其中，年纳税过亿元企业12家、过千万元企业超过160家。主要经济指标位居省市前列。

【产业发展】 2014年，临空港开发区实现工业总产值1035.9亿元，比上年增长15.5%。其中，规模以上工业企业完成增加值331.0亿元，增长14.5%，规模以上工业总产值926.5亿元，增长13.3%。在规模以上工业企业中，内资企业559.7亿元，增长15.8%；外商及港澳台商投资企业366.8亿元，增长6.8%；全年重工业总产值277.7亿元，增长12.0%；轻工业总产值648.9亿元，增长12.1%。轻重工业结构由2013年的70.6：29.4变化为70.0：30.0。突出发展食品、机电产业，注重盘活存量，引进增量，提高质量。被工信部授牌为“国家新型工业化食品产业示范基地”，连续4届被评为“全国食品工业强区”。食品、机电产业合计实现产值560亿元，占规模以上工业总产值的60.1%。其中，绿色食品、生物医药、电子信息、机械制造实现产值343亿元，同比增长16%。实现80平方公里工业园连片开发，率先在全市实现工业发展区基础设施全覆盖。临空港经开区带动和引领作用不断增强，已成为全省发展临空经济的中坚力量。服务业方面，区内武汉保税物流中心与天河机场实现“区港联动”，成为首批国家级示范物流基地，“铁水公空”综合现代物流格局基本形成。成功引入中国电建湖北公司等区域总部项目，新增中信资产华中公司等8家金融机构，总部经济加快集聚态势明显。中部地区第一家永旺梦乐城正式开业，填补泛金银湖地区商业综合体空白。汉口印象、西湖广场、中心广场等一批商业综合体陆续建成，融园、豪生等高档酒店建设稳步推进。成功举办中国湖北文化艺术品博览会和中国电影产业交易博览会。汉江一日游、汉江花世界、郁金香主题公园、如意科普游等新项目逐步兴起。全年接待游客突破500万人次，实现综合收入6.5亿元。农业现代化步伐加快。积极优化农业结构，培育农业龙头企业，推动现代都市农业发展。1.5万亩设施蔬菜基地投入生产并带动农业增效。成功获批市级现代都市农业示范园。新增湘大饲料等规模以上农业龙头企业7

家，规模以上农业龙头企业累计达到85家。新增绿发源等国家级示范合作社2家，农业示范合作社累计达到16家。率先在全市建立农资监管追溯平台，农产品安全建设成为湖北省样板。

【园区特色】 2013年3月，经国务院批准，武汉吴家山经济技术开发区更名为武汉临空港经济技术开发区，成为全国唯一以“临空港”命名的国家级开发区，开启以临空经济和空港新城建设为主题的第三次创业浪潮。开发区从顶层设计到项目实施，均将发展和支撑临空经济作为首要考量因素，让临空理念嵌入区域发展各个环节。2014年，借工业倍增和城建攻坚东风，临空港大道、机场高速、机场第二通道等三大通道汇集，区内七横二十五纵的路网与之相连，形成以机场为中心的全域30分钟的交通圈层。“汉新欧”国际货运专列从经开区始发，连通长江经济带和丝绸之路经济带，成为贯通欧亚两大经济板块的大通道。作为中部第一个B型保税口岸，东西湖保税物流中心即将获批“武汉空港综合保税区”，成为中部地区一次性开发面积最大的保税区。在2014鄂港澳粤经贸合作洽谈会上，临空港经开区签约项目达8个，引进粤港资金78亿元。2014年12月19—20日，“中国临空经济国际高峰（武汉）论坛”在位于经开区的武汉欧亚会展国际酒店举行。与会嘉宾一致认为，武汉临空港开发区面临着国家“一带一路”战略、湖北中部崛起、武汉建设国家中心城市三大机遇，将打造“港、产、城”一体化发展的示范区、中部地区国际门户、中国重要的临空经济中心。

【科技创新】 2014年，临空港开发区不断加大资源倾斜和聚焦扶持力度，科技创新发展取得新成绩。全年新认定16家高新技术企业，全区高新技术企业总数累计达74家，总数位居新城区第一、全市第三。全年高新技术产业产值175.5亿元，比上年增长26.9%。临空港经开区大力推进高新技术创业孵化平台搭建和高端人才培育引进工作，新增海峡科技企业加速器3万平方米，全区孵化器总面积累计达29万平方米。建立知识产权托管园区1个、全区专利申请受理预计2957件，其中发明专利申请428件、专利授权1680件，其中发明专利授权174件。

【投资促进】 2014年，临空港开发区招商引资实际到位资金总额200.6亿元，比2013年增长52%，位居全市新城区第一，其中实际利用外资2.9亿美元，增长20.1%。全区出口创汇完成3.67亿美元，增长23.0%。全年引进项目74个，协议投资总额333亿元，增长22%，其中引进亿元项目57个，协议投资总额329亿元。包括：湖北中烟雪雅香生产基地项目，协议投资额70亿元；航达航空产业园、韩国RF汽车轮毂等7个10亿—20亿元工业项目；精实机电、友芝友生物肿瘤治疗性双靶向抗体药物产业化基地、容谊美食源食品等7个5亿—10亿元工业项目。此外，还引进投资20亿元的顺丰速运武汉电商产业园、投资10.2亿元的北京运通国际汽车商贸中心、投资10亿元的深国际综合物流港等项目。

【生态环保】 2014年，临空港开发区全面完成主要污染物年度减排指标，实现单位GDP能耗下降4.1%。全年化学需氧量排放量8090.8吨，下降5.87%；二氧化硫排放量1861.9吨，下降1.74%；氨氮排放量728.1吨，下降9.02%；氮氧化物排放量1226.0吨，增长0.33%。工业固体废弃物综合利用率100%。全年投入污染治理费用1.7亿元，完成环境污染限期治理项目4个。按环境空气质量标准（GB3095－2012）评价，全年环境空气颗粒物（PM10）年均值为0.0114毫克/立方米，环境空气质量优良天数153天。吴家山地区城市生活垃圾无公害化处理率100%。以中国（武汉）国际园林博览会为契机，临空港开发区大力推进绿地公园建设。杜公湖获批国家湿地公园；新建码头潭文化遗址公园、极地海洋公园；提升改造金银湖国家城市湿地公园，完成25万平方米绿地建设；新建一批乡村公园；实施“社区添绿增荫行动”，完成11个老旧社区绿化提档升级；实施道路景观绿化，建成临空港大道延长线等景观绿带，完成环金银湖20公里绿道建设。申报创建国家级生态乡镇1个，成功创建省级生态村5个、市级生态村11个；常青花园荣获湖北环境保护政府奖。新建农村分散式污水处理设施7套。建立严格的湖长制，整治湖泊周边污染源，5个重点湖泊水质保持稳定并有所好转，同时积极配合杜公湖申报“国家级湿地公园”工作，推动湖泊生态保护。积极推进工程机械再制造和食品工业两个循环经济示范园基础设施项目建设；有序推进垃圾分类试点工作，在吴家山地区的12个社区、39家机关事业单位、3所菜市场、10所学校深入开展垃圾分类试点工作。东西湖区国家级循环经济示范区一次性正式通过国家验收。节能技改项目建设方面，全面实施燃煤锅炉改造，支持企业改进生产工艺，切实推动节能降耗；继续实施社区节能路灯工程和节能灯具的推广，推广节能灯2.1万只。

【人才建设】 2014年，临空港开发区设立全省首家台湾青年创业孵化器，新增大学生创业团队35个，新建高校预孵化工作站2家。率先在全市设立园区博士后科研工作站，建立人才创新创业服务中心和“武汉市留学人员创业园临空港海峡园”。海峡两岸科技产业园成为全省华人华侨和海归人才创业重点园区。深入实施“金山英才”计划。全区引进国家“千人计划”和湖北“百人计划”各1人，入选武汉“黄鹤英才计划”19人。加大科技投入，科技支出占公共财政预算支出达3%。

【基础设施建设】 2014年，临空港开发区推进10平方公里工业倍增发展区基础设施建设；基本完成72.3平方公里新型工业化示范园区基础设施建设；争取市补资金3366万元，实施汇通大道、柏泉中心广场等小城镇建设，并从区城配费中配套资金1586万元，支持西部集镇改造；完成东山办事处巨龙还建小区宜居村庄创建工作，进一步改善农民居住环境；投资1.57亿元，完成田园大道、三秀路、四明路、六顺路道路刷黑工程和码头潭公园东路、七雄北路工程；投资277.1万元，为6个街道办事处的20个中心村安装太阳能路灯490盏。加强基础设施项目建设，80平方公里新型工业化示范园区基础设施配套基本完成。全年安排政府投资基础设施项目46个，投资96亿元。推进惠安大道改扩建、革新大道、东吴大道西延、园博会配套道路、中部地区污水收集系统支干管、市容环境美好示范路等28个项目完工或基本完工。全年累计铺设天然气管网16公里，完成2.9万平方米的道路破损维修，2.5万平方米人行道修复，吴家山地区主干道和其他市政管辖道路车行道完好率分别达95%和85%。推进西部污水支管网建设，谋划建设西部40万吨污水处理厂。综合改造城镇排水系统，重点对吴家山街、慈惠街、长青街、将军路街、常青花园社区等区域进行主排水系统改造，新建工业发展区排水系统。向上争取电网规划建设新项目落地，茅庙集变电站、八向变电站投入运营。完成10个居民小区电网和83个低电压改造工程，为20个中心村安装路灯。新改建公厕35座，新建环卫工作间12座。将军路街1座200吨、长青街2座50吨垃圾中转站投入使用。完成吴家山街、常青花园社区、三环线东西湖段等29条主次干道、17个社区共计300余万平方米环卫作业市场化，主城区环卫作业市场化率100%。全区景观灯完好率98%，亮灯率100%。

【社会事业】 2014年，临空港开发区在致力于促进经济又好又快发展的同时，全面推动社会各项事业的蓬勃发展。全区城镇就业态势良好，全年新增就业9821人，转移农村劳动力4058人，扶持自主创业1461人。社会保险参保覆盖面进一步扩展，参保人数净增2.6万人次，综合覆盖率达97%。实现低保标准与中心城区接轨，获评全省社会救助规范化管理示范区。大力提升公共服务质量和水平。城乡教育均衡优质发展。新建4所公办幼儿园，完成7所小学标准化建设和2所中小学配套改造；完成教育云“三通两平台”建设试点工作。卫生医疗体系不断巩固。全区有各类医疗卫生机构198个，卫生专业技术人员3594人，医疗机构编制床位3344张。平均每千人口拥有医生数2.23人，拥有病床数6.63张；全区建立标准化村卫生室52个；参加新型农村合作医疗的人数达到17.7万人，参合率为99.96%，获得合作医疗补偿金额8133.2万元，参合率、人均筹资水平位居湖北省第一。其他各项社会事业协调发展。完成区文化馆、图书馆设施更新，新增24小时自助图书馆2家，图书流通量居新城区第一。全年共举办、承办、协办各类大型群众文化体育活动152场（次），参加市级体育竞赛共荣获金牌24枚、银牌19枚、铜牌4枚。扎实推进幸福社区创建，常青花园获评全国和谐社区建设示范单位，柏泉新苑社区获评湖北省五星级示范社区，社区治理经验在全省推广。

【党建工作】 2014年，临港开发区深入开展党的群众路线教育实践活动，历经中共湖北省委巡视、国家省市审计的检验。全区“三公”经费与上年同期相比下降32.2%，全区性会议减少20%，节会庆典活动减少32%；清理并公示15类3009项行政权力和政务服务事项，实施政务办理事项“一卡通”；通过深化“治庸问责”，深入开展民评民议、电视问政等活动，学决策、依法行政理念深入人心，“守规矩，有作为”成为广大干部基本共识。

【机构设置与管委会领导】 武汉临空港经济技术开发区管委会下设机构：纪律检查工作委员会、工作委员会办公室、管理委员会办公室、经济发展局、产业促进局、财政局、国土资源和规划局、建设局、招商局、重点项目和房屋征收管理办公室、海峡两岸科技产业管理处、临空经济管理处、保税物流管理处、产业管理处、食品工业管理处。

领导班子：区委书记、开发区工委书记、管委会主任（副市级）曹裕江，区委副书记、开发区工委副书记、区委政法委书记、区委党校校长黄华，区委常委、区纪委书记、开发区工委委员、纪工委书记江贤英，区委常委、区人民政府副区长、党组副书记、开发区工委委员、管委会副主任、区行政学校校长朱吉信，区委常委、开发区工委委员、区委组织部部长、区委统战部部长、区政协党组副书记李伟凡，区委常委、开发区工委委员、区委宣传部部长、区总工会主席章建育，区委常委、区人民政府副区长、党组成员、开发区工委委员、管委会副主任何建文，区委常委、开发区工委委员、区公安分局局长、党委书记、区委政法委副书记王运桥，区委常委、开发区工委委员、区人武部政委李海峰，区人民政府副区长、开发区管委会副主任韩民春，区人民政府副区长、党组成员、开发区管委会副主任赵琴芳，区人民政府副区长、党组成员、开发区管委会副主任徐贻功，开发区管委会副主任王海波（挂职）。

武汉临空港经济技术开发区（东西湖区）主要经济综合指标一览表

项目	单位	2014年	2013年	增减（%）
开发区生产总值	亿元	580.9	496.7	16.96
第二产业	亿元	442.1	369.4	19.68
工业	亿元	342.1	284.4	20.29
第三产业	亿元	124.3	113.2	9.72
工业总产值（现价）	亿元	1035.9	896.8	15.51

续表

项目		单位	2014 年	2013 年	增减（%）
高新技术企业		亿元	162.6	116.9	39.19
销售（营业）收入		亿元	1638.4	1478.2	10.84
第二产业		亿元	1058.3	995.8	6.28
工业		亿元	613.9	610.3	0.59
第三产业		亿元	580.1	482.3	20.28
利润总额		亿元	95.3	90.4	5.38
第二产业		亿元	46.8	42.0	11.43
工业		亿元	34.6	32.4	6.83
区内主导产业及产值					
主导产业	1. 农副食品加工业	亿元	166.4	151.3	9.98
	2. 食品制造业	亿元	47.2	47.1	0.21
	3. 酒、饮料和精制茶制造业	亿元	68.0	63.5	6.97
	4. 烟草制造业	亿元	158.4	132.8	19.28
	5. 电气机械及器材制造业	亿元	86.4	75.4	14.59
	6. 汽车制造业	亿元	60.8	53.6	13.43
出口		亿美元	3.67	2.8	31.07
财政收入		亿元	173.5	165.0	5.15
税收收入		亿元	122.8	104.1	18.00
财政支出		亿元	99.5	105.4	-5.60
外商及港澳台企业		个	16	9	77.78
合同外资金额		亿美元	0.90	0.97	-7.17
外商实际投资		亿美元	0.78	0.58	34.92
固定资产投资		亿元	418.2	345.6	21.01
年末从业人员数		个	258200	225778	14.36
规模以上企业个数		个	777	744	4.44
工业		个	277	262	5.73
能耗总量		吨标煤	1575791	1474154	6.89
水资源消耗总量		万立方米	12026.3	11716.2	2.65

（武汉临空港经济技术开发区管委会）

萍乡经济技术开发区

【园区概况】 萍乡经济技术开发区（以下简称“萍乡开发区”）位于江西省萍乡市中部的城区东北郊。全区总人口12万，总面积为57.6平方千米，辖15个管理处，12个社区居委会。

【经济发展】 2014年，萍乡开发区地区生产总值完成130.21亿元，同比增长9.3%；工业主营业务收入完成550亿元，同比增长9.5%；规模以上工业增加值完成103.1亿元，同比增长9.7%；财政总收入完成18.2亿元，同比增长8.13%；公共财政预算收入完成15亿元，同比增长13.7%；固定资产投资完成122.4亿元，同比增长10.7%；社会消费品零售总额达到22.42亿元，同比增长11.5%。

【产业发展】 2014年，萍乡开发区全年签约项目25个，签约资金42.6亿元，亿元项目达到9个；全区完成项目融资24.15亿元，汇丰投资有限公司被联合、鹏元两家评级机构同时评定为AA，成为萍乡首家、全省三家之一的AA城投企业。区担保中心全年累计为辖区企业提供担保4亿元；“财园信贷通”融资1.62亿元，两者惠及园区企业69家；全年有3家企业获批国家高新技术企业；26个项目获批国家或省科技计划项目；2家企业获批国家重点新产品项目；2家企业获批省级工程技术中心；6家企业获批省科技型环保示范企业。上述指标在全市的占比达到了50%—100%，率先成为了全省首批知识产权示范园区。装备制造、新材料新能源和生物医药三大产业得到长足发展，前两者成为超百亿产业集群，后者成为超50亿的产业集群。

【园区特色】 2014年，萍乡开发区两区整合，8月6日新城区与开发区合并，拉开萍乡城北新区建设新框架；全年续建和开建新型城镇化项目37个，总投资150亿元，其中政府性投资100亿元，社会投资50亿元。开建了四个全市最大的单体项目：高铁枢纽、安源大剧院、萍实生态湿地公园和城投大厦市民中心档案馆。开建了吴楚大道、玉湖公园、华美立家、法莱德等几十个城市基础设施或商服项目。

【社会事业】 2014年，萍乡开发区率先实现了教育、就业、医疗卫生、养老保险等四项民生政策全覆盖。发放失地农民养老金964万元，发放城乡居民养老保险金268万元；城镇医保参保人数达18872人，新农合参合人数39084人；发放小额担保贷款3288万元；配租了公租房1020套；对特殊群体救助力度加大，发放农村低保金146万元，发放城市低保金654万元，发放农村大病医疗救助金额45万元；对重点事业投入加大，区本级用于学校改造的直接投资达3000万元，教育投入占财政收入的比例达到7.2%；全区推进“一线工作法”，管理重心前移，提升了工作效率；加快了“三单两制”行政审批制度改革步伐，全区的政治生态和社会发展环境不断优化。

【管委会领导】 萍乡市委副秘书长、萍乡开发区党委书记李锦林。

（萍乡经济技术开发区管委会）

上饶经济技术开发区

【经济发展】 2014年上饶经济技术开发区（以下简称“上饶开发区”）管委会本级财政总收入10.37亿元，同比增长15.09%；财政总支出73714万元，同比增长12.2%。主营业务收入599.53亿元，同比增长5.10%；工业增加值135.91亿元，同比增长5.22%；税金总值23.28亿元，同比增长7.08%。出口交货值89.69亿元，同比增长30%，外贸占GDP比重达12.86%。2014年煤炭总消耗量26600吨；二氧化硫排放总量425吨，同比削减5‰，城市污水处理率达95%。招商实际到位资金106.26亿元，同比增长5.33%；固定资产投资135.48亿元，同比增长5.34%；实际利用外商投资20010万美元，同比增长16%。

【产业发展】 2014年，上饶开发区坚持推动“两光一机电”（光伏、光学、机电）主导产业转型升级初显成效。光伏产业集群被列入全省20个工业示范产业集群之一。光伏产业龙头企业晶科能源产能得到了较大提升，综合实力排名居国内同行业第二位。光学产业稳中回暖，企业产销普遍好于预期，凤凰光学与央企实现战略重组，发展前景十分看好。汽车、输送设备、矿山机械、电子等一批机电企业有了新进步。一批企业在转型创新发展中不断取得新业绩，新获批省著名商标3个、省名牌产品1个。全区省名牌产品总数已达11个，占全市总量的45%。

【人才建设】 2014年2月7—8日，上饶开发区在开发区人力资源市场举行春季大型现场招聘会，参加招聘会缺工企业30余家，招聘岗位近4000个。为用人单位与求职者搭建供需交流平台，帮助农村富余劳动力、失地农民、高校毕业生及其他失业人员等各类求职人员实现就业。未雨绸缪，盯紧本地劳动力资源，加强与技工院校合作，做好人力储备。建立良好有序的招工、用工环境，促进企业用工良性循环，从源头解决用工难。

【园区特色】 2014年5月12日，上饶开发区博能上饶客车有限公司新开发的天然气与电能混合动力驱动公交车下线，于5月中旬交付给上饶公交公司，在17路公交车上投入试用。这是江西省首辆气电混合动力公交车。该混合动力公交车相比传统公交车更节能环保，行驶噪音也更小，混合动力公交车百公里只需耗费160元左右的成本，节省约30%的成本。

【社会发展】 2014年，上饶开发区主攻工业，在发展中不以牺牲环境为代价，努力实现工业发展和环境保护两不误，大力发展现代物流业和旅游业，在重点地区和重大项目上加大招商引资力度。

开发区光伏产业集群跻身全省首批示范。2014年，上饶开发区光伏产业实现主营业务收入382.49亿元，同比增长21.83%。光伏产业已成为上饶市的优势主导产业，产业规模居江西省前列。通过树立典型，促进产业集群做大做强，为进一步找准定位，完善规划，延伸产业链，总结和推广示范产业集群经验。

沪昆上饶经开区互通及连接线正式通车。2014年8月29日，沪昆上饶经开区互通及连接线正式通车。沪昆上饶经开区互通及连接线，其主干线马鞍山大道全长3.8千米，分别与320国道、兴业大道、凤凰西大道、上铅快速通道四条道路相接，全线匝道总长4.7千米，成为通往在建三清山机场的重要快速通道，对助推开发区经济社会发展具有重要作用。

【管委会领导】 上饶经济技术开发区党工委书记汪友良（任至2014年12月），党工委副书记、管委会主任郑卫平。

（上饶经济技术开发区管委会）

赣州经济技术开发区

【经济发展】 2014年，赣州经济技术开发区（以下简称“赣州开发区”）实现生产总值增长4.26%；其中第二产业增加值增长4.27%，占GDP的比重为84.3%；第三产业增加值增长4.23%，占GDP的比重为13.5%。其中财政总收入增长6.28%，税收收入增长5.07%，工业主营业务收入增长5.6%，进出口额增长1.4%，完成固定资产投资增长16.17%，社会消费品零售总额增长12.1%。

【产业发展】 2014年，赣州开发区工业总产值增长4.75%；规模以上工业总产值增长5.08%；工业增加值增长4.29%；规模以上工业增加值增长4.29%；规模以上工业中的外商及港澳台投资工业总产值增长0.26%；规模以上工业中的内资工业总产值增长7.9%。

【园区特色】 2014年，赣州开发区成功申报并获批赣州综合保税区，实现江西省综合保税区“零突破”。积极创建国家级产业发展平台，成功申报并获批创建国家高新技术产业标准化示范区、全国稀土永磁及钨粉深加工产业知名品牌创建示范区、国家生态工业示范园区、国家循环化改造试点园区四个国字号平台，国家火炬计划特色产业基地建设稳步推进。抢抓苏区振兴发展政策机遇，主动对接落实国家部委对口支援，工信部、公安部、国务院国资委对口支援方案相继出台实施。挖掘对口支援政策优势，精心策划编制重大项目50个，获得上级各类资金扶持2.42亿元。积极推动“央企入赣”，中油济柴发电机组项目开工建设，韶钢赣州产业基地、韶钢总部及区域总部项目推进顺利，成功推动孚能科技与央企神华科技实现战略合作，澳克泰等3户企业与有关央企达成合作意向。全面执行西部大开发税收政策，为园区98户企业减免企业所得税9320万元。

【科技创新】 2014年，赣州开发区高新技术企业产业产值同比增长4.98%。专利授权137项。新增省级高新技术企业7户、省级重点新产品4个、工业企业授权专利93项。引进博士4人、外国专家11人，3名企业高级人才先后列为“国家青年拔尖人才支持计划”、“省新世纪百千万人才”候选人，1名高管人才入选“国家西部之光访问学者”。完善企业人才信息库建设，共入库各类高层次、优秀专业技术人才150人，其中院士2人、博士26人、硕士82人、高技能人才40人。

【投资促进】 2014年，赣州开发区引进项目112个，签约资金455.65亿元、增长34.01%，其中签约亿元以上项目25个，包括总投资100亿元招商致远投资基金、70亿元东方伟业城市广场等一批重大项目签约落户。实际利用外资2.9亿美元、增长2.88%。合同外资金额3.3亿美元，增长0.3%。新批内资企业数量1122个，注册资本总额达65.89亿元。全区进出口总额11.5亿美元、增长1.4%。

【生态环保】 2014年，赣州开发区成功列为国家园区循环化改造试点，国家生态工业示范园区获批创建。大力发展低碳生态产业，严把项目入园关，注重引进投资规模大、科技含量高、资源消耗低、环境污染小的项目，对三高一低（高投入、高消耗、高污染、低效益）项目坚决不引进。节能减排工作扎实推进，污染物减排控制在规定标准。完成园区绿化2.2万平方米。

【管理与服务】 2014年，赣州开发区深入推进简政放权，加快政府职权清理，全面推行权力清单制度，外商投资准入和内资投资准入负面清单、市场主体监管清单、行政权力和服务事项清单相继实施，催生市场活力。工商注册登记改革顺利实施，释放政策红利，激发创业热情。加快行政审批制度改革，取消行政审批事项62项，建立限时办结审批制度、重点项目绿色通道制度，营造透明优质高效服务环境。被商务部国际商报社授予“中国开发区30年最具投资价值奖”。积极帮助企业争取政策扶持，减轻企业负担，制定鼓励企业提升增加值的具体办法，提高企业竞争力，培植涵养财源。破解企业发展融资瓶颈。加大对金融机构支持地方经济发展考核奖励，鼓励金融机构加大对区内企业的借贷支持。全面完善中小企业融资担保体系，形成企业、银行、担保公司、政府四位一体的融资担保模式。开展金融创新试点，利用“财园额信贷通”、“小微信贷通”平台，分别帮助企业融资3.618亿元、850万元，有效解决中小微企业融资难问题。

【社会事业】 2014年，赣州开发区民生资金投入6.36亿元，同比增长26%，45件民生实事快速落实。加大就业创业扶持，发放小额担保创业贷款4513万元，新增城镇就业人口5327人，转移农村劳动力3948人，实现“4050”人员再就业282人，继续保持零就业家庭动态清零。投入2873万元实施校建项目28个，水碓小学等8个项目建成或投入使用。投入1200万元完善学校教育技术装备，顺利通过国家义务教育发展基本均衡督导评估，成为全省首个参评并通过的开发区。全面推行基本药物和临床诊疗路径制度，赣南医学院附属医院黄金分院门诊大楼、潭口卫生院预防门诊楼相继投入使用。计生政策有效落实，全区人口出生率13.2‰，人口自然增长率7.34‰。全年发放各类养老金、救助金和失地农民补助资金1.56亿元，新农合参保率98.68%。深入开展平安创建和综治进企业、进村居、进社区活动，狠抓安全生产管理，社会保持和谐稳定。

【机构设置与管委会领导】 2014年，赣州开发区党工委、管委会直属工作部门：直属内设机构（12个）：党政办公室、党群工作部、经济发展局、招商局、企业服务和工信局、财政局、住房和建设局、城市管理局、农业农村工作办公室、社会事务管理局、机关党委、纪律检查工作委员会；直属事业单位：项目建设办公室、市科技创业服务中心、机关事务和政府采购管理中心、劳动保障监察大队、会计核算中心、征收搬迁办公室、房地产管理所、公用事业服务管理处、计划生育服务站（疾控中心）、教研和招生工作办公室、新型农村合作医疗管理中心、市城市管理行政执法局赣州经开区分局。

中共赣州经济技术开发区工作委员会：书记廖长荣，副书记李明生、王扬金、李曜（8月任），党工委委员靖大伟（11月免）、杨仁荣、郭声琪（纪工委书记）、缪小征（8月免）、符艳冬（8月任）、卓邦友、唐永亮。

赣州经济技术开发区管理委员会：主任李明生，副主任李曜（9月任）、靖大伟（12月免）、杨仁荣、缪小征（9月免）、符艳冬（10月任）、陈富江（10月任）、卓邦友、唐永亮（1月任）、刘建国（12月免）、郑武岳（9月免）、韩芳，调研员舒向阳、黎佐绩，副调研员廖江华、曾辉。

赣州经济技术开发区主要经济综合指标一览表

项目	单位	2014 年	2013 年	增减（%）
开发区生产总值	亿元	258.6	248.1	4.26
第二产业	亿元	218.6	209.7	4.27
工业	亿元	191.5	183.6	4.29
第三产业	亿元	35.2	33.7	4.23
工业总产值（现价）	亿元	706.3	674.3	4.75
高新技术企业	亿元	185.3	176.6	4.98
规上销售（营业）收入	亿元	815.8	778.4	4.8
第二产业	亿元	735.7	692	6.3
工业	亿元	690.7	654	5.6
第三产业	亿元	80.1	86.5	-7.3
规上利润总额	亿元	53	50.6	4.8
第二产业	亿元	496.6	470.5	5.54
工业	亿元	469	445	5.42
第三产业	亿元	3.4	3.5	-4.98
进出口总额	亿美元	11.5	11.3	1.42
出口	亿美元	8.2	8.1	1.37
财政收入	亿元	37.2	35	6.28
税收收入	亿元	33.1	31.5	5.07
新批企业个数	个	1133	741	52.9
外商及港澳台企业	个	11	15	-26.67
内资企业	个	1122	726	54.55
合同外资金额	亿美元	3.3	3.29	0.3
外商实际投资	亿美元	2.9	2.8	2.88
固定资产投资	亿元	211.6	182.1	16.17
年末从业人员数	个	126095	118500	6.41
规模以上企业个数	个	202	200	1
工业	个	124	126	-1.59
万元 GDP 能耗	吨标煤/万元	0.176	0.18	-2.22

（赣州经济技术开发区管委会）

长春汽车经济技术开发区

【经济发展】 2014年，长春汽车经济技术开发区（以下简称“长春汽车开发区”）完成地区生产总值526.63亿元，同比增长8.7%；区属工业总产值4400.0亿元，同比增长12%；固定资产投资484亿元，同比增长15%；全口径财政收入107.92亿元，同比增长18.1%；实际利用内资125.4亿元，同比增长14%；实际利用外资6.77亿美元，同比增长12%。各项主要经济指标继续位居长春市前列。其中，财政收入总量跃居长春市第一位，是长春市唯一突破100亿元大关的县区。

【产业发展】 长春汽车开发区是吉林省、长春市汽车产业的核心区域，是全国唯一一个以汽车产业命名的国家级开发区，区内已经建成了以一汽集团总部，一汽解放、一汽大众、一汽丰越等一汽集团的全资和控股整车制造企业的整车产业布局，形成“中、重、轿”三大系列多个车型的产品格局。2014年，全区零部件企业300多户，配套产品种类5000余个，已经建成了动力总成园、轴齿工业园、模具工业园、日系工业园等特色汽车零部件产业园区。麦格纳、纳铁福、日本电装、大众发动机、变速箱、一汽铸造、一汽锻造、一汽模具中心等一批在国际国内较有影响的汽车零部件企业已落户开发区。区内已经建成以汽配商街、高力北方汽贸城和长沈路整车贸易街为龙头的汽车贸易体系。2014年，长春汽车开发区围绕打造世界级汽车产业基地和创建汽车人幸福家园的目标，谋划和确定未来发展规划。在汽车产业基地建设方面，明确要以支持服务一汽为重点，以提升产业竞争力为主线，通过实施“做大、做强、做稳、做全”的措施，全力打造世界级汽车产业基地。做大，就是以提升产业规模为目标，着力扩大整车产能和产业总量，不断增强产业总体实力。在城市建设方面，要坚持以人为本、环境优先的理念，以建设长春西南城市副中心为统领，以打造西湖生态区、汽车广场周边居住区和环外居住区为重点，全面提升全区商务环境、人居环境、生态环境、服务环境、交通环境和文化环境。

【招商引资】 2014年，长春汽车开发区利用招商推介会和展会等形式，先后组织开展“日韩美加”、“长三角”、珠三角、香港以及央企对接会等多项招商活动，共引进亿元以上工业项目33个，计划总投资175亿元，预计可实现产值238亿元。共跟踪储备工业项目165个，其中，世界500强企业32个、外资项目30个。

【项目建设】 2014年，长春汽车开发区新开工项目74个，其中，新建项目44个、续建工业项目30个。以常州星宇车灯、浙江世纪华通内饰件、雪龙汽车风扇等项目开工，一汽大众EA211发动机等项目竣工为标志，进一步提升了汽开区零部件产业整体实力。备受省市关注的一汽大众Q工厂项目，顺利完成了地勘、打桩工作等基础工作。

【基础设施建设】 2014年，长春汽车开发区大力实施“奋战150天市容环境综合整治行动”。加强市政维护，完成道路坑槽、网裂修补19000平方米。强化城市绿化亮化，补种树木1万余株，新增绿地面积20余万平方米，完成汽车大路等7条道路的路灯安装工程。全年共引进重点商业项目11个。启动工程项目114项，完成投资10.25亿元。丙七路、丙六街、高尔夫路等10条道路排水工程顺利完工。完成东风大街跨永春河桥梁工程及河西200米道路工程，富民大路跨永春河桥梁工程按计划推进。完成一汽轴齿中心物流临时停车场工程，污水处理厂交付水务集团运行。腾飞大路绕城高速公路立交桥、解放物流通道及大众物流通道工程进展顺利。积极推进配套设施建设。轴齿、大众二次变正式投入运行，完成了中铁农电、轴齿农电等线路排迁，中铁220KV线路完成90%。完成天网工程、一汽大众等线路架设工作。完成给水管线4公里，排水管线30公里，天然气7.8公里，通信管线60公里，通信塔50座，电力电缆及线路92公里。

【管理与服务】 2014年，长春汽车开发区始终坚持服务一汽就是发展自己的理念，建立项目跟踪服务机制，对一汽重大项目实行周调度、月通报制度，及时解决项目落位过程中涉及的问题，保障项目按计划推进。为一汽提供VIP服务，在政务大厅设立了“一汽项目库”，实行动态管理和“直通车”服务，对重点项目实行领办、代办，全年共办理相关事项160余件。为144名一汽下岗职工解决了就业问题。

【社会事业】 2014年，长春汽车开发区共开发就业岗位6298个，城镇新增就业5031人，农村劳动力转移就业1019人，失业人员再就业1253人，就业困难人员再就业140人，解决零就业家庭比率达到100%。城镇职工基本养老保险新增865人，城镇居民养老保险3801人，新农保14771人，城镇居民医保68922人，被征地农民基本养老保险参保4894人，新农合参保25394人，全面完成指标任务。为低保户发放低保金877万元，为困难家庭办理低保290余人，对1735名城乡低保人员参保参合进行了资助，对134名困难群众进行了临时医疗救助。积极开展“爱心助学”、“节日慰问”等活动。分配廉租住房126套，发放低收入租赁住房补贴247户，启动1栋D级居民楼改造工程。完成长沈学校幼儿园以及三中、六中、四小等校舍维修和塑胶操场建设，与中国教育科学研究院签约共建教育综合改革实验区。组织开展了文艺汇演、门球比赛、青年节风筝制作放飞等活动，社区艺术团表演、各类基层体育活动丰富多彩。成功举办了汽车节、电影歌曲大家唱等活动。

长春汽车经济技术开发区主要经济综合指标一览表

项目		单位	2014年	2013年	增减（%）
开发区生产总值		亿元	526.63	497.3	5.9
第二产业		亿元	441.55	418.36	5.5
工业		亿元	424.42	402	5.6
第三产业		亿元	84.90	78.79	7.8
工业总产值（现价）		亿元	1702.14	1556.7	9.3
高新技术企业		亿元	20.31	18.63	9.0
主导产业	汽车制造业	亿元	1670.20	1525.60	9.5
进出口总额		亿美元	75.32	73.98	1.8
出口		亿美元	5.90	4.54	30.0
财政收入		亿元	107.92	91.38	18.1
税收收入		亿元	105.79	88.32	19.8

续表

项目	单位	2014 年	2013 年	增减（%）
财政支出	亿元	18.4	13.4	
新批企业个数	个	900	652	38.0
外商及港澳台企业	个	1	1	
内资企业	个	899	651	38.1
外商实际投资	亿美元	6.77	6.04	12.1
固定资产投资	亿元	484.13	420.87	15.0
年末从业人员数	个	145678	142615	2.2
规模以上企业个数	个	145	105	38.1
工业	个	49	44	11.4
万元 GDP 能耗	吨标煤/万元	0.556	0.5153	1.9

（长春汽车经济技术开发区管委会）

绍兴袍江经济技术开发区

【园区概况】 绍兴袍江经济技术开发区（以下简称“袍江开发区”）成立于2000年7月，2010年4月升级为国家级经济技术开发区。自成立以来，袍江开发区按照“营造经济发展新高地、建设绍兴城市新组团、形成开发建设新机制”的总体发展思路，坚持高起点规划、高品位建设、高效率开发，着力推进各项工作，经济社会各项事业保持了良好发展态势。2014年，袍江开发区先后被绍兴市委、市政府授予全市开发区建设竞赛优胜单位、市直开发区工业转型升级考核先进单位、全市越商回归工作先进单位、市直开发区淘汰落后产能先进单位、服务业发展先进单位等荣誉称号。

【经济发展】 2014年，袍江开发区实现GDP总量208亿元，同比增长7.1%；实现规上工业总产值770.26亿元，同比增长6.1%，实现规上工业主营业务收入768亿元，同比增长6.2%；实现利税总额48.3亿元，同比增长5%，其中利润总额30.94亿元，同比增长7.1%；完成全社会投资150.2亿元，同比增长7.85%，其中完成工业性投入100亿元；实现进出口总额39.8亿美元，其中自营出口额26.5亿美元。

【工业产业发展】 2014年，袍江开发区坚持以建设高新技术产业为主导的现代化工业新城为目标，经过14年的发展，袍江开发区已经成为城区经济发展的主战场，主要经济指标持续快速增长。规上工业企业主营业务收入由2000年的32亿元增长到2014年的768亿元，是2000年的24倍。区内产业结构日益优化，初步形成了以向日葵光能科技、德创环保为代表的节能环保产业，以新和节能灯、三圆石化、中成有机硅为代表的新材料产业，以苏泊尔家电、金道齿轮箱为代表的机械制造产业，以加多宝、重庆啤酒为代表的食品饮料产业，以古纤道化纤、佳宝控股为代表的现代轻纺产业，以震元制药、埃斯特维华义为代表的生物医药产业等“六大产业体系”。

【园区特色】 2014年，袍江开发区进出口总额由2000年的2734万美元，增长到2014年的40亿美元，是2000年的146倍；累计引进实到外资16.7亿美元。截至2014年底，全区内已入驻来自美国、日本、韩国、意大利、西班牙、德国和中国香港、台湾等40多个国家和地区的企业3600余家，其中主营业务收入超100亿元工业企业1家，超50亿元工业企业2家，超10亿元工业企业16家，超亿元工业企业106家，占绍兴市区超亿元工业企业数量的61.3%。

【科技创新】 2014年，袍江开发区内科创中心被科技部认定为国家级科技企业孵化器。生物诊断试剂加速器、慧谷信息技术产业孵化器基本建成。全省首推高层次人才“俱乐部”模式，新设立科技企业种子基金，积极扶持科技初创企业发展。大力培育高新技术企业，组织申报省科技型企业33家，全区认定总数已达103家；新认定省级研发（技术）中心6家，总数达45家；申报国家级高新技术企业5家，认定总数达37家，实现高新技术产业产值288.22亿元，同比增长6.7%。成功申请发明专利授权59项，实施院校合作项目20个，实现新产品产值207.8亿元，同比增长13.6%。新引进330海外人才9人，其中省千人计划1人；2个国千人才产业化征地项目动工建设。

【招商引资】 2014年，袍江开发区累计获取战略性新兴项目信息80余个，签约战略性新兴产业项目25个。完成实到外资6808万美元；引进越商回归资金15亿元，同比增长19.1%。全区共列入机器换人技术改造项目20个，“双百双千”项目13个，省重大产业项目6个，确定战略性新兴产业项目32个，实现战略性新兴产业产值249.6亿元，同比增长9%，占工业总产值的32.4%。

【生态环保】 2014年，袍江开发区倒逼企业加快转型升级，全面实施“四减两提高”技术改造行动，强化用能“双控”管理，努力推进“腾笼换鸟”和“机器换人”，加大环境综合执法力度，责令限期整改企业237家（次），取缔小作坊4家，责令停产整顿12家（次）。全面改造完成马海区域老旧排污管网，完成沿线14家主要排污企业厂区内污水管网架空改造，封堵54家排污企业的清下水排放口。开展印染、化工、造纸、制革等四大行业的专项整治行动，完成整治提升印染企业37家，完成化工企业整治提升19家。全面推进“五水共治”、文明城市创建工作，治理河道，清淤47.7万立方米。完成13个行政村生活污水治理工程。

【投资促进】 2014年，袍江开发区坚持以建设繁荣、宜居的中心城市新组团为目标，区内商贸三产、医疗卫生、文化教育、休闲娱乐等配套功能不断完善。中国汽车城4S店已达46家，2014年实现营业收入142亿元。益泉大酒店、益泉世纪城商贸综合体、益泉世纪儿童城、华欣商务大厦、坤和亲亲家园袍江新天地商业特色街区、大润发超市综合体等一批商贸服务项目已正式投入运行，嘉凯城袍江城市客厅、华城大厦、尚都中心、星元商务楼、锦江商务楼、中海世纪公馆、京联观湖、两湖景观绿化工程等一批重大商贸项目正在加快建设，区内商气、人气不断集聚。

【基础设施建设】 2014年，袍江开发区基础配套持续完善，“两湖”道路及一期景观工程完成85%以上，二期进场动工。袍江人才公寓、三江路维修及绿化改造、新三江疏浚配套（一期）、马海区域污水管网改造等工程建设全面完成，马山镇中、中冶梧桐园幼儿园、名城阳光园幼儿园交付使用，文化体育广场竣工开放，袍江医院一期工程基本完工。斥资2500万元，全面改造道路安全智能化监控系统。

【社会事业】 2014年，袍江开发区开展了“农民转职工、农民房转公寓房、农村组织转城市社区组织”和“提高失土农民生活保障水平”为内容的“三转一提高”工作，不断深化完善就业、医疗、养老、住房等各类社会保障体系。马山中学、中冶梧桐园幼儿园、名城阳光园幼儿园交付投用，文化体育广场竣工开放，敬敷小学启动建设，袍江医院一期基本完成。出台《2014年农业农村工作配套政策》，投资4500万元用于新农村建设；启动实施空心村整治试点，完成70个村（居）村级集体资产股份化改造。组织创业、就业培训1289人次，推出就业岗位2000余个；加强社会治安管理。启动280个点位治安视频监控探头系统租赁项目建设，组织开展专项行动及社会治安大巡逻活动，登记流动人口14.33万人；强化隐患排查整治，全面推进安全生产标准化建设，56家企业通过安全生产标准化评审。

【管委会领导】 2014年，袍江开发区工委、管委会领导为：区党工委书记陈泉标，区党工委副书记、管委会主任沈志江，区党工委委员、纪工委书记朱才祥，区党工委委员、管委会副主任徐彪、周志刚、张永春、赵文栋，区党工委委员、管委会副主任、袍江公安分局局长陶百坤，区管委会副主任朱如华（援藏）。

（绍兴袍江经济技术开发区管委会）

苏州吴中经济技术开发区

【经济发展】 2014 年，吴中开发区全年实现地区生产总值 427.3 亿元；完成公共财政预算收入 43.0 亿元，增长 12.6%；完成全社会固定资产投资（不含房地产）290.9 亿元，同比增长 8.4%；完成进出口总额 83.6 亿美元，其中出口额 47.6 亿美元；实现工业总产值 1064.1 亿元；服务业增加值 166.9 亿元，同比增长 9.3%。

【投资促进】 2014 年，吴中开发区实际到账外资 2.6 亿美元，内资、民资注册资本约 160 亿元。先后引进聚津生物科技、精濑电子等高科技项目、力兴投资等科技产业载体项目和时代伯乐、国发创投等优质三产项目，金禾新材料、宇邦新材料、美泰乐电工等项目建成投产运营；汇川二期、瑞可达系统等在建项目顺利推进，新增高新技术企业 20 多家。2 家企业在新三板上市。研究制定了关于促进创新转型发展的若干政策意见，助推区内企业做大做强。

【信息化建设】 2014 年，吴中开发区获批江苏省信息化与工业化融合试验区。吴淞江科技产业园启动区基础设施建设基本竣工，东太湖科技金融城太湖金港基础设施基本竣工，建科院、国发创投等一批总投资约 35 亿元、总建筑面积 50 多万平方米的创意设计和金融企业总部完成规划设计，部分开工建设。越旺智慧谷、第一工园等高水平产业载体建成投用。出口加工区天运广场一期投用，二期竣工，9 万平方米集宿楼三期建设顺利推进。

【社会事业】 2014 年，吴中开发区投资 10 多亿元，加快学校、医院、文体中心等重点民生社会事业建设。南师大附属苏州石湖中、小学及幼儿园、郭巷卫生院新院等一批民生项目投入使用，横泾中心小学及附属幼儿园开工建设。总面积近 180 万平方米的安置房建设加速推进，全年交付 72 万平方米。持续推进富民增收，农民人均纯收入 2.96 万元，同比增长 15%。美丽镇村建设深入推进，旺山、新路等一批自然村庄成为新农村环境整治和建设的示范点。

【投融资建设】 2014 年，吴中开发区国资规模继续扩大，融资能力和水平进一步增强，三大公司总资产达 470 亿元，总公司在建项目总建筑面积 110 多万平方米，尚金湾总部经济园一期等项目竣工投用，南溪江路商务中心、尹山湖商业水街、太湖金港商业综合体等项目加快建设。集体经济发展不断壮大，总资产 63 亿元、集体经济总收入 7.85 亿元、村均稳定收入达到 1296 万元，同比增长 15% 以上，滨湖大厦等一批重点在建项目加快建设，越旺智慧谷 AC 区、宝龙工业园、城南大厦等项目建成竣工。

【生态环保】 东太湖综合整治（一期）工程基本竣工。加快推进化工集中区环境管理和建设，完成了环境风险评估和环境应急预案编制工作，环境监测监控预警工作逐步得到落实。扎实推进建设项目环境预审工作，劝退项目 8 个。对于不符合环保标准的区内企业，通过提标升级、停产整顿、拆除生产设备、产业转移等方法措施，切实改善区域环境质量。积极开展国家生态工业示范园区创建工作，建设规划通过专家评审。吴淞江污水厂项目加快建设。

【机构设置与管委会领导】 吴中开发区党工委、管委会内设八个工作机构，分别是党政办公室、政法办公室（社会治安综合治理办公室）、招商局、经济发展局、社会事业局、建设局、组织人事和劳动社保局、江苏吴中出口加工区管理局，均为正科级建制。此外，按规定设置监察、机关党委、人武部和群众团体组织。现任党工委管委会领导名单：吴中区委书记、开发区党工委书记俞杏楠；吴中区政府区长、开发区党工委副书记、管委会主任金洁；吴中区委常委、开发区党工委副书记张炳华；吴中区政府副区长、开发区党工副书记、管委会副主任荣德明；开发区党工委副书记、纪工委书记罗家荣；开发区党工委委员、管委会副主任顾建明；开发区党工委委员、管委会副主任刘叶明；开发区党工委委员、管委会副主任朱凤泉；开发区党工委委员、管委会副主任骆兴男；开发区党工委委员、管委会副主任徐国雄。

（苏州吴中经济技术开发区管委会）

淮安经济技术开发区

【区情概况】 淮安经济技术开发区（以下简称“淮安开发区”）现辖3个乡和5个办事处，行政面积166平方公里，常驻人口30余万人。建有综合保税区、留学人员创业园、软件产业园、大学科技园等系列“国字号”平台，以及科教产业园、空港产业园、物流园、海关通关点等省级特色平台，综合载体功能江北领先。2014年，在全省129家开发区综合排名中跨进20强，位列萨斯坦智库2014《中国最具外资吸引力国家级开发区百强》第27位。

【经济发展】 2014年，淮安开发区实现地区生产总值598.32亿元，增长率12.0%，占所在地区比重为24.9%；第二产业增加值504.81亿元，增长率10.0%；第三产业增加值93.26亿元，同比增长24.5%。财政总收入113.92亿元，增长率9.4%，其中税收收入92.22亿元，增长率8.7%。财政总支出50.03亿元，增长率11.2%。企业业务总收入2841.6亿元，增长率12.0%；第二产业2186.8亿元，增长率11.4%；第三产业561.4亿元，增长率18.5%。外贸进出口20.52亿美元，增长率4.9%，占所在地区比重为51.1%，其中出口13.47亿美元，增长率5.4%，占所在地区比重为46.5%。全社会固定资产投资458.89亿元，占所在地区比重为25.8%。

【产业发展】 2014年，淮安开发区工业经济继续保持较快增长，实现规模以上工业增加值475.82亿元，增长9.5%，占所在地区比重为33.7%；实现销售收入2062亿元，增长9.4%，占所在地区比重为33.5%。工业主导产业进一步突显，全年电子信息产业累计完成产值794.47亿元，增长14.3%，占全区规模以上工业总产值38.3%；化工（盐化工）产业完成产值246.78亿元，同比增长10.3%，占全区产值比重为11.9%；金属冶炼产业完成产值195.16亿元，同比下降4.3%，占全区比重为9.4%；上述三大产业总产值约占到全区规上工业总量的59.6%，较上年同期提高3.5个百分点。

【园区特色】 2014年，淮安开发区综合保税区与上海自贸区、长江经济联合发展集团达成建设“一大厦、五中心”合作协议，进口商品苏北营销中心顺利推进，口岸作业区电子信息化平台正式运营；留学人员创业园招引科技型企业20家，新增国家“千人计划”专家3名，创成淮安市首家江苏省五星级中小企业公共服务平台；科教产业园获批国家级大学科技园，新招引清华大学淮安新能源材料技术研究院等10家科研机构和5个科技项目；空港产业园快运物流产业加速集聚，高标准建成海关国检综合楼和边防备勤楼，开放化程度进一步提升；软件产业园获批江北首家“江苏省版权示范园区”，承办第七届中国软件和信息服务业企业信用评价发布会。此外，规划建设了欧美工业园、日资工业园和韩资工业园三大国别园区。

【科技创新】 2014年，淮安开发区充分整合优势资源，依托区内高等职业技术学校、高新技术企业等高端平台，综合采取校企合作共建、企业孵化、市场化培育、境外结对培训等多种形式，加大企业科研人才培育力度，形成开发区高层次人才培养的内生机制。推行科技领军人才工程，新出台《淮安经济技术开发区人才奖励实施意见》，发放人才项目奖励资金271万元，建成人才公寓80套。全年完成全社会研发投入9.01亿元，新增高新技术企业11家，实现高新技术企业产值740.8亿元，同比增长14.46%；孵化器建设面积20万平方米，省重大成果转化1个；完成专利申请1583件，专利授权850件；新招引国家“千人计划”创业型人才4人、新入选江苏省“双创人才”2人、江苏省“双创博士”3人。

【投资促进】 2014年，淮安开发区围绕“3+2”主导产业和九大行业，成功招引总投资10亿美元的臻鼎科技、总投资3亿美元的惠普显示屏和总投资30亿元的城市矿产再生利用等一批重大产业项目，新批外资项目37个，新签约入驻欧美日韩项目10个。完成协议注册外资8.01亿美元，创历史新高；实际到账外资3.92亿美元，其中工业项目到账3.5亿美元，占比89.3%；累计外资注册资本39.23亿美元，同比增长21.79%。竣工实联长宜、东威五金、麦德龙超市、苏果物流等重点项目37个。

【生态环保】 2014年，淮安开发区全面启动国家生态工业示范园区创建工作，大力开展循环化改造，促进能源高效梯度利用、水资源充分回用、土地集约利用、环境污染长效治理。科学编制“三大主导、两大新兴”产业发展规划，严格按生态补链原则引进关联企业，构建工业共生网络，促进产业结构生态化；全面落实清洁生产，对辖区内板闸干渠、一大沟、小盐河等主要河流开展绿化护坡和清淤活水工程，实现城市河流无劣V类水体，地表水水质达标率在95%以上。创新环境监察联动机制，建立重点企业自动监控装置，设立大气自动监控点，大气首要污染物PM2.5数据逐年下降。2014年全区单位工业增加值COD排放量0.285千克/万元；单位工业增加值SO_2排放量为0.34千克/万元。大气环境质量、声环境质量优于功能区标准。

【管理与服务】 2014年，淮安开发区积极参与淮安市创建活动，创成全国首个国家级台资企业产业转移集聚服务示范区。创新服务形式，围绕打造“六最”发展环境，按照“三二一”思路（即“让前来办事群众从跑三腿到跑二腿，力争跑一腿就能让事情全办结”）启动了审批流程再造，全面践行“一次办结”承诺，实现服务效能全面提速。2014年一次办结量达50%，两次办结量达30%，三次办结量达20%。大力实施“一二三四五”行动，即开通“83101110”“一”部专门的企业服务热线；成立“项目建设帮办服务中心”和“企业帮办服务中心”“两”个项目帮办中心，负责项目从签约、建设、投产到生产运营的全程服务；建立区、部门、乡办“三”级服务网络；设立科技创新、金融服务、要素保障、企业培训“四”大服务平台；扮好“五”个角色，全面优化服务方式，助推企业发展壮大。

【社会事业】 2014年，淮安开发区完成十件惠民实事，土地换城保实现男58周岁、女53周岁及以上人员参保率100%，城乡居民收入增幅双超11%，低保、尊老、社会救助及各类保险金发放率100%。依托名校资源开展合作办学，探索实施职业教育双元制合作办学模式，引进3名江苏省特级教师，成立6个“名师名校长”工作室，创成省学前教育改革发展示范区。市场化推进颐康园老年养护中心建设，构建“公建民营”和“医养融合”养老新模式；以承办江苏省第十八届运动会为契机，精心打造“教体结合”品牌，淮安市新区实验学校成功获批“国家青少年体育俱乐部”。深入推进平安法治开发区建设和全国文明城市创建，推进“一委一居一中心”社区管理体制改革试点，创成3个国家级综合减灾示范社区。

【机构设置和管委会领导】 淮安开发区党工委、管委会下置10个内设机构：党政办公室、组织部、经济发展局、招商局、住房和城乡建设局、人力资源和社会保障局、财政与国有资产管理局、社会事业局、城市管理局、政务服务管理办公室，监察审计局与中共淮安市纪律检查委员会经济技术开发区工作委员会合署办公，不在机构之内。5个派出机构：综合保税区管理办公室、留学人员创业园管理办公室、科教产业发展办公室、空港产业发展办公室、软件产业发展办公室；2个市有关部门派出机构：中共淮安市纪律检查委员会经济技术开发区工作委员会和淮安市人大常委会经济技术开发区工作委员会；8个乡办机构：钵池乡、徐杨乡、南马厂乡、东湖办事处、枚乘路办事处、广州路办事处、新港办事处、金港路办事处。

管委会领导：党工委书记周毅，党工委副书记、管委会主任陶光辉，人大工委主任冯大勇，党工委委员、管委会副主任王立喜、徐业恕、刘晓录、张玉和、王晓霖、陈国平、张明、刘峰、曹玉山、刘钢、陈启旭、彭刘生。

淮安经济技术开发区主要经济综合指标一览表

项目	单位	2013 年	2014 年	增减（%）
开发区生产总值	亿元	533.98	598.32	12.0
第二产业	亿元	458.95	504.81	10.0
工业	亿元	440.89	482.39	9.4
第三产业	亿元	74.89	93.26	24.5
工业总产值（现价）	亿元	1897.41	2071.96	9.2
高新技术企业	亿元	687.59	888.72	29.3
销售（营业）收入	亿元	2537.99	2841.62	12.0
第二产业	亿元	1963.4	2186.8	11.4
工业	亿元	1885.35	2061.96	9.4
第三产业	亿元	473.63	561.36	18.5
利润总额	亿元	99.89	118.31	18.4
第二产业	亿元	84.09	96.75	15.1
工业	亿元	76.35	91.13	19.4
区内主导产业及产值				
1. 通讯设备、计算机及其他电子设备制造业	亿元	695.03	794.47	14.3
2. 黑色金属冶炼及压延加工业	亿元	203.84	195.16	-4.3
3. 电气机械和器材制造业	亿元	187.45	199.06	6.2
4. 烟草制品业	亿元	148.03	149.82	1.2
5. 农副食品加工业	亿元	118.33	127.11	7.4
6. 化学原料和化学制品制造业	亿元	109.8	117.92	7.4
进出口总额	亿美元	19.57	20.52	4.9
出口	亿美元	12.78	13.47	5.4
财政收入	亿元	104.13	113.92	9.4
税收收入	亿元	84.865	92.22	8.7
财政支出	亿元	44.99	50.03	11.2
新批企业个数	个	645	635	-1.6

续表

项目	单位	2013 年	2014 年	增减（%）
外商及港澳台企业	个	25	35	40.0
内资企业	个	620	601	-3.1
新批企业投资额	亿元	443.5	452.3	2.0
外商及港澳台企业	亿美元	7	8.0	14.3
内资企业	亿元	291.5	293	0.5
增资企业	亿元	109.32	110	0.6
合同外资金额	亿美元	6.88	7.95	15.6
外商实际投资	亿美元	5.54	5.62	1.4
固定资产投资	亿元	457.71	458.89	0.3
年末从业人员数	人	182660	186480	2.1
在岗职工数	人	103820	105800	1.9
在岗职工平均工资	元	44810	49100	9.6
规模以上企业个数	个	636	737	15.9
工业	个	256	278	8.6
万元 GDP 能耗	吨标煤/万元	0.3095	0.2881	-6.9

（淮安经济技术开发区管委会）

临沂经济技术开发区

【经济发展】 2014 年，临沂经济技术开发区（以下简称“临沂开发区”）完成业务总收入 1420 亿元，同比增长 37%；完成规模以上固定资产投资 205 亿元，同比增长 22%；完成规模以上工业总产值 1030 亿元，同比增长 26%；实现公共财政预算收入 26 亿元，同比增长 22%；完成进出口总额 10.9 亿美元，同比增长 22.3%；成功迈入全国国家级产业园区百强。被评为全国首批“国家低碳工业试点园区”、“国家产业集群区域品牌建设试点园区”之一。

【产业发展】 2014 年，临沂开发区完善十大产业园区产业体系，实现业务总收入 1150 亿元，增幅 26%。高端装备制造产业，主要有沃尔沃建机（中国）有限公司、众泰汽车、山东临工、柳工集团、山重建机、华夏重工、三一重工等龙头企业及日本胜代、临工金利等配套企业，总量 70 余家，2014 年实现产业产值 470 亿元。电子信息产业，相继建成中国发明创新创业（临沂）中心、中科院计算机与人工智能开发所、浦东归国留学人员创业园等载体，及临沂软件园、中印软件园、皇山文化硅谷、智晟软件园、清华同方软件园等孵化器，集聚美国 IBM、印度 SRM 公司、软通动力、清华紫光等 140 家 IT 企业。2014 年，开发区高新技术企业总数达到 24 家，高新技术产业产值占比达 33.8%。医药食品产业，修正药业、翔宇制药、瑞盛生物及友臣食品、双胞胎集团山东总部等项目加快建设；回头客食品、爱尚食品、秋香食品及国药控股、华润医药、广顺医疗等项目发展效益逐步提升。精细化工产业，围绕打造百亿园区，先后引进 40 余家企业。其中，华澳新能源生产线和远博化工硫酸二甲酯、硝基甲烷生产线项目国内领先。2014 年精细化工产业产值达到 80 亿元，增长 22.6%。新能源新材料产业，东部铜业再生铜产业化项目不断壮大，2014 年实现产值 175 亿元。广亚铝业、中国联塑北方基地、步阳门业等项目顺利投产或运营。联邦家具、高科包装等项目稳步发展。现代物流产业，拥有华润医药物流、立晨物流、国药控股医药物流、华派克物流等 40 余家规模以上物流企业，临沂钢材五金市场、再生资源市场、农副产品市场三大市场蓬勃发展，2014 年开发区物流业货物周转值达 1600 亿元，市场交易额 500 亿元。

【园区特色】 临沂综合保税区位于开发区范围内，于 2014 年 8 月经国务院批准设立，批复封关区面积 3.7 平方公里，是全国第 41 家、全省第 3 家、西部经济隆起带上唯一一家综合保税区。综保区主要分为保税加工区、保税物流区、物流加工兼容区、国际贸易展示区、查验区、综合管理服务区等六个功能分区，具有保税加工、保税仓储、保税物流、口岸作业和综合服务等功能，重点发展保税加工、国际贸易、保税展示、保税直销、保税物流、现代服务业等产业。2014 年共有 94 家企业办理入区工商注册手续，31 个项目签订投资合同、协议，力争封关运行前入驻企业达到 180 家。

【科技创新】 临沂开发区内 75% 的企业成立了技术或研发中心，山东临工拥有国家级工程技术中心，联邦家具获评中国家具业唯一国家企业技术中心，累计共有9家企业获得国家级火炬计划、星火计划立项。2014年，共有145项重点技改项目完成技改投资110亿元，增长50%。山东临工、山重建机等列入国家创新试点；35个项目列入省技术创新项目。开发区80%的规模以上企业至少与1家科研院所或1名知名专家建立实质性合作关系，财政支持高科技人才专项经费提高到每年3000万元。

【投资促进】 2014年，临沂开发区新批外资项目4个、增资项目2个，新增外资4770万美元；进出口总额突破8.8亿美元，其中出口3.4亿美元，进口5.4亿美元。主要出口产品为工程机械，重点企业有山东临工、山重建机、鲁一机械等；主要进口产品为塑料颗粒，重点企业为临沂华扬进出口有限公司，进口额4.3亿美元。推动法国安盛、中国人保寿险等市级分支机构和威海银行、阳光保险等区级分支机构开业运营，东部铜业金运通网络支付公司获得第三方支付牌照。2014年，开发区各类金融机构入驻总量突破40家，社会融资总额达到543亿元，占全市21%；各金融机构在开发区贷款余额达372亿元，占全市新增贷款的20%。

【生态环保】 2014年，临沂开发区皇山东夷文化休闲旅游区、动植物园获评国家4A级旅游景区，东部生态城获评省级旅游度假区、省级旅游综合改革试点。投资17亿元实施三河治理和生态修复工程，治理河道100公里，列入省西部隆起带重点生态工程，获批国家沂沭河湿地公园。同时，强化源头防控，对一些污染型企业，抓住线索、一查到底，空气质量和优良天气指数居城区首位。坚持集约节约用地，通过旧村改造、盘活企业闲置用地等形式，累计盘活存量土地2万亩，安置近百个工商贸项目。

【社会事业】 2014年，临沂开发区集中整治30个村居领导班子，完成72个村居“两委”换届，深化党员资格审核登记，每年拨付村居5万—8万元组织运转经费、社区15万元为民服务经费。实施“十大民生工程、三十件民生实事”，民生支出9亿元，占公共财政预算支出63%；城镇居民人均可支配收入达到3.5万元、农民人均纯收入突破1.3万元。围绕住有所居，新建楼房150栋，6000名群众陆续回迁入住；围绕学有所教，新建、改扩建中小学16所，创建省级规范化学校3所，临沂青少年综合实践基地国家示范项目投入运营；围绕老有所养，制定全市最高标准老人生活补助，实施失地保险，已累计发放7000万元；围绕病有所医，创建全市首个“全国基层中医药工作先进单位”，与全国顶尖医院开展合作，门诊次均费用下降45%。

【机构设置与管委会领导】 2014年，临沂开发区设置党工委办公室、党工委组织部、项目管理安置办公室、财政局、社会发展局、经贸发展局、招商局、科技信息局、建设局、人力资源和社会保障局、文化体育旅游局、水利水产水务局、市场监管局、监察室等14个内设机构；设立党校、高新技术企业孵化中心、科技开发中心、社会保险事业处、计划生育服务中心、建设管理服务办公室、生物医学制药科技研发中心、政务服务中心管理办公室等7个事业单位。

管委会领导：党工委书记徐福田，党工委副书记王文元、陈永生、张雷（1月离任）；管委会主任朱玉良，管委会副主任王文元、陈永生（8月离任）、周希伟（12月离任）、尤柳生、汲长骞、李乃然、尚海、刘发舜、史佩选（1月任职）、张世彬、贾连璋（1月任职，12月离任）。

临沂经济技术开发区主要经济综合指标一览表

<table>
<tr><th colspan="2">项目</th><th>单位</th><th>2014 年</th><th>2013 年</th><th>增减（%）</th></tr>
<tr><td colspan="2">开发区生产总值</td><td>亿元</td><td>310.63</td><td>265.27</td><td>17.10</td></tr>
<tr><td colspan="2">第二产业</td><td>亿元</td><td>215.8</td><td>186.04</td><td>16.00</td></tr>
<tr><td colspan="2">工业</td><td>亿元</td><td>203.76</td><td>172.63</td><td>18.03</td></tr>
<tr><td colspan="2">第三产业</td><td>亿元</td><td>93.62</td><td>72.61</td><td>28.94</td></tr>
<tr><td colspan="2">工业总产值（现价）</td><td>亿元</td><td>1030.2</td><td>817.6</td><td>26.1</td></tr>
<tr><td colspan="2">高新技术企业</td><td>亿元</td><td>356.22</td><td>265.38</td><td>34.23</td></tr>
<tr><td colspan="2">销售（营业）收入</td><td>亿元</td><td>964.84</td><td>769.4</td><td>25.42</td></tr>
<tr><td colspan="2">第二产业</td><td>亿元</td><td>912.5</td><td>722.1</td><td>26.37</td></tr>
<tr><td colspan="2">工业</td><td>亿元</td><td>901.7</td><td>712.4</td><td>26.98</td></tr>
<tr><td colspan="2">第三产业</td><td>亿元</td><td>269.64</td><td>238.21</td><td>13.19</td></tr>
<tr><td colspan="2">利润总额</td><td>亿元</td><td>47.62</td><td>40.56</td><td>17.41</td></tr>
<tr><td colspan="2">第二产业</td><td>亿元</td><td>34.67</td><td>29.68</td><td>16.81</td></tr>
<tr><td colspan="2">工业</td><td>亿元</td><td>32.04</td><td>27.02</td><td>18.58</td></tr>
<tr><td colspan="2">区内主导产业及产值</td><td></td><td></td><td></td><td></td></tr>
<tr><td rowspan="5">主导产业</td><td>1. 高端装备</td><td>亿元</td><td>496.16</td><td>406.67</td><td>22.1</td></tr>
<tr><td>2. 现代服务业</td><td>亿元</td><td>287.39</td><td>214.52</td><td>34.17</td></tr>
<tr><td>3. 新材料及节能环保</td><td>亿元</td><td>216.45</td><td>172.43</td><td>27.26</td></tr>
<tr><td>4. 精细化工</td><td>亿元</td><td>76.33</td><td>57.26</td><td>33.36</td></tr>
<tr><td>5. 医药食品</td><td>亿元</td><td>61.27</td><td>45.13</td><td>36.28</td></tr>
<tr><td colspan="2">第三产业</td><td>亿元</td><td>82.13</td><td>62.28</td><td>32.26</td></tr>
<tr><td colspan="2">进出口总额</td><td>亿美元</td><td>10.90</td><td>8.91</td><td>22.33</td></tr>
<tr><td colspan="2">出口</td><td>亿美元</td><td>4.85</td><td>4.75</td><td>2.11</td></tr>
<tr><td colspan="2">财政收入</td><td>亿元</td><td>26.29</td><td>21.55</td><td>22.00</td></tr>
<tr><td colspan="2">税收收入</td><td>亿元</td><td>33.38</td><td>27.86</td><td>19.81</td></tr>
<tr><td colspan="2">财政支出</td><td>亿元</td><td>14.4</td><td>11.3</td><td>27.43</td></tr>
<tr><td colspan="2">新批企业个数</td><td>个</td><td>109</td><td>102</td><td>6.86</td></tr>
<tr><td colspan="2">外商及港澳台企业</td><td>个</td><td>4</td><td>9</td><td>-55.56</td></tr>
<tr><td colspan="2">内资企业</td><td>个</td><td>105</td><td>93</td><td>12.90</td></tr>
<tr><td rowspan="3">新批企业投资额</td><td>外商及港澳台企业</td><td>亿美元</td><td>0.732</td><td>0.7836</td><td>-6.65</td></tr>
<tr><td>内资企业</td><td>亿元</td><td>129.86</td><td>91.16</td><td>42.45</td></tr>
<tr><td>增资企业</td><td>亿美元</td><td></td><td></td><td></td></tr>
<tr><td colspan="2">合同外资金额</td><td>亿美元</td><td>0.89</td><td>1.40</td><td>-36.43</td></tr>
<tr><td colspan="2">外商实际投资</td><td>亿美元</td><td>0.73</td><td>0.78</td><td>-6.41</td></tr>
<tr><td colspan="2">固定资产投资</td><td>亿元</td><td>255.43</td><td>194.24</td><td>31.50</td></tr>
<tr><td colspan="2">年末从业人员数</td><td>个</td><td>10032</td><td>12100</td><td>17.1</td></tr>
<tr><td colspan="2">在岗职工数</td><td>个</td><td>10032</td><td>12923</td><td>11</td></tr>
<tr><td colspan="2">在岗职工平均工资</td><td>元</td><td>11502</td><td>2570</td><td>12.5</td></tr>
<tr><td colspan="2">规模以上企业个数</td><td>个</td><td>401</td><td>332</td><td>21</td></tr>
<tr><td colspan="2">工业</td><td>个</td><td>227</td><td>206</td><td>10.19</td></tr>
<tr><td colspan="2">万元 GDP 能耗</td><td>吨标煤/万元</td><td>0.38</td><td>0.39</td><td>-4.1</td></tr>
</table>

（临沂经济技术开发区管委会）

江宁经济技术开发区

【经济发展】 2014年，江宁经济技术开发区（以下简称“江宁开发区”）实现地区生产总值878亿元，同比增长12.2%；规模工业总产值2883.3亿元，同比增长13%；公共财政预算收入104.3亿元，同比增长11.1%；全社会固定资产投入415.7亿元，同比增长5.5%；地方外贸出口54.2亿美元，同比增长2.1%；社会消费品零售总额57.9亿元，同比增长15.5%。全年新增规模企业26家。上海大众、爱立信、长安马自达等产值超百亿元企业4家，实现工业总产值1301.7亿元，占开发区总量的52.6%；南瑞继保、华宝通讯等产值超10亿元企业23家，实现工业总产值576.7亿元，占开发区总量的23.3%。全年新引进重点工业项目10个，新开工重点工业项目20个，新投产重点工业项目13个。战略性新兴产业完成投资81.6亿元，同比增长0.5%；重点项目投资占园区工业投资总量的26.3%。在江苏省国家级发区中排名第三。

【产业发展】 2014年，江宁开发区汽车产业实现产值1240亿元，同比增长9.5%；电子信息产业实现产值440亿元，同比增长12.8%；智能电网产业实现产值580亿元，同比增长20%，入选国家首批新能源示范产业园区；软件产业实现软件业务收入530亿元、服务外包执行额22.8亿美元、离岸执行额7.5亿美元，同比分别增长15.1%、34.5%和38.9%；通信网络产业，无线通信技术协同创新中心顺利通过国家“2011计划”评审，80项前瞻性研究项目首次在未来网络试验设施上开展试验，20个核心技术在无线谷实现就地转化和产业化；生命科学产业引进华银检测、南医医疗、乾元浩生物等重大项目24个，美国斯泰潘研发总部等5个高科技成长型项目正式运营。现代物流业引进了阿里巴巴菜鸟、亚马逊等知名电商物流企业，空港跨境电子商务产业园获批启动建设。总投资400亿元南京世茂·梦工厂、总投资10亿元南京生态游乐中心及总投资1亿元的金宁汽摩运动文化基地等文娱项目签约落户。

【园区特色】 2014年，江宁开发区入选国家首批新能源示范产业园区。2014年1月8日，国家能源局公布国家首批新能源示范城市（产业园区）名单，全国7个省（市）的8个产业园区成为第一批被批准创建的新能源示范产业园区，江宁经济技术开发区位列其中；全国首个地球物理产业研究院在江宁开发区揭牌。3月28日，由中国地球物理首席科学家、国务院能源战略专家组组长、中国科学院院士刘光鼎领衔的南京石樵地球物理产业研究院在江宁开发区正式揭牌；南京唯一全国第五个留学报国基地在江宁开发区揭牌。7月15日，欧美同学会·中国留学人员联谊会留学报国基地在江宁开发区正式揭牌；全国首个标准化互联网孵化基地在江苏软件园揭牌。7月24日，由团中央、中国移动主办的全国首个标准化互联网孵化基地——中国移动互联网青年创新创业孵化基地，正式落户江宁开发区江苏软件园。江宁开发区创建成为国家生态工业示范园区。12月26日，江宁开发区创建国家生态工业示范园区工作通过环保部、商务部、科技部三部委专家现场验收，成功创建为国家生态工业示范园区。

【科技创新】 2014年，江宁开发区新引进“千人计划”、“双创计划”人才分别达8名、13名。全年新开园创新载体60万平方米，新增高新技术企业23家、上市企业4家，完成专利申请6910件，其中发明专利2453件，专利授权4071件，授权发明专利590件，实施产学研合作项目50项。新增创业投资项目31家、股权投资机构6家，新增创业投资4.11亿元、注册基金5.2亿元。江苏软件园、九龙湖国际企业总部园全面开园运营，翠屏大学生科技创业园获批省级大学科创园，东南大学科技园晋级“市级”大学科技园。

【投资促进】 2014年，江宁开发区全年完成实际利用外资5.6亿美元，新引进千万美元以上外资项目35个、亿元以上内资项目36个，新增跨国公司地区总部3个、外商投资功能性机构3个。

【城市建设】 2014年，江宁开发区高质量完成将军大道、双龙大道、天印大道等城市道路快速化改造工程，以及九龙湖二期湖岸线景观改造、城市高速公路匝道口景观改造提升等绿化工程，新增（改造）绿化面积约280万平方米，贯穿园区的地铁6号线（机场线）、地铁3号线相继开通或建成。续建和新开工建设东善桥六期、青年公寓等复建房和公租房200万平方米，北京东路、力学等名校签约落户，宇通实验学校、潭桥小学9月正式开学，明德医院、江宁区社会福利中心建设工程基本完成。扎实推进环境大扫除、9322环境综合整治，全面完成28条沟渠清淤截污。百家湖片区、九龙湖片区雨污水管网改造、牛首河水环境整治等环境工程加快推进，成功创建为国家级生态工业示范园区。

【信息化建设】 截至2014年底，江宁开发区空港枢纽经济区完成地区生产总值44亿元，同比增长22%；规模工业总产值89亿元，同比增长11.2%；财政收入6.1亿元，同比增长12%；公共财政预算收入2.53亿元，同比增长12%。引进了阿里巴巴菜鸟、跨境电子商务产业园等32个项目，完成合同外资2.46亿美元、到位外资2.22亿美元。全年新建、续建16个产业项目，建成投产中航轻动（一期）、宝湾物流等6个项目。南京空港跨境电子商务产业园获批建设，引进软通动力、维龙物流两家企业共同开发运营产业园，至2014年底，引进亚马逊、舜天通、亚贝通等7家电商物流企业，其中，亚贝通电子商务项目总投资约1亿元。城市建设方面，引进了招商、朗诗两个高端商住项目，高水平启动了园区现代城市生活配套设施建设。

【科技创新】 截至2014年底，江宁开发区江苏软件园实现软件业务收入530亿元、服务外包执行额22.8亿美元、离岸执行额7.5亿美元，同比分别增长15.1%、34.5%和38.9%；新引进IBM、文思海辉、凤凰传媒、汉风、零号线等知名企业68家，其中，世界500强和中国软件百强各1家；新增年产值千万元以上限上软件企业4家和超两千万元限上软件企业1家；光辉互动成为南京紫金特区中首家上市企业，洛希尔公司研发的60HZ通信芯片技术填补了国内空白；14栋20万平方米的江苏软件园科技转化中心于6月全面交付，载体可使用面积出租率达72.27%；获得“首批中国智慧软件园试点园区”和“2014年度中国软件和信息服务领军产业园区”称号。

2014年，中国无线谷（未来网络谷）完成产值3亿元，同比增长200%。核心技术研发方面，牵头制定了国内外标准10项，超高速通信芯片等20多项核心技术和标准的研发与制定取得突破，80项未来网络前瞻性研究项目在未来网络试验设施上开展试验。全年共申请专利150项，其中发明专利90项，专利授权60项。新引进点触智能等科技型企业32家，5家具有上市潜质的企业完成新一轮增资扩股；新增国家级文化和科技融合示范分基地等品牌6个；15名“千人计划”专家及5000多名科研人员正式进驻。全面启动电磁兼容暗室等二期5个专业公共技术服务平台建设；全年共有移动医疗核心芯片、高频通信芯片、基于软件定义等20个具有自主知识产权的国际领先水平核心技术成果实现就地转化和产业化；3家企业获得了省重大科技成果转化专项扶持。

【综保区发展】 2014年，南京综合保税区（江宁）实现进口12.5亿美元，同比增长59.5%；出口27.4亿美元，同比增长204.8%；进出口总额39.9亿美元，同比增长137.3%。产业发展方面，吉宝通讯、海格木工等制造业企业当年投产、当年见效。吉宝通讯自三季度正式投入运营后，至12月底，出货突破439万台，出货金额达10.9亿美元。澳大利亚澳乐康奶粉、新西兰美和蜂蜜、梦石咨询管理有限公司、明晟汇等4个现代服务业项目注册。华宝公司于9月经国家海关总署批准获得内销返修业务。政策先行先试方面，在上海自贸区推行的十四项可复制、可推广的监管创新政策，其中“简化通关作业随附单证”、“境内外保税维修”、“批次进出、集中申报”、“简化、统一备案清单”等七项先行先试政策在综保区（江宁）执行，为区内企业的通关提供了极大便利。

【机构设置与管委会领导】 根据南京市批准的江宁开发区“三定”方案规定，江宁开发区下设12个内部机构。戴华杰同志任开发区工委副书记、管委会常务副主任，负责开发区全面工作。

江宁经济技术开发区主要经济综合指标一览表

项目		单位	2014年	2013年	增减（%）
开发区生产总值		亿元	878.01	782.17	12.25
第二产业		亿元	630.77	591.69	6.6
工业		亿元	569.37	510.65	11.5
第三产业		亿元	247.25	190.49	29.8
工业总产值（现价）		亿元	2883.32	2551.64	13
高新技术企业		亿元	958.59	870.93	10.07
销售（营业）收入		亿元	3620.42	3184.58	13.69
第二产业		亿元	3026.45	2680.35	12.9
工业		亿元	2674	2368	12.93
第三产业		亿元	593.97	504.23	17.8
利润总额		亿元	340.62	318.54	6.93
第二产业		亿元	287.90	268.52	7.2
工业		亿元	273.53	248.33	10.15
区内主导产业及产值					
主导产业	1. 汽车制造业	亿元	1240	1131.8	9.5
	2. 电力机械及器材制造业	亿元	580	480	20
	3. 通信设备、计算机及其他电子设备制造业	亿元	440	390	12.8
第三产业		亿元	52.7	50	5.4
进出口总额		亿美元	94.1	86.49	8.8
出口		亿美元	54.2	53	2.1

续表

项目		单位	2014 年	2013 年	增减（%）
财政收入		亿元	260.44	227.24	14.61
税收收入		亿元	244.33	217.20	12.49
新批企业个数		个	211	209	0.95
外商及港澳台企业		个	56	59	-5.08
内资企业		个	155	150	3.33
新批企业投资额	外商及港澳台企业	亿美元			
	内资企业	亿元	30	29	3.45
合同外资金额		亿美元	10.52	9.17	14.70
外商实际投资		亿美元	5.61	6.63	-15.48
固定资产投资		亿元	415.67	393.84	5.54
年末从业人员数		个	186760	169327	10.3
规模以上企业个数		个	722	716	0.83
工业		个	367	368	-0.27

（江宁经济技术开发区管委会）

杭州余杭经济技术开发区

【经济发展】 经过20年的发展，杭州余杭经济技术开发区（以下简称“余杭开发区”）呈现良好的发展态势，经济综合实力显著提升。2014年，余杭开发区实现地区生产总值426.35亿元，同比增长16.33%；第二产业增加值257.67亿元，同比增长16.65%；第三产业增加值126.89亿元，同比增长22.59%；财政收入88.22亿元，同比增长30.72%；税收收入57.28亿元，同比增长31.13%；销售（营业）收入1505.76亿元，同比增长3.68%；进出口总额39.99亿元，同比增长23.92%；固定资产投资230.46亿元，同比增长28.34%。

【工业产业发展】 2014年全年实现规模以上工业增加值91.6亿元，比2013年增长15.5%。固定资产投资67.99亿元，增长28.62%。其中，工业投资51.41亿元，增长19%。财政总收入24.57亿元，增长31.2%。其中，经常性地方财政收入11.78亿元，增长26.1%。主导产业中装备制造业实现产值401.62亿元，同比增长16.41%；新能源新材料实现产值242.7亿元，同比增长17.25%；纺织服装实现产值139.29亿元，同比增长23.27%；电子电气实现产值90.43亿元，同比增长7.65%；生物医药实现产值42.96亿元，同比增长16.11%。规模以上工业增加值能耗下降率13.3%。至年末，共征地104.73公顷，拆迁896户，引进科技型中小微企业201个。产业结构调整步伐持续加快，“4+1”主导产业集群效应进一步显现。装备制造业依托浙江春风动力股份有限公司、杭州西奥电梯有限公司等龙头企业，总产值150亿元，增长20%以上。以贝达药业股份有限公司、杭州民生药业集团有限公司等为代表的生物医药产业发展迅速，全年总产值超过40亿元，增长30%以上。

2014年，余杭开发区拥有产值1亿元以上企业72个，其中产值50亿元以上企业1个、20亿—50亿元企业3个、5亿—20亿元企业10个。杭州诺贝尔集团有限公司、杭州老板实业集团有限公司等8个龙头企业实现产值225亿元，增长21%。杭州老板实业集团有限公司、贝达药业股份有限公司、杭州西奥电梯有限公司等7个企业税收突破1亿元。全年税收排名前20位的企业实现税收总额14.79亿元，占余杭经济技术开发区税收总额的60.2%。

【园区特色】 2014年1月22日，根据省科技厅、省发改委《关于同意创建余杭生物医药高新技术产业园区》（浙科函高［2014］15号）文件，确认成立浙江生物医药高新技术产业园区（简称医药高新园区）。园区总规划面积20.76平方公里，其中一期开发区面积为10.68平方公里。9月24日，省食品药品监管局与余杭区正式签订《共同推进余杭生物医药高新园区建设合作协议》，医药高新园区省医疗器械审评中心、省医疗器械检验院余杭分院、省食药监局行政审批受理中心余杭分中心3个服务平台顺利挂牌。12月22日，浙江省医疗设备与工业信息工程重点企业研究院建设暨余杭生物医药高新园区启动会议在临平召开，其间，举行医药高新园区授牌仪式，标志医药高新园区建设正式启动。至年末，医药高新园区编制出台《浙江余杭生物医药高新技术产业园区产业发展规划》、《启动区块详细规划》、《浙江余杭生物医药高新技术产业园区五年行动计划》。集聚国家“千人计划”人才5人。引进世界500强企业英国葛兰素史克制药公司新项目、法国赛诺菲制药公司单克隆抗体及基因治疗药物亚太基地项目和美国辉瑞制药有限公司生产基地项目。园区内25个生物医药企业，全年总产值超过40亿元。预计到2020年，医药高新园区将实现浙江省医疗器械审评中心、浙江省医疗器械检验院余杭分院、浙江省药监局行政审批受理分中心、创新药物早期成药性评价公共服务平台、企业研发资源共享平台等五大功能集聚，预计年产值200亿元，培育一批年产值超过1亿元企业和年产值超过10亿元企业。

【招商引资】 2014年，实现实际利用外资2.75亿美元，增长8.0%，完成全年目标的102%；实际到位市外内资20.48亿元，增长13.7%，完成全年目标的102.4%；浙商回归项目到位资金15.92亿元，完成全年目标的125.4%。全年接待各类有投资意向的客商93批次215人次，累计在谈项目95个。引进贝达药业股份有限公司新药项目等16个新项目，总投资42亿元，其中投资额在3亿元以上的项目10个。新引进世界500强企业1个，即三菱重工合作项目。

【科技创新】 2014年，高新技术产业总产值突破200亿元。其中，新产品产值180亿元，增长20%以上，增幅高于规模以上工业产值16个百分点，新产品产值率在40%以上。新增国家“火炬计划”高新技术企业1个、国家重点支持领域的高新技术企业8个、省级企业技术（研发）中心7个。累计拥有高新技术企业43个，其中国家火炬计划高新技术企业4个。拥有国家级企业技术中心3个，省、市级企业技术（研发）中心57个，国家认可实验室1个。成功创建中国家纺设计孵化科创园和开发区装备配套孵化科创园2个民营园区，总面积18.5万平方米，入驻科技型中小微企业201个。全年入选浙江省“151”人才工程、杭州市“131”中青年人才培养计划、余杭区“139”中青年人才培养计划等总计27人次。

【生态环保】 开发区规模以上工业企业综合能耗总量28.58万吨标煤，单位增加值能耗为0.45吨标煤/万元，同比下降3.5%。开发区年综合能耗在3000吨标煤以上的企业18家，其中，8家属于纺织服装行业，占44.44%。10000吨标煤以上的企业有杭州诺贝尔陶瓷有限公司等4家企业，年综合能耗在5000—10000吨标煤的企业有浙江华鼎集团有限责任公司等8家企业。开发区强力治污，推进重点污染源治理，近年来先后关停了杭州余杭临平印染厂、杭州余杭禾丰印花厂、杭州润宇制衣有限公司、杭州佳昌服装印染有限公司和杭州华佳利丝绸有限公司等印染企业，督促浙江海联热电股份有限公司等企业做好锅炉的脱硫改造工作，对杭州余杭福顺涂层有限公司、杭州腾飞涂层有限公司等7家单位开展有机工业废气污染整治工作。

余杭开发区自建区以来，结合资源禀赋特点和产业特色，在发展循环经济方面进行了积极探索，开展清洁生产和电能平衡测试，推进园区生态化建设与改造，努力构建循环经济产业链，加大财政资金投入，实行污染物源头削减和总量控制等工作，建立区域IOS14001环境管理体系，形成独具特色的循环经济发展模式。近年来通过政府政策引导、市场调控等措施，每年有计划安排企业实施循环经济项目，培育了多家资源节约型和循环经济型典型企业。同时开发区已建立工业固废和危废收集系统，工业固废由区外相关企业收购后进行综合利用，危险固废委托杭州大地海洋环保有限公司收集至区外处置。生活垃圾由环卫部门清运至区外垃圾焚烧厂或垃圾填埋场。

【管理与服务】 2014年，余杭开发区以党的群众路线教育实践活动开展为契机，不断转变工作作风，着力提升服务水平和办事能力。一是进一步深化项目代办服务，着力提高项目审批代办水平，不断完善便民服务体系建设，进一步方便群众办事。二是进一步倡导求真务实的工作作风，努力在开发区上下形成敢于负责、勇于担当、狠抓落实的工作氛围，切实提高领导干部执行力。三是进一步落实党风廉政建设责任制，严格执行廉洁从政各项规定，树立党员干部廉洁形象．有效巩固“勤廉开发区”建设成果。

【管委会领导】 余杭区委常委、余杭开发区党工委书记陈金生，党工委副书记、管委会主任沈世杰，区委组织员项荼英，党工委副书记金根火，党工委委员、纪工委书记刘红，党工委委员、管委会副主任喻爱彬，党工委委员、管委会副主任徐坚，党工委委员、管委会副主任俞列明，党工委委员、管委会副主任诸春法，管委会副主任沈华强。

杭州余杭经济技术开发区主要经济综合指标一览表

项目		单位	2014 年	2013 年	增减（%）
开发区生产总值		亿元	426.35	366.49	16.33
第二产业		亿元	284.62	248.9	14.35
工业		亿元	257.67	220.9	16.65
第三产业		亿元	126.89	103.51	22.59
工业总产值（现价）		亿元	1343.13	1148.79	16.92
高新技术企业		亿元	315.55	261.18	20.8
销售（营业）收入		亿元	1505.76	1452.34	3.68
第二产业		亿元	1029.31	881.04	16.93
工业		亿元	896.67	771.71	16.19
第三产业		亿元	479.17	571.29	-16.1
利润总额		亿元	68.57	72.27	5.1
第二产业		亿元	53.09	45.95	15.54
工业		亿元	49.54	43.03	15.13
区内主导产业及产值					
主导产业	1. 装备制造	亿元	401.62	345	16.41
	2. 新能源新材料	亿元	242.7	207	17.25
	3. 纺织服装	亿元	139.29	113	23.27
	4. 电子电气	亿元	90.43	84	7.65
	5. 生物医药	亿元	42.96	37	16.11
第三产业		亿元	—	—	—
进出口总额		亿美元	39.99	32.27	23.92
出口		亿美元	37.43	29.55	26.6
财政收入		亿元	88.22	67.49	30.72
税收收入		亿元	57.28	43.68	31.13
财政支出		亿元	—	—	—
新批企业个数		个	152	94	61.7

续表

项目		单位	2014 年	2013 年	增减（%）
外商及港澳台企业		个	2	18	-88
内资企业		个	150	76	97.37
新批企业投资额	外商及港澳台企业	亿美元	7.1	6.47	63
	内资企业	亿元	100.44	106	-5.24
	增资企业	亿美元	—	—	—
合同外资金额		亿美元	3.36	6.47	-48.06
外商实际投资		亿美元	4.8	3.84	25
固定资产投资		亿元	230.46	179.57	28.34
年末从业人员数		个	209132	251790	-16.94
规模以上企业个数		个	1208	1231	-1.87
工业		个	540	598	-9.69
万元 GDP 能耗		吨标煤/万元	0.2022	0.2276	-11.16

（杭州余杭经济技术开发区管委会）

晋中经济技术开发区

【概况】 2014年，晋中经济技术开发区（以下简称“晋中开发区”）按照打造新型产业集聚地、高新技术辐射极、生态文明新城区的新定位，抢抓转型综改、太原晋中同城化、山西科技创新城等三大机遇，以改革创新为动力，以大项目引进与建设为主攻方向，经济、社会、生态及文化建设等各项工作都取得了突破性进展。截至2014年底，入区企业共1968个，其中，规模以上工业企业33户，限额以上商贸流通企业42户，世界500强投资企业13个，高新技术企业15户。

【经济发展】 2014年，晋中开发区实现地区生产总值38.48亿元，同比增长20.63%；人均国内生产总值71962元/人，同比增长10.58%；财政总收入完成9.55亿元，同比增长12.26%；一般预算收入5.14亿元，同比增长16.5%；工业增加值完成19.56亿元，同比增长24.71%；工业总产值68.5亿元，同比增长18.10%；固定资产投资完成49.40亿元，同比增长13.15%；社会消费品零售总额完成70.80亿元，同比增长10.38%；进出口总额完成2099.51万美元，同比增长26.90%，其中，进口110.41万美元，同比下降71.70%，出口1989.09万美元，同比增长57.32%。

【产业发展】 2014年，晋中开发区33户规模以上工业企业累计完成工业总产值39.15亿元，同比增长7.63%，实现规模以上工业增加值13.40亿元，同比增长10.7%。医药、纺机、改装车、食品四大主导行业实现产值22.78亿元，同比增长16.14%，拉动规模以上工业总产值增长8.7个百分点。其中：医药企业实现产值10.39亿元，同比增长47.55%，拉动规模以上工业总产值增长9.21个百分点，占规模以上工业总产值比重为26.55%。

形成了“3+1”主导产业：即以山西振东安特生物制药有限公司、德元堂药业有限公司、“中华老字号”山西双合成工贸有限公司、田森中央厨房项目为代表的医药食品加工业；以中航美运兰田装备制造有限公司、山西鸿基科技股份有限公司、潞安重工、泓鼎装备、晋能艾斯特为代表的装备制造业；以北方自动控制研究所、山西物联谷科技有限公司为代表的电子信息产业；以三晋国际物流城、新华图书物流和汽贸园为支撑的现代物流产业。另外，正在逐步形成以生产家具、羊绒衫为代表的生活消费品产业，代表企业有福润家具、孟氏家具、日神羊绒衫等。

【招商引资】 2014年，晋中开发区签约项目12项，总投资181亿元。代表项目：山西国际能源集团有限公司投资的科技环保产业园项目，计划总投资15亿元，占地300亩；苏宁云商集团股份有限公司山西地区管理总部及配送中心项目，计划投资9亿元，占地275亩。重点在谈项目（亿元以上）共10项，总投资额50.85亿元。代表项目有：普洛斯（中国）投资管理有限公司投资建设的普洛斯晋中现代物流服务产业园项目、中国平安保险（集团）股份有限公司投资建设的中国平安（晋中）金融电商综合物流产业园项目、上海浦东软件园股份有限公司晋中开发区高科技产业园项目等。

【项目建设】 2014年，晋中开发区完成储备项目15项，总投资561.6亿元；签约项目12项，计划总投资181亿元；落地项目26项，总投资72.3亿元；新开工项目19项，总投资51.22亿元；区内列入晋中市考核重点工程（项目）共4类48项，总投资173.43亿元，计划投资44.4亿元，实现当年全部开工建设，累计完成投资46.16亿元，投资完成率103.96%。其中省级重点工程完成投资11.64亿元，为年度目标任务9.33亿元的124.76%；2014年度新投产项目42项，总投资56.31亿元，为晋中市政府下达年度任务55亿元的102.38%。

【科技创新】 2014年，晋中开发区建设以企业为主体建设的产学研基地累计20家，代表性的有：山西华纳机械加工有限公司与太原理工大学合建的博士后工作站实习基地、山西德元堂药业有限公司与沈阳药科大学共建实验室，同时依托鸿基科技建设了榆次纺机产业服务平台（省级）；认定8户高新技术企业，累计达到15户，新增省级技术中心1户，市级技术中心1户，企业研发中心达到15个；申报市以上科技计划26项，山西华辉凯德制药有限公司“红花黄色素原料及制剂的制备工艺研究与临床研究”获山西省科技进步二等奖。

【环境保护】 2014年，晋中开发区坚持“环保第一审批权”原则。对引进项目严格把关，鼓励低耗能、低排放、无污染的项目入区建设，努力建设环保型、资源节约型产业园区。不断加大对综合减排约束手段，促进现有企业技术升级，淘汰落后工艺。加快推进清洁生产。完成了联邦制药有限公司和光明机械厂2家第二轮清洁生产审核工作。继续做好水污染防治工作。各涉水企业已全部安装了水污染防治设施。积极有效推进大气污染防治工作，2014年晋中市下达晋中开发区的大气污染防治共152项治理任务全部完成。

【投资环境】 2014年，晋中开发区铺开道路工程建设项目10项，共完成投资6805万元；主要街道全部实现了雨污分流，污水处理、生活垃圾处理全部依托晋中市相关设施进行处理；区内新型工业园、科技创新园、现代物流园、自主创新核心区和综合服务区等五个园区基本上实现了“七通一平”；通信网络实行了区域全覆盖；完善政务服务中心，增强政务服务大厅功能，开发区具有行政审批职能的局室全部进驻大厅或分厅，向社会公开的39项行政审批事项全部进厅到位，采取前厅后室或厅室结合的模式，实行并联审批。出台《晋中开发区构建金融服务体系、创新投融资机制实施方案》，区内共有金融机构16家、担保公司6家。其中晋中开发区中小企业融资担保有限公司当年办理担保业务45笔，担保金额达5亿元，累计扶持企业83户，促进了中小企业发展。

【管理与服务】 2014年，晋中开发区重点培养和形成招商洽谈审核团队、项目审批团队、项目建设团队、项目考核督查团队和社会管理团队五支过硬的攻坚克难的干部队伍，按照蹲点包项的要求，党工委、管委会班子成员认真履责，对企业反映的资金、水、电、气、暖等困难，逐一解决，有效地加快了项目建设。

【社会事业】 2014年，晋中开发区年初确定的14项惠民实事已全面兑现，17个村60周岁以上村民，已全部纳入新农保范畴，实现了全覆盖，城镇新增就业1836人，创业带动就业230人，失业人员再就业360人，就业困难人员就业105人，转移农村劳动力1670人，新型职业农民培训1200余人次，企业招用区内农村剩余劳动力由区级财政每人每月补贴400元。“三农”工作有效推进。国家的强农惠农补贴政策全面落实，本级财政补贴共384万元；财政支出200万元，扶持农产品加工龙头企业做大做强；致富养殖专业合作社成功申报了省农民专业合作社示范项目；农民人均纯收入比上年增长13.7%，达到14896元。

【机构设置与党政领导】 2014年，晋中开发区下设党工办、管委办、经济发展局、住建局、财政局、人事劳动局、农业综合发展局、招商局、社管处、安监局。山西省国土资源厅和晋中市工商局、国税局、地税局、公安局、质监局、食品药品监督管理局、价监局在晋中开发区派设分局，行使部门职能，接受双重领导和管理。

管委会领导：管委会主任温毓诚，党工委书记赵春雷，党工委副书记贾慧生，管委会副主任张林涛、张仲生、梁灵，纪工委书记张曲波，党工委委员温毓诚、赵春雷、贾慧生、张林涛、张仲生、梁灵、张曲波、张治礼、曹益民、任钦、崔雪波。

晋中经济技术开发区主要经济综合指标一览表

<table>
<tr><th colspan="2">项目</th><th>单位</th><th>2014 年</th><th>2013 年</th><th>增减（%）</th></tr>
<tr><td colspan="2">开发区生产总值</td><td>亿元</td><td>38.48</td><td>31.90</td><td>20.62</td></tr>
<tr><td colspan="2">第二产业</td><td>亿元</td><td>22.53</td><td>16.75</td><td>34.49</td></tr>
<tr><td colspan="2">工业</td><td>亿元</td><td>19.56</td><td>15.69</td><td>24.71</td></tr>
<tr><td colspan="2">第三产业</td><td>亿元</td><td>15.49</td><td>14.20</td><td>9.13</td></tr>
<tr><td colspan="2">工业总产值（现价）</td><td>亿元</td><td>68.5</td><td>58</td><td>18.10</td></tr>
<tr><td colspan="2">高新技术企业</td><td>亿元</td><td>14.68</td><td>10.34</td><td>41.99</td></tr>
<tr><td colspan="2">销售（营业）收入</td><td>亿元</td><td>356.12</td><td>292</td><td>20.72</td></tr>
<tr><td colspan="2">第二产业</td><td>亿元</td><td>—</td><td>—</td><td>—</td></tr>
<tr><td colspan="2">工业</td><td>亿元</td><td>30.30</td><td>25.89</td><td>17.03</td></tr>
<tr><td colspan="2">第三产业</td><td>亿元</td><td>—</td><td>—</td><td>—</td></tr>
<tr><td colspan="2">利润总额</td><td>亿元</td><td>25.003</td><td>19.175</td><td>30.39</td></tr>
<tr><td colspan="2">第二产业</td><td>亿元</td><td>—</td><td>—</td><td>—</td></tr>
<tr><td colspan="2">工业</td><td>亿元</td><td>1.93</td><td>1.98</td><td>-2.62</td></tr>
<tr><td colspan="2">区内主导产业及产值</td><td></td><td></td><td></td><td></td></tr>
<tr><td rowspan="4">主导产业</td><td>1. 医药</td><td>亿元</td><td>10.39</td><td>7.042</td><td>47.55</td></tr>
<tr><td>2. 纺机</td><td>亿元</td><td>4.68</td><td>4.80</td><td>-2.59</td></tr>
<tr><td>3. 改装车</td><td>亿元</td><td>4.45</td><td>4.49</td><td>-0.86</td></tr>
<tr><td>4. 食品</td><td>亿元</td><td>3.25</td><td>3.27</td><td>-0.62</td></tr>
<tr><td colspan="2">第三产业</td><td>亿元</td><td>—</td><td>—</td><td>—</td></tr>
<tr><td colspan="2">进出口总额</td><td>亿美元</td><td>0.209950</td><td>0.263798</td><td>3.02</td></tr>
<tr><td colspan="2">出口</td><td>亿美元</td><td>0.198909</td><td>0.168591</td><td>17.98</td></tr>
<tr><td colspan="2">财政收入</td><td>亿元</td><td>9.55</td><td>8.5111</td><td>12.26</td></tr>
<tr><td colspan="2">税收收入</td><td>亿元</td><td>8.42</td><td>7.6128</td><td>10.55</td></tr>
<tr><td colspan="2">财政支出</td><td>亿元</td><td>13.04</td><td>11.15</td><td>16.88</td></tr>
<tr><td colspan="2">新批企业个数</td><td>个</td><td>544</td><td>293</td><td>85.7</td></tr>
<tr><td colspan="2">外商及港澳台企业</td><td>个</td><td>3</td><td>1</td><td>200</td></tr>
<tr><td colspan="2">内资企业</td><td>个</td><td>541</td><td>292</td><td>85.2</td></tr>
<tr><td rowspan="3">新批企业投资额</td><td>外商及港澳台企业</td><td>亿美元</td><td>—</td><td>—</td><td>—</td></tr>
<tr><td>内资企业</td><td>亿元</td><td>21.25</td><td>14.23</td><td>49.3</td></tr>
<tr><td>增资企业</td><td>亿美元</td><td>—</td><td>—</td><td>—</td></tr>
</table>

续表

项目	单位	2014 年	2013 年	增减（%）
合同外资金额	亿美元	0.01556	0.063598	-75.53
外商实际投资	亿美元	0.237308	0.051647	364.7
固定资产投资	亿元	49.44	43.70	13.15
年末从业人员数	万人	2.13	1.98	7.5
在岗职工平均工资	元	38137	34583	10.27
规模以上企业个数	个	126	101	24.75

（晋中经济技术开发区管委会）

靖江经济技术开发区

【经济发展】 2014年，靖江经济技术开发区（以下简称“靖江开发区”）实现地区生产总值502.2亿元，同比增长9.22%。其中，第二产业完成356.58亿元，同比增长8.97%，第三产业增加值完成141.9亿元，同比增长9.98%，第二、第三产业比例为71∶28.26。一般预算收入29.91亿元。

【工业产业发展】 2014年，靖江开发区全年实现工业增加值346.08亿元，工业总产值1852.8亿元，同比增长10.2%，其中规模以上工业总产值1323.98亿元，增长10.01%。在规模以上工业中，外商及港澳台投资工业总产值684.65亿元，增长4.73%。

【园区特色】 2014年，靖江开发区围绕建设“科教之城、港口之城、文化之城”的目标，在规划编制、功能布局、城市业态打造等方面，逐步体现出港产城融合发展的态势，“以产促城、以城兴产、产城融合”的契合度不断提升，2014年8月常州大学怀德学院整体进驻靖江科教园后，科教文化品牌效应不断增强，城市发展特色日益明显，首批大一新生1000多人已经入住新校区，12月10日，由靖江新华港务有限公司、锦州港股份有限公司、天津永续航运集团“两港一航”共同开通的“辽宁锦州港—靖江港”北粮南运长江黄金水道实现首航，促推新华港务尽快成为北粮南运进长江的重要粮食中转基地。2014年底，新时代造船新承接订单443.2万载重吨，手持订单961.8万载重吨，分别在新承接订单前十名造船企业中排名江苏省第二名、全国第三名。

【招商引资】 2014年，靖江开发区全年完成签约项目10个，总投资14.04亿元；完成扬子江金属加工增资2200万美元。签约项目中大部分为产学研项目和新兴产业项目。其中，产学研合作项目3个，均为中科院科技成果产业化项目。分别为：瑞泰电子与中科院理化所总投资3亿元的环保新材料絮凝剂项目、江苏光源电力与中科院理化所总投资2.4亿元的深冷系统处理及装备制造项目、卓然公司与中科院力学所总投资1亿元的激光智能装备项目。新兴产业项目5个，分别为新筑股份总投资3.6亿元的高铁声屏障及桥梁功能部件生产基地项目、江苏Link－HY科技公司总投资1亿元的物联网标签生产线项目、江苏科路达总投资8400万元的胶粘成排钢纤维项目、上海嘉森总投资约8000万元光电薄膜成膜装置生产项目、江苏华盛总投资3000万元的高强度紧固件生产项目。初步确定投资意向的项目29个，总投资100.6亿元。同步跟踪洽谈一批装备制造、新材料、新能源、生物医药、节能环保等高端优质项目。

【科技创新】 2014年，靖江开发区以建设创新型开发区为导向，以体制创新为动力，以增强企业自主创新能力和核心竞争力为根本，以开放型经济、港口经济为特色，构建以临江工业、高端制造业为支撑，以高新产业、新兴产业和现代服务业为主导的现代产业体系。截至2014年底，共有省级工程技术研究中心8家，省认定企业技术中心13家，企业院士工作站2个，博士后工作站7个，高新技术企业26家，省级高新技术产品37个。

【生态环保】 2014年，靖江开发区大力发展循环经济和低碳经济。目前，船舶修造、粮油加工等行业的循环产业链条已初步显现；污水处理、集中供热等环境基础设施基本完善；高新技术企业占比逐年提升；低碳生活、绿色生产的理念深入人心。2014 年 8 月已经成功通过省级生态工业园区验收。

【人才建设】 2014 年，靖江开发区建立由开发区主要领导牵头，组织人事、招商、财政等部门负责人组成的人才工作机构，从人才培养、引进、使用、激励、评价各环节着手，突出重点，统筹推进，健全“组织领导、专业运用”的合力工作机制。健全开发区人才信息库，建立企业人力资源部长 QQ 群，搭建人才信息平台；简化办事程序，提升服务效能；打造人才服务绿色通道，提供“快捷、全程、跟踪”的保姆式服务。鼓励企业建设人才公寓，为引进高层次人才创造优质环境；落实优秀人才在住房保障、子女入学、家属安置、社会保障等方面的特殊政策；定期组织高层次人才健康体检和外出休养；坚持领导联系高层次人才制度，加强与人才的经常性联系交流。

靖江经济技术开发区主要经济综合指标一览表

项目		单位	2014 年	2013 年	增减（%）
开发区生产总值		亿元	502.20	459.80	9.22
第二产业		亿元	356.58	327.21	8.98
工业		亿元	346.08	315.65	9.64
第三产业		亿元	141.90	129.02	9.98
工业总产值（现价）		亿元			
高新技术企业		亿元	317.33	187.23	69.49
区内主导产业及产值					
主导产业	1. 金属船舶制造	亿元	540.67	465.23	16.22
	2. 钢压延加工	亿元	84.77	125.26	-32.32
	3. 微电机及其他电机	亿元	107.69	90.67	18.77
进出口总额		亿美元	24.27	15.95	52.16
出口		亿美元	11.07	9.45	17.14
财政收入		亿元	44.70	54.30	-17.68
税收收入		亿元	43.71	51.45	-15.04
合同外资金额		亿美元	1.76	7.5	-76.53
外商实际投资		亿美元	0.2	0.4	-50
固定资产投资		亿元	168.07	163.60	2.73
年末从业人员数		个	144298	142801	1.05
规模以上企业个数		个	325	320	1.56
工业		个	172	160	7.50
万元 GDP 能耗		吨标煤/万元	0.23	0.29	-20.69

（靖江经济技术开发区管委会）

马鞍山经济技术开发区

【经济发展】 2014年，马鞍山经济技术开发区（以下简称“马鞍山开发区”）实现地区生产总值199.95亿元，同比增长2.6%；其中第二产业增加值150.3亿元，同比增长2.7%；第三产业增加值49.31亿元，同比增长1.6%。全年实现财政收入33.63亿元，同比下降0.7%；其中税收收入28.05亿元，同比增长7.5%。企业经营收入764.59亿元，同比增长4.5%；其中第二产业经营收入566.15亿元，同比增长4.1%；第三产业经营收入192.65亿元，同比增长6.7%。固定资产投资163.1亿元，同比下降6.9%。

【产业发展】 2014年，马鞍山开发区实现工业总产值572.49亿元，同比增长5.6%。汽车及装备制造业和食品加工业两大主导产业完成产值530.75亿元，同比增长19.6%；其中汽车及装备制造也实现产值447.04亿元，同比增长19.1%，食品加工业实现产值83.71亿元，同比增长22.4%。2014年1月，马鞍山开发区依托汽车及装备制造产业，“国家新型工业化产业示范基地（钢铁及深加工）”获国家工信部批准。

【园区特色】 2014年，马鞍山开发区联合台湾电电公会，成功举办2014第三届海峡两岸（马鞍山）电子信息博览会，吸引了两岸128家电子信息企业和台湾地区86家成果运用企业参展，专业展位规模达600个，其中特装展位320个，总观展人数近6.7万人。展会期间，台湾泰艺电子、台湾富翔塑胶、台湾富优精密注塑等10个项目成功签约，项目总投资近40亿元；现场达成订单1293笔，形成交易额3378万元。

【科技创新】 2014年，马鞍山开发区新认定高新技术企业3家、复审重新认定高新技术企业22家，截至2014年底共有高新技术企业37家，全年实现高新技术企业产值293.09亿元，占工业总产值的51.2%。新认定高新技术产品27个、国家重点新产品1个、国家火炬计划项目2个。新组建市级工程技术研究中心3家、市级重点实验室2家、省级工程技术研究中心2家；新认定民营科技企业3家、市级创新型企业1家、省级创新型企业3家；截至2014年底企业技术中心24家、创新型企业34家、工程技术研究中心38家、重点实验室3家、院士工作站3家、博士后研究工作站6家。全年申请专利658件（其中发明专利242件），授权专利486件（其中发明专利54件）。现代牧业荣获世界食品品质评鉴大会金奖，华菱汽车荣获安徽省政府质量奖，惊天液压荣获市长质量奖。

【投资促进】 2014年，马鞍山开发区实际利用内资110.08亿元，与上年持平；实际利用外资44084万美元，同比下降0.5%。实现外贸进出口总额108644万美元，同比增长13.6%，其中进口75228万美元，同比增长29.4%，出口33416万美元，同比下降10.7%。全年总投资12亿元的仙乐保健食品、总投资2亿美元的台商大本营、总投资6亿元的泰恩博能液化天然气、总投资6亿元的埃尔压缩机生产基地等60个项目成功签约，项目总投资145亿元，其中亿元以上项目58个、工业项目47个。

【生态环保】 2014年，马鞍山开发区率先启动国家生态工业园区创建，2月出台的《国家生态工业示范园区建设规划》通过环保部、商务部和科技部组织的专家评审；9月，借智合肥工业大学编制完成生态工业园区创建实施方案，并对创建任务进行了细化分解；10月，规划环评顺利通过环保部、商务部组织的专家评审，并正式批准建设国家生态工业示范园区。此外，扎实推进千万亩森林增长工程，实施山地复绿、河道增绿、厂区添绿、森林长廊、道路绿化五大重点工程，开展绿色园区、美丽社区、花园单位三项创建活动，完成绿化任务1144亩。

【基础设施建设】 2014年，马鞍山开发区累计投资10亿元实施基础设施建设，明珠东路、长山路等建成通车，章塘沟水系改造、梅山路、阳湖路、西塘路绿化提升工程全面完成，园区配套设施水平进一步提升。扎实推进“三线三边”环境综合整治和农村清洁工程，社区卫生保洁实现常态化管理，园区美化、卫生水平持续提升。

【管理与服务】 2014年，马鞍山开发区全面实施工业经济倍增计划，帮助企业落实6300万元固投贷、税源贷推荐担保，国家、省、市各类扶持资金3700余万元，解决企业融资难题。积极开展“就业促进月”、“春风送岗位”等系列活动，先后组织辖区企业近100家次在宿州、亳州、市人才市场和安工大、市技师学院、皖江职业技术学院举行11场招聘活动，解决企业用工难题。

【社会事业】 2014年，马鞍山开发区全面实施18项民生工程，银塘镇卫生院项目基本建成，辖区居民最低生活保障金发放率达100%，被征地农民社会参保做到即征即保。完成新增就业5833人，其中下岗失业再就业1924人、就业困难人员就业334人、农村劳动力转移就业650人，开发公益性岗位120个，完成就业技能培训646人、职业技能鉴定合格555人。

【机构设置与管委会领导】 2014年，马鞍山开发区全面深化园区管理体制和人事制度改革，撤销托管乡镇，新成立5个社区；做实建投公司，设立3个事业部；打破身份界限，全员竞聘上岗；实现了“区镇合一、压扁提效、政企分开、激发活力”的目标。管委会内设机构由12个精简到10个，分别是办公室、组织人事局、投资促进局、经贸和科技发展局、土地管理局、规划建设管理局、征迁事务管理局、财政局、安全生产产和环境保护局、社会事务局，并设有工会、团工委、妇工委、关工委4个部门，以及二级机构行政执法局。

管委会领导：管委会主任马少华，党工委书记李强，党工委副书记、纪工委书记、工会主席张清，管委会副主任李迎庆、赵伦华、王美姑，党工委委员隋少杰。

马鞍山经济技术开发区主要经济综合指标一览表

项目	单位	2014年	2013年	增减（%）
开发区生产总值	亿元	199.95	194.86	2.6
第二产业	亿元	150.30	146.35	2.7
工业	亿元	147.53	144.19	2.3
第三产业	亿元	49.31	48.51	1.6
工业总产值（现价）	亿元	572.49	542.07	5.6
高新技术企业	亿元	293.09	298.29	-1.7
销售（营业）收入	亿元	764.59	731.69	4.5
第二产业	亿元	566.15	544.12	4.1

续表

项目		单位	2014 年	2013 年	增减（%）
工业		亿元	555.24	533.46	4.1
第三产业		亿元	192.65	180.56	6.7
利润总额		亿元	14.28	36.55	-60.9
第二产业		亿元	10.08	22.98	-56.1
工业		亿元	9.80	22.83	-57.1
区内主导产业及产值		亿元	530.75	443.67	19.6
主导产业	1. 汽车及装备制造	亿元	447.04	375.26	19.1
	2. 食品加工	亿元	83.71	68.41	22.4
第三产业		亿元	192.65	180.56	6.7
进出口总额		亿美元	10.86	9.56	13.6
出口		亿美元	3.34	3.74	-10.7
财政收入		亿元	33.63	33.87	-0.7
税收收入		亿元	28.05	26.10	7.5
新批企业个数		个	147	124	18.5
外商及港澳台企业		个	2	7	—
内资企业		个	145	117	23.9
合同外资金额		亿美元	2.17	0.88	145.6
外商实际投资		亿美元	4.41	4.43	-0.5
固定资产投资		亿元	163.10	175.28	-6.9
年末从业人员数		个	63937	61153	4.6
规模以上企业个数		个	128	125	2.4
工业		个	64	63	1.6
万元 GDP 能耗		吨标煤/万元	0.171	0.172	-0.58

（马鞍山经济技术开发区管委会）

吉林经济技术开发区

【经济发展】 2014年，吉林经济技术开发区（以下简称“吉林开发区”）地区生产总值完成122.51亿元，同比增长10.8%；全口径财政收入完成12.9亿元，同比增长12.4%，占全市比重4.7%；地方级财政收入完成5.3亿元，同比增长3.3%，占全市比重4%；全社会固定资产投资完成218.21亿元，同比增长19.4%，占全市比重9.4%；工业总产值完成420.66亿元，同比增长13.9%。其中，规模工业总产值完成371.7亿元，同比增长9.9%；规模工业增加值完成102.7亿元，同比增长13.1%；社会消费品零售总额完成5亿元，同比增长11.5%，占全市比重0.4%；外贸进出口总额首次超过2亿美元，实现2.2亿美元，同比增长90%以上。其中出口额增幅高达104%，占全市出口总额1/5强。

【产业发展】 吉林开发区现已形成以精细化工、生物、新材料、医药食品、现代服务为主导的产业发展格局，产业集群化、链式化效应明显。一是精细化工产业支撑作用日益突出。形成以苯胺、环氧乙烷为龙头，医药中间体、高分子材料、催化剂等为主的产品体系，骨干企业发展到48户，其中规模企业30户，产品覆盖74大类200余个品种，综合产能超过300万吨，现为东北地区第二大精细化工基地。2014年实现产值186亿元，同比增长11.3%；实缴税金3.7亿元，同比增长50.4%。二是生物产业持续壮大。骨干企业发展到7户，综合产能达到85万吨。“生物乙醇—环氧乙烷—醇醚”产业链不断完善。2014年实现产值78亿元，同比增长11.2%；实缴税金4.9亿元，同比增加15.4%。三是医药食品产业发展迅猛。规模企业发展到17户，食品产业涵盖饮品、酒精、速冻食品等80余个品种，综合产能达到55万吨；医药产业涵盖原料药、医药中间体、中西药制剂等170余个品种。2014年，医药食品产业实现产值45.8亿元，同比增长17.9%；实缴税金0.7亿元，同比增长28.5%。四是新材料产业加速发展。形成了以碳纤维、聚酰亚胺等高性能纤维为主的链式化产业。骨干企业发展到6户，碳纤维原丝产能5000吨、碳化能力660吨，形成了“碳纤维原丝—碳丝—碳纤维制品”国内最完整的产业链；聚酰亚胺综合产能达到1000吨，形成了“聚酰亚胺—树脂—纤维—造纸及复合材料”，2014年实现产值21.7亿元，同比增长15.9%。五是现代服务业发展势头良好。依托区位和产业优势，现代物流、科技研发与服务、金融保险等现代服务业快速起步。吉林省唯一B型保税物流园区——吉林市保税物流中心正式获得国家海关总署等4部委批准建设；总投资10亿元、公路和水路年吞吐225万吨、铁路年吞吐10万标箱的联想集团吉林内陆港动工建设。

【科技创新】 2014年9月17日，吉林北沙制药有限公司获评为国家高新技术企业。中科院应化所与吉林康乃尔化学工业股份有限公司联合开发的“硝基苯高效催化加氢关键技术”、中科院宁波所与吉林高琦聚酰亚胺材料有限公司联合开发的“低成本热塑性聚酰亚胺塑料关键技术”2个项目实现本地成果转化，2014年8月7日争取到吉林市政府与中科院合作专项90万元的资金支持。吉林开发区管委会与6所高校、科研院所签订碳纤维主题产学研合作协议，为碳纤维产业发展构筑了强力技术支撑。吉林碳谷碳纤维有限公司与长安汽车、北京化工大学在开发低成本、轻量化碳纤维汽车零部件项目实现战略合作；吉林省博大生化有限公司与吉林省轻工设计院合作开发6万吨秸秆制酒精等项目得到有效促进。

2014年8月6日，吉林开发区管委会制定出台《吉林经开区孵化器管理制度》。2014年12月，吉林市经开科技有限公司被国家科技部火炬中心认定为国家级科技企业孵化器，当年孵化器投入研发经费420万元。

吉林化纤股份有限公司、吉林北沙制药有限公司、吉林奥克新材料有限公司、吉林鼎基电力设备工程有限公司、吉林省涵泽环保科技有限公司等5家企业获批市级企业技术创新中心；吉林化纤股份有限公司的特种纤维科技创新团队、吉林省涵泽环保科技有限公司的固体废弃物处理技术科技创新团队获批为吉林市第四批科技创新团队。

全年新申请专利25项，新获得专利授权11项，其中：获得发明专利授权5项，实用新型专利授权6项。2012年吉林化纤集团院士工作站获得认定；2013年吉林化纤集团博士后科研工作站获得认定；2014年利用吉林化纤集团院士工作站平台，吉林碳谷碳纤维有限公司、总装备部关于碳纤维在军队装备轻量化应用开发项目加速推进。积极与中科院、吉林大学、北京化工大学等院校沟通，加速推进产学研合作与人才对接，组织企业科研人员参加各类科技培训、辅导、交流活动20次，企业科研能力与水平进一步提升。2014年，吉林经济技术开发区科技局组织企业申报各级科技计划及奖补项目122项，已到位资金2827.95万元，同比增长30%。

【投资促进】 2014年，吉林开发区新批外商及港澳台投资项目1家，项目投资总额0.3亿美元；全区进出口总额21958万美元，同比增长90%；出口总额18053万美元，同比增长104%；进口总额3905万美元，同比增长44.7%。合同外资金额9600万美元，增长6.1%；实际使用外资金额9100万美元，增长5.2%，占吉林市比重为11.54%。新开工3000万元以上招商引资项目44个，总投资51.59亿元，其中5亿元以上项目2个、亿元以上项目22个，主要项目有吉林市福辉食品有限公司投资5亿元的植物饮料项目、吉林市鑫海实业有限公司投资5亿元的物流园区项目、吉林市吉翔新能源有限公司投资1.1亿元的污水综合利项目、吉林市瑞信药业有限公司投资1.15亿元的医药物流园等项目。

【基础设施建设】 2014年，吉林开发区投入2.2余亿元，养老扶困、创业就业、文教卫生、公共服务等77项民生工程全面完成。开发城镇就业岗位2300个，新增就业460人；教育教学成果不断涌现，重点高中升学率同比提高12个百分点；改造棚户区面积14万平方米，550户居民喜迁新居；8.4万平方米“暖房子”工程、2.4万平方米城市D级危房改造提前完成；新建供热管网22公里，新增供热面积100万平方米；环卫机械化程度显著提高，园区净化、绿化、彩化、亮化、硬化覆盖面进一步扩大；散流体运输、农村卫生环境等专项整治成效明显，城乡市容市貌大为改观。

【社会事业】 2014年，吉林开发区坚持“守土有责、守土尽责”，深入学习“枫桥经验”，设立百姓服务热线。强化社会治安综合防控，配齐专业人员，配备监控设施，社会面静态监控、动态防控有效加强，企业和百姓安全感显著增强。建立健全安全生产网格化管理体系，实施“百名干部包保百户企业安全生产”活动，持续开展非煤矿山、油气管道、危化企业等重点行业、重点领域安全隐患排查整治。

【机构设置与管委会领导】 机构设置：2014年1月，吉林经开区管委会内设30个工作部门：党工委办公室（纪检监察室）、管委会办公室、总工会、人事局、财政局、经发局、统计局、经合局（招商办）、金融服务局、投资促进一局、投资促进二局、投资促进三局、投资促进四局、投资促进五局、投资促进六局、投资促进七局、投资促进八局、化工产业规划发展局（内部称投资促进九局）、信访局（维稳办）、投资服务中心、国土资源局、国有资产管理局、安监局（安委办）、环保局、建设局、经济技术开发总公司、城市建设发展公司、市政公用局、城管执法局、科技局；2014 年 2 月 26 日，增设“纪检监察室”部门；2014 年 3 月 22 日，经济技术开发总公司在保持原有机构和职能的基础上，整体并入新区开发指挥部，内设机构仍是 31 个；2014 年 7 月 30 日，成立政策研究室、社会治安综合治理办公室，内设机构 33 个。

管委会下辖 3 个事业单位，投资促进中心、土地收储中心和环卫处。管委会领导班子：2014 年 1—7 月，郑国学任管委会主任，宋杰任党工委书记，刘慧军任管委会副主任、党工委副书记，徐有吉任管委会副主任、党工委委员、纪工委书记。其他管委会副主任、党工委委员有：王立宽、郭树明、葛春艳、赵争涛、战铁功、冷伟。

2014 年 8—12 月，郑国学任管委会主任，宋杰任党工委书记，刘慧军任管委会副主任、党工委副书记，葛春艳任管委会副主任、党工委委员、纪工委书记。其他管委会副主任、党工委委员有：王立宽、郭树明、徐有吉、赵争涛、战铁功、冷伟。

吉林经济技术开发区主要经济综合指标一览表

指标名称		单位	2014 年	2013 年	增减（%）
开发区生产总值		亿元	122.51	110.57	10.8
第二产业		亿元	106.72	95.70	11.5
工业		亿元	102.07	90.25	13.1
第三产业		亿元	14.26	13.19	8.1
工业总产值（现价）		亿元	420.66	369.36	13.9
高新技术企业		亿元	45.06	39.61	13.8
工业（规上）		亿元	371.28	336.62	10.3
工业（规上）		亿元	27.66	23.20	19.2
主导产业	1. 精细化工产业	亿元	186.00	167.10	11.3
	2. 生物产业	亿元	78.00	70.14	11.2
	3. 医药食品产业	亿元	45.80	38.85	17.9
	4. 新材料产业	亿元	21.70	18.73	15.9
财政收入		亿元	12.89	11.46	12.4
税收收入		亿元	11.95	10.94	9.2
财政支出		亿元	5.47	4.61	18.7
进出口总额		亿美元	13.48	7.09	90.1
出口		亿美元	11.08	5.43	103.9
新批企业个数		个	111.00	110.00	0.9
外商及港澳台商投资企业数		个	1.00	1.00	0.0
内资企业		个	111.00	110.00	0.9

续表

指标名称		单位	2014 年	2013 年	增减（%）
新批企业投资额	外商及港澳台企业	亿美元	0.30	0.13	140.0
	内资企业	亿元	50.09	44.42	12.8
	增资企业	亿美元	0.00	0.00	0.0
规模以上企业个数		个	107.00	116.00	-7.8
合同外资金额		亿美元	0.92	0.91	1.7
外商实际投资		亿美元	0.91	0.87	5.2
固定资产投资		亿元	218.21	182.74	19.4
年末全区从业人员		万人	5.14	4.90	5.0
在岗职工平均工资		元	39849.00	32259.00	23.5
水资源消耗总量（规上）		万立方米	15564.49	15395.89	1.1

（吉林经济技术开发区管委会）

宁波石化经济技术开发区

【经济发展】 2014年，宁波石化经济技术开发区（以下简称“宁波石化开发区”）实现工业总产值1901.9亿元，同比增长4.5%，依据统计口径，实现国内生产总值282.4亿元，同比下降7.6%，其中第二产业增加值276.6亿元，同比下降6.6%，第三产业增加值5.8亿元，同比下降39.0%。财政收入9.24亿元，同比增长7.2%，税收收入161.1亿元，同比下降0.7%。企业经营收入1674.2亿元，同比下降4.7%。完成进出口额15.2亿美元，与同期持平，固定资产投资94.4亿元，同比增长31.2%。

【产业发展】 2014年，宁波石化开发区工业投资保持快速增长。区内工业投资达91.9亿元，同比增长31.9%，工业投资连续三年保持高位增长。技改项目推进平稳，全年园区累计备案技改项目27项，总投资6.86亿元，项目达产后，可新增销售收入20亿元，利税4亿元。其中，宁波新福化工科技有限公司年产60万吨硫磺制酸副产蒸汽综合利用、宁波瑞丽洗涤有限公司洗涤能源综合利用系统改造两项技改项目被列入镇海区重点产业技改项目并已竣工验收，恒河新材料科技股份有限公司（原浙江恒河石油化工股份有限公司）15000吨/年三元乙丙橡胶助剂（ENB）及12000m^3碳五仓储项目被列入镇海区重点产业技改项目。

【园区特色】 2014年，宁波石化开发区创新安全生产监管模式。以企业出资、政府补贴的方式，由第三方技术服务机构为园区66家危化生产、使用、储存、经营企业提供危险作业现场确认、日常巡查、安全培训、风险辨识、应急体系建设等一系列技术服务，重点针对动火、受限空间等七大危险性作业进行现场服务。截至2014年底，已累计巡检705家次企业，检查问题904项，累计提供安全技术服务287次，安全技术服务覆盖53家次企业，危化企业的特殊作业全面受控，浙江省将试点推广这一模式。引入HSE第三方安全监管机构，通过加强园区建筑工程的施工现场安全生产专项检查和日常安全巡查，对各方责任主体的有关违法、违规行为进行调查取证和核实，切实有效加强了园区建筑工程的安全监管工作。至2014年底，园区37个建设工程项目实现全覆盖安全监管，消除现场各类安全隐患1250多处。

【科技创新】 2014年，宁波石化开发区专利授权合计187项，其中发明专利授权31项。全年园区规上企业科技活动经费支出4.6亿元，同比增长39%；R&D投入3亿元，同比增长14.5%；实现新产品产值40.2亿元，高新技术企业产值87.0亿元，占实控区域规上工业总产值的30%。实施“人才特区”战略，新增各类人才2.3万人。创新投入和人才队伍建设不断加大。建立“招才引智、栓心留人”新举措，通过以才引才、高校设联络点、校园对接合作等途径，全年新引进大专以上人才200人，其中副高以上5人，博士1人。

【投资促进】 2014年，宁波石化开发区“浙洽会”期间签署了总投资为3600万美元的表面化学品项目投资协议；基本完成了总投资4500万欧元的阿克苏诺贝尔5万吨/年架桥剂（DCP）项目，将增资1500万欧元。同时，开展了巨化科技、金海德旗、江宁化工等后续项目前期推进工作，积极推进落户企业的产业升级和做大做强。

【生态环保】 2014年，宁波石化开发区成功入选2014年国家园区循环化改造示范试点名单，并获得3亿元专项资金支持，计划投资近80亿元，实施园区内污染集中防治设施建设及升级改造、副产物综合利用、污染物零排放、资源共享设施建设、能量阶梯利用、产业链延伸、关键链接等七大类共22个项目，着力构建"四链、双环、一优化"的园区循环化改造总体框架，相继出台了《宁波石化经济技术开发区循环化改造示范试点实施细则》、《宁波石化经济技术开发区循环化改造示范试点专项资金管理细则》以及《宁波石化经济技术开发区循环化改造示范试点实施办法》。园区内55家企业开展了LDAR技术，25家企业试点OGI红外成像技术，13家企业"第四批百日环保行动"的14个项目全部整改完成。成功承办了浙江省重污染高耗能行业整治提升工作现场推进会，全过程有机废气治理做法和经验被浙江省环保厅列为典型，在浙江省予以推广。

【信息化建设】 2014年，宁波石化开发区深入推进两化融合，努力建设"智慧园区"工程，运用互联网、云计算、多媒体等现代信息技术，在信息化建设方面构建统一的组织管理协调架构、业务管理平台和对外服务平台，运用应急指挥平台、数据中心、综合应用系统、门户系统等提供园区服务和园区管理服务。2013年，"智慧园区"规划方案通过专家评审会；2014年9月，开发区着手开发电子政务门户网站和电子政务OA办公系统，建成集手机APP一身的无纸化办公系统；启动检维修项目电脑端及手机APP端网上报告登记系统。"智慧园区"工程以应用为核心、以创新为驱动、以发展为目标，应用系统涵盖政务联动、应急指挥、感知园区、公共服务四大板块，将重点打造电子政务门户、招商引资管理、工程项目管理等十大系统，构建数字园区管理、智能交通、智能一卡通等感知项目，搭建集电子商务、企业服务、企业信息化、人才服务为一体的公共服务平台。

【基础设施建设】 宁波石化开发区总体规划修编于2014年底获宁波市政府批复。2014年，编制完成了《园区生态绿化景观规划》，全年累计完成绿化面积约13万平方米。13个"五水共治"重点工程项目完成投资8200万元，其中蛟川片区公共污水管网改造工程和海祥路动力中心污水支管工程已竣工验收，碧海水厂扩建工程、华清环保污泥干化等公用配套工程顺利推进；全面梳理河道管线档案资料，投入500万元用于开展河道生态治污工程，实现河道保洁全覆盖。舟山连岛大桥、澥浦大河等绿化景观工程已相继开工建设；按照"边整治、边创建，借创建、促整治"的工作思路，通过"无违建"园区创建验收。

【机构设置与管委会领导】 宁波石化开发区管委会下设：管委会（党工委）办公室、投资合作局、经济发展局（统计局）、安全生产监督管理局、建设管理局（规划分局）、财政办公室、审计局（市监察局监察室）、行政服务中心、社会事务管理中心。

管委会领导：党工委书记薛维海，管委会主任魏祖民，党工委副书记、管委会常务副主任胡祖友，党工委委员、管委会副主任周少华，党工委委员、纪工委书记吴存康，党工委委员、管委会副主任方安兴、郑玉芳、席伟达，党工委委员施宇峰。

（宁波石化经济技术开发区管委会）

宁国经济技术开发区

【概况】 宁国经济技术开发区（以下简称“宁国开发区”）2000年12月经安徽省人民政府批准成立，2013年3月2日，经国务院批准，升级为国家级经济技术开发区。经过十余年发展，宁国开发区已形成“一区三园一拓展”发展格局，建成区面积达18平方公里，截至2014年底，园区注册企业1405家。其中，工业企业727家，规模以上工业企业197家，亿元企业56家，高新技术企业57家。先后被评为安徽省投资环境十佳园区、全国十大诚信开发区、安徽省新型工业化产业示范基地、安徽省创新型园区、省知识产权示范培育园区等，已通过ISO9001质量管理体系认证和ISO14000环境管理体系认证，综合经济实力连续多年位居安徽省开发区前列。

【经济发展】 2014年，宁国开发区完成工业总产值389.1亿元，同比增长15.3%；工业增加值99.2亿元，同比增长15.1%；第三产业增加值24.3亿元，同比增长15.1%；财政收入17.5亿元，同比增长15.1%；税收收入15.6亿元，同比增长15.1%；全区经营收入429.3亿元，同比增长15.9%；进出口额6.17亿美元，同比增长3.7%；固定资产投资115.4亿元，同比增长27.5%；实际利用外资1.69亿美元，同比增长16.5%；实际利用内资72.1亿元，同比增长23.7%。

【产业发展】 2014年，宁国开发区汽车零部件、耐磨铸件、电子元器件等主导产业规模以上工业产值218.5亿元，同比增长12%，占全区规模以上工业产值的59.1%。其中，汽车零部件产业在中鼎、保隆等龙头企业的带动下，保持稳健增长态势，全年实现规模以上工业产值148.2亿元。龙头企业中鼎集团实现产值123.7亿元，实现销售收入102.5亿元，成为宣城市首家百亿级企业。

【科技创新】 2014年，宁国开发区持续推进“百企升级”行动，园区企业不断加大科技创新投入，转型升级成效明显，被评为安徽省首批知识产权示范培育园区。全年新增高新技术企业9家，总数达57家；新增中鼎减震、宁沪钢球、开源耐磨3家省创新型试点企业，总数达11家；新增新马耐磨、宁沪钢球2家省级企业技术中心，总数达18家；新增裕华、莱恩2家两化融合示范企业，总数达8家。新增授权专利753件，总数达3122件（其中新增有效发明专利45件，总数达184件）；新增高新技术产品63件，总数达313件；新增国家火炬计划项目6项，总数达22项；国家星火计划项目9项，总数达20项；新增安徽省名牌产品4件，总数达39件；新增安徽省著名商标10件，总数达35件；中国驰名商标共计6件。

【投资促进】 2014年，宁国开发区完成签约项目20个（其中亿元项目5个），新开工项目43个（其中亿元以上项目12个），新投产项目33个（其中亿元以上项目11个）；新批内资企业215家，同比增长37.2%。琅辉汽车零部件、温岭开拓工具等项目成功签约，德特威勒、天成电气扩建、亚新科工业园等项目开工建设，龙驰创业园、欧凯密封件扩建等项目顺利投产。

【人才建设】 2014年，宁国开发区大力推进人才强区战略，出台了《宁国经济技术开发区中长期人才发展规划纲要》，在人才引进、培育、安置等多方面采取了一系列行之有效的工作措施。为吸引优秀人才到区内就业，制订了《关于建立宁国经济技术开发区大学生见习实训基地的实施方案》，先后与西安电子科技大学、南京林业大学、合肥工业大学、安徽大学等11所高校合作建立大学生实践教育基地。同时，加强企业中高层管理人才队伍建设，开设"浙江大学·宁国经济技术开发区创新升级与人才强区高级研修班"，首期班已结业，二期已开班授课。此外，2014年，先后举办了统计业务知识培训会、电子化办公应用培训会等一系列培训活动。

【基础设施建设】 2014年，宁国开发区新建续建道路15条，其中宁城南路建成通车，兴宁路完成路基建设，曹坊路、桥西路、富宁北路延伸、中盛路等道路基本建成，完成了凤形110KV线路、华达耐磨35KV线路等5条重点电力配网建设，启动了电子信息产业园10KV电源、亚新科10KV专线等重点电力工程建设。开发区农贸市场、南山公园、龙潭公园、松岭人才社区、汪溪水厂、众益工业广场已建成并投入使用；电子信息产业园15栋标准化厂房主体已建成。南山园区分散式污水处理站完成选址、设计等前期工作。

【机构设置与管委会领导】 宁国市委、市政府设立了开发区党工委和开发区管委会（副县级），对开发区进行统一领导和管理，在人事安排和机构设置上高标准配备，在开发区内部实行封闭式运行体制。2011年7月，宁国市委、市政府出台了《关于推进宁国经济技术开发区管理体制和相关制度改革的意见》（宁发［2011］34号），明确了开发区"一区三园一拓展"的管理体制和运行机制，内设机构进一步完善，共设立六个正科级机构（即党政办公室、财政局、建设局、经济发展局、社会事业局、投资服务中心）和三个副科级机构（即房屋征收管理办公室、武装部、总工会），各园区分别设立园区办公室。

管委会主任张永强，党工委书记、管委会副主任王炳根，管委会副主任俞丽俊，管委会副主任、宁国市项目服务中心主任奚修维，纪工委书记余小平，管委会副主任周文革、梅长顺，管委会副主任、宁国市招商局局长汪伟平。

宁国经济技术开发区主要经济综合指标一览表

指　　标	代码	单位	2014年	2013年	增幅（%）
一、工业增加值	1	万元	992235	862072	15.10
其中：规模以上工业增加值	2	万元	940346	817577	15.02
其中：高新技术企业	3	万元	663646	542863	22.25
二、工业总产值（当年价格）	4	万元	3891110	3376159	15.25
其中：规模以上工业企业	5	万元	3698765	3209717	15.24
其中：高新技术企业	6	万元	2471608	2009818	22.98
三、进出口总额	7	万美元	61670	59447	3.74
四、税收总额	10	万元	156459	135918	15.11
五、财政收入	11	万元	175409	152348	15.14
其中：土地收入	12	万元	18950	16430	15.34
六、固定资产投资总额	13	万元	1153547	905046	27.46
其中：基础设施投资	14	万元	109143	85079	28.28
七、实际利用外资金额	15	万美元	16891	14502	16.48
八、实际利用内资金额	16	万元	720588	582520	23.70

（宁国经济技术开发区管委会）

钦州港经济技术开发区

【区情概况】 2014年，钦州港经济技术开发区（以下简称“钦州港开发区”）以建设“区域性国际航运枢纽、中国东盟产业合作枢纽、市场交易枢纽”三大枢纽为发展战略，积极推进石化、装备制造、能源、粮油、浆纸、现代物流等临港工业产业发展，着力打造中国石油化工（钦州）产业园、综合物流加工园（即装备制造产业园）两大千亿元产业园区。同时，钦州港区行政区域内有钦州保税港区和中马钦州产业园两个国家级园区平台。2014年，开发区被授予“广西招商引资工作先进开发区”、“自治区招商引资项目大兑现工作示范园区”等荣誉称号。

【经济发展】 2014年，钦州开发区实现规模以上工业产值633.6亿元，与2013年基本持平；固定资产投资72.7亿元，同比下降39%；财政收入79.3亿元，与2013年基本持平；外贸进出口45亿美元，同比增长53.6%。港口吞吐量6413万吨，同比增长6%。

【产业发展】 一是石化产业。2014年，钦州石化园区全年实现规模以上工业产值483.88亿元，上缴税收70.5亿元，累计到位资金77.06亿元，完成固定资产投资47.21亿元。项目建设方面，2014年，石化园区实现中石油广西石化含硫油加工配套工程、澄星磷化工一期工程及恒源石化仓储一期工程3个项目建成投产；泓达针状焦一期工程、志诚磷化工、澄星余热发电装置、蓝岛工业固废综合利用、中亚石化一期润滑油、泰兴石化、中电投临时供热工程供热管网等一批项目基本完工；海建石化等一批项目正式开工建设。二是能源产业。2014年，国投钦州电厂发电量累计达49.63亿千瓦时，实现产值18.66亿元；广西新天德能源有限公司生产酒精5.71万吨，实现产值5.37亿元。项目建设方面，2014年，广西新天德能源有限公司（山东泓达），国投钦州电厂二期、国投交通能源公司的煤炭码头及中电投热电项目加快建设。山东泓达20万吨/年超临界萃取油浆综合利用项目完成投资3.3亿元，国投钦州电厂二期累计完成投资14.2亿元（累计完成投资21.8亿元），国投钦州电厂技改项目完成投资1.36亿元，国投交通钦州港煤炭码头完成投资4.46亿元，中电投临时供热工程完成投资1.92亿元。三是粮油加工产业。2014年，粮油加工产业园实际完成加工大豆137.5万吨，加工菜籽27.9万吨，实现产值72.29亿元。四是造纸产业。2014年，广西金桂30万吨化机浆生产线生产纸浆43.18万吨，生产白卡纸68.36万吨，实现产值41.21亿元。五是现代物流产业。钦州港综合物流加工区规划总面积18.13平方公里，重点规划布局汽车整车及零部件生产、修造船、重型机械装配、现代物流、商品现货及期货交易等产业。

【园区特色】 2014年，钦州港开发区外贸进出口完成45亿美元，同比增长53.6%，创历史最高水平。至2014年，开发区累计引进100多个项目，合同投资总额1000多亿元。新加坡、印度尼西亚等东盟各国以及美国、英国、荷兰等国家和香港、台湾地区的客商在开发区投资项目20多个，合同总投资30多亿美元。

【招商引资】 2014年，钦州港开发区推动了上海华谊煤化工、北部湾天然气发动机、东南纸业等一批项目落户园区。内资项目到位资金95.36亿元，外资项目到位资金1.69亿美元。

【科技创新】 2014年8月30日，总投资68亿元的中国石油广西石化该公司含硫原油加工配套工程全面建成投产，标志着今后广西石化可以加工高硫原油，生产的汽油全部达到国Ⅳ标准、柴油全部达到国Ⅴ标准，每年可向市场投放120万吨航空煤油；中粮集团在广西北部湾经济区投资建设的第一个全资油脂加工项目，总投资30亿元，与中粮食品营销有限公司合作开发了福临门压榨浓香菜籽油，荣获2014年度产品创新奖。2014年10月22日，公司入选“中国粮食行业协会放心粮油示范企业”，成为第五批放心粮油示范加工企业之一；12月1日，公司被中国粮食行业协会评选为全国放心粮油进农村进社区示范工程第五批示范企业，同时被评为粮油行业第四批信用评价试点AAA级企业；国家重点电力建设工程国投钦州燃煤电厂项目，其一期工程建设两台60万千瓦超临界燃煤发电机组，总投资47.17亿元，是国投集团建设的第一个超临界电源项目，项目将等离子点火技术与大型的双进双出钢球磨煤机及超临界锅炉前后墙对冲燃烧方式三者有机结合，填补国内一项节能技术结合应用空白。2014年，国投钦州电厂科技创新和信息化建设取得五项实用新型国家专利。ERP系统建设荣获“2014中国电力信息化推进示范单位”、“2014年电力行业信息化优秀成果奖”。实施管控体系“七化整合”、能源体系认证、清洁生产审核，成为广西地区首家通过国家能源管理体系认证、广西清洁生产审核的发电企业。

【生态环保】 2014年，钦州港开发区严格建设项目环评审批关，提高审批质量，较好完成环保项目审批工作，全年共审批建设项目51个，总投资434271.18万元，其中环保投资13424.05万元，项目均按承诺的时限完成审批工作；完成9个项目的竣工验收工作；同意企业试生产6个；为企业换发排污许可证24份。按照钦州市主要污染物减排工作的布署，2014年钦州港开发区主要污染物减排项目共有钦州港工业污水集中处理厂、广西金桂浆纸业有限公司、国投钦州发电有限公司、广西金桂浆纸有限公司、国投钦州发电有限公司和钦州港工业污水集中处理厂6个单位。

【土地利用】 2014年，钦州港开发区共完成签订征地补偿协议2543亩，房屋丈量137户面积62285平方米，搬迁11户3200平方米，清场交地约3000亩，支付征地土地补偿费9644万元，推动了嘉华钛白粉、新城区回建房用地、中马项目、东港区高压走廊、玉柴二期、中缅天然气管道、中石油输油管道扩建等27个项目建设。

【人才建设】 2014年，钦州港开发区推进干部选拔任用工作规范化，选拔任用了3名科级干部，均经过动议、推荐、考察、表决等新《条例》规定的各个环节，并实现工委会表决票决制，提高了开发区选人用人公信度。制订了《2013—2017年钦州港经济技术开发区干部教育培训规划》和《钦州港经济技术开发区2014年干部教育培训工作计划》，开展各种培训活动192班次，教育培训党员干部3800人次。实行开发区领导联系优秀人才制度，安排人才工作专项经费100万元，切实加强人才队伍建设。认真研究制订《钦州港经济技术开发区人事管理体制改革方案》，积极向上争取，努力推动建立灵活高效的人事管理体制和科学合理的激励分配制度，着力打造更具吸引力的人才环境。

【基础设施建设】 2014年，钦州港区石化园区进一步加大基础设施建设投入，着力增强园区配套服务能力，基础设施配套逐步完善。其中，金鼓江作业区12#、13#泊位吹填工作顺利完成；石化产业园配套污水管网、勒沟内河倒虹吸管、临时供热工程及供热管网工程等项目基本建成；工业管廊一期工程勒沟东大街段实现竣工验收并投入使用；中电投一期工程（1×350MW超临界热电机组和2×50MW抽汽背压式供热机组）环境影响评价工作步入实质性阶段。抓住建设“21世纪海上丝绸之路”和打造中国—东盟合作升级版的机遇，开工建设鹰岭作业区3#、4#泊位等项目，建成永鑫10万吨级散杂货码头、大榄坪南作业区北1#—3#泊位等，港口吞吐能力突破1亿吨，吞吐量完成6413万吨，增长6.2%；加密至香港定期航班，成功开通首条至东盟直航航线；保税港区体制改革获得重大突破，保税港区即将委托钦州管理，二三期通过验收，全面封关运营，获准开展小批量汽车进口，成为进境粮食指定口岸。

【社会事业】 2014年，钦州港开发区有效抗击2014年两次台风袭击。面对7月19日超强台风“威马逊”和9月16日“海鸥”台风的袭击，开发区有效组织抢险救灾工作，全力推进灾后重建，及时恢复企业生产经营和群众生产生活，成功保障了从北海、防城港转移到钦州港避险的450多艘渔船的安全，确保了港区中学2300多名受灾学生秋季学期如期开学，帮助广西石化、澄星、大洋、中粮、国投电厂等企业及时恢复生产。加快民生工程建设。新城区农民回建房一期工程首期启动部分的80000平方米共8幢17层公寓式安置房已完成主体和室内外装修工程，可安排入住。农民回建房二期项目首期启动部分共313套宅基地回建房，完成基础施工232套。适价团购富港新城商品房、公租房建设等各项工作正在顺利推进。大力提升社会保障水平。深入推行居民最低生活保障和失地失海群众生活困难补助制度，实行搬迁群众住房租金、临时过渡补助和水电费补贴政策，努力确保困难群众生活不因失地失海失去保障。共补助4301户6684人，2014年共发放低保金1142.84万元，发放生活困难补助444.53万元。

【机构设置与管委会领导】 钦州港开发区工委下设工委办公室、纪律检查工作委员会、工委组织部、社会治安综合治理委员会办公室4个部门；开发区管委下设：管委办公室（与工委办公室合署办公）、人力资源和社会保障局（与工委组织部合署办公）、经济发展局（挂招商局牌子）、社会工作局（挂计划生育局、民政局、人民武装部、教育局、残疾人工作办公室、搬迁安置办公室、扶贫开发领导小组办公室牌子）、建设规划办公室、安全生产监督管理局6个工作部门。钦州市还设有钦州港经济技术开发区（市）石化产业办公室，由开发区管委管理。此外，开发区还按有关规定设置工会、共青团、妇联等群团组织。钦州港开发区管委会工委书记、管委会主任张建国。

（钦州港经济技术开发区管委会）

岳阳经济技术开发区

【区情概况】 岳阳经济技术开发区（以下简称“岳阳开发区”）紧邻湖南唯一国家一类口岸城陵矶港，沿长江黄金水道通江达海，京港澳、杭瑞、随岳高速公路出入口和武广高铁岳阳东站、岳阳三荷机场均在区内，交通便捷，潜力无限。建区20年多来，先后拥有国家级高新技术创业服务中心、国家新材料成果转化产业化基地、湖南省承接产业转移示范园区、湖南省两化融合试验园区、湖南省首批知识产权保护示范园区等众多产业发展的优质平台。2014年，岳阳开发区完成或协助完成了岳阳火车站、11万伏输变电站、两个5000吨级外贸码头、岳阳大道、文化艺术会展中心、武广高铁岳阳新站、随岳高速等国家、省、市重点工程建设，修建了金鄂路、站前路、巴陵东路、通海路、白石岭路、青年东路、八字门路、王家畈路、京港澳连接线（拓改）等主干道路15条，新建了白石岭综合工业园、康王高科技工业园、监申桥工业园、木里港工业园四个工业园以及岳阳火车站商贸区、岳阳大道综合配套区，以年均近1平方公里的推进速度完成岳阳中心城区17.6%面积的开发建设任务，核心规划区面积发展至53平方公里，其中已建成区面积近15平方公里。

【经济发展】 2014年，岳阳开发区实现地方生产总值208.23亿元，增长8.8%；实现第二产业增加值172.86亿元，增长7.8%；完成固定资产投资139.33亿元，增长24.5%；实现社会消费品零售总额99.97亿元，增长12%；完成公共财政预算收入24.4亿元，增长13.2%。税收收入占公共财政预算收入比重76.2%，同比提高2个百分点。巴陵节能炉窑成为岳阳在“新三板”挂牌上市的第一股。南翔万商、雷勃电气、道道全粮油、湖南科伦、百利科技、华润燃气、中科电气等80家重点企业完成税收15亿元，增长23%。三次产业结构比调整为2.1∶83∶14.9，经济质量和效益稳步提升。

【产业发展】 岳阳开发区逐步形成以造纸装备、电磁装备、石化装备、节能环保装备等为特色的先进制造产业，以生物制药、化学制药、医用材料等为主导的生物医药产业，以南翔万商国际商贸物流城、中南物流园、太阳桥现代物流园为主体的现代物流产业。2014全年实现工业总产值691.5亿元，增长5.2%；其中规模以上工业总产值532.17亿元，增长5.5%。完成工业增加值172.86亿元，增长7.8%；其中规模以上工业增加值131.96亿元，增长8%。完成主导产业工业总产值416.2亿元，增长3.9%，占全区规模以上工业总产值的比重78.2%；主导产业主营业务收入405.62亿元，对工业增长贡献率达89%。现代服务业加速发展，洞庭湖国际电子商务新城启动建设，电商服务中心投入运营，20多家电商企业和电商服务企业率先入驻，鑫隆信息在上海股权托管交易中心Q版挂牌上市，电商产业发展强势开篇。第三产业实现增加值30.9亿元，增长11.9%；新增个体工商户1946户，房地产税收增长46%。

【科技创新】 2014年，岳阳开发区组织国创军信六九零六、新华达制药、岳磁高新、巴陵炉窑、桑乐数字化太阳能等10家企业顺利通过省级高新技术企业认定，高新技术企业38家。全区R&D（研发）经费支出10.8亿元，R&D（研发）经费支出占比5.33%，全年实现高新技术产业产值360亿元，高新技术产业增加值95.97亿元，高新技术产业增加值占GDP比重达49.23%。全年授权专利119件，授权专利达862件，中科电气获省专利一等奖，昌德化工、鸿升电磁获省科技发明二等奖。国家磁力设备质量监督检验中心建成运营，北斗卫星导航系统应用工程技术研究中心获批省级研发中心，国家、省、市产学研中心或工程技术中心达29家。

【投资促进】 2014年，岳阳开发区招商引资实际到位内资45.1亿元，实际利用外资8000万美元，红星美凯龙城市综合体、浮空器研发中心和制造基地项目确定落户，汇一汽配城、中南商贸广场、百利科技总部等一批重大项目签约入区。岳望高速、大岳高速全线按期交地。京港澳高速岳阳收费站西移工程、金凤桥变电站、罗家坡污水处理厂二期等重点工程加快推进。南翔万商国际商贸城一期主体工程基本竣工，家居博览城开始施工。长炼机电园、科美达电气二期、华文食品建成投产。迅力机电市场、鱼蛋白肽即将竣工。同联药业建设加快。

【生态环保】 2014年，岳阳开发区主要污染物COD排放量3809.2吨，氨氮排放量409.1吨，二氧化硫排放量646吨，氮氧化物220吨，四项污染物排放量提前完成“十二五”规划总量控制指标。环保实事项目顺利推进，环南湖截污管网工程、罗家坡污水处理厂、市二医院医疗废水治理项目加快建设。坚决防止“两高一资”项目入园，减少污染源头，完成建设项目环评审批16个，完成“三同时”验收项目9个。加强企业整治，整治企业污染源56处，消除环境污染隐患30多处，查处环境违法企业4家，关停小砖厂、小化工，产能落后企业“退二进三”步伐加快。引导企业优化节能减排设施，湖南华文食品有限公司自建污水治理设施将有效降低污染物排放量。不断改善生态环境，新增造林2700余亩，劝退环南湖养殖户126户，关停了沿岸餐饮业5家，拒批畜禽养殖类项目5个，全区农村环境综合整治纳入全省覆盖范畴，农村环境得到明显改善。

【民生保障】 2014年，岳阳开发区启动建设安置小区14个，建成安置房1498套；新建棚改房282套，建成公租房245套。新增城镇就业2785人，新增转移农村劳动力804人，零就业家庭动态援助率100%。“五大保险”继续扩面提标，城乡居民养老保险征缴率和发放率达到两个100%，城乡低保人均月保障标准分别达400元和200元。新农合平均受益度达69.36%。人口生育水平稳定，出生性别比进一步优化，人口计生工作进入全市先进行列。中小学校标准化建设三年行动计划稳步实施，新增省级合格学校5所、公办幼儿园2所，师德师能建设明显增强，教育教学质量不断提升。机关、基层群众性文化体育活动活跃，西塘镇喜获岳阳“书画之乡”、“楹联之乡”称号。城乡居民可支配收入分别达到25528元和13940元，增长9%和11.4%。

【机构设置与管委会领导】 2014年，岳阳开发区党工委、管委会下设直机关职能局室23个，局属二级事业单位24个，直属总公司3个，土地储备中心1个（属于双重管理机构），管辖乡镇3个，管理处2个，市直派驻机构12个。党工委、管委会领导（职务）（以2014年12月在职为准）：党工委书记王小中，党工委副书记刘光明，党工委委员、管委会副主任文春方、罗同乐、黄小年、严若鹏，党工委委员、纪工委书记胥棉桃，党工委委员、管委会副主任谭国良。

（岳阳经济技术开发区管委会）

嘉兴经济技术开发区

【经济发展】 2014年，嘉兴经济技术开发区（以下简称“嘉兴开发区”）完成生产总值150.01亿元，同比增长7.6%；固定资产投资完成180.43亿元，同比增长17.1%；合同利用外资完成4.54亿美元，同比增长13.3%；实到外资完成3.29亿美元，同比增长10.9%；财政总收入完成41.1亿元，同比增长25.3%，其中区级公共预算收入15.61亿元，同比增长29.9%，两项指标增速均列嘉兴市首位。节能降耗完成市下达的目标任务。

【产业发展】 2014年，嘉兴开发区共有总投资185.5亿元的8个项目列入省411工程，其中产业项目7个，总投资130.5亿元，基础设施项目1个，总投资55亿元。8个项目中有4个项目同时列入省重大产业项目，分别为东方日立锅炉年产15台高效环保节能锅炉增资项目、嘉兴海拉灯具有限公司年产120万套汽车灯具项目、乐高玩具制造（嘉兴）有限公司一期项目和阿里巴巴集团传云（嘉兴）物联网技术有限公司（华东）物流中心一期项目，4个项目均已开工建设。2014年，嘉兴开发区第三产业投资增长33.3%，占全部固定资产投资比重达到86.4%，其中生产性服务业投资占第三产业投资比重达到23.4%，比上年提高4.7个百分点；民间投资占全社会投资比重达到42.3%，比上年提高10.2个百分点。公建配套项目上，2014年政府投资项目完成34.36亿元，增长10.5%，全力推动下穿铁路通道建设，共规划建设7条铁路下穿通道（其中已建成或在建5条），包括下穿沪昆线通道4条，下穿高铁线通道3条，总投资8.4亿元。

【改革创新】 2014年，嘉兴开发区大力推进纺织服装、机械加工、基础元器件制造等传统产业的提升发展，积极推进“机器换人”行动计划，全年实施“机器换人”项目76项，占全区工业投资总额的41.1%；加大对“低小散”企业的淘汰和转移力度，加快“退二优二”、“退二进三”步伐，截至2014年底，共腾退低效用地2974亩。全区高新技术产业增加值、战略性新兴产业增加值分别占规上工业增加值的23.1%和28.5%，规上工业增加值率达23.68%，为全市最高。全区服务业增加值占GDP的比重2014年达到43.7%，高于全市平均约2个百分点；同时，服务业内部结构不断优化，全年生产性服务业投资以超过50%的速度增长，占社会三产投资的比重超过30%。

【制度建设】 2014年，嘉兴开发区实行大部制改革。在原有机构设置、人员编制基础上，先后成立招商引资工作部、党群人事工作部和国际商务区开发建设工作部，并在实践中完善提高；创新工作推进机制。在项目推进上，将220个重点项目分为4个功能片区，分别成立由委领导任组长的工作组，采用“分片包干、集团作战”的方式，形成“任务到片区、责任到部门、推进到项目”的工作机制；深化审批制度改革，全面推行“两集中，两到位”的行政审批制度改革，实施以“联审制、模拟制、代办制”为核心内容的三制联动机制，审批事项实际时限比法定时限平均提速90%以上。

【项目建设】 2014年，嘉兴开发区从项目立项、规划报批，到工商、税务、土地、环保等相关手续办理“一条龙”，实行全程代办制，确保了入驻项目的快速推进，提升了企业的满意度。2014年在大项目、好项目引进上实现重大突破，成功引进荷兰皇家飞利浦、美国荷美尔、香港协鑫集团浙江省区域总部及天然气分布式能源示范项目等重大项目，这3家企业总投资约20亿美元。重点打造40平方公里现代服务业、6.47平方公里先进制造业和3.23平方公里2.5产业同步发展新平台。2010—2014年，累计投入基础设施建设资金150多亿元，区内嘉兴国际商务区、嘉兴先进制造业产业基地以及嘉兴智慧产业创新园等产业平台已经成形。截至2014年底，国际商务区共安排政府投资项目150多个，完成投资105亿元，基础设施日益完善、功能配套日益完备，并引进总投资超过400亿元的重大项目18个，其中阿里巴巴嘉兴项目及北大青鸟两个项目投资接近200亿元。总投资10亿美元的丹麦乐高智力玩具等项目有序推进，飞利浦项目开工建设；智慧产业创新园总建筑面积22万平方米的一期工程全面建成运行，总建筑面积31万平方米的二期工程正在抓紧建设，已成功引进中航天、甲骨文、北斗等40多家企业。

【社会事业】 2014年，嘉兴开发区投入1.03亿元高标准推进5A级社区居家养老服务中心建设，做到社区全覆盖，形成“一刻钟社区养老服务圈”，居家养老模式和服务标准得到浙江省民政厅的肯定与推广，并被浙江省质监局列为2014年第二批省级标准化试点项目。从2014年开始为全区60岁（含）以上老人每人购买一份意外伤害保险，费用由政府“买单”。大力引进优质教育资源，探索合作办学新模式，有效提升杭师大经开附小合作办学质量，成功引进北大附属嘉兴实验学校，计划于2015年3月开工，2016年9月开学。以基层法治、德治、自治“三治”建设为依托，不断加强基层基础建设。

嘉兴经济技术开发区主要经济综合指标一览表

项目		单位	2014年	2013年	增减（%）
开发区生产总值		亿元	150.01	140.91	6.46
第二产业		亿元	84.32	79.96	5.45
工业		亿元	71.47	68.13	4.90
第三产业		亿元	65.62	60.81	7.91
工业总产值（现价）（规模以上）		亿元	338.43	313.22	8.05
高新技术企业		亿元	60.01	50.22	19.49
工业（规模以上）		亿元	335.59	312.33	7.45
工业（规模以上）		亿元	37.04	35.09	5.56
区内主导产业及产值（规模以上）					
主导产业	1. 汽配产业	亿元	84.70	82.92	2.15
	2. 化纤纺织	亿元	71.24	64.79	9.96
	3. 精密机械	亿元	60.94	58.22	4.67
	4. 电子信息	亿元	39.59	38.52	2.78
	5. 食品加工	亿元	31.71	20.60	53.93
进出口总额（海关数据）		亿美元	31.40	29.78	5.44

续表

项目	单位	2014 年	2013 年	增减（%）
出口	亿美元	21.45	20.43	4.99
合同外资金额	亿美元	4.54	4.00	13.50
外商实际投资（实到外资）	亿美元	3.29	2.97	10.77
固定资产投资	亿元	180.43	154.03	17.14
规模以上企业个数（四上单位）	个	470	465	1.08
工业	个	176	162	8.64

（嘉兴经济技术开发区管委会）

衢州经济技术开发区

【经济发展】 2014 年，衢州经济技术开发区（以下简称“衢州开发区”）实现地区生产总值 268.5 亿元，按可比价格计算，比上年增长 6.0%，占衢州市年度生产总值的 24%。其中，第二产业增加值完成 195.7 亿元，同比增长 6.5%，第三产业增加值完成 70.8 亿元，同比增长 3.4%，第二、第三产业比例为 72.9∶26.4，全员劳动生产率 29.38 万元/人，可比增长 6.8%。财政收入继续保持快速增长，2014 年财政收入 47 亿元，同比增长 7.8%，税收收入 41.84 亿元，同比增长 8.6%，财政支出 37.92 亿元。

【产业发展】 2014 年，衢州开发区实现工业增加值 192.66 亿元，同比增长 6.5%，其中，规模以上工业增加值 180.92 亿元，可比口径增长 7%。全年工业总产值 820 亿元，同比增长 7.8%，其中规模以上工业总产值 793.7 亿元。在规模以上工业中，外商及港澳台投资工业总产值 79.2 亿元，同比增长 7.26%，内资工业总产值 714.51 亿元，同比增长 8.0%。产业结构进一步优化升级。规模以上工业中，氟硅新材料、装备制造、金属制品等 3 大产业完成工业总产值 494.23 亿元，占开发区规模以上工业总产值的 62.27%，工业增长的贡献率达 55%。其中核心区 3 大主导产业完成工业总产值 336.7 亿元，同比增长 3.7%，占开发区规模以上工业总产值的 87.2%；氟硅钴新材料产值 103.3 亿元，同比增长 14.9%。

【园区特色】 国家级经济技术开发区考评受表彰（浙商务开发〔2014〕68 号）。2013 年度浙江省国家级开发区争先进位考核中，衢州开发区成为省政府表彰的五个先进之一，在全省 21 个国家级开发区考评中名列前茅；国家新型工业化示范基地创建成功。工业和信息化部公示了第五批国家新型工业化产业示范基地名单，共有 36 个示范基地上榜，氟硅新材料·浙江衢州高新技术产业园区名列其中，使衢州国家新型工业化产业示范基地实现了零突破；2014 浙商开发区（园区）高峰论坛衢州开发区荣膺浙江省 15 家“四换三名”示范开发区之一。深化实施“四换三名”工程，开发区内企业共实施腾笼换鸟 38 项，固定资产投资 21.3 亿元，置换低效用地 890 亩；机器换人 23 项，固定资产总投资达 30.3 亿元；全员劳动生产率提升 20% 左右，企业减少用工 30% 以上；通过空间换地新增厂房 5 万平方米；电子商务交易额达 50 多亿元，并拥有众多的名品、名企与名企业家。

【投资促进】 2014 年，衢州开发区核心区共新引进项目 64 个，项目投资总额 150.78 亿元，其中工业项目 54 个，投资额 131.51 亿元，服务业项目 10 个，协议引资额 19.27 亿元。投资额 20 亿元以上项目 1 个，10 亿元以上项目 4 个，亿元以上项目 43 个；新批外商投资项目 2 个，项目投资总额 7022 万美元、合同外资金额 2403 万美元，实际使用外资金额 4129 万美元，同比增长 26.7%。西安隆基、恒安电子、东华智慧城市、乳旺食品、兴辉能源等一批大项目的落户，对园区发展及产业集群集聚起到了有力的推动作用。2014 年，核心区进出口总额 138474.14 万美元，增长率为0.38%；其中进口总额77084.86万美元，出口总额61389.29万美元，增长率为11.85%。新批内资企业数量368个，注册资本总额171695.1万元。

【科技创新】 截至2014年底，衢州开发区核心区拥有国家级工程技术研发中心1家，国家级技术中心1家，国家级高新技术企业26家，国家级专利优势企业1家，省级企业研究院7家，省级高新技术研发中心15个，省级创新型试点（示范）企业4家，省级科技型企业65家，省级专利示范企业5家，院士专家工作站4家，博士后工作站1家。拥有中国驰名商标3项，浙江省著名商标15项，衢州市著名商标34项，中国名牌1项，浙江名牌16项，衢州名牌30项。核心区内工业企业共申请专利2047件，其中发明专利340件，占总量的17%，实用新型专利1356件，占总量的66%，外观设计专利351件，占总量的17%。全区有博士后工作站1家，省级院士专家工作站2家，市级院士专家工作站2家，市级专家工作站12家，市级重点创新团队4家。

【生态环保】 2014年，衢州开发区制定出台《衢州高新技术产业园区循环化改造示范试点园区建设项目及资金管理办法》，获中央财政补助资金2.135亿元，22个项目通过资金申请评审，第一批循环化改造补助资金4696万元到位。组织开展资源节约和环境保护2014年中央预算内投资备选项目等申报，6个项目获得3000余万中央、省级补助资金。深入开展“五水共治”工业污染治理行动；加强环保设施建设，沈家经济开发区污水厂完成扩建，东港西片区污水收集管网开工建设；高新片区3个水质和1个大气在线自动监测站点开工建设；投资990万元的氟硅新材料高新区“智慧环保”样板房一期建设全面完成。

【人才建设】 2014年，衢州开发区共引进各类海内外高端人才160余名，经申报，有2人获评国家“千人计划”人才、3人获评浙江省“千人计划”人才，开创衢州市高端人才引进历史新篇章。12月11日，首个衢州“千人计划”创业园项目落户，2014年共有13个项目完成工商注册和税务登记。开发区新建顺络电子、红五环、乐叶光伏、永力达4个市级专家工作站。浙江中宁硅业有限公司高纯硅材料技术创新团队获评市级重点创新团队。通天星皮革、红五环机械工程、金格兰石英玻璃3家研究院获评市级重点企业研究院。

【信息化建设】 2014年，衢州开发区投入1000余万元加大对各个领域的信息化建设投入，分别投资开发建设园区智慧安监信息化管理系统、“店小二”企业服务平台；配合完成浙江网上政务大厅建设；完成国地税办事大厅信息化改造；区卡座式办公信息化改造；园区LED大屏投入使用；区门户网站改版升级。

【基础设施建设】 2014年，衢州开发区核心区共实施政府投资基础设施建设项目83个，其中：有3个基础设施建设项目列入省重点工程计划，9个基础设施建设项目列入市重点工程计划。累计完成投资7.78亿元，投资超亿元基础设施项目1个。新建和改造城市道路16.45公里、建成道路面积8.3万平方米、建成慢行绿道2.17公里、完成土方平整2.1万亩、完成河道清淤疏浚13.34公里、新增污水管网13.08公里、新增停车位823个、改造旧住宅区7.64万平方米，建设数量和规模均居全市前列。

【社会事业】 2014年，衢州开发区教育投入90.8万元。共有黄家小学、新星小学、新星初中和东港学校四所义务教育学校，在校学生6279人，教职工435人。人口管理方面，区内计划生育率90.8%，出生性别比107.4，再生育过程管理率98.33%，区内人口城市化进程加快。社区建设方面，目前共有金桂、杨浦、三衢、彩虹四个社区，常住户15757户，常住人口46618人。社会保障方面，累计投保单位1518家，2014年养老保险征缴达到37213人。养老、医疗、失业、工伤和生育五大社会保险征缴额为38529.34万元，比上年增长16.14%，其中养老保险缴费额为25515.30万元，医疗保险缴费额为8197.45万元，失业保险缴费额为2593.55万元，工伤保险缴费额为1308.24万元，生育保险缴费额为914.80万元。

【机构设置与管委会领导】 按照"管委会协调型"模式和"小政府、大企业"的思路，实行大部制改革、公司化运营，开展机构精减，成立衢州绿色发展集团有限公司，将26个内设部门、事业单位精简为综合办公室（宣传部）、人力资源部（组织部）、投资促进部（市工业项目决策咨询服务办公室）、经济发展部、社会发展部、建设规划与国土部、财政金融税务部、安全环保与市场监管部等8个大部门。审计室和监察室合署办公。

管委会领导：市委常委、区党工委书记傅根友，党工委副书记、管委会主任、柯城区委书记祝晓农，党工委副书记、常务副主任徐常青，党工委副书记姜良米，党工委副书记余建军，党工委委员、管委会副主任傅金生，党工委委员、纪工委书记季太昌，党工委委员、管委会副主任郑河江，党工委委员、管委会副主任方圆，党工委委员、管委会副主任曾建民，党工委委员、管委会副主任杨建敏。

衢州经济技术开发区主要经济综合指标一览表

项目		单位	2014年	2013年	增减（%）
开发区生产总值		亿元	268.50	245.60	6.0
第二产业		亿元	195.70	178.78	6.5
工业		亿元	192.66	175.10	6.5
第三产业		亿元	70.80	67.77	3.4
工业总产值（现价）		亿元	820.00	760.84	7.8
高新技术企业		亿元	192.63	178.52	7.9
销售（营业）收入		亿元	1120.24	1033.98	8.3
第二产业		亿元	809.91	747.38	8.4
工业		亿元	800.30	741.00	8.1
第三产业		亿元	310.33	287.58	7.9
利润总额		亿元	35.04	38.14	-8.1
第二产业		亿元	33.69	36.75	-8.3
工业		亿元	33.30	36.6	-9.0
区内主导产业及产值					
主导产业	1. 氟硅新材料	亿元	166.20	136.95	21.3
	2. 装备制造	亿元	113.03	107.05	5.6
	3. 金属制品	亿元	215.00	217.67	-1.2
进出口总额		亿美元	23.08	21.38	8.0
出口		亿美元	11.20	10.10	10.9
财政收入		亿元	47	45.65	7.8
税收收入		亿元	41.84	40.51	8.6
财政支出		亿元	37.92	38.35	-1.12
新批企业个数		个	354	303	16.8
外商及港澳台企业		个	2	2	—

续表

项目		单位	2014 年	2013 年	增减（%）
内资企业		个	354	297	19.2
新批企业投资额	外商及港澳台企业	亿美元	0.7022	—	—
	内资企业	亿元	23.3	17.7	31.6
合同外资金额		亿美元	0.50	0.75	-33.3
外商实际投资		亿美元	0.46	0.72	-36.1
固定资产投资		亿元	207.07	174.04	18.9
年末从业人员数		个	91380	92677	-1.4
在岗职工数		个	92250	93121	-1
在岗职工平均工资		元	35003	31031	12.8
规模以上企业个数		个	483	472	2.3
工业		个	368	355	3.7
万元 GDP 能耗		吨标煤/万元	1.59	1.60	-0.6

（衢州经济技术开发区管委会）

四平红嘴经济技术开发区

【**经济发展**】 2014年，四平红嘴经济技术开发区（以下简称“四平红嘴开发区”）实现地区生产总值149.7亿元，同比增长11.2%。其中，第二产业增加值完成138.2亿元，第三产业增加值完成8.6亿元。财政收入20.14亿元，税收收入20.13亿元。完成进出口总额0.24亿美元。

【**产业发展**】 2014年，四平红嘴开发区有规模以上企业55户，完成工业总产值387亿元，同比增长7.5%；完成工业增加值123.8亿元，同比增长7.5%；固定资产投资完成49.8亿元，同比增长14.48%。初步形成了冶金建材、装备制造、文化创意、农副产品和食品加工、生物医药为主导的产业格局。主导产业为冶金建材，约占全区工业总产值的52%；农副产品和食品加工，约占全区工业总产值的18%。支柱产业为烟草加工业，龙头企业为湖南中烟四平烟厂。新兴产业和特色产业有先进装备制造业、文化动漫、生物医药。其中换热器产业园区和文化产业示范园区为省批准的特色产业园区。

【**招商引资**】 2014年，四平红嘴开发区开工建设3000万元以上重点项目28个，其中亿元以上项目20个，计划总投资95.7亿元。年产3000台大型联合收割机项目等重点项目进展顺利。湖南中烟工业有限责任公司四平卷烟厂易地改造项目、吉林省艾斯克机电集团有限公司禽类自动屠宰掏膛生产线项目、四平欧维姆机械有限公司预应力建筑机械项目、四平旭晨胶带有限公司高强度阻燃防静电传送带项目等竣工投产。16个意向项目正在积极推动进入洽谈中。谋划储备了100个重点项目，10个包装项目纳入“吉林省招商引资项目征集包装系统”。

【**投融资建设**】 2014年，四平红嘴开发区积极探索融资租赁、抱团担保、集合票据等企业融资模式，完善企业融资需求信息库，形成金融机构、担保机构与企业三方联动机制，解决银企信息不对称和企业信用不足问题。四平年年文化传媒有限公司在吉林投交所挂牌交易，吉林省艾斯克机电集团有限公司在新三板正式挂牌。协调银企对接，实施申贷、审核、放贷“一条龙”服务，全年帮助企业实现贷款2.7亿元。

【**科技创新**】 2014年，四平红嘴开发区企业实现重点新产品开发32项。获得科技项目经费279万元，组织申报市以上自主创新科技项目20多项，并有7项获批，其中四平欧维姆机械有限公司“无砟轨道板自动张拉系统”项目获国家立项。四平百隆工艺品有限公司被批准为省级文化产业示范基地。吉林省艾斯克机电集团有限公司皮带式高速重量分级机重大新产品规模化生产项目申报专项扶持。有10多家企业完成科技创新、贷款贴息、能源补贴等项目申报。国家热交换产品质量监督检验中心完成特色工业园区申报。全年帮助企业争取专项扶持资金1500万元。

【**基础设施建设**】 2014年，四平红嘴开发区投资110万元对主要街道路灯进行更新改造。新设立街路交通指示牌、开通园区专线公交车、对破损道路进行整修、建造村屯垃圾池、推进绿化工程、市容保洁和市政管理全面加强。

【社会事业】 2014年，四平红嘴开发区投入医疗救助、优抚资助、新农合、新农保等资金102万元。资助困难群众子女上学、应届新入学大学生共计63人。资助困难户修缮危房，多渠道落实帮扶资金。促进农民就业工程。建立企业用工、用劳及劳动力转移联席会议制度，建立了辖区两村劳动力资源档案，推动农村劳动力转移就业。整合成立项目服务局，新建整合式办事大厅，设立一站式服务中心，将办公、办事融为一体，实现为企业、为群众服务“最后一公里”无缝对接。一站式服务中心成立以来，不断改进、提高窗口人员业务水平和服务能力，突出优质服务，在项目立项备案、规划选址报件、建设工程施工审批方面压缩审批时限，提高办事效率，得到企业和群众的一致好评。全年办理项目审核、踏查评估、低保审核、城乡各类救助等6207项。

【机构设置与管委会领导】 四平红嘴开发区下设办公室、经济技术合作局（加挂投资服务局牌子）、经济发展局、规划建设局（加挂城市管理行政执法局牌子）、财政审计局、社会事务管理局、安全生产监督管理局等7个机构。

管委会领导：党工委书记、管委会主任徐远征，党工委副书记、纪工委书记周冠中，管委会副主任郭殿飞，管委会副主任王巍。

四平红嘴经济技术开发区主要经济综合指标一览表

项目		单位	2014年	2013年	增减（%）
开发区生产总值		亿元	149.7	134.6	11.22
第二产业		亿元	138.2	125.63	10.01
工业		亿元	137.6	125.6621	9.50
第三产业		亿元	8.6	6.615	30.01
工业总产值（现价）		亿元	430	398	8.04
高新技术企业		亿元	1.04	0.92	13.04
销售（营业）收入		亿元	240	206	15.92
第二产业		亿元	229.4	201.3	14.00
工业		亿元	227	199.3	13.90
第三产业		亿元	10.46	7.63	37.10
利润总额		亿元	11.9932	11.2	7.08
第二产业		亿元	11.48	10.98	4.50
工业		亿元	11.36	10.88	4.40
区内主导产业及产值					
主导产业	1. 黑金属冶炼及压延加工业	亿元	222.4	208.7	6.50
	2. 农副食品加工业	亿元	66.9	65.3	2.40
	3. 烟草制品业	亿元	21.8	19	14.00
第三产业		亿元	0.7207	0.5841	23.00
进出口总额		亿美元	0.24	0.2	20.00
出口		亿美元	0.15	0.13	15.00
财政收入		亿元	20.1445	12.5	61.00
税收收入		亿元	20.1442	12.5	61.00

续表

<table>
<tr><th colspan="2">项目</th><th>单位</th><th>2014 年</th><th>2013 年</th><th>增减（%）</th></tr>
<tr><td colspan="2">财政支出</td><td>亿元</td><td>0.98</td><td>2.11</td><td>-53.00</td></tr>
<tr><td colspan="2">新批企业个数</td><td>个</td><td>42</td><td>36</td><td>17.00</td></tr>
<tr><td colspan="2">内资企业</td><td>个</td><td>42</td><td>36</td><td>17.00</td></tr>
<tr><td rowspan="2">新批企业投资额</td><td>内资企业</td><td>亿元</td><td>1.7</td><td>0.55</td><td>200.00</td></tr>
<tr><td>增资企业</td><td>亿美元</td><td>—</td><td>—</td><td>—</td></tr>
<tr><td colspan="2">合同外资金额</td><td>亿美元</td><td>1.2</td><td>0.22</td><td>400.00</td></tr>
<tr><td colspan="2">外商实际投资</td><td>亿美元</td><td>1.2</td><td>0.22</td><td>400.00</td></tr>
<tr><td colspan="2">固定资产投资</td><td>亿元</td><td>49.8</td><td>43.5</td><td>14.48</td></tr>
<tr><td colspan="2">年末从业人员数</td><td>个</td><td>33542</td><td>32000</td><td>4.82</td></tr>
<tr><td colspan="2">在岗职工数</td><td>个</td><td>26500</td><td>26000</td><td>2.00</td></tr>
<tr><td colspan="2">在岗职工平均工资</td><td>元</td><td>37000</td><td>36321</td><td>2.00</td></tr>
<tr><td colspan="2">规模以上企业个数</td><td>个</td><td>55</td><td>36</td><td>53.00</td></tr>
<tr><td colspan="2">工业</td><td>个</td><td>38</td><td>32</td><td>19.00</td></tr>
<tr><td colspan="2">万元 GDP 能耗</td><td>吨标煤/万元</td><td>1.153</td><td>1.265</td><td>-8.90</td></tr>
</table>

（四平红嘴经济技术开发区管委会）

珠海经济技术开发区

【经济发展】 2014年，珠海经济技术开发区（以下简称“珠海开发区”）围绕主攻第三代港口目标，以改革创新求突破，以转型升级促发展，加快港产城一体化发展步伐，全年实现地区生产总值201.83亿元，增长13.4%；规模以上工业增加值151.71亿元，增长15.1%；社会固定资产投资197.14亿元，增长26.3%；实际利用外资4.37亿美元，增长6.5%；地方公共财政预算收入20.03亿元，增长10.4%；全港货物吞吐量1.07亿吨，增长6.8%。

【产业发展】 珠海开发区以建设沿海沿江先进装备制造产业带为契机，抢抓珠海市新一轮西部开发建设的重大机遇，围绕“3+1”现代产业体系目标，全力推进产业集聚区建设，经过多年的发展，已形成了以海洋工程装备制造、石油化工、清洁能源和港口物流为主导的临港产业格局，成功引进了包括英国BP、英荷壳牌、美国路博润、比利时苏威、香港和记黄埔以及中国海油、中国石油、华润集团、神华集团、港中旅、中化集团、中远集团等一大批世界500强企业、央企和大型民企，已成为国际产业资本开拓中国市场与中国制造业资本走向国际市场的桥头堡。2014年，珠海开发区产业集群化专业化发展全面加速。海洋工程装备制造产业产值同比增长13.14%，增加值同比增长19.3%；清洁能源产业产值同比增长85倍，增加值增长114倍；石化产业PTA、聚酯、润滑油及添加剂产业集聚进一步提升；港口物流产业增长迅速，高栏港完成港口吞吐量6554万吨，同比增长23.3%，占全港吞吐量的61.2%，其中：集装箱吞吐量67.5万标准箱，增长94.4%，新增外贸航线3条、内贸航线5条，覆盖了华南、华北、东北、西南沿海干线港，至2014年底，高栏港共开通航线35条。港口物流建设全面提速。10万吨级集装箱码头1号泊位、10万吨级成品油码头改造等项目建成，疏港铁路专用线一期工程投入试运营，15万吨级主航道扩建工程、三一重工配套码头加快建设，15万吨级粮油和石化码头等前期工作进展顺利。与新加坡港合作的《珠海市智慧港口行动计划（2014—2020）》获市政府批准实施，与贵州省黔南州政府签订陆港物流园合作战略协议，与中远集团合作开辟的集装箱航线业务不断拓展。重大项目建设取得新突破。2014年共有28个重大项目纳入省、市重点建设项目（省重点项目12个），全年累计完成投资83.7亿元，完成年度投资计划的164.45%。中海油南海深水天然气利用工程、中海油珠海热电联产等16个项目竣工投产，特别是中海油南海深水天然气利用工程于2014年4月底实现商业供气，标志着国家南海油气资源开发战略取得了关键性进展；国家船舶及海洋工程装备材料质量监督检验中心主体工程封顶，碧辟化工PTA三期等10个重大项目进展顺利，高栏港综合保税区申报工作加快推进。

【招商引资】 2014年共引进龙泉管道基地等18个项目，总投资约60亿元；积极推动醋酸纤维迁扩建等15个项目增资扩产，总投资60亿元。其中，先进装备制造产业新引进和增资扩产项目15个，总投资约99亿元。2014年珠海开发区在谈重点项目20个，总投资达170亿元。

【科技创新】 珠海开发区大力推进园区转型升级、创新发展，加快创新主体培育，基础创新取得实效。大力实施“百家创新创业载体建设工程”，2014年已建成广东省质量监督游艇材料检验站和广东省江龙船舶博士后创新实践基地，1个国家船舶及海洋工程装备材料质量监督检验中心正在加紧建设，围绕“三一海洋重工研究院、壳牌（中国）润滑油服务中心、BP亚洲芳烃技术中心、瑞士通标检测中心、路博润添加剂技术服务中心”等构筑高端科技研发平台，已建成2家省级企业技术中心、11家市级重点企业技术中心、3家市级工程技术研究开发中心、29家高新技术企业，新建区级创业孵化基地3家。

【投资促进】 2014年，珠海开发区创新模式拓展融资渠道，平沙新城项目获得交通银行、东莞银行授信共计20.5亿元，南通公司危房改造项目获得融资7000万元。切实加强政府性债务管理，通过对铁炉湾防波堤、市政道路两个BT项目实施回购和提前还贷等举措，提高了资金使用效率，有效降低了政府性债务风险。积极支持企业在境内外资本市场挂牌发行上市，珠海飞扬新材料股份有限公司等6家企业成功纳入珠海市上市企业后备资源库。充分利用各种平台加强对珠海开发区投资环境的宣传。与著名科技企业合作打造的高素质招商网站已正式上线投入使用，先后组织招商工作组前往欧洲、北美、台湾等地区开展专题招商，登门拜访德国巴斯夫、阿尔塔纳集团、美国PPG、台橡集团等知名企业，自办了多场具有高度专业性、针对性和实效性的企业专场对接会，搭建上下游产业链新商机的良好合作平台，成功举办上海高端制造业推介会。

【生态环保】 2014年，珠海开发区创建国家级生态区顺利通过国家环保部验收，申报广东省绿色升级示范工业园区。全区新增绿化面积96.56万平方米，建成5100亩生态景观林带、创建森林家园2个、绿化美化乡村3个、完成118公里生物防火林带抚育任务。环境监测体系建设加快推进，南水空气质量自动监测点建成，24家企业安装在线监测系统。大力开展河道整治，基本完成卫东河等河道污染治理，南水污水处理厂、平沙水质净化厂升级改造工程加快推进，14个村居实现农村生活污水处理设施覆盖。大力发展循环经济，荣获广东省循环化改造试点园区称号，全年万元GDP能耗顺利完成珠海市下达的目标考核任务。

【管理与服务】 珠海开发区创新机制体制，加快建设服务型政府。为民服务机制不断完善。改造提升后的政务服务大厅投入使用，执行力电子监察系统加快建设，全区19个村居全部开通网上办事点，审批事项实现网上办理深度一级以上100%，社会服务事项实现网上办理率100%。着力推进专业性和行业性人民调解组织建设，组建区劳动争议人民调解委员会和道路交通事故人民调解会，积极开展法官驻村居和律师进村居工作，构建大综治大调解工作格局。深入推进社会信用体系建设，南水市场成为珠海市唯一一家全国诚信示范市场。严格落实中央“八项规定”，全区性会议、发文数量、“三公”经费分别同比减少28.86%、13.95%和37.78%。建立完善的密切联系群众工作机制，定期举行信访研判、党代表驻室、走访等活动，切实为群众排忧解难。重点对群众路线实践活动中反映集中的热点问题实行“整改销号制”，整改“销号”率达91%。

【社会事业】 2014年，珠海开发区涉及民生投入8亿元，占公共财政预算支出的37.88%，一批群众关注的热点难点问题得到解决。南水社区入选2014年“示范村居”，平塘社区入选“精品社区”，完成农村“三资”平台建设；拓宽村集体经济发展路子，实施南水新农村产业园改造工程，鼓励南场村与社会资本合作发展第三产业、南水经济联社建设商业大楼、南郊经济联社建设同心路商业街、铁炉经济联社建设社民综合楼；努力改善困难职工群众居住条件，全区危房改造建成844套；农业基础设施不断完善，平塘泵站等一批重点水利工程顺利完成，水浸整治工程基本完成；实施便民公交工程，增设区内公交线路，居民生产生活更加便利，幸福指数明显提升。基本公共服务均等化快速提升。切实加大教育投入和人才引进力度，合作共建珠海市一中平沙校区成效突出，全区规范化幼儿园和优质幼儿园比例分别达100%和57%，教育教学水平不断提升；深化与珠海市人民医院合作，缓解了区内群众和企业员工看病难问题，平沙医院门诊医技综合楼建成，全区24个公办基层医疗机构基本实现数据整合和信息资源共享，珠海开发区医疗卫生公共服务水平显著提升；人口计生工作进一步加强，常住人口政策生育率在珠海市名列前茅；建成11个村居文化中心和5个社区文体公园；全民社保基本实现，就业形势保持稳定。

【机构设置与管委会领导】 2014年，珠海开发区下设机构主要有：党政办公室、纪工委、党群工作部、统筹发展局、产业发展局、建设局、财金事务局、环境保护局、安全生产监督管理局、社会工作局、人口计划生育与卫生局、海洋和农渔局、综治信访维稳办公室、城市监督管理局以及规划分局、国土分局等。

管委会副主任（含）以上的领导（职务）为：赵建国（党委书记）、芦晓凤（党委副书记、管委会主任）、周峰（党委副书记）、郑潮龙（党委副书记）、吕明智（管委会副主任）、侯广军（管委会常务副主任）、黄亚东（管委会副主任）、范兆体（管委会副主任）、姜学勇（管委会副主任）、王晨辉（管委会副主任）。

珠海经济技术开发区主要经济综合指标一览表

项目		单位	2014年	2013年	增减（%）
开发区生产总值		亿元	201.83	190.77	13.4
第二产业		亿元	160.48	152.51	15.8
工业		亿元	152.58	147.27	14.8
第三产业		亿元	7.9	5.24	47
工业总产值（现价）		亿元	708.71	681.83	5.5
高新技术企业		亿元	85.75	86.97	-1.4
销售（营业）收入		亿元			
第二产业		亿元	717.37	707.37	1.4
工业		亿元	699.84	698.27	0.2
第二产业		亿元	-1.97	15.84	-112.4
工业		亿元	-2.61	14.98	-117.4
区内主导产业及产值					
主导产业	1. 清洁能源	亿元	59.93	0.59	8508
	2. 石油化工	亿元	335.24	336.47	-0.4
	3. 钢铁制造	亿元	91.78	94.79	4.3
	4. 电力生产	亿元	67.69	70.45	-2.9
	5. 海洋装备制造	亿元	15.1	15.32	-2.2
	6. 游艇制造	亿元	7.09	7.07	0.5
进出口总额		亿美元	61.37	73.31	-16.3
出口		亿美元	29.45	25.07	17.4

续表

项目		单位	2014 年	2013 年	增减（%）
财政收入		亿元	20.03	18.15	10.4
税收收入		亿元	15.82	13.35	18.5
财政支出		亿元	21.12	18.46	14.4
内资企业		个	42	83	-49.4
新批企业投资额	外商及港澳台企业	亿美元	—	—	—
	内资企业	亿元	68.23	207.87	-67.2
固定资产投资		亿元	197.14	156.11	26.3
年末从业人员数		个	58307	54121	7.7
在岗职工数		个	55000	52877	4
在岗职工平均工资		元	57401	49456	16.1
规模以上企业个数		个	224	201	11.4
工业		个	143	136	5.1
万元 GDP 能耗		吨标煤/万元	1.048	1.138	-7.94

（珠海经济技术开发区管委会）

湖州经济技术开发区

【经济发展】 2014年，湖州经济技术开发区（以下简称“湖州开发区”）经济社会保持平稳较快发展，全区生产总值完成119.39亿元，同比增长7.1%；规模以上工业企业完成总产值274.09亿元；规模以上工业增加值完成52.13亿元，同比增长8.2%。全社会固定资产投资完成111.86亿元，同比增长13.8%，其中，工业性投资完成35.21亿元，同比降低6.1%。完成合同外资3.0058亿美元，完成年度任务的111.3%；实际利用外资1.9534亿美元，完成年度任务的102.8%；完成进出口总额7.183亿美元，同比增长6.6%，其中自营出口6.2009亿美元，同比增长12.2%；完成体制内财政收入20.12亿元，同比增长10.02%，其中地方财政收入11.96亿元，同比增长15.2%。

【深化改革】 2014年，湖州开发区坚持向改革要活力、要红利、要竞争力，改革创新迈出了坚实步伐。体制机制改出新活力，与集聚区管委会合署办公之后，迅速启动体制机制改革。承接市里下放的95项具体权限，实现了“办事不出区”的目标。行政审批改出新效率，建立一站式行政审批服务中心，在浙江全省率先实现了办事不出区，中心设立“中介超市”，大力推行模拟审批、并联审批、全程代理等服务方式，累计办理业务12366件，全流程审批时间从270天压缩至100天；中介收费下降了30%以上，减少企业投资支出累计970多万元；新设立市场主体1580家，同比增长了26.5%，社会投资信心明显增加。考核激励改出新激情，按照“锁定标杆、挂图作战、擂台比拼、奖惩担责”工作要求，挂出作战图、明确时间表、立下军令状，晾晒比拼工作实绩，动真碰硬奖优罚劣。实施“大部门制”改革，出台干部绩效考核、选拔交流、能上能下等21项干部配套制度，全区上下担当比拼的氛围日益浓厚，涌现出了“五大专项行动”十大先进个人、十佳村（社区）书记（主任）、政府阳光热线工作先进单位等“狮子型”干部队伍和“店小二”的服务团队。

【产业发展】 2014年，湖州开发区围绕三大主导产业发展导向，坚持调结构、促转型，着力提升经济发展质量。全年生物医药、电子信息、节能环保三大主导产业实现工业总产值79.46亿元、占规上29%，实现利税6.69亿元、占规上40%。全区战略性新兴产业实现工业增加值8.93亿元，占规上17.1%；高新技术产业实现工业增加值17.01亿元，占规上32.6%；装备制造业实现工业增加值11.33亿元，占规上21.7%。百名纳税大户税收同比增长13.82%；完成“小上规”62家，其中工业“小上规”17家，规上企业总量增长7.1%；各类内资市场主体达到9514户，实有资金总额为312亿元，同比分别增长20%和7%，实现“个转企”153家，“个转企”增幅和公司占比均为全市第一名。

【现代服务业】 2014年，湖州开发区服务业增加值占全部国内生产总值比重的60.4%。服务外包产业异军突起，在商务部注册的服务外包企业总数达到77家，开发区完成服务外包执行额3505万美元。其中，离岸执行金额1621万美元，在岸执行金额1884万美元。现代商贸业蓬勃发展，开发区“十大”市场完成交易额115亿元，同比增长15%，亿丰建材城、红星美凯龙家具广场、江南车城、浙北农副产品交易中心、江南粮油副食品市场等七个亿元市场快速发展，市场成交量占全部市场成交量的83.1%。湖州国际软件园等服务业重大项目建设加快推进。

【节能减排】 2014年，湖州开发区规模以上企业单位工业增加值能耗为0.67吨标煤/万元，同比下降15%；实施节能技改项目15个，其中被列入市级重点技改项目13项，累计淘汰落后产能8000吨标准煤，重点限制八大高耗能行业以及能耗高、税收贡献低的企业，对开发区内企业规范能源管理工作形成倒逼机制。淘汰拆除湖州雀立水泥有限公司日产1000吨熟料回转窑生产线，淘汰湖州中维药业有限公司年产6000吨新型药用辅料羟丙基甲基纤维素醚生产线1条，淘汰湖州岱兴电器制品有限公司年产1000万片微晶玻璃生产线1条，淘汰湖州硅力石英砂有限公司年产2000吨石英砂生产线2条。清洁生产全面完成2014年4家的任务。

【科技创新】 2014年，湖州开发区高新技术产业完成增加值17.01亿元，同比增长1.8%。37家重点扶持的高新技术企业研究与开发经费占国内生产总值的2.9%，完成工业总产值80.8225亿元、实现销售收入79.6901亿元、利税总额8.7539亿元，其中利润6.8864亿元，同比分别下降3.1%、2.8%和增长6.9%、19%，分别占全区规模以上企业的29.5%、44.8%、52.4%和64.6%。企业自主创新能力增强。全年申请专利1034项，其中发明专利205件，占比19.83%；授权专利833件，其中发明专利60件，占比7.2%，占比居全市第一。国家科技重大专项子课题1项，国家“863计划”专项2项，国家创新基金立项项目7项。科创中心平台实现倍增效应，纳入统计的33家单位实现产值32577.96万元，同比增长52.84%；销售收入29162.91万元，同比增长45.94%；实现利税2510.68万元，同比增长8.66%。重点项目引进取得初步成效，二期已引进尔湾医疗、北源昊邦、鼎晶生物、核力欣健等项目12个，4个项目正式运营。

【人才引进】 2014年，湖州开发区引进各类专业人才2850名，其中硕、博士以上高层次人才176人、海外高层次领军人才25名，入选市“南太湖精英计划”团队（项目）16个、国家“千人计划”团队（项目）2个，省“千人计划”团队（项目）4个；新入选市南太湖特聘专家7名，市“1112人才工程”学术带头人8名，新建格尔泰斯和协和华东干细胞2家院士专家工作站。全年组织申报“南太湖精英计划”项目33个，16个项目成功入选，其中创业人才14人、创新人才2人。刘文博士、王成树博士、杨晟博士3名人才入选省151人才工程第一、二层次培养人选；刘文博士入选国家人社部百千万人才工程，实现全市该类人才申报零的突破；吴明远博士、沈惠荣博士入选国家创新创业人才推进计划；柴文强博士入选浙江省留学人员科技活动资助项目；沈惠荣博士入选留学人员市科技创新活动择优资助项目。至年末，开发区有国家“千人计划”人才12人，浙江省“千人计划”人才20人，入选“南太湖精英计划”领军人才55人，分别占全市的36.36%、32%和19.57%。

【招商引资】 2014年，湖州开发区新签约项目41个，总投资306.5亿元；批准外资项目17项，其中新批设立10项、增资7项。完成合同外资3亿美元，实到外资1.95亿美元。推进浙商回归，全区完成浙商回归项目省外到位资金23.4亿元，省内市外到位资金3.32亿元。成功引进了总投资100亿元的北斗微电子产业园项目、总投资50亿元的润恒冷链物流项目、总投资10亿元的上海交通大学国际教育园等项目。引进总部经济项目5个，新增税收1亿元以上。全市首个跨境电子商务产业示范园在开发区挂牌运行。成功举办“浙江在线金融服务团走进湖州开发区”等招商活动。

【生态环保】 2014年，湖州开发区坚持以生态文明先行示范区建设为统领，以“五水共治”为抓手，环境整治出拳有力、成效明显。共整治“三河”44条，整治重点行业企业7家，疏通地下管网160公里，建成了西南分区外庄设计规模7500吨/日污水泵站，完成了14个行政村2734户的农村生活污水治理工程。努力排涝水，二环西路、港湖立交桥等3个严重积水点已完成改造。全力保供水，高标准完成7个行政村的城乡供水一体化改造工程，受益人口8000余人；治气态度坚决，在全市率先启动大气整治百日攻坚行动，全面打好治扬尘、治废烟、治尾气三大攻坚战，先后开展百次联合执法，查处相关违法车辆近6000辆；60个建筑工地全面完成治理任务；弁南电镀厂、中维药业等13家企业小锅炉改造基本完成；取缔露天和占道烧烤摊点104处；淘汰黄标车1269辆。在持续努力下，城西水厂空气自动监测点位PM2.5日均值63μg/m^3、同比下降16.72%，空气质量指数（AQI）优良率61.3%、同比上升14.0%。

【社会事业】 2014年，湖州开发区保障和改善民生，推进基本公共服务均等化。农村居民人均纯收入达到21532.5元，同比增长10%。外庄中学完成开工前准备工作；夹山漾保障性安居工程、清河嘉园二期、憩园小区、杨家庄安置社区、基山安置社区和中铁十六局三公司棚户区改造等保障性安居工程有序推进；农村土地综合整治加快推进，矿区复垦项目完成57.73公顷；农田水利工程建设有力推动，完成30座农村机埠标准化改造和堤防加固2.95公里；农房改造开工建设1314户，投入资金1.776亿元；做好社会保障，落实低保户补助资金近700万元，惠及7000人；推动养老服务工作，在25个村开展“银龄互助”活动，共成立33个老年协会，新增2家城市老年电大教学点，新建15家养老照料中心；加强城乡社区建设，已建成三个社区服务中心，新建2个社区社会工作室。

（湖州经济技术开发区管委会）

吴江经济技术开发区

【经济发展】 2014年，吴江经济技术开发区（以下简称“吴江开发区”）完成地区生产总值360.2亿元，工业开票销售收入1275.8亿元，全口径财政收入69.2亿元，其中公共财政预算收入34.7亿元；全社会固定资产投入145.4亿元，新增注册外资3.7亿美元，到账外资3.5亿美元，新增民资注册61.1亿元；完成进出口总额168亿美元，其中出口101亿美元，进口67亿美元。

【招商引资】 2014年，吴江开发区新批项目25个，注册资本3.15亿美元，其中出口加工区新批项目6个，注册资本1.75亿美元。注册1.2亿美元的敏华家居出口基地项目和注册1亿美元的维珍妮大项目签约落户。欧美企业加速集聚，德尼培医疗精密包装（苏州）有限公司、靓饰艺墙布（苏州）有限公司、贝润医疗包装（苏州）有限公司等10多个欧美项目落户。

【基础设施】 2014年，吴江开发区完成基础设施投入55亿元，“一轨二线三延四改”（轨道交通4号线，运河、东太湖两条水岸线，东环南延、同津大道南延、东太湖大道东延，中山北路二期、庞东路、长安路和老街综合改造）十大重点建设项目稳步推进，东环快速路南延工程（吴江段）基本建成，中山北路、长安路、庞东路改造工程基本竣工，云梨路片区等老街综合改造工程全面完成，太湖大堤工程完成30%工程量。打通东太湖大道、运东大道“拆迁瓶颈”，完成企业拆迁22家，运河码头拆迁19个。生态环境优化，“1058”工程运河文化公园南部景区完成土方及造型工程，南部景区景观工程和中部景区商业街工程全面展开，同里国家湿地公园完成一期绿化、河道生态修复绿化工程。九里湖生态绿化公园竣工投用。完成江陵东路、花园路、长安路等绿化2000多亩。启动“共建美丽新吴江、同享美好新生活”城市环境综合整治提升行动，卫生长效管理全区考核名列前茅。实施数字城管延伸工程，数字城管实现区域全覆盖。

【产业发展】 2014年，吴江开发区实施“115”产业提升计划，即1个千亿能级电子信息产业，1个500亿能级装备制造产业以及新材料、新能源、民生用品、生物医药产业和现代服务业等5个百亿能级新兴产业。电子信息产业完成销售785亿元，装备制造业全年完成销售240亿元，吴江智能装备产业园完成产业规划并启动建设。新能源、新材料产业实现销售135.8亿元，文化产业主营业务收入118.6亿元。资本运作加快推进，苏州奇才电子科技股份有限公司、苏州天赢新型建材科技有限公司分别在新三板和江苏股权交易中心挂牌。

【科技创新】 2014年，吴江开发区新增高新技术企业26家，高新技术产品88项。苏州拓博琳新材料科技有限公司、苏州康润医药有限公司等9个项目被列入国家级科技计划，苏州融卡智能科技有限公司、苏州绿控传动科技有限公司等8个项目被列入省级科技计划。新增省级技术中心3个、省级外资研发机构3个，苏州市级技术中心7个、苏州市级工程技术研究中心9个。中达电子、东南电梯获批国家博士后科研工作分站。全年专利授权1332

件，其中发明专利授权85件。新增国家千人计划2名、省双创人才5名、姑苏人才7名、吴江领军人才23名。清华汽研院成为吴江首个成功入选省“双创计划”的创新团队，苏州泓博环保科技公司入选“2014年度高端外国专家项目计划”。科创园在建及建成创新载体超45万平方米。开发区（同里镇）荣获2014年度江苏省科普示范乡镇。

【农村工作】 2014年，吴江开发区村级经济可支配收入1.13亿元。村级经济稳步发展，文安村、九里湖村新建标准厂房12016平方米。庞山、同兴、栅桥、叶明、庞杨、白龙桥、北联7个村共投资总公司3780万元。同里镇全年水稻复垦扩种工程经农委核定面积155公顷。同里镇农田建设项目建设规模为76亩，总投资139.24万元，其中财政投资126万元，项目区在合心、肖甸湖、龙津3个行政村。新增设施农业面积28公顷。

【民生事业】 2014年，吴江开发区“五心”惠民实事工程投入19亿元。新建安置房19.2万平方米，完成安置公寓房交付总数超3000套。启动开发区淞南阳光小学、屯村小学等5个学校建设工程，同里中学建成投用。吴江区中医医院开发区医院完成地下室施工。新建江陵社区等5个社区卫生服务站。同里敬老院和老年公寓改造工程完成。同里便民服务中心建成投用。文化建设方面，京杭大运河吴江段（古纤道）列入遗产点列入世界文化遗产名录，同里宣卷入选国家级非遗名录，静思园荣膺“国家文化产业示范基地”称号，西湖社区图书馆建成投用。平安建设扎实推进，社会总体保持和谐稳定，政法和社会管理办公室荣获全省社会治安综合治理先进集体，叶泽湖花苑社区获评“全国综合减灾示范社区”。

【旅游业】 2014年，吴江开发区同里镇举办第十四届同里罗星洲“暮鼓晨钟”、第六届中国·同里油菜花节、第十八届中国吴江“同里之春”国际旅游文化节、第二十八届中国围棋天元赛决赛以及大型多媒体室内水乡情景演出《水墨同里》正式面向社会进行公演。央视三套《春晚又一年》、央视七套《乡约》摄制组走进同里，《茧镇奇缘》、《知青家庭》等电视剧取景同里拍摄。创新文化旅游活动，举办“同里七夕”夜游同里携程专场和“微醺盛夏夜——同里暮湾尚泡泡节”等活动。

【古镇保护】 2014年，同里镇完成《同里镇旅游总体规划》和《同里古镇旅游总体规划》，优化古镇区业态布局。全年完成古镇农贸市场改造及文安村部和牛舌头、北新村动迁等工程；完成镇东游客服务中心、《水墨同里》剧院、同里天元文化苑、退思园展厅等建设工程。古镇入园东路和入园南路已全面完工。同里湿地公园一期绿化工程、园内河道生态修复绿化工程、入园道路西侧绿化工程已完成；入园东路绿化工程进场施工；完成湿地公园二期工程（保育区、水上游线等）立项和设计工作。完成同里老码头及船坞工程。成立了苏州魅力同里网络传媒有限公司、淘宝同里官方旗舰店。同里获评“2014中国最佳休闲宜居镇”、“江苏旅游十大新地标”。

【机构设置】 2014年，吴江经济技术开发区（吴江出口加工区、同里镇）下设中共吴江经济技术开发区工作委员会、吴江经济技术开发区管理委员会、中共吴江经济技术开发区纪律检查工作委员会、监察室、党政办公室、机关党委、招商局、建设局、财政局、组织人事劳动局、非公有制企业党委（在组织人事劳动局挂牌）、经济发展局、农村发展局、农村党委、社会事业局、科技局、政法和社会管理办公室、吴江出口加工区管理局、吴江经济技术开发区发展总公司、同里古镇保护管理委员会、同里古镇保护管理委员会党委、中共同里镇委员会、同里镇纪委同里镇人大、同里镇人民政府、同里镇政协。

2014年吴江经济技术开发区外商投资企业新项目情况表

单位：万美元

序号	企业名称	总投资	注册资本	经营范围	投资商
1	靓饰艺墙布（苏州）有限公司	900	450	其他	美国
2	可丽银空气净化技术（苏州）有限公司	245	172	其他	中国、韩国
3	德尼培医疗精密包装（苏州）有限公司	2000	1000	包装	美国
4	苏州凯特力排气净化技术有限公司	23	16	设备	日本
5	贝润医疗包装（苏州）有限公司	2600	1040	包装	瑞士
6	苏州耀赫自动化设备有限公司	22	16	机械	中国、德国
7	苏州查顿尼企业管理咨询有限公司	13	10	三产	澳大利亚
8	苏州罗钰服装有限公司	217	152	服装	法国
9	苏州维瑞医疗设备有限公司	110	80	设备	中国、美国
10	荷洛裴塑胶制品有限公司	268	188	无纺布	美国
11	常宝新材料（苏州）有限公司	3000	2000	电子	韩国
12	波威特斯（苏州）换热器有限公司	1000	660	热交换器	意大利
13	苏州运恒精冲科技有限公司	2500	1500	机械	新加坡
14	苏州福特美福电梯有限公司	927	845	机械	美国
15	希斯顿艾尔空气技术（苏州）有限公司	420	210	其他	瑞典
16	苏州凌聪机械有限公司	140	100	机械	新加坡

2014年吴江经济技术开发区港商、台商投资企业新项目情况表

单位：万美元

序号	企业名称	总投资	注册资本	经营范围	投资商
1	苏州堡赛医疗器械有限公司	3	3	其他	香港
2	东弘药业（苏州）有限公司	3000	1500	三产	香港
3	敏华家居（苏州）有限公司	28000	12000	家居	香港
4	苏州协发光电有限公司	500	500	电子	台湾
5	第意志自动化设备科技（苏州）有限公司	300	300	机械	香港
6	苏州泓冠机械设备有限公司	97	81	机械	台湾
7	凌志家具（苏州）有限公司	12.9	12.9	家居	香港
8	苏州伊卡路斯车辆铰接系统有限公司	36	25	机械	香港
9	苏州加多食品贸易有限公司	60	50	三产	台湾

（吴江经济技术开发区管委会）

宿迁经济技术开发区

【经济发展】 2014年，宿迁经济技术开发区（以下简称“宿迁开发区”）围绕“打造宿迁市产业集聚的示范区、转型升级的示范区、对外开放的示范区”的目标定位，科学应对宏观环境的不利影响，经济社会呈现又好又快的发展态势。全年实现地区生产总值355.42亿元，同比增长12.5%；一般公共预算收入25.60亿元，同比增长12.4%；工业固定资产投资202.78亿元，同比增长9.1%；规模以上工业增加值212.15亿元，同比增长13.6%；进出口总额5.3亿美元，同比增长31.8%。综合排名迈入江苏省开发区50强。

【产业发展】 截至2014年底，宿迁开发区累计引进工业项目超过1100个，其中投产企业845家，规模以上企业470家。智能家电产业集聚了格力电器、双鹿电器、东贝机电等一批行业知名企业，计划总投资达108.5亿元，诞生了宿迁市第一台冰箱。食品饮料产业集聚了洋河、娃哈哈、蒙牛、汇源、康师傅等行业龙头企业和上上包装、方正包装等配套包装企业59家，2014年行业总产值达到257.4亿元。光电产业集聚了吉创光电、爱昇科技、爱能森等18家高科技企业，计划总投资达132.4亿元。

【园区特色】 2014年，宿迁开发区完成“一改四制”的7家国有企业共实现利润3000万元、税收4600万元，分别是2013年的2倍、1.5倍。扎实推进党的群众路线教育实践活动，以建章立制为突破口，逐步健全完善商务接待、岗位管理、厉行节约等方面的规章制度，努力提高运转效率，为经济新常态下经开区更好、更快发展增添新的动力。

【科技创新】 大力实施科技创新战略，着力打造宿迁科技产业高地。依托“一园、一院、一器、两中心（科技创业产业园、工业技术研究院、科技企业孵化器、国家白酒检测中心、光电研究中心）”，2014年，开发区积极与南京工业大学、河海大学等高等院校开展产学研合作，为企业发展提供各类技术支撑。大力开展人才助企活动，全年引进国家“千人计划”专家2名，省“双创计划”人才5名，省“333”高层次人才7名。区内已有75家单位设立了企业科技研发中心和工程技术中心，10家企业被评为国家级高新技术企业。2014年高新技术产业产值129.08亿元，同比增长9.4%；专利申请量540件，专利授权量244件，成功获批江苏省知识产权试点园区。

【投资促进】 按照“产业招商、专业招商、园区招商”的要求，围绕“2+1”（智能家电、食品饮料和光电）产业定位，宿迁开发区积极参与第三届经洽会、央企合作推进会、家电博览会等合作论坛，认真承办嵌入式厨电一体化指南推广宣贯会、中青首届中韩文化节等专项招商活动，主攻行业龙头企业和产业链关键项目，不断拉长三大特色产业链条。对其他高科技、高投入、高产出、大品牌的“三高一大”项目，也进行精细比选、择优招引。2014年，累计签约亿元以上项目40个，其中10亿元以上项目8个。特别是格力电器、东贝压缩机、海天调味品等行业龙头企业的相继落户，进一步提升了经开区产业集聚水平和辐射带动能力。

【生态环保】 2014年，宿迁开发区积极探索生态友好、绿色低碳的可持续发展模式，鼓励企业积极实施清洁生产，研发节约原材料和能源的新工艺，保护生态环境。持续推进生态工业园区创建工作，顺利通过江苏省生态工业园区建设协调领导小组预验收。推动杰盛手套、华兴玻璃等4家企业实施环保设施升级改造工程。5家列入强制性清洁生产名单的企业全部通过清洁生产验收。积极开展生态创建活动，累计创成省级生态乡1家、市级生态村6家。

【管理与服务】 2014年，宿迁开发区累计举办银企对接洽谈活动12场，帮助企业协调担保贷款近30亿元，是2013年的1.5倍。充分发挥“365服务大厅”功能，全面开通“三证合一”并联审批业务，实行“一个窗口”对外、“一站式”办结、“一条龙”服务，努力营造“亲商、安商、富商”的浓烈氛围，深入企业开展“两找两保（找问题、找差距，保增长、保发展）”调研活动，基本实现了对区内企业家家到、户户访，并对企业反映的问题跟踪处理到位，构建良好的投资软环境。

【社会事业】 2014年，宿迁开发区新建2个卫生服务中心和13个村居卫生室，基层卫生服务体系进一步完善。加强对弱势群体的关心关爱，城乡低保标准分别提高到每人每月370元和305元。大力推广“扶贫扶大户，大户带动贫困户”的创新模式。全面开展“以党建为引领、集自治管理、行政管理、物业管理为一体”的“三管一建”社会管理创新，着力打造具有经开区特色的城市社区管理新格局。

【机构设置】 2014年，宿迁开发区党工委、管委会实行“两块牌子、一套班子”运作，现有内设部门11个：党政办公室、组织宣传部、投资促进局、建设局、财政局、综合执法局、经济发展局、政务服务中心、监察审计局（与纪工委合署办公）、政法和社会管理办公室（增挂司法局牌子）、安全生产监督管理局；招商机构6个：综合保税物流园管委会（外贸物流产业招商局）、智能家电产业招商服务局、食品饮料产业招商服务局、光电产业招商服务局、台商科技产业园管委会（外资招商服务局）、科技创业产业园管委会；人大、政协机构各1个：人大工作办公室、政协工作办公室；下属事业单位2个：数字化城市管理指挥中心、协助海关监管队；代为管理单位1个：宿迁市工业技术研究院。

宿迁经济技术开发区主要经济综合指标一览表

项目	单位	2014年	2013年	增减（%）
开发区生产总值	亿元	335.42	301.49	11.3
第二产业	亿元	250.79	219.95	14.0
工业	亿元	225.96	197.68	14.3
第三产业	亿元	82.63	79.54	3.9
工业总产值（现价）	亿元	788.46	756.5	4.2
高新技术企业	亿元	129.08	118.03	9.4
销售（营业）收入	亿元	1365.28	1210.0	12.8
第二产业	亿元	948.0	827.3	14.6
工业	亿元	788.45	705.9	11.7
第三产业	亿元	411.75	377.7	9.0
利润总额	亿元	143.74	180.2	-20.2
第二产业	亿元	103.19	127.3	-18.9

续表

项目		单位	2014 年	2013 年	增减（%）
工业		亿元	91.86	111.9	-17.9
区内主导产业及产值					
主导产业	1. 酒、饮料和精制茶制造业	亿元	236.01	225.93	4.5
	2. 橡胶和塑料制品业	亿元	72.23	59.76	20.9
	3. 纺织业	亿元	114.93	99.71	15.3
第三产业		亿元	411.75	438.8	-6.2
进出口总额		亿美元	5.3043	4.023	31.8
出口		亿美元	2.5710	2.136	20.4
财政收入		亿元	72.56	61.74	17.6
税收收入		亿元	55.02	49.58	11.0
新批企业个数		个	1057	1240	-14.8
外商及港澳台企业		个	7	10	-30.0
内资企业		个	1050	1230	-14.6
新批企业投资额	外商及港澳台企业	亿美元	1.4348	1.43	0.3
	内资企业	亿元	137.58	73.8	86.4
	增资企业	亿元	16.66	34.13	-51.2
合同外资金额		亿美元	1.4348	1.43	0.3
外商实际投资		亿美元	0.4264	0.5665	-24.7
固定资产投资		亿元	262.17	260.2	0.8
年末从业人员数		个	82150	78120	5.2
在岗职工数		个	78350	76320	2.7
在岗职工平均工资		元	38177	35200	8.5
规模以上企业个数		个	734	715	2.7
工业		个	470	460	2.2
万元 GDP 能耗		吨标煤/万元	0.1658	0.1802	-8.0

（宿迁经济技术开发区管委会）

义乌经济技术开发区

【概况】 义乌经济技术开发区（以下简称“义乌开发区”）位于义乌主城区西南面，成立于1992年。2012年3月，经国务院批准升级为国家级经济技术开发区。2014年10月，经浙江省人民政府批准实施第二批开发区深化整合提升，区域面积达126.72平方公里，其中核心区块面积为63.52平方公里（含国家核准面积9.17平方公里）。

【经济发展】 2014年，义乌开发区（整合提升区）实现生产总值341.96亿元，同比增长12%；实现规上工业总产值567.99亿元，同比增长17.55%；实现工业出口交货值127.5亿元；实现财政总收入98.02亿元，税收收入35.61亿元。

【产业发展】 2014年，义乌开发区工业总产值1040亿元，同比增长7.13%；规模以上企业796家，规上工业增加值130亿元。开发区拥有袜业、拉链、纺织等10多个行业为主的传统优势产业集群，规上工业主导产业产值231亿元。按照转型创新发展的新要求，义乌开发区正在积极培育以时尚产业、汽车整车改装及零部件、生物医药健康产业为主导的新兴产业及以总部经济为代表的现代服务业，加速形成高投入、高科技项目占主导的新兴产业集群。围绕主导产业，三大新兴产业园已初具规模，一是先进装备制造业园成功引进了锋锐发动机、赵龙特种车、世宝方向机等一批项目，将成为浙中地区先进装备制造业的重要板块；二是时尚产业园拥有浪莎、华鼎、年年红等一批国内知名的时尚产业龙头企业和品牌；三是食品生物医药健康产业园加快建设森宇铁皮石斛等重点项目。

【招商引资】 2014年，义乌开发区总投资2亿元以上的项目54个，新批准设立的外商及港澳台投资企业10个，其中投资总额1000万美元以上的企业3个。开发区核心区引进了华鼎股份“年产45万吨差别化锦纶长丝项目、年年红总部型试点项目、海之纳年产1.2万吨大米蛋白研发生产基地项目等总计34个项目，其中50亿元以上项目2个，2亿元以上项目10个，500强企业4家，总投资超过176亿元。总部经济区A、B组团16幢总部大楼（建筑面积70万平方米）基本完成招商任务。

【项目建设】 2014年，义乌开发区实现固定资产投资150亿元。12月8日，年产45万吨差别化锦纶长丝项目等4个重大产业项目举行集中开工仪式，总投资75.59亿元。总用地760亩、总投资300亿元的义乌开发区总部经济园被评为“浙江省开发区特色品牌园区”，其中总部经济区、文化广场、万达广场以及浙铁绿城高档住宅区、医院、银行等城市配套项目全速建设推进，打造现代化气息浓厚、功能齐全、环境优美的城市商业中心。五条市政道路主车道实现通车，项目配套的污水改造等工程稳步推进，重大项目的供水供电体系进一步完善。

【科技创新】 2014年，义乌开发区企业科技活动经费活动支出11亿元，技改投入额34.5亿元，规上工业科技活动人员4769名，拥有国家级、省级知名品牌（商标）122个，高新技术企业40家、省级及以上研发、技术中心23个。不断强化科技人才工作站功能，加强义乌高层次人才创业园、国家级博士后工作站等科技平台建设，制定出台《义乌高层次人才创业园管理实施办法》、《义乌高层次人才创业园科技孵化项目招商办法》，积极引进与主导产业相关的科技孵化项目和科技型企业，实现人才引进与项目、产业的良性互动。2014年义乌高层次人才创业园新引进“国家千人计划”、“省千人计划”及教授博士创业团队项目6个，引进科技型企业3家。

【管理与服务】 2014年，义乌开发区制定《义乌经济技术开发区2014年度有效投资推进工作考核办法》，将所有项目按照倒排计划明确任务要求和工作时限分解到办局、落实到个人，对项目进行全程跟踪管理。在开发区内部专门设立企业服务中心，为入驻企业提供“保姆式”全程代办服务，努力建立优质的服务环境。为进一步加快推进重大产业项目建设，抽调人员专门成立重大项目指挥部，及时协调解决项目推进中的问题。进一步完善项目推进协调机制，通过联席会议、协调会议等方式，有效对接市相关部门、镇街，共同解决道路建设和企业落地等方面各类问题。

【机构设置与管委会领导】 义乌开发区管委会下设办公室、招商局、经贸科技局、建设局、财政局五个内设机构，监察审计分局、国土分局、规划分局三个派驻机构，另有义乌经济技术开发区开发有限公司为建设平台（主体）。中共义乌经济技术开发区委员会由项明生、吴小平、黄华、季小丹、何中民等5名同志组成，项明生同志任党工委书记、管委会主任，吴小平、黄华、何中民任党工委委员、管委会副主任，季小丹任党工委委员、纪工委书记。

（义乌经济技术开发区管委会）

招远经济技术开发区

【经济发展】 2014年，招远经济技术开发区（以下简称“招远开发区”）生产总值实现481.8亿元，同比增长9.7%；财政收入完成60.7亿元，同比增长22.4%；公共财政收入完成30.2亿元，同比增长25.5%；税收收入完成33.1亿元，同比增长22.9%；固定资产投资完成206.7亿元，同比增长11.9%。

【产业发展】 招远开发区坚持做大做强装备制造业，培育发展战略性新兴产业，改造提升传统产业，加快发展现代服务业。目前已成为江北最大的黄金精深加工产业基地、电子材料高科技产业化基地、全国重要的高档轮胎生产研发基地、汽车零部件配套基地以及江北最大的黄金珠宝首饰和皮草交易集散地，培育起了以黄金、轮胎及汽车零部件、机械制造、新型电子材料、食品等五大产业为主导，黄金创意产业园、高科技产业园、电子产业园等十大园区为支撑的发展格局。2014年，规模以上工业总产值完成1104亿元，同比增长11.02%；规模以上工业主营业务收入完成156.4亿元，同比增长0.2%；限额以上批发业销售额完成60.9亿元，同比增长50%；限额以上零售业零售额完成14.2亿元，同比增长66.8%。

【招商引资】 全区牢固树立招商引资是开发区生命线意识，确定安商是最好招商的服务理念，进一步调整领导分工、充实招商力量、成立专业工作组，围绕培育特色产业优势，瞄准与我区主导产业对接性强和符合未来发展方向的国内外大企业、大的投资基金、产业园区开发商和运营商，实施有针对性的精准化招商，在招大引强上实现新突破。2014年全区储备项目45个，其中内资项目32个，外资项目13个。合同外资完成12370万美元，同比增长13.3%；实际利用外资7958万美元，同比增长19.8%；实际境外投资额完成224万美元，同比增长12%。总投资20亿元的招远华希—欧尚广场项目、总投资15亿元中国供销产业园项目等重点项目相继签约落地。

【项目建设】 2014年，招远开发区共实施市级重点项目21个，总投资203亿元，全年完成投资65.4亿元，圆满完成年度投资计划。工作中，全力推动重点项目建设，实行工委委员包帮项目全程服务制度，安排相关职能部门参与，采取现场办公、召开调度会等形式，全力搞好服务和推进工作。同时，建设了开发区2015年项目储备库，入库重点项目21个，总投资146亿元。

【基础设施建设】 2014年，全区完成基础设施建设总投资2亿元，完成道路硬化3.5公里，硬化面积8万平方米，新拓修路基2公里，进一步完善了开发区道路交通框架。9个改造项目已全面启动，建成楼座149座，完成公共设施配套10处。同时，全力开展了国家级生态工业示范园区创建工作，前期调研、摸底等基础性工作已完成，正在全力做好省级评审、国家级创建等相关工作。

【科技创新】 创新创意创业是发展的源动力。全面启动了山东理工研究院和哈工程、哈工大技术转移中心建设，现有国家级黄金知识产权信息中心、国家级轮胎实验中心、2家博士后工作站、2家院士工作站、5家省级工程技术中心、9家烟台级工程技术中心、12家省级高新技术企业、5处市级以上创业孵化基地，为“大众创业、万众创新”打造了坚实平台。

【机构设置与管委领导】 招远开发区现辖温泉街道、大秦家街道和滨海科技产业园，区机关目前共设“六局一室一部”，分别是投资促进局（负责国内外招商引资工作）、经济发展局（负责项目建设、企业服务工作）、财政审计局（负责财政税收工作）、环境保护局（负责土地征用和环保工作）、规划建设局（负责旧村改造和基础设施建设工作）、人力资源局（负责劳动保障、人力服务工作）、党政办公室（负责综合协调、对内对外接待服务工作）和党群工作部（负责全区组工、文秘、维稳、督查等工作），形成了设置合理、运作规范、协调一致的体制架构。市行政审批中心设在开发区，30多个部门统一进驻，实行一门受理、并联审批、限时办结的“一条龙、一站式服务”，为全区经济发展和社会进步提供一流软环境。

区工委、管委领导任职名单：王炳波（工委委员、管委副主任）、战会文（工委委员、管委副主任）、于希江（工委委员、温泉街道工委书记）、冷海祥（工委委员、大秦家街道工委书记、市东城新区建设办公室主任）、付绍泉（工委委员、市东城新区建设办公室副主任）、于敏强（工委委员、纪工委书记）、赵波（工委委员、环境保护局局长）、赵军伟（工委委员、党群工作部主任、工会工作委员会主任、机关工会主席）。

招远经济技术开发区主要经济综合指标一览表

项目		单位	2014年	2013年	增减（%）
开发区生产总值		亿元	481.7749	439.1749	9.7
第二产业		亿元	302.6884	288.7114	4.84
工业		亿元	292.7783	286.9532	2.03
第三产业		亿元	174.9545	146.4204	19.49
工业总产值（现价）		亿元	1115.7971	1029.2382	8.41
高新技术企业		亿元	277.2828	273.0270	1.56
销售（营业）收入		亿元	1178.5303	1137.2143	3.63
第二产业		亿元	1102.6994	1069.2020	3.13
工业		亿元	1090.5630	1058.4673	3.03
第三产业		亿元	75.8309	68.0123	11.49
利润总额		亿元	70.8519	68.2745	3.78
第二产业		亿元	57.2044	56.4511	1.33
工业		亿元	56.5697	55.8375	1.31
区内主导产业及产值		亿元	886.4906	835.4314	6.11
主导产业	1. 黄金	亿元	731.6054	691.5264	5.79
	2. 轮胎汽车零部件	亿元	101.2538	93.5664	8.22
	3. 机械制造	亿元	24.2976	23.0541	5.39
	4. 新型电子材料	亿元	13.8269	12.9766	6.55
	5. 食品	亿元	15.5069	14.3079	8.38
第三产业		亿元	13.6475	11.8234	15.43
进出口总额		亿美元	17.6971	17.3479	2.01

续表

项目		单位	2014 年	2013 年	增减（%）
出口		亿美元	11.4438	11.2532	1.69
财政收入		亿元	60.7604	49.6339	22.42
税收收入		亿元	33.1175	26.9358	22.95
新批企业个数		个	280	259	8.1
外商及港澳台企业		个	12	12	0
内资企业		个	268	247	8.5
新批企业投资额	外商及港澳台企业	亿美元	1.237	1.0915	13.33
	内资企业	亿元	7.3743	5.8429	26.21
	增资企业	亿美元	—	—	—
合同外资金额		亿美元	1.237	1.0915	13.33
外商实际投资		亿美元	0.7958	0.6644	19.78
固定资产投资		亿元	206.6088	184.5072	11.98
年末从业人员数		个	88128	80395	9.62
在岗职工数		个	88128	80395	9.62
在岗职工平均工资		元	47951	47046	1.92
规模以上企业个数		个	245	245	0
工业		个	113	111	1.8
万元 GDP 能耗		吨标煤/万元	0.06953	0.07969	12.75

（招远经济技术开发区管委会）

泉州台商投资区

【园区概况】 泉州台商投资区地处泉州市中心城市东部，辖区面积200平方公里，人口23万人。2010年3月8日，福建省政府正式批准同意设立泉州台商投资区管委会，作为省政府的派出机构。2010年3月25日，泉州台商投资区党工委、管委会正式挂牌成立，下辖洛阳镇、东园镇、张坂镇、百崎回族乡等四个乡镇和惠南工业园区。2011年3月，泉州台商投资区作为主园区纳入泉州国家高新技术产业开发区管理范围。2012年1月21日，国务院正式同意设立泉州台商投资区。2012年7月，中央编办批复同意泉州台商投资区管委会升格为副厅级机构。

【经济发展】 2014年，泉州台商投资区实现地区生产总值196.75亿元，同比增长11.0%，工业增加值136亿元，同比增长12.6%；完成规模以上工业产值441.10亿元，同比增长14.2%，其中规模以上工业增加值123.30亿元，同比增长13.3%；全社会固定资产投资152.11亿元，同比增长29.3%；公共财政总收入12.57亿元，同比增长8%，其中公共财政预算收入7.48亿元，同比增长13.2%；出口商品总额（海关口径）3.58亿元，同比增长14.2%；实际利用外资（验资口径）8401万美元，同比增长74.1%；社会消费品零售额46.11亿元，同比增长7.1%。全区四大支柱产业实现产值340.54亿元，同比增长8.4%，其中纺织鞋服完成产值215.73亿元，同比增长8.0%；工艺制品完成产值34.95亿元，同比增长7.0%；石化后加工完成产值29.83亿元，同比增长2.7%；机电设备完成产值60.03亿元，同比增长14.0%。

【产业发展】 2014年，泉州台商投资区装备制造业迅速壮大，产值占全区规上工业总产的13.5%；造纸和纸制品行业快速增长。规模企业运行良好，120家超亿元产值企业实现产值328.5亿元，新增13家规模以上工业企业，成为工业经济新增长点。截至2014年底，形成了以集友鞋业、嘉泰鞋业、恒茂塑胶为龙头的产值250亿元的纺织鞋服产业集群；以北车、力达机电为龙头的产值65亿元的装备制造产业集群；以玖龙纸业、文松彩印、金百利包装为龙头的产值40亿元的新兴纸制品产业集群。园区全力培育打造绿色智能交通、高端装备制造、光电信息、上市企业创业园与现代高端服务等五大百亿集群，重点培育绿色智能交通、高端装备制造业两大集群。大力发展雕艺文化产业，建成上塘雕艺一条街，完成雕艺文化园概念规划编制，已形成从原料引进、成品生产、后期加工到营销推广的产业链条，生产企业超200家。

【招商引资】 2014年，泉州台商投资区坚持“大招商、招大商”，努力打造招商选资的快速通道和服务平台，先后14次组团赴台湾、北京、天津等地招商考察，共签订投资协议项目6个，投资总额32.5亿元，其中台资2个，投资额4亿元。在谈项目56个，总投资将超1400亿元。针对台湾中小企业“专、特、精”特点，设立电子信息、数控机械、生物科技、食品等四个专业园区。把握国家“一路一带”战略及中央支持福建跨越发展的机遇，完成福建省第四届民企对接会和粤港澳对接会项目签约任务，新签约视通科技、泉工机械、智崴科技、大兴电缆等42个项目，总投资125.06亿元。承接台湾先进产业和技术转移，打造台湾精密制造和光电信息产业集聚区，突出数控机械、电子信息、电子商务、食品产业招商工作，推动9.8投洽会8个对接项目、粤港澳产业链对接会9个对接项目顺利落地。

【科技创新】 2014年，泉州台商投资区加快高新园区建设，推进北车绿色智能交通一体化研究中心、中科院海西研究院泉州装备制造研究所、省特种设备检验研究院泉州分院和泉州台商投资区产业孵化基地等科技创新平台建设。培育企业创新主体，新增华德机电、和谐光电、正亿实业3家省高新技术企业，东方机械、和谐光电等11家市科技小巨人企业，组织申报43项技术创新和产业化项目。新增授权专利166件，有效发明专利31件。力达机电、隆盛轻工等7家企业获评泉州市管理创新示范企业。加快高新技术产业园区主园区建设步伐，以杏东片区、张坂片区等产业片区为载体，积极引入高新技术、新材料、生物医药、文化创意、海洋经济等产业。强化科技创新平台的孵化、带动、引领作用，继续引进一批研发机构，加快推进产业高端化、集群化、现代化发展。

【基础设施建设】 2014年，泉州台商投资区47个城建类重点项目完成投资45.98亿元。在建市政道路项目24个、开展前期项目35个，完成年度投资5.8亿元，东西主干道、张经支一路等10条道路新开工；13个在建房地产项目、百崎湖区整治及防洪排涝系统工程、南北主干道二期；上塘雕艺一条街、圣莎拉商务酒店等项目完成年度建设计划；完成东西主干道、南北主干道、通港公路等主要道路绿化亮化工程。张坂、杏田、东园3个工业启动区和湖东片区、蓝色经济培育区2个城市片区建设全面启动；世茂蓝色海湾、锦胜包装、天岗精密机械、德润电子等63个项目新开工，上塘雕艺一条街、原水工程、东西主干道拓改工程、通港公路拓改工程等41个项目建成或部分建成，光电产业园区“七通一平”、杏东片区“七通一平”、绿色智能交通一体化产业园“七通一平”等基础设施建设项目超额完成年度投资计划。

【管理与服务】 2014年，泉州台商投资区推动行政管理体制改革。完善“小政府、大社会，少部门、大部制”的行政管理体制，推进机构编制管理科学化、规范化、法制化。加强工商登记制度改革后续监管，开展各类特色主题改革，激发万众创新创业活力。推动“金改”、“综改”两项重点改革，探索金融服务实体经济新途径，出台民营经济综合配套改革实施意见。推动企业创新，制定支持企业全方位创新工作方案，投入5000万元重点支持产业龙头引领、产业组织创新、企业技术创新、电子商务发展、金融服务等“十大创新”。引导传统企业立足自身优势，发展差异化产品，鼓励企业组建产业技术创新联盟，参与制定行业标准，力达（中国）机电、正亿实业、金天梭精密机械、八哥鞋业、福联精编等一批企业牵头或参与制定了国家行业标准。完善区、镇、村三级的行政服务标准化体系，推行行政审批和公共服务事项全程网上办理和电子监察，全力推行“马上就办”。深化行政审批改革，全面梳理办理证照项目流程，简化审批时限，审批时限从法定的8351个工作日压缩为2872个工作日，行政审批时限压缩率达65.64%，其中审批件办结率达99.79%，即办率达78.27%、服务件办结率达100%，即办率达99.87%。深入开展破解“办证难”工作自查活动，梳理28项群众“办事难、办证难”问题，出台了公开办证办卡服务事项的通知，100%完成整改，彻底解决了困扰企业和群众的“办证难”问题。

【社会事业】 2014年，泉州台商投资区坚持民生优先，扎实推进医疗、卫生、教育、生活配套等10件45项为民办实事项目，财政投入民生4.5亿元，占公共财政预算支出82.7%。进一步深化“教育强区”五年规划，加快推进区重点项目涉及教育类17个项目建设，完成投资7930万元。推动与泉州华侨职校、泉州工商旅游职校、惠安开成职校等三所重点职校联合办学，强化师资力量。大力推进乡镇文化站、农家书屋、“全民健身”等重点文化惠民工程建设，引入市图书馆的数字图书资源，创建农家书屋数字阅读平台。成功举办“文化之都·活力新区”泉州台商投资区文化周活动。完成低保、新农合、新农保的提标工作，强化医疗、临时救助制度，不断完善社会保障体系。设立食品药品监督局，推动食品药品监管工作逐步走上规范化。

【党建工作】 2014年，泉州台商投资区制定出台《进一步加强村级组织建设的若干意见》，把村党支部活动经费、村委会工作经费、党员活动场所建设等支出作为保障重点。建立村干部绩效管理机制，将村干部工作实绩与经济报酬相挂钩，村主干绩效纳入镇考核，逐步解决教育实践活动和基层党建工作65个重难点问题，推动21个典型点创建和11个薄弱村转化；开展党的群众路线教育实践活动，通过定期接访下访、举办各类座谈会、面对面谈心征求、网络征求等形式，征求意见8类224条，征集金点子140条。班子带头查摆问题60条，班子成员共查摆问题165条，班子成员之间互提批评意见220条，100%完成整改任务。建立11个薄弱村、重点村“村情档案”和457户困难户“民情档案”，结对帮扶群众450户1695人，征求群众和企业意见建议650多条，深入村级帮助群众解决实际问题286个，发展项目90个；以“村官论坛”为载体，开展项目进度竞赛和服务群众比拼，规范建设78个村级便民服务代办点；开展村级网格化管理试点，形成“三点一线”群众工作新格局；探索“1+X”非公党建模式，创建“台资企业党建综合体”，培育隆盛轻工、双喜制衣、荣欣体育等一批非公企业党建典型点。

【机构设置】 2014年，泉州台商投资区实行开发区与行政区体制“区政合一”的管理体制，泉州台商投资区党工委、管委会下设党工委办公室（加挂管委会办公室牌子）、党群工作部、综治工作办公室、环境与国土资源局、规划建设与交通运输局、科技经济发展局（加挂安全生产监督管理局牌子）、投资促进局、教育文体旅游局、民生保障局和财政局，另在监察局加挂审计局牌子。设立公安、边防、行政执法等3个市直属部门，工商、税务、电信、金融等已在园区设立机构。

泉州台商投资区主要经济综合指标一览表

项目		单位	2014年	2013年	增减（%）
开发区生产总值		亿元	196.75	179	11.0
第二产业		亿元	148.89	134.69	12.3
工业		亿元	135.81	122.91	12.5
第三产业		亿元	42.64	38.91	8
工业总产值（现价）		亿元	481.72	425.51	13.2
高新技术企业		亿元	33.73	18.55	81.8
区内主导产业及产值					
主导产业	1. 纺织鞋服业	亿元	215.73	197.61	8.0
	2. 工艺礼品业	亿元	34.95	31.69	7.2
	3. 石化后加工业	亿元	29.83	29.79	2.4
	4. 装备制造业	亿元	60.03	52.42	14.1

续表

项目		单位	2014 年	2013 年	增减（%）
进出口总额		亿美元	4.18	3.56	17.3
出口		亿美元	3.58	3.14	14.2
财政收入		亿元	12.57	11.63	8.0
税收收入		亿元	5.81	5.27	10.3
财政支出		亿元	9.56	10.17	-4.8
新批企业个数		个	562	203	176.8
外商及港澳台企业		个	4	7	-42.9
内资企业		个	558	196	184.7
新批企业投资额	外商及港澳台企业	亿美元	1.28	2.53	-49.4
	内资企业	亿元	35.29	13.57	160.1
	增资企业	亿美元	1.17	0.17	588.2
规模以上企业个数		个	237	236	0.4
合同外资金额		亿美元	0.9192	0.9334	-1.5
外商实际投资		亿美元	0.8401	0.4825	74.1
固定资产投资		亿元	117.62	152.11	29.3
年末从业人员数		万人	8	7.13	12.4
在岗职工平均工资		元	43453	43323	0.3
万元 GDP 能耗		吨标煤/万元	0.158	0.048	229.2

（泉州台商投资区管委会）

海安经济技术开发区

【经济发展】 海安经济技术开发区（以下简称“海安开发区”）是江苏沿海国家级产业新城，是“一带一路”、江苏沿海开发、长江经济带、长三角一体化发展等国家战略的叠加区。2014年，全区实现地区生产总值535.55亿元，全社会固定资产投资420.42亿元，公共财政收入49.82亿元，实际使用外资3.11亿美元，完成外贸进出口总额22.8亿美元。

【产业发展】 2014年，海安开发区全年完成工业总产值2590.95亿元。积极推进机器人、高端装备制造、新能源新材料等新兴产业发展。加快推进纺织丝绸、电梯零部件、电力设备等传统产业提档，促进“全产业链”发展。充分发挥铁路、国道、运河三位一体联动效应，加快发展现代商贸物流业，着力打造江苏东部“公铁水”无缝对接的商贸物流高地。上柴动力、远东新材料、骆氏减震件等一批10亿元项目投产运营，东材新材料等一批重特大项目加快建设。长三角电子商务总部基地成功落户。星湖001商业广场一期、正元粮食物流、润安棉花物流、电子商务产业园等一批物流业项目开工建设，中洋豪生、王府邦瑞大酒店建成运营。东部全球家具采购中心、联发纺织材料物流交易中心被列为江苏省服务业“十百千”重点项目。现代都市农业园、农产品加工园、万顷良田设施农业种植区“两园一区”加速推进。

【科技创新】 2014年，海安开发区开展各类产学研对接活动近百次，举办大型产学研活动20余次，投入研发经费12.95亿元。全年获批各类专利6405件，其中发明专利授权131件、发明专利申请1268件。加快推进科技创新平台建设，实现了规模以上企业校企共建、研发机构“两个全覆盖”。上海交通大学机器人研究所（海安）研究院与区内装备产业迅速融合，携手百协精锻研究开发自动化锻压线技术，填补国内空白；与苏州大学、苏州博实机器人技术有限公司合作共建的海安先进机器人及系统研发生产基地投入运营。2014年被评为“国家知识产权试点园区”、“江苏省信息化和工业化融合示范园区”，获批南通市唯一一家机器人产业基地。

【招商引资】 2014年，海安开发区设立招商美国分局、亚洲分局、欧洲分局，搭建海外招商平台，有针对性地开展招商工作。完善招商工作机制，创新招商举措，推行竞岗揭榜招商。在美国、日本、韩国、台湾、北京、深圳、上海等地组织各类专题招商活动近30次。全年新批协议外资6.9亿美元，实际使用外资3.11亿美元。由中国和意大利两国政府联合共建的“中意海安生态园”成功落户。总投资1.6亿美元的莫塔超硬材料项目开工建设。

【社会事业】 2014年，海安开发区优化教育资源，调整布局结构，促进教育事业的可持续发展。投入1.3亿元建设新初中。校安工程、设施改造、基础设施建设等重点项目按序时推进。扩建8家社区卫生服务站，极大地改善和方便了群众就医。加大安置房建设力度，加强征地和保障对接，确保阳光操作、即征即保、民生优先。认真做好劳动合同管理、劳动保障监察和劳动争议调解工作，全区企业劳动合同签订率99%以上，集体合同签订率100%。

【管理与服务】 2014年，海安开发区积极探索新型社区管理，在新型社区全面推进网格化管理，完善三室和一站式管理服务平台建设，探索构建“党组织+社区居委会+社区物业”三位一体的社区管理服务体系。针对大型集中居住区，开发新型社区管理服务平台数据库软件，强化基层基础信息数据采集汇总和管理运用。平安建设成果丰硕，投资百万元建设蓝天卫士工程，在12个主要道口和人员密集场所为视频监控网络补点闭环。积极实施“一岗双责”，依法行政工作取得良好成效。强化项目经理负责制，打造项目服务“金字招牌”，促进项目早开工、早竣工、早见效。

【机构设置与管委会领导】 海安开发区管委会下设纪工委、办公室、党群工作局、科技和经济发展局、招商一局、招商二局、建设局、农村工作和社会事业局、政法和社会建设局、安全生产监督管理局、财政局、重大项目管理办公室、软件科技园管委会等13个工作部门。

管委会领导：海安开发区党工委副书记周宗泉，管委会主任王荣贵，管委会常务副主任钱亚洲，纪工委书记王银俊，管委会副主任吴建华、王晓红、张书伟、袁海秋、胡国祥、田卫军。

（海安经济技术开发区管委会）

石家庄经济技术开发区

【经济发展】 2014年，石家庄经济技术开发区（以下简称“石家庄开发区”）实现地区生产总值207亿元，同比增长35.6%；工业产值1021亿元，同比增长23.9%；财政收入52.9亿元，同比增长0.9%；固定资产投入92.9亿元，同比增长-44.5%；进出口总额2.264亿美元，同比增长-5%；实际利用外资1.022亿美元，同比增长27.9%。

【产业发展】 石家庄开发区已形成生物医药、装备制造、轻工食品、战略新兴四大主导产业。2014年，生物医药及相关企业已达50余家，涵盖生物制药、化学制药、医药中间体、中成药、医疗设备、医药包装材料等领域。华北制药集团、石家庄制药集团的主要生产企业和石家庄四药有限公司等知名医药企业在开发区安家落户，主导产品半合成抗生素的生产规模和生产能力居全国领先地位，是我国目前最大的抗生素原料药和粉针剂企业最集中、最密集的生产基地。华药集团华民药业有限公司是生产新头孢系列单体最大的厂家，石家庄四药有限公司的软包装大输液制剂市场占有量列全国第一位，华药集团华胜有限公司的硫酸链霉素、双氢链霉素占世界总量的65%，石药集团恩必普有限公司研发的丁苯酞软胶囊是具有自主知识产权、治疗预防脑卒中的国家一类新药，石家庄开发区已形成医药门类比较齐全、生物产业比较集中的医药产业群和生物产业链。机械装备制造企业40余家，石家庄动力机械厂、河北太行机械工业公司、河北宏昌天马改装车公司、河北富士华金刚石有限公司、中农博远装备有限公司、石家庄精工化工设备公司、石家庄石特阀门公司、河北浩森不锈钢公司等一批较大规模企业入驻开发区；石家庄开发区有食品类企业20余家，总投资8亿元、世界500强美国ADM公司和新加坡丰益面粉有限公司合资建设的益海（石家庄）粮油工业有限公司，投资6亿元的青岛啤酒（石家庄）有限公司等；石家庄开发区在发挥优势产业基础上，努力调整产业结构、转变增长方式，大力发展电子、通讯、物流业等信息产业。河冶科技有限公司生产的高速钢、粉末钢居世界领先水平，主要应用于航空航天领域，“神九”飞船关键部件产自河冶科技。

【投资促进】 2014年，石家庄开发区继续发展壮大生物医药、装备制造、轻工食品三大传统产业，进一步加大引进电子、通讯、物流等战略新兴产业项目力度，尤其是世界五百强企业。引进一批规模型、支撑型、带动型和效益型的大项目，其中包括总投资11亿元的华药集团生物药项目、总投资5.9亿元的河北柯瑞生物医药项目、总投资5.5亿元的石家庄三丰纸制品项目、总投资6.2亿元的河北鑫耀矿山项目，共引进19个项目，引进域外资金66亿元以上，其中超亿元项目16个。

【投资环境】 2014年，石家庄开发区按照“年内实现规划区域内基础设施全覆盖”的要求，全力推进总投资21亿元的道路、供电、供热、交通等七大类配套工程建设。世纪大道、塔东大街全线贯通，投资8亿元的南水北调地表水厂项目顺利启动，220KV医药站正在加紧建设。污水处理厂强化了设备运行维护，顺利启动升级改造暨中水回用及污泥深度处理工程。石家庄市政工程处先后投资1000多万元完成工业大街、塔西大街等部分路段及3个公园9万平方米苗木绿化、307跨路形象牌、商业街包装改造等形象提升工程，开展多次区容区貌专项整治活动，实现了城区的绿、洁、亮、美。

【项目建设】 2014年，石家庄开发区总投资267.3亿元37个项目全面推进。总投资93.9亿元的威远药业、中农博远、一品医药、石药制剂国际化、四方通信公司系列产业化项目等8个项目顺利投产；总投资85.5亿元的山岭海河置业、威纳邦产业园、中粮可口可乐二期等项目顺利进场施工，部分项目主体已经完工；继续加大招商引资力度，先后与华北制药生物药、北京国械堂、石家庄市三丰纸制品、河北鑫耀矿山机械等项目签约，并与青岛啤酒80万千升基地工厂、四方通信产业化项目、同福总部项目、新希望食品项目洽谈取得了实质进展。

【社会事业】 2014年，石家庄开发区以到村蹲点服务为契机，坚持领导分包联系点和蹲点服务制度，有效解决好农村村民住宅楼建设、失地农民保险、医疗等事关群众切身利益的热点难点问题；社会保险覆盖范围进一步扩大，新农合、新农保参加率均在98%以上；进一步拓宽就业渠道，先后安排237名失地农民在区内企业实现就业，组织96名青年进行了职业技能培训。同时，健全了最低生活保障、特殊群体服务保障等制度，计划明年研究实施失地农民养老保障政策，开发区群众的幸福指数得到大幅度提高，广大群众享受到更多发展成果。

（石家庄经济技术开发区管委会）

六安经济技术开发区

【经济发展】 2014 年，六安经济技术开发区（以下简称“六安开发区”）实现地区生产总值 60 亿元，同比增长 12.7%，占六安市（以下简称“全市”）的 5.5%；财政收入 11.67 亿元，同比增长 4.8%，占全市的 8%；全社会固定资产投资 65.1 亿元，同比增长 21.2%，占全市的 6.5%，其中工业项目 53.1 亿元，同比增长 27.9%，占全市的 12.3%；利用外资 2965 万美元，同比增长 26.6%，占全市的 8.4%；进出口总额 1.13 亿美元，同比增长 18.5%，占全市的 16.5%；完成社会消费品零售总额 19.5 亿元，同比增长 16.1%，占全市的 4%。

【产业发展】 2014 年，六安开发区实现规模工业总产值 163.9 亿元，同比增长 11%；规模工业增加值 43.1 亿元，同比增长 14.4%，占全市的 9.8%。全年汽车及装备制造产业实现产值 68.8 亿元，同比增长 15.24%；轻工纺织产业实现产值 55.25 亿元，同比增长 10.23%；新型建材业实现产值 32.5 亿元，同比增长 9.06%；战略性新兴产业实现产值 33.1 亿元，同比增长 38.7%。

【科技创新】 2014 年，六安开发区成功获得首批安徽“省级知识产权示范培育园区”荣誉称号；新认定省级高新技术企业 5 家，省级高新技术产品 19 个；新增省级创新型企业 1 家、省级企业技术中心 2 家、省级工程技术中心 2 家、市级创新型企业 2 家、市级工程技术中心 2 家、市级知识产权优势企业 1 家。申请专利 628 件，其中发明专利 168 件；授权专利 329 件，其中发明专利 18 件；申请、授权量均位居全市前列。

【投资促进】 截至 2014 年底，六安开发区新引进工业项目 21 个，总部经济项目 5 个；实际境内到位资金 65.8 亿元。利用外商直接投资 2965 万美元，同比增长 26.6%。实现进出口总额 11307 万美元，同比增长 18.5%，其中出口总额 10092 万美元，同比增长 17.7%。

【基础设施建设】 2014 年，六安开发区在建安置房 32.1 万平方米，23.4 万平方米交付使用；新建续建公租房 855 套，建成 570 套。刘安路、正阳北路、金凤路等市政道路建成通车，铺设供水、污水管网 4.3 公里，亮化道路 5.5 公里，绿化面积 6.7 万平方米。完成长江小区、寿春路小区、裕民小区等老旧小区改造 61.9 万平方米。消防大队新址一期工程建成使用，现代科技产业园 4#、5#厂房 3.7 万平方米主体工程竣工。

【社会事业】 2014 年，六安开发区财政民生类支出 3.4 亿元，占财政总支出的 79.1%，较 2013 年占比提高 3.8 个百分点。扎实推进“村（居）为主”工作机制，人口计生服务水平明显提升。完善城乡社会救助体系建设，规范城乡低保管理，提高五保供养水平，强化双拥优抚安置，加大殡改工作力度，稳步推进老龄服务，各项政策补助发放到位。新农合参合率达 99.9%。

【机构设置与管委领导】 2014 年，六安开发区工委、管委为六安市委、市政府派出机构，下设机构 13 个：工委管委办公室、招商局、经贸发展局（安全生产监督管理局）、财政局、规划建设局、社会发展局（卫生和计划生育办公室)、国土局、组织人社局(非公企业党工委)、监察审计局、城管综合执法局、征收安置办公室、村居管理委员会、政务服务中心。

管委会领导:工委副书记、管委副主任夏伦平,工委委员、管委副主任熊伟,工委委员、纪工委书记吴卫平,工委委员、管委副主任闫浩滨,管委会副主任潘攀(挂职),工委委员、管委副主任张成刚,工委委员、管委副主任张成刚,工委委员、工委管委办公室主任王桀。

六安经济技术开发区主要经济综合指标一览表

项目		单位	2014 年	2013 年	增减(%)
开发区生产总值		亿元	60	54	11.11
第二产业		亿元	48.4	42.5	13.9
工业		亿元	46.3	40.5	14.2
第三产业		亿元	11.6	10.6	9.1
工业总产值(现价)		亿元	166	149.3	11.1
高新技术企业		亿元	46	44	3
销售(营业)收入		亿元	234	215	8
第二产业		亿元	148	138	7
工业		亿元	148	138	7
第三产业		亿元	30	21	43
利润总额		亿元	16.5	14	17
第二产业		亿元	7	6.4	9
工业		亿元	7	6.4	9
区内主导产业及产值					
主导产业	1. 装备制造业	亿元	68.8	59.7	15.24
	2. 轻工纺织业	亿元	55.25	50.12	10.23
	3. 新型建材业	亿元	32.5	29.8	9.06
	4. 战略性新兴产业	亿元	33.1	23.86	38.77
第三产业		亿元	77.2	54.04	42.85
进出口总额		亿美元	1.13	0.95	18.52
出口		亿美元	1.01	0.85	17.71
财政收入		亿元	12	11	4.83
税收收入		亿元	4.9	4	20.78
财政支出		亿元	4.29	4.69	-8.5
新批企业个数		个	77	40	92
外商及港澳台企业		个	1	1	
内资企业		个	76	39	94
新批企业投资额	外商及港澳台企业	亿美元	0.77	0.85	-9
	内资企业	亿元	70	39.3	78
	增资企业	亿美元	—	—	—
合同外资金额		亿美元	0.92	0.85	7.99
外商实际投资		亿美元	0.3	0.23	30
固定资产投资		亿元	65	54	20
年末从业人员数		个	3.9	3.8	2.63
在岗职工平均工资		元	28000	25000	12
规模以上企业个数		个	96	89	7.87

(六安经济技术开发区管委会)

其他开发区篇

中国（上海）自由贸易试验区

【区域概况】 2013年9月29日，中国（上海）自由贸易试验区（以下简称“上海自贸试验区”）挂牌成立。根据国务院批准的《中国（上海）自贸试验区总体方案》，区域范围涵盖外高桥保税区、外高桥保税物流园区、浦东机场综合保税区和洋山保税港区4个海关特殊监管区域，规划面积28.78平方公里。其中，外高桥保税区是1990年经国务院批准设立的国内第一个保税区，规划面积10平方公里，是目前国内经济规模最大、业务功能最丰富的海关特殊监管区域，也是国内首个国家进口贸易促进创新示范区。外高桥保税物流园区是2003年经国务院批准设立的国内第一个保税物流园区，封关面积1.03平方公里，是国内首家区港联动试点物流园区。洋山保税港区是2005年经国务院批准设立的国内第一个保税港区，规划总面积14.16平方公里，实行“区港一体”监管运作，是上海国际航运发展综合试验区的核心载体。浦东机场综合保税区于2009年经国务院批准设立，规划面积3.59平方公里，具有浦东机场亚太航空复合枢纽港优势，是上海临空服务产业发展的先导区。2014年12月底，全国人大常委会授权国务院暂时调整有关法律规定，将上海自贸试验区扩展到陆家嘴金融片区、金桥开发区片区和张江高科技片区，总面积120.72平方公里。

【年度概述】 2014年，上海自贸试验区围绕面向世界、服务全国的战略要求和上海“四个中心”建设的战略任务，以简政放权、放管结合的制度创新为核心，加快政府职能转变，探索体制机制创新，在建立以负面清单管理为核心的外商投资管理制度、以贸易便利化为重点的贸易监管制度、以资本项目可兑换和金融服务业开放为目标的金融创新制度、以政府职能转变为核心的事中事后监管制度等方面，形成了一批可复制、可推广的改革创新成果。

【经济发展】 截至2014年12月底，上海自贸试验区在28.78平方公里海关特殊监管区域内，投资企业累计达23243家，吸引从业人员超过28万人，159家世界500强企业投资了296个项目。挂牌后，累计新设企业14860家（内资12518家，外资2342家），其中2014年新设企业11353家（内资9216家，外资2137家）。全年区内企业完成经营总收入16000亿元，同比增长11%，其中，商品销售额13800亿元，增长11.5%，约占全市的1/5；航运物流服务收入1180亿元，增长15%。完成进出口额7623亿元，同比增长8.3%，其中进口额5587亿元，增长7.3%；出口额2036亿元，增长11.2%。区内企业经营利润同比增长20%。

【创新发展】 一是完善负面清单管理模式。修订出台2014版负面清单，外商投资准入特别管理措施由190条减少到139条，并明确了30条管理措施的具体限制要求，进一步提高了开放度和透明度，进一步接轨国际通行规则。二是落实外商投资和境外投资备案管理制度。新设外资企业中，近90%通过备案方式设立；累计办结170个境外投资项目备案，中方投资额累计39.28亿美元。三是实施企业办事“单一窗口”制度。通过线上线下相结合，实现企业新设、变更的“一口受理、信息共享、并联办事、统一发证”。质监部门推出组织机构代码实时赋码，税务部门推出“税务登记号码网上自动赋码”等10项“办税一网通”创新措施。四是落实扩大开放领域措施。2013年《总体方案》明确的23项服务业开放措施，已有437个项目落地。2014年国务院又批准了新一轮31项开放措施，实现了从服务业向制造业等领域的拓展，已有33个项目落地。五是创新“一线放开、二线安全高效管住、区内自由”监管制度。海关以“简政集约、通关便利、安全高效”为重点，推出23项监管服务创新举措；检验检疫推出“通关无纸化”、“分线管理”、“第三方检验结果采信”等23项改革措施；海事推出船舶安全作业监管、高效率船舶登记流程等15项新制度；海关、检验检疫联动实施“一次申报、一次查验、一次放行”监管试点，并在一线出境、二线入区环节实现通关单无纸化。六是实施国际贸易“单一窗口”管理制度。借鉴国际通行规则，建立贸易、运输、加工、仓储等业务的跨部门综合管理服务平台。2014年先期建设口岸监管“单一窗口”，实现一般贸易进口和船舶离港手续办理等功能的上线试点运行。七是探索建立货物状态分类监管制度。实施“分类监管、分账管理、标识区分、联网监管、实货监控”的监管新模式，对保税货物、非保税货物、口岸货物进行分类监管，促进内外贸一体化发展。目前，已确定监管方案、操作规范和试点企业。八是金融创新业务有序推进。围绕人民银行、银监会、证监会、保监会推出的51条创新举措，出台了38项实施细则，在自由贸易账户体系、投融资汇兑便利、人民币跨境使用、利率市场化、外汇管理改革5个方面，形成了“一线放开、二线严格管理的宏观审慎”的金融制度框架和监管模式。截至12月底，金融领域大部分措施进入实际操作阶段，自由贸易账户业务已正式启动，10家中资银行接入自由贸易账户信息监测管理系统，开立9741个自由贸易账户，账户存款余额134亿元，账户体系运转良好，资金流动正常。九是金融监管和风险防范机制建立完善。“一行三会”驻沪机构和上海市政府建立了监管协调机制和跨境资金流动监测机制，人行上海总部和自贸试验区管委会建立了“反洗钱、反恐融资、反逃税”监管机制。同时，进一步完善金融宏观审慎管理措施和切实加强机构风险管理自我责任，制定异常情况下的应急管理办法，构建开放条件下的金融安全网。十是健全社会信用体系。依托上海市公共信用信息服务平台，推动建设自贸试验区公共信用信息子平台，已经能够交互共享市公共信用信息服务平台、市法人库的信用数据，以及本市相关行业组织等提供的企业违约信息。中央驻沪单位、市级管理部门和自贸试验区驻区机构出台了一系列信用管理制度，初步建立了信用奖惩机制。十一是建立企业年度报告公示和经营异常名录制度。3月1日发布实施自贸试验区年度报告公示办法、经营异常名录管理办法，共有10323家企业提交年度报告，公示率87.54%，其中7398家同时提交了会计师事务所出具的年度审计报告（有3122家为自愿提交），工商部门已发布首批1463家企业经营异常名录（由于部分企业补报信息，截至12月底列入经营异常名录企业为1192户），并按3%的比例对315家企业进行公示信息抽查。十二是健全信息共享和综合执法制度。在信息共享方面，建设以大数据中心和信息交换枢纽为主要功能的信息共享平台，已汇集口岸和金融等中央在沪单位、市级部门等34个部门近700万条信息数据，实现了各管理部门监管信息的归集应用和共享，促进了跨部门联合监管。在综合执法方面，自贸试验区管委会相对集中行使执法权，已承担市级层面在规划建设、劳动监察、知识产权等领域的行政执法权，启动试运行网上执法办案系统，着力形成联动执法、协调合作机制。十三是建立社会力量参与市场监督制度。已成立由社会知名人士担任主任委员，企业、行业协会和商会代表组成的社会参与委员会，会计师事务所等专业服务机构已承担企业年报审计工作，第三方检验机构已为试验区进出口商品检验出具鉴定报告，商事纠纷调解中心已在区内开展业务，上海国际仲裁中心自贸试验区仲裁院已在区内设立。十四是建立安全审查制度。在国家发改委、商务部的指导下，已经制定自贸试验区安全审查办法，明确外资安全审查的范围、内容、工作机制和程序。十五是建立反垄断审查制度。在国家发改委、商务部、工商总局支持下，形成自贸试验区反垄断审查联席会议制度方案。

【制度成果复制推广】 经过第三方评估机构的综合评估，形成了一批可复制可推广的制度成果。12月底，国务院印发《关于推广中国（上海）自由贸易试验区可复制改革试点经验的通知》（国发〔2014〕65号），除涉及法律修订、上海国际金融中心建设事项外，投资管理、贸易便利化、金融和服务业开放领域的23项措施和事中事后监管方面的5项措施将在全国推广，海关监管和检验检疫6项制度创新将在全国其他海关特殊监管区域复制推广。

【法治改革】 制定发布《中国（上海）自由贸易试验区条例》。经上海市人大常委会审议通过，于8月1日起施行，是我国第一部关于自贸试验区的地方性法规，涵盖了管理体制、投资开放、贸易便利、金融服务、税收管理、综合监管、法制环境等七个方面的内容，从地方立法层面确立了推动自贸试验区建设和发展的制度框架。

【功能拓展】 一是总部经济稳步发展。首批22家亚太营运商获得集团总部授权；55家企业试点跨国公司总部外汇资金集中运营管理；区内集聚总部经济企业近260家；自贸试验区境外投资服务平台上线运作。二是贸易功能不断增强。澳大利亚、俄罗斯进口商品国别中心启动运营；对外文化贸易基地引进微软、太田等企业近300家；森兰区域保税展示交易功能延伸至临港地区；平行进口汽车试点工作正式启动；大宗商品现货交易市场启动筹建；跨境电子商务探索形成保税进口、直邮中国两种模式，上线商家达到60家；全球维修检测再制造业务初具规模，中外运—杰浦电子全球维修、曼恩船舶维修等项目启动运作。三是金融服务功能不断增强。金融机构加快集聚，116家有金融牌照的机构和一批金融服务企业入驻区内，启动实施了一批服务实体经济和投资贸易便利化的金融创新业务。上海国际能源交易中心、上海国际黄金交易中心等一批面向国际的要素市场平台在区内成立运营。融资租赁业务全面发展，累计引进326家境内外融资租赁母公司和336家SPV项目公司，注册资本总额1036亿元。四是试点国际中转集拼创新业务。配合海关制定监管方案，采用简化进境备案规范要素模式，启动国际中转集拼创新业务试点。

【优化环境】 优化区域规划。在规土部门指导下，以弹性规划的理念，创新性地开展了结构规划和控详规划编制工作，基于服务分区、综合分区和物流分区三大功能分区，提出了综合土地兼容使用的类型和比例，为区域扩大服务业开放和产业转型升级提供了重要保障；编制出台《关于中国（上海）自由贸易试验区综合用地规划和土地管理的试点意见》，在带产业项目挂牌出让供地、存量工业用地转型开发等方面研究制定了实施方案，并结合具体项目进行试点，提高了土地节约集约利用水平。

【生态环保】 2014年，上海自贸试验区从加强环境保护准入环节管理、加强环境保护事中事后监管、鼓励区内企业申请国际环境和能源管理标准认证三个方面推进自贸试验区环保制度创新，制定了相关实施意见，建立了区内企业环保评比、监管制度。推进“生态建设规划”、重点生态项目规划、洋山保税港区和机场综合保税区规划环评报告书编制工作，发挥环保规划先导作用。

【机构设置与管委会领导】 机构设置：中国（上海）自由贸易试验区管委会下设办公室、人力资源局、政策法规研究室、经济发展局、财政和金融服务局、规划建设和环境管理局、综合监管和执法局7个内设局室，洋山保税区港区办事处、外高桥保税区办事处、浦东机场综合保税区办事处3个非独立法人机构，以及综合执法大队、信息中心（统计调查所）、城建管理事务中心、投资服务中心4个直属事业单位。

管委会领导：主任：上海市委常委、副市长艾宝俊；党组书记、常务副主任：上海市政府副秘书长陈寅；副主任：市政府副秘书长，浦东新区区委副书记、区长孙继伟；党组副书记、副主任：严旭；副主任：浦东新区副区长简大年；党组副书记、党组纪检组组长王辛翎；副主任：李兆杰、朱民、王靖。

［中国（上海）自由贸易试验区管委会］

上海浦东康桥工业区

【概述】 上海浦东康桥工业区（以下简称“工业区”）创建于1992年5月，1994年8月被批准为上海的市级工业区，规划面积26.88平方公里。工业区位居浦东新区中心位置，近年来，连续获得“国家新型工业化产业示范基地”、“国家级孵化基地”、“全国商务系统先进集体”、“上海市战略性新兴产业示范基地”、“上海市质量与环境双优园区”、“上海市品牌园区”等国家级、市级荣誉。截至2014年底，工业区共引进外资企业515家，总投资57.695亿美元，其中世界500强投资的企业近22家；累计引进内资企业3371家，总投资327.56亿元，累计固定资产投入790.79亿元，其中工业固定资产投入381.32亿元。

【经济发展】 2014年，康桥工业区经济平稳健康发展，地区生产总值309.3亿元，同比减少4.3%，占浦东新区地区总产值的4.4%；其中第二产业增加值为292.7亿元，同比增长4.1%，占浦东新区第二产业增加值的12.6%；第三产业增加值为16.6亿元，同比增长6.4%，占浦东新区第三产业增加值的0.3%。实现税收65.5亿元，同比减少4.4%，占浦东新区的2.3%。园区企业经营收入1796.91亿元，同比增长0.09%；固定资产投入69.45亿元，同比减少14.2%，占浦东新区固定资产投入的3.9%；园区企业进出口总额332.1亿美元，同比减少0.7%，占浦东新区进出口总额的12.4%。

【产业发展】 2014年，康桥工业区工业产业发展继续保持相对稳定，工业增加值291.7亿元，同比减少4.1%，占浦东新区工业增加值的12.6%，其中规模以上工业增加值为288.5亿元，同比减少4.1%，占浦东新区规模以上工业增加值的12.6%；园区全年工业总产值1546.4亿元，同比减少2.4%，占浦东新区工业区总产值的17.0%，其中，规模以上企业工业总产值1496.47亿元，同比减少2.5%，占浦东新区规模以上企业工业总产值的17.1%；外商投资企业总产值1406.79亿元，同比减少2.4%，内资企业工业总产值143.1亿元，同比增长2.4%。园区主导产业工业总产值1198.41亿元，同比减少2.4%，占园区总产值的77.5%。主导产业主营业务收入1200.6亿元，同比减少2.4%，占园区企业主营业务收入的77.7%。

【园区特色】 2014年，康桥工业区明确了“统一招商资源、建立合作模式、降低运营成本、提高综合利用”的招商思路，努力围绕主导产业和龙头企业不断加大招商引资力度。

在战略性新兴产业方面，着力引进代表3D打印的西安交大3D打印研发中心项目及福斐科技3D打印体验中心项目，并协助企业尽早产业化；另外超科林也通过我们做了工业区市场调研，计划新增加3D打印产业化项目；协助孵化器引进一家央企的国家级项目——中建材光电应用技术研究院。该项目针对太阳能产业面临的前沿问题和应用技术，重点开展TCO导电膜玻璃及薄膜太阳能电池关键工艺技术开发与应用、新能源材料与装备研究开发、太阳能光热技术产业化研究、太阳能薄膜电池及BIPV产业技术标准和规范的研究与制定、新能源应用技术等五个方向的研发工作。通过一系列的示范和推广应用，现已成为该领域产学研紧密结合的科技创新平台和新能源应用基地。

在总部经济方面，成功引进了一家跨国公司地区总部——盛亚（上海）管理有限公司落户康桥，预计每年将产生1000万元以上税收；协助思瑞安复合材料（中国）有限公司设立跨国公司地区管理总部——阿鲁克邦亚太管理（上海）有限公司，思瑞安计划将生产线全部搬迁至外地，目前正在积极洽谈康桥集团回购思瑞安在康桥东路的厂房，根据相应业态进行二次开发；协助上海ABB工程有限公司升级为区域总部，并联合交大三方合作，计划设立机器人产学研基地。

另外，在迪士尼配套方面，为承接迪士尼溢出效应，我们还积极洽谈多家经济型酒店和精品酒店入驻康桥工业区，为其在申报、政策、招商方面提供服务和方便，目前已达成了多家投资意向。

【科技创新】 园区内现有高新技术企业125家，2014年高新技术企业产值288.9亿元。2014年康桥工业区科技创新相关情况如下表所示：

研发投入（亿元）	28.6	研发投入占销售收入比重（%）	1.6
（1）主导产业的研发机构情况			
国家级企业技术中心或研发机构数量	15	市级企业技术中心或研发机构数量	48
国家级企业技术中心或研发机构			
名称		研发中心类型	
中科大数理研究中心		研究中心	
上海港机重工有限公司		技术中心	
中国电信		研发机构	
中科大全国金融工程研究所		研究所	
中科大量子通信研究基地		研究基地	
上海中钞油墨有限公司		技术中心	
3D打印研发展示中心		研发展示中心	
快速制造国家工程中心		工程中心	
烟台万华有限公司		研发机构	
上海延锋江森座椅有限公司		技术中心	
上海通江科技有限公司		技术中心	
上海烟草集团		技术中心	
康桥中药饮片厂		技术中心	
天翼科技创业投资有限公司		研发中心	
沙伯基础（中国）研发有限公司		技术中心	
市级企业技术中心或研发机构			
名称		研发中心类型	
上海延锋百利得安全系统有限公司		技术中心	
上海宏和电子材料有限公司		研发机构	
昌硕科技（上海）有限公司		技术中心	

续表

市级企业技术中心或研发机构	
名称	研发中心类型
上海 ABB 工程有限公司	技术中心
莱必泰数控机床股份有限公司	技术中心
美特斯邦威服饰股份有限公司	研发机构
蒂森克虏伯普利斯坦汽车零部件（上海）有限公司	研发中心
上海纳铁福传动轴有限公司	技术中心
上海天正明日电力自动化有限公司	技术中心
上海延锋江森座椅有限公司	技术中心
上海百润香精香料有限公司	技术中心
上海特波电机有限公司	技术中心
爱杰维（上海）玻纤材料有限公司	技术中心
威宏电子（上海）有限公司	技术中心
杰西博工程机械（上海）有限公司	技术中心
宏达通讯有限公司	技术中心
上海天正集团有限公司	技术中心
上海东风康斯博格莫尔斯控制系统	技术中心
梅里埃（上海）生物制品有限公司	技术中心
上海浦东一汽青岛专用车厂	技术中心
上海江森自控汽车电子有限公司	技术中心
夏特装饰材料（上海）有限公司	技术中心
上海汇豪木门制造有限公司	技术中心
上海神汇汽车转向器有限公司	技术中心
上海神火铝箔有限公司	技术中心
约斯特（上海）汽车部件有限公司	技术中心
上海中隆纸业有限公司	技术中心
上海中豪纸品加工有限公司	技术中心
利乐食品机械（上海）有限公司	技术中心
思瑞安复合材料（中国）有限公司	技术中心
上海耀皮康桥汽车玻璃有限公司	技术中心
上海延康汽车零部件有限公司	技术中心
摩根热陶瓷（上海）有限公司	技术中心
上海耀皮工程玻璃有限公司	技术中心
上海施耐德配电电器有限公司	技术中心
施耐德（上海）电器部件制造有限公司	技术中心
上海耀皮建筑玻璃有限公司	技术中心
上海施耐德电气电力电子有限公司	技术中心

续表

市级企业技术中心或研发机构	
名称	研发中心类型
哈挺机床（上海）有限公司	技术中心
超科林半导体设备（上海）有限公司	技术中心
上海乔治费歇尔管路系统有限公司	技术中心
上海高砂鉴臣香料有限公司	技术中心
上海三电冷机有限公司	技术中心
上海富申冷机有限公司	技术中心
吉凯恩扭矩技术系统（上海）有限公司	技术中心
凯斯帕液压（上海）有限公司	技术中心
绿太阳建筑五金有限公司	技术中心
利乐包装有限公司	技术中心
（2）企业技术中心或研发机构重大科研成果	

1. 上海宏达通讯有限公司与 Google、T－Mobile 同台发表世界首支 Android 体系手机 T－Mobile G1（代号 HTC Dream）；发表全新 HTC One 系列智能手机，提供高品质的感官体验，整合最新的 Android 4.0（ICS）操作系统，以及全新 HTC Sense™4，搭载 ImageSense™拍摄与影像提升功能，让 HTC One 产品系列于市场中居于领先地位。2010 年，宏达电子人选美国《新闻周刊》（Newswee）选出的全球 10 大创新公司榜单，排名第四。公司自主设计、研发移动电话机，无线移动用户终端，无线数据终端，无线多媒体终端产品，通信产品及其相关零组件、软件，相关的互联网产品的设计、研发，自有技术成果转让，相关技术咨询与技术服务。我公司目前注册资本金 400 万美元，根据目前 HTC 在国内的投资规模以及销售规划，预估明年 HTC 在中国智能手机的销售台数可达 1500 万台。我公司目前已有员工 300 余人，高校实习生 75 人，预计增至 800 人。HTC 于张江高科正逐步建立全面的研发队伍，进行智能终端的软件设计。并在如下几个方面有不俗的表现：系统软件：与国内外芯片领导厂商进行合作，开发或移植智能操作系统软件；应用软件：于稳定的操作系统平台上，进行应用开发，提供最终用户良好且独特的使用体验；通信协议：支持 2G/3G 行动通信协议开发，并进行 4G 行动通信技术储备；整合性测试：开发整合性测试用例与自动化测试系统，确保智能终端软件质量。

2. 昌硕科技（上海）有限公司推出的 P8Z77 系列主板旗舰级型号——P8Z77－V PREMIUM，是全球首个获得英特尔认证的搭载雷电（Thunderbolt）接口的主板；推出个人通信智能终端领域领先的嵌入式平台操控系统。昌硕科技注重交互产品的研发，主要科研成果有：电子导览系统：用于引导观众有效、有序参观展会的智能电子系统，可以包含手持屏幕、耳机等设备。观众通过设备可以清楚的知道自己所处位置、周边环境、展览内容介绍，通过手持屏幕的点击可以快速了解旁边展厅的大致内容，从而决定是否参观以及行动路线等。通过该设备，布展方无需设置占有空间的有形导向牌。该设备在世博会一些国外展馆观展中有用到，目前国内尚无使用此类设备的展览。投影键盘：该电脑没有立体键盘，是通过投影方式将键盘投影在屏幕前的玻璃上，使用者可以直接在玻璃上操作键盘。目前该技术是世界唯一。整合型电视服务：将家中的电视、IPAD 等整合在一起，观众若对电视中某一元素的背后信息感兴趣，都可以通过 IPAD 马上进行搜索。比如，您对电视剧中某个演员感兴趣，可以在 IPAD 上直接点击该演员（IPAD 和电视画面可以同步，也可以只是某一块区域，可随心调节），该演员的详细信息就会立刻显示出来。若您对该演员所穿服装感兴趣，点击这件衣服，就会看见品牌、产地等详细信息，还可以马上进行网上购物。电源控制器：将该控制器连接到任何一个家用电器或者电灯上，都可以通过智能设置，控制该电器在何时打开，何时关闭。可以真正实现家用电器的智能化控制。手持导航：类似于车载导航，个人持有后可以即刻了解自己所处地理位置、周边地理信息，可以用于指路。如果两个人分别持有，双方可以随时看到对方的地理位置和动向。LED 单车风衣：可洗可折叠的 LED，优于现在警察、城管、环卫方面用的马夹。

3. 翼行：用户在出行前（中），利用 3G 智能手机或车载终端，获得基于 GIS 地图或视频、文字的快速、便捷、准确的路况信息和合适的引导路线。核心卖点包括：城市交通诱导信息浏览、重要路口实时视频、图片或文字信息订阅推送、路况信息上传共享等。

续表

4. 基于融合定位技术的室内精准定位与服务发现产品研究与开发：为室内外用户提供基于 WIFI、陀螺仪、加速度计、GPS、基站、IP 融合定位导航技术。为用户提供服务发现，为商家提供服务推送，为规划提供量化依据。核心卖点为室内环境定位快、精准度高，又可拉动电信流量，初期产品形态为“商场通”和“展会通”。 5. 中国电信信息园区设有：中国电信 IDC 机房南方总部；中国电信创新孵化基地；中国电信百事应总部基地。用5—6 年的时间，培育出 3—5 个产业集群，形成 1—2 个百亿级市值的、一批在行业内有重大影响的创新公司。高端研发的三大方向：一是以创新孵化为突破的移动互联网产品开发；二是以智能电视为重点的新一代三网融合产品开发；三是以落地推广为目标的智慧城市产品开发。 6. 天翼智能物联网关：融合移动互联网和物联网技术，通过无线传感网进行数据采集，利用 3G 网络无线采集，为行业提供行业应用、数据分析、处理及多种类型的移动终端应用。典型应用：其一，智能大棚：完全自主研发，集成环境温、湿度智能监控的设备，达到农业精细化生产和管理的目的。其二，环保监控：PM2.5 数据采集与上传，实现多领域多行业应用需求，带动电信 C 网手机及数据流量发展。 7. 电视快车：产品功能：用户只要在家庭 PC 上安装一个软件，就可以通过手机、PAD、互联网电视、机顶盒、PS3/XBOX 等各种终端观看和浏览家庭内部的任意视频、音乐、照片等媒体资源，并可直接在线观看和播放所有的互联网视频内容。核心卖点：其一，家庭内多终端媒体共享。其二，支持所有视频、图片音乐格式。其三，可用现有的手机、电视等终端观看互联网视频。 8. 中国科学技术大学上海研究院，是中国第一个按普林斯顿高等研究院模式建立的高等研究院，主要研究领域涉及自由空间量子通信、半导体量子点研究等，都为康桥通信电子发展提供了强大的科研平台。 9. 智慧农业综合服务平台：建设一个智慧农业综合服务平台，让农业人员可以通过手机/电脑实现对农业现场温湿度、水质 PH 值等环境数据的监控，并可通过短信实时报警，可远程控制农业现场自动灌溉/自动通风等。 10. 翼转—电信级的富媒体云转码服务平台：基于云计算技术研发的富媒体云转码服务平台，在云端实现实时/非实时的视频、语音、网页和文档等转码能力，将海量的互联网内容资源平滑转移到移动互联网。平台支持能力开放，目标为向电信运营商增值业务及互联网应用提供安全、高速、高质量、多终端的云转码服务，获取流量分成收入。 11. 两岸同经济区化电子商务平台——海峡翼通网：依托平潭综合实验区对台全面开放的独特政策优势，打造中国电信台湾特产“天猫”商城，具有如下优势：其一，货物正宗：1151 种台湾本土商品签订唯一授权销售协议；其二，快速便捷：每日 1 趟客滚轮从平潭直航台湾；其三，货价便宜：平潭注册企业享受 15% 所得税税率，关税实行特殊监管；其四，支付灵活：平潭实行特殊对台金融政策，实现人民币台币直接汇兑，方便台商和消费者。 12. ABB 推出世界上首台真正实现人机协作的机器人 YuMi。作为一款人性化设计的双臂机器人，YuMi 将小件装配等自动化应用带入一个全新时代。工人和机器人可以和谐共处，共同完成同一个任务。YuMi 在英文中是“你和我”协同工作的简称。ABB 最初开发 YuMi 是为了满足电子消费品行业对柔性和灵活制造的需求，未来也将逐渐应用于更多市场领域。YuMi 是一个协作的双臂组装解决方案，具有视觉和触觉。YuMi 的双臂灵巧，并以软性材料包裹，同时配备创新的力传感技术，从而保障了人类同事的安全。安全体现在这台机器人的各种功能之中，使其可以在开放环境中工作。	
（3）国际国内知名品牌及专利拥有情况	
国际知名品牌名称	Asus、HTC、Apple、China Telecom、宏和电子（台塑）、Tetra Pak、DHL、Schneider、SDS、Johnson Controls、JCB、UCT、GKN、SABIC、蒂森克虏伯普利斯坦、PILKINGTON、Georg Fischer、ABB、中国一汽、United Technology、BHP、通用汽车、BMW、BENS
国内驰名商标或名牌产品名称	中国电信、华硕、银基信息、超科林、上汽、SDS、延锋江森、美特斯邦威、特波、申花、科技绿洲、中钞油墨、三电富申、圣人梦、大新华、天正、东风、一汽、汇丽、神火、红蜻蜓、三枪、莱必泰、伟士、童涵春、中华、星月、公元ERA、奥克斯、利乐、holiday inn
有效发明专利数量	1644
有效发明专利类型	发明 157、实用新型 1114、外观设计 373

【人才建设】 园区拥有中科大上海研究院及移动互联网安全系统与应用国家工程实验室、中国电信上海研究院、中科大数理研究中心、量子通信研究基地、西安交大3D打印研发展示中心、快速制造国家工程中心等科研机构，拥有入选国家和本市相关人才计划的人员合计16人，其中入选国家级人才计划8人；拥有研发人员5005多名，占从业人员比重接近10%。具体名单如下表所示：

入选国家级人才计划名单

序号	姓名	人才计划类型	所在单位
1	李卫平	千人计划	中科大上海研究院
2	徐宏喜	千人计划	中科大上海研究院
3	陈凯先	中科院院士	中科大上海研究院
4	胡之璧	工程院院士	中科大上海研究院
5	王寅	千人计划	中科大上海研究院
6	潘建伟	千人计划	中科大上海研究院
7	卢秉恒	中科院院士	快速制造国家工程中心
8	蒋洋	千人计划	中国建材

入选上海市人才计划名单

序号	姓名	人才计划类型	所在单位
1	陈帅	千人计划	中科大上海研究院
2	陈凯	千人计划	中科大上海研究院
3	陆朝阳	千人计划	中科大上海研究院
4	陈增兵	千人计划	中科大上海研究院
5	陈宇翱	千人计划	中科大上海研究院
6	赵博	千人计划	中科大上海研究院
7	杨涛	千人计划	中科大上海研究院
8	朱海鸿	千人计划	优爱宝机器人有限公司

【投资促进】 2014年，康桥工业区新批外商投资项目数量20个，占浦东新区的0.9%，投资总额1.705亿美元，同比减少54.8%；合同外资1.275亿美元，同比减少38.6%，占浦东新区的0.9%；增资项目10个。园区进出口总额334.48亿美元，同比持平，占浦东新区的12.5%，其中进口总额141.13亿美元，同比下降8.2%，占浦东新区的9.2%，出口总额186.07亿美元，同比减少3.7%，占浦东新区的18.5%。主导产业进出口总额986.72亿元，新批内资企业注册资本65.57亿元，同比增长68.4%，占浦东新区的3.2%，新批内资企业305家，同比增长3.3%，占浦东新区的1.0%。

2014年浦东新区及张江地区发布的产业发展政策如下表所示：

	政策名称	发布日期
1	上海市张江高科技园区中医药发展扶持办法	2014 年 8 月
2	上海张江国家自主创新示范区培育和集聚优秀人才资助办法（试行）	2014 年 7 月
3	上海张江国家自主创新示范区促进企业信用建设资助办法（试行）	2014 年 7 月
4	上海市张江高科技园区企业技术产品推广资助办法	2014 年 6 月
5	上海市张江高科技园区文化产业发展扶持办法	2014 年 6 月
6	上海市张江市科技园区商业配套发展扶持办法	2014 年 6 月
7	上海张江国家自主创新示范区促进文化与科技融合产业发展资助办法（试行）	2014 年 6 月
8	上海张江国家自主创新示范区促进战略性新兴产业发展资助办法（试行）	2014 年 6 月
9	上海张江国家自主创新示范区创建国家生态工业示范园区资助办法（试行）	2014 年 4 月
10	上海张江国家自主创新示范区促进科技金融服务和企业融资资助办法（试行）	2014 年 4 月
11	上海张江国家自主创新示范区公共服务平台建设资助办法（试行）	2014 年 4 月

【生态环保】 其一，主要污染物排放指标：2014 年，康桥工业区 COD 排放量控制在 192.94t/a，NH3－N 排放量控制在 74.75t/a，SO_2 排放量控制在 679.77t/a，NO_X 排放量控制在 485.55t/a。其二，污染治理机制：一是健全组织，完善网络工作机制。加强领导，管理环保网络有效运行。由分管领导统筹协调，规划建设部具体实施，各相关职能部门和单位积极参与配合，领导和管理环保网络高效有序运作。组建队伍，夯实环保网络工作基础。坚持培训，提升环保队伍业务水平。同时，在日常环保工作会议上，安排各环保专（兼）职干部进行交流，充分吸取各自环保网络工作中好的经验。二是依托网络，有效开展环境监察。定期开展污染源监察。目前工业区有工业企业几百家，由环保网络干部每季度进行现场监察，对企业雨污水、废气等排放和治理设施进行检查，有效地防止了企业出现偷排和无序排放等现象。积极配合区环保支队开展工作。配合支队完成了对工业区十几家重点监管企业的日常监察工作。另外，配合支队完成了各专项监察行动。三是严格把关，狠抓污染源头控制，认真做好环评预审工作。除了高度重视减排工作外，工业区还对新进项目严格把关，确保从源头上控制污染问题。对于新入驻的工业企业，除了对其产业类型、投资强度、经济数据把关外，认真执行环境影响评价制度和环保“三同时”制度，落实国家相关法律法规，严格审核其节能降耗、清洁生产、污染物排放方面的内容，严格要求入驻企业的单位产值能耗、单位产值水耗等指标，并实行一票否决制；在园区积极发展废料利用等环保产业和循环经济，提高资源的利用和再利用效率；引导企业按照清洁生产的要求，开发和推广国际先进环保技术、工艺和设备等，降低资源消耗量，最大限度地减少污染物产生，实现清洁生产、绿色生产；制定和实施清洁生产工作计划，加强节能减排工作的宣传培训，全面排查、掌握区内重点企业的生产工艺和污染物排放情况，对重点企业的节能减排工作常抓不懈。

【管理与服务】 2014 年，园区继续做好企业服务相关工作，建立起企业服务的“四大平台”，即为加强与工业区内规模企业联系，及时了解企业需求而专门成立的规模以上企业联系制度；加强对园区内重点纳税企业服务工作的纳税大户服务制度；工业区商会及以园区主导产业，电子信息及汽车零部件产业为主的各行业协会，并且开展了一系列工作。园区通过设立企业服务热线电话，在园区网站上开通企业服务平台、定期走访企业、每年邀请重点企业前来召开座谈会等形式，多渠道及时了解企业需求，并联系协调海关、工商、税务等各部门，能尽早解决的尽早解决，解决需要一定时间的我们则建立起企业服务台账，随时跟踪解决进度，最终使问题妥善解决。为进一步完善配套功能，给园区企业经营发展提供更加便利的条件，园区还以提供办公场所、运营经费等方式，引进了海关、商检、工商、质监等各职能部门的分支机构入驻园区，就近为企业办理业务。大大提高了企业的进出口通关、工商、质监相关手续等的办理速度。通过我们的服务，企业对园区的满意度大幅提升，在针对园区内100家重点企业的满意度测评中，综合满意度达到94%。园区也被认定为上海市企业服务优秀园区。

【党建工作】 2014年，根据中央、市委、区委部署，康桥集团组织开展党的群众路线教育实践活动，有效落实党风廉政建设各项工作。一是扎实开展学习教育，做到“三个结合”，即集中学习和分散自学相结合，原著研读和交流研讨相结合，学习教育和实际工作相结合；二是广泛深入听取意见，通过班子成员互相谈心、个别访谈、召开座谈会等形式听取了班子和班子成员的“四风”问题和工业区和集团发展的具体问题。集团党委把8个问题列入即知即改，并把即知即改与制度梳理相结合，做到长效管理；三是深入实在查摆问题，在听取意见的基础上，集团党委开展“六查”，并对照中央要求，梳理“四风”问题，并深挖问题根源，明确努力方向；四是建立整改落实项目，开展专项整治，并且把整改落实与制度梳理相结合，认真开展规章制度“废改立”工作，做到长效管理。另外，集团还有效落实党风廉政责任制。

【机构设置】 由于康桥工业区属于集团公司化运作，目前开发主体为上海浦东康桥（集团）有限公司。康桥集团设有“5+1”部门，分别是招商服务部、规划建设部、资产财务部、行政管理部、党群人事部和审计法务室。目前集团经营班子名单为：集团公司党委书记、董事长、总经理张龙，党委委员、纪委书记陈鹰，副董事长、副总经理夏多，副总经理黄平、乍大兕、陆巍、舒廷飞。

（上海浦东康桥工业区管委会）

河北唐山海港经济开发区

【经济发展】 2014年，河北唐山海港经济开发区（以下简称“海港开发区”）实现地区生产总值306亿元，同比增长26.45%。其中，第二产业增加值完成30亿元，同比增长22.73%；第三产业增加值完成11亿元，同比增长10%；三次产业比重为9.1∶39.7∶51.2。全年财政收入51.09亿元，比上年增长0.11%；税收收入40.19亿元，增长2.54%；财政支出19.37亿元，比上年增长0.11%。进出口总额完成7.55亿美元，同比增长8%；工业总产值471亿元，同比增长17.46%；主营业务收入1640亿元，同比增长9.7%，居河北省所有开发区之首；全社会固定资产投资243.76亿元，同比增长20.8%。

【产业发展】 2014年，全区注册企业达到1283家，“四上”企业123家，其中规模以上工业企业31家，培育形成了煤化工、装备制造、港口物流等主导产业。煤化工产业已有7家企业的10个项目建成投产，能够生产34种煤化工产品，具备年产焦炭670万吨、焦油30万吨、甲醇20万吨、聚甲醛4万吨、己二酸15万吨、苯类产品18万吨、煤气13.7亿立方米的生产能力，形成了焦炉煤气—甲醇—聚甲醛、粗苯—苯加氢—己二酸、煤焦油深加工三条完整的产业链条，已被省科技厅命名为“省级煤化工特色产业基地”。港口物流依托唐山港，业务范围覆盖煤炭、矿石、钢铁、集装箱、液化产品运输五大板块，已形成以港口物流和仓储、批发零售、金融业以及租赁商务四大行业为主导的服务业体系。物流产业聚集区2014年被评为全国优秀物流园区。装备制造产业形成了以唐山中材海港装备制造有限公司为龙头的大型水泥设备制造和集输基地，其产品涉及水泥设备、矿山设备及港口物料输送设备等多个领域，具备年加工5万吨的生产能力。

【招商引资】 将2014年确定为招商引资突破年，在全区开展招商引资攻坚行动，2014年，全区共洽谈项目383个，涉及总投资2700亿元以上。其中，签署协议项目91个，是上年的26倍；通过招商引资开工项目19个，是上年的5倍。特别是对接北京实现重大突破，成功引进了投资20亿元的量子技术应用产业园、投资5亿元的萃宝重工、投资3亿元的北京玻璃医用玻璃制品、投资5亿元的中关村大数据园一批战略支撑项目，协议总投资430多亿元。京唐国际石材城建设全面启动，与北京石材企业签署协议106份，涉及石材企业126家，完成工商注册和银行开户的52家。海港开发区已吸引193家北京企业迁来落户，涉及总投资约960亿元。实行招商引资和项目建设目标责任制，将招商引资任务分解到班子成员和各级各单位，通过“一周一调度、一月一通报、一季一点评”的方式，调动各级各单位积极性，掀起全民招商热潮。加强招商队伍建设，配齐招商局人员，按区域、按产业细化责任分工，组建专业招商机构，从全区抽调人员充实到招商一线，面向不同国家和地区定点招商。在上海、宁波、广东、韩国、日本等国家和地区聘请了招商代理，并与各地行业协会、商会建立紧密联系，发挥桥梁纽带作用和资源、信息优势，不断拓宽招商引资主渠道。打造研发中心在中心城市、生产基地在海港开发区、销售市场在区外的“研产销”体系，依托海港开发区发展空间，使企业研发和总部依然在中心城市，生产基地在开发区开枝散叶，不断壮大。

【项目建设】 2014年，全区共实施总投资416.17亿元的重点项目86个，其中续建项目14个，新开工项目72个，是上年的7倍多。从投资额度看，投资亿元以上的项目54个，比上年增加33个；10亿元以上的项目13个，比上年增加4个。2个项目列入省关注项目，8个项目列入省千项项目。开滦集团投资19.2亿元的4万吨/年聚甲醛、投资29.3亿元的15万吨/年己二酸，中储粮油脂公司投资12.8亿元的唐山基地一期等16个项目竣工投产；投资18.4亿元的煤化工产业园物流配送中心、投资13亿元的东风重型冶金设备制造等续建项目加快推进；投资3.8亿元的撬装式加油设备制造、投资11亿元的国丰冷轧产品升级技术改造、投资3.21亿元的雨田机械制造等72个新开工项目进展良好，海港开发区项目建设呈现出前所未有的旺盛势头。

【港口建设】 2014年，海港开发区围绕建设综合性国际化大港目标，以“黑白分家、散杂分置”为重点，大力推动港口建设，不断提升运营水平，为圆满完成全年目标任务打下了坚实基础。投资13.5亿元的26#—27#集装箱泊位提前竣工投产，实现集装箱增量10万标箱；总投资59.9亿元的36#—40#煤炭泊位项目部分完工；开辟了独幽城收费站集疏港货运联网互认网络体系，疏港效率大幅度提高。港口运营跃上新台阶，全年完成吞吐量2.15亿吨，同比增长6.97%；集装箱吞吐量完成86.5万标箱，同比增长50.15%，继续保持河北省“三港四区”首位。

【园区特色】 2014年，海港开发区立足已形成的产业基础和发展方向，规划建设“一区九园多城”的未来发展格局，着力打造中心商贸、高新技术、文化创意、现代化工、装备制造、港口物流、冶金建材、现代农业、休闲旅游等九大园区。中心商贸区重点引进创意、研发、咨询、会计、律师、策划、金融、保险、电子商务、城市综合体、星级酒店等项目；现代化工园区按照打造“焦炉煤气—甲醇—聚甲醛”、“粗苯—苯加氢—己二酸—尼龙66”、“煤焦油—针状焦—炭黑”为代表的新能源、新材料及精细化工产业链的循环经济发展思路，加快整合区内和周边煤化工企业焦炉煤气、煤焦油、粗苯等资源，启动中浩化工新材料基地二期工程，促进产业链继续向下延伸。装备制造园区按照“发展整机、壮大配套，培育龙头、推进聚集”的思路，依托中材重机、东风重型冶金设备制造等龙头企业，重点引进水泥装备、风电装备、工程机械、环保设备和船舶分段生产项目，大力发展重型装备和其他新型大型成套设备制造。港口物流园区抓紧基础设施建设，加快推进冷链食品交易中心、木材交易中心、长久汽车产业园等项目建设，重点打造临港物流加工、铁路仓储转运、临港仓储分拨配送、国内国际集装箱物流、专业市场交易、汽车配件服务等基地。冶金建材园区以国丰冷轧技改等项目为依托，积极引进陶瓷、石材、新型建材、资源再生项目，打造国际石材加工交易中心、建材加工配送中心、精品钢材加工配送中心。文化创意园区重点引进传媒娱乐、文化教育、新闻出版、动漫创作、休闲养老以及书画家村等项目。休闲旅游园区依托唐山湾国际旅游岛，围绕打造国际一流滨海休闲度假目的地和建设生态宜居滨海旅游新城的总体目标，壮大蓝色旅游，创建国家级旅游度假区。高新技术园区以大清河盐场总部为核心，充分借势国际旅游岛，大力发展海洋生物、电子信息、现代轻工等产业。现代农业园区围绕“一场、一池、一园、一品、一企”的循环农业模式，打造一批“五个一”示范园，推出一批有机农产品品牌，在乐港路沿线形成一条现代农业观光带。在物流园区内建设石材城、红木家具城、欧洲商品城、汽车城、食品物流城，在高科技园区谋划量子城、建材城、轻纺城、健康食品城、大数据城、休闲养生城、生物医药城、钢构城，充分发挥这些平台的作用，有针对性地招商，促进产业集群发展。

【生态环保】 2014年以来，海港开发区全力推进大气污染治理攻坚行动，督促焦化企业和电力企业加快实施节能减排技改项目，降低污染物排放；实施热电联产供暖工程，取缔锅炉14座；对区内65家散料堆场进行专项治理，有效遏制了扬尘问题；加大环境监察执法力度，对重点化工企业24小时监控，严查企业违法偷排偷放行为。经过整治，大气质量明显改观，群众满意率大幅提高，空气污染指数二级以上天数达到319天，比上年增加36天；化学需氧量、氨氮、二氧化硫、氮氧化物排放量分别减少51吨、5.95吨、726.75吨、212.4吨，较上年分别削减了3.98%、0.3%、31%、6.2%。

【管理与服务】 2014年以来，海港开发区牢固树立“投资者是上帝，引荐者是功臣”的理念，在全区上下推行“零距离”指导、“零关系”办事、“零利益”服务、“零障碍”落实的办公新模式，营造“亲商、安商、富商”的浓厚氛围。严格落实“窗口单位月评比”、“项目业主季评职能部门”、“破坏发展环境举报”等工作制度，实时公布评价结果，广泛接收社会监督。针对石材项目招商实际，探索实行了重点项目审批全程代办制度，形成了一个领导小组、一个中心、五步代办、七日办结的“1157”办理模式。通过全程“保姆式”服务不断提高审批效率，吸引更多的投资者落户。持续开展闲置土地清理、违章建筑拆除、堆场整治三项攻坚行动，激活“僵尸”企业，破解土地瓶颈制约，大力改善生态环境，为招商引资和项目建设提供坚强保障，为加快建设“沿海强区、美丽港城”、打造河北沿海增长极奠定良好基础。

【社会事业】 2014年，海港开发区认真回应群众诉求，扎实开展“三问于民”活动，推进“十件惠民实事”工程，为群众办了一批好事实事。海港二中初中部竣工投入使用，海港高中跻身河北省高考高分组学校16强；海港医院委托唐山市人民医院管理，门诊住院人数比委托管理前增长了13%；在唐山市范围内率先开通缴纳水费电子渠道，极大地方便了人民群众；独幽城收费站拥堵问题彻底解决；新汽车站正式运营，投放了30辆清洁能源出租车，开通了村村通公交；成立了摄影家协会、书法家协会，组建了冀东三枝花文化发展公司，举办大型文体活动30多项，海港开发区的文化氛围更加浓厚。健全社会管理综合治理防控体系，深入推进“平安港城”创建活动，强化社会矛盾源头预防和化解，严厉打击各种违法犯罪活动，不断增强人民群众的安全感。全面加强安全生产监督管理，大力开展食品药品安全专项整治，有效维护了社会大局和谐稳定。

【机构设置与管委会领导】 海港开发区辖1个管委会、1个镇、60个村民委员会、2个居民委员会，下设党政综合办公室、党群工作部、人社局、社管局、发改局、招商局、住建局、城管局、安监局、财政局、监察局、文广局、街道办、物流办等14个部门。党工委、管委会班子成员包括：党工委书记、管委会主任张国栋，党工委副书记、管委会副主任辛晓武，管委会副主任王纯华，党工委委员、纪工委书记李忠华，党工委委员、管委会副主任角士新，党工委委员、管委会副主任谭树强，党工委委员、管委会副调研员李树棠，党工委委员、管委会副调研员赵书田。

河北唐山海港经济开发区主要经济综合指标一览表

项目		单位	2014 年	2013 年	增减（%）
开发区生产总值		亿元	306	242	26.45
第二产业		亿元	162	132	22.73
工业		亿元	158	130	21.54
第三产业		亿元	121	110	10
工业总产值（现价）		亿元	471	401	17.46
高新技术企业		亿元	94.2	86.7	8.69
销售（营业）收入		亿元	1640	1495	9.7
第二产业		亿元	390	355	9.9
工业		亿元	156.2	326	-52.08
第三产业		亿元	1250	1140	9.6
利润总额		亿元	34.1	31.6	7.91
第二产业		亿元			
工业		亿元	6.1	3.6	68.09
区内主导产业及产值					
主导产业	1. 物流	亿元	1000	912	9.6
	2. 煤化工	亿元	192	83	131.3
	3. 农副食品加工	亿元	73		
	4. 电力	亿元	57	36	58.3
进出口总额		亿美元	7.55	6.99	8.0
出口		亿美元	1.53	2.54	-39.8
财政收入		亿元	51.09	51.04	0.11
税收收入		亿元	40.19	39.19	2.54
财政支出		亿元	19.37	19.35	0.11
内资企业		个	242	114	112.28
新批内资企业投资额		亿元	34.04	4.57	644.08
外商实际投资		亿美元	0.73	0.84	-13.85
固定资产投资		亿元	243.76	201.79	20.8
年末从业人员数		个	21865	14932	46.4
万元 GDP 能耗		吨标煤/万元	0.49	0.52	-5.77

（河北唐山海港经济开发区管委会）

燕郊高新技术产业开发区

【经济发展】 2014 年，燕郊高新技术产业开发区（以下简称“燕郊高新区”）累计实现财政收入 78.6278 亿元，同比增长 17%；完成固定资产投资 271.73 亿元，同比增长 17%；实际利用外资 1.585 亿美元；主营业务收入 1385 亿元，同比增长 14%；进出口总额 13.5273 亿美元，同比增长 41%；工业总产值 508.93 亿元，同比增长 3.12%；工业增加值 173.7 亿元，同比增长 17%。全区经济实力继续壮大、整体竞争力稳步提升，保持了良好的发展势头。

【项目建设】 坚持以“全天候、零距离、无障碍”的方式，督导项目进展，强化行政推动力，推进项目建设进程。2014 年，全区在建重点项目 46 个，投资规模近 800 亿元。其中，港中旅燕郊海泉湾项目艺术中心已开工建设。燕郊空港物流园已签约企业 104 家。航天博物馆项目主体结构已完工，正在进行后续施工及内部装修装饰、设备安装等工作。物美集团华北物流园项目一期工程已完成 4 万平方米仓库建设。德国 FEV 发动机技术研发中心项目总体规划设计方案已完成。有研总院先进稀土材料产业技术服务平台项目总体规划设计方案已完成。嘉民仓储物流项目和雪花啤酒二期项目正在进行收尾工程。安邦保险后援服务中心项目正在办理一期一、二组团及数据中心的建设开工手续。世界华人收藏博物馆项目正在进行主体施工。京贸金融商务中心项目正在进行基础施工。天山智谷项目正在进行基础施工。中海油海洋测井定向井国家工程技术研究中心暨国家海洋高新技术领域成果产业化基地项目正在完善概念性规划方案。

【基础设施建设】 2014 年，燕郊高新区以提升城市承载力为目标，实施了一批基础设施配套工程，大力营造利于企业健康发展、群众安居乐业的良好环境。一是规划体系日趋完善。燕郊城区控制性详细规划完成了初步成果；102 国道东段区域城市设计工作已完成初稿；城市水系、防震防灾、城市人防及地下空间开发利用、公共设施综合布局及商业网点布局 4 个专项规划已完成政府采购前期工作。二是道路框架不断拓展。北外环路东段、学院大街西段、神威北路东段改造、东外环路北段改造、思菩兰西路铁路地道桥拓宽改造、精品美食街改造 6 项工程已完工；东外环路南段尹家沟桥工程已完成导流管及围堰部分施工；潮白河南段堤顶路铁路地道桥工程已完成桥身主体及南侧 U 型槽施工；南横二路工程雨污水管道已完成，道路工程已完成灰土层部分；南纵二路工程雨污水管道已完成 20%；化大南路工程雨污水管道已完成 80%。三是市政工程稳步推进。思菩兰西路铁路地道桥附属泵站、102 国道建筑外立面改造及附属人行道硬化、北外环路东段下穿密涿支线雨水管道、汇福健康城雨水管道、五万吨污水处理厂设备维修改造、行宫大街等道路排水管网疏通工程、给水管道、交通信号灯及人行横道灯、道路标线施划、道路交通指示牌、燕昌路路面修补、北外环路路面修补、市区人行道改造，亚泰大街、亿丰大街、迎宾路人行道改造等工程已完工；南水厂工程已完成水厂建设，日供水 1 万吨；北水厂工程已完成水厂及水源地工程，日供水

0.6万吨；尹家沟综合治理工程已完成尹家沟（东外环路—运河苑建材城）两岸全长4500米污水管道敷设、河道护砌和清淤工作，东外环路桥两侧4座截污涵闸已完工，道路工程已完成碎石层铺设。

【招商引资】 以高端、绿色为导向，以增强园区优势、优化发展环境为基础，参加了廊坊5.18经贸会、厦门9.8投洽会等招商引资活动。2014年，燕郊高新区运作项目40个，投资规模超过100亿元。主要有中海油海洋测井定向井国家工程技术研究中心暨国家海洋高新技术领域成果产业化基地项目、德国FEV发动机研发中心项目、有研总院新材料产业基地稀土项目、雪花啤酒二期项目、龙腾艺都影业文化传媒项目等。大力发挥燕郊创业中心的平台作用，已有达玩世纪网络科技有限公司、哈希表计算机技术有限公司、恒亿传感技术有限公司等十余家中小型科技企业签约入驻。此外，德国莱茵科技燕郊综合研发生产基地项目、光环云谷云计算基地二期项目、北京旭普科技国家战略芯片储备基地项目、河北圣北传媒有限公司文化传媒项目、食乐淘电商基地项目、华美立家投资控股有限公司总部基地项目、北京绅名科技有限公司数控机床及自动化加工研发生产基地项目等一批高新技术和高端服务业项目正在洽谈推进。

【企业服务】 2014年，燕郊高新区定期走访企业，积极了解企业情况、动态、需求和问题，增进与企业的联系，针对性的帮助企业解决实际困难。一是组织方元绿洲、黑蚂蚁节能技术、宇博环保等7家企业参加上交会与京交会，方元绿洲科技公司与一家日本企业签订了技术合作协议。二是积极联系投融资公司，协助方元绿洲、华迅科技等发展成熟的企业辅导上市。三是开展了《孵化器相关知识及优惠政策解读》、《推进专利战略实务》及《创新基金申请政策培训》等主题培训，帮助企业解决孵化运行中的问题，提高企业对扶持政策的认知。四是针对企业招工难问题，组织燕京职业技术学院与企业面对面交流，研究制定实习基地计划，为企业发展提供后续人才。五是协助企业抓好工会建设，定期召开工会联谊会，建会企业规范化程度达100%；着力维护用人单位和劳动者合法权益，协助20家企业建立工资集体协商制度；2014年，共新建职工之家20家、群众工作室10家、职工服务站14家；完善了困难职工档案，各级工会组织累计帮扶困难职工110人，发放慰问品和慰问金累计达18万元。

【科技创新】 2014年，燕郊高新区协助光环云谷、华泰联合、河北中色、汇福生物、亮克威泽、汉王科技6家企业通过了高新技术企业认定；欧伏电气、天元地理、晶日金刚石、科达洁神、科达实业5家高新技术企业通过了复审。区内高新技术企业（有效期内）达31家，认定总数达44家；全年新认定科技型中小企业57家，认定总数达212家，居廊坊市首位、省内各国家高新区前列。成功获批“燕郊高新区科技创新体系建设规划”，获省科技扶持资金50万元；推荐并组织比格润科技、华通科技、建华高科、晶日金刚石4家企业申报2015年省重大科技成果转化项目5项，其中建华高科“太阳能电池关键制造设备产业化项目”与晶日金刚石“无液干切削PCBN刀具材料的研究及产业化项目”通过了省科技厅专家组答辩；协助环波软件、奥斯特电子、阳光硅峰3家企业成功申报2015年省科技支撑项目4项；协助金隅红树林公司申报2015年省科技型中小企业创新基金，计划申请资金支持100万元；协助中科生物按时完成了“二联手足口病灭活疫苗项目”中期报告，落实科技扶持资金200万元。各类科技计划项目的组织和实施，为发挥科技企业主体作用、扩大科技企业示范影响、促进科技企业转型升级起到了极大推动作用。充分发挥创业中心的平台作用，积极协助方元绿洲、博迅软件2家企业成功申请省级创新基金各20万元。鼓励并组织金创软件、多音计算机技术、红马软件、稳控计算机技术、宇盈应用信息等企业申请服务外包企业认定。完成燕郊科技服务业发展规划和燕郊科技创新服务平台建设并顺利通过专家组的评审和省科技厅、财政厅的检查验收，得到了区内科技企业的积极响应。积极推荐区内各大专院校、科研院所、企业的科技人才 17 人（次）申报各级科技人才计划及奖项 10 余项，包括科技部青年拔尖人才支持计划、科技部国家创新人才推进计划、河北省首批火炬创业导师、第七批省管优秀专家、河北省科技小巨人、河北省百名科技型民营企业家、河北省“巨人计划”第二批创新创业团队及领军人才等，目前区内已有 7 人获得省级荣誉。

【社会事业】 2014 年，燕郊高新区积极促进社会就业，举办春、秋两季大型招聘会，提供就业岗位 9360 余个，求职人数 3.4 万人次，2.29 万人与用工单位达成就业意向；举办综合招聘会 17 场，提供就业岗位 1.51 万个，参会人数 4.5 万人次，3.1 万人与用工单位达成就业意向。扎实推进精神文明建设，打造“示范社区”、“特色社区”，完成了社区党支部、居委会星级化考评工作；组织开展了“讲文明、树新风”、学雷锋纪念日、党员活动日、群众座谈会、端午送爱心、文明职工、安全文明工地创建等活动，大力弘扬传统美德，强化文明城市创建基础。不断丰富群众文化生活，组织了元宵花会调演、庆“六一”、京剧演出、燕郊之夏、“欢乐城乡·文化惠民”系列活动、百世金谷杯足球赛等文体活动，广大群众积极参与，极大丰富了群众文娱生活。

【燕郊高新区工委、管委负责人名录】 工委书记、管委会主任邱建辉，工委副书记、管委会常务副主任（2014 年 3 月明确为常务副主任）白志成，工委专职副书记杨志东，工委委员、管委会副主任潘进中，工委委员、管委会副主任雷大庆，工委委员、管委会副主任李维宁。

（燕郊高新技术产业开发区管委会）

张家港保税区

【概括】 张家港保税区于1992年经国务院批准设立，2008年转型升级为保税港区，并与金港镇实施一体化管理。辖区面积152平方公里，总人口35万人。先后获评全国首批生态示范工业园区、全国最具投资潜力经济园区等称号。

【经济发展】 2014年，张家港保税区实现地区生产总值591.2亿元，同比增长5.8%；全社会固定资产投资172.27亿元，增长1.3%；公共财政预算收入34.85亿元，增长3.5%；工业开票销售收入1315.57亿元，增长3.4%；外贸进出口总额137.21亿美元，增长1.1%。

【投资环境】 2014年，张家港保税区总投资7.5亿元的滨江大厦展开内部工程，总投资3亿元的科文中心、总投资4.5亿元的消费品大楼、总投资35亿元的金科地产等一批重点工程有序推进，总长1.8公里的南横套生态廊道东段全线竣工，新城小学、幼儿园启动建设。香山南侧香山湖、梅花园、东麓香山历史文化展示馆、南沙老街改造初显形态，西南麓山体修复进度过半，望湖路、环山路全线贯通，国家4A级景区正式挂牌。总投资9亿元的勤政路等道路工程、总投资3.25亿元的镇山大桥等桥梁工程有序推进，疏港高速金港段完成路基桥梁工程的75%，城市框架进一步拉开。

【招商引资】 2014年，张家港保税区实现注册外资4.72亿美元，到账外资2.7亿美元，新批外资项目28个；完成注册外地资本42.3亿元，外地资本投入47.83亿元。总投资72亿元的吉林神华环氧丙烷项目、总投资1亿美元的易高液体石蜡项目、总投资9000万美元的瑞典AAK特种油脂项目等12个重点项目成功签约，道康宁有机硅、中集圣达因、霍尼韦尔等18家企业实现增资扩股。

【产业发展】 2014年，张家港保税区实现工业投入115.9亿元。页岩气、光学膜等基地建设稳步推进，页岩气基地总投资68亿元的丙烯一期、聚丙烯一期、凯凌二期、华昌丁辛醇等主体项目全线竣工，总投资72亿元的环氧丙烷等项目启动报批；光学膜基地康得新销售达50亿元，上市公司总部正式迁入，总投资51亿元的二期项目完成报批；总投资10亿美元的霍尼韦尔基地首个催化剂和分子筛项目竣工调试；总投资4亿美元的润英联一期等7个超亿元项目实现开工；全年销售超亿元企业达到139家，其中超10亿元企业达到26家，税收超5000万元企业27家；实现服务业投入56.37亿元，同比增长5.8%；服务业增加值279.2亿元，增长7.8%，占GDP比重提高1个百分点，达到47.3%。汽车口岸、进口消费品、化工、纺织、粮油、木材等六大市场交易额达到2500亿元（含电子交易额）、税收8.3亿元，汽车物流园、化工品交易中心列入省级进口基地试点。汽车口岸全年完成整车进出口1.65万辆，汽车转关、小批量业务审批等政策功能实现突破，成为全国首家进口汽车三包试点。消费品市场红酒、冷冻肉等品种进口大幅增长，继续保持省内领先优势，周大福华东、华南区域结算中心启动运营，省内首家进口消费品防伪溯源平台“张保真”正式启用，总投资1.5亿美元的普洛斯物流园竣工启用，长江国际电子交易平台上线运营，江苏长江航运交易中心开始运作。

【新兴产业】 2014年，张家港保税区实现新兴产业产值和新兴产业投资分别达到617.74亿元和81.36亿元，同比分别增长6.2%和19.6%，其中新兴产业投资占工业投资比重超过70%。自主申报“千人计划”人才1名，新增高新技术企业18家，千人计划专家产业化项目11个，获评国家火炬计划等省级以上科技项目17个、市级以上人才（团队）30个，战略新材料“千人计划”研究院正式运营，与中科院大连化物所、中科院微电子研究所、中国地质大学分别共建产学研合作载体，荣获国家产学研合作促进最高奖，获评省级留学人员创业园，磁传感产业园加快项目集聚，斯威森医药、启能新能源、国泰超威新材料等科技企业加快产业化，5家企业实现“新三板”挂牌。

【社会事业】 2014年，张家港保税区投资16.2亿元的五大类民生实事工程有序推进，晨阳、学前等卫生服务站点完成新改建，首批10个公共自行车运营网点正式启用，新增3个24小时自助图书馆。总投资7000多万元的河道综合整治工程、总投资1.7亿元的污水支管网及雨污分流改造工程全部竣工，总投资5200万元的集镇区改造、总投资2350万元的老住宅区改造工程基本完工。新开工安置房155.41万平方米，竣工安置房35.53万平方米。城保和住房公积金新增参保人员超7500人，新增高效设施农业1036亩，农村公共资源交易平台正式运作，村级可用财力、农民人均纯收入持续保持10%以上增长，分别达到1100万元和2.9万元。

【管理服务】 2014年，张家港保税区修订优化年度绩效考核、国有企业专项考核等方案。进一步理顺局室（中心）与各办事处、村（社区）的三级联动机制，积极推广村（社区）“政社互动”新型模式。在全省率先试点“商务快速审批3天办结制”，全年共计办理各类审批2000余件，率先开展工商秘书托管试点，全年接受托管企业1000余家，创新实行外国人来华网上审批系统，口岸一次申报、一次查验、一次放行“三个一”试点深化拓展，海关特殊监管区域外汇监测服务系统上线运行。以党的群众路线教育实践活动为契机，收集的十大类54项问题得到积极回应和逐步解决。

【发展态势】 2015年，张家港保税区将紧紧围绕“做优临港制造业、做强港口服务业、做美商贸宜居城”工作主线，继续抓好“页岩气项目为龙头的沿江新能源基地、光学膜产业集群为龙头的华东新材料基地、进口汽车物流园为龙头的临港市场集群、滨江新城为龙头的产城融合样板、香山开发为龙头的生态文明示范区”五件大事，确保全年地区生产总值增长7%左右，工业开票、公共财政收入增长8%左右，全社会固定资产投资130亿元，到账外资2.3亿美元，进出口总额稳定增长，农民人均纯收入增幅高于GDP增幅，万元GDP能耗下降率、主要污染物排放总量削减率完成上级下达任务。

【机构设置】 张家港保税区管委会下设党政办公室、组织人事局、发展改革局、招商局、科技人才局、物流贸易局、财政局、规划建设局、安全环保局、国土资源局、企业服务管理局、社会事业局、农村工作局、政法和社会管理办公室、行政服务中心。

（张家港保税区管委会）

重庆北部新区

【概况】 2014年，重庆北部新区（以下简称“北部新区”）认真贯彻落实党的十八大和十八届三中四中全会、习总书记系列重要讲话、市委四届三次四次五次全委会精神，坚持稳中求进、以进为主的工作总基调，大力做好改革创新、发展新兴科技产业和发展现代服务业3篇大文章，提速开发建设，提升产业结构，保障改善民生，完善城市功能，促进和谐稳定，“二次创业”开局良好。

【经济发展】 2014年，北部新区地区生产总值增长18%、实现580亿元，规上工业总产值增长20%、实现1570亿元，固定资产投资增长26%、实现392亿元，社零总额增长25%、实现196亿元，地方财政收入增长21%、实现80亿元，进出口总额35亿美元，实际利用内资80亿元，实际利用外资12亿美元。

【产业发展】 2014年，北部新区工业增加值增长19%、达353亿元，汽车产值增速在全国汽车产业基地领先，产值排名进入全国汽车产业基地前四；发展效益突出，工业利润增长近70%，经济效益综合指数达525%，新引进工业产能154亿元，新投产企业增加产能567亿元；现代服务业对经济发展贡献率提升1.6个百分点达到33%，服务业投资同比增长40%、达到302亿元，全区商业设施面积突破200万平方米，全区共有各类金融机构270家、注册资本392亿元；金融业税收突破20亿元，较2012年翻了1番；商品销售总额增长22%、实现611亿元。

【园区特色】 2014年，北部新区汽车产值增速在全国汽车产业基地领先，产值排名进入全国汽车产业基地前四；新引进华侨城旅游文化项目和重庆页岩气勘探开发公司、铁塔公司、渝农商金融租赁公司等知名企业，全年共引进项目28个、总投资额约316亿元，聚集苏宁云商、易极付等规模较大电商企业20余家，5家企业获批商务部现代服务业综合试点项目。

【科技创新】 2014年，北部新区有1173家科技型企业，其中有118家高新技术企业，105家双软企业，16家国家级工程研究中心、工程技术研究中心、企业技术中心、重点实验室和检测中心，97个市级研发平台，16家国家级、市级科研院所，3个院士专家工作站和16个博士后科研流动站，2个首席专家工作站；引入创新型、科技型中小微企业100余家，全区科技型企业总收入同比增长17%、实现610亿元，连续4年保持全市第一；财政出资设立9亿元“两江科技创新专项资金”扶持新兴科技产业，利用4.6万平方米国资楼宇建成两江创新创业大厦、移动互联网产业孵化园、移动游戏创业孵化园、两江广告产业园、微企孵化园等专业载体；积极创建国家级知识产权示范区，组建知识产权服务中心，全区发明专利同比增长30%、累计1400余件，名列全市前茅。

【投资促进】 2014年，北部新区进出口总额35亿美元，新批外商投资企业18家，合同外资额同比增长238%、达5.3亿美元。对外实际投资同比增长300%、达3.5亿美元。新批境外项目11个，合同对外投资8760万美元。实际利用外资占全市 12.5%，占大两江新区 32.4%。对外实际投资增长 343%、达 3.26 亿美元，占全市 50.8%。

【生态环保】 2014 年，北部新区 58 项环保“五大行动”工程建设任务完成率 100%。空气质量达标天数 228 天，较去年增加 60 天，提前 106 天完成目标任务；PM2.5 同比下降 15.2%，创建扬尘控制示范工地 10 个、扬尘控制示范道路 10 条。巩固 3 条次级河流整治成果，提前启动 2015 年 12 个湖库的整治工作；下排管网疏浚 688 公里；垃圾无害化处理率近 90%；深化环保“四清四治”，清查出的 1027 家企业中，已完成纳入监管企业 342 家、辐射单位 19 家、餐饮单位 72 家、医疗机构 68 家、污水处理厂 1 家的整治工作，整治率 100%。区域环境噪声平均值达全市要求，新创市级安静小区 1 个。守住现有 44 个公园的绿地红线，推进金海湾公园、滨江文化园等 14 个总面积达 9400 亩的公园绿地建设，全区绿地率 40%，绿化覆盖率 46%，森林覆盖率 37%，人均公共绿地面积 24.8 平方米。

【机构设置与管委会领导】 2014 年，北部新区管委会下设：党工委管委会办公室（机关党办）、组织人事部（非公工委、老干部局）、宣传部、信访办、法制局（司法局）、发展改革和统计局、财政局（国资办）、产业促进局、社会发展局、教育局、社会保障局、建设管理局（人防办）、市政管理局、科技创新局、现代服务业局、审计局、安全生产监督管理局、火车北站地区综合管理局、纪工委、监察室、总工会。

管委会领导：重庆市委常委、北部新区党工委书记凌月明，北部新区党工委副书记、管委会主任段成刚，北部新区党工委委员、管委会副主任王菊梦，北部新区党工委委员、管委会副主任韩宝昌，北部新区党工委委员、管委会副主任陈昌明，北部新区党工委委员、纪工委书记、监察专员何蕾，北部新区管委会副主任、公安分局局长刘树模。

2014 年，北部新区坚持将优化发展环境作为加强执政能力建设的重要内容和目标，不断完善管委会领导联系重点企业重点项目、企业来文专项督办、政策兑现、能源保障等优化发展环境长效机制，解决企业建设、生产经营中各类问题 700 余件，确保了一批重大项目顺利建设、投产、达产。协助中石油建成黄茅坪配气站，有力保障我区所有工业企业用气需求。组织 60 余家企业争取各类资金支持 3168 万元。同时，制定了目标管理绩效考核工作实施细则、落实情况报告制度，及时召开各类协调会、编发督查通报及通知书，抓好现场督办，确保了 16 件市级交办事项、新区经济发展目标及重要部署、87 个重点工程和 31 个市政配套项目建设、15 项改进作风厉行节约措施、26 件人大代表政协委员建议提案等工作抓实见效。

在提高行政服务效能方面：一是圆满完成接件办件任务。全年共受理审批和服务 67 万件，办结率实现 100%。二是三级服务中心建设成效明显。使用群工系统受理和办理群众反映事项 532 件，办结 526 件，按期办结率 100%，解决 521 件。全区建有 1 个区行政中心，8 个街道公共服务中心，34 个社区便民服务中心，出台相关制度文件 4 个。三是行政审批及电子监察系统建设进展顺利。已将 22 个部门、253 项审批事项纳入系统。四是建设领域“串改并”工作顺利实施。形成 5 个并联环节，审批时限缩减至约 70 个工作日。五是切实提升了便民服务水平。在 4 个站点设置了便民指引及三维地图；印制了一批办事指南，共 9 个门类 50000 册。六是认真清理行政审批事项，梳理“权力清单”，建立行政审批项目库，推进网上审批及电子监察系统建设，实现建设领域 53 项审批事项并联审批，实现 58 项行政许可一站办理。积极承接市级行政管理权限 274 项。

【基础设施建设】 2014 年，北部新区新开工项目 96 个，建设了一批重大基础设施项目。开工、续建天宫殿N区立交等重大节点"治堵"项目6个，其中完工2个。推进道路建设119公里，贯通52公里。直属国资公司产业楼宇累计建成349.3万平方米。投资10亿元推进了31个市政配套项目建设。

【投融资工作】 2014年，北部新区政府主导类投资达65亿元，市场主导类投资增长31.8%、达327亿元，其中房地产投资增长66.7%、达275亿元。新批外商投资企业18家，合同外资额同比增长238%、达5.3亿美元。对外实际投资同比增长300%、达3.5亿美元。新批境外项目11个，合同对外投资8760万美元。新引进华侨城旅游文化项目和重庆页岩气勘探开发公司、铁塔公司、渝农商金融租赁公司等知名企业，全年共引进项目28个、总投资额约316亿元，是2013年的2.6倍。管委会出资10亿元设立"两江科技创新专项资金"，与重庆农商行、重庆银行合作成立"科技信用贷"，与建设银行合作成立"助保贷"，与兴业银行合作成立"科技创业贷"，为科技型企业提供投融资服务，已授信企业90家、总额4.25亿元。

【社会事业】 2014年，北部新区民生支出43亿元，占公共财政支出56%。一是"10件民生实事"落实到位。市委市政府确定的22件民生实事涉及北部新区有6件，完成投资3.12亿元，为年度目标任务。新建成市级便民商圈2个，建成和协调开发商移交学校4所，城市供水"一户一表"完成年度目标的120%，新增城市公厕8座，人行过街系统完工3座、开工5座，整治湖库2个，新建社区养老服务设施5个，全面完成了市考核目标。管委会确定的通车道路全程亮灯、改善生态环境、转非社区功能完善、加快医院建设4件民生实事完成投资1.76亿元。二是"充分就业城区"全市率先建成。投入2387万元推进就业，建立健全人力资源输送合作及动态调查机制，"充分就业街道"创建率100%，全面消除了"零就业"家庭。在全市首推网络创业培训，完成了"创业型城市"创建任务。城镇新增就业人数、就业困难对象再就业分别完成市级目标任务的166%、113%；登记失业率1%，比市级控制目标任务低1.8个百分点。新创"劳动关系和谐街道"2个（累计6个）。三是社会保障功能充分发挥。"五险"提前2个月完成市级目标，累计参保128万人次，征收社保基金33亿元；发放社保待遇近8亿元；实施各类救助1.2万人次。将首批符合条件的公租房社区居民纳入低保范围，人均补差水平增长7.7%、达334元/人月。四是教育质量明显提升。面向全国新引进优秀教师200余名，与6所市直属学校结对发展，基础教育质量监测指标数据全部居全市前5位。14所学校建设项目稳步推进，储备用地配套学校启动建设程序，3所新学校顺利投入使用，缓解了热点片区入学压力。妥善解决了1960名进城务工子女入学问题，普惠幼儿园新增10—16所，惠及公租房及转非小区4900名幼儿。五是卫生文体事业稳步发展。加快推进2所区级医院、6个街道社区卫生服务中心工程建设，其中翠云、康美2个街道社区卫生服务中心投入使用。严格执行基本药物"零差率"销售，扎实开展12项基本公共卫生和4项重大公共卫生服务，公共卫生服务均等化明显提升。二、三级公共文化服务网络建设全面展开，3个街道文化中心建设有序推进，5个社区文化室标准化建设全部完成。

【党建工作】 2014年，北部新区推进自身建设、提升战斗力。管委会班子认真学习贯彻习总书记系列重要讲话精神，严格遵守政治纪律和组织纪律，严格落实民主集中制，重大问题提交全体会研究决定，班子成员按分工尽职履责，强化了团结协作的氛围。借力群众路线教育实践活动推动班子建设，对征集的问题制定了43项、117条整改措施，按期整改率100%。班子成员自觉克服安于现状、小富即安、小成即满、不思改革的思想，增强了大局意识、责任意识、进取意识，激发了"二次创业”的热情，为推动全区经济社会发展起到了示范带动作用。一是强化反腐倡廉提升公信力。对全区64个单位排查了廉政风险点374个，制定防控措施402个；认真抓好廉政教育，创建“青春倡廉示范岗”9个，全区干部主动上交红包礼金13.87万元。二是落实八项规定提升向心力。严格执行中央八项规定和市委“八严禁、十二不准”，强化重点时节明查暗访，及时纠正和处理问题，促进干部转变作风。整改、腾退办公用房9644平方米，整改率达标率100%；加强了公车管理，机关单车油耗同比下降11.2%；机关水、电、气分别同比下降16.7%、20.1%、20.8%；机关“三公”经费下降27%，其中因公出国（境）经费下降73%，公务接待费下降7.5%，会议费下降23.8%，通信费下降26.9%。通过文风会风问题专项整治，全区性大会同比下降21.4%，发文下降26.9%。班子成员带头深入企业、社区、工地一线调研，帮助解决实际困难，调研时间平均达90天以上。

（重庆北部新区管委会）

江苏泗阳经济开发区

【经济发展】 2014年，江苏泗阳经济开发区（以下简称“泗阳开发区”）全年实现业务总收入560.24亿元；完成工业项目固定资产投资174.27亿元，比2013年增长4.88%；实际到账外资9463.1万美元，比2013年增长5.9%；实现进出口总额6.68亿美元，比2013年增长6.32%。全年实现财政总收入24.46亿元，比2013年增长6.21%。其中：税收收入21.93亿元，比2013年增长5.03%，公共财政预算收入13.83亿元。成功创建“省级生态工业园区”，被县委、县政府表彰为“目标管理全面先进单位”，在全省126个省级以上开发区综合排名上升6位，位居第60位，苏北第14位。

【招商引资】 2014年，泗阳开发区组建5个专业招商局和8个条线招商组，由开发区管委会直接组织领导，推进专业招商、条线招商、产业招商工作，开展“赢在开局”等系列招商活动，成功举办第三届海峡两岸轮毂产业高峰论坛暨轮毂质量协会（CAW）成立大会、展翅高飞——好彩头2014春季新品发布会等活动。全年落户园区新签约工业项目65个，协议总投资214.77亿元。

【项目推进】 2014年，泗阳开发区优化固化项目帮办服务机制，创新项目推进举措，高效运作“9688918”企业服务热线，围绕进场开工、厂房竣工、设备安装、投产达效、考核验收等五大环节，明确项目帮办责任主体和责任人，制定时间表，实行倒计时，建立责任制，确保项目投资、进度、产出三到位。全年共推进在建项目57个（2013年结转项目23个、2014年新开工项目34个），其中31个项目已通过市亿元开竣工考核验收。

【科技创新】 2014年，泗阳开发区根据两化融合示范区建设要求，着力推进智慧园区网络平台搭建；开展服务开发区科技企业孵化器建设，启动加速器项目开工建设并投产1个；积极争创省级轮毂研发与检测中心，江苏省勇仕照明有限公司成功创建江苏省LED大功率节能灯工程中心；组织浙阳保温材料申报2014年度国家火炬计划项目1个；江苏建达恩电子科技有限公司、江苏晨电太阳能光电科技有限公司、宿迁宇龙光电科技有限公司、江苏新创雄铝制品有限公司、江苏荣马新能源有限公司、江苏新晨化纤股份有限公司、江苏昊隆换热器有限公司、泗阳化纤产业集群有限公司、泗阳成达制盖有限公司等9个企业获批为国家级高新技术企业；新认定市级高新技术企业12个，新增省级企业技术中心1个，市级企业工程技术研究中心10个；新增专利授权数573个，发明专利申报数562个，位居全市前列。

【企业培育】 2014年，泗阳开发区根据企业生产经营状况，排出重点企业培育名录，签订双向责任书，明确发展目标、扶持政策和奖惩措施，集聚优势资源扶持江苏洋河酒厂股份有限公司泗阳分公司、江苏化纤产业集群、江苏金之彩集团有限公司、江苏新安驰铝业有限公司等30个龙头企业和知名品牌，预计年内化纤产业集群、洋河股份泗阳分公司等2个企业开票销售超10亿元，江苏金之彩集团有限公司、江苏瑞泰光伏有限公司等4个企业开票销售超5亿元；江苏中物联再生资源有限公司泗阳分公司、洋河股份泗阳分公司等6个企业纳税超2000万元，江苏千仞岗服饰有限公司、宿迁三润服饰有限公司等8个企业超1000万元；江苏苏丝丝绸股份有限公司、江苏吉福新材料有限公司等企业在新三板上市。

【管理与服务】 2014年，泗阳开发区围绕如何认识宿迁新优势、适应经济新常态、推进转型新发展、实现民生新改善、谋求改革新成效“五新”主题，通过强化组织领导，制订学习计划，编印学习资料，扎实开展“五新”大讨论大调研活动。活动中组织调研10余次，召开座谈会2次、专题讨论会12次，形成调研报告12篇，提出对县、区发展有价值建议48条。区党工委、管委会还结合实际撰写出6000多字调研报告。

【科技创新】 2014年，泗阳开发区成立人才工作领导小组，制订人才工作规划，年内组织专人赴南京、武汉等地参加高等院校专场招聘会10次，引进工业企业本科及以上人才200余人；引进高层双创人才3名，其中一名创业人员为国家千人计划；建成70000平方米的高层次人才创业园，园区内宿舍、餐厅、标准化厂房、娱乐消费场所配置齐全，年内15500平方米384套人才公寓启动入住。江苏荣马新能源有限公司、江苏苏丝丝绸股份有限公司等5个企业，被县人才工作领导小组办公室评为2014年度“人才工作示范企业”。

【社会事业】 2014年，泗阳开发区建立基层工会组织13家；组织开展象棋、乒乓球、羽毛球、拔河、自行车慢骑、田径等职工运动会；“三八”妇女节，组织企业女职工开展全面健康体检；组织开展企业职工技能大赛；组织园区企业参加“五一”文艺演出；在首届全国开发区“威纳邦杯”乒乓球邀请赛中，开发区代表队获“领导干部单打比赛冠军”和“最佳组织奖”。

（江苏泗阳经济开发区管委会）

甘肃平凉工业园区

【经济发展】 2014年，甘肃平凉工业园区地区生产总值21亿元，增长6.5%。第二产业增加值13.64亿元，增长5.8%；第三产业增加值6.27亿元，增长8.2%。三次产业增加值结构调整为5∶65∶30。园区共有各类企业257户（其中：非公企业185户），农民专业合作社23户，个体工商户2056户。完成固定资产投资42.52亿元，同比增长23.19%，占全市固定资产投资的7.9%。大口径财政收入完成2.58亿元，同比增长13.6%，其中：公共财政收入5406万元，同比增长5.01%。公共财政预算支出1.98亿元。全年完成工业增加值12.93亿元，工业总产值47.23亿元，销售产值34.88亿元。规模以上工业增加值12.44亿元，占全市的14.9%。华能平凉发电有限责任公司纳税1.78亿元，纳税额同比增长18.1%，荣列全省纳税百强榜第32名，全年新增4户"规上"企业，"四上"企业数达到34户。全年调研论证申报科技项目共17项，技术贸易和技术服务收入6028.9万元。全年申请专利14件（其中：发明专利12件、实用新型专利2件），转化为科技成果的专利11件。全年科技研发经费支出4315万元，较上年3662万元增长17.83%，占地区生产总值的2%。

【招商引资】 2014年，甘肃平凉工业园区全年组织招商50余批次，共洽谈各类招商引资项目40余项，签约项目16项，其中亿元以上项目8项，签约金额92亿元；共实施各类招商引资项目39项，实际到位资金75.2亿元，同比增长41.6%。

【规划建设】 《甘肃平凉工业园区发展规划（2014—2020年）》通过省级评审，《甘肃平凉工业园区发展规划环境影响报告书》获得省环保厅审查批复；《甘肃平凉工业园区水资源论证报告书》、《甘肃平凉工业园区综合服务区控制性详细规划》、《甘肃平凉工业园区综合服务区修建性详细规划》、《甘肃平凉能源化工循环经济产业区总体规划》《甘肃平凉工业园区商贸加工区（北区）控制性详细规划》《平凉工业园区中小企业创业园控制性详细规划》等规划正在编制（修编）。2014年园区共完成基础设施投资3.21亿元，截至年末，园区实有道路总长73公里，道路总面积2.61平方公里，桥涵25座，下水道总长23.82公里。房地产开发项目新开工面积共计6.65万平方米，房屋竣工面积8.07万平方米，商品房销售面积3.4万平方米。

【社会事业】 共有各类学校24所，其中完全中学1所，初级中学3所，完全小学20所，小学附属教学点5个。共有教职工471人，设教学班191个，在校生5847人。九年义务教育巩固率88.7%，高中教育毛入学率86.3%，农村营养餐供应人数5171人，落实义务教育保障资金1128.38万元。投入资金184万元建成上甲村、二十里铺村文化广场2处，举办了园区第二届迎国庆职工运动会，丰富了干部职工的精神文明生活。年末有卫生机构（包括村卫生室、诊所）58个，其中：医院、卫生院2个，社区卫生服务中心（站）1个，诊所（卫生所、医务室）55个。卫生技术人员244人，执业医师和执业助理医师74

人，注册护士37人，拥有床位280张。共有优抚对象250人，其中老复退军人24人，带病回乡退伍军人6人，“两参人员”27人，七至八级伤残军人4人和60周岁以上农村籍退役士兵189人。共发放定期定量抚恤金62.77万元，培训退役士兵26人，培训支出11.29万元。

园区常住人口5.12万人，城镇化率36.5%。人口出生率11.33‰，人口死亡率4.46‰，人口自然增长率6.87‰。引进紧缺专业人才13人，分配安置省“一万名”项目人员和“四支招募”人员57名。组织19户企业参加“热爱平凉·创业平凉”人才招聘会，提供就业岗位492个，达成就业意向403人；举办职业技能培训班6期，完成职业技能培训1043人，开展技能鉴定113人。农村居民最低生活保障标准达到2193元，城市低保保障标准提高到320元，人均补助水平提高到269.5元；农村五保供养对象年人均补助标准提高510元，全年共发放农村低保金208.77万元，发放农村五保金38.38万元；发放城市低保金175.25万元，资助低保、“五保”户参保参合率达到100%。年末园区参加城镇职工基本养老保险9人；参加城乡居民社会养老保险29066人，享受待遇6546人，参加农村养老保险28730人；参加城镇居民基本医疗保险1215人，参加城镇职工基本医疗保险863人；参加新型农村合作医疗43574人；参加工伤保险431人，参加生育保险669人，参加失业保险433人。新型农村合作医疗保险参保率达93.6%。

【园区环境】 在融资平台建设上，泓源公司新增融资3.08亿元，累计融资5.08亿元。担保公司新增担保责任余额4.3亿元，小贷公司发放贷款2亿元，初步形成了投保贷一体化的融资新模式；在土地保障管理上，完成平煤机加工制造、义乌国际商贸城等8个项目的土地征收1500亩，涉及群众892户；在规范项目建设上，制定出台了入园项目指导、建设用地批后监督等意见、办法，保障了项目建设需要；在对外影响上，组织召开了全省工商联基层组织现场会，加入了中国开发区协会，在全省开发区座谈会上做了经验交流发言；推荐碳纤维复合材料项目参加了全省重大项目观摩活动；国家经济技术开发区申报工作已进入国家层面，软环境实力明显增强。

【领导班子】 园区党工委书记李卫中，园区党工委副书记、管委会主任张兴荣，园区党工委副书记李文平，园区党工委委员、四十里铺镇党委书记王永平，园区党工委委员、党群工作部部长刘卓禄，园区党工委委员、管委会副主任安正勇，园区党工委委员、管委会副主任尚江平，园区党工委委员、纪工委书记赵义，园区管委会副主任、四十里铺镇党委副书记、镇长罗彦鹏。

（甘肃平凉工业园区管委会）

统计资料篇

2014年国家级经济技术开发区主要经济指标情况

2014年，215家国家级经济技术开发区总体发展态势良好。地区生产总值、第二产业增加值、工业增加值、第三产业增加值、财政收入、税收收入、出口总额、固定资产投资同比均保持较快增长（9.1%、8%、7.9%、12.3%、10.5%、11.7%、6%、20%），实际使用外资和外商投资企业再投资金额同比增长1.5%。中、西部地区国家级经济技术开发区的地区生产总值、第二产业增加值、工业增加值、第三产业增加值、财政收入、税收收入、出口总额增幅均高于东部地区国家级经济技术开发区。

一、总体情况

2014年，全国215家国家级经济技术开发区（以下简称国家级经开区）实现地区生产总值76545亿元人民币（如无说明，币种下同），第二产业增加值55694亿元，财政收入14607亿元，税收收入12497亿元，同比分别增长9.1%、8%、10.5%、11.7%，增幅分别高于全国（7.4%、7.3%、8.6%和7.8%）1.7、0.7、1.9和3.9个百分点；实际使用外资和外商投资企业再投资金额3854亿元，同比增长1.5%；实现进出口总额50858亿元（其中，出口27913亿元，进口22945亿元），同比增长3.3%。国家级经开区地区生产总值、第二产业增加值、财政收入、税收收入、进出口总额占全国的比重分别为12%、20.5%、10.4%、10.5%和19.2%。

二、分区域情况

东部104家国家级经开区实现地区生产总值50343亿元，第二产业增加值34656亿元，同比分别增长7.4%和6%；实现财政收入10512亿元，税收收入9115亿元，同比分别增长9.6%和9.9%；进出口总额44479亿元（其中，出口24456亿元，进口20023亿元），同比增长2.5%；实际使用外资和外商投资企业再投资2755亿元，同比增长0.4%。

中部63家国家级经开区实现地区生产总值16944亿元，第二产业增加值13786亿元，同比分别增长12.6%和11.9%；实现财政收入2605亿元，税收收入2139亿元，同比分别增长12.4%和13.5%；进出口总额4229亿元（其中，出口2251亿元，进口1978亿元），同比增长10.3%；实际使用外资和外商投资企业再投资871亿元，同比增长8.5%。

西部48家国家级经开区实现地区生产总值9258亿元，第二产业增加值7252亿元，同比分别增长12.6%和10.9%；实现财政收入1490亿元，税收收入1242亿元，同比分别增长13.9%和23.4%；进出口总额2149亿元（其中，出口1206亿元，进口944亿元），同比增长6%，实际使用外资和外商投资企业再投资228亿元，同比下降9%。

三、高新技术产品进出口情况

国家级经开区高新技术进出口总额22141亿元，同比增长5.7%，占国家级经开区进出口总额的43.5%，占全国高新技术产品进出口总额的29.7%。其中，国家级经开区高新技术产品进口额达到9496亿元，同比增长8.8%，占国家级经开区进口总额的41.4%，占全国高新技术产品进口总额的28%。高新技术产品出口额达到12645亿元，同比增长3.5%，占国家级经开区出口总额的45.3%，占全国高新技术产品出口总额的31.2%。

宁波经济技术开发区

NINGBO ECONOMIC & TECHNOLOGICAL DEVELOPMENT ZONE

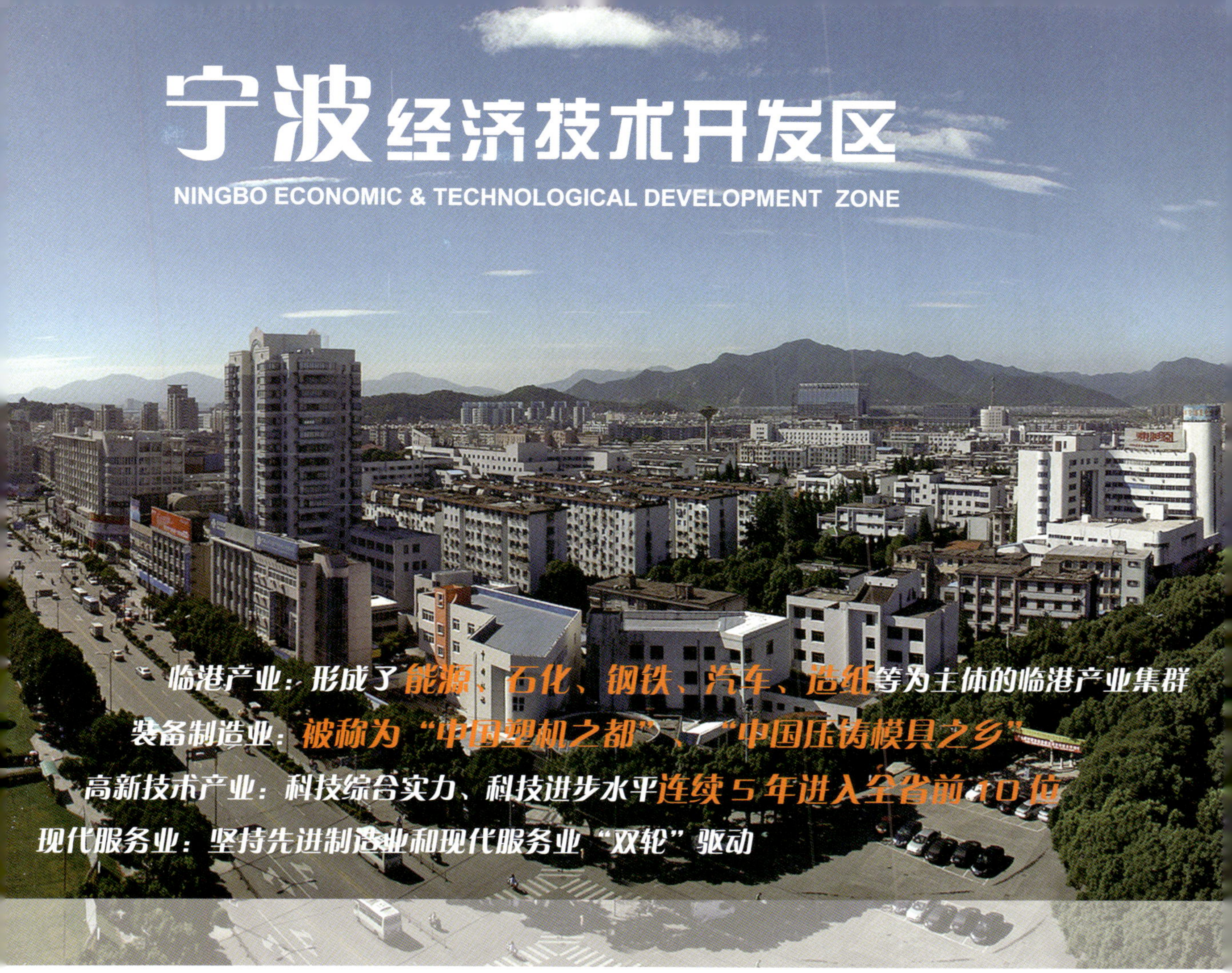

临港产业：形成了**能源、石化、钢铁、汽车、造纸**等为主体的临港产业集群

装备制造业：被称为“中国塑机之都”、“中国压铸模具之乡”

高新技术产业：科技综合实力、科技进步水平**连续5年进入全省前10位**

现代服务业：坚持先进制造业和现代服务业“双轮”驱动

宝新不锈钢冷轧车间

北仑港

吉利汽车宁波基地

宁波钢铁

宁波经济技术开发区作为先进的制造业生产基地，已形成***临港产业、装备制造业、高新技术产业、现代服务业***共同发展的良好格局。30余家世界500强企业已在开发区投资近70个生产项目和服务机构。今后，开发区将依托九大产业功能区，***着力谋划实施“四个超千亿”计划，建设临港产业集聚区，打造国家生态工业示范园区。***

秦皇岛经济技术开发区

QINHUANGDAO ECONOMIC & TECHNOLOGICAL DEVELOPMENT ZONE

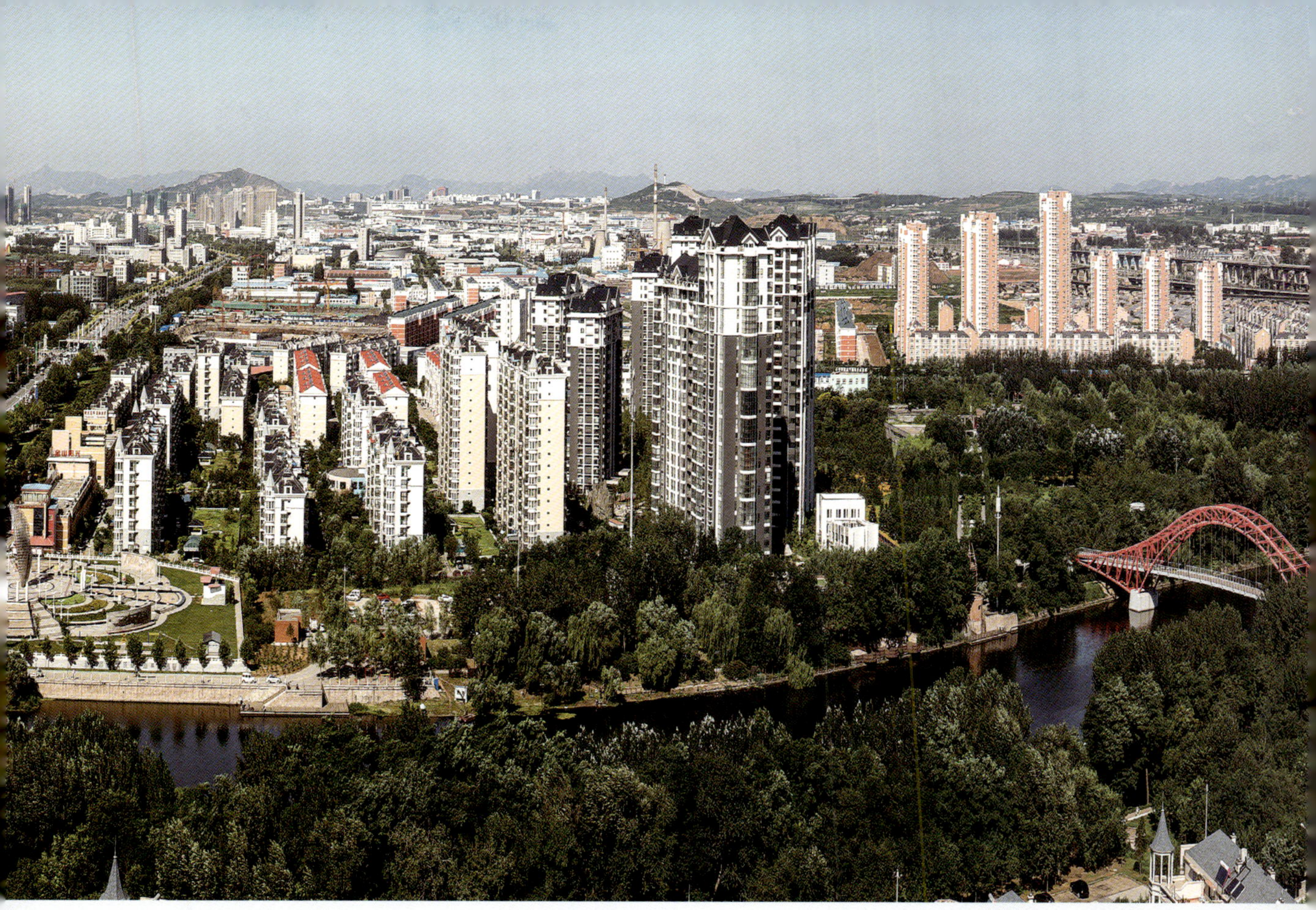

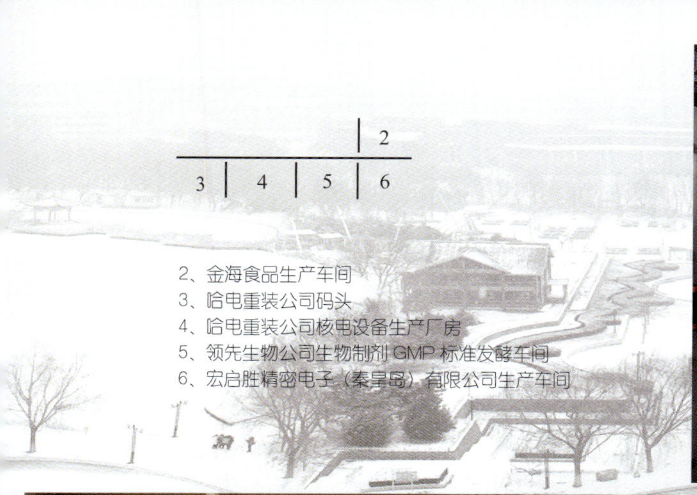

2
3 | 4 | 5 | 6

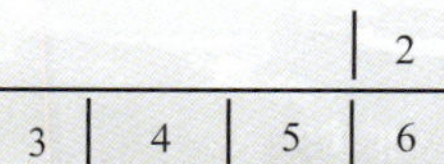

2、金海食品生产车间
3、哈电重装公司码头
4、哈电重装公司核电设备生产厂房
5、领先生物公司生物制剂 GMP 标准发酵车间
6、宏启胜精密电子（秦皇岛）有限公司生产车间

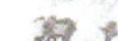

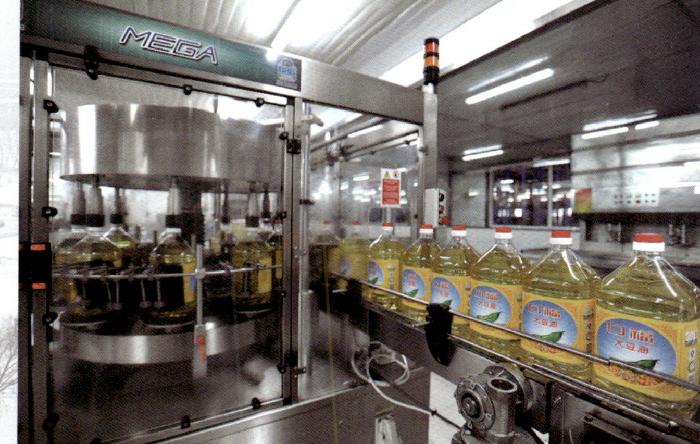

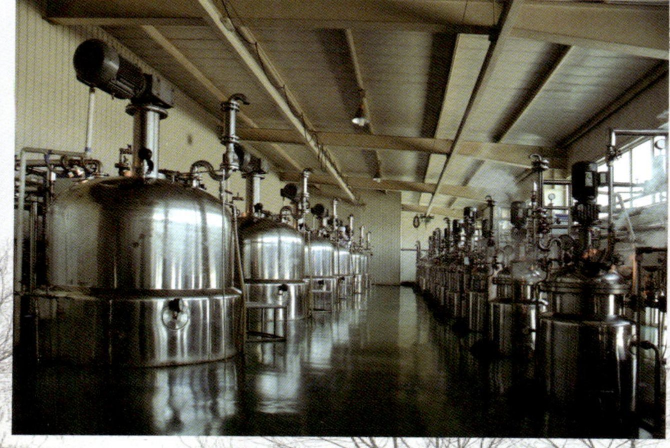

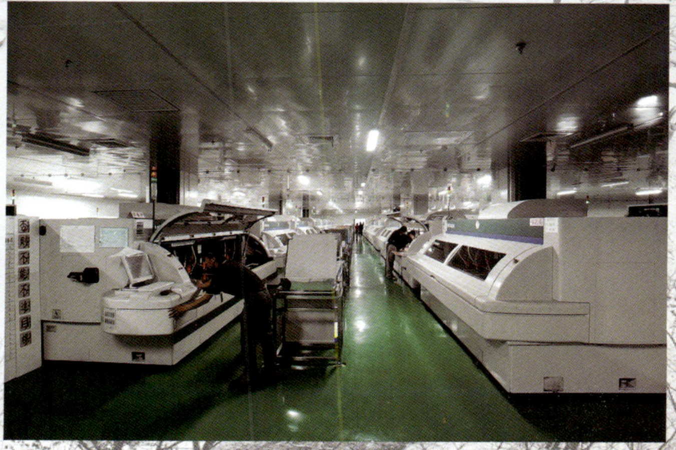

秦皇岛
经济技术开发区

QINGHUANGDAO ECONOMIC & TECHNOLOGICAL DEVELOPMENT ZONE

2014 年，秦皇岛经济技术开发区实现 GDP253.18 亿元、规模上工业主营业务收入 675.79 亿元、利润 24.6 亿元、财政收入 41.14 亿元、进出口总额 30.03 亿美元，分别占全市的 21.1%、42.3%、86.3%、19.9% 和 69.6%，在秦皇岛市经济社会发展中发挥了良好的“窗口、示范、辐射、带动”作用。

开发区全力融入京津冀协同发展，打造具有实力、充满活力、富有特色的现代产业体系，引进了美国通用电气、ADM、韩国 LG、日本旭硝子、新加坡丰益、台湾鸿海，中信、中粮、中船、中航、中兴、哈电等 25 家世界 500 强企业，形成了以粮油食品加工、汽车零部件、重大装备制造、金属压延为代表的特色产业，以节能环保、数据、新能源和生物工程为代表的战略性新兴产业，构建了以秦皇岛（中科院）技术创新成果转化基地、北京大学（秦皇岛）科技产业园、中关村海淀园秦皇岛分园和秦皇岛京津人才创新创业园为代表的京津冀科技产业合作平台，成为推动京津冀协同发展的先行区。

太原经济技术开发区

Taiyuan Economic & Technical Development Zone

2014年，太原经济技术开发区各项经济指标均实现逆势上扬：实现地区生产总值196.98亿元，同比增长20.4%；规模以上工业总产值612.92亿元，同比增长18.75%；规模以上工业增加值233.59亿元，同比增长21.9%；固定资产投资102.76亿元，同比增长28.4%；服务业增加值18.35亿元，同比增长9.5%；社会消费品零售总额22.24亿元，同比增长18.5%；财政总收入33.24亿元，同比增长32.5%；公共财政预算收入12.36亿元，同比增长42.9%；进出口总额55亿美元，同比增长39.4%；实际利用外资和实际到位境内省外投资额突破100亿元。

2014年，太原开发区新签约项目22个，其中，总投资10亿元以上项目7个。目前，开发区共有企业1053家，其中，规模以上企业49家，外商投资企业25家，进出口企业18家，世界500强投资企业23家，发展实力进一步增强。

开发区高新技术产业孵化基地

中天信科技：远红外影像设备生产线

阳煤化机：化工装备生产线

智奇高铁：车轮加工生产线

太原 武宿综合保税区

太原武宿综合保税区自 2013 年 12 月封关运行以来，已经成为山西省开放型经济发展的重要增长极和承接产业转移的重要载体，为山西省近 50 家企业提供出口服务，累计监管货值达百亿元。

2014 年，太原武宿综合保税区监管货运量达 15.56 万吨，货值 49.9 亿元，征收关税、增值税 597.94 万元；复制推广了上海自贸区的成功经验，为企业提供通关便利条件；山西进口商品展示体验中心和跨境电商产业孵化基地投入运行，聚集进口商贸企业 23 家，跨境电商 36 家，对外开放的桥头堡作用进一步显现。

对外开放桥头堡　经济发展新高地

杭州经济技术开发区

HANGZHOU ECONOMIC & TECHNOLOGICAL DEVELOPMENT AREA

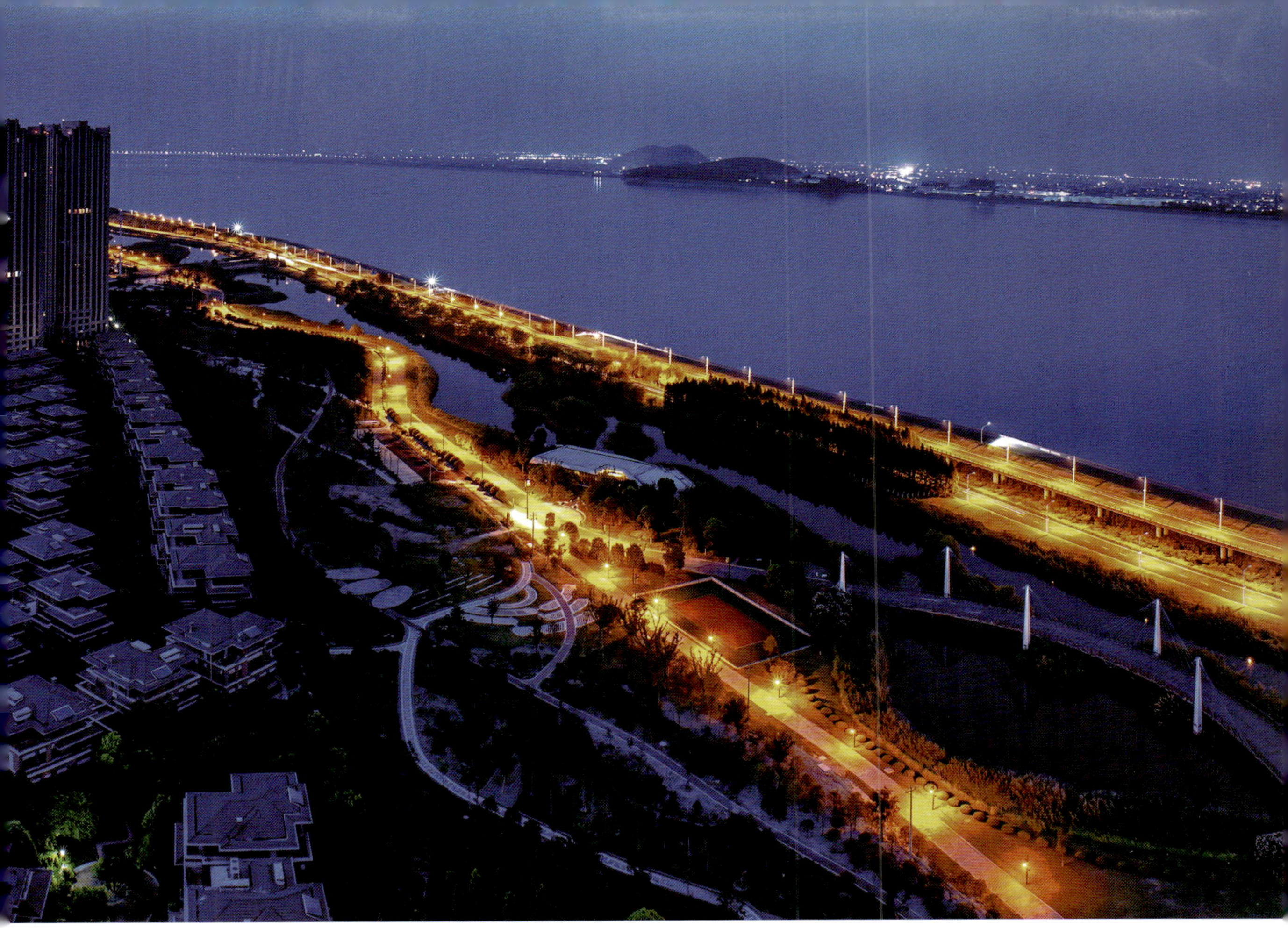

1

2

3 | 4 | 5 | 6

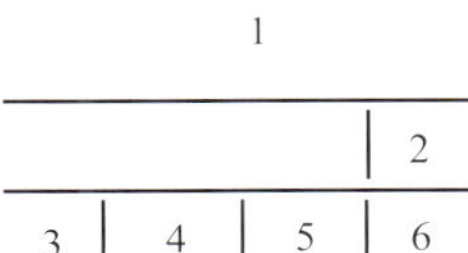

1、杭州开发区沿江夜景
2、沿江大道跨运河二通道桥
3、东芝开利空调（中国）有限公司首台商用空调机下线
4、杭州跨境贸易电子商务进口业务启动
5、马达加斯加总理库卢率访问团考察开发区
6、召开创建国家生态工业示范园区验收会议

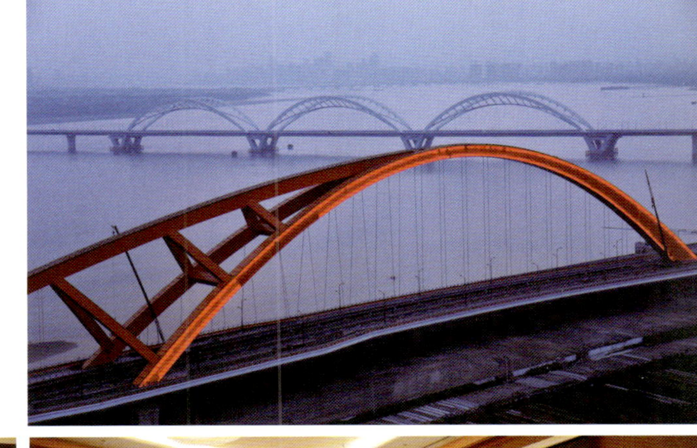

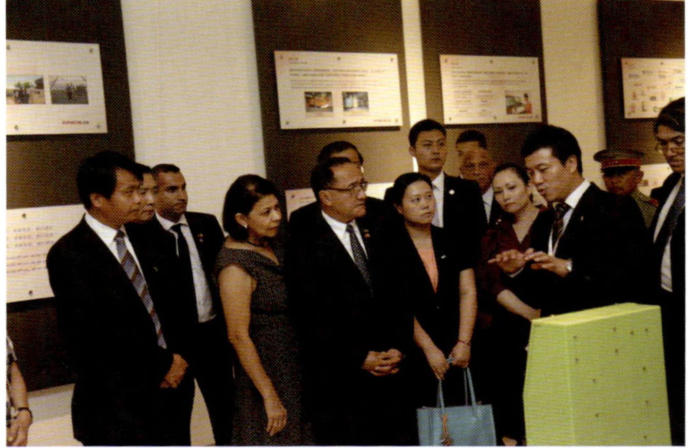

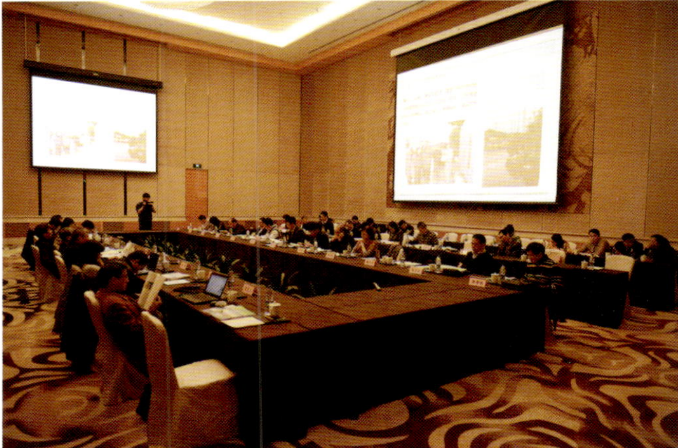

一汽富维江森生产线

法雷奥汽车零部件生产线

长春经济技术开发区

CHANGCHUN ECONOMIC & TECHNOLOGICAL DEVELOPMENT ZONE

长春开发区夜景

采埃孚富奥底盘技术
（长春）有限公司总装线

廊坊经济技术开发区

LANGFANG ECONOMIC & TECHNOLOGICAL DEVELOPMENT ZONE

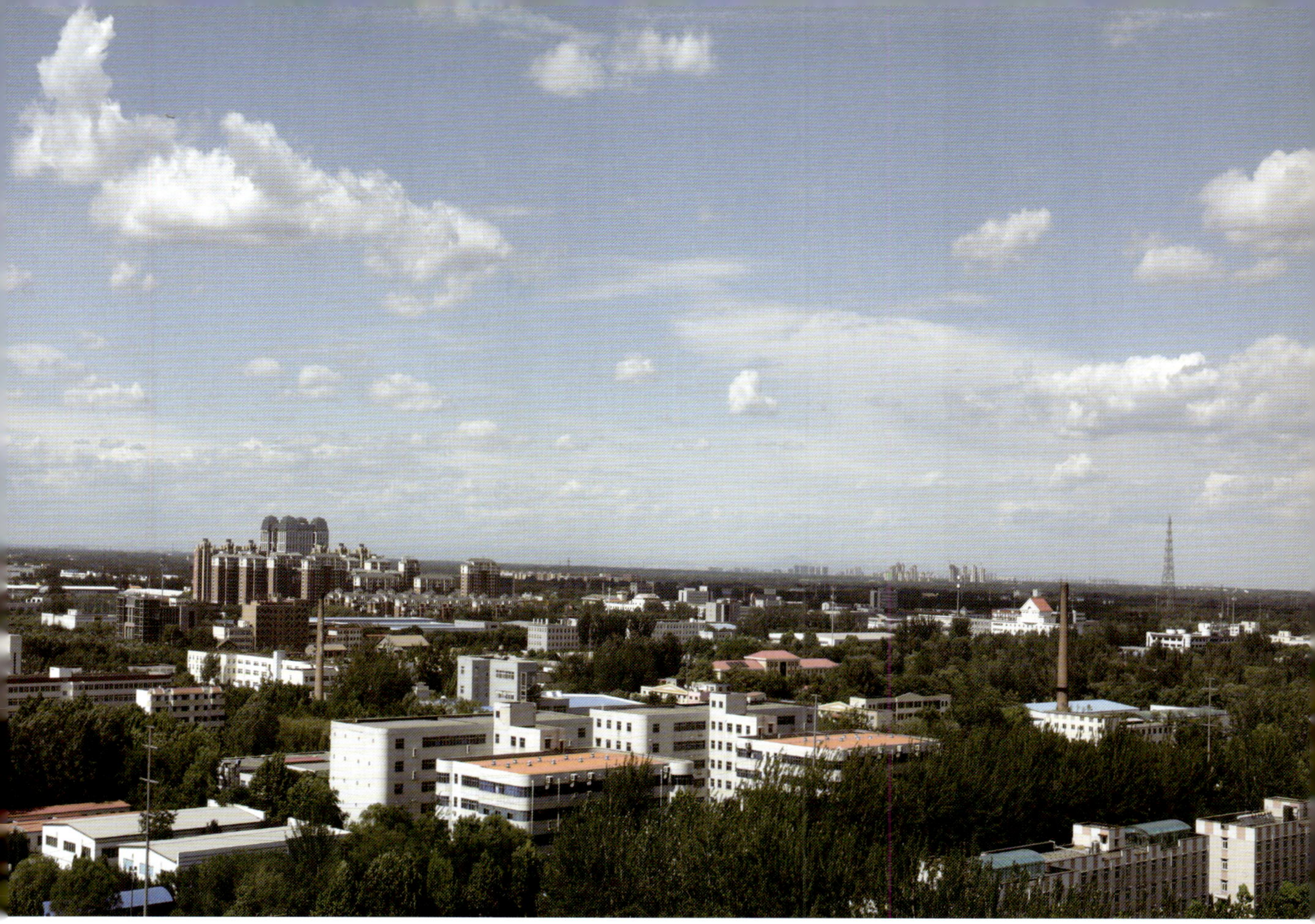

1

2 | 3 | 4 | 5

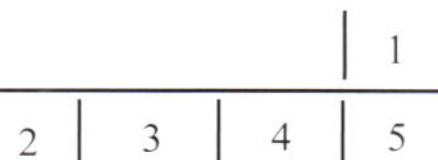

1、精雕数控机床操作间
2、廊坊高山电子科技有限公司
3、廊坊开发区拨 1600 余万元专款给予辖区居民补贴
4、廊坊开发区法院作为全国司法公开示范法院
5、精雕数控机床有限公司生产线

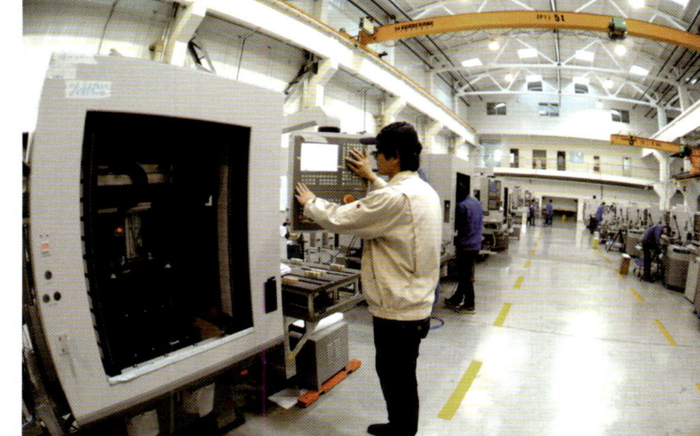

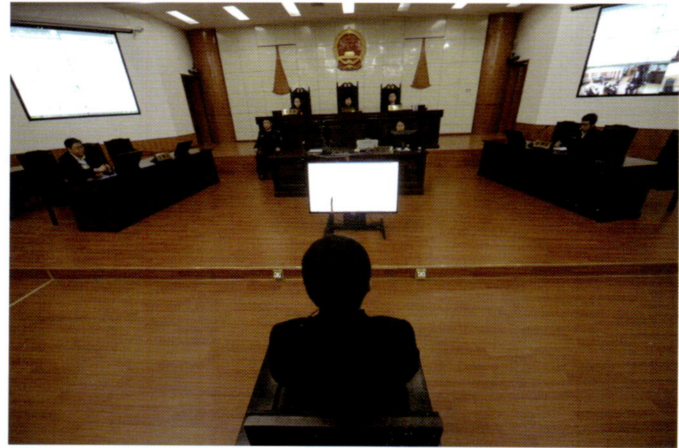

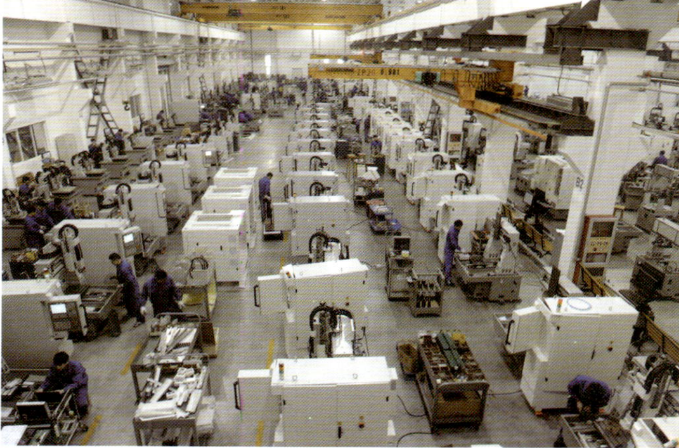

新能源汽车研究院
R&D CENTER

打造

“中国最具竞争力的新能源汽车生产基地”

如皋经济技术开发区，作为江苏省唯一的“新能源汽车产业基地”，拥有康迪（吉利）、陆地方舟（江苏）、英田（金杯）3家新能源整车厂、改装车厂以及双钱轮胎、风迅锂电池、百应能源、泽禾氢燃料、延康、创源电化学等汽车零部件企业，致力于打造新能源汽车生产、销售、运营的全国示范标杆，建设了满足需求的充电站、充电桩等基础设施，开通了覆盖开发区、连接主城区的新能源汽车公交线路，率先推动了县级市新能源汽车“微公交”运营模式。

唐山海港经济开发区

TANGSHANHAIGANG ECONOMIC DEVELOPMENT ZONE

中储粮油脂唐山基地

唐山市人民医院 海港医院托管

中浩化工聚甲醛、乙二酸项目投入试生产

与俄罗斯欧亚文明对话基金会就建设欧亚文化经济园项目签署战略合作协议

京唐国际石材城入驻企业签约仪式

邹平经济技术开发区

ZOUPING ECONOMIC & TECHNOLOGICAL DEVELOPMENT ZONE

邹平经济技术开区建区以来，大力实施***环境立区、工业兴区、科技强区“三大战略”，狠抓项目建设、招商引资、高新技术、基础设施、优化环境“五大重点”，***已发展成为以纺织服装、食品医药、新型材料为主导产业，集仓储、物流、研发、商贸于一体的综合性开发区。

2014年，邹平经开区完成工业总产值2253亿元，实现地方财政收入19.2亿元；实现进出口总额15.2亿美元，合同利用外资4亿美元，实际利用外资3.1亿美元；完成固定资产投资68亿元。

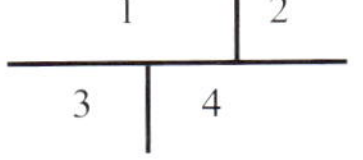

1、魏桥创业集团
2、创新集团
3、齐星集团
4、宏诚家纺工业园

滨州保税物流中心鸟瞰图

滨州保税物流中心位于邹平经济技术开发区内，注册资本 1 亿元，总投资 16.8 亿元，于 2015 年 1 月 21 日正式开关运营。

目前，中心已有***中国外运、海程邦达、嘉里大通、新疆银隆、魏桥创业、潍动新能源***等百余家注册企业，注册资本总额 5 亿余元，已还与国内外知名物流贸易商、船公司、货代公司、生产厂商、银行展开广泛合作，并与青岛港等国际大港形成战略合作。

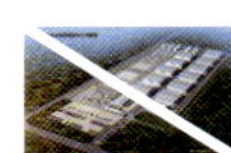

“汉新欧”铁路国际货运横跨亚洲大陆，直达欧洲中部。

武汉临空港经济技术开发区

WUHAN LINKONGGUANG ECONOMIC & TECHNOLOGICAL DEVELOPMENT ZONE

2014 年，武汉临空港经济技术开发区地区生产总值和公共财政总收入位居武汉市行政区、功能区第一，其他各项主要经济指标位居省市前列。

合肥
经济技术开发区

HEFEI ECONOMIC & TECHNOLOGICAL DEVELOPMENT AREA

南 昌 经济技术开发区

NANCHANG ECONOMIC & TECHNOLOGICAL DEVELOPMENT ZONE

2014 年， 南昌经济技术开发区共有企业 1800 余家，其中产值过亿元企业 120 余家，已吸引来自 17 个国家和地区的外商投资项目 179 个；初步形成了以欧菲光为核心的电子信息产业，以格特拉克、南昌凯马等为代表的汽车机电产业，以立健药业、诚志股份为代表的生物医药化工产业，以硬质合金、洪都钢厂、江钨等为代表的新材料产业等四大“百亿产业集群”，以及以顶津食品、润田饮料等为代表的食品饮料产业和以南昌海立、奥克斯为代表的家电产业两个“五十亿级产业集群”。经过 22 年的开发建设，开发区已基本成为一个集工业生产、高等院校、生态居住为一体的宜业、宜居的产业之城、创新之城。

FUQING RONGQIAO

ECONOMIC & TECHNOLOGICAL DEVELOPMENT ZONE

福清融侨 经济技术开发区

机电产业——明辉电力

开发区重要港口——江阴港

捷联公司车间

福耀玻璃集团浮法玻璃车间

福清融侨经济技术开发区经济发展已初具规模，形成了显示器产业园、光电科技园、大埔工业园、洪宽台湾机电园等专业园区；培育了电子信息、汽车玻璃、铝制品、塑胶、食品、机电和装备制造等优势产业。园区还先后获批为国家显示器产业园、国家新型工业化产业示范基地和国家平板显示高新技术产业化基地。截至 2014 年，全区共有在产企业 296 家，总投资 519.6 亿元，其中规模以上企业 127 家，年产值超亿元企业 76 家。

沧州临港经济技术开发区

CANGZHOU COASTAL-PORT ECONOMIC & TECHNOLOGICAL DEVELOPMENT ZONE

循环经济促进中心

沧州正元化肥有限公司氨合成塔吊装成功

一站式服务大厅

DEYANG

ECONOMIC & TECHNOLOGICAL DEVELOPMENT AREA

德阳
经济技术开发区

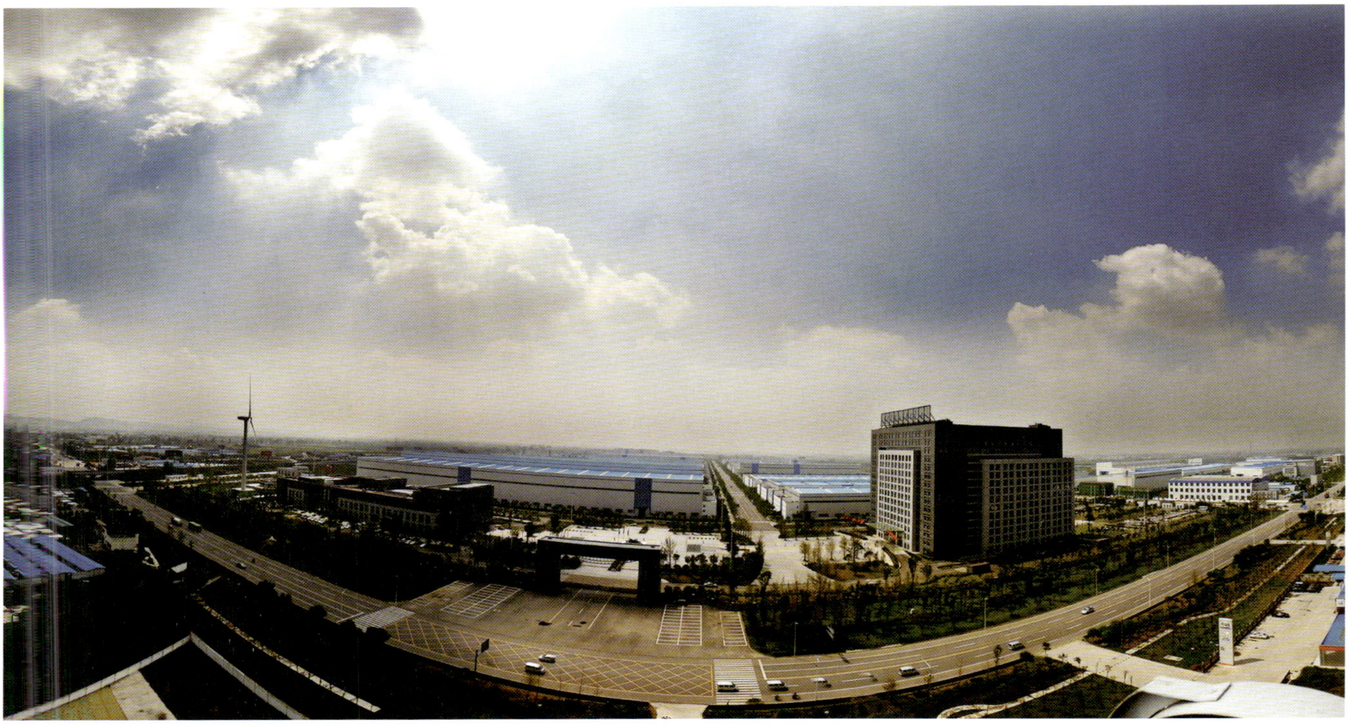

义玻璃公司镀膜玻璃生产线

德阳利达机电设备有限公司

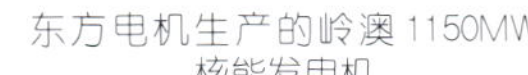

东方电机生产的岭澳 1150MW 核能发电机

开发区引进投资高端谈话

赣州经济技术开发区

GANZHOU ECONOMIC & TECHNOLOGICAL DEVELOPMENT ZONE

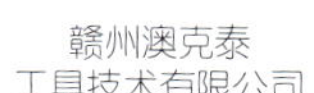

赣州澳克泰工具技术有限公司

赣州五环机器设备有限公司生产车间

赣州首诺铜业有限公司生产车间

2014年，赣州经济技术开发区获批创建***国家高新技术产业标准化示范区、全国稀土永磁及钨粉深加工产业知名品牌创建示范区、国家生态工业示范园区和国家循环化改造试点园区。***

MIANYANG ECONOMIC & TECHNOLOGICAL DEVELOPMENT AREA 绵阳经济技术开发区

绵阳经济技术开发区是国家批准建设的绵阳科技城的城市副中心，绵阳市特色产业园区和新型工业集中区，四川省优秀工业园区、四川省新型工业示范基地。2014 年，开发区实现地区生产总值 178 亿元，同比增长 8.23%；财政收入 18.58 亿元，同比增长 4.21%；公共财政预算 3.72 亿元，同比增长 6.6%；进出口总额 6.88 亿美元，同比增长 7.2%，其中，出口总额 4.35 亿美元，同比增长 8.53%；全社会固定资产投资 33.31 亿元，同比增长 10.32%。

1、万达购物中心开工典礼
2、绵阳大北农奠基仪式
3、好圣项目二期

晋中经济技术开发区

JINZHONG ECONOMIC & TECHNOLOGICAL DEVELOPMENT ZONE

2014年，晋中经济技术开发区完成工业总产值69亿元，其中，高新技术企业实现工业总产值14亿元，企业主营业务收入356亿元，已成为山西中部重要的经济增长极。

截止2014年底，全区共有入驻企业1968个，形成了医药食品、装备制造、节能环保、电子信息4个工业主导产业，以及初具规模的现代物流产业。按照山西省综改转型要求，开发区致力于建设新型工业园、科技创新园、现代物流园、自主创新核心区和综合服务区等产业平台，重点引进和孵化培育高端制造业和高新技术企业，通过转型发展、创新发展，率先建设产城一体化的生态型新城区。

燕郊

高新技术产业开发区

YANJIAO NATIONAL HIGH TECH

INDUSTRIAL DEVELOPMENT AREA